Das Buch

»Die Gewalt ist bei uns zu Hause! Während der vergangenen dreihundert Jahre sind die meisten Jumblats durch Gewalt gestorben.« Das ist die Aussage des Drusenführers Walid Jumblat, eines der »Kriegsherren«, wie sich die Clanchefs im Libanon nennen. Ihre Anhänger glauben, daß der Himmel die Familien Jumblat, Arslan, Frangieh, Salam und Gemayel mit der Macht zu herrschen ausgestattet habe. Diese Familien lassen kämpfen unter der Parole »Gott will es« – gemeint sind beide, der Gott der Moslems wie der der Christen. Das war schon früher so, nur verfügen die Milizen heute über die modernen Waffen der Großmächte. Der Krieg der feudalen Clanchefs im Libanon hat durch die palästinensischen Flüchtlinge und die PLO, das Eingreifen Syriens und Israels, vor allem aber durch Teilnahme der USA auf seiten der Familie Gemayel und durch Sympathien der Sowjetunion für den Clan der Jumblats weltpolitische Dimensionen erhalten. Das Resultat dieses Krieges ist das rapide Anwachsen der Macht der Schiiten an der Ostküste des Mittelmeers. Khomeini hat den »heiligen Krieg« ausgerufen: Er gilt nicht nur dem Westen und dem Erzfeind Israel, sondern auch den »gottlosen« Regimen im Nahen Osten, und dazu zählen vorwiegend die Machthaber im Irak und im Libanon. Dadurch rückt der libanesische Bürgerkrieg immer mehr in einen folgenreichen Zusammenhang mit dem Krieg am Persischen Golf. Gerhard Konzelmann, hervorragender Kenner der arabischen Welt, versucht, dieses für den westlichen Beobachter schier unentwirrbare Knäuel verschiedener Einflüsse und Strömungen im libanesischen Bürgerkrieg zu entwirren und durch geschichtliche Rückblicke die ~~ursachen des Konflikts~~ verständlicher zu machen.

Der Autor

Gerhard Konzelmann, 1932 in Stuttgart geboren, studierte an den Universitäten Tübingen und Besançon. 1956 begann er mit der Arbeit für den Hörfunk, 1957 für das Fernsehen. Von 1968 bis 1985 war er Arabien-Korrespondent der ARD und ständiger Kommentator für Nahostfragen. Seitdem ist er Chefkorrespondent des Sündfunk-Fernsehens. Bekannt wurde er durch seine Reportagen und Kommentare sowie durch viele Bücher, darunter u. a.: ›Mohammed. Allahs Prophet und Feldherr‹ (1980), ›Die islamische Herausforderung‹ (1980), ›Der Nil‹ (1982), ›Jerusalem‹ (1984) und ›Allahs neues Weltreich‹ (1986).

Gerhard Konzelmann:
Der unheilige Krieg
Krisenherde im Nahen Osten

Deutscher
Taschenbuch
Verlag

Von Gerhard Konzelmann
sind im Deutschen Taschenbuch Verlag erschienen:
Der Nil (10432)
Jerusalem (10738)

Vom Autor erweiterte Ausgabe
Januar 1988
Deutscher Taschenbuch Verlag GmbH & Co. KG, München
© 1985 Hoffmann und Campe Verlag, Hamburg
ISBN 3-455-08242-4
Umschlaggestaltung: Celestino Piatti
Umschlagfoto: dpa, Frankfurt am Main (Bombenangriff
auf Beirut)
Gesamtherstellung: C. H. Beck'sche Buchdruckerei,
Nördlingen
Printed in Germany. ISBN 3-423-10846-0

Inhalt

Die Vision vom schiitischen Gottesstaat
Aus erster Hand 9
Khomeinis Erfolg in Westbeirut 12

Vier Religionsgruppen streiten sich um den Libanon
Die Maroniten 21
Die Maroniten und die islamischen Eroberer 23
Kreuz und Zeder 26
Jubel über die Ankunft der Kreuzritter 28
Rache der Moslems 30
Die Drusen – Rivalen der Maroniten 33
Der Name »Drusen« leitet sich von einem Betrüger ab 35
Die Drusen im Libanon 38
Die Überzeugung der Drusen 41
Der erste Aufstand der Drusen 44
Die Schiiten 46
Die Sunniten 48

Statt Unabhängigkeit Bürgerkrieg
Ein Drusenemir überwindet den Konfessionalismus 50
Ali Jumblat knüpft Kontakte zu Europa 52
Vereinigung der Religionen in der Armee 54
Der erste libanesische Staat zerbricht 56
Bonaparte verspricht den Drusen Unabhängigkeit 58
Der Drusenemir ist insgeheim ein Christ 59
Arroganz der Maroniten 62
Erstes Massaker in Deir al-Kamar 64
Versuch einer Teilung des Libanon 66
Die Massaker des Jahres 1860 72

Von der osmanischen Provinz zur libanesischen Republik
Jahrzehnte der Aussöhnung 87
Die Maroniten werden zur beherrschenden Kraft 90
Frankreich übernimmt Verantwortung 91
Die Fiktion von der libanesischen Nation 96
Der französische Einfluß zerfällt 100
Die Formel »6 zu 5« 102

Das Land versinkt im Chaos

Die Formel »6 zu 5« führt zu Vetternwirtschaft 106
Der Sturz in den Bürgerkrieg 110
Der Bürgerkrieg von 1958 112
Die Atempause 117
Der Clanchef Pierre Gemayel darf nicht Staatschef werden . . . 120
Die PLO als Streitpunkt zwischen Christen und Moslems 121
Scheich Pierre Gemayel versucht erneut, Präsident zu werden . 130
Die Schiiten bekommen einen Führer 133
Auftakt zum unendlichen Krieg 135
Ausbruch des Bürgerkriegs 143
Die Suks von Beirut in Flammen 151

Syrische Intervention

Präsident Assad sieht sich zum Handeln gezwungen 155
Die »Nationale Übereinkunft« 171
Die erste syrische Wende 174
»Was wollen Sie eigentlich noch, Kamal Jumblat?« 175
Die zweite syrische Intervention 181
Syrien krallt sich im Libanon fest 191
Elias Sarkis versucht Frieden zu schaffen 199

Weitere Eskalierung und Internationalisierung des Konflikts

Mordkommandos verändern die politische Situation 205
Camille Chamoun – in Wahrheit Präsident der Libanesen 214
Die Amerikaner raten den Christen, den Libanon aufzugeben . 217
Elias Sarkis völlig in der Hand der Syrer 226
Wo ist der Imam Musa Sadr? 229
Die Dörfer des Südlibanon verbrennen 233
Beschir Gemayel – der Kämpfer 237
Beschir erklärt, mit Israel gebrochen zu haben 247

Eine neue Dimension

»Die Khomeiniwelle macht die Moslems fanatischer
als je zuvor!« 258
Ereignisse am Persischen Golf überschatten den Libanon-
konflikt: »Auf nach Kerbela und dann nach al-Kuds!« 263
Die private Rache des Ayatollah 268
Die Schiitenflut von Teheran bis Beirut 272
»Mit Logik hat dieser Krieg nichts zu tun.« 275

Im Zeichen der PLO

Aus Baghdad heimgekehrt, schließt Arafat Waffenstillstand . . 290
Die Kalaschnikow-Generation 295
Libanon als Ersatzheimat für die Palästinenser 298
Überfall auf den Libanon 304
Arafats erste Rettung 318

»Der Libanon den Libanesen!«

»Beschir Gemayel = Präsident« 353
»Iran und Libanon sind eins.« 364
Der Tod des Retters Beschir 372
Rätselraten um die Hintergründe 378

Scharons vermeintlicher Sieg

Israels Einmarsch in Westbeirut 381
Das Massaker 386
Amin übernimmt das Amt, das Beschir gehörte 394
Die Front im Schufgebirge 402
Fadi Frem fühlt sich als Beschirs Erbe 409
Der ungeliebte libanesisch-israelische Vertrag 413
Die Armee entsteht aus dem Nichts 420

Der Libanon soll wieder »rein« werden

Die Iranische Republik im Libanon 425
400 000 Tote und Verwundete bekümmern Khomeini nicht . . . 432
Keine Hoffnung auf Veränderung in Iran 435
Der größte Ölhafen der Welt 440
Iran rächt sich im Libanon 443
Die Tage der maskierten Gesichter 445

»Es sei Krieg! Der Stärkere wird siegen!«

Massaker im Schufgebirge 448
Amin Gemayel täuscht sich 456
Arafats Kampf um Tripoli 459
Die hilflose Großmacht im Libanonkrieg 469
Auf der Suche nach der libanesischen Identität 476
Ermüdung an der Front 482
Die Drohung 488
Beirut als warnendes Beispiel 494
Menschenleben zählen nicht 503

Die Gewalt findet kein Ende. Nachbemerkung 1987 506

Karten 513

Register 518

Technische Vorbemerkung

Soweit sich nicht deutsche Transkriptionen eingebürgert haben, steht
-h- zumeist für ein hartes -h- mit Reibungsgeräusch (al-Hilf, Hassan, Hussein, Schiah, al-Fatah),
-ieh- für ïë (Junieh, Aschrafieh; das -h ist in dieser Lautkombination so gut wie nicht hörbar),
-j- für ein weiches -dsch- (Jumblat, Jebel),
-y- für den deutschen -j-Laut (Hasbaya, Raschaya) und
-z- für stimmhaftes -s- (Yazid, Zahle).
Namen von Politikern werden nach deren eigenen Gepflogenheiten wiedergegeben (Chamoun, Frangieh), während Ortsnamen phonetisch weitgehend angeglichen sind (Damur, Bhamdun).
Der arabische Gutturallaut ' wird nur bei klassischen Namen gesetzt (Mu'awiya, Mas'udi), in den aus dem Tagesgeschehen vertrauten Namen und Begriffen jedoch nicht.
Im Interesse des Lesers wurde einer möglichst leicht lesbaren Umsetzung von Lauten der Vorzug gegeben.

Die Vision vom schiitischen Gottesstaat

Aus erster Hand

Eine Feuerwolke zeigt den Abschuß an: Die Raketen fegen ab. Sechs
Geschosse hintereinander. Sichtbar ist nur der gelbrote Feuerschweif.
Ein Mann in Uniform sitzt im Führerhaus des Lastwagens, auf den das
Gestell des Raketenwerfers montiert ist. Er wartet ab, ehe er auf den
Knopf drückt, um die zweite Salve zu zünden. Er will erst die Wirkung
der Einschläge sehen. Doch er wartet zu lange. Der Gegner hat ihn entdeckt und feuert zurück. Etwa 20 Meter vom Fahrzeug entfernt detoniert ein Geschoß. Splitter pfeifen durch die Luft und klirren hell beim
Aufschlag. Eine zweite Granate schlägt direkt vor dem Motor des Fahrzeugs ein. Sekunden später reißt der Mann die Tür auf und stürzt blu-
tend heraus. Er rennt auf eine Mauer zu, die ihm Schutz bieten soll. Er
wirft sich auf die Erde. Sein Gesicht ist völlig mit Blut bedeckt. Laut
brüllend vor Schmerz schlägt er mit beiden Fäusten auf die Erde ein,
ehe er das Bewußtsein verliert.

In Millionen deutscher Wohnzimmer war der Todeskampf des Palästinensers aus Arafats letztem Aufgebot auf dem Bildschirm zu sehen.
Hundertfach war aus ähnlichen Berichten zu erfahren, wie im Libanon
gestorben wird. Über kaum eine Ereigniskette des letzten Jahrzehnts
hat das Fernsehen derart dicht und lückenlos berichtet wie über die Folge von Kriegen, Massakern, Attentaten, Entführungen, Verstümmelungen und heimtückischen Intrigen, die das Leben im Land zwischen
Syrien und dem Mittelmeer zur Hölle machen.

Der Reporter des Mediums Fernsehen ist gezwungen, vor Ort zu
sein: an der Front, unter Flüchtenden, bei Straßenkämpfen der Bürger-
kriege, vor Türen der Zimmer, in denen die Kriegsherren die Beute verteilen. Vor Ort entstand auch dieser Bericht – vor Ort ist selbst die Darstellung lange vergangener Ereignisse geschrieben worden, denn sie geschahen dort, wo auch in unserer Zeit Krieg geführt, wo auch heute
gestorben wird.

Zwei Berichtsgebiete sind zu bewältigen: der Libanon und das Gebiet
um den Persisch-Arabischen Golf. Sie sind getrennt durch die vorder-

asiatische Wüste, durch arabisches Kernland, das sich fast 1000 Kilometer weit erstreckt. Doch Wüste und Meer können von Menschen durchzogen werden. Ihr Geschäftssinn trieb die Libanesen immer schon in Richtung Baghdad und weiter nach Osten; heute locken die reichen Ölstaaten. Doch auch die Gegenströmung hat ihre Geschichte und ihre Gegenwart. Die religiösen Ideologen des Gebiets ostwärts des Tigris drängten und drängen nach Westen, nach Jerusalem, ans Mittelmeer.

»Die Märtyrer unseres Glaubens werden den Weg zu unseren Glaubensbrüdern im Libanon öffnen. Wir würden die Minenfelder der Irakis leicht durchwandern. Die Geistlichen hatten uns gesagt, daß dies die Wahrheit sei. Auf unserem Weg würden wir Jerusalem erreichen.« Ein knapp vierzehnjähriger Junge erzählt dies, dem gerade der erste dunkle Flaum auf der Oberlippe sprießt. Er ist iranischer Soldat gewesen und bei Basra in irakische Gefangenschaft geraten. »Ich habe geglaubt, daß ich sofort ins Paradies komme, wenn ich während des Kampfes sterbe.« Ihm und Hunderttausenden seiner Kameraden hatten schiitische Geistliche gepredigt, westlich des Tigris sei der Unglaube zu Hause, der ausgerottet werden müsse. Überall im Westen hätten die regierenden Teufel die Moscheen geschlossen, dort sei sogar das persönliche Gebet zu Allah verboten. Um im Westen dem Islam zum Sieg zu verhelfen, sind die Halbwüchsigen in den Krieg gezogen, ohne militärische Ausbildung, häufig ohne Waffe, aber mit einer Überzeugung versehen. Auch in der Kriegsgefangenschaft wollen sie sich diese Überzeugung nicht nehmen lassen.

Hinter Stacheldrahtverhauen verbringen Zehntausende iranischer Jugendlicher Monate und Jahre. Sie wissen, daß sie nicht vor Kriegsende entlassen werden. Der Krieg aber wird erst zu Ende sein, wenn das Khomeiniregime seine Macht verloren hat. Viele der Kriegsgefangenen in irakischer Hand verehren Khomeini auch weiterhin, obwohl sie glauben, daß sie von seinen Revolutionsgarden bei der Heimkehr erschossen werden würden, weil sie nicht bis zum Tode gekämpft hatten. Sie haben erlebt, wie Freunde und Kameraden gestorben sind, wie andere mit zerfetzten Gliedern zurücktransportiert wurden. Einer sagt: »Ich kam gar nicht dazu, einen Gegner zu töten. Ich hatte zwar eine Kalaschnikow-Maschinenpistole, doch ich habe überhaupt keinen Iraker gesehen. Vom ersten Augenblick unseres Angriffs an waren Feuer und Dreck in der Luft. Lange hat meine Angst gedauert.« Er weiß nicht, wie er in Kriegsgefangenschaft geraten ist. Wahrscheinlich, so meint er, sei er bewußtlos von irakischen Soldaten aufgelesen worden.

Wer aus dem Nahen Osten zu berichten hat, dem bleibt eine Chronik des Grauens im Gedächtnis zurück. Bilder von Opfern der Massaker im libanesischen Schufgebirge: Männer und Frauen mit zertrümmertem

Kopf, mit durchschnittener Kehle. In keiner Zone der Erde wird wohl so schnell und bedenkenlos getötet wie im Raum zwischen Iran und Libanon.

»Aus dem Schutt eines Hauses wird ein Toter ausgegraben, ein Mann in Hose und Hemd. Als er zwischen Betontrümmern hervorgezerrt wird, sind seine Glieder weich wie Gummi. Die Knochen sind alle zermalmt von zentnerschwerem Mauerwerk, das über ihm zusammengestürzt ist. Neben ihm wird ein totes Kind gefunden; sein Alter ist nur schwer einzuschätzen, da sein Gesicht zerquetscht ist. Seit Tagen waren die Toten schon unter den Trümmern, bei einer Temperatur von 35 Grad Celsius. Die Verwesung hatte eingesetzt. Durch Fliegenschwärme und durch den Gestank war die Bergungsmannschaft auf die Leichen aufmerksam geworden. Die Luft reizt zum Erbrechen.«

Solche Tagebuchnotizen sind das Gerüst des Berichts. Doch kann er sich nicht darauf beschränken. Er soll ein Gesamtbild der Hintergründe der grausigen Ereignisse geben. Der Mann in Hemd und Hose mit seinem vielleicht zweijährigen Kind sind Opfer politischer Entscheidungen geworden, die von Männern getroffen wurden, die selbst das Risiko nicht scheuen, Opfer zu werden. Sterben lassen und sterben, davor schreckt kaum jemand zurück, der Politik macht im Nahen Osten.

Auch der Berichterstatter kann sich der Gefahr nicht entziehen. Teile dieses Berichts sind in Angst entstanden: nachts, auf einem Stuhl im Gang des Westbeiruter Hotels »Commodore«. Die trügerische Hoffnung war, daß Raketen, die an der Fassade explodieren, nicht die Außenwand und auch die Gangwand zum Einsturz bringen. Wie weit der Explosionsdruck reicht, hatte die Erfahrung zwar längst gelehrt, dennoch gaben Mauern ein Gefühl des Vertrauens. In einer Nacht war das Zischen, das von fliegenden Geschossen in der Luft erzeugt wird, besonders deutlich zu hören. Die Flugbahn der Raketen ging direkt über das Flachdach des Hotels. Wenig später war der Knall der Explosionen erschreckend laut. Die Einschläge mußten in der Nähe geschehen sein. Stundenlang dauerte die Folge von Zischen und Krachen. Wände und Boden des Hotelgangs zitterten. Die Türen rüttelten an den Schlössern. Die Niederschrift des Erlebten beruhigte schließlich die Nerven.

Festzustellen ist die Zuversicht eines Volkes im Krieg. Weit in der Überzahl sind die Hoffnungsvollen, die glauben, gleich der kommende Tag bringe Ruhe, lasse wenigstens einen Ansatz zur Konfliktlösung, zum Frieden erkennen. Weniger an Zahl, aber bestimmender sind diejenigen, denen das Töten Genuß, ja Lebensinhalt geworden ist. Wenn der Staat über Jahre hinweg keinen zur Rechenschaft ziehen kann, der einen anderen getötet hat, dann erkrankt die Gesellschaft am Zerfall des Bewußtseins vom Wert eines Menschen.

Da steht eine junge Frau am Westbeiruter Strand, im Badeanzug, wie andere auch. Plötzlich bricht sie tot zusammen, getroffen von einem Geschoß. Die Umstehenden, Männer und Frauen, flüchten in Panik. Sie alle haben den scharfen Knall des einen Schusses gehört. Die tote Frau bleibt am Strand liegen, bis – bei Dunkelheit – jemand wagt, sie zu bergen. Der Mörder war gesehen worden: Er hatte von der Straße oberhalb des Strandes aus geschossen. Er war davongeschlendert, das Scharfschützengewehr mit starkem Visierglas unter dem Arm. Niemand hatte ihn aufgehalten. Am selben Abend noch ließ der oberste Geistliche der Schiiten in Westbeirut verlautbaren: »Wir verbieten den Frauen das Baden nicht. Wer seinen Körper öffentlich zeigen will, der kann das tun. Doch wir können nicht verhindern, daß jemand Anstoß nimmt und handelt.« Im Rahmen der Ereignisse des Krieges ist diese Episode unbedeutend, doch sie kennzeichnet die Situation Westbeiruts: Sie ist nur möglich geworden durch einen verblüffenden Handstreich, mit dem fast niemand gerechnet hat.

Khomeinis Erfolg in Westbeirut

Ungewöhnlich hatte der 6. Februar 1984 für die Menschen der libanesischen Hauptstadt begonnen. Keine Detonation war zu hören gewesen. Die Stille der ersten zwölf Stunden jenes Montags hatte, nach einem unruhigen Wochenende, einen Tag ohne Kämpfe versprochen.

Doch kurz vor 13 Uhr hallten Schüsse: Erst bellten einzelne Salven aus Maschinenpistolen auf, dann prasselte Dauerfeuer aus schweren Maschinengewehren. Mit hellem Knall explodierten raketengetriebene Gewehrgranaten. Unter den anschwellenden Lärm der Handfeuerwaffen mischten sich starke, dumpfe Schläge – Granatwerfer wurden eingesetzt. Festzustellen war zunächst nur, daß in vielen Gegenden Westbeiruts Straßenkämpfe stattfanden, daß schließlich in der Ferne Artilleriegeschosse abgefeuert wurden, die mitten in den Wohnvierteln der Stadt Schaden anrichteten.

Der ruhige Vormittag hatte die Bewohner Westbeiruts veranlaßt, zur Arbeit zu fahren, Einkäufe zu machen. Seit 9 Uhr waren die Straßen überfüllt gewesen. Autos hatten sich im Stau festgekeilt. Sie blieben auch unbeweglich, als die Gefechte anfingen. Da sich der Schall an den Hauswänden brach, herrschte überall der Eindruck, ganz in der Nähe werde gekämpft. Fußgänger und Autofahrer wurden von panischer Angst ergriffen. Einzelne Fahrzeuge brachen aus den Staus aus; ihre Fahrer versuchten, durch enge Nebenstraßen zu entkommen, doch sie wurden von entgegenkommenden Autos aufgehalten.

Wer Radio hörte, der erfuhr, daß der Armeeoberbefehlshaber Ibrahim Tannous über Westbeirut eine totale Ausgangssperre verhängt hatte. Wer sich auf der Straße befand, der lief Gefahr, von Soldaten erschossen zu werden. Über die Ursache der Ausgangssperre und die Vorgänge auf den Straßen Westbeiruts wurde nichts mitgeteilt. So wußten die in ihren Autos angstvoll Wartenden nicht, wer in welcher Gegend auf wen feuerte.

Sie sahen gelbrote Blitze an Hauswänden, in unbebauten Grundstücken, auch zwischen Autos und auf Gehwegen. Menschen sanken um, getroffen von Splittern detonierender Granaten. Getrieben von der Furcht, durch Artilleriegeschosse ihr Leben zu verlieren, ließen Hunderte von Autofahrern ihre Wagen im Stau zurück und flohen zu Fuß. Jetzt mußten sie fürchten, von Gewehrkugeln getroffen zu werden. Sie hatten nur den einen Wunsch, nach Hause zu gelangen, zu den Familien. Die eigene Wohnung schien ihnen der sicherste Ort zu sein.

Um 14 Uhr wußten die Redakteure der »Stimme des Libanon«, der Radiostation der christlichen Stadthälfte, was in Westbeirut vorging: »Islamische Milizen haben mit Unterstützung fremder bewaffneter Elemente Kasernen und Stellungen der libanesischen Armee angegriffen. Die Truppen wehren die Überfälle der Freischärler ab. Kämpfe sind entbrannt im Bereich der Mazraastraße, an der Küste um das Bain Militaire und im Bereich des Murr Tower.« Jeder Beiruter wußte nun, daß erneut Menschen starben an Plätzen und in Gebäuden, die seit dem Beginn des Bürgerkriegs vor neun Jahren umkämpft waren.

Die »Stimme des Libanon« wiederholte den Aufruf an die Bewohner Westbeiruts, in den Häusern zu bleiben. Erneut hieß die Drohung, wer auf der Straße angetroffen werde, der habe mit Erschießung zu rechnen. Zu diesem Zeitpunkt aber befand sich kein libanesischer Soldat mehr auf Patrouille in Westbeirut, um die Befolgung der Ausgangssperre zu erzwingen. Uniformen waren aus dem Stadtbild verschwunden. Nicht einmal Polizisten ließen sich mehr blicken. Bewaffnete Männer in ziviler Kleidung, in Hosen und Pullovern, durchstreiften, jeweils zu zweit, die Geschäftsviertel und Wohngebiete. Sie rissen alle Plakate ab, die den Kopf des libanesischen Staatspräsidenten Amin Gemayel zeigten oder für die Armee des Libanon warben. Die Bewaffneten trugen meist Bärte über Backen und Kinn; sie wollten als Schiiten erkannt werden.

Nach 14 Uhr erfolgte kein Aufruf mehr an die Bewohner Westbeiruts, die Ausgangssperre zu beachten. Der Armeeoberbefehlshaber Ibrahim Tannous hatte eingesehen, daß in Westbeirut niemand mehr auf ihn hörte. Er hatte eine Niederlage erlitten, deren Folgen seine Karriere und seine Persönlichkeit zerstörten.

Der höchste Chef der libanesischen Armee war der Katastrophe nicht blind entgegengegangen. General Tannous hatte schon in den frühen Morgenstunden des 6. Februar aus alarmierenden Lageberichten erkannt gehabt, daß im islamischen Teil der Hauptstadt die Gefahr eines Aufstands der Schiitenmiliz drohte. Da waren von Armeepatrouillen Gruppen junger Männer, die Kalaschnikow-Maschinenpistolen trugen, auf dem Weg vom schiitischen Wohngebiet Burj Barajne zu Armeekasernen entdeckt worden. Da hatten Agenten des Deuxième Bureau, des Geheimdiensts, bemerkt, daß sich im Hauptquartier des Drusenführers Walid Jumblat die militärischen Chefs seiner Progressiven Sozialistischen Partei trafen, daß Unterführer das Hauptquartier verließen, offenbar mit dem Auftrag, Kämpfer zu mobilisieren.

Ein Agent hatte gemeldet, am östlichen Anfang der Mazraastraße, der wichtigsten Verkehrsader Westbeiruts, finde in der Tiefgarage eines Gebäudes die Ausgabe von Waffen statt. In jener Gegend war zwei Tage zuvor von Soldaten ein Waffenlager ausgehoben worden – es hatte sich ebenfalls in einer Tiefgarage befunden. Der für den Ostteil der Mazraastraße zuständige Agent war von Bewohnern des betreffenden Hauses auf das hinter eigens hochgezogenen Mauern verborgene Kriegsmaterial hingewiesen worden. Daß viele derartige Waffenlager, von der PLO im September 1982 zurückgelassen, in Westbeirut verborgen seien, hatte das Deuxième Bureau befürchtet.

Auf Grund der Anzeichen hatte sich General Tannous am 6. Februar 1984 um 9 Uhr entschlossen, der Gefahr zu begegnen: Er mußte rasch die in Westbeirut stationierten Truppen auswechseln oder zumindest durch andere ergänzen. In guter Absicht hatte der Oberbefehlshaber für die Kasernen im islamischen Teil der Hauptstadt Verbände ausgewählt, deren Soldaten zumeist Moslems waren. Ibrahim Tannous hatte geglaubt, durch diese Maßnahme bei sunnitischen und schiitischen Bewohnern ein Gefühl der Verbundenheit mit der Armee wecken zu können. Die Bevölkerung Westbeiruts, die überwiegend aus Moslems besteht, hätte die Stationierung christlich orientierter Einheiten übel aufgenommen. So war die 6. Brigade in die Kasernen an der Mazraastraße und beim Bain Militaire abkommandiert worden. Die 6. Brigade wurde aus einem starken Kern schiitischer Soldaten gebildet; Sunniten waren in der Minderheit. Die Offiziere aber waren meist sunnitische Moslems; doch auch Christen gehörten zu den Vorgesetzten.

Am 4. Februar 1984 hatte der Schiitenführer Nabih Berri an die Soldaten der 6. Brigade die Aufforderung gerichtet, keinen Befehlen mehr zu gehorchen, deren Ausführung der schiitischen Volksgemeinschaft Schaden zufügen könnte: Wer diese Aufforderung befolge und durch Befehlsverweigerung mit christlichen oder sunnitischen Vorgesetzten in Konflikt gerate, der solle die Truppe verlassen und sich im Hauptquartier der schiitischen Kampforganisation »Amal« (»Hoffnung«) im Beiruter Stadtteil Schiah melden. Dort werde für Unterkunft und Schutz gesorgt. Anlaß für die Aufforderung zur Desertion war die Order des Armeechefs Ibrahim Tannous gewesen, den schiitischen Stadtteil sturmreif zu schießen. Der General hatte Schluß machen wollen mit dem, was er »Separatismus der Schiiten« nannte.

Der politische und militärische Chef der Amal mißtraute der libanesischen Armee. Er hatte Anlaß zu glauben, der Maronit Ibrahim Tannous lasse die Truppe nur im Interesse der maronitischen Christen des Libanon kämpfen und mißbrauche dazu sogar schiitische Soldaten. Die Absicht der Armeeführung sei letztlich Unterwerfung des schiitischen und des drusischen Volksteils – um den Zustand maronitischer Überlegenheit wiederherzustellen, der seit der Unabhängigkeitserklärung des libanesischen Staates im Jahre 1943 geherrscht hatte. Zu diesem Zweck, so glaubte Schiitenführer Berri, bestehe eine Verschwörung zwischen Armeebefehlshaber Ibrahim Tannous und Fadi Frem, dem Kommandeur der maronitischen Miliz »Lebanese Forces«. Diese Verschwörung wollte Nabih Berri scheitern lassen, deshalb verweigerte er dem Generalstab der Armee die Genehmigung zum Einmarsch der 6. Brigade in die schiitische Zone der libanesischen Hauptstadt.

Anfang Februar 1984 war die Struktur der Armee noch stabil gewesen. Da hatte Ibrahim Tannous Einheiten an die Demarkationslinie von Schiah verlegen können, denen schiitische Soldaten in großer Zahl angehörten. Sie hatten gehorcht, als er befohlen hatte, bei der Kirche Mar Michael in Stellung zu gehen, um dort den Einmarsch nach Schiah vorzubereiten. Die schiitischen Soldaten hatten auch nicht gemurrt, als ihnen Anweisung gegeben worden war, Widerstand der Schiitenmiliz gegen den Einmarsch durch Beschuß der Wohnviertel niederzukämpfen. In gehorsamer Befolgung des Befehls zerstörten die Artilleristen nahezu jedes Haus in Schiah. Etwa tausend Frauen, Männer und Kinder starben. 60000 Menschen verloren ihre Wohnungen. Erst dieser harte Schlag der Armee veranlaßte Nabih Berri, schiitische Soldaten zur Befehlsverweigerung aufzufordern.

Am Morgen des 6. Februar 1984 mußte General Tannous die Gefahr, daß die schiitischen Soldaten auf den Chef ihrer Volksgruppe hörten, jedoch ernst nehmen. Nachdem Nabih Berri die Schiitensoldaten angesprochen hatte, konnte die 6. Brigade in den Augen des Oberbefehlshabers nicht mehr als zuverlässige Einheit gelten. Vor einer Fortsetzung des Kampfes gegen die Miliz der schiitischen Volksgruppe mußte der 6. Brigade die Last, allein im Konflikt mit den Schiiten zu stehen, abgenommen werden. Da ihr rascher Abzug aus Westbeirut nicht mög-

15

lich war, sollten ihr Einheiten der aus christlichen Soldaten bestehenden 5. Brigade zur Seite gestellt werden.

Gegen 10 Uhr rollten die ersten Panzer, die der Widerstandskraft der Armee im islamischen Teil Beiruts Halt geben sollten, auf die Demarkationslinie zwischen Osten und Westen der Stadt, zwischen christlich und islamisch beherrschten Hälften Beiruts, zu. Doch ihre Fahrt wurde bald gestoppt. Beim Barbirkrankenhaus, dort, wo die breite Mazraastraße beginnt, die von respektablen Wohn- und Geschäftshäusern gesäumt ist, traf heftiges Abwehrfeuer auf die Panzer. Die Fahrer hatten damit nicht gerechnet. Auf die Stahlplatten der Kettenfahrzeuge prasselten in dichtem Hagel Geschosse aus schweren Maschinengewehren. Gefährlicher aber waren raketengetriebene Granaten, die von Milizionären aus der Hand abgefeuert wurden; sie fraßen sich durch die Panzerung und explodierten erst im Innern der stählernen Gehäuse. Einer der Panzer stand, nach Treffern in die Seite, sofort in Flammen. Die Besatzung konnte sich nicht mehr retten. Da fuhren die anderen Panzer aus dem Feuerbereich des Gegners zurück, um ihren Kommandeuren per Funk über die neue Lage berichten zu können; ob die Aktion fortzusetzen oder abzubrechen war, das durfte allein der Oberbefehlshaber entscheiden. Nach kurzem Zögern gab General Tannous den Befehl, die Umgebung des Barbirkrankenhauses mit Artilleriegranaten schweren Kalibers und mit Raketen zu beschießen. Der Gegner sollte demoralisiert und zur Aufgabe des Widerstands gezwungen werden.

Ein zweiter Versuch, vom Museum her mit Panzern in die Mazraastraße einzufahren, war für 13 Uhr vorgesehen. Doch dieser zweite Versuch fand nicht mehr statt. Die Panzer mit christlich-maronitischer Besatzung blieben östlich der Demarkationslinie und kehrten wenig später in ihre Kasernen zurück. Kurz nach 12 Uhr hatte Schiitenführer Nabih Berri das Zeichen zum Aufstand der islamischen Milizen in Westbeirut gegeben. Seine Weisung war befolgt worden.

Die schiitischen Soldaten der 6. Brigade weigerten sich sofort, am Kampf gegen die aufständischen Glaubensbrüder teilzunehmen. Berris Aufforderung zur Befehlsverweigerung wirkte sich aus. Die Schiiten der angegriffenen Einheiten rührten keine Waffen an und begaben sich in die sicheren Unterstände. Die Handvoll christlich-maronitischer Offiziere und wenige Soldaten – die meisten der standfesten Untergebenen waren Sunniten – schossen eine Zeitlang auf die angreifenden Milizionäre, dann gaben sie Zeichen, daß sie zur Feuereinstellung bereit waren. Der Widerstand gegen die Rebellion der Schiiten in Westbeirut war zusammengebrochen.

Erst mit dem Ende der Gefechte hatte sich der Stau der Autos schließlich aufgelöst. Die Straßen waren während des Nachmittags leer. Zu Hause warteten die Bewohner des islamischen Teils von Beirut auf die Veränderungen, die von den Siegern erzwungen werden würden. Daß sie kommen mußten, war jedem selbstverständlich. Die wenigsten aber wollten sie. Vieles war schon während der vergangenen Jahre in den islamischen Vierteln anders geworden. In Etappen hatte sich der Wandel vollzogen. Ehe der Bürgerkrieg begonnen hatte, war kaum ein Unterschied zwischen Ostbeirut und Westbeirut, zwischen den Stadtteilen der Christen und der Moslems, spürbar gewesen. So deutlich war auch in friedlichen Zeiten die Trennung nicht vollzogen gewesen: Christen hatten durchaus unter Moslems und Moslems unter Christen gelebt. Die Beiruter Moslems hatten meist zu den Sunniten gehört, die immer schon darauf bedacht gewesen waren, mit den Christen in gutem Einvernehmen zu leben. Erst die Ereignisse der Bürgerkriegszeit hatten für eine deutliche Demarkationslinie gesorgt.

Mancher christliche Geschäftsmann hatte lange Mut gezeigt und war nicht vor der Gefahr geflohen. Doch unerbittliche und unentdeckte Gegner waren entschlossen gewesen, die Existenzen der Hartnäckigen zu zerstören. Sprengstoff war ihre Waffe gewesen. Bei nächtlichen Explosionen war eine Ladenfassade nach der anderen zersplittert, war Ware in Flammen aufgegangen. Einige der Geschädigten hatten ihre Läden reparieren lassen und standen wenige Tage später wieder vor zerstörtem Eigentum. Selbst die risikofreudigsten Unternehmer hatten sich schließlich zum Umzug in die Stadtgegenden entschlossen, die dem christlichen Volksteil gehörten.

Die Abwanderung dieser Geschäftsleute hatte zu einer Verarmung des Westbeiruter Stadtbildes geführt. Die neuen Ladenbesitzer – meist Sunniten; nur wenige Schiiten besaßen die finanzielle Kraft, um sich ein Ladengeschäft von vorzeigbarem Standard kaufen oder mieten zu können – legten weniger Wert auf eine geschmackvolle Ausstattung der Schaufensterfront. Sie schränkten ihr Angebot an teurer Ware ein, denn ihnen fehlte die Kundschaft aus dem wohlhabenden christlichmaronitischen Establishment. Zu Billigem aber paßte aufwendige Werbung nicht. Es genügte, das eine französische Wort »Soldes« in Großbuchstaben ans Schaufenster zu kleben – »Gelegenheitsverkauf«. Reizlos war die Stadt geworden.

Doch im Wandel war auch ein beständiger Faktor festzustellen gewesen: Die Frauen in Westbeirut hatten sich – wie die Frauen drüben im christlichen Osten – bemüht, sich nach Pariser Vorbild zu kleiden und sich wie Pariserinnen zu benehmen. Den meisten war die Neigung islamischer Männer, die weiblichen Mitglieder der Familie zu verstecken, ziemlich gleichgültig gewesen – und den Männern hatte diese Haltung durchaus gefallen. Die Frauen hatten, ohne übermäßiges Aufsehen oder Ablehnung zu erregen, in den winzigsten Bikinis im Meer gebadet. Die Sunnitinnen fühlten sich nicht verpflichtet, den Körper zu verhüllen. Schiitinnen aber empfanden Abscheu vor dieser Haltung. Die sunnitischen Frauen Westbeiruts mußten fürchten, daß die Sieger des Kampfes um den islamischen Teil der libanesischen Hauptstadt eine Änderung des Verhaltens fordern würden.

Doch bald schon war die Sorge ums Überleben der nächsten Stunden bedrängender als die Furcht vor Veränderungen der Lebensnormen. Zwar waren die Kämpfe in den Straßen beendet, doch im Verlauf des Nachmittags jenes 6. Februar 1984 geriet Westbeirut zunehmend unter Artilleriebeschuß. Vom christlichen Teil flogen die Granaten und Raketen herüber. Sie detonierten mitten in den Wohnvierteln. Offenbar waren den Kanonieren zwei Ziele vorgegeben: Sie sollten die Militärkasernen am Westende der Mazraastraße und beim Bain Militaire am Meer treffen. Doch ihre Zielsicherheit war gering – aus Unvermögen und wohl auch aus Wut über die unvermutete Niederlage jenes Nachmittags. So schlugen nur wenige Geschosse im Bereich der Kasernen ein. Die meisten Sprengkörper vernichteten Wohnhäuser. Auch die deutsche Botschaft wurde schwer beschädigt.

Die ganze Nacht hindurch dauerte die Kanonade an. Gegen Morgen steigerte sich die Schußfrequenz von zwei auf fünf Raketen pro Minute. Erst nach Sonnenaufgang konnten sich die Bewohner Westbeiruts aus den Kellern und improvisierten Unterständen wagen. Die barbarische Strafaktion war zu Ende: Gefeuert hatte die Armee auf die abtrünnigen Einheiten der eigenen 6. Brigade; getroffen worden waren die Wohnviertel der Sunniten und der schiitischen Flüchtlinge im islamischen Teil der libanesischen Hauptstadt.

Am Morgen nach der Raketennacht präsentierte sich Westbeirut drastisch verändert. Die Fassaden vieler Hochhäuser waren zur Erde heruntergestürzt. Andere Gebäude wiesen gewaltige Einschußlöcher auf. Dächer waren abgedeckt. Mehrere hundert Autos waren auf Parkplätzen ausgebrannt. Schutt lag auf den Straßen. In Kratern quoll aus geborstenen Leitungen Wasser. Hunderte von Männern und Frauen waren dabei, Scherben und Mauerbrocken aus den Wohnungen zu räumen. Besonders hart getroffene Familien – zum Glück waren es nur wenige – mußten Tote bestatten.

Die Menschen hatten sich verändert. Die Angst der Nacht hatte sie alle gezeichnet. Kein Rest Lebenslust war geblieben. Am Morgen hüteten sich die Frauen, kurze Röcke anzuziehen. Die Männer unterließen die Rasur: Die Gesichter wiesen bald dunkle Schatten auf. Die Schiiten, das wußte jeder, wollten, daß der Mann sein Gesicht durch einen Bart schmückte. Die Sunniten suchten Ärger mit den schiitischen Siegern zu vermeiden. Ängstliche aber trafen sich, um die Frage zu erörtern, ob Beirut überhaupt noch eine Heimat für sunnitische Moslems sein könne.

Insgesamt hatten die Sunniten bisher kein Unrecht darin gesehen, Bier, Wein oder Whisky zu trinken. Die Bars der Weststadt und die meist unscheinbaren Nachtlokale waren stets gut besucht gewesen; ohne Scheu hatten die Restaurants alkoholische Getränke ausgeschenkt. Damit wollten die neuen Herren Schluß machen. Am späten Vormittag des 7. Februar fuhren Patrouillen einer extremen Fraktion der Schiitenmiliz von Bar zu Bar, von Nachtlokal zu Nachtlokal. Sie verlangten eingelassen zu werden. Blieben die Türen verschlossen, dann wurden sie eingeschlagen. Wenig später klirrten Scherben, plätscherte Flüssigkeit über Regale. Die Milizionäre vernichteten alle Getränke, die Alkohol enthielten. Protestierte ein Barbesitzer, so wurde ihm gesagt, dies geschehe auf Anweisung von Ayatollah Khomeini, der für die ganze Welt Bier, Wein und Whisky verboten habe. Das Wort des Ayatollah gelte jetzt in Westbeirut – und bald überall im Libanon.

Um die Mittagszeit waren Plakate mit dem Bild des Ayatollah an den Hauswänden zu sehen. Händler boten auf dem Gehweg der einst fast eleganten Geschäftsstraße Hamra Khomeinibilder in bunten Farben und einfacher Ausführung an. Jeder war aufgefordert, ein Porträt des Führers der Islamischen Revolution des Iran in seine Geschäftsräume und in sein Wohnzimmer zu hängen noch als Aufkleber ans Heckfenster der Kraftfahrzeuge zu kleben. Bescheiden war dagegen das Angebot an Fotografien des lokalen politischen Schiitenchefs Nabih Berri, der kein Interesse daran hatte, als Heiliger verehrt zu werden. Diesen Vorzug überließ er anderen – zu seinem Nachteil.

»Wir folgen dem Weg Khomeinis, und wir glauben, der Imam Khomeini ist der spirituelle Führer aller Moslems der Welt.« Dieses Bekenntnis spricht der libanesische Geistliche Sayyid Mohammed Hussein Fadlallah aus, dessen eindrucksvolle Statur durch den schwarzen Rock des religiösen Gelehrten betont wird. Knapp sechzig Jahre ist er alt. Schwarzgraue Haare umgeben Backen, Mund und Kinn. Auf dem Kopf trägt er einen schwarzen Turban, womit er anzeigt, daß er zu den wenigen Auserwählten zählt, die in direkter Linie vom Propheten Mohammed abstammen. Das berechtigt ihn, in Religion und Politik zugleich bestimmend zu sein. Der schwarze Turban gibt ihm Autorität innerhalb der Schiitengemeinde.

Zentrum der Predigertätigkeit des Geistlichen Sayyid Mohammed Hussein Fadlallah ist die Moschee des Schiitenviertels Bi'r al-Abed am Südostrand von Beirut. Dort wendet er sich freitags zur Mittagszeit an die Gläubigen, um ihnen den Willen des spirituellen Führers Ruhollah

Khomeini mitzuteilen. Eigentlich aber, so sagt er, sollten alle Moslems in Beirut Zuhörer sein: »Beirut soll nicht geteilt sein in eine islamische und in eine christliche Hälfte. Ebensowenig soll der ganze Libanon geteilt sein. Es ist nicht der Wunsch des spirituellen Führers, daß im christlichen Teil ein selbständiger christlicher Staat entsteht. Der Libanon ist ein Land mit einer islamischen Mehrheit. Es gibt gar keinen Zweifel daran, daß diese islamische Mehrheit das Land regieren wird. Diese Chance haben bisher selbst viele derjenigen nicht erkannt, die den Sieg vom 6. Februar erkämpft haben.«

Der Geistliche meint den Schiitenführer Nabih Berri: »Er führt seine Kampforganisation Amal, als ob es sich um eine politische Partei handle. Nabih Berri vergißt die religiöse Komponente. Er sagt kein Wort über die Religion.« Nach Meinung des Geistlichen sollte der Amalchef durch einen Mann des Glaubens abgelöst werden, erst dann könne der Islam zur bestimmenden Ideologie für die Regierung im Libanon werden.

Die Rolle der Christen im künftigen Staat definiert der schiitische Geistliche so: »Die Christen werden im Libanon Angehörige einer geschützten Minderheit sein. Wir möchten, daß sie Bürger sind wie andere auch. Von der islamischen Regierung werden sie Leben, Sicherheit und Recht garantiert erhalten. Das bedeutet keineswegs, daß sie Menschen zweiter Klasse sind. Die Christen sind eben nur nicht mehr die dominierende Kraft im Libanon.«

Der Geistliche meint, er könne verstehen, daß die Christen an der Ostküste des Mittelmeers vor dieser Entwicklung in Sorge lebten. Zu oft hätten im Verlauf der Geschichte islamische Herrscher den Fehler gemacht, Christen zu unterdrücken, auszubeuten, rechtlos zu machen. Dies werde im islamischen Staat Libanon nicht geschehen.

In weniger als zehn Jahren, so meint Sayyid Mohammed Hussein Fadlallah, werde es diesen islamischen Staat geben. Dann habe der spirituelle Führer Khomeini seine Aufgabe für den Libanon erfüllt. Andere würden sich veranlaßt sehen, sein Werk fortzusetzen.

Die Vision des schiitischen Geistlichen von der Zukunft des Libanon regt die Christen zum Widerstand an. Sie wollen sich bewahren, was sie während eines langen geschichtlichen Prozesses geschaffen haben. In Höhen und in Tiefen hatte dieser Prozeß geführt. An seinem gegenwärtigen Endpunkt war zwar das Gespenst der Auslöschung des christlichen Charakters des Libanon zu einer wirklichen Gefahr geworden, doch gleichzeitig war das Bewußtsein der christlichen, besonders der maronitischen Libanesen gewachsen, im Kampf um die Identität, um die Eigenständigkeit, eine historische Aufgabe zu erfüllen, die vor nahezu einneinhalb Jahrtausenden begonnen hatte.

Vier Religionsgruppen streiten sich um den Libanon

Die Maroniten

Wenig ist bekannt von ihrem Ursprung. Kaum eine gesicherte Tatsache ist überliefert vom Gründer der Sekte. Wahr ist wohl, daß er Maron hieß und um das Jahr 400 in Syrien lebte, in einer abgelegenen Landschaft am Fluß Orontes, der auf heutigen Landkarten Nahr al-Asi heißt. Den wenigen, die dem einsamen Mann begegneten, fiel seine Lebensart auf: Maron hatte sich daran gewöhnt, unter freiem Himmel zu schlafen und zu wachen. Nur bei strengem Winterwetter soll er Schutz in einer einfachen Hütte gesucht haben. Peitschenden Regen und sengende Sonnenstrahlen ertrug er offenbar zur Buße. Wofür Maron zu büßen hatte, von welcher Schuld er sich bedrückt fühlte, weiß niemand zu berichten.

Männer und Frauen wanderten von nah und fern in die Einöde am Fluß Orontes, um den frommen Einsiedler zu sehen, und mancher der Neugierigen blieb , um ebenfalls ein Leben der Buße zu führen. So bildete sich eine Gemeinde. Maron predigte seinen Anhängern von Gott und von Jesus. Die Basis seiner Predigten war die Überlieferung des Neuen Testaments. Doch die Erinnerung daran, wie Maron die Texte deutete, ist erloschen.

Vielfältige Auslegungen waren damals schon möglich. Streit war entbrannt in der christlichen Welt des Orients um das Wesen Jesu Christi. Daß Jesus Gott und Mensch zugleich gewesen sein soll, beschäftigte die Vorstellungskraft der Theologen. Erklärungen wurden gesucht für die Art der Verknüpfung des göttlichen und menschlichen Charakters in einer Person: War Jesus überwiegend göttlicher Natur oder überwiegend menschlicher Natur gewesen? War ein Einklang der beiden Naturen überhaupt möglich? Die Gelehrten der Hohen Schule von Alexandria am Nil glaubten eine Verschmelzung der Wesenszüge in der Person Jesu Christi erkannt zu haben. Die Gelehrten in Antiochia aber empörten sich darüber; sie verlangten, jeder Christ habe deutlich zu unterscheiden zwischen dem Menschen Jesus und dem Sohn Gottes.

Unversöhnlich standen sich die Gläubigen der beiden Lehrmeinungen gegenüber. Sie beschuldigten den Andersdenkenden der gottlosen Ketzerei und verlangten von der Staatsautorität Bestrafung, ja sogar Vernichtung der Ketzer. Angesprochen und zuständig war der Kaiser, der in Konstantinopel regierte. Jeder Herrscher, der auf dem oströmischen Thron saß, mußte an der Einheit des Reiches interessiert sein. Sie aber konnte er nur bewahren, wenn der Glaube einheitlich blieb. Verloren die Menschen des großflächigen Reiches die Einheitlichkeit der religiösen Überzeugung, dann drohte dem Staat politische Spaltung. Selbstverständlich galt in jener Zeit der Grundsatz der ungebrochenen und absoluten Übereinstimmung von Politik und Religion: Der Glaube diente als Staatsideologie und damit als Basis der kaiserlichen Macht. Brach der Glaube in unterschiedliche Überzeugungen auseinander, dann wankte auch der Thron des Kaisers.

Trotz der Verwebung von Macht und Religion fühlte sich keiner der Herrscher berufen, den theologischen Streit selbst zu beenden. Sie fügten sich der Entscheidung einer Mehrheit der wichtigsten Geistlichen ihres Landes. Da die meisten der Theologen der Lehre folgten, Jesus habe zwei völlig getrennte Wesen in sich vereinigt, bekannten sich auch die Kaiser zu dieser Überzeugung – und ließen fortan die Anhänger der Theorie von der Verschmelzung der göttlichen und der menschlichen Natur Jesu zu einem einzigen Wesenszug mit Gewalt verfolgen.

Möglich ist, daß der Einsiedler Maron ein Anhänger der Überzeugung von der Verschmelzung der beiden Naturen in der Existenz des Gottessohnes war. Stimmt diese Annahme, dann läßt sich die Wahl des Aufenthaltsortes erklären: In der abgelegenen Landschaft am Orontes konnte Maron sicher sein vor Verfolgung.

Maron, das Oberhaupt der Gemeinde der »Maroniten«, starb um das Jahr 410. In einer kleinen Kapelle, die beim heutigen Ort Qal'at al-Modiq am Orontes errichtet worden war, wurde er bestattet. Um das bescheidene Gotteshaus entstand bald ein Kloster, von dem in alten Urkunden berichtet wird, sein Gebäudekomplex sei ausgedehnt gewesen und habe schließlich 300 Zellen umfaßt. Dokumente aus dem Anfang des 10. Jahrhunderts lassen erkennen, daß das »Kloster vom Heiligen Maron« außergewöhnlich wohlhabend war. Es besaß in seinen Gewölben Schätze aus Gold und Silber und eine bemerkenswerte Sammlung wertvoller Steine.

Der Reichtum des Klosters der Maroniten erweckte Neid. Die geistlichen Herren anderer christlicher Sekten schickten Bewaffnete mit dem Auftrag, die Gewölbe auszurauben und die Klostergebäude zu zerstören. Die Zahl der Neider wuchs ständig im Verlauf der Jahrhunderte, da die Abspaltung weiterer Sekten nicht aufzuhalten war: Neue und immer spitzfindigere Definitionen vom Wesen Christi lösten die Bildung weiterer Religionsgruppen aus. Um zu überleben, um sich durchzusetzen, mußten sie ihren Standpunkt militant behaupten. Bestehende Konkurrenten im Bemühen um Einfluß auf die Menschen, die zwischen der Ostküste des Mittelmeers und dem Oberlauf der Urströme Euphrat und Tigris lebten, wurden, wann immer dies möglich war, vernichtet.

Die oströmische Staatsgewalt reichte zur Sicherung der Ordnung nicht aus. Maronitische Annalen erzählen von erlittenen Überfällen, Plünderungen, Brandschatzungen und von Mord. Im Jahre 517 schrieb ein maronitischer Würdenträger, der sich »Archimandrit des Klosters vom Heiligen Maron« nannte, an den Papst: »Wir haben 350 unserer Mönche durch heimtückische Gegner verloren. Ableger unseres Klosters rings im Land sind niedergebrannt worden.«

Während jener Jahre entstanden Kirchenorganisationen, die sich von den staatlich gestützten Anhängern der Lehre von den zwei Naturen Christi – »Dyophysiten« genannt – nichts sagen ließen. Die Gegner der Dyophysiten waren die »Monophysiten«. Sie wurden zur Wurzel einiger Glaubensgruppen, die heute noch Bedeutung im Nahen Osten haben; dazu zählen die Kopten sowie die Äthiopische, die Armenische und die Syrische Kirche.

»Bet Maron« – das Haus Maron –, das Kloster am Orontes, geriet häufig in den Verdacht, die Lehre der Monophysiten zu beherbergen, trotz aller Beteuerungen der Mönche, in ihrem Haus sei kein Platz für Ketzerei. Daß hinter den mächtigen Klostermauern keine Lehre eigener Prägung gepflegt wurde, wollten die Theologen in Konstantinopel nicht glauben. Beweise für die Berechtigung ihrer Skepsis fanden sie jedoch nie. Hatte der Einsiedler Maron wohl eigene Gedanken über die Natur Christi gehabt, so waren seine späteren Nachfolger streng darauf bedacht, sich zum orthodoxen Glauben des Kaisers zu bekennen. Sie haben dafür Opfer bringen müssen.

Die Maroniten und die islamischen Eroberer

Zu bezweifeln ist, daß die gelehrten Mönche des Bet Maron im Jahre 632 wußten, welches Unheil sich 1000 Kilometer südwärts von ihrem Kloster vorbereitete. Sie hatten keine Beziehung zu den arabischen Beduinenstämmen der Wüste. Ein schärferer Kontrast als zwischen Mönchen, die sich in einer Klosterzelle mit Gedanken über die Natur Christi befaßten, und den Reitern, die auf der Jagd nach Beute in Horden die Wüste durchstreiften, ist kaum denkbar. Nichts hatten die Mönche wohl erfahren über Mohammed, den Kaufmann aus Mekka, der sich

von Gott berufen gefühlt hatte, den Beduinen des weiten Wüstenge-
biets um die Städte Mekka und Medina ein Gesetz und eine staatliche
Ordnung zu geben. Und wäre ihnen davon berichtet worden, sie hätten
den Vorgang nur gering bewertet.

Welches Gewicht konnte ein Staat in der Sandöde schon haben, der
über keinerlei wirtschaftliches Potential verfügte, der keine erfahrene
und ausgerüstete Armee besaß? Von Bedeutung für die Mönche waren
allein die zwei Großmächte Byzanz und Persien; sie galten als gleich-
wertige wirtschaftliche und militärische Riesen. Ihre gewaltigen Heere
bekämpften sich auf syrischem Boden, nur wenige Tagesritte vom
Kloster entfernt.

Erfolge und Niederlagen wechselten für beide Giganten ab. Im Jahr
540 war der persischen Reitertruppe der Vorstoß nach Antiochia gelungen; Byzanz reagierte Jahre später mit Gegenattacken, die deshalb siegreich endeten, weil im Tigrisgebiet religiös orientierte antipersische
Aufstände ausgebrochen waren. Gerade dort, wo die Fronten der Großmächte aufeinanderstießen, lagen die Klöster der zahlreichen Sekten.
Die Mönche und ihre Gefolgsleute versuchten, den Kriegsverlauf zu
beeinflussen. Wer zu den monophysitischen Sekten gehörte, der
wünschte sich den Sieg der Perser, denn die Herrscher des östlichen
Großreiches behandelten die Gläubigen der Lehre von der absoluten
Einheit der zwei Naturen in der Existenz Jesu rücksichtsvoll, da diese
Meinung der persischen Überzeugung vom Wesen Gottes nahestand.
Die Dyophysiten hingegen, wie die Anhänger des Bet Maron, hatten
sich eng an Byzanz gebunden; sie konnten sich nur den Sieg des oströmischen Kaisers erhoffen. Sie mußten die Eroberung von Jerusalem
durch die Perser im Jahre 614 als schmerzlichste Niederlage und Demütigung empfinden, hatten doch die Sieger die Reliquie des Heiligen
Kreuzes Christi als Kriegstrophäe entführen können. Mit Gefühlen des
Triumphes werden die Maroniten im Jahre 628 die Nachricht gehört
haben, daß Kaiser Heraklios die Perser besiegt und das Heilige Kreuz
der christlichen Welt zurückerobert hatte. Durch Mohammed, den Propheten aus Mekka, war dieser byzantinische Sieg vorausgesagt worden.

Der Preis für den Sieg war hoch gewesen: Byzanz hatte seine wirtschaftlichen und militärischen Reserven angreifen müssen; Soldaten
und Kommandeure hatten das Interese am Krieg verloren. Als vier Jahre nach dem Sieg über die Perser überraschend drei Reiterkolonnen aus
Arabien in byzantinisches Gebiet vorstießen, da besaß der christliche
Staat keine Kraft mehr zur Abwehr der Aggression. Ein verzweifelter
Versuch, den Siegeslauf des Islam am Jordannebenfluß Jarmuk aufzuhalten, scheiterte, weil Vasallen des christlichen Kaisers die Front wechselten. Zu den Abtrünnigen zählten auch Sippen, die sich zum mono-

physitischen Glauben bekannten. Sie waren überzeugt, bei den Moslems mehr Verständnis zu finden. Im August des Jahres 636 wurden wichtige Gebiete der Ostküste des Mittelmeers islamisch.

Der für Syrien zuständige Moslemgouverneur – sein Name war Mu'awiya – hatte den Willen, seine Provinz, die er von Damaskus aus regierte, in ein Musterland zu verwandeln. Das Regierungskonzept sah vor, auch nichtislamische Religionsgemeinschaften, die ihrem Glauben treu bleiben wollten, in das öffentliche Leben einzubinden; ihre Mitglieder sollten zwar gegenüber den Moslems besondere Pflichten, aber auch durchaus Rechte besitzen. Mu'awiya stellte sich die Aufgabe, erst einmal dafür zu sorgen, daß sich die Christensekten auf gemeinsame Glaubenspositionen einigten. Die Diskussion um die menschliche und die göttliche Natur eines Gottessohnes blieb ihm fremd – nach seiner Überzeugung galt der Glaube an einen Sohn des Allmächtigen ohnehin als Gotteslästerung. Mu'awiya beorderte führende Vertreter der Monophysiten und der Dyophysiten zu sich nach Damaskus. Mit Erstaunen muß er dem Vertreter des Bet Maron zugehört haben, der die Wesensspaltung Jesu mit Wortgewalt verteidigte.

Was der Kaiser von Byzanz und die Konzilien in Jahrhunderten nicht vollbracht hatten, das konnte dem islamischen Gouverneur von Damaskus nicht im Handstreich gelingen: Keine der beiden christlichen Parteien war gewillt nachzugeben. Die Versöhnungskonferenz endete, wie sie angefangen hatte – im Streit.

Daß der Herrscher über Syrien, und damit über das Gebiet des Flusses Orontes, nicht mehr der christliche Kaiser, sondern der islamische Kalif war, änderte zunächst wenig am Leben der Maroniten. Sie gehörten nicht – wie die monophysitischen Sekten – zu den bevorzugten Christen, doch sie waren keiner Verfolgung ausgesetzt. Die Zahl der Anhänger stieg. In den Jahren nach der arabischen Eroberung mag die Gemeinschaft 5000 Männer und Frauen umfaßt haben. Die wenigsten der Mitglieder lebten noch in der unmittelbaren Umgebung des Klosters Bet Maron. Sie wohnten in den Dörfern am Fluß Orontes und in den Städten Homs und Antiochia. Die Maroniten, die als Laien und nicht als Mönche lebten, waren meist wohlhabende Kaufleute und besitzende Handwerker. Mit Fleiß und Geschick vermehrten sie ihr Eigentum und verbargen den Wohlstand nicht. So entstand bald ein soziologisch brisantes ökonomisches Gefälle: Die Angehörigen der Maronitensekte besaßen meist feste, gemauerte Häuser, während die übrige christliche Bevölkerung und die zum Islam übergetretenen Männer und Frauen in Zelten und Hütten wohnten. Die islamische Verwaltung, irritiert durch die sozialen Unterschiede, reagierte durch Besteuerung des Eigentums der Maroniten. Diese Maßnahme wurde von der Leitung des Bet Maron als ungerecht empfunden. Sie war jetzt, in der Konfrontation mit der islamischen Staatsführung, bereit, sich mit der monophysitischen Kirche zu einigen. Die Patriarchen der bisherigen Gegner wurden gebeten, Fürsprecher für die Maroniten beim Kalifen zu sein.

Doch da waren im islamischen Staat nicht mehr Mu'awiya und dessen Familie, die Omayyaden, zuständig. Die Männer des Omayyadenclans waren im Jahr 750 durch brutale Morde ausgelöscht worden. Organisator der Morde war der Clan der Abbasiden, der weit im Osten des islamischen Reiches seine Heimat hatte. Waren die Omayyaden noch von der geographischen Nähe zu Byzanz geprägt und damit gegenüber Christen einigermaßen mild gesinnt gewesen, so dachten die Abbasiden nicht daran, tolerant zu Andersgläubigen zu sein.

Die Maroniten bekamen zu spüren, daß sie als Gottesfeinde betrachtet wurden. Der Druck der staatlichen Kontrolle verstärkte sich; immer deutlicher wurde auch die Gier der Regierenden nach dem Reichtum der Sekte. Die maronitischen Kaufleute und Handwerker sahen für sich keine Zukunft mehr in den Dörfern und Städten Syriens, in denen sie dem Griff der islamischen Verwaltung ausgesetzt waren. Sie entschlossen sich, ihre Existenz dem Schutz des Libanongebirges anzuvertrauen.

Nur Pfade führten damals hinauf in die Bergkette, die parallel zur Ostküste des Mittelmeers verläuft. Eine einzige befestigte Straße durchquerte das Libanongebirge: Sie verbindet heute noch Beirut mit Damaskus. Südlich und nördlich dieser Paßstraße schneiden schroffe Schluchten in die Berge ein, deren Gipfel 2000 Meter über die Küstenebene hochragen. Weit herunter in die Täler liegt von November bis April Schnee, häufig metertief.

In diesem rauhen Klima gedieh nahe der Vegetationsgrenze eine Baumart besser als alle anderen: die Zeder. Sie wurde zum Symbol der Maroniten, die das unwegsame Gebirge als Heimat wählten. So wie die Zeder wollten sie sich am kargen Boden der Schluchten festklammern für alle Zeiten. Die Männer und Frauen, die den Orontes damals verließen, waren geleitet von der Überzeugung, Gott habe ihnen das Libanongebirge als Eigentum zugewiesen. Die Berge stellten ihr Gelobtes Land dar.

Kreuz und Zeder

Die Wanderung der Maroniten aus dem Orontestal erfolgte nicht in einer Marschkolonne. Nach und nach, zögernd, machten sich die Familien auf den Weg. In Gegenden, die sie für sicher hielten, gründeten sie

Dörfer. Zunächst besiedelten sie das Gebiet am Fuß jenes Gebirgsmassivs, auf dem heute die letzten Dutzend Zedern des Libanon wachsen. Bald nach der Ankunft waren die Geistlichen darauf bedacht, daß in der neuen Heimat Kirchen gebaut wurden. Die erste, dem Heiligen Mammas geweiht, ist bereits im Jahre 749 im Dorf Ehden östlich von Tripoli entstanden. Ein Kreuz zierte das Dach der Kirche. Von nun an verbanden sich Kreuz und Zeder zum Wahrzeichen der Maroniten.

Die geistliche Führung der maronitischen Kirche blieb noch über mehrere Generationen hinweg im Kloster Bet Maron am Orontes, mitten im islamisch beherrschten Gebiet. Nachzuweisen ist, daß das Klostereigentum im Jahre 845 von der islamischen Verwaltung in Damaskus noch nicht angetastet worden war. Eine Schrift, damals aufgezeichnet, nennt Bet Maron noch immer »blühend«. Ein Jahrhundert später jedoch war der Gebäudekomplex bereits zerstört.

Der arabische Gelehrte Mas'udi, der im Jahr 956 gestorben ist, notierte: »Durch mehrere Überfälle der Moslems ist das Kloster vernichtet worden. Der Kalif hat darauf gedrängt, die Häuser zu verbrennen.« Mas'udi schrieb nicht auf, welcher Kalif die Verantwortung für die Zerstörung von Bet Maron trug, doch paßt sie in das politische Konzept des Kalifen al-Mutawakkil, der von 847 bis 861 das islamische Reich regierte. Er hatte sein Amt in Baghdad angetreten, war aber bald schon nach Damaskus umgezogen. Syrien sollte seine politische Heimat werden – in ihr wollte er die Anbetung des Gottessohnes Jesus, die ihm als perverser Irrglaube galt, nicht dulden.

Maronitischen Dokumenten ist zu entnehmen, daß ab 939 die Kirchenleitung – an ihrer Spitze stand ein Patriarch – im Libanongebirge zu Hause war. Führung und Gemeinde blieben dort tatsächlich unbehelligt. Die Flucht in die Berge hat die Maronitensekte vor Auflösung und Auslöschung bewahrt.

Die Menschen des Landes rings um die Berge aber wurden hineingerissen in einen Strudel ständiger Gewalt: Um Syrien und um den Boden des heutigen Libanon stritten erst Moslemheere und Armeen aus Byzanz; dann fielen Reiter des Turkvolkes der Seldschuken ein und schließlich die Krieger der Fatimidenkalifen, die am Nil regierten. Drei Jahrhunderte lang hatte Syrien das Schicksal zu erleiden, »Kreuzweg der Kriegsnationen« zu sein. Sie brachen mit Feuer und Schwert über Dörfer und Städte herein. Zu erobern und dann zu zerstören war ihre Absicht – bleiben wollte keiner der Eroberer. Die Fremden ließen sich bei hinhaltendem Widerstand der von ihnen Bedrängten nicht auf lange Belagerung und Abnützungskrieg ein. Wer sich wehren konnte, den ließen sie ungeschoren.

Diese Tatsache hatte die Führung der Maronitenkirche bald begriffen. Sie handelte entsprechend: In den Dörfern entstanden Milizen bewaffneter Männer, die durchweg vom wohlhabendsten Landbesitzer kommandiert wurden. So wurde der jeweils wirtschaftlich Stärkste auch zum politisch-militärisch Mächtigsten. Kaum war im Libanongebirge aus der Schicht derer, die Boden erworben hatten, eine Art Landaristokratie herangewachsen, da verwandelte sie sich rasch zur Militäraristokratie mit politischer Vollmacht. Die Mitglieder dieser Adelsklasse trugen und tragen bis heute – analog zum Brauch der islamischen Clans – die Titel Emir und Scheich.

Die Entwicklung führte folgerichtig dazu, daß eine Feudalschicht entstand, die herrschaftlich über Boden und Menschen verfügte, die das Recht des Richtens besaß. Dabei handelte es sich um keine Besonderheit der Maroniten. Auch andere Clans und Völker an der Ostküste des Mittelmeers haben diese Ordnung im Verlauf der Jahrhunderte übernommen – und bis heute beibehalten.

Aus der Sekte der Maroniten wurde in schwieriger Zeit zwischen dem 9. und dem 11. Jahrhundert eine riesige Großfamilie, der eine Respektsperson vorstand, die väterlich oder gewalttätig, je nach Temperament, über die anderen bestimmen konnte. Erleichtert wurde dieser Prozeß der Verwandlung durch die Abgeschlossenheit, in der die Maroniten – und später andere Volksgruppen auch – im Libanongebirge leben mußten.

Die Abgeschlossenheit endete während der letzten Jahre des 11. Jahrhunderts: Auf Geheiß des Papstes trafen Ritter aus Europa ein, die sich verpflichtet hatten, den bedrängten Christen in der Region von Jerusalem zu helfen.

Jubel über die Ankunft der Kreuzritter

Nach Meinung der damaligen Maronitenführung hatte der Himmel »die Franken« auf den weiten Weg geschickt. Sie verkündete, das christliche Volk im Libanongebirge sei ein Bollwerk des rechten Glaubens gewesen. Erstaunlich schnell verbündeten sich die bisherigen Verteidiger der oströmischen Glaubensprinzipien mit den »Lateinern«. Die Maroniten erklärten, schon immer hätten sie sich an Rom gebunden gefühlt – Byzanz und der islamische Staat hätten die enge Verbindung verhindert. Jetzt aber sei »Rom zu ihnen gekommen«, um die Union zu ermöglichen.

Den Worten folgte die Tat. Die Milizen der Maroniten wurden mobilisiert zum Kampf an der Seite der Kreuzritter. Die Milizkämpfer waren meist erfahrene Bogenschützen, die aus der Deckung des Waldes heraus für den Feind gefährlich waren. Sie kannten die Schluchten und Pfade und waren deshalb wertvoll als Kundschafter und Boten. Die Maronitenkämpfer erleichterten die Siege von Tripoli, Beirut und Sidon. 1099 zogen sie mit hinauf nach Jerusalem, um den französischen und deutschen Rittern bei der Eroberung der Heiligen Stadt zu helfen. Die Belohnung bestand darin, daß sie bevorzugt wurden vor anderen christlichen Religionsgruppen. Die Geistlichkeit und der Adel der Maroniten schritten beim Eintritt in die Grabeskirche von Jerusalem direkt hinter den Würdenträgern der europäischen Ritterschaft, vor den Vertretern der byzantinischen Kirche und der Monophysitensekten, einher. Die Maroniten genossen besondere Rechte: Sie durften im Gebiet des christlichen Königreichs Jerusalem unbeschränkt Land erwerben. Dieser Vorzug war sonst nur den Franken vorbehalten.

Der Partnerschaft zwischen Kreuzrittern und Maroniten sind Angaben über die Größe des maronitischen Volkes in jener Zeit zu verdanken: Die Verwaltung des christlichen Königreichs bemühte sich um konkrete Statistiken. Guillaume de Tyr schrieb nieder, der Maronitenkirche gehörten 40 000 Gläubige an. Wahrscheinlich ist, daß nach der Sitte jener Zeit die Frauen in dieser Zahl nicht eingeschlossen waren – sie zählten nicht. Werden Frauen und Kinder hinzugerechnet, ist die Angabe »40 000« mindestens zu verdoppeln. Zulässig ist die Annahme, daß nicht ganz 100 000 Menschen während der Existenz des christlichen Königreichs Jerusalem zum Volk der Maroniten gehörten.

Hatte die Führung der Kirche bei Ankunft der Kreuzritter die enge Verbindung mit Rom, mit dem Papst beschworen, so sorgte sie dafür, daß der Kontakt politische Realität wurde. Der Patriarch und die führenden Vertreter der Geistlichkeit erinnerten sich an die Gefahren jener Zeit, als ihre Kirche in der Isolation existieren mußte, durch islamisch beherrschtes Territorium losgelöst von der christlichen Welt. Diese Erfahrung hatte gelehrt, keinen Wert auf Eigenständigkeit zu legen. Im Gegenteil: Der Patriarch bot dem Papst das Recht der Bestätigung seiner Patriarchenwürde an. Damit ordnete sich die Kirchenführung der päpstlichen Autorität unter.

Obgleich kein Dokument aus der Kreuzritterzeit Zeugnis gibt von dieser Unterordnung, gilt sie als sicher, als bestätigt durch einen Brief aus dem Jahre 1494. Damals schrieb der maronitische Geistliche Gabriel Ibn al-Qela'i an den Patriarchen Simon de Hadath, er möge den Papst schnell um Bestätigung der Amtsübernahme bitten: »Ein solches Gesuch um Bestätigung ist keineswegs eine von mir erfundene Neuerung. Wir bewahren fünfzehn päpstliche Briefe auf, alle mit dem Siegel versehen. Die Briefe geben Antwort auf das Ersuchen der Patriarchen, der Papst möge ein Zeichen geben, daß er mit ihrer Person an der Spitze der Kirche einverstanden ist. Der älteste der päpstlichen Briefe ist vor 282 Jahren geschrieben worden.« Stimmt diese Angabe, dann hat ein Patriarch im Jahre 1212 dem Papst seine Ergebenheit mitgeteilt. Damals war zwar Jerusalem dem christlichen Königreich schon verlorengegangen, doch das Gebiet des Libanongebirges samt den Städten Beirut und Tripoli war noch fest in der Hand der Ritter.

Von den Geistlichen, die mit den Rittern aus Europa gekommen waren, übernahmen die Maroniten die Sitte, den Gläubigen durch Glockengeläut mitzuteilen, daß ein Gottesdienst beginnt; bis dahin hatte der Klang von Holzbalken, die gegeneinandergeschlagen wurden, genügt.

Welche Position die maronitische Kirche im christlichen Königreich besaß, ist aus einer Schenkung zu ersehen, für die Königin Konstanze verantwortlich war: Sie übergab dem Patriarchen das Besitzrecht an einer Grotte, in der nach dem Glauben jener Zeit das echte Kreuz Christi aufgefunden worden war. Die Königin hatte für die Grotte aus dem Vermögen ihres verstorbenen Mannes – es war Robert, der König von Sizilien – 10000 Goldstücke bezahlt.

Rache der Moslems

Da die Maroniten auch nach hundert Jahren der Existenz des christlichen Königreichs die einzigen Freunde der Kreuzritter geblieben waren, konnte es nicht gelingen, den Staat in die Ordnung anderer Staaten ostwärts des Mittelmeers einzufügen; er blieb ein isoliertes Gebilde in islamischer Umwelt. Die Mitglieder der führenden Schicht des Staates, die Grafen und Barone, hatten nie die Absicht gehabt, sich in das Umfeld der neuen Heimat im Orient zu integrieren. Sie behandelten die Moslems teils mit arroganter Herablassung, teils mit bösartiger Verachtung. Den Andersgläubigen ihr Eigentum wegzunehmen galt der Elite des christlichen Königreichs als selbstverständliche Pflicht.

Den Christenstaat, diesen Fremdkörper, auszulöschen sahen die Verantwortlichen der islamischen Hauptstädte Damaskus und Cairo als Ziel ihrer Politik. Über drei Generationen zog sich der Kampf hin, doch dann begann die Widerstandskraft der Christen zu erlahmen. Immer enger wurde das Territorium, das von den Rittern kontrolliert wurde; immer kleiner wurde der Raum, in dem sich die Maroniten sicher fühlen konnten. Vom Jahr 1277 an vollzog sich der Zerfall des christlichen Staatsgebildes sehr rasch: In jedem Jahr ging mindestens eine befestigte Stadt verloren. Beirut, Sidon (Saida) und Tyrus (Tyr oder Sur) ergaben sich 1291. Der Traum vom Königreich Jerusalem war zu Ende.

Die Angehörigen des maronitischen Volkes, die im Gefolge der Kreuzritter überall im Königreich gelebt hatten, besannen sich wieder auf das Libanongebirge: Sie zogen sich in die Schluchten und auf die Berghänge zurück, entschlossen, dort den Moslems Widerstand zu leisten. Der Patriarch aber hatte das Unglück, in die Hand der Gegner zu fallen. Sie feierten den geglückten Handstreich gegen den geistlichen Führer der Maroniten als ihren größten Erfolg, als krönenden Abschluß des langen Krieges gegen die Kreuzritter.

Mit dem Wechsel der Generationen hatte sich auch die islamische Umwelt des Libanongebirges verändert. Die Gegner der Christen waren nicht mehr die in Damaskus residierenden Statthalter der Abbasidenkalifen. Das Regime in Baghdad war zerbrochen unter dem Ansturm östlicher Wandervölker, Syrien – dazu gehörte damals auch der heutige Libanon – war unter die Herrschaft der Mamluken geraten, die am Nil zu Hause waren. Diese Soldatenkaste hatte entschlossen aufgeräumt mit der überalterten Ordnung des Kalifenstaates. Offiziere hatten die traditionelle Adelselite in ihrem Herrschaftsgebiet beseitigt und den Einfluß der islamischen Geistlichkeit beschnitten, um selbst über absolute Macht zu verfügen. Sie waren Militärsklaven gewesen, zum Gehorsam erzogen; mächtig geworden, verlangten sie Gehorsam.

Die Maroniten, zur Kreuzritterzeit Bestandteil der herrschenden Schicht an der Ostküste des Mittelmeers, wurden zur niederen Klasse heruntergestuft. Die Scheichs und Emire behielten ihre Position, doch mußten sie ihre bewaffneten Milizen auflösen. Damit war dem maronitischen Volk die Möglichkeit genommen, sich gegen Willkür der jetzt Mächtigen zu wehren. Jede Chance, von außen Hilfe zu holen, wurde vereitelt: Die Mamlukenadministration verbot Kontakt zu ausländischen Herrschern.

Dem Patriarchen händigte der Administrator für Syrien dieses Schreiben aus: »Ihm ist nicht erlaubt, Briefe zu schreiben oder zu empfangen. Daß er sich hüte, einen Brief zu verheimlichen, der ihm von einem ausländischen Monarchen übermittelt worden ist! Verlangt wird, daß die Angehörigen seiner Kirche sich vom Meer fernhalten. Verboten ist, daß sie sich in Schiffen dem Meer aussetzen.« Der Grund für das strikte Verbot, sich dem Meer anzuvertrauen, ist einzusehen: Noch immer war zu fürchten, daß sich Kreuzritter der Küste des Heiligen Landes näherten. Die Mamlukenkommandeure wollten eine erneute Partnerschaft zwischen christlichen Rittern aus Europa und den Maroniten verhindern.

Den Gläubigen der maronitischen Kirche, die in und bei der Kleinstadt Hadeth am Zederngebirge lebten, blieb nichts anderes übrig, als schweigend die Steuern zu zahlen, die ihnen von den Siegern auferlegt wurden. Reagierten sie trotzig, wurden sie geköpft. Schon bei geringem Anlaß befahlen die Offiziere der Mamluken Zerstörung der christlichen Kirchen. Viele der Bedrückten wählten die Flucht übers Meer – trotz des Verbots, Schiffe zu benützen. Die christliche Insel Zypern bot den Maroniten Heimatrecht an. Wer das Libanongebirge verließ, der siedelte sich auf den Höhen nördlich von Nikosia an; die Landschaft dort war vergleichbar den Tälern und Bergen der libanesischen Heimat.

Die meisten Anhänger der maronitischen Kirche aber blieben im Libanongebirge, trotz schwieriger Lebensumstände. In der Bedrängnis formierten sie sich erst vollkommen zum Volk der Maroniten. Sie entwickelten jene Charakterzüge, die bis heute das politische Handeln der Maroniten bestimmen: Aus Sorge vor der Gefahr wuchs in den Bedrängten der Wille heran, besser zu sein als alle anderen Volksgruppen, um nicht der islamischen Übermacht zu erliegen. Überdies hatten die Maroniten gelernt, daß sie sich nur auf zwei Faktoren verlassen können: auf Gott und auf die Familie.

Die Zahl der Gläubigen der maronitischen Kirche betrug noch immer etwa 100 000. Auswanderung und Tod durch Kriegsfolgen hatten ein Anwachsen dieser Zahl verhindert. Die Scheichs, die Emire und der Patriarch waren sich darin einig, daß das Volk mehr Menschen benötigte, um das Libanongebirge als Heimat halten zu können. Zuwachs aber war nur möglich, wenn den Maroniten Ruhe beschieden war: Als Grundsatz der Politik mußte daher die Vermeidung von Zusammenstößen mit den Siegern im islamisch-christlichen Krieg gelten.

Das Verbot einer Kontaktaufnahme zu christlichen Herrschern ist offenbar von den Patriarchen lange Zeit ernst genommen worden: Drei Generationen lang klafft eine Lücke in der Korrespondenz zwischen Papst und Patriarchen, die in den römischen Archiven aufbewahrt wird. Dennoch suchten die Patriarchen keine eigenständigen Wege kirchlicher Entwicklung. Ihr geistliches Oberhaupt blieb der jeweilige Papst; die Maroniten wollten als Teil der katholischen Kirche gesehen werden.

Sobald sich die Kontrolle durch die Mamluken gelockert hatte, schickte die Kirchenleitung Botschafter nach Rom, um die Treueschwüre zu erneuern. Die Päpste zeigten sich durchweg zufrieden, über die Maroniten Einfluß in der unmittelbaren Nähe des Heiligen Landes zu besitzen. In päpstlichem Auftrag reiste der Franziskanerpater Antoine de Troïa im Jahre 1444 durch das Libanongebirge. Als er nach Rom zurückkehrte, wurde er begleitet von einer maronitischen Delegation.

Doch auch eine zweite Volksgruppe, die im Libanongebirge lebte, legte Wert darauf, durch Würdenträger im Gefolge des päpstlichen Legaten vertreten zu sein: die Drusen. Auf Anregung des Antoine de Troïa wurde beim Heiligen Stuhl ein besonderes »Apostolisches Kommissariat für die Angelegenheiten der Maroniten und der Drusen« eingerichtet.

Es war der Führung der Drusensekte gelungen, die Aufmerksamkeit der für den Orient zuständigen Berater des Papstes auf sich zu ziehen. Interesse und Respekt beherrschten damals das Verhältnis zwischen Drusen und Maroniten. Sonst wäre die Einrichtung des Apostolischen Kommissariats, das sich mit Sachfragen aus dem Bereich beider Sekten zu befassen hatte, nicht möglich gewesen. Die Todfeindschaft zwischen den beiden Religionsgruppen ist das Ergebnis späterer Entwicklungen. Rivalität aber hatte immer geherrscht.

Die Drusen – Rivalen der Maroniten

War die Sekte der Maroniten am syrischen Fluß Orontes zu Hause gewesen, so war der Glaube der Drusen am Nil entstanden, zur Zeit des Fatimidenkalifen al-Hakim bi Amrillah, der um das Jahr 1000 unserer Zeitrechnung Ägyten beherrschte.

Al-Hakim bi Amrillah war der Meinung gewesen, es sei Zeit für eine völlige Erneuerung des islamischen Glaubens. Am ersten Tag des Monats Muharram im Jahre 408 islamischer Zeitrechnung, der am 30. Mai des Jahres 1017 im christlichen Kalender entspricht, erließ der Kalif folgendes Dekret:

»Haltet fern von euch alle Ursache von Furcht und Beklemmung. Macht euch frei von der Korruption der Täuschung. Ihr sollt wissen, daß euch der Fürst der Gläubigen die freie Entfaltung des Willens zugestanden hat, daß er euch befreit von der Mühe, euch verstellen und euren wahren Glauben verbergen zu müssen. Ihr seid jetzt fähig, euch rein zu halten für Gott. Er hat euch befreit, damit ihr euren bisherigen Glauben und eure bisherige Meinung von Gott aufgeben könnt, denn ihr braucht derartige Lügen nicht mehr. Der Fürst der Gläubigen teilt euch seine wahren Absichten mit, und er fordert euch auf, euren wirklichen Glauben offen zu bekennen. Ihr seid nun sicher, daß euch niemand mehr Schaden zufügen kann. Ihr könnt sicher leben in der Gewißheit, daß ihr euch nicht irrt. Wer den Inhalt dieses Dekrets erfährt, soll ihn weitergeben an solche Menschen, die ihn noch nicht kennen. Wissen von ihm müssen die Erhöhten und die gemeinen Leute. Göttliche Weisheit soll herrschen an allen Tagen, die kommen werden.«

Für unser Verständnis klingen die Sätze von religiöser Ordnung zwischen Gott und Mensch verschwommen. Viele gläubige Moslems der damaligen Zeit aber mögen die Botschaft verstanden haben. Sie ist so zu interpretieren: Der Kalif verlangte Loslösung von den Ritualen der

Geistlichkeit, vom Zwang bisheriger traditioneller Gottesdienste. Da sollte in der Moschee kein Vorbeter mehr stehen als Vermittler zwischen Gott und Mensch. Der Gläubige, so ließ der Kalif wissen, brauche sich von keinem Vorbeter mehr sagen zu lassen, was gut und was böse sei. Die Geistlichkeit habe bisher ihre eigene Einstellung zu Gott der Gemeinde aufgezwungen – jetzt sollte jeder einzelne Gläubige frei sagen können, wie seine Bindung an Gott beschaffen sei. Jedem einzelnen sei auferlegt, zwischen Gutem und Bösem zu unterscheiden. Wenn der Gläubige dies vollbringe, sei er in Übereinstimmung mit Gottes Willen, mit dem wahren Gesetz, das Erde und Himmel regiert.

Der Kalif entschied, daß ein Mann seines Vertrauens die Grundsätze dieser religiösen Revolution der Befreiung von Gottesdienstritualen den Moslems deutlich zu machen habe. Der 33jährige Hamza ibn Ali erschien dem Kalifen geeignet zu sein für diese Aufgabe. Hamza ibn Ali erhielt den Titel »Imam«, geistlicher Führer.

Der Imam warb Missionare an, die zuerst im Niltal, dann aber überall in der islamischen Welt die Gläubigen der bisherigen Geistlichkeit abspenstig machen sollten. Wer von einem Missionar für die Glaubensrevolution gewonnen war, der sollte einen Verpflichtungsschein unterschreiben. Das Papier, so wurde dem Gläubigen gesagt, binde ihn für alle Zeit an das neue Verständnis von Gott. Am Tag des Jüngsten Gerichts werde er danach beurteilt werden, ob er seine Verpflichtung eingehalten habe oder nicht.

Wäre die Überzeugung von der engen Bindung jedes einzelnen an Gott, von der Schädlichkeit der Vorbeter, von der Nutzlosigkeit der Menschen überhaupt durch einen in seiner Position unbedeutenden Moslem verkündet worden, wenige nur hätten sich darum gekümmert. Doch da die höchste Staatsautorität, der Kalif selbst, die neuen Glaubensgrundsätze ausgedacht und proklamiert hatte, waren viele Gläubige bereit, Verpflichtungsscheine zu unterschreiben.

Hamza ibn Ali war sich bewußt, daß er durch die Einführung dieser Scheine selbst wieder ein Ritual geschaffen hatte, das wenig Beziehung hatte zu den eigentlichen Glaubensfragen; ein Ritual, das intensiver als alle bisherigen Gottesdienstzeremonien den Willen der Gläubigen festlegte. Ihn befiel die berechtigte Sorge, Tausende könnten sich dem Ritual unterziehen, ohne von den Grundsätzen der Glauensrevolution wahrhaft überzeugt zu sein. Hamza ibn Ali ließ deshalb durch die Missionare bekanntmachen, daß verdammt sei von Gott, wer einen Verpflichtungsschein unterzeichne ohne den Willen, seine Beziehung zu Gott zu ändern.

Hamza ibn Ali, der Organisator der Glaubensrevolution, hatte einen Neider: Naschtakin ad-Darazi. Auch er gehörte zum engen Kreis um den Kalifen al-Hakim bi Amrillah. Ad-Darazi hatte gehofft, er werde mit der Aufgabe betraut, die neue Epoche der Religion einzuleiten. Als er sich enttäuscht sah, nahm er den Kampf gegen den erfolgreichen Konkurrenten auf. Er arbeitete als Missionar der Glaubensrevolution und entwickelte derartigen Eifer, daß er mehr Verpflichtungsscheine als jeder andere beim Kalifen abliefern konnte.

Der Name »Drusen« leitet sich von einem Betrüger ab

Ad-Darazi verhielt sich beim Sammeln der Verpflichtungsscheine nicht korrekt: Er gab Staatsgelder aus, um die Männer ganzer Sippen zur Unterschrift zu veranlassen; führte Bestechung nicht ans Ziel, fälschte er Unterschriften. Die Moslems am Nil hatten die Handlungsweise des ad-Darazi bald durchschaut. Sie legten die Unkorrektheit jedoch nicht diesem einen Mann zur Last, sondern der gesamten Bewegung. Aus dem Namen des einen entwickelten sie die Bezeichnung für alle: Bald hießen die Anhänger der neuen Religion ganz einfach »darazi«; daraus hat sich das Wort »duruz« gebildet, das in unserer Sprache mit »Drusen« übersetzt wird. Die vom Kalifen gewünschte Bezeichnung der Bewegung hieß »Muwahhidun«, auf deutsch »die sich vereinigen«.

Das Verhalten des ad-Darazi veranlaßte viele, sich um die Unterschrift des Verpflichtungsscheines zu drücken. Der Kalif, betrübt darüber, daß er immer weniger dieser Papiere vorgelegt bekam, schloß sich in seinen Palast ein und zeigte sich den Gläubigen draußen nicht mehr. Auch Hamza ibn Ali mußte auf Befehl des Souveräns seine Tätigkeit aufgeben. Der Kalif verkündete, Gott selbst habe die Epoche der Glaubenserneuerung unterbrochen.

Ad-Darazi aber kümmerte sich um den Willen des Kalifen nicht. Da sich Hamza ibn Ali nicht mehr in der Öffentlichkeit zeigen durfte, glaubte ad-Darazi, völlig freie Hand zu haben. Auch war ihm die Glaubensrevolution längst gleichgültig geworden, er strebte nach politischer Macht. Daß der Kalif seinen Palast nicht mehr verließ und für die Gläubigen nicht mehr sichtbar war, paßte in das Konzept ad-Darazis. Er dachte daran, den Kalifen völlig zu isolieren und schließlich selbst die Führung des Staates zu übernehmen.

Seine Art vorzugehen aber erregte Ärgernis, Empörung und schließlich Wut. Die Gläubigen begannen in Scharen, gegen ad-Darazi zu demonstrieren. Als er am Abend des 8. Mai 1019 mit 500 seiner Anhänger zur Hauptmoschee von Cairo ging, fielen Tausende von Gläubigen über den Zug her. Vierzig seiner Männer starben. Doch ad-Darazi verstand auch diese kritische Situation zu meistern. Schnell hatte er begriffen, wer die Anführer der Empörer waren. Mit ihnen ins Gespräch zu kommen, ohne selbst erschlagen zu werden, war schwierig, doch dem gerissenen ad-Darazi gelang auch dies. Er redete den Meinungsmachern seiner Gegner ein, er habe allein auf Anweisung von Hamza ibn Ali gehandelt. Dessen Befehl habe ihn dazu gezwungen zu drohen, zu betrügen und zu fälschen. Er sei voll Sympathie für die Empörten und reihe sich sofort in ihre Bewegung ein. Ad-Darazi schlug den zaudernden Gegnern vor, zur Raydan-Moschee zu ziehen, um Hamza ibn Ali, der in den Nebengebäuden des Gotteshauses lebte, zu töten. Für diese Idee waren die Empörten zu begeistern – Blut sollte fließen; wer ihr Opfer wurde, das war ihnen gleichgültig. Ad-Darazi hatte seine Haut gerettet, den Konkurrenten um die Macht aber hatte er in Gefahr gebracht.

Die Raydan-Moschee war ein stark befestigtes Bauwerk: Mauern ringsum und ein dickes, eisenbeschlagenes Holztor verhinderten den Zugang. Tausende von Männern und Frauen drängten sich um die Moschee, doch sie konnten nicht eindringen. Drinnen rüstete sich Hamza ibn Ali zur Verteidigung; nur sieben Männer befanden sich bei ihm.

Gefährlich wurde die Situation für die Belagerten, als die Angreifer Leitern herbeischleppten, die bis an die Krone der Ringmauer reichten. Mit Mühe konnten die acht Verteidiger verhindern, daß die Mauer überstiegen wurde. Unter ihnen befanden sich ausgezeichnete Bogenschützen, die jeden mit Pfeilen trafen, der seinen Kopf über die Mauer hob. Sie selbst aber waren einem Hagel von Steinen ausgesetzt. Sie konnten den Geschossen kaum ausweichen. Hamza ibn Ali glaubte ein Wunder darin erkennen zu können, daß er und seine Freunde unverletzt blieben. Als das Holztor zu brennen begann, da sah Hamza ibn Ali das Ende nahen: Zerbrach erst das Tor, dann würde sich bald eine Flut von Angreifern in den Moscheehof ergießen, der die kleine Gruppe um Hamza ibn Ali nicht mehr standhalten konnte. Die Überlieferung berichtet, Hamza ibn Ali habe in jener Stunde gesagt:

»Mit diesem heiligen Kampf, den wir heute ausgefochten haben, ist der Glaube an Gott vollendet worden. Ich habe euch so seinen Segen übermittelt. Dieser heilige Kampf hat eure Unterwerfung unter Gottes Willen bewiesen. Nichts wird uns befallen, was uns nicht von Gott verordnet ist. Er ist unser Beschützer.«

Es wird weiterhin berichtet, daß – kaum waren diese Worte gesprochen – der Kalif al-Hakim bi Amrillah auf den Balkon seines Palastes getreten sei. Von diesem Balkon aus habe er hineinsehen können in den Hof der Raydan-Moschee. Da der Kalif sich ein ganzes Jahr nicht mehr gezeigt hatte, sei der Eindruck auf die Masse überaus stark gewesen. Nach einem Augenblick maßlosen Erstaunens habe jeder der bisher

Empörten nur den einen Wunsch gehabt, schnell nach Hause zu gelangen. Bald sei der Platz um die Raydan-Moschee völlig leer gewesen. Hamza ibn Ali aber habe sich, samt seinen Getreuen, in den Palast des Kalifen begeben. Die Glaubenserneuerung konnte fortgesetzt werden.

Naschtakin ad-Darazi wurde bereits am nächsten Tag als Anstifter des Aufruhrs gegen Hamza ibn Ali mit dem Tode bestraft.

Wieder zogen Missionare hinaus in die Siedlungen am Nil und in Syrien. Wieder ließen sie Verpflichtungsscheine unterzeichnen, die dann dem Kalifen zur Prüfung vorgelegt wurden. Hamza ibn Ali aber bekam den Auftrag, alle diese Papiere sorgfältig aufzubewahren, für alle Zeit.

Eine Ideologie ohne jedes Ritual sollte nach dem Willen des Kalifen die Verbindung zwischen Gott und Mensch ganz eng knüpfen. Al-Hakim bi Amrillah lehrte, daß jeder nach seiner geistigen Kapazität den Grad seiner Verbindung mit Gott festlegen könne. Seinen Anhängern, die ständig mit ihm zusammentrafen, sagte er, daß er selbst die vollkommenste Übereinstimmung mit Gott erreicht habe. Hamza ibn Ali war überzeugt, die Person des Kalifen entspreche deckungsgleich dem Wesen Gottes.

Der Gedanke, daß der Kalif einmal sterben würde, war den Anhängern offenbar nie gekommen. Doch plötzlich war er nicht mehr bei ihnen. In der Nacht vom 12. zum 13. Februar des Jahres 1021 – am 27. Tag des Monats Schawwal des Jahres 411 nach islamischer Zeitrechnung – hatte der Kalif, wie er es gewohnt war, den Berg Mokattam im Osten von Cairo bestiegen. Nächtliche Wanderungen, ganz allein, hatte er seit der Zeit regelmäßig unternommen, die er abgeschieden in seinem Palast hatte verbringen müssen. Den Wachen war nie erlaubt gewesen, ihn zu begleiten. Immer war der Kalif vor Sonnenaufgang wieder zum Fuß des Berges Mokattam zurückgekehrt. In jener Februarnacht des Jahres 1021 aber hatte niemand al-Hakim bi Amrillah den steilen Weg herunterwandern sehen. Er blieb verschollen.

Der Kalif hatte wohl gewußt, daß er nicht mehr zurückkehren werde. Seinem Verschwinden war ein Gespräch mit dem Prinzen Ali vorausgegangen, der als Nachfolger vorgesehen war. Während dieses Gesprächs hatte al-Hakim bi Amrillah den Kronprinzen vierzig Eide darauf ablegen lassen, daß er die Bewegung der Glaubensrevolution fortführen werde, daß keine Kehrtwendung vollzogen werde zur Religion der Rituale, der Gottesdienste.

Mit Verzögerung traf das Unheil die Anhänger der Glaubensreform. Vierzig Tage lang äußerte sich der junge Kalif nicht über seine Pläne. Dann aber verkündete er, die vierzig Tage seit dem Verschwinden des Kalifen al-Hakim bi Amrillah hätten die vierzig Eide ausgelöscht; er fühle sich frei zu entscheiden. Sein Spruch lautete: Tod denen, die den Verpflichtungsschein unterschrieben hatten.

Die Glaubensbewegung hatte sich vom Niltal über das Gebiet des heutigen Libanon bis Antiochia ausgebreitet. So weit reichte damals auch der Einfluß des Kalifen. Sein Befehl zur Tötung der »duruz« wurde überall verkündet. Tausende, die im Verdacht standen, sie hätten sich der gottesdienstfeindlichen Religionsordnung verpflichtet, verloren ihr Leben durch Dolch und Schwert.

Die Drusen im Libanon

Waren die Anhänger der Glaubensrevolution in den Städten am Nil und an der Ostküste des Mittelmeers leicht zu fassen gewesen, so hatten die Häscher des jungen Kalifen nur wenig Chancen, die Drusen zu fangen, die in abgelegenen Gebirgstälern lebten. Einem der Missionare des Hamza ibn Ali war es gelungen, am Fuß des Hermongebirges eine Gemeinde zu gründen. Nach dem Verschwinden des Kalifen al-Hakim bi Amrillah blieb diese Gemeinde unbehelligt; keiner der Häscher wagte sich in jene unwegsame Gegend. Die Drusengemeinden informierten sich untereinander, daß das Gebirge Zuflucht biete. Um sich vor der Verfolgung zu retten, machten sich Hunderte von Drusen aus der Küstenebene auf den Weg zum Hermon. So wurden die Gemeinden am Meer durch Verfolgung und Abwanderung immer schwächer, die Gemeinde im Gebirge aber wuchs an Zahl der Gläubigen und an Achtung vor der eigenen Bedeutung. Die Drusen wollten nicht mehr länger den Launen der Herrscher ausgesetzt sein. Ihre Führung war sich zwar bewußt, daß die Glaubensgemeinschaft eine Minorität bleiben würde; doch sie sah die Drusen bereits als Elite der Allah dienenden Gläubigen an. Um sich zu schützen, gründeten die Drusen – genauso wie die Maroniten – bewaffnete Milizen.

Nach fünf Jahren war die Phase der Verfolgung abgeschlossen. Hamza ibn Ali, der die für Drusen gefährliche Regierungszeit des Nachfolgers von al-Hakim bi Amrillah überlebt hatte, rief dazu auf, die Botschaft von der Glaubensrevolution erneut zu verkünden. Wieder hatten die Missionare den Auftrag, Verpflichtungsscheine einzusammeln.

Die wenigsten derer, die das Papier unterschrieben, verstanden, daß die Befreiung von Gottesdiensten und Ritualen von den Gläubigen eine hohe Eigenverantwortung verlangte. Der einzelne konnte sein wahres Verhältnis zu Gott nicht mehr hinter Formeln verstecken. Gott verlangte Eigeninitiative. Die meisten aber dachten, der Drusenglaube befreie von allen Geboten, die der Prophet den Menschen verordnet hatte. Dieses

Fehlverständnis der Lehre des Kalifen al-Hakim bi Amrillah war besonders im Gebiet des Libanongebirges verbreitet.

Als Führer der drusischen Glaubensorganisation war dort ein Mann eingesetzt, der Sukayn hieß. Hamza ibn Ali hatte Vertrauen zu ihm gehabt, da Sukayn sich als Mann hoher Aufrichtigkeit empfohlen hatte. Kaum aber hatte er die Verantwortung über die Gebirgsgemeinde zugesprochen erhalten, da begann er, die Position zur Sammlung von persönlichem Reichtum auszunützen. So schrieb er nach Cairo, die Gemeinde in den Bergen sei arm und würde ohne Finanzhilfe zugrunde gehen; der Gemeinde aber sagte er, ihm sei auferlegt worden, Geld nach Cairo zu schicken, damit dort die Glaubensgemeinschaft, die während der Jahre der Verfolgung gelitten habe, wieder organisiert werden könne. Die Klagen führten zum gewünschten Erfolg: Sukayn erhielt Zuwendungen von den Drusen am Nil und von der Gebirgsgemeinde.

Berichte aus jenen Jahren erzählen, Sukayn sei durch den Reichtum leichtfertig geworden. Er habe die Gebote des Propheten Mohammed nicht länger beachtet; so sei in seinem Haus Alkohol getrunken und Schweinefleisch gegessen worden. Diese Berichte gelangten an die Ursprungsgemeinde der Drusensekte in Cairo, die über die Pervertierung der Glaubensrevolution entsetzt war. Sukayn wurde nach Cairo gerufen, damit er Rechenschaft ablege. Die Gebirgsgemeinde aber bekam einen anderen Führer verordnet. Sein Name war ad-Dai Ammar.

Die Gläubigen in den libanesischen Bergen aber wollten keinen anderen Mann an ihrer Spitze als Sukayn, der ihnen eine freiere Lebensart erlaubt hatte. Kaum war ad-Dai Ammar angekommen, da schlugen einige Männer auf ihn ein, bis er blutete. Es gelang dem Verwundeten noch zu fliehen, doch er erreichte das schützende Küstenland nicht; berittene Drusen töteten ihn unterwegs.

Die Ursprungsgemeinde am Nil wollte die Drusen im Libanongebirge trotz der Bluttat nicht auf dem falschen Weg zur Glaubensrevolution weitergehen lassen. Die Verantwortlichen waren sich jedoch bewußt, daß ein zweiter Bote ebenfalls in Gefahr kommen würde, erschlagen zu werden. So fiel ihnen ein, eine Frau in das Gebirge zu schicken, um die Fehlgeleiteten von ihrem Irrtum zu überzeugen. Das war etwas vollständig Neues, da die bisherige islamische Ordnung der Frau keine Führungsfunktion zugebilligt hatte. Die Glaubensrevolution des Kalifen al-Hakim bi Amrillah aber hatte die Frau nahezu gleichberechtigt neben den Mann gestellt.

Die schwierige Aufgabe, den Gläubigen der Drusengemeinde im Libanongebirge ihre Glaubensirrtümer und freie Lebensart auszutreiben, übernahm eine noch junge Frau, die Sarah hieß. Sie muß mit außerordentlicher Autorität begabt gewesen sein, denn sie hatte Erfolg: Sie überzeugte die Drusengemeinde, daß der neue Glaube nicht die Auflösung aller religiösen Gebote gebracht habe.

Sukayn, der Mann, der den Drusen den Genuß alkoholischer Getränke und den Verzehr von Schweinefleisch gestattet hatte, gab sich aber noch nicht geschlagen. Aus Ägypten zurückgekehrt, fand er bald wieder einige hundert Drusen, die mit dem strengeren Leben nicht einverstanden waren und ihm weiterhin Gefolgschaft leisten wollten. Sukayn und seine Anhänger trennten sich von der Gemeinde und bildeten eine eigene Gruppierung.

Die Legende erzählt, diese Entwicklung habe einem Prinzen aus dem Libanongebirge mißfallen:

»Prinz Midad war für Tapferkeit und Glaubenseifer bekannt. Er sammelte Kämpfer um sich und zog mit ihnen auf das Tal zu, in dem Sukayn und seine Gefolgsleute lebten. Bei einem Brunnen in einem Dorf sah er eine Frau, die Gemüse wusch. Er gab vor, Wasser für sein Pferd aus dem Brunnen schöpfen zu wollen. Sie aber erkannte den Prinzen Midad, der ein schöner Mann war. Von ihr erfuhr der Prinz, daß Sukayn für die kommende Nacht ein großes Fest, ein Gelage, für seine Freunde vorbereitet habe. Da Midad ihr so sehr gefiel, war die Frau bereit, dem Prinzen zu helfen. Sie wollte ihm den günstigsten Zeitpunkt für einen Überfall auf das Haus signalisieren, in dem das Gelage stattfinden sollte. Zuvor werde sie in den Wein der Festgenossen einschläfernde Tropfen gießen.

Die Frau handelte wie versprochen: Dreimal schritt sie, die Laterne in der Hand, die Front des Hauses auf und ab. Als der Prinz aus dem Libanongebirge von ferne die Bewegung des Lichts gesehen hatte, ritten er und seine Kämpfer auf das Haus zu, sprangen von den Pferden und drangen zum Tor hinein. Sie fanden die Anhänger des Sukayn betrunken vor, kaum bereit, sich gegen die Angreifer zu wehren. Viele wurden erschlagen; wenige entkamen.«

Unter diesen wenigen befand sich Sukayn, der selbst nicht betrunken gewesen war. Die Legende berichtet, er sei zum Augenblick des Überfalls mit einer Frau in einer Ecke des Hauses gelegen. Nackt sei er geflohen. Mit Lumpen bedeckt habe er das nächste Dorf erreicht: Bei den ersten Häusern habe Sukayn eine Frau angetroffen, die eben Feuer in einem Backofen angezündet habe. Freundlich sei sie zu dem Flüchtigen gewesen und habe ihm Brot und Wasser gereicht. Der müde Sukayn – so wird erzählt – habe sich, von der Wärme angezogen, vor dem Feuerloch des Backofens niedergelegt. Als er eingeschlafen war, sei er von der Frau in das verzehrende Feuer hineingeschoben worden. Damit habe die Zeit der Verirrung der Drusen ein Ende gefunden; die Reinheit des Glaubens habe triumphiert.

Die Überzeugung der Drusen

Hamza ibn Ali, der wichtigste Mitarbeiter des Kalifen al-Hakim bi Amrillah, hat von Gott gelehrt:

»Er befindet sich nicht an einem bestimmten Platz, denn dies würde bedeuten, daß Er sich an einem anderen Platz nicht befindet. Es existiert kein Ort, der nicht erfüllt ist von Ihm. Würde ein solcher Ort bestehen, dann wäre Seine Macht nicht allumfassend. Er ist nicht der erste in allen Dingen, denn dies würde bedeuten, daß der letzte in allen Dingen nichts mit Ihm zu tun habe. Er ist nicht der Anfang und nicht das Ende, denn auch Er hat keinen Anfang und kein Ende. Er befindet sich nicht außerhalb der Dinge, denn dann würde Er sich nicht in ihnen befinden können. Er hat keine Seele, und Er ist kein Geist. Er ist nicht gleich den geschaffenen Objekten. Wäre Er ihnen gleichzusetzen, dann wäre Er Veränderungen unterworfen wie sie. Ich sage nicht von Ihm, Er habe einen Körper oder auch nur Körperlichkeit, Er habe ein Aussehen oder Er sei Substanz. Wenn dies von Ihm behauptet werden könnte, dann wäre Er sechs Begrenzungen unterworfen: oben und unten, rechts und links, vorn und hinten. Notwendigerweise umfassen diese sechs Begrenzungen von selbst sechs weitere. Gott aber ist zu groß, als daß Er irgend etwas mit Zahlen zu tun haben könnte. Wäre Er ein Wesen, dann wäre Er dem Zerfall unterworfen. Ich sage aber auch nicht, Er wäre kein Wesen, denn dann würde ich behaupten, es gebe Ihn nicht. Er ist auch nicht an etwas gebunden, denn dann wäre Er dieser Bindung unterworfen. Er befindet sich auch nicht in etwas, denn dann wäre Seine Ausdehnung begrenzt. Er ist nicht abhängig von etwas, denn dann wäre Er nicht allmächtig. Er steht nicht, und Er sitzt nicht, weder schläft Er noch wacht Er. Nichts ist Ihm vergleichbar. Er geht nicht weg, und Er kommt nicht. Er geht nirgends hindurch und nirgends vorbei. Er ist weder stark noch schwach. Er ist erhaben über Namen, über Eigenschaften, über Einordnungen. Er ist der Schöpfer aller Dinge. Ihm verdankt jeder und jedes seine Existenz, er gab allem die Form. Von seinem Licht gehen alle Dinge aus. Alle Dinge gehen in seine Größe zurück.«

Diese Gottesvorstellung bedeutete eine gewaltige Ausweitung der bisherigen islamischen Lehre, die den Glauben vermittelte, Gott halte sich oberhalb der Erde auf. Hamza ibn Ali hatte die Doktrin entwickelt, Gott könne nicht außerhalb der Erde gesucht werden – denn befände er sich dort, wäre er von der Erde und damit von den Menschen getrennt. So entstand die Lehre der Drusen von Gott, die etwas vereinfacht lautet: Gott umfaßt alle Existenz. Er ist deshalb weit mehr Realität als alles Sichtbare, als alles Greifbare. Die realen Dinge sind Ausdruck von

Gottes umfassender Einheit; sie sind nicht Teil dieser Einheit, denn sie wird nicht weniger, wenn eines dieser Dinge vergeht.

Gottes Wille, so ließ Hamza ibn Ali die Anhänger der Glaubensrevolution wissen, ist der Ausgangspunkt und der Endzweck jeder Existenz. Diesem Willen Gottes schrieb Hamza ibn Ali die Bezeichnung »Aql« zu, die der drusische Wissenschaftler Sami Nasib Makarem mit dem Wort »binden« übersetzt; er stellt auch Verwandtschaft mit den Begriffen Intelligenz und Intellekt fest. Über die Entstehung von »Aql« berichtete Hamza ibn Ali:

»Gott gab aus seinem funkelnden Licht eine reine und perfekte Form frei. Sie ist die Urform, aus der alles geschaffen wurde. Gott gab ihr selbst den Namen ›Aql‹. In ›Aql‹ band Gott alle Dinge zusammen, die Er geschaffen hatte.«

Sami Nasib Makarem erläutert: Gottes Wille, sein Denken, seine Vision – eben »Aql« – seien in ständiger Union an Gott gebunden, und Gott sei sich seiner Vollkommenheit bewußt. »Aql« bilde eine Einheit für sich, obgleich es eingeschlossen sei in die absolute Einheit Gottes. Für sich genommen aber sei »Aql« weniger vollkommen als Gottes eigene Einheit, doch »Aql« erfreue sich der Bindung an Gott. »Aql« erfreue sich jedoch gleichzeitig der eigenen Vollkommenheit in der Erkenntnis, daß Gott nie etwas ähnlich Vollkommenes geschaffen habe noch schaffen werde. »Diese Erkenntnis war jedoch eine Abweichung vom Sinn, der ›Aql‹ zugedacht war.«

Der drusische Wissenschaftler zitiert Hamza ibn Ali: »So hat Gott Ungehorsam aus Gehorsam geschaffen, Dunkelheit aus Licht, Arroganz aus Bescheidenheit, Unwissenheit aus Weisheit. ›Aql‹ erkannte selbst, daß es vom Schöpfer in Versuchung geführt worden war: ›Aql‹ gestand seine Unvollkommenheit und Schwäche ein und bat um Vergebung für seine Sünde. ›Aql‹ richtete die Bitte an den Herrn, ihm gegen den Widersacher zu helfen. Gott gab dieser Bitte nach und schuf die Seele, die jedes Sein erfüllt. Ruhm sei Dir, o Schöpfer des vollkommenen ›Aql‹, das alle geschaffenen Dinge in sich bindet, so daß nichts außerhalb existiert. Du hast die Seele geschaffen, die aus dem ›Aql‹ hervorging.«

Aus dieser Theorie von Gott und vom Willen Gottes hatte Hamza ibn Ali Gebote für die Gläubigen entwickelt. Verlangt wurde

1. das Bekenntnis, daß Gott der Schöpfer aller Dinge und aller Wesen sei;
2. das Bekenntnis, daß »Aql« der Ursprung aller kosmischen Prinzipien und die Quelle aller Wesen sei.

Wahrhaft gläubig aber kann erst derjenige sein, der sich an diese Gebote hält:

1. Der Gläubige hat wahrhaftig zu sein. Er hat die Wahrheit zu bekennen, nach der Wahrheit zu handeln und für die Wahrheit zu leben.
2. Der Gläubige hat anderen Gläubigen zu helfen, sie auf den Pfad der Wahrheit zu führen, der Gerechtigkeit, der Liebe.
3. Der Gläubige hat sich jeder Überzeugung zu enthalten, die Gottes Einheit leugnet.
4. Der Gläubige hat sich von denen zu lösen, die nicht fähig sind, den richtigen Pfad zu gehen. Solche Menschen hindern den Gläubigen daran, die Wahrheit zu erkennen, Wissen um Gott zu erlangen.
5. Der Gläubige hat sich zu bemühen, so eng wie möglich Teil der Einheit Gottes zu werden.
6. Der Gläubige soll dafür sorgen, daß sein Geist im Frieden mit Gott lebt. Dies gelingt nur, wenn er selbstsüchtige Wünsche aufgibt.
7. Der Gläubige hat sich Gottes Handlungen und Willen zu unterwerfen. Nur so wird er das Königreich Gottes betreten, in dem das wahre Leben zu leben ist, in dem wahres Glück und wahre Güte ihre Heimat haben.

Die Erschaffung der Seele des Menschen, so lehrt der Drusenglaube, geschah durch einen Funken des göttlichen Willens. Da dieser göttliche Wille ewig währt, so existiert auch seine Seele ewig. Die Seele aber ist die einzige beständige Realität, während der Körper vergänglich ist. Die gläubigen Drusen sind überzeugt, daß beim Tod des Körpers die Seele diese absterbende Hülle verläßt, um in einem neugeborenen Körper weiterhin existent zu sein. Sie wandert ihren ewigen Weg durch die Körper und gewinnt dabei an Erfahrung, die durchaus auch schlimmer Art sein kann, wenn die Seele einen Körper ausfüllt, der den Glaubensgeboten nicht gehorcht. Es wird jedoch nie geschehen, daß die Seele in einem Tierkörper weiterzuleben hat.

Die Seele, so lehrt dieser Glaube, bemüht sich, dem Körper Ausgeglichenheit zu vermitteln. Lebt der Körper in äußerem Reichtum, so wird die Seele versuchen, dem Menschen den Wert des Reichtums nicht als zu gewaltig erscheinen zu lassen. Lebt der Körper in Armut oder in Krankheit, wird die Seele ihm helfen, diesen Zustand zu ertragen. Wenn die Seele ihrer Aufgabe gerecht wird, dann kann der Körper in Zufriedenheit leben. Jede Seele wird im Verlauf der Zeit in gleiche Situationen gebracht: Sie macht Erfahrungen mit Reichtum und Armut, mit hoher und niederer Position des Menschen, Gesundheit und Krankheit. Wäre dies nicht der Fall, könnte nach Überzeugung der Drusen nicht von göttlicher Gerechtigkeit gesprochen werden. Doch sagt die Lehre auch, die Situation der augenblicklichen Körperhülle einer Seele hänge von Handlungen ab, die frühere Körperhüllen derselben Seele begangen haben.

In den Legenden der Drusen ist eine Geschichte überliefert, die auf diese Überzeugung Licht wirft: Emir Fakr ed-Din II. (1572–1635), ein Mitglied der Drusendynastie Maan, war so mächtig, daß sein Einfluß im Norden nahezu die Grenzen von Anatolien und im Süden die Halbinsel Sinai erreichte. Dieser Druse war der stolzeste Mann westlich von Palmyra. Er hatte einen Onkel, der ein ganz besonders gläubiger Mann war. Eines Tages fragte Emir Fakr ed-Din II., der weit weniger gläubig war, den Onkel, warum Reichtum und Glück gerade ihm, dem weniger glaubensfesten Mann, zugefallen seien. Der Onkel antwortete: »Dies geschah wohl deshalb, weil du vielleicht in einem früheren Leben irgend jemand, der in der Sonne geschlafen hat, das Bein in den Schatten gezogen hast. Dabei hast du den anderen vor Schaden bewahrt.«

Der Glaube an die Seelenwanderung bekommt in der Überzeugung der Drusen noch einen ganz besonderen Akzent: Als auserlesen gelten die Seelen der Menschen, die unter Hamza ibn Ali Verpflichtungsscheine unterschrieben haben. Diese Seelen werden immer in Körpern von Personen wandern, die anderen Vorbild und Führer sein können.

Der erste Aufstand der Drusen

Die Männer, die vom kühnen Glauben an einen alles umfassenden Gott erfüllt waren, sahen sich selbst in einem besonderen Licht: Da sie sich im Besitz höherer Einsicht fühlten, dünkten sie sich anderen, die der Glaubensrevolution ferngeblieben waren, überlegen. Dieses Überlegenheitsgefühl wurde von den Moslems, die der traditionellen Lehre anhingen, als Arroganz empfunden.

Eine Massenbewegung entwickelte sich aus dem Drusenglauben nicht; er blieb die Überzeugung einer Minderheit. Die Einsicht, die Massen nicht gewinnen zu können, löste als Überreaktion ein starres Festklammern an Glaubensprinzipien und intensive intellektuelle Beschäftigung mit der eigenen Doktrin aus. Die Menschheit teilte sich für die Drusen auf in Wissende und in Unwissende. So haftete der Drusenbewegung schon zu Zeiten ihrer Gründer das Bewußtsein an, ihre Mitglieder gehörten als Wissende zur Elite der Menschen.

Fühlt sich eine Minderheit als elitär, gilt sie als arrogant, so wird ihr von der Mehrheit das Leben schwergemacht. Im Ursprungsland des drusischen Glaubens waren die Anhänger des verschwundenen Kalifen al-Hakim bi Amrillah wegen ihres elitären Denkens bald derart verhaßt, daß ihnen Verfolgung und Tod angedroht wurde. Am Nil und anderswo konnte die Bewegung nicht weiterexistieren. Ihre einzige noch sichere Basis besaß sie im Libanongebirge.

Dort herrschten allerdings seit dem Untergang des christlichen Königreichs Jerusalem die Mamluken, die Herren über Ägypten. Die Drusen haßten die Mamluken, gerade weil diese Militärkaste Macht besaß über Ägypten, über die Heimat der Drusenbewegung. Im Libanon hatten die Drusen allerdings wenig unter den Mamluken zu leiden, denn diese Reitersoldaten wagten sich kaum in die Schluchten des Gebirges hinein. Trotzdem wollten die stolzen Herren der Berge und Täler nicht mit den Soldaten vom Nil zu einer Verständigung kommen. Im Jahre 1292 – der Kreuzritterstaat war gerade völlig ausgelöscht worden – zogen bewaffnete Haufen der Drusen herunter ins Küstenland nördlich von Beirut, um in den Dörfern die Garnisonen der Mamluken anzugreifen. Die Absicht war, einen ganzen Landstrich von Mamluken zu befreien, um ein eigenes Staatsgebilde zu errichten, das autonom sein sollte vom Militärregime am Nil. Damals war der Wunsch der Drusen nach Autonomie ihres Gebiets im Libanongebirge erwacht – niemals mehr erlosch er.

Auch die Verbündeten, die den Drusen helfen wollten, sind ihnen bis in die Gegenwart treu geblieben: die Schiiten. Gemeinsam hatten sie zunächst Erfolg. Drusischen und schiitischen Bewaffneten gelang die Vertreibung der Mamlukengarnisonen. Nahezu dreizehn Jahre lang genossen die Drusen – und mit ihnen die Schiiten – Eigenständigkeit und Freiheit in ihren Gebirgsregionen. Im Jahre 1305 aber schlugen die Mamluken, die bis dahin durch Krieg gegen die Mongolen an der Rache gehindert worden waren, hart zu. Die Reiter drangen jetzt zum erstenmal in die Täler und Schluchten ein. Nach Verantwortlichen des Aufstands suchten sie gar nicht erst: Sie mordeten jeden, der ihnen nicht entkommen konnte. Die Dörfer der Drusen und der Schiiten wurden verbrannt.

Die Mamlukenchefs wollten in Beirut eine dauerhafte Ordnung schaffen. Eine Umsiedlung der aufrührerischen Völker war die Grundlage des Befriedungsprogramms. Drusen und Schiiten mußten ihre traditionellen Siedlungsgebiete verlassen. Sie wurden in Richtung Süden deportiert, in das Libanongebirge südlich der Straße Beirut–Damaskus. Die Drusen erhielten die Berge zugewiesen, in denen sie heute noch ihre Kernheimat besitzen: Sie siedelten sich im Schuf an, südöstlich von Beirut.

Daß sich die Maroniten nicht am Aufstand beteiligt hatten, wurde ihnen von den Mamluken gelohnt. Sie durften in die Täler einziehen, die bisher von Drusen und Schiiten bewohnt worden waren. So dehnte sich der christliche Bereich von Norden her bis an die Straße Beirut–Damaskus aus. Die Landschaft Kesruan, bisher Stammland der Schiiten, wurde zum Gebiet der Maroniten.

Der Streit um das Libanongebirge begann. Damals, im Jahre 1305, wurde der Unfrieden gesät, der 670 Jahre später noch immer Menschenleben fordert. Zwar ist Anfang des 14. Jahrhunderts keineswegs schon die Todfeindschaft entstanden, die seit dem 19. Jahrhundert das Verhältnis zwischen Maroniten und Drusen beherrscht, doch seit 1305 blicken Drusen und Schiiten mit Argwohn auf die Maroniten. Unvergessen ist, daß die Christen ohne Zögern bereit waren, von der Niederlage der beiden Volksgruppen zu profitieren. Die Schiiten erinnern immer wieder an die Ordnung des Landes vor dem Jahre 1305, an ihre Besitzrechte auf die Landschaft Kesruan.

Die Schiiten

Wie die Drusen so waren auch die Schiiten vom Nil her ins Libanongebirge gekommen – doch nicht als Verfolgte, sondern als Privilegierte, die sich auf die besondere Gnade der Fatimidenkalifen in Cairo verlassen konnten. Zu diesen Kalifen, die ihre Abstammung auf die Prophetentochter Fatima zurückführen konnten, hatte auch der Glaubensrevolutionär al-Hakim bi Amrillah gehört. Er bildete allerdings eine Ausnahme in dieser Dynastie – die anderen wichen kaum vom Überzeugungskodex der Schiiten ab.

Von den Sunniten unterscheiden sich die Schiiten durch die Meinung, beim Tod des Propheten Mohammed im Jahr 632 sei der falsche Mann Nachfolger des Führers der Moslems geworden. Die Schiiten glauben, allein der Schwiegersohn und Neffe des Propheten – sein Name war Ali – habe ein Anrecht besessen auf das höchste Amt im Staat und in der Religionsgemeinschaft. Es sei Mohammeds Wille gewesen, daß nur ein Mitglied seiner Familie Nachfolger werden sollte; Mohammed habe eine Dynastie begründen wollen. In der dynastischen Ordnung aber sei Ali der nächste Verwandte gewesen, denn nur er habe – da er mit Mohammeds Tochter Fatima verheiratet war – das Blut des Propheten an künftige Generationen weitergeben können. Doch der offenbare Wille Mohammeds sei im Jahr 632 frevelhafterweise nicht beachtet worden – sagen die Schiiten. Die Macht im islamischen Staat auf der Arabischen Halbinsel hatte Abu Bakr, einer der Schwiegerväter des Propheten, übernommen. Durch einen geschickten Handstreich hatte er Ali von der Führungsposition ferngehalten.

Die Sunniten, zu denen sich die überwiegende Mehrheit aller Moslems rechnet, sind der Ansicht, bei Mohammeds Tod hätte sich der fähigste Politiker des islamischen Staates an die Spitze der Gläubigen gestellt; es sei vom Propheten nie verlangt worden, daß sein Nachfolger, der Kalif, aus seiner eigenen Familie stammen müsse. Die Anhänger Alis aber hatten nach Abu Bakrs Handstreich versucht, durch Proteste und Demonstrationen die Menschen von Medina gegen Abu Bakr aufzuwiegeln. Sie waren in einer Gruppe organisiert, die sich »Schiat Ali« nannte – zu übersetzen mit »Partei des Ali«. Aus »Schiat Ali« hat sich der Begriff »Schia« gebildet, der die Gemeinschaft der Anhänger des Ali bezeichnet: in unserer Sprache »Schiiten«.

Der Streit um die Rechtmäßigkeit der Nachfolge des Propheten Mohammed schwächte sich im Verlauf der Jahrhunderte keineswegs ab. Ehrgeizige Männer sorgten dafür, daß er nicht in Vergessenheit geriet: Wer mächtig werden wollte in einer Region des islamischen Staates, behauptete, er sei ein Nachfahre des Ali und gewillt, das Unrecht wiedergutzumachen, das jenem edlen Mann zugestoßen sei. Mit diesem Anspruch waren in Cairo die »Fatimiden« an die Macht gekommen, die schon allein durch diese Bezeichnung ihre hohe Abstammung kundtaten.

Während des 10. und 11. Jahrhunderts erlebten die Fatimiden ihre Glanzzeit. Ihr Reich beschränkte sich nicht auf die Nilregion, sondern dehnte sich weit nach Syrien hinein aus. Mit den Fatimidensoldaten kam auch der Schiitenglaube nach Syrien. Wer Wert legte auf das Wohlwollen der Fatimidengouverneure, der bekannte sich zur Überzeugung, der Kalif Abu Bakr habe 632 das schlimme Verbrechen begangen, den geheiligten Vorfahren der Fatimiden um sein Erbrecht zu bringen. So breitete sich die Glaubensgemeinschaft der Schiiten über ganz Syrien und damit auch im Gebiet des heutigen Libanon aus.

Mit dem Ende der Fatimidenherrschaft erloschen die Privilegien der Schiiten. Die neuen Herren, die Mamluken, hatten zu Hause, am Nil, den Fatimidenclan entmachtet und unterdrückten die Schiiten durch besondere Steuern; sie brannten ihre Dörfer ab und verwüsteten ihre Felder. Vor der Verfolgung konnten sich nur die Familien retten, die ihre schiitische Überzeugung preisgaben und sich zum sunnitischen Glauben bekannten.

Diese Unterdrückung war für die Schiiten an der Ostküste des Mittelmeers im Jahre 1292 die Ursache für ihre Beteiligung am Aufstand der Drusen gewesen. Nach der Niederschlagung der Rebellion setzten die Mamluken die Vernichtung des schiitischen Teils der Bevölkerung systematisch fort. Die Schiiten konnten sich nicht mehr in den Städten der Küstenebene aufhalten. Allein die Stadt Tyr blieb schiitisch – bis heute hat sich daran nichts geändert. Im Verlauf von Generationen verlor der schiitische Bevölkerungsanteil seine Bedeutung: Er umfaßte kaum mehr wohlhabende Familien – der Schiitenglaube wurde zur Überzeugung der armen Schichten. Maroniten und Drusen verdrängten die Mitglieder der Glaubensgemeinschaft aus dem Zentrum des Gebirges in Richtung Süden. Die Schiiten konnten sich schließlich nur in den Gebieten Heimatrecht sichern, die heute an die israelische Grenze anstoßen.

Die Sunniten

Der Niedergang der Schiiten ermöglichte den Aufstieg der Sunniten. Diese Bezeichnung läßt sich mit »Orthodoxe« übersetzen.

Nicht nur Schiiten glaubten sich während der Mamlukenzeit durch einen Wechsel des Glaubens retten zu können, auch Tausende von Maroniten bekehrten sich zur sunnitischen Überzeugung. Bis weit ins 14. Jahrhundert hinein war ein großer Bereich Syriens jedoch noch immer christlich. Dann erst begann der radikale Umschwung, der die bisher kaum existierende sunnitische Gemeinde gewaltig anschwellen ließ: Beirut, Tripoli und Saida wurden in sunnitische Städte verwandelt. Die Glaubensrichtung der Mamluken entwickelte sich zur Religion der Bevölkerungszentren an der Küste.

Die soziale Folge war eine Umschichtung der Vorrechte: Unter der Protektion der Mamlukengouverneure wurden nun die Sunniten zu Privilegierten. Sie bekamen Handelsrechte zugesprochen, sie wurden Grundbesitzer. Die wachsende Sunnitengemeinde bereicherte sich auf Kosten der Schiiten.

Doch auch von außen floß ihr Reichtum zu: Aus Ägypten und aus nordafrikanischen Handelsstädten trafen sunnitische Kaufleute ein, die von Beirut aus Beziehungen zu Kollegen in Damaskus und Baghdad pflegten. Beirut wurde zur Kontaktstadt für Händler, die aus dem Osten Gewürze und Stoffe beziehen wollten und in Richtung Osten Schwerter, Schilde und Kriegswagen zu verkaufen hatten. Sunniten, die in Beirut, Tripoli und Saida wohnten, genossen hohes Ansehen. Viele Drusen sahen einen Vorteil darin, sich zum Glauben der Erfolgreichen zu bekennen. Ihre Lehre erlaubt, daß ein Gläubiger, der sich bedrängt fühlt, zur Tarnung in der dominierenden Glaubensgemeinschaft untertaucht. Dies geschah in zahlreichen Dörfern der Schufberge. Da die Bedrängnis bestehen blieb, wurde auch die Tarnung beibehalten. Die Bewohner mancher Dörfer vergaßen im Verlauf der Generationen, daß sie eigentlich zur Drusengemeinde gehörten. Sie hatten sich an den Ritualgottesdienst der Sunniten gewöhnt und blieben ihm treu.

Die Sunniten, auf Bewahrung ihres Reichtums ausgerichtet, suchten mutige Männer aus anderen Volksgruppen, die den Kaufleuten Leib-

48

wächter sein konnten. Die Drusen ließen sich einzeln und in Gruppen anwerben, um Wachdienst vor den Handelsniederlassungen zu leisten. Bald waren auch die Mamlukengouverneure überzeugt, daß es klug wäre, Drusen in ihren Sold zu nehmen. Sie wandten sich an die politischen Führer im Schufgebirge und boten ihnen ein Bündnis an: Die drusischen Herren sollten bevorzugt werden vor den Chefs anderer Clans, wenn sie der sunnitischen Obrigkeit Treue schworen.

Sunniten, Drusen, Schiiten und Maroniten hatten sich alle längst zu Feudalgesellschaften organisiert: An der Spitze der Clans standen absolute Herrscher. Besonders ausgeprägt war diese Ordnung bei der Drusengemeinde, die im abgelegenen und in sich abgeschlossenen Schuf lebte. Ihre Mächtigen waren überaus empfänglich für Geschenke und Ehrungen jeder Art, und die Gouverneure wußten dieses Bedürfnis zu nutzen. So entwickelte sich eine enge Verbindung zwischen der sunnitischen und der drusischen Aristokratie. Aus den rebellierenden Drusen wurden Helfer des sunnitischen Establishment.

Statt Unabhängigkeit Bürgerkrieg

Ein Drusenemir überwindet den Konfessionalismus

Aus den Steppen Zentralasiens waren sie nach Westen gekommen, die Turkvölker, die unter ihrem Chef Othman (1288–1326) Selbständigkeit errungen hatten in der Auseinandersetzung mit Seldschukenheeren und byzantinischen Kampfverbänden. Im Jahre 1453 eroberten die Völker, die in den Geschichtsbüchern Osmanen genannt werden, Konstantinopel; die Stadt wurde zu ihrem Machtzentrum. Zuvor schon waren sie in Syrien eingefallen in der Absicht, sich das Reich der Mamluken anzueignen.

Für die Wohlhabenden des Libanongebirges und der Küstenebene bestand Gefahr, daß sie ihre Privilegien an die neuen Herrscher verloren. Die Sunniten waren sofort bereit, den osmanischen Gouverneuren Kollaboration anzubieten. Die Drusenemire aber kamen ihnen zuvor – sie ritten den anrückenden Osmanenkämpfern bis Damaskus entgegen. Diese Geste gefiel dem osmanischen Sultan: Er gab dem höchsten der Drusenemire Befehlsgewalt über alle anderen Adligen im Gebirge. Dieser oberste Drusenfürst gehörte zur Familie Maan, die seit 1120 im Schufgebirge ansässig war; sein Name war Fakr ed-Din I. Verblüffend ist, daß dieser Chef der Drusen kein praktizierendes Mitglied der drusischen Religionsgemeinschaft war. Die Drusen störte es selten, wenn ihr Herrscher Sunnit war, solange er nicht versuchte, die Gläubigen zu seiner Überzeugung zu bekehren. Hatte sich die Familie Maan im Schuf durchgesetzt, so kamen ihre fähigsten Männer den Drusen gerade gelegen: Die Drusen benötigten Leute mit politischer Erfahrung.

Dem Emir Fakr ed-Din I. verdankten die Drusen, daß sie den Machtwechsel an der Mittelmeerostküste ohne Einbußen an Land und Geld überstanden. Das Verhältnis zwischen Osmanensultan und Fakr ed-Din I. blieb herzlich. Dennoch wurde der Drusenchef im Auftrag des Paschas von Damaskus ermordet. Die Drusengemeinde im Schuf hat den Grund für den Mord nie erfahren; er blieb ein Geheimnis des Paschas.

Der Sohn des Ermordeten hatte durchaus die Absicht, den Vorfall im Interesse des Drusenvolkes zu vergessen, doch es gelang ihm nicht, die

Beziehungen zum Sultan zu normalisieren. Die Fürsten anderer Clans des Libanongebirges spürten, daß der Drusenadel beim Herrscher des Osmanenreiches in Ungnade gefallen war. Die Elite der Sunniten sah eine Gelegenheit, der Familie Maan, die ihnen zu mächtig geworden war, zu schaden. Als nördlich der Stadt Tripoli ein Wagenkonvoi überfallen und ausgeraubt wurde, der die Steuereinnahmen der reichen Provinz Ägypten nach Konstantinopel transportieren sollte, da klagten die Clanchefs die Familie Maan an, sie habe sich am Eigentum des Sultans bereichert. Obgleich der Überfall weit außerhalb des Machtbereichs der Maan geschehen war, glaubte der Sultan den Anklagen und befahl die Ausrottung der Drusengemeinde. Wieder einmal mußte sich das Volk in den Schufbergen verteidigen. Seine Miliz wehrte sich unerschrocken, doch sie verlor ein Dorf nach dem anderen. Der Emir verbarg sich schließlich in der Einsamkeit einer Schlucht ostwärts der Stadt Jezzin. Dort starb er. Der Frau des Toten gelang es, unter Aufopferung des gesamten Goldschatzes der Familie Maan den Zorn des Osmanenherrschers zu besänftigen.

Wie gründlich ihr die Besänftigung gelungen war, ist daraus zu ersehen, daß ihr Sohn Fakr ed-Din II. im Jahr 1580 offiziell Gouverneur des Schufgebirges wurde.

Dieser Drusenfürst genoß außergewöhnliche Freiheiten: Die Zentralverwaltung des Osmanenreiches gestattete ihm die Annexion von Gebieten, die nicht von Drusen bewohnt waren. Er besetzte Beirut, Saida und Tyr; er eignete sich auch das fruchtbare Tal der Bekaa an. Als seine Macht bis zur Stadt Tripoli reichte, wurde der Osmanengouverneur in Damaskus unruhig. Da er um seinen eigenen Einfluß fürchtete, protestierte er gegen die beständige Ausdehnung des von einem Drusen regierten Gebiets. Doch Fakr ed-Din II. ließ dem Pascha mitteilen, die Besetzung der Städte und Landstriche habe allein den Zweck, dort das Bandenunwesen auszurotten.

Fakr ed-Din II. hatte keineswegs den Plan, das Volk der Drusen zu vergrößern. Er verfolgte im Gegenteil sogar die Politik, keinen Andersgläubigen in die eigene Religionsgemeinschaft aufzunehmen. Er dachte nicht daran, Sunniten und Maroniten in seinem Herrschaftsbereich schlechter zu behandeln als die Drusen. So gelang ihm das Wunder, innerhalb weniger Jahre den Streit der Konfessionen gegeneinander im Gebiet, das nahezu den gesamten Bereich des heutigen Libanon umfaßt, zu beenden. Fakr ed-Din band die Klügsten aus der Führungsschicht der Maroniten und der Sunniten an sich – er nahm sie in seine Regierung auf. Die Schiiten aber hatten bereits so sehr an politischem Gewicht verloren, daß der Emir sie nicht zur Mitarbeit in seinem Staat aufforderte.

Ali Jumblat knüpft Kontakte zu Europa

Der erste der Familie Jumblat, der überregionale politische Bedeutung erlangte, war der Pascha von Aleppo, eingesetzt zu Beginn des 17. Jahrhunderts durch den Sultan von Konstantinopel. Zu seiner Überraschung baten im Sommer des Jahres 1605 Boten aus Florenz um eine Audienz. Die Fürsten Medici hatten Ali Jumblat einen Brief geschrieben, der einen Vorschlag von politischem Gewicht enthielt: Die Herren von Florenz wollten zu Ali Jumblat diplomatische und kommerzielle Beziehungen knüpfen. Am 2. Oktober des Jahres 1607 wurde tatsächlich ein entsprechender Vertrag geschlossen. Hinter dieser sinnlos erscheinenden Initiative steckte die Idee, die intensive und aggressive Nahostpolitik des Staates Venedig nachzuahmen oder gar zu übertreffen. So setzte der toskanische Staat, um in den islamischen Ländern, mit denen sich der Handel lohnte, Einfluß zu gewinnen, auf die Unabhängigkeitsbestrebungen regionaler Fürsten. Wer nicht abgeneigt war, sich von Konstantinopel zu lösen, war interessant für die Herren der Toskana. Der Drusenchef Fakr ed-Din II. wurde schließlich der Dritte im Bund zwischen den Familien Jumblat und Medici.

Diese Anmaßung war allerdings für den Sultan in Konstantinopel nicht mehr annehmbar, war doch jeder außenpolitische Kontakt allein dem Souverän vorbehalten. Der Sultan ließ sich auf keinerlei Diskussionen ein; er gab der Garnison von Damaskus den Auftrag, Jumblat zu vernichten, und sie führte den Befehl aus.

Die Medici hätten ihm gern geholfen, doch eine eilig angeworbene Flotte, die toskanische Soldaten an die Küste vor dem Libanongebirge bringen sollte, zerschellte im Sturm an Zyperns Küste.

Entweder wußte der Sultan nichts von den Unabhängigkeitsbestrebungen des Drusenfürsten Fakr ed-Din II., oder er glaubte, der Herr der Provinzen um das Schufgebirge habe nach dem Tod des Partners Jumblat eingesehen, daß er der Macht des Sultans nicht gewachsen sei – Konstantinopel schickte keine Strafexpedition gegen den Schuf. Deren Ausbleiben jedoch ermutigte zu weiteren Versuchen, mit Hilfe der ausländischen Macht die eigene Position zu stärken. Fakr ed-Din II. schloß mit dem toskanischen Gesandten Hyppolite Leoncini ein Abkommen, das militärischen Beistand für das Drusenland vorsah.

Bemerkenswert ist, daß die Gläubigen der elitär-intellektuellen Doktrin, die Hamza ibn Ali entwickelt hatte, nicht im geringsten auf Abgeschlossenheit in ihrem Gebirge bedacht waren. Auch die Eingeweihten lebten nicht selbstzufrieden eingesponnen. Sie wollten Beziehung haben zur Welt weit außerhalb ihrer Grenzen. Erinnert sei an den schon im Jahr 1444 geäußerten Wunsch, mit dem Papst in Rom in Verbindung zu treten, der zur Gründung des »Apostolischen Kommissariats für die Angelegenheiten der Maroniten und der Drusen« geführt hatte.

Die Drusen waren nie zu stolz, von anderen zu lernen. Sie wußten auch im Jahre 1608 genau, was sie von Hyppolite Leoncini und dessen toskanischen Auftraggebern wollten: Das ferne italienische Land sollte Meister der Festungsbaukunst und der Geschützherstellung nach Beirut schicken, nebst einer großzügigen Lieferung an Munition. Für entsprechende Zusagen war Fakr ed-Din bereit, trotz des Verbots, das Konstantinopel ausgesprochen hatte, seine Häfen der toskanischen Flotte offenzuhalten.

Was sich später wiederholen wird, geschieht nun zum erstenmal: Rivalitäten der Großmächte haben Auswirkungen auf die Politik des Gebiets um das Libanongebirge. Frankreich unterhielt zu dieser Zeit bereits ein Konsulat in der Stadt Saida. Der Konsul fühlte sich verpflichtet, seine Regierung zu unterrichten, er habe von einem Geheimabkommen zwischen dem Drusenemir und einem Gesandten der Familie Medici gehört. Dem Konsul war bekannt, daß die Toskana durch einen Vasallenvertrag an Spanien gebunden war – Spanien und Frankreich aber waren unversöhnliche Feinde. Nach Meinung des Konsuls war das Geheimabkommen gegen französische Interessen gerichtet.

Auch Engländer meldeten die Entwicklung nach Hause: Kaufleute, die in Beirut oder Tripoli Informationen über den Besuch des Hyppolite Leoncini erhalten hatten, der nicht zu verbergen gewesen war. Sowohl die englische als auch die französische Regierung gaben ihr Wissen an den Sultan weiter – in der Hoffnung, er werde die Bemühungen der toskanischen Diplomatie scheitern lassen.

Eine gewaltige Streitmacht schickte der Osmanenherrscher gegen den Drusenemir. Zu Lande rückte ein Reiterheer in Richtung Schufberge heran; vor der Beiruter Küste patrouillierten sechzig Galeeren. Fakr ed-Din hatte für kurze Zeit die Hoffnung, sich in Damur, in der Küstenstadt westlich des Schuf, verteidigen zu können, doch er sah bald ein, daß ihn, trotz der Gefahr durch die Galeeren, nur die Flucht übers Meer retten konnte. Der Emir hatte Glück – die Besatzungen der Sultansgaleeren entdeckten das Schiff, das nach Westen segelte, nicht.

Die Kleinstadt Damur, die in unserer Zeit so wichtig ist für jede Bürgerkriegspartei, die den Zugang nach Beirut von Süden her kontrollieren will, ist damals, im Jahre 1613, erstmals von militärischer Bedeutung gewesen. Ein anderer Ort, Deir al-Kamar im Schufgebirge, erlitt ein Schicksal, das sich viele Generationen später in furchtbarer Verstärkung wiederholte. Nach der Flucht des Fakr ed-Din im September 1613 wurde Deir el-Kamar samt dem Palast des Emirs niedergebrannt.

Der »Herrscher der Drusen« kannte nur einen Ort, der ihm Sicherheit vor Verfolgung bieten konnte: die Toskana. Von der Familie Medici freundlich aufgenommen, dachte Fakr ed-Din über Pläne nach, die ihm die Eroberung des Schufgebirges ermöglichen sollten. Er glaubte, eine internationale Streitmacht werde ihm seinen rechtmäßigen Besitz wiedererlangen und auf Dauer sichern. Nach seiner Meinung kamen folgende Staaten für eine Bereitstellung von Kontingenten der internationalen Streitmacht in Frage: Spanien, der Vatikan und die Staaten der italienischen Halbinsel insgesamt. Die Spanier, die den größten Truppenverband stellen sollten, durften keinesfalls allein an die Mittelmeerküste geschickt werden, die sich so nahe beim Heiligen Land befand – der Drusenemir war überzeugt, die Spanier würden nie mehr abziehen wollen, sondern eher mit dem Gedanken spielen, Jerusalem zu erobern.

Fakr ed-Din mußte während der Verhandlungen die Erfahrung machen, daß sich die Trägerstaaten der internationalen Streitmacht nicht einmal über eine Zusammensetzung und Finanzierung der Truppe einigen konnten. Enttäuscht gab er das Vorhaben der Eroberung auf und entschloß sich, sein Schicksal seinem Souverän in die Hand zu legen. Zum Glück für Fakr ed-Din hatte eine Palastrevolution in Konstantinopel für eine Verschiebung der Machtverhältnisse gesorgt. Verschwunden aus Kanzleien und Archiven waren die Höflinge, die den Stand der Akten »Fakr ed-Din« genau kannten. Die neuen Zuständigen aber konnten bestochen werden. Dem Sultan wurden die Umstände des Exils in neuem Licht dargestellt. Er meinte schließlich, durch Zahlung einer bedeutenden Summe könne sein Vergessen erreicht werden.

Vereinigung der Religionen in der Armee

Während der Abwesenheit von Fakr ed-Din war der erste Mehrreligionenstaat auf libanesischem Boden zerfallen. Die Erfahrung hatte den Emir gelehrt, daß für den Bestand eines derart sensiblen Gebildes nicht nur eine glückliche Hand in der Auswahl der Berater aus allen Religionsgruppen nötig war, sondern auch eine starke, einheitliche Armee, in der alle Religionsgruppen gleichberechtigt vertreten sein sollten. Die Idee von der Armee als Integrationskern des Staates, erfolglos wieder aufgegriffen von libanesischen Präsidenten unserer Zeit, ist von Fakr ed-Din für die besonderen Verhältnisse des Libanongebirges erstmals entwickelt worden. Sein Gedanke war, daß ein Zusammenleben der sich durch Religionen identifizierenden Großclans des Gebirges dann erleichtert werde, wenn diese Volksgruppen den Willen hätten, ihre Gemeinsamkeit – und damit meinte er ihren Lebensraum – als etwas Verteidigungswürdiges zu empfinden.

Der Emir begann bald nach seiner Rückkehr aus dem Exil mit der Veränderung der Milizen; sie wurden in ein stehendes Heer umgewandelt. Die Milizen hatten sich aus jungen Bauern und Handwerkern rekrutiert, die nur in Zeiten der Gefahr Wehrdienst leisteten. Sold hatten die Milizkämpfer nie erhalten. Jetzt wurden die jungen Männer veranlaßt, ihre Berufe aufzugeben. Soldat zu sein war künftig ihre Lebensaufgabe. Für die Bezahlung des Solds der angeworbenen Männer stellte Fakr ed-Din II. die Einnahmen zur Verfügung, die ihm, dem Feudalherrn des Schufgebirges, zuflossen.

Als der Emir erkannte, daß die Umwandlung der Milizen in stehende Heere organisatorisches Können verlangte, da zögerte er nicht, Söldner aus Europa zu holen, die als Instrukteure und Offiziere zu wirken hatten. Sie erleichterten die Integration der Volksgruppen. Zwar waren sie Christen, doch nicht verwickelt in den Zwist der christlichen Clans mit Moslems und Drusen im Libanongebirge. Die Instrukteure standen über dem Streit.

Herausgefordert wurde die Armee, als sie aus 15 000 Kämpfern bestand. Der Gouverneur von Damaskus, empört über die Anmaßung des Fakr ed-Din, sich ein Heer aufzustellen, ohne dafür um Erlaubnis zu bitten, fiel mit schnellen Truppen in die Bekaaebene ein in der Absicht, die dort stationierten Einheiten zu zerschlagen. Die Vernichtung der Bekaaverbände sollte den Anstoß geben für den Zusammenbruch der gesamten Armee. Der Gouverneur rechnete damit, daß die Kämpfer bald nach der ersten Katastrophe zum regulären Sultansheer überlaufen würden. Doch seine Kalkulation war falsch. Den Kampf beim Dorf Anjar in der Bekaa gewannen die Soldaten des Fakr ed-Din. Sie nahmen den Gouverneur von Damaskus gefangen. Nach diesem Sieg bewies der Drusenemir sein hohes Format als Staatsmann: Er umgab seinen Gefangenen mit allen Ehren, die seinem Rang zustanden, und ließ ihn durch seine Leibwache nach Damaskus zurückgeleiten. Der Sultan in Konstantinopel wiederum war gut beraten, die Auseinandersetzung mit Fakr ed-Din künftig zu meiden.

Die Armee erwies sich tatsächlich als Kristallisationspunkt für den Aufbau des Staates. Waren in den ersten Versuch der Zusammenfassung vieler Volksgruppen die Bewohner der Stadt Tripoli noch nicht eingeschlossen gewesen, so gelang dem Drusenemir jetzt die Annexion des wichtigen Hafens. Fakr ed-Din galt bald als der mächtigste Fürst im Reich des Sultans.

Kernland dieses ersten libanesischen Staates war noch immer die Region der Drusen. Um das Schufgebirge gliederten sich christliche und sunnitische Gebiete. Fakr ed-Din II. wußte, daß er selbst die einzige Klammer bildete, die den Staat zusammenhielt. Wollte er auf Dauer

Stabilität erreichen, mußten alle Gebiete ihre Eigenständigkeit aufgeben, dann durften die Zonen der Christen, Drusen und Sunniten nicht mehr nebeneinander fortbestehen. Der Drusenemir versuchte, das Zusammenleben der Menschen im Libanongebirge zu »entkonfessionalisieren«.

Er selbst gab ein Beispiel für die Koexistenz der Religionen: Er besuchte islamische Gottesdienste und bezeichnete sich selbst – obgleich er »Eingeweihter« der Drusen geworden war – als Moslem. Durch Gleichbehandlung aller Religionsgruppen sollten die Spannungen zwischen Moslems, Christen und Drusen aufgehoben werden. Der Emir finanzierte den Bau von Moscheen und Kirchen. Er gestattete den Christengemeinden, was ihnen im Reich des Sultans sonst nirgends erlaubt war: Sie durften Kirchenglocken läuten. Ausdrücklich forderte Fakr ed-Din II. die Jugend der Christen auf, sich auf führende Positionen im Staat vorzubereiten. Er öffnete ihnen die Möglichkeit, Offiziere in der Armee zu werden.

Allmählich schwächte sich der Argwohn ab, der seit Jahrhunderten das Verhältnis zwischen den Religionsgruppen geprägt hatte. Christen und Drusen wagten sich aus ihren Gebirgsschluchten in die Küstenebene; in den Städten Beirut und Saida wohnten Christen, Drusen und Sunniten Haus an Haus, ohne sich zu isolieren. Unter der Herrschaft des Drusenfürsten begann sich das libanesische Volk zu formieren. Solidarität der Volksgruppen untereinander wurde spürbar. Sie fühlten sich als Bewohner des autonomen libanesischen Gebiets.

Der erste libanesische Staat zerbricht

Doch Fakr ed-Din II. überschätzte das Ausmaß der Freiheit, das ihm vom Sultan in Konstantinopel gewährt wurde. Daß der Emir europäischen Staaten gestattete, in Beirut, Saida und Tyr ständige Konsulate einzurichten, nahm die Verwaltung des Osmanischen Reiches übel. Delegationen aus Europa zu empfangen, dieses Recht hatte der Sultan dem Emir zwar zugestanden; daß er Beglaubigungsschreiben unterzeichnete, konnte der Sultan jedoch nicht dulden. Im Jahr 1632 begann ein großangelegter osmanischer Angriff zu Lande und zu Wasser, dem das Heer des Fakr ed-Din II. nicht gewachsen war. Die einzige Chance des Emirs wäre gewesen, seine Truppen in den Schufbergen zu konzentrieren, um von dort aus zu versuchen, wenigstens Teile des Staates zu retten, doch er sah diese Chance nicht. Sein Bemühen, alle Gebiete verteidigen zu wollen, führte zur Zersplitterung der Kampfverbände und damit zur Schwächung der Schlagkraft.

Fakr ed-Din II. war alt geworden und müde. Als sein Sohn Ali während eines Gefechts sein Leben verlor, da hatte für ihn die eigene Existenz den Sinn verloren. Ein Scheich nach dem anderen verließ ihn und kapitulierte vor dem Osmanenheer. Die Zahl der Städte und Festungen, die dem Emir noch unterstanden, verringerte sich von Woche zu Woche. Schließlich blieb ihm nur ein Ausweg, um wenigstens das eigene Drusenvolk zu retten: Er signalisierte ebenfalls seine Bereitschaft zur Kapitulation. Dieser Schritt wurde ihm durch die schriftlich fixierte Zusage der feindlichen Kommandeure erleichtert, ihm und seiner Familie werde Pardon gewährt. Der Sultan, der den gefangenen Emir nach Konstantinopel holte, hielt Wort – wenigstens zunächst.

Der Staat um das Libanongebirge wurde von den Siegern aufgeteilt. Das Kernland, die Schufberge, erhielt einen Beherrscher zugewiesen, der keinerlei Neigung zum Drusenglauben besaß. Er sah seine Aufgabe darin, alle Mitglieder und Anhänger der Familie Maan zu demütigen, was die stolzen Drusenkämpfer nicht hinnehmen konnten. Sie vertrieben den vom Sultan eingesetzten Gouverneur. Dieser Aufstand erregte Zorn in Konstantinopel. Der Sultan selbst hielt ihn für einen Beweis der unverbesserlichen Arroganz der Maanfamilie, der nicht zu trauen sei. Gnade gegenüber Fakr ed-Din II. war, nach Meinung der Mächtigsten im Osmanenreich, nicht mehr angebracht: Sie ordneten den Tod des Drusenemirs und seiner Söhne an. Die vier Männer wurden am 13. April 1635 hingerichtet.

Die Jahre nach dem Tod des Fakr ed-Din II. waren geprägt durch Aufstände und Unterdrückung, durch Zerschlagung bestehender Ordnungsstrukturen und durch Aufstieg und Fall von Abenteurern. Die meisten der Umwälzungen geschahen in den Schufbergen, deren Täler von den Drusen bewohnt sind. Um dort Ordnung zu schaffen, befahl der Sultan im Jahr 1711, die jahrhundertealte Familie Jumblat habe sich dort niederzulassen und die Herrschaft zu übernehmen. So wurden die Jumblats Herren des Schuf. Die Drusen haben damals die Feudalfamilie aufgezwungen bekommen, der sie bald schon in Treue anhingen: Bis heute hält diese Treue ungebrochen an.

Mit der Entmachtung der Familie Maan war der Zerfall der zentralen Staatsgewalt im Land zwischen Tripoli, Beirut, Saida und dem Bekaatal verbunden. Die Solidarität der Bewohner zerrann. Die Volksgruppen blickten erneut mit Argwohn aufeinander. Die Scheichs und Emire bekämpften sich, zuerst durch Schmähungen, dann mit Waffen.

Wer Geld besaß, der kaufte sich fremde Unterstützung. Da lag während des russisch-osmanischen Kriegs der Jahre 1768 bis 1774 eine russische Flottille zwischen Zypern und dem libanesischen Festland. Admiral Alexis Orlow ließ sich von einer der Parteien im internen Krieg

25 Millionen Piaster auszahlen für das Zugeständnis, eine Beschießung Beiruts abzubrechen. Die Bevölkerung litt unter dem unaufhörlichen Streit der Feudalherren, die ihre bewaffneten Anhänger gegeneinanderhetzten. Besonders die Christen bekamen die allgemeine Unsicherheit zu spüren. Am Ende des 18. Jahrhunderts aber sahen sie eine brillante Zukunft vor sich: Vom Nil her zog eine französische Armee unter Befehl des Generals Bonaparte heran.

Bonaparte verspricht den Drusen Unabhängigkeit

Am 20. März 1799 erhielt der für die Schufberge zuständige Emir Beschir Schehab einen Brief des französischen Oberbefehlshabers. Das Schreiben enthielt die Ankündigung: »Ich habe die Absicht, der ehrenvollen drusischen Nation das Recht der Selbstverwaltung zu geben. Diese Nation soll keinen Tribut bezahlen müssen. Ich werde dafür sorgen, daß ihr der Hafen Beirut zur Verfügung steht. Jede Stadt, die von der Drusennation für die Entwicklung ihres Handels gebraucht wird, soll von ihr kontrolliert werden dürfen.«

Bonaparte suchte Verbündete; sein Plan war, Syrien zu erobern, um eine Basis zu haben für die Besetzung Konstantinopels – oder des indischen Subkontinents. So ganz sicher war sich der Eroberer, der an der ägyptischen Küste seine gesamte Flotte durch eine englische Attacke verloren hatte, noch nicht über die Zukunft seiner Militärintervention im Orient. Um der Armee den Schwung zu erhalten, brauchte Bonaparte einen raschen Erfolg, doch da zeichnete sich eher eine Blamage ab: Syrische Regionaltruppen verteidigten mit großem Geschick und mit englischer Unterstützung die Festungen der Küstenstraße im Osten des Mittelmeers. Bonapartes Vormarsch verlief glanzlos.

Ehe der General sich an die Drusen wandte, hatte er zu den Maroniten im Libanongebirge Kontakt aufgenommen. Ihre Führung hatte sich über die Präsenz eines christlichen Heeres so nahe bei ihren Dörfern und Städten erfreut gezeigt, doch Bonapartes Wunsch nach einem sofortigen Aufstand gegen die islamischen Herren wollte sie nicht erfüllen. Zuerst sollte der französische Eroberer deutlich erklären, daß er gewillt sei, dem maronitischen Gebiet volle Souveränität zu gewähren. Die Chefs der Maroniten, die sich den Sieg der Franzosen ersehnten, waren durch Erfahrung argwöhnisch geworden gegenüber allen Eroberern; sie fürchteten, Bonaparte werde ihre Interessen vergessen, wenn er erst einmal Herr von Syrien sei. Der General, enttäuscht von den Maroniten, hütete sich vor schriftlichen Versprechungen. So unterblieb die Kooperation zwischen der christlichen Bevölkerung und den französischen Eroberern, die eigentlich eine politische Selbstverständlichkeit gewesen wäre.

Dann machte Bonaparte einen entscheidenden Fehler, der die Bewohner aller Bevölkerungsgruppen im und um das Libanongebirge aufschreckte: Er ließ 3000 Kriegsgefangene erschießen, nur weil sie seinen Truppen lästig waren. Vom Tag dieser Bluttat an fühlte niemand mehr Sympathie für den Eroberer. Obgleich die Menschen an Grausamkeit gewöhnt waren, überstieg dieses Massaker jedes bisher akzeptierte Maß an Brutalität. Bonaparte hatte den künftig geltenden Maßstab für Blutvergießen gesetzt.

Er war kein strahlender Sieger, als er an Emir Beschir Schehab, den Herrn der Schufberge, den Brief schrieb, der den Drusen Souveränität ihres Gebiets versprach. Was er den Christen nicht hatte zusagen wollen, das gestand er den Drusen schon beim ersten Kontakt zu. Doch wartete Bonaparte vergeblich auf Antwort. Emir Schehab glaubte nicht mehr an einen Erfolg des französischen Truppenverbandes.

Bonaparte, dessen Vormarsch schließlich ganz zum Erliegen kam, bat den Drusenemir in mehreren Briefen um Unterstützung. Immer dringender wurden seine Worte, immer umfangreicher wurden seine Versprechen. Umsonst blieb sein Warten auf Antwort. Das Schweigen der Drusen, das ihm anzeigte, daß er nicht mit der Unterstützung der Bevölkerung im Libanongebirge rechnen konnte, und der Zerfall der Kräfte seiner Armee veranlaßten Bonaparte schließlich zum Rückzug nach Ägypten – und letztlich zur Flucht nach Frankreich.

Der Drusenemir ist insgeheim ein Christ

Im Jahr 1756 war Seltsames geschehen in der Familie Schehab: Zwei Emire waren zum christlich-maronitischen Glauben übergetreten. Sie blieben keine Ausnahme: Im Verlauf der nächsten Jahre verließ die gesamte Sippe den angestammten islamischen Glauben. Erstaunlich ist, daß es gelang, den Übertritt geheimzuhalten. Informiert war nur der Patriarch der maronitischen Gemeinschaft. Die Drusen wurden von der Familie Schehab getäuscht. Gerüchte, die manchmal im Schufgebirge geflüstert wurden, fanden keinen Glauben. Den Schehabs vertraute selbst das bestimmt argwöhnische Haus Jumblat.

Auf die Jumblatis stützte sich besonders die herausragende Gestalt der Sippe Schehab: Emir Beschir Schehab. Von 1789 bis 1840 reichte die lange Periode seiner politischen Bedeutung.

Über lange Jahre seiner Herrschaft hin ermöglichte der Emir, der sich als Druse ausgab, jedoch maronitischer Christ war, im Libanongebirge ein harmonisches Zusammenleben. Nicht unter Zwang, sondern durchaus freiwillig ließen die Drusen in ihrem ureigensten Gebiet, im Schufgebirge, den Bau von Häusern und sogar Dörfern zu, die von Christen bewohnt wurden. Kirchen entstanden in den Randzonen des Schuf. Drusische Landbesitzer verpachteten während der ersten Jahrzehnte des 19. Jahrhunderts ihren Boden gern an maronitische Bauern; sie waren als besonders fleißig bekannt.

Wenig Einfluß besaß Emir Beschir Schehab auf die Verhältnisse in den Küstenstädten. Dort regierten Stadtkommandeure, die von den Osmanengouverneuren eingesetzt waren. Sie sahen die Christen als Irrende an, die vom wahren Glauben abgekommen waren. Den Maroniten gaben sie das Gefühl, eben gerade geduldet zu sein. Kein Angehöriger dieser Glaubensgemeinschaft durfte sich reitend fortbewegen; nicht einmal der Ritt auf einem Esel war erlaubt. Begegnete der Christ auf der Straße einem Moslem, so mußte er ehrerbietig Platz machen. Der Moslem brauchte nie zu dulden, daß ihn ein Maronit laut ansprach. Schon durch die Kleidung mußte sich der Christ deutlich kennzeichnen: Er hatte eine schwarze Kopfbedeckung zu tragen.

Im Jahr 1831 aber wurde die Bedrängnis von den Maroniten genommen. Das osmanische Heer, geschwächt durch den blamablen Ausgang des Krieges mit Rußland, mußte unter ägyptischem Druck aus weiten Teilen Syriens weichen. Ibrahim Pascha, der Sohn des Vizekönigs von Ägypten, eroberte an der Mittelmeerküste eine Stadt nach der anderen: Tyr, Saida und Beirut ergaben sich dem Ägypter ohne Gegenwehr.

Zu seinen ersten Verwaltungsmaßnahmen gehörte die Aufhebung aller Vorschriften, durch die Christen diskriminiert wurden. Ibrahim Pascha verfügte, daß Maroniten künftig im Rat jeder Stadt vertreten sein sollten, daß sie Armeeoffiziere werden konnten, daß sie dieselben Handelsrechte bekamen wie die Moslems und Drusen. Die maronitischen Kaufleute eröffneten Geschäftsbeziehungen zwischen Beirut und London, zwischen Saida und Marseille.

Neun Jahre lang dauerte die für die Maroniten günstige Regierungszeit des Ibrahim Pascha und seiner ägyptischen Verwalter, dann aber brachen Revolutionen im Libanongebirge aus – der Anlaß war nichtig. Die Drusen beschwerten sich, einige junge Männer aus ihrer Volksgruppe seien zum Militärdienst gezwungen worden – die Christen wußten vorzubringen, daß ein Dutzend Männer gegen ihren Willen in einer neueröffneten Kohlengrube arbeiten müßten. In beiden Gemeinschaften fanden sich rasch Männer, die rebellieren wollten. Im Mai des Jahres 1840 trafen sich Rebellen drusischer und maronitischer Abstammung in Deir al-Kamar im Schufgebirge. Sie schworen den Eid, der Kampf um die Rechte der Drusen und Christen sei fortan unteilbar. Ein

60

»Revolutionsrat«, der zwölf Mitglieder umfaßte, sollte den Kampf gegen die Ägypter organisieren.

Der nichtige Anlaß für den Aufstand steht in keinem Verhältnis zum Ausmaß der Rebellion, die tatsächlich losbrach. Von außen war der Brand geschürt worden. Agenten des Osmanenreichs waren im Libanongebirge unterwegs gewesen und hatten die Ägypter denunziert. Auch Engländer, kundig der Sprache, hatten Drusen und Maroniten gegen Ibrahim Pascha aufgehetzt. Der Osmanensultan und die englische Regierung waren gleichermaßen daran interessiert, daß Ägypten sich wieder aus dem syrisch-libanesischen Küstengebiet in Richtung Sinai zurückzog. Sie betonten, die Legalität zu vertreten – und diese sei auf der Seite der Verantwortlichen in Konstantinopel zu finden.

Emir Beschir Schehab, der noch immer verbarg, daß seine Familie christlich-maronitisch geworden war, wurde in seinem Amtssitz Beit-Meri im oberen Verlauf der Schufberge von diplomatischen Kurieren aus England besucht, die ihn aufforderten, die Rebellion zu unterstützen, und von Gesandtschaften aus Frankreich, die von ihm verlangten, in diesem Konflikt für Ibrahim Pascha und Ägypten insgesamt zu optieren. Die Argumente des Botschafters aus Frankreich überzeugten den Emir schließlich. Er glaubte an die Versprechungen, die Regierung in Paris werde Ibrahim Pascha mit aller Kraft unterstützen und niemals im Stich lassen. Nachdem der Drusenemir sich für Ägypten entschieden hatte, handelte er rasch: Er verhaftete die wichtigsten Rebellen und schickte sie unter Bewachung den Ägyptern zu.

In einem Punkt war Emir Beschir Schehab allerdings von den französischen Gesprächspartnern belogen worden: Sie hatten ihm gesagt, England werde sich nie dazu entschließen können, dem Osmanensultan aktiv durch militärisches Eingreifen an der Küste vor dem Libanongebirge zu helfen. Zu diesem Zeitpunkt war jedoch bereits abzusehen gewesen, daß nicht nur England, sondern auch Österreich bereit war, Schiffe ins östliche Mittelmeer zu schicken; selbst Preußen versprach Unterstützung. Europa hatte die Levante entdeckt – als Markt der Zukunft. Keiner der europäischen Industriestaaten wollte abseits stehen im Wettlauf um die Präsenz in Syrien, im Libanon und wenig später am Persischen Golf.

Am 10. September 1840 näherte sich ein englisch-österreichischer Flottenverband der Bucht von Junieh, nördlich von Beirut. Noch am selben Tag verließen 6000 osmanische Soldaten, 2000 englische Marineinfanteristen und 500 Österreicher die Schiffe. Den Soldaten schlossen sich die Drusen und Maroniten an, die am Aufstand gegen die Ägypter teilgenommen hatten. Gemeinsam eroberten sie Beirut. Der Drusenemir Beschir Schehab aber begab sich nach Malta ins Exil.

Arroganz der Maroniten

Nach der Abreise des Emirs platzte die Täuschung, die Familie Schehab sei immer noch islamisch. Die Schehabs wurden fortan zu den Maroniten gerechnet. Trotzdem hielt die Regierung in Konstantinopel an ihrer Meinung fest, nur ein Mitglied dieser Familie habe das Recht, im Libanongebirge zu herrschen. Der Sultan setzte noch im September 1840 Beschir as-Saghir (auf deutsch: der kleine Beschir) zum »Prinzen der Berge« ein. Der abgelöste Emir hatte die Kraft besessen, sich gegen die Scheichs durchzusetzen, die als Feudalherren über Dörfer und Landstriche herrschten. Der Familie Jumblat, die häufig aufsässig war, hatte er zeitweise das gesamte Eigentum beschlagnahmen lassen. Lange war die Familie allerdings nicht arm geblieben – sie plünderte bald darauf die Dörfer aus, deren Bewohner von ihr abhängig waren. Beschir as-Saghir besaß den Mut nicht, die Ansprüche der Feudalherren auf Beteiligung an der Macht einzudämmen. Die Scheichs konnten ihr Haupt erheben, höher als je zuvor. Sie durften in ihren Gebieten Dekrete erlassen; ihnen waren Übergriffe ins Gebiet der rivalisierenden Volksgruppe erlaubt. Der Stärkere terrorisierte die schwächeren Nachbarn.

Die Maroniten glaubten in einer besonders starken Position zu sein, hatten doch Kriegsschiffe und Soldaten christlicher Staaten das Land an der Ostküste des Mittelmeers für den Osmanensultan gerettet. Die Maroniten hatten Grund, Dankbarkeit und Nachsicht zu erwarten. Im Gefühl, der Sultan werde seine Entscheidungen decken, erließ der Patriarch der Maroniten, ohne dazu autorisiert zu sein, ein Dekret, das in allen Dörfern, die von Christen und Drusen gemeinsam bewohnt waren, die Rechte der drusischen Scheichs aufhob. Die Absicht war, die überkommene Struktur der Drusengemeinschaft zu zerstören.

Der Vertreter Englands in Beirut, Colonel Rose, beurteilte in einem Bericht an seine Regierung die Maßnahme des Patriarchen so: »Der Patriarch und die maronitische Geistlichkeit insgesamt sind entschlossen, sich die Vorherrschaft im Libanongebirge zu erkämpfen. Dafür nehmen sie sogar einen Bürgerkrieg in Kauf.«

Das Dekret des Patriarchen war in der Absicht erlassen worden, vor allem in einer Stadt Veränderungen einzuleiten: in Deir al-Kamar. Diese Stadt, in den Schufbergen gelegen, war überwiegend von Drusen bewohnt und immer von einem Drusenscheich verwaltet worden. Die Maroniten bildeten die Minderheit. Dennoch hatte es während der zurückliegenden Jahre zwischen den beiden Volksgruppen keinen Streit gegeben. Doch als das Dekret des Patriarchen in Deir al-Kamar bekannt wurde, da feierten die Maroniten ein Fest. Wer ein Gewehr besaß, der feuerte Freudenschüsse in die Luft. Mit Erstaunen sahen die Drusenscheichs vom Balkon ihres Palastes einem Demonstrationszug der Maroniten zu. Die christlichen Bauern und Händler zeigten ihren bisherigen Herren, daß deren Macht zu Ende war.

Der damals Älteste der Jumblatfamilie, Naaman Bey Jumblat, begab sich selbst zum Maronitenpatriarchen, um gegen die Demonstration der Christen in Deir al-Kamar zu protestieren. Im Beisein des Patriarchen sagte ihm der Bischof von Beirut, was die Führung der Maroniten wirklich beabsichtigte: »Es wird nicht lange dauern, und wir haben die Drusen insgesamt aus dem Libanongebirge vertrieben.« Naaman Bey Jumblat erfuhr auch, daß Frankreich für die Austreibung der Drusen dem Patriarchen Geld bezahlte. Die französische Regierung wollte, daß das Libanongebirge den Christen gehöre, präzise gesagt, den Maroniten. Der französische Konsul in Beirut stachelte den Patriarchen an, eben errichtete protestantische Schulen und Missionsstationen zu schließen. Unter der Abschiebung der protestantischen Missionare litten besonders die Drusen, denn die Schulen befanden sich in ihrem Gebiet.

Hatten die Franzosen Einfluß auf die Maroniten, so bemühte sich die englische Regierung um die Drusen, und die Scheichs dieser Religionsgruppe nutzten ihre Chance. Wann immer ein Engländer in die Schufberge kam, wurde er freundlich aufgenommen. Wunderte sich jemand aus der Drusengemeinde über die Herzlichkeit gegenüber dem Fremden, so wurde er darüber aufgeklärt, daß in England eine bedeutende Zahl von Drusen lebe – ohne unterdrückt zu werden. Die englische und die französische Regierung hatten ihre Partner im Libanongebirge gefunden. Zur Mäßigung rief keine der Großmächte auf, im Gegenteil. Sowohl die englische wie auch die französische Regierung hoffte, ihr Partner im Libanongebirge möge gewinnen. Die Absicht war jeweils, den eigenen kolonialen Ansprüchen in der Levante Nachdruck zu verleihen.

Am 14. September 1841 führte der Konflikt um die Vorherrschaft zu blutigem Streit in Deir al-Kamar. Einige maronitische Männer waren in das Tal hinabgestiegen, das Deir al-Kamar vom rein drusischen Dorf Baklin trennt. Die Maroniten hatten Gewehre dabei und begannen Vögel zu schießen. Dies geschah auf der Gemarkung von Baklin. Die Drusen, die dort wohnten, riefen den Männern aus Deir al-Kamar zu, sie sollten verschwinden. Als die Eindringlinge nicht reagierten, wurden sie mit Stöcken bedroht. Anstatt wieder nach Deir al-Kamar hinaufzusteigen – damit wäre der Vorfall beendet gewesen –, holten die Maroniten Verstärkung. Sie waren entschlossen, sich von einem Drusen nichts mehr sagen zu lassen. Kaum waren weitere Männer aus Deir al-Kamar eingetroffen, da feuerten die Maroniten ihre Gewehre in Richtung Baklin ab. Der vielfältige Knall brach sich als Echo an den Felsen und hallte weit über Täler und Hügel. Für die Drusen wirkte das Gewehrfeuer als Alarmzeichen. Hunderte ritten aus den nächsten Dörfern herbei, um den Brüdern gegen die Maroniten zu helfen. Eine Stunde lang dauerte das Gefecht. Als die Schießerei zu Ende war, da zählten die Drusen sechzehn und die Maroniten fünf Tote.

Der Ausgang dieses Kampfes um Deir al-Kamar gab den Maroniten das Gefühl, sie seien den Drusen weit überlegen. Als bald darauf im Dorf Jezzin drei Steuerkollektoren eintrafen, drusische Männer im Dienst der Familie Jumblat, da wurden sie erschlagen. Der maronitische Patriarch lobte diese Tat und fügte hinzu: »Bald werden die Drusen völlig ausgelöscht sein!« Diese Arroganz wurde bitter bestraft.

Erstes Massaker in Deir al-Kamar

Naaman Bey Jumblat führte selbst den Haufen an, der am frühen Morgen des 13. Oktober 1841 nach Deir al-Kamar hinaufzog. Fahnen flatterten über den Köpfen der 1000 Männer. Trommeln machten Lärm. Die Maroniten in der Stadt sahen zu ihrem Schrecken, daß nicht nur der eine Haufen heraufzog. Auch auf zwei anderen Wegen näherten sich bewaffnete Drusen. Keiner der Verantwortlichen in Deir al-Kamar hatte von den Kriegsvorbereitungen der Jumblatanhänger erfahren. Schon damals verstanden es die Drusen, rasch und hart zu handeln.

Die anrückenden Haufen wurden bei den ersten Häusern von Deir al-Kamar durch Schüsse für kurze Zeit aufgehalten. Doch dann brach der Widerstand zusammen. Angstvoll irrten die Verteidiger von Straße zu Straße, getrieben von den anstürmenden Drusen. Letzte Zuflucht der Maronitenfamilien war der Hauptplatz in der Mitte der Stadt. Die Häuser ringsum standen bald in Flammen. Die Glocken der Kirche läuteten noch; dies war der letzte Schrei um Hilfe.

Auf die Nachricht vom Überfall der Drusen ritt der englische Konsul von Beirut nach Deir al-Kamar. Da er angesehen war bei den Drusen, gelang es ihm, das Massaker, dem schon zahllose maronitische Männer zum Opfer gefallen waren, zu beenden.

Mit einer derartigen Niederlage hatte auf christlicher Seite niemand gerechnet. Das Oberhaupt der maronitischen Kirche und die Geistlichkeit waren nicht gewillt, sie hinzunehmen. Der Patriarch, der in jener Zeit bettlägrig war, ließ den Gläubigen sagen, daß er – um die Schmach der Niederlage auszulöschen – sich in die vorderste Linie der Kämpfer tragen lassen werde; dort wolle er das Banner des Kreuzes entrollen und dann an der Spitze tapferer Christen sterben.

Der griechisch-katholische Bischof der im Bekaatal gelegenen Stadt Zahle rief seine Anhänger zur Unterstützung der Maroniten auf: »Verstärkt die Reihen der Tapferen! Laßt euch niemals nach einem Sieg abhalten, alles Eroberte zu zerstören! Verschont nur die Frauen, doch mordet die Männer! Plündert und brennt nieder! Aber vergeßt nicht zu beten, denn dies ist ein heiliger Krieg!«

Alle Aufrufe der christlichen Geistlichen blieben vergebens: Die Maroniten erlitten weitere Niederlagen. Nach zehn Tagen war im Schufgebirge und in seinen Randzonen kein einziges Dorf mehr zu finden, in dem noch eine selbständige maronitische Gemeinde existierte. Die maronitischen Milizen konzentrierten sich zuletzt auf den Versuch, Deir al-Kamar zurückzuerobern; alle Angriffe wurden jedoch von drusischen Kämpfern abgewiesen.

Als keine Hoffnung auf Befreiung mehr bestand, baten die in Deir al-Kamar verbliebenen Maroniten den Sieger Naaman Bey Jumblat um die Erlaubnis, die Stadt unter seinem Schutz verlassen zu dürfen. Der Drusenführer gestattete den Abzug. Jeder Kämpfer der Maronitenmiliz durfte eine Waffe mitnehmen. Auch damit war ein Präzedenzfall geschaffen, der sich bis in unsere Zeit wiederholen sollte.

Unbehelligt konnten die Maroniten aus Deir al-Kamar abziehen. Auf dem Weg nach Beirut aber wurden sie von den regulären Truppen des Osmanenheeres ausgeplündert, deren Aufgabe es eigentlich gewesen wäre, Bürgerkrieg und Massaker im Libanongebirge zu verhindern. Sosehr auch europäische Konsuln in Beirut und in Konstantinopel die osmanische Verwaltung drängten, mit Waffengewalt Ordnung zu schaffen in den Schufbergen, so wenig kümmerten sich die Offiziere in Beirut um die Vorfälle.

Der Gouverneur in Damaskus sah Grund, die Christen insgesamt als Schuldige an den blutigen Unruhen von Deir al-Kamar zu bestrafen: Mit 500 osmanischen Reitern fiel er über die christliche Stadt Zahle her: 210 Frauen, Männer und Kinder verloren ihr Leben. Naaman Bey Jumblat, so berichten maronitische Dokumente, habe dem Morden zugeschaut.

Während dieser ersten Phase des libanesischen Bürgerkriegs, der Mitte des 19. Jahrhunderts stattfand, betrug die Zahl der Opfer auf beiden Seiten insgesamt 3000. Die Drusen klagten kaum über ihre Toten, hatten sie doch gesiegt. Waren vor den blutigen Auseinandersetzungen die Maroniten arrogant gewesen, so erwiesen sich jetzt die Drusen als überheblich. Sie annektierten das Land der christlichen Bauern; sie bezogen die Häuser der Geflohenen in Deir al-Kamar. Vorauszusehen war, daß allein strikte Trennung der beiden Volksgruppen dem Libanongebirge Ruhe bringen könnte.

Versuch einer Teilung des Libanon

Die osmanische Verwaltung, die im Jahre 1843 die Teilung durchsetzte, handelte nicht, um dem Libanongebirge Frieden zu bescheren, sondern um die Ostküste des Mittelmeers leichter beherrschen zu können. Der Plan sah vor, zwei getrennte, autonome Staatsgebilde zu schaffen. An der Spitze jedes Staatsgebildes sollte ein Gouverneur – sein Titel war Kaimmakam – stehen. Eingesetzt wurde als Chef der christlichen Verwaltung Emir Haidar Abillama; zum Kaimmakam der Drusen war Emir Ahmed Arslan bestimmt worden.

Die Trennungslinie zwischen den beiden autonomen Verwaltungsbereichen war die Straße Beirut–Damaskus. Südlich der Straße sollte sich das Gebiet der Drusen erstrecken – nördlich der Straße sollten die Christen ihre Selbstverwaltung aufbauen dürfen.

Der Teilungsplan war einfach, übersah jedoch die Realität. Zwar wohnten die meisten Christen in der Tat nördlich der Straße Beirut–Damaskus und die meisten der Drusen südlich dieser Linie, einige tausend Christen aber lebten auf drusischem Gebiet und einige tausend Drusen in Zonen mit christlicher Mehrheit. Und diese Minoritäten dachten jeweils nicht daran, in ihren Verwaltungsbezirk umzuziehen. Die Maroniten, die nach Deir al-Kamar zurückgekehrt waren, wollten, trotz bedrückender Erfahrung und Angst vor der Zukunft, ihre angestammte Heimat nicht verlassen. Da eine saubere Trennung nicht möglich war, kam es zu Reibereien, Streit und Mord. Die europäischen Konsuln in Beirut suchten im Auftrag ihrer Regierungen nach Ansätzen für eine Lösung. Der einzige Vorschlag, der die Auseinandersetzungen hätte beenden können, war der Plan einer Zwangsumsiedlung der Minoritäten, doch er war nicht durchsetzbar. So zog sich der Konflikt über Monate hin. Zur Versöhnung zwischen den beiden verfeindeten Gruppen trug die Teilung des Libanongebirges nicht bei.

Die Maroniten, denen die Niederlage von Deir al-Kamar noch im Gemüt brannte, sahen in der Teilung nur den Verzicht auf alle Absichten, im Libanongebirge die Vorherrschaft der Christen durchzusetzen. Der Patriarch hielt die Erinnerung wach an die Jahre, in denen ein Sieg der Maroniten noch möglich schien: »Heute wie damals gilt, daß wir das Gebirge beherrschen müssen. Der Entscheidungskampf wird kommen. Wer zuerst losschlägt, der wird siegen. Zwei zu eins stehen die Chancen für ihn.«

Die Maronitengemeinden südlich der Straße Beirut–Damaskus wurden vom Patriarchen aufgefordert, sich für den Endkampf zu rüsten, denn ihnen falle die Aufgabe zu, die Vertreibung der Drusen vorzubereiten: »Das Gebirge bietet nur Platz für uns oder für sie. Es ist selbstverständlich, daß Berge und Täler uns gehören. Ihr, Gläubige im Schufgebirge, werdet die Drusen aus dem Lande treiben.«

Zu den Vorbereitungen auf den Endkampf zählte ein Dekret des Patriarchen, das den christlichen Minoritäten im Drusengebiet jeden Kontakt zur anderen Religionsgruppe verbot. Ein Geistlicher, der trotzdem den Emirspalast von Deir al-Kamar betrat, um mit Bey Jumblat zu reden, wurde wenige Tage später erstochen aufgefunden. Unter Druck des Patriarchen weigerten sich maronitische Bauern, den fälligen Pachtzins an drusische Grundbesitzer zu zahlen. Begründet wurde die Forderung nach Abbruch der Kontakte mit dem Argument, die Drusen seien »die Feinde des Kreuzes«.

Der Patriarch schrieb in jener Zeit zahlreiche Briefe nach Frankreich und nach Österreich. Die Schreiben enthielten Klagen über die Unterdrückung, denen die christliche Gemeinde im Libanongebirge ausgesetzt sei. Regierungen und Kirchen beider Staaten wurden aufgefordert, Geld zu spenden, damit die ärgste Not der Christen gelindert werden könne. Diese Aufrufe blieben nicht unbeachtet und nicht unbeantwortet: Aus Paris und aus Wien trafen beachtliche Beträge in Beirut ein. Sie wurden vom Patriarchen jedoch nicht für die Bedürfnisse der Maronitengemeinden im Drusengebiet verwendet, sondern für den Aufbau zusätzlicher Milizverbände. Die Bewaffneten erhielten modernere Gewehre, die in Europa gekauft wurden. Zum erstenmal in der Geschichte der libanesischen Milizen konnte Kämpfern ein Sold ausbezahlt werden: Jeder Angehörige der Maronitenmiliz erhielt vier Piaster Sold pro Tag. Von diesem Betrag konnte eine Familie durchaus leben.

Zu jener Zeit vollzog sich in der Sippe der Jumblats ein Generationswechsel: Naaman Bey Jumblat wurde als Chef abgelöst durch Said Bey Jumblat, seinen Sohn. Der Nachfolger wurde vom Drusenvolk wegen seiner Energie und Entschlossenheit gerühmt. Während der Kämpfe um Deir al-Kamar hatte er sich auch als Krieger bewährt. Tapferkeit und Intelligenz hatten ihm Autorität eingetragen. Doch der Respekt war mit Angst verbunden. Gegenüber den Bauern, die Boden von den Jumblats gepachtet hatten, war der junge Mann von außerordentlicher Härte. Zur Erntezeit ritt er jedes Jahr aus dem Bergland des Schuf hinunter in das Bekaatal. Seine Forderungen an die Bauern waren für damalige Verhältnisse hoch. Sie mußten ein Drittel ihrer Früchte dem Landbesitzer abtreten. Für den Transport des Getreides hinauf zum Stammsitz der Jumblats im Dorf Muchtara hatten die Bauern selbst zu sorgen. Daß die abgelieferte Ware dort mit schlechtem Maß gewogen wurde, mußten die Untertanen hinnehmen.

In seinen Palast in Muchtara lud Said Bey Jumblat im Januar des Jahres 1845 die Wohlhabenden und die Einflußreichen des Drusenbezirks

67

zu einer Konferenz. Der Clanchef fürchtete, daß die Miliz der Maroniten inzwischen zu einer Gefahr geworden sei. Von der Lagebeurteilung wollte er weitere Konsequenzen abhängig machen.

Von der Terrasse des Jumblatpalasts in Muchtara aus sind die Hügel und Täler des Schuf weithin zu überblicken. Hoch ragen die erkergeschmückten Mauern des an den Hang gebauten Schloßkomplexes auf. Es ist ihnen anzusehen, daß der Palast mehrfach beschädigt oder zerstört und wieder aufgebaut worden ist. Manchmal war die Reparatur großzügig erfolgt – wenn die Familie Geld hatte. In anderen Zeiten, wenn die Jumblats selbst von Mächtigen ausgeplündert worden waren, begnügte man sich mit einer bescheideneren Ausbesserung der Schäden. Eleganz arabischer Paläste mischt sich hier im Baustil mit dem Festungscharakter der Kreuzritterburgen. Einzigartig ist, daß mitten durch Höfe und Innenräume ein Bach fließt und es sogar meterhohe Wasserfälle gibt. Das Rauschen des Wassers ist der dominierende Ton im Jumblatpalast.

Der Mann, der 1845 Eigentümer des Palasts war, erklärte damals seinen Gästen, daß ein Fortbestand des Drusenvolkes im Libanongebirge nur möglich sei, wenn es gelinge, ausländisches Interesse und ausländische Unterstützung zu erringen. Said Bey Jumblat hatte von der französischen und österreichischen Hilfe für die Maroniten erfahren. Er selbst stand in Kontakt zur englischen Regierung, die sich erboten hatte, die Schirmherrschaft für die Drusen zu übernehmen. Der britische Konsul in Beirut war bereit, dem Herrn des Schuf ein Dokument zu überreichen, das Schutz versprach vor der maronitischen Gefahr aus dem Norden. Mit dem Angebot war allerdings die Forderung verbunden gewesen, Said Bey Jumblat möge seine Untertanen künftig weniger rücksichtslos behandeln.

Das Eigentum der Untertanen zu schützen wäre eigentlich Aufgabe des Kaimmakam gewesen, des Gouverneurs. Im Gebirge südlich der Straße Beirut–Damaskus war Emir Ahmed Arslan zuständig. Er gehörte zu einer Drusensippe, die Eigenständigkeit gegenüber dem Jumblatclan bewahrt hatte. Doch verfügten die Arslans über keine Milizen, die ausgereicht hätten, dem Familienchef Respekt zu verschaffen. Die militärische Schwäche des Kaimmakam im Süden führte dazu, daß niemand auf ihn hörte. Die Jumblats ließen sich von den Arslans keine Befehle geben. Verlierer im Streit um den Besitz des Libanongebirges waren zu jener Zeit die Moslems. Die Schiiten, abgedrängt in den Süden, hatten nie politische Bedeutung besessen. Die Sunniten, konzentriert in den Küstenstädten, verloren ihr Ansehen, weil ihre Beschützer, die Osmanensultane, schwach waren. Das Libanongebirge und das Küstenland waren der Kontrolle der Regierung in Konstantinopel entglitten. So mußte sich die sunnitische Bevölkerung auf Gedeih und Verderben dem maronitischen Patriarchen fügen. Die Neigung der Sunniten, mit den Maroniten zusammenzuarbeiten, auch wenn ihnen die christliche Politik mißfiel, ist damals entstanden – und blieb bis heute wirksam.

Die oberste lokale Regierungsinstanz im Gebiet nordwärts der Straße Beirut–Damaskus war nach der Teilung des Gebirges der Emir Haidar Abillama. Die Familie, der er angehörte, war zwar traditionell drusisch – er selbst aber bekannte sich zum Christentum. Und dieser Wechsel von einer Überzeugung zur anderen hatte den Emir zu einem Werkzeug in der Hand des Patriarchen der Maroniten werden lassen. Der Konvertit Haidar Abillama gehorchte blind den Befehlen des obersten Geistlichen. Der französische Konsul in Beirut hatte den Emir zu dieser Unterwerfung ermutigt.

Die persönliche Situation des Emirs Haidar Abillama hatte Konsequenzen für die Struktur der Ordnung im Christengebiet. Im nördlichen Teil des Libanongebirges war die politische Autorität ganz in die Hand der Geistlichen übergegangen. Sie aber waren nicht stark und nicht rücksichtslos genug, um die Ordnung aufrechtzuerhalten: Ihnen fehlte jede Erfahrung in der Administration eines autonomen Staatswesens. Die Milizen aufzubieten, um Entscheidungen gegen eigene Glaubensbrüder durchzusetzen, dazu fehlte ihnen der Mut. Egoismus brach auf und zerstörte das Gefühl für den Zusammenhalt des maronitischen Volkes. So lösten sich einzelne Dörfer aus dem Gemeinwesen: Ihre Bewohner zahlten keine Steuern mehr, achteten nicht die Rechte der Nachbargemeinde, raubten das Eigentum anderer. Unsicherheit herrschte im christlichen Staatsteil. Unsicherheit erzeugte Nervosität, und diese war die Ursache eines Zwischenfalls, der ahnen ließ, was die Zukunft bringen würde.

Da stritten sich am 30. August 1859 zwei Jungen im Dorf Beit Meri. Unbekannt geblieben ist, warum sie sich gezankt haben. Von Bedeutung aber war, daß der eine Junge Christ, der andere Druse war. Der Vater des jungen Christen ging, Tage später, mit drei anderen Maroniten in das Haus der Eltern des jungen Drusen. Sie verlangten von den Eltern, ihr Sohn müsse bestraft werden. Über diese Forderung ärgerten sich Eltern und Nachbarn. Auf ihr empörtes Geschrei hin eilten alle Drusenfamilien von Beit Meri zusammen. Viele Männer trugen Flinten. Im Angesicht der Übermacht waren die vier Maroniten bereit, sich für ihre Forderung zu entschuldigen.

Im selben Augenblick feuerten einige der Drusen ihre Gewehre ab, ohne jemanden zu treffen. Längst hatten sich aber auch die maronitischen Männer von Beit Meri zusammengerottet. Als sie das Krachen der Gewehre der Drusen hörten, da schossen die Christen – und trafen. Der Erfolg ihrer Salven stachelte den Ehrgeiz der Maroniten an: Sie fielen über die Drusen her und trieben sie aus dem Dorf.

Eine Nacht lang war Beit Meri eine rein christliche Ortschaft. Am anderen Morgen, als sich die Maroniten zum sonntäglichen Gottesdienst in der Kirche befanden, griffen die Drusen an, in der Absicht, ihren Dorfteil wiederzuerobern. Am Abend jenes Sonntags gehörten ihnen nicht nur ihre Häuser wieder – sie hatten das ganze Dorf eingenommen. 150 Menschen waren getötet worden. Die Drusen hatten höhere Verluste als die Maroniten erlitten.

In der folgenden Nacht brannten rings um Beit Meri christliche Dörfer nieder; Drusenmilizen hatten das Feuer gelegt. Verzweifelt attackierten die aus Beit Meri vertriebenen Maroniten ihr besetztes eigenes Dorf. Der mit außerordentlicher Tapferkeit durchgefochtene Angriff endete mit dem Sieg der Christen. Weitere hundert Menschen hatten an diesem Montag ihr Leben verloren; wieder war die Zahl der drusischen Opfer höher.

Am Ende war der Kampf um Beit Meri für die Maroniten erfolgreich ausgegangen, trotzdem trugen die Ereignisse zu ihrer Nervosität bei. Überall in den christlichen Gebieten wurde darüber diskutiert, wie rasch den Männern des Said Bey Jumblat die Mobilisierung starker Kräfte gelungen war. Aus der Nervosität entwickelte sich Angst. Das Gefühl, bald einem Sturm ausgeliefert zu sein, machte sich breit. Gerüchte von einer gewaltigen drusischen Streitmacht, die sich um den Palast der Jumblats in Muchtara versammle, waren in den christlichen Dörfern zu hören. Diese Gerüchte erwiesen sich zwar als falsch: Said Bey Jumblat holte nur zeitweise einzelne Großfamilien des Drusenvolkes zusammen, um mit ihnen die Strategie für die Zeit nach dem Winter 1859/60 zu besprechen. Doch ließ die Aktivität in Muchtara darauf schließen, daß der Drusenchef tatsächlich für die Zukunft eine Offensive plante. Die Christenführung, seit langem überzeugt, daß die Seite im Bürgerkrieg gewinne, die zuerst angreife, entschloß sich zum Präventivschlag.

Die kalte Jahreszeit, die dem Libanongebirge häufig metertiefen Schnee bringt, hielt die Maronitenführung zunächst davon ab, ihren Entschluß in die Tat umzusetzen. Am 27. Mai des Jahres 1860 aber begann die christliche Offensive. Die Stadt Zahle im Bekaatal war der Ausgangspunkt. 3000 Bewaffnete wollten zunächst das Dorf Aindara besetzen, um von hier aus ins Drusengebirge vorzudringen. In Aindara aber stießen die maronitischen Angreifer auf 600 Kämpfer der Drusenmiliz, die den Weg nach Muchtara trotz der christlichen Übermacht nicht freigeben wollten. Die Kampfkraft der Drusen war derart gewaltig, daß die Maroniten die Nerven verloren. Am späten Nachmittag des Tages, der ihnen eigentlich einen Triumph hätte bescheren sollen, zogen sich die Christenmilizen nach Zahle zurück.

Gegen eine fünffache Übermacht hatten sich die Drusenkämpfer behaupten können. Aus Berichten jener Zeit läßt sich die Ursache für die Niederlage der Christen ablesen: Sie attackierten ohne Angriffskonzept und ohne Disziplin. Das Resultat war, daß kein gebündelter Stoß geführt wurde; der Überfall bestand aus Einzelaktionen, die keinerlei Zusammenhang besaßen. Die Drusenkämpfer aber befolgten Befehle, die von einem zentralen Kommandostand aus gegeben wurden. Jedem Kämpfer war eine ganz bestimmte Aufgabe zugeteilt.

Obgleich der Kampf vom 27. Mai bewiesen hatte, daß die Drusenmiliz für Verteidigungsaufgaben gut gerüstet war, blickte Said Bey Jumblat nicht beruhigt in die Zukunft. Er wußte, daß er etwa 15000 Männer mobilisieren konnte – für die maronitischen Milizen hatte er eine Stärke von 50000 Bewaffneten errechnet. Um gewappnet zu sein gegen jede Übermacht, bat er die Drusengemeinden im Gebiet des Hermon, sie sollten jeden Bewaffneten, der freigestellt werden könne, nach Muchtara schicken. In Briefen schilderte Jumblat den Glaubensbrüdern die Situation der Drusen im Libanongebirge als unerträglich; sie seien brutalster Verfolgung durch maronitische Banden ausgesetzt, die keinen friedlichen Drusen in Ruhe ließen. Jumblat bat im Namen Allahs darum, den bedrängten Gläubigen zu helfen. Diese Bitte wurde erfüllt: Tausende von Bewaffneten fanden sich Ende Mai des Jahres 1860 in Muchtara ein.

Von seinem Palast in Muchtara aus blickte Said Bey Jumblat oft hinüber nach Deir al-Kamar. Seit der Plünderung im Oktober 1841 war die Stadt wieder aufgeblüht. Die meisten der Maroniten waren wieder zurückgekommen; sie hatten ihre Felder bestellt und Handel getrieben. Obgleich die christlichen Bewohner von Deir al-Kamar in der drusischen Hälfte des Libanongebirges lebten, war es ihnen wieder gelungen, zu Wohlstand zu kommen.

Während der nicht ganz zwei Jahrzehnte, die seit 1841 vergangen waren, wurde der christliche Charakter von Deir al-Kamar sogar noch verstärkt. Maronitische Bauern hatten drusischen Landbesitzern Boden abgekauft, auf dem nun christliche Familien lebten. Mancher Druse hatte sich für einen Acker bezahlen lassen, von dem er – aus Versprechungen seiner Scheichs – wußte, daß er den Maroniten wieder abgenommen werden würde. So ließen sich die christlichen Bewohner über die Absichten des Jumblatclans täuschen.

Ende Mai 1860 lebten mehr Maroniten in Deir al-Kamar als jemals zuvor. Aus Dörfern ringsum waren die Christen, die sich von der drusischen Mehrheit bedroht fühlten, in die Stadt geflohen, in der Hoffnung, dort Schutz zu finden. Trotz der Erfahrung des Jahres 1841 wähnten sich die Christen von Deir al-Kamar sicher. Sie glaubten den Beteuerungen des Said Bey Jumblat, er sei an Frieden mit dem christlichen Teil von Deir al-Kamar interessiert. Daher war die Überraschung gewaltig, als einige Männer, die nach Beirut reiten wollten, zurückkamen und berichteten, die Straßen ringsum seien blockiert durch drusische Posten, die keinen Menschen und keine Waren mehr passieren ließen. Die Bewohner mußten feststellen, daß ihre Stadt belagert wurde, daß sie in der Falle saßen.

Die Stadtverwaltung schickte einen Brief nach Muchtara mit der Anfrage, welche Vorwürfe Said Bey Jumblat gegen die maronitischen Bewohner erhebe. Sie betonten, ihr Standpunkt im gegenwärtigen Konflikt sei strikte Neutralität. Sie hätten sogar die Aufforderung des Patriarchen, die Drusen zu schlagen, wo sie anzutreffen seien, mißachtet. Eine Antwort aus Muchtara erhielten die christlichen Bewohner von Deir al-Kamar nicht.

Die Massaker des Jahres 1860

Am frühen Morgen des 1. Juni überfielen 4000 bewaffnete Drusen die Stadt Deir al-Kamar. Für die Überfallenen kam der Angriff überraschend. Ohne auf Widerstand zu stoßen, konnten die Angreifer die Häuser am Stadtrand besetzen. Die maronitischen Milizkämpfer warfen zwar um das Zentrum von Deir al-Kamar noch Barrikaden auf, doch an eine geordnete Verteidigung war nicht mehr zu denken. Vom Anfang des Überfalls an drückten sich die meisten der maronitischen Männer vor der Gefahr. Wer nicht direkt an den Straßen wohnte, durch die der Feind vorrückte, der blieb abseits, in der Hoffnung, die Eroberer würden ihn schonen.

Die maronitische Geistlichkeit, die begriff, daß weitere Verteidigung keinen Sinn mehr hatte, kapitulierte vor Said Bey Jumblat. Der Drusenchef erwies sich diesmal als erstaunlich milde: Er ließ nur 130 Häuser niederbrennen – die Bewohner schonte er. Anzunehmen ist, daß Jumblat dafür bezahlt worden war. Aus anderen Maßnahmen des Drusenchefs aber war die Absicht zu erkennen, Deir al-Kamar im Griff zu behalten: Seinen Milizkämpfern gab Jumblat die Anweisung, die Wasserzuleitungen unter Kontrolle zu bringen, so daß jederzeit die Möglichkeit bestand, der Stadt das Wasser zu entziehen.

Das Unheil, das diesmal Deir al-Kamar verschonte, brach über die talwärts im Schuf gelegene Stadt Jezzin herein, deren Bewohner von der Seidenraupenzucht lebten. Mitte Mai noch hatte Said Bey Jumblat in Jezzin verkünden lassen, das Gewerbe dieser Stadt stehe unter seinem ganz besonderen Schutz. Die Familien waren seither der Meinung, die Protektion des Bey gelte auch für sie. Daß das Versprechen der Drusenführung zynisch gemeint war, erkannten sie zu spät. Sie wachten aus ihrem Sicherheitstraum erst auf, als die Drusenmiliz in die Stadt einbrach. Diesmal hatte Jumblat seinen Kämpfern befohlen, keinen Mann der Maroniten zu schonen. Sie befolgten den Befehl: Durch ihre Schwerter starben Hunderte auf den Straßen und in den Häusern. Wer floh, der wurde verfolgt. Mehr als 1200 Männer rannten ins Tal hinunter, doch keiner entkam; alle wurden getötet. Die Häuser von Jezzin brannten nieder.

Die maronitischen Familien, die noch südlich der Straße Beirut–Damaskus lebten, wußten nun, daß sie in höchster Gefahr waren. Die meisten machten sich auf den Weg hinunter zur Küste. In Saida suchten die Flüchtlinge zunächst Unterkunft, doch die sunnitische Bevölkerung ließ sie nicht in die Stadt. Hunderte maronitischer Familien entschlossen sich, am Strand bei Saida Zelte aus Tüchern zu errichten, die Frauen und Kindern Schutz vor der Sonne bieten konnten. Doch auch dies verhinderten die Sunniten: Sie plünderten das primitive Lager und erschlugen viele der Flüchtlinge; die Sunniten verschonten auch die Frauen nicht. Nur wenige aus dem Troß, der aus dem Schufgebirge herunter zur Küste gezogen war, lebten noch, als am 3. Juni das britische Kriegsschiff »Firefly« vor Saida Anker warf. Der Kapitän schickte Wachen an Land, um die Überlebenden zu schützen. Auf drängende Bitten hin nahm er schließlich alle an Bord. Nach Beirut wollten sie gebracht werden.

Die Ereignisse von Deir al-Kamar und Jezzin veranlaßten den maronitischen Patriarchen, die christliche Bevölkerung des Libanongebirges zum Entscheidungskampf zu mobilisieren. Noch immer war der höchste Geistliche überzeugt, einen Sieg erringen zu können. Der Patriarch ließ Plakate drucken, die im gesamten Gebiet nördlich der Straße Beirut–Damaskus an Häuser geheftet wurden. Dies war der Text dieser Proklamation:

»Unter gewaltigem Jubel erheben wir die Standarte des Kreuzes, die von unseren Geistlichen gesegnet worden ist. Unter dem Zeichen des Kreuzes kämpfen wir. Unsere bewaffneten Männer tragen das Kreuz auf den linken Ärmel gestickt. Wir sind stark. Wir zählen 50000 Kämpfer. Uns eint ein gemeinsames Bewußtsein. Wir fürchten nichts. Steht auf, ihr christlichen Kämpfer, und laßt den Sturm losbrechen! Unsere Sache wird triumphieren, denn dies ist der Krieg des rechten Glaubens über den falschen Glauben!«

Doch der Aufruf weckte keine Begeisterung; er stärkte auch die Kampfbereitschaft nicht. Während jener Tage notierte der amerikanische Missionar Henry Harris Jessup in sein Tagebuch:

»Als ich am Sonntag zu predigen hatte, da blickte ich auf ängstliche Gesichter. Ich wollte vom Glauben und vom Vertrauen in Gott reden. Da hörten wir ganz in der Nähe einen Schuß und einen Schrei. Die Gemeinde war sofort verstört. Da kam auch schon ein Mann zur Kirchentür gerannt, der schrie: ›Abu Schehedan ist tot! Auf, rennt um euer Leben!‹ Im nächsten Augenblick schon war die Kirche leer. Während der Unruhen der vergangenen Tage war ausgemacht worden, daß der Tod auch nur eines Gemeindemitglieds das Alarmzeichen sein sollte zur Flucht. Der Sammelpunkt sollte an der Küste sein. So brauchte niemand lange zu überlegen. Die gesamte männliche christliche Bevölkerung rannte eilig talwärts. Die Männer stiegen über Mauern, durchwateten Bäche, rannten durch Weinberge und Pinienwälder. Die Straße mieden sie. Schon kurze Zeit später kam Abu Nakad, der mir bekannte Kommandeur der Drusen, um zu erklären, was vorgefallen ist. Er sagte, Abu Schehedan, der Tote, habe in einer frühen Phase des Bürgerkriegs, so um das Jahr 1845, einen Drusen getötet. Dessen Familie habe nun fünfzehn Jahre lang darauf gewartet, die Tat von damals zu rächen. Heute sei die Rache gelungen. Abu Nakads Erklärung kam zu spät. Die Männer des Dorfes waren schon alle fort. Die Frauen aber werden von den Drusen immer verschont. So waren alle Frauen und Mädchen im Dorf geblieben.«

Der amerikanische Missionar hielt die maronitischen Männer für Feiglinge. Sein Urteil stützte sich auf das Verhalten der Christen beim Vordringen der Drusen über Suk al-Gharb nach Baabda. In Baabda steht heute der Amtssitz des libanesischen Präsidenten – damals war der Ort von Emiren der Familie Schehab bewohnt. Die reichen Prinzen versuchten gar nicht erst, eine Verteidigung zu organisieren. Sie flohen. Dabei ließen sie den Ältesten, den 85jährigen Emir Beschir, im Stich. Ihm durchschnitten die Angreifer zuerst die Kehle, dann zerhackten sie ihn mit ihren Schwertern. Die Villen der Emire und alle anderen Häuser von Baabda wurden verbrannt. Die überlebenden Bewohner kamen als laut klagende Flüchtlinge nach Beirut. Die Londoner »Times« vom 27. Juli 1860 berichtet: »Sie sind in einem elenden Zustand. Jammernd sitzen sie, vor allem die Männer, unter Bäumen und Gebüsch.«

Das Verhalten der Maroniten in der Auseinandersetzung des Jahres 1860 läßt sich erklären. Sie galten zwar im Libanongebirge als kraftvolles Volk, doch sie lebten als Minorität im gewaltigen Osmanischen Reich. Umgeben von Moslems, die ihnen feindlich gesinnt waren, hatten sie eine Lebensangst entwickelt, die ihre gesamte Existenz beherrschte. Tief hatte sich das Gefühl in ihr Bewußtsein eingeprägt, daß gegen die islamische Übermacht letztlich keine Siegeschance blieb. Die meisten von ihnen waren zwar wohlhabend, doch Reichtum konnte kaum Sicherheit bieten – so waren die Maroniten immer bereit, ihr Eigentum rasch zu verlassen, aus Angst, ihr Leben zu verlieren.

Furcht machte die Maronitenkämpfer den Drusen unterlegen. So konnten die zahlreichen Bewaffneten der Stadt Hasbaya, die etwa 30 Kilometer südöstlich von Muchtara liegt, am 4. Juni 1860 nicht verhindern, daß ihr bisher christlicher Ort durch Drusen besetzt wurde. Der christliche Charakter von Hasbaya hatte Said Bey Jumblat, dem das Land nördlich der Stadt gehörte, lange geärgert. Nun erließ er die Anordnung, die Maroniten in Hasbaya auszurotten: Kein männlicher Maronit im Alter zwischen sieben und siebzig Jahren dürfe am Leben bleiben. Jumblat hatte sogar Befehl gegeben, wie die Ausrottung erfolgen solle: Die Männer der Maroniten waren in den geräumigen Innenhof des Serail, des Verwaltungssitzes, zu treiben, um dort erstochen zu werden. Für diese Ausrottungsaktion hatte Jumblat die Unterstützung des osmanischen Administrators Osman Bey zugesagt erhalten.

Der britische Oberst Charles Churchill, der damals nach Beirut delegiert war, schildert die Ereignisse so:

»Schon ganz früh am Sonntag, dem 3. Juni, waren die Bewaffneten der Drusen auf den Hängen zu erkennen, die von Hasbaya aus aufsteigen. Keiner der christlichen Bewohner war zunächst besonders in Sorge, denn Osman Bey, der Vertreter der osmanischen Staatsgewalt, hielt sich im Haus von Sitt Naaify auf, der Schwester des Said Bey Jumblat, Sitt Naaify besaß ein Haus in Hasbaya. Doch als die Drusen sich auf den Hängen in Angriffsformation gruppierten, da begaben sich die führenden Maroniten zu Osman Bey in das Haus der Sitt Naaify, um ihn zu bitten, er möge den Angriff verhindern. Osman Bey schickte einen Offizier zu den Drusen. Dieser Offizier kam zurück mit der Meldung, die drusischen Kämpfer würden in wenigen Minuten mit dem Angriff beginnen. Osman Bey forderte die Chefs der Maroniten auf, für ihre Verteidigung zu sorgen. Er fügte hinzu, daß seine Soldaten ihnen helfen würden, wenn sie in Schwierigkeiten geraten sollten. So holten einige hundert Männer ihre Waffen und fanden sich vor der Stadt ein. Sie bezogen Verteidigungspositionen, doch die Abstände zwischen den einzelnen Bewaffneten waren viel zu groß. Die Maronitenmiliz bestand aus einer Menge bartloser junger Burschen. Niemand gab ihnen Befehle. Sie hatten überhaupt keinen Kommandeur. Die Anführer, die ihnen bisher Anweisungen erteilt hatten, hielten sich im Serail auf, in der Nähe der osmanischen Soldaten, von denen sie Schutz erwarteten. Bald waren Schüsse zu hören, dann lautes Geschrei der Angreifenden. Die Drusenkämpfer brachen an einem Punkt durch Massenangriff in die schwache Verteidigungslinie ein. Als der Widerstand am Stadtrand sinnlos geworden war, rannten die bewaffneten Maroniten zum Serail. Dorthin drängten auch die meisten Bewohner von Hasbaya. Die Tore zum Innenhof standen weit offen: Die osmanische Garnison des Serail ließ alle Maroniten hereinströmen. Draußen begann schon die Stadt zu brennen.«

Oberst Charles Churchill empörte sich in seinen Notizen über Osman Bey, der sein Versprechen nicht wahr machte, die Maroniten von Hasbaya zu schützen. Der Engländer stellte fest, daß offenbar eine Übereinkunft bestand zwischen dem osmanischen Verwalter und Sitt Naaify, der Schwester des Drusenführers Said Bey Jumblat:

»Osman Bey ging hinauf zum Haus von Sitt Naaify und fragte sie nach ihren Wünschen. Sie verlangte bedingungslose Kapitulation der Maroniten und Ablieferung aller Gewehre. Osman Bey übermittelte den Wunsch von Sitt Naaify an die Maroniten. Er gab ihnen gleichzeitig ein schriftlich formuliertes Versprechen im Namen seiner Regierung, daß ihnen nichts geschehen werde. Am anderen Morgen kam die Schwester des Said Bey Jumblat zusammen mit Osman Bey zum Serail von Hasbaya. Den jetzt machtlosen Christen blieb gar nichts anderes übrig, als sich zu fügen. Ihre Waffen wurden auf einen Haufen in der Mitte des Innenhofs gestapelt. Die besten der Gewehre nahmen die Drusen und die osmanischen Soldaten an sich. Inzwischen hatten Drusen und Osmanen einen Ring aus Bewaffneten um die Stadt gezogen. Die Absicht war, eine Flucht der Maroniten zu verhindern; dasselbe geschah um die Ortschaft Raschaya, die ein Dutzend Kilometer nördlich von Hasbaya liegt. Die christlichen Bewohner von Raschaya hatten kurz zuvor die Versicherung erhalten, die Drusen seien ihre Freunde; nichts werde ihnen geschehen. Doch am Morgen des 4. Juni griffen 4000 Mann der Drusenmilizen Raschaya an. Die maronitischen Kämpfer waren überrascht, und dennoch gelang es ihnen, eine Verteidigungsfront zu halten. Am Nachmittag aber hatten sie keine Munition mehr. Ihre Front zerfiel. Nach und nach fanden sich die Kämpfer im Serail ein. Die osmanische Garnison von Raschaya versprach, die Maroniten gegen drusische Anschläge zu schützen.«

Die zwei Nachbarstädte Raschaya und Hasbaya waren in der Hand der Drusen. Verantwortlich für das weitere Geschehen war die Jumblatschwester Sitt Naaify. Oberst Churchill schildert ihr Verhalten so:

»Daß von Sitt Naaify alles abhing, war jedem deutlich geworden. Die maronitischen Frauen von Hasbaya zogen mit ihren Töchtern vor ihr Haus und warfen sich dort auf die Knie. Sie versprachen der Schwester des Said Bey Jumblat allen Schmuck, den sie besaßen. Mit lauten Schreien baten die Frauen darum, ihre Männer freizulassen. Doch sie war kalt und hart wie Stein. Einigen christlichen Bauern gab sie allerdings die Freiheit. Es handelte sich um Bauern, die Land gepachtet hatten, das der Jumblatfamilie gehörte. Da der Tod dieser Bauern den Boden verwaist gelassen hätte, war Sitt Naaify, die keine neuen Pächter suchen wollte, nicht an ihrer Hinrichtung interessiert. Selbst zwei der Drusenscheichs baten darum, weitere, wenn nicht alle Maroniten freizulassen. Sie wiesen darauf hin, daß viele Familien ohne Ernährer existieren müßten. Sie sagten: ›Wenn schon einige sterben müssen, dann die Verantwortlichen, ihre Führer!‹ Sitt Naaify aber antwortete: ›Ich habe Befehle meines Bruders auszuführen!‹ Da war nichts weiter zu sagen.

Die zwei Drusenführer stiegen vom Haus der Sitt Naaify wieder hinunter zum Serail. Drei Stockwerke hoch ist das Gebäude. Es besteht aus hohen und luftigen Räumen mit weiten Gängen. In ihnen hielten sich jetzt die Maroniten auf. Sie waren nicht mehr in gedrückter Stimmung, denn sie glaubten fest daran, daß Osman Bey sie aus den Händen der Drusen befreien werde. Doch ihre Hoffnung zerstob, als sie von Soldaten des Osman Bey mit Gewalt – unter Anwendung des Bajonetts – hinuntergetrieben wurden in den Hof. Bald darauf gab Osman Bey Befehl, die Tore des Serails zu öffnen. Auf diesen Augenblick hatten die Drusenkämpfer draußen gewartet. Sie stürmten mit Gebrüll herein. Sie wollten sich schon auf die maronitischen Männer stürzen, da wurden sie von der Garde des Osman Bey zurückgehalten, denn eine Gruppe osmanischer Soldaten befand sich noch im Hof. Erst als sich diese Soldaten unter die Bögen der Seitengänge zurückgezogen hatten, gab ein Trompetensignal das Zeichen zum Beginn des Mordens. Mit Schwertern, Hacken und Äxten sprangen die Drusen die Maroniten an. Das erste Opfer war Yusuf Reis, der Sekretär eines christlichen Emirs. Yusuf Reis klammerte sich an den Beinen von Osman Bey fest. Ihm hatte Yusuf 200 Pfund in Gold bezahlt für Schutz vor den Drusen; doch Osman Bey stieß dem Christen mit dem Fuß gegen den Mund. Drusen ergriffen Yusuf Reis und hackten ihn in Stücke. Der christliche Emir war das nächste Opfer. Sein Kopf wurde sofort durch Boten an Said Bey Jumblat geschickt. Danach wurde wahllos gemordet. Vielen wurden erst Nasen und Ohren abgeschnitten, ehe sie durch Dolchstiche getötet wurden. Die Frauen preßten sich an die Wände des Innenhofs. Wagte eine Frau sich vor ihren Mann zu stellen, wurde auch sie niedergestochen. Einige Mütter versuchten, ihre noch jungen Söhne unter ihren Röcken zu verbergen. Wenn sie entdeckt wurden, klammerten sich Mutter und Sohn fest aneinander. Sie starben gemeinsam. Rief einer der Christen Jesus Christus an, dem Morden ein Ende zu machen, dann schrien die Drusen: ›Weißt du nicht, daß Gott ein Druse ist?‹«

Oberst Charles Churchill berichtet vom Ende dieses furchtbaren Geschehens in Hasbaya:

»Sitt Naaify, die Schwester von Said Bey Jumblat, betrat eine Stunde nach Sonnenuntergang den Serail. Es war dunkel. Sie verlangte nach einer Lampe, die ihr sofort gebracht wurde. Im Licht der Lampe betrachtete sie lange die Haufen von Toten. 700 Männer waren ermordet worden. Sitt Naaify sagte: ›Das habt ihr gut gemacht, treue Drusen! Genau das wollte ich!‹ Die überlebenden Frauen drängten sich um Sitt Naaify. Sie befahl, daß sie ihr folgen sollten. Wie Gespenster bewegten sich die Soldaten des Osman Bey über den dunklen Hof. Sie drehten die toten Körper um auf der Suche nach irgend etwas Wertvollem. Lebte ein Mann noch, so töteten sie ihn.«

In anderen Dörfern und Kleinstädten der Bekaa handelten die Drusen ähnlich: Sie trieben die christlichen Männer in den Hof eines Hauses und ermordeten sie dann ohne Gnade. Die Drusen konnten ungestraft töten, denn aus dem maronitischen Kernland nördlich der Straße Beirut–Damaskus kam niemand den bedrängten Glaubensbrüdern zu Hilfe. Die 50 000 Kämpfer, auf die der Patriarch so stolz gewesen war, hielten sich aus den gefährlichen Zonen fern. Die Maronitenmiliz rüstete sich nicht, um die zwei Städte zu schützen, in denen nach aller Voraussicht das nächste Massaker geschehen mußte: Said Bey Jumblat hatte verkündet, der Kampf der Drusen werde in Deir al-Kamar und in Zahle seinen Höhepunkt finden.

Die Verantwortlichen in Zahle sahen die Gefahr wachsen: Mit jedem Tag trafen berittene Drusenkämpfer auf den Hügeln westlich der Stadt ein. Immer mehr bunte Fahnen flatterten dort im Wind. Die christlichen Geistlichen von Zahle schickten Briefe an die europäischen Konsuln in Beirut mit der dringenden Bitte, die osmanische Verwaltung auf die Gefahr hinzuweisen. Die Absender der Briefe konnten annehmen, daß der Gouverneur positiv reagiert hatte, denn sie beobachteten die Ankunft eines Regiments regulärer Truppen im Süden der Stadt. Die Hoffnung, dieses Regiment werde den Angriff der Drusen verhindern, verflog allerdings rasch, als die Posten auf den Wällen von Zahle bemerkten, daß häufig Drusenkämpfer zu den osmanischen Offizieren hinüberritten und in freudiger Stimmung ins eigene Lager zurückkehrten.

Die Geistlichen in Zahle predigten in Kirchen und auf Plätzen von der engen Beziehung gerade dieser Stadt zu Gott. Schon einmal, zwanzig Jahre zuvor, habe Gott die Drusengefahr abgewendet: Damals seien die Feinde wie Spreu zerstreut worden, weil die Jungfrau Maria selbst die Angreifer von der Stadtmauer ferngehalten habe. So weckten die Geistlichen Optimismus, der durch nichts zu rechtfertigen war. Er gipfelte schließlich in der Parole: »Selbst Gott kann die Stadt Zahle nicht einnehmen!«

Hochmütig waren die Bewohner geworden während der zurückliegenden zehn Jahre. Sie hatten sich aus der Abhängigkeit von ihrem Kaimmakam gelöst, hatten sich geweigert, ihm Steuern zu bezahlen. Eine eigenständige Stadtverwaltung war entstanden, die keine andere Autorität über sich duldete. Die Autonomie aber hatte nicht innere Geschlossenheit bewirkt, sondern hatte Parteienstreit ermöglicht. Die Bevölkerung war nicht gezwungen, einig zu sein gegenüber einer Obrigkeit; sie besaß die Freiheit, sich untereinander streiten zu können. Sympathie für die eigenwillige Stadt Zahle empfand kaum jemand im christlichen Teil des Libanongebirges.

Die Gefahr tagtäglich vor Augen, beendeten die Geistlichen und führenden Männer der Stadtverwaltung ihren Streit noch immer nicht: Jetzt zankten sie sich darum, wer Oberbefehlshaber sein sollte. Gegenseitig warfen sie sich Unfähigkeit und Feigheit vor. Um Tapferkeit zu beweisen, beschloß eine Fraktion im internen Streit, unabhängig von anderen das Drusenlager anzugreifen: 200 Reiter und 400 Mann zu Fuß verließen die befestigte Stadt. Da sie keinen Angriffsplan festgelegt hatten, handelte jeder nach eigenem Verständnis der Situation. Das Resultat war, daß sich Reiter und Kämpfer zu Fuß in der Ebene vor der Stadt zerstreuten. Sie wurden eine leichte Beute der Drusenreiterei. Etwa hundert abgeschlagene Köpfe konnten die Reiter auf ihre Lanzen spießen.

Am 18. Juni 1860 griffen die Belagerer an. Ihre Strategie bestand darin, ihre wenigen Geschütze an einem Punkt aufzustellen und vier Stunden lang Wälle und Häuser zu beschießen. Da die Geschütze unter Bäumen und Büschen standen, war von den Wällen aus nicht zu erkennen, ob an jenem Punkt auch der Angriff der Fußtruppen vorbereitet wurde. Die Verteidiger konzentrierten vorsorglich die 4000 Milizkämpfer, die sich in der Stadt befanden, an der – ihrer Meinung nach – bedrohten Stelle der Befestigungswerke. Nahezu unbemerkt stiegen 1200 Drusen an der entgegengesetzten Stelle der Stadt über die Mauer. Sie stießen auch innerhalb des bebauten Gebiets nur auf geringen Widerstand. Eine halbe Stunde später war die Truppe bereits im Zentrum von Zahle. Als Flammen aus einigen Häusern zu schlagen begannen, da verließen die Verteidiger ihre Positionen auf der Mauer zur Flucht in Richtung Westen, auf die Berge zu. Den meisten gelang es zu entkommen. Männer, die nicht schnell genug davonrannten, wurden von den Drusen erschlagen. Frauen und Kinder aber konnten unversehrt in geordnetem Zug Zahle verlassen. Sie erreichten noch vor Sonnenuntergang die christlichen Dörfer im Gebirge. Zu ihrer Überraschung sahen die Flüchtlinge dort eine Miliztruppe von 15 000 Mann in Bereitschaft abwarten. Dieser Verband hätte genügt, Zahle zu retten.

Über Vorgänge, die diesem Ereignis folgten, berichtet der englische Oberst Charles Churchill:

»Einen Tag nach dem Fall von Zahle kamen einzelne Drusentrupps nach Deir al-Kamar. Sie begnügten sich damit, Maroniten zu entwaffnen. Andere trafen ein, die Läden und Häuser plünderten. Am Nachmittag jenes 19. Juni schossen die osmanischen Soldaten einige Salven in die Luft. Sofort hallten die Berge wider vom Gewehrfeuer der Drusen. Auf die Frage einiger Maroniten, ob Gefahr bestehe, antwortete der Vertreter der Regierung von Konstantinopel, daß eigentlich kein Anlaß zur Sorge gegeben sei, doch solle, wer Angst habe, mit allem beweglichen wertvollen Eigentum zu ihm ins Serail kommen. Schon bald darauf verließen nahezu alle Familien ihre Häuser, um Zuflucht zu suchen im Dienstsitz der osmanischen Verwaltung. Die meisten trugen schwere Kisten und Truhen mit sich, die gefüllt waren mit Stoffen und Schmuckstücken. Um die Mittagszeit sperrten die Drusen die Wege in Richtung Serail. Aus den Familien, die trotzdem dorthin fliehen wollten, erschlugen sie die Männer. Die Kisten und Truhen raubten sie. Getötet wurden alle Geistlichen, die meist auf den Stufen der Altäre knieten. Dunkler Rauch zog durch die Straßen von Deir al-Kamar.«

Eine Nacht lang verbrachten die maronitischen Familien, die noch rechtzeitig hatten zum Serail gelangen können, in Furcht vor dem Morgen. Als der 20. Juni 1860 anbrach, da erfüllte sich, was die Bewohner von Deir al-Kamar befürchtet hatten. Oberst Churchill notierte:

»In Massen kletterten die Drusen über die Mauer des Serails und stürmten den Hof. Es war, als ob Bluthunde in einen Schafspferch einfallen. Die Frauen und Kinder wurden aufgefordert, sich von den Männern zu trennen und an die Wände zurückzutreten. Der Schrecken von Hasbaya wiederholte sich. Die Schläge der Schwerter und Äxte, die menschliche Körper trafen, klangen wie Hiebe von Holzfällern. Jede Form von Erniedrigung der Opfer war zu sehen. Gotteslästerung war zu hören. Sechs Stunden lang wüteten die Drusen ohne Gnade. Blut gurgelte über die Abflußrinnen des Hofs nach draußen.«

Der englische Oberst gab die Schuld am Massaker von Deir al-Kamar dem Drusenführer Said Bey Jumblat. Im Palast von Beit Eddin, von dem aus Deir al-Kamar zu sehen ist, habe Jumblat den Befehl zu Mord und Plünderung gegeben, von dort aus habe er die Aktion überwacht. Bei Beginn der Nacht aber sei er in Deir al-Kamar eingetroffen:

»Said Bey Jumblat stand plötzlich auf dem Platz vor dem Serail.

Ringsum brannten die Häuser. Die Stadt war ganz in Flammen gehüllt. Überall sprangen Feuersäulen zum Himmel auf. Schrecklich war das Getöse zusammenstürzender Häuser. Zerstückelte Körper lagen auf der Erde. Manche atmeten noch. Jumblat ging auf dem Platz auf und ab. Er machte Scherze über die Toten. Plötzlich aber verschwand er. «

Die strikte Order an die Drusenmiliz, Frauen und Kinder zu schonen, war beachtet worden. So hatten 2000 Bewohner das Massaker überlebt. Sie wurden am Morgen des 21. Juni ins Tal hinuntergetrieben, zur Küstenstadt Damur.

Als die Frauen unterwegs waren, schrieb Said Bey Jumblat einen Brief an den britischen Konsul in Beirut, mit der Aufforderung, er möge ein Kriegsschiff nach Damur senden, das groß genug sei, um 2000 Frauen und Kinder aufzunehmen. Der Drusenchef nahm als selbstverständlich an, daß die Engländer, mit denen er doch ausgezeichnete Beziehungen unterhielt, seine Opfer betreuen würden. Said Bey Jumblat bekam in der Tat von den englischen Freunden für den vielfachen Mord in Deir al-Kamar nie ein Wort des Vorwurfs zu hören. Der Konsul schickte zwei Schiffe nach Damur; auf ihnen erreichten die Überlebenden von Deir al-Kamar den Hafen Beirut. Die Stadt nahm die Flüchtlinge ungern auf.

Mit der Ankunft in Beirut waren die Frauen und Kinder aus Deir al-Kamar allerdings kaum in Sicherheit: Die Unruhen griffen nun auf Beirut über. Dort wurde am 22. Juni 1860 außerhalb der Stadtmauern ein Moslem ermordet. Niemand war Zeuge der Tat gewesen, doch die Schuld wurde sofort den Maroniten zugeschoben. In den christlichen Vierteln breitete sich Angst aus. Die Händler schlossen die Holztüren ihrer Verkaufsgewölbe ab. Bewaffnete Banden zogen durch die Straßen. Eine Meute von Männern und Frauen blockierte den Eingang des Justizgebäudes. In Sprechchören verlangten die Demonstranten, daß der Mörder bis zum Abend gefaßt und hingerichtet sein müsse. Werde der Mord an dem Moslem nicht gesühnt, würden in der kommenden Nacht alle Christen in Beirut erschlagen oder erstochen werden. Als der diplomatische Vertreter Frankreichs in der Stadt auf dem Weg zum Gerichtsgebäude von der Menge bedroht wurde, beschloß der englische Konsul, die Kriegsschiffe, die unter der Flagge seines Landes vor der libanesischen Küste lagen, näher an Beirut heranzuholen. Doch selbst die Bekanntmachung, die Stadt werde mit Granaten der Schiffsartillerie beschossen, wenn die Drohung gegen die Christen nicht widerrufen werde, nützte nichts. Die Moslems ließen sich nicht einschüchtern. Erst als die Justizbehörde einen jungen Christen der Masse als Täter präsentierte und seine Hinrichtung befahl, lösten sich die Zusammenrottungen auf.

Beirut blieb unruhig. Gruppen bewaffneter Drusen kamen jeden Tag in die Stadt. Von den Moslems wurden sie als Sieger gefeiert. Gingen die Drusen mit hochmütiger Miene über den Markt, dann hatten die christlichen Ladenbesitzer zu fürchten, daß ihre Verkaufsgewölbe verwüstet wurden. Die Situation wurde derart unsicher, daß sich die Osmanische Bank veranlaßt sah, alle Goldbarren aus ihren Tresoren per Schiff nach Konstantinopel zu transportieren. Die christlichen Familien, die Geld besaßen, blieben daraufhin nicht länger in Beirut. Die Grenze des Gebietes, das von den Drusen kontrolliert wurde, bildete die tiefeingeschnittene Schlucht des Hundsflusses im Norden der Stadt. Said Bey Jumblat hatte jedoch seinen Unterführern versprochen, daß er Befehl zum Angriff ins Kernland der Maroniten geben werde. Offenbar hatte er mit dem osmanischen Gouverneur eine entsprechende Vereinbarung getroffen, denn auch dessen Truppen bereiteten sich zum Marsch über den Hundsfluß vor. 500000 Maroniten, die in rund tausend Städten und Dörfern wohnten, waren bedroht. Der britische Generalkonsul in Beirut rechnete damit, daß Jumblat versuchen werde, die Maroniten aus dem Libanongebirge zu vertreiben.

Um darüber zu beraten, ob der drusische Angriff verhindert werden könne, lud der Vertreter Englands am 27. Juni 1860 seine europäischen Kollegen zum Abendessen ein. Sie verfaßten ein Schreiben, das dem Drusenführer Jumblat überbracht werden sollte. Hatte der Engländer, der die besten Beziehungen zum Jumblatpalast in Muchtara pflegte, auf vorsichtige Umschreibung des Sachverhalts gedrängt, so waren seine Kollegen hartnäckig der Meinung, Said Bey Jumblat müsse deutlich gesagt werden, Europa könne keine Fortsetzung der Massaker dulden. Die Diplomaten einigten sich auf folgenden Text:

»Mit großem Bedauern stellen wir, die Vertreter Englands, Österreichs, Frankreichs, Preußens und Rußlands fest, daß weiterhin Massaker, Plünderungen und Verwüstungen stattfinden, die wir aufs höchste mißbilligen. Wir verlangen von Ihnen in aller Form, diese Greueltaten sofort zu beenden. Als die Vertreter der genannten Großmächte, deren Regierungen uns dazu ermächtigt haben, warnen wir Sie, daß jede Verantwortung bei Ihnen liegt, wenn in Zukunft durch Sie oder durch Ihr Volk Unrecht an den Christen, an christlichen Dörfern oder am Eigentum der Christen verübt wird. Um weiteres Unheil zu verhindern, fordern wir Sie energisch auf, ohne Verzögerung Frieden zu schließen. Dazu ist es nötig, daß Sie ihre Bewaffneten aus Zahle, Deir al-Kamar, aus Saida und aus dem Kesruan abziehen. Denken Sie, bitte, an die furchtbaren Konsequenzen, die aus der Mißachtung unserer Forderung entstehen. Unsere Regierungen werden reagieren. Sie werden nicht über die Untaten hinwegsehen.«

Da keiner der Diplomaten selbst den Weg nach Muchtara wagen wollte, baten sie einen englischen Privatmann, sein Name war Graham, zu Said Bey Jumblat hinaufzureiten. Schon am anderen Morgen war Mr. Graham dort.

Jumblat empfing den Überbringer des Briefs mit großer Höflichkeit. Der Drusenführer bezeichnete sich selbst als britischen Untertan. Nachdem der den Brief gelesen hatte, stieg er allerdings auf sein Pferd und ließ den erstaunten Mr. Graham vor dem Treppenaufgang des Palasts von Muchtara stehen. Erst spät in der Nacht kam Jumblat zurück. Er bat Mr. Graham sofort zu sich. Die Aufzeichnungen des Engländers haben die Worte bewahrt, die Said Bey Jumblat in verständlichem Englisch gesprochen hat:

»Ich könnte nach den Chefs der Milizen schicken, sie bitten herzukommen, doch dies würde überhaupt nichts nützen. Sie würden nicht kommen. Wenn ich ihnen schreibe, mache ich mich lächerlich. Ich habe keinerlei Gewalt über die Milizkommandeure. Meine Beziehung zu ihnen ist sehr gespannt. Ich kann Ihnen aber anbieten, daß einige meiner Reiter Sie zu den Milizen begleiten. Sie können selbst alle besuchen. Aber die Runde bei Ihnen zu machen ist auch völlig sinnlos. Morgen ist ohnehin ein Festtag. Wo ich nur konnte, habe ich mich während des Krieges bemüht, sie zu mäßigen. Ich habe für die Christen alles getan, was nur möglich war...«

Mr. Graham war ein hartnäckiger Mann. So leicht ließ er sich nicht hintergehen. Er nahm Said Bey Jumblat beim Wort und machte sich am anderen Morgen auf den Weg, die drusischen Milizkommandeure zu besuchen. Sie müssen allerdings von seinem Kommen benachrichtigt worden sein, denn sie hatten alle ihre Hauptquartiere verlassen. Der Engländer traf nur die Stellvertreter an, die nicht berechtigt waren, Auskünfte zu geben. Trotzdem glaubte Graham, die Absichten der Drusen erkannt zu haben. Er hatte auf den Straßen Geschütztransporte beobachten können und bewaffnete Reiter, die nach Norden unterwegs waren. Er hatte Kriegsgesänge gehört, blutrünstige Lieder, deren Texte den Maroniten Vernichtung androhten. Schreiende Frauen waren ihm begegnet, die ihre Kleider zerfetzt und sich auf die Brust geschlagen hatten zum Zeichen, daß sie den Sieg des Islam herbeiflehten. Mr. Graham kam nach Beirut zurück mit der Gewißheit, es bahne sich weiteres Unheil für die Maroniten an.

Doch die Gefahr verflog. Der britische Generalkonsul hatte richtig kalkuliert, als er sich entschloß, dem Mächtigen in Muchtara in einem Brief die Haltung der europäischen Regierungen deutlich zu machen. Said Bey Jumblat hatte zwar im Gespräch mit Mr. Graham jede Verantwortung für den Bürgerkrieg im Libanongebirge abgelehnt, doch insgeheim muß ihn die bestimmte Sprache des Protests getroffen haben, denn er zog während der nächsten Tage die Milizen aus dem Grenzgebiet am Hundsfluß zurück. Der Befehl zum Angriff in Richtung Norden unterblieb.

Said Bey Jumblat hielt Frieden. Doch jetzt brachen Unruhen in Damaskus aus. Anfang Juli 1860 war die Stimmung im Bazar der syrischen Hauptstadt eigentümlich aggressiv geworden: Christliche Kaufleute waren beleidigt und geschlagen worden. Plötzlich war die Parole zu hören: »Während des nahen Beiramfestes werden nicht Schafe, sondern Christen geopfert!«

Beunruhigt wandten sich die europäischen Konsuln an den osmanischen Gouverneur in Damaskus, Ahmed Pascha. Er ließ den Diplomaten sagen, die Christen Syriens könnten sich auf seinen Schutz verlassen. Nach erneutem Hinweis auf die drohende Gefahr meinte Ahmed Pascha, seine Truppenverbände in Damaskus seien zu schwach, um die Moslems daran hindern zu können, über die Christen herzufallen – dazuhin sei die Situation doch wohl eher so, daß die Christen sich zum Angriff vorbereiteten. Er verfüge über Informationen, die zur Vermutung Anlaß gäben, die Christen seien im Besitz gewaltiger Waffenlager.

Am Morgen des 9. Juli trugen Gruppen von jungen Moslems hölzerne Kreuze durch den Markt von Damaskus. Sie hatten nicht die Absicht, das christliche Symbol zu ehren – im Gegenteil: Sie verhöhnten die Kreuze und spukten auf sie. Sofortiger Protest der christlichen Geistlichkeit bei Ahmed Pascha führte dazu, daß drei junge Männer verhaftet wurden. Sie wurden als Hetzer gegen die christliche Religion identifiziert. Ein islamischer Richter verurteilte die drei, vor den Läden christlicher Kaufleute die Straße zu kehren.

Dieses Urteil diente jedoch keineswegs dazu, die Aggressionslust der Moslems einzudämmen; es stachelte die Wut noch mehr an. Als die drei Verurteilten unter Aufsicht der Ordnungskräfte des Paschas zu kehren begannen, da rotteten sich Tausende von Moslems zusammen. Durch den Markt von Damaskus hallte der Ruf: »Din! Din! Din! Mohammed!« – übersetzbar mit: »Der wahre Glaube ist Mohammeds Glaube!« Mit diesem Schrei auf den Lippen durchzogen die Massen die engen Marktgassen. Innerhalb von Minuten waren alle Läden geschlossen.

Eine Kanone, bei der griechisch-orthodoxen Kirche aufgestellt, gab einen Schuß ab. Das Geschoß setzte an einem Punkt die Tücher in Brand, die über die Marktgassen gespannt waren. Der Rauch, der jetzt durch die Gassen quoll, steigerte die Emotionen. Dutzende von islamischen Geistlichen schrien der Menge zu: »Brennt die Häuser der Christen nieder! Laßt keinen von den Hunden am Leben!« Diese Aufforderung wurde sofort befolgt. Bei Anbruch der Dunkelheit brannten Hunderte von Gebäuden. Durch die Flammen sprangen Frauen, Männer und Kinder. Viele erstickten und verbrannten. Die meisten aber starben durch Schwerter und Äxte. Die Zahl der Opfer kann nur geschätzt werden. Wahrscheinlich verloren mehr als 3000 Christen in der Nacht vom 9. zum 10. Juli 1860 in Damaskus ihr Leben.

Die Mordnacht war den europäischen Mächten Anlaß, Schiffsverbände vor die Ostküste des Mittelmeers zu schicken. Frankreich handelte am entschlossensten: Die Republik beorderte 4000 Infanteristen unter dem Kommando des Generals Beaufort d'Hautpoul nach Beirut. Vom Tag ihrer Landung an – es war der 16. August 1860 – blieben die Christen in Damaskus und im Libanongebirge unbehelligt.

Die französischen Soldaten waren der Meinung, sie seien nach Beirut entsandt worden, um die Drusenführer zu bestrafen. Doch ihrem General fehlte die Vollmacht dazu. Einen Monat lang lagerte der Verband in einem Pinienwald außerhalb der Stadt, dann erst erhielt Beaufort d'Hautpoul Befehl, in das Schufgebirge einzurücken. Parallel zur französischen Truppe zogen, ohne Billigung des Generals, einige hundert christliche Milizionäre ins Gebirge. Die Franzosen konnten kaum verhindern, daß die Maronitenkämpfer drusische Frauen und Männer töteten. Die Tage der Rache waren gekommen.

Der Sinn der Expedition, Said Bey Jumblat und seine Unterführer zu fangen, wurde allerdings nicht erfüllt: Etwa 2000 prominente Drusen waren in den Anti-Libanon geflohen, offensichtlich mit Unterstützung der osmanischen Verwaltung. General Beaufort d'Hautpoul berichtete daraufhin nach Paris, daß damit die osmanisch-drusische Verschwörung durchsichtig geworden sei: Die Drusen hätten im Auftrag der Regierung in Konstantinopel versucht, die Maroniten auszurotten. Der Sultan habe wohl geglaubt, durch brutale Liquidierung der Christen könne er seine Macht im Libanongebirge behalten. Der General zog das Fazit, nur dank des europäischen Eingreifens seien die Absichten des Sultans vereitelt worden.

Der Druck der europäischen Mächte bewirkte, daß sich die osmanische Regierung bereit erklärte, selbst die Bestrafung der für Massaker verantwortlichen Drusen zu übernehmen. Die christlichen Bischöfe wurden aufgefordert, eine namentliche Liste der Schuldigen einzureichen. Die Bischöfe wiederum ernannten Beauftragte, die von den Überlebenden aus Deir al-Kamar, Hasbaya und Zahle die Namen derer zu erfragen hatten, die aktiv an den Morden teilgenommen hatten. Nach einem Monat lag die geforderte Liste vor: Sie enthielt Angaben über 4600 Drusen und 360 Moslems. Für nahezu 5000 Menschen forderte die Führung der Maroniten die Todesstrafe.

Die osmanische Verwaltung reagierte mit Hohn, die europäischen Konsuln mit Verwirrung. Der Sultan konnte nicht daran denken, derart viele Drusen hinrichten zu lassen. In Europa begannen die Regierungen darüber nachzudenken, ob die Maronitenführung vielleicht vom Anfang des Bürgerkriegs an einen unrealistischen Standpunkt vertreten habe, ob das Maß der Leiden übertrieben geschildert wurde. Besonders die britische Regierung ärgerte sich über das Verlangen der Maroniten. Sie besann sich darauf, daß bisher die Beziehungen zwischen ihr und den führenden Männern des Drusenvolkes ausgezeichnet gewesen waren; die Wiederherstellung dieser Beziehungen wurde als Ziel der aktuellen Nahostpolitik ins Auge gefaßt. Ein erster Schritt dazu war die Aufforderung an die Verantwortlichen des Maronitenclans, eine kürzere Namensliste vorzulegen. Die Beauftragten waren nach einer Woche mit ihrer Aufgabe fertig. Sie verlangten jetzt die Todesstrafe für nur 1200 Drusen. Die maronitische Geistlichkeit ließ wissen, sie erwarte die baldige Hinrichtung der Beschuldigten; jeder von ihnen müsse dort den Tod erleiden, wo er seine Tat begangen habe.

Als die meisten Personen, die auf der Liste standen, tatsächlich verhaftet wurden, da war die maronitische Geistlichkeit zufrieden. Doch sie mußte schon drei Tage später mit Verblüffung feststellen, daß die Mehrzahl der Verhafteten bereits wieder freigelassen worden war. Der osmanische Pascha, zuständig für Verhaftung und Freilassung, hatte nicht einmal ein Verhör durchführen lassen.

Um die Bestrafung der Drusenführung wurden die Christen betrogen. Die osmanischen Richter verlangten, unter dem Vorwand, gerecht gegen alle sein zu wollen, von den Frauen der in Deir al-Kamar Ermordeten derart detaillierte Aussagen, wie ihre Männer umgebracht worden waren, daß die Angeklagten leicht den Schlingen entkommen konnten. Kaum eine der Frauen konnte auf die Frage antworten, ob ihr Mann in die Brust, in die Seite oder in den Rücken gestochen worden sei. Mit Methode wurden die Anklagen entkräftet.

Said Bey Jumblat war zwar vor den Franzosen entkommen, doch den Truppen des Sultans mußte er sich schließlich stellen. Er war sich dessen sicher, daß ihm wenig geschehen werde. Doch er starb im Gefängnis, am 11. Mai 1861 – an Tuberkulose. Sein Tod war der Freilassung zuvorgekommen. Sämtliche Drusen, die an Massakern beteiligt gewesen waren, durften im Verlauf des Jahres 1861 nach Hause zurückkehren. Die Maroniten waren empört, daß die Morde ungestraft blieben. Damals hatte sich ihnen die Erkenntnis eingeprägt, daß ihnen Gerechtigkeit nur dann zuteil werde, wenn sie selbst dafür sorgten.

Von der osmanischen Provinz zur libanesischen Republik

Jahrzehnte der Aussöhnung

Daß Frieden einzog in das Libanongebirge verdankten die Bewohner den europäischen Staaten, die ständige Beauftragte zur Wahrung der Ordnung nach Beirut entsandten. Die Regierungen in Paris, Wien, London, Berlin und Moskau garantierten gerechte Behandlung aller Volksgruppen im Libanon, der allerdings Provinz des Osmanischen Reiches blieb. An Selbständigkeit des Gebietes dachte zu jener Zeit noch niemand, nicht einmal die Bewohner. Die osmanische Provinz Libanon entsprach auch keineswegs im Umfang dem späteren Staat Libanon. Die Städte Beirut, Saida, Tripoli und die Bekaaebene gehörten nicht dazu – die Provinz bestand allein aus dem Libanongebirge.

Die neue Ordnung sah vor, daß der Chef der Administration – sein Titel war Mutesarrif – von der Regierung in Istanbul ernannt wurde, allerdings erst nach Zustimmung durch die Vertreter der europäischen Großmächte in Beirut. Der Mutesarrif mußte Untertan des osmanischen Sultans, durfte jedoch auf keinen Fall Libanese sein. Der Konsul Frankreichs hatte seine europäischen Kollegen in Beirut dazu drängen können, auf der Ernennung eines Christen zu bestehen. Damals hat sich eingebürgert, daß der Libanon von einem christlichen Oberhaupt regiert werden muß; bis heute hat sich diese Tradition bewahrt, ohne daß sie jemals schriftlich fixiert wurde. Im Jahre 1861 ist es auch Brauch geworden, die parlamentarische Körperschaft nach einem System des Proporzes zu besetzen. Der libanesische »Verwaltungsrat« der Jahre nach dem Bürgerkrieg von 1860/61 sah vor: vier Sitze für die Maroniten, drei für die Drusen, zwei für die griechisch-orthodoxe Bevölkerung und einen für die Angehörigen der griechisch-katholischen Kirche; den Sunniten und den Schiiten war ebenfalls je ein Sitz im Verwaltungsrat reserviert.

Die Repräsentanten der Großmächte hatten gegenüber der osmanischen Verwaltung durchgesetzt, daß das Libanongebirge eine eigenständige Polizeiorganisation erhalten sollte, die dem Mutesarrif allein zu gehorchen hatte. Der Dienst in den Polizeiverbänden stand jungen

Männern aller Volksgruppen offen. Bei der Aufstellung der Verbände wurde jeder Gedanke an Proporz vermieden. Aufgebaut und kommandiert wurde diese Gendarmerie von zwei französischen Offizieren.

Die französische Regierung wählte den Mann aus, der erstes Oberhaupt der Provinz Libanon wurde. Es war Daud Effendi, geboren in Istanbul, Angehöriger der armenisch-katholischen Kirche, Diplomat in Berlin und später Direktor des Postwesens in der osmanischen Hauptstadt. In Paris und in Berlin wurde Daud Effendi als begabter und fortschrittlich denkender Beamter angesehen. Es gelang ihm, als Mutesarrif des Libanon eine Verwaltung aufzubauen, die als ehrlich und tatkräftig galt – in beiden Eigenschaften unterschied sie sich von der osmanischen Verwaltung.

Daud Effendi besaß das Talent zu vermitteln, Kompromisse zu finden. Er amtierte zwar im Serail zu Baabda, westlich von Beirut, doch er richtete eine Zweigstelle seines Amtes in Deir al-Kamar ein, in der Stadt, deren christliche Bewohner während des Bürgerkriegs so sehr gelitten hatten. Dort überwachte Daud Effendi persönlich die Rückgabe der von Drusen konfiszierten Grundstücke an die ursprünglichen Besitzer. Er setzte sich dafür ein, daß die Christen für materielle Verluste entschädigt wurden.

Die Vertreter Frankreichs, Englands, Österreichs und Preußens trafen nicht nur kluge Entscheidungen. Die Diplomaten besaßen die Neigung, libanesische Verhältnisse durch Anpassung an europäische politische Strukturen ändern zu wollen. Durch Dekret sollten die für Europa fruchtbaren Ergebnisse der Französischen Revolution auf den Libanon übertragen werden: Hatte der lokale Adel in Frankreich, Preußen und Österreich seine Feudalrechte verloren, so waren die Vertreter dieser Staaten in der Beiruter »Gemischten Kommission« der Meinung, auch der libanesische Adel dürfe keine Sonderrechte mehr besitzen. Die Vertreter der drei Staaten zwangen Daud Effendi, das Feudalsystem im Libanongebirge abzuschaffen. Die Familien, die seit Jahrhunderten in den Tälern des Gebirges ihre abgesonderten Clans besaßen, ihre Abhängigen, ihre Gebiete, sollten künftig nichts mehr in Verwaltung und Politik zu sagen haben. Gemeint waren die Jumblats, die Schehabs, die Arslans. Für die Bewohner von Dorf und Stadt galten die Chefs dieser Sippen bisher als die mächtigsten Männer der Welt.

Daud Effendi empfand keine Sympathie für die Feudalherren; ihm war es recht, daß sie ihre Allmacht verloren. Doch er sah daraus zwei Probleme entstehen, die für den Libanon zur Belastung werden konnten. Der Mutesarrif fragte sich, ob die Bewohner des Libanongebirges die Veränderung überhaupt begreifen würden, ob die Drusen nicht weiterhin den Ältesten der Jumblatfamilie als von Gott eingesetztes Oberhaupt betrachten würden. Und überdies: Würden die abgesetzten Feudalherren nicht nur das eine Lebensziel haben, die ungeliebte neue Ordnung wieder zu zerstören?

Der kluge Administrator folgte den Anweisungen der europäischen Diplomaten in Beirut: Er ließ offiziell verkünden, das Zeitalter des Feudalismus sei beendet. Doch er nahm gleichzeitig einen Emir nach dem anderen in die Verwaltung auf. Den betreffenden Emiren wurden hohe Positionen zugeteilt. Schließlich waren die sechzehn wichtigsten Familienchefs wieder bestimmend im Libanongebirge. Die Bewohner wußten, an wen sie sich zu halten hatten – die Emire aber waren mächtig und umworben wie zuvor. Die meisten der Nachfolger des Daud Effendi haben in späteren Jahrzehnten das System der Machtverteilung unter den Feudalherren nachgeahmt.

Das Gebiet südlich der Straße Beirut–Damaskus, das während des Bürgerkriegs von Zerstörung und Massakern am meisten heimgesucht war, kehrte unter der ordnenden Hand des Daud Effendi rasch wieder zum Zusammenleben zwischen Drusen und Christen zurück. Das bisher unruhige Schufgebirge wurde das Zentrum der Sicherheit in der Provinz. Schwieriger war die Aufgabe des Mutesarrif in den Bergen nördlich der Straße zu erfüllen.

Der Maronitenführer Yusuf Karam hatte Hoffnung gehabt, unmittelbar nach dem Bürgerkrieg zum obersten Verwalter des Libanongebirges ernannt zu werden – doch die Bestimmung, der Mutesarrif dürfe kein Libanese sein, hatte diese Hoffnung zerstört. Seine Machtbasis lag im Gebiet Kesruan, östlich der kleinen Hafenstadt Junieh. Das ansteigende Bergland Kesruan war immer eine Zone der Unruhe gewesen – und ist es bis in die Gegenwart geblieben. Im Januar 1866 weigerten sich die Bauern im Kesruan, Steuern an den Mutesarrif zu zahlen. Yusuf Karam sah in dieser Revolte eine Chance, Daud Effendi zu stürzen. Er stellte sich selbst an die Spitze des Bauernaufstands. Die maronitischen Milizen des Bürgerkriegs wurden wieder reaktiviert. Sie kämpften gegen die Gendarmerieverbände des Mutesarrif.

Der Anlaß des Aufstands blieb nicht auf die aktuelle Weigerung zur Steuerzahlung beschränkt: Er schloß Ereignisse der Vergangenheit ein. Noch einmal brach die Enttäuschung auf, daß der Krieg der Jahre 1860/61 ohne Strafgericht für die Drusen geendet hatte. Jetzt sollte der Gang der Ereignisse korrigiert werden. Yusuf Karam, der Rebell, war Repräsentant des maronitischen Nationalismus, der 1860 erfolglos geblieben war. Karam erklärte den Mutesarrif zum Handlanger, zum Protektor der Drusen. Das Schlagwort der Propaganda des Maronitenführers hieß: Ist erst Daud Effendi beseitigt, dann kann der Marsch nach Süden, in den Schuf, erneut beginnen. Seine Parolen waren derart zündend, daß die maronitische Bevölkerung ihnen ein Jahr lang folgte. Dann aber siegte die Gendarmerie. Die Revolte im Kesruan brach zusammen. Daud Effendi hatte fortan auch das Gebiet nördlich der Straße Beirut–Damaskus fest im Griff.

Doch den Maroniten war ihr Nationalismus nicht auszutreiben. Yusuf Karam, nach Italien verbannt, blieb ihr Volksheld. Der französische Konsul in Beirut wurde von seiner Regierung aufgefordert, die christlich-nationale Bewegung zu unterstützen. Die führenden Politiker Frankreichs hatten die Möglichkeit erkannt, durch Bindung an die Maroniten eine Volksgruppe im Libanon als Freund zu gewinnen, die nützlich sein konnte bei den Bemühungen, politisch und wirtschaftlich im Nahen Osten unangefochten Fuß zu fassen. Ausgelöst worden war das französische Interesse durch britische Erfolge am Nil.

Hatten die Engländer Ägypten in der Hand, so waren die Verantwortlichen in Paris gewillt, ein ähnlich wichtiges Territorium in Arabien zu kontrollieren. So hielt es die französische Regierung für klug, sich den Maroniten des Libanongebirges als Protektor anzubieten.

Die Maroniten werden zur beherrschenden Kraft

Die Bindung an Frankreich erwies sich als fruchtbar für die christlichen Bewohner des Libanon. Junge Maroniten reisten zum Studium nach Paris. Französische Lehrer und Priester eröffneten Erziehungsinstitute im Libanongebirge. Geschäftsleute erweiterten die Handelsbeziehungen zwischen Paris und Beirut. Sie hatten darauf gedrängt, daß die wichtige Hafen- und Handelsstadt schließlich doch noch, wenn auch ohne Zustimmung durch Istanbul, in die Provinz Libanon eingefügt wurde; sie entwickelte sich zum Bindeglied nach Frankreich.

Kein anderer Bevölkerungsteil an der Ostküste des Mittelmeers genoß eine Schirmherrschaft, die der französischen Protektion der Maroniten vergleichbar war. Der britische Vertreter in Beirut verlor seinen Einfluß auf die Drusenführer. Die Chefs der Jumblatfamilie nannten sich nicht einmal mehr im Spaß »britische Untertanen«. Die Moslems, deren Schutzmacht das große Osmanische Reich war, innerhalb dessen Grenzen sie lebten, mußten sich damit abfinden, daß der Sultan sich seine Souveränität im Libanon durch die europäischen Großmächte hatte schmälern lassen. Er konnte kaum mehr zugunsten der Moslems eingreifen, ohne einen Protest der französischen, englischen, österreichischen und preußischen Diplomaten auszulösen. Gegen die Wachsamkeit der Generalkonsuln, die sich für die Maroniten einsetzten, existierte kein gleichwertiges osmanisch-islamisches Gegengewicht mehr.

Sunniten und Schiiten fühlten sich mit gutem Grund allein gelassen, den Maroniten ausgeliefert.

Begünstigt wurde dieser Prozeß der christlichen Machtkonsolidierung durch den Zerfall des Osmanischen Reiches. Seit dem späten 13. Jahrhundert – 600 Jahre lang – hatte das Reich der Sultane bestanden. Am Ende des 19. Jahrhunderts galt es als Staatengerüst ohne Zusammenhalt. Eine Reformbewegung, die dem islamischen Reich neuen Sinn und neues Leben zu geben versuchte, fand im Jahr 1878 ein abruptes Ende. Sultan Abdul Hamid II. unterdrückte jede Form von Liberalisierung. Seine harte Haltung bremste jedoch den Verfall des Reiches nicht. Sie löste bei den europäischen Mächten Verachtung aus und bewirkte in Paris, London, Wien und Berlin ein verstärktes Interesse für die Christen, die in Abdul Hamids Reich zu leben hatten.

Während jener Jahre wuchs das Bewußtsein der Maroniten von der eigenen Qualität. In benachbarten Städten des Reiches, in Damaskus und Jerusalem, war die wirtschaftliche Entwicklung erlahmt – in Beirut aber blühte der Handel auf. Die Maroniten besannen sich darauf, daß in ihrem Lebensbereich einst das Handelsvolk der Phönizier zu Hause war. Naheliegend war der Gedanke, sie seien selbst Nachfahren der Phönizier. So lösten sich die Maroniten allmählich aus ihren arabischen Bindungen und orientierten sich – wie einst die Phönizier – nach Westen. Viele der maronitischen Familien glaubten schließlich daran, im östlichen Ableger Europas zu leben; in einem Brückenkopf westlicher Lebensart.

Dennoch vertraten auch junge christliche Intellektuelle die Ansicht, daß nur ein panarabischer Nationalismus dem Nahen Osten zum Aufstieg verhelfen könne. Ihre Theorie lautete: Die Araber waren einst eine große Nation, die jedoch unter die Herrschaft von Turkvölkern geraten und damit zum Niedergang verurteilt war. Die Araber müßten sich auf ihre Nationalität zurückbesinnen – Christen und Moslems hätten dazu ihre religiöse Identität in den Hintergrund zu stellen. Die maronitischen Intellektuellen, die bereit waren, ihre Religion zur Privatsache zu erklären, verlangten jedoch auch den Verzicht auf panislamische Ideen. Damit stießen sie bei den Moslems auf geringe Resonanz.

Frankreich übernimmt Verantwortung

Seit der Jahrhundertwende war der deutsche Einfluß im türkischen Großreich gewachsen. Eine der Ursachen dafür war, daß sich England und Frankreich auf eine Bindung an Rußland eingelassen hatten. Die Regierung in Istanbul aber fühlte sich durch russische Expansionspläne bedroht. Aus Sorge, allein gelassen zu werden im Konflikt der Mächte, schloß sie sich an das Deutsche Reich an. Die Konsequenz war der Eintritt der Türkei auf seiten Deutschlands in den Ersten Weltkrieg.

Das Land an der Ostküste des Mittelmeers wurde einbezogen in den Konflikt. Das türkische Heer, das dort stationiert war, stellte noch immer ein gewaltiges Potential dar, das englische Interessen bedrohen konnte: Der Suezkanal, die Lebensader des britischen Imperiums, lag in Reichweite der türkischen Truppen. Doch nützten beträchtliche Mannschaftsstärke und ausreichende Rüstung nichts gegen überlegene britische Strategie. Die türkischen Verbände wurden aus Jerusalem, Damaskus und aus Beirut vertrieben. Im Herbst 1918 unterstand das Küstenland der englischen und französischen Militäradministration.

Der Krieg hatte die Periode des wachsenden Wohlstands der Maroniten unterbrochen. Gestört waren die Verbindungen nach Europa – da fuhren keine Handelsschiffe mehr vom Hafen Beirut ab. Jahrelang blieben die Straßen nach Osten, nach Arabien, blockiert. Die Provinz Libanon war isoliert. In dieser Situation erwies sich, daß das Land um das Libanongebirge allein kaum lebensfähig war. Trafen die Lebensmitteltransporte aus den fruchtbaren Gebieten nördlich von Tripoli nicht ein, blieben die Fahrzeuge mit Gemüse aus der Bekaa auf dem Weg durch das Gebirge stecken, dann brachen für die Bewohner von Beirut Tage des Hungers an. Noch heute erzählen Libanesen, sie hätten von ihren Großvätern gehört, während des Ersten Weltkriegs sei die Not zeitweise furchtbar gewesen – Menschen hätten Menschen gegessen.

Daß die Provinz Libanon um angrenzende Gebiete erweitert werden sollte, hatte schon 1908 der libanesische Rechtsanwalt Paul Nujaym gefordert: »Der Hafen Beirut muß definitiv eingegliedert werden, dann brauchen wir das fruchtbare Land der Bekaa und des Akkargebiets nördlich von Tripoli.« Paul Nujaym veröffentlichte seine Schriften in Paris. Dort entwickelte er sich zum Sprecher der maronitischen Nationalisten: »Wir appellieren an Frankreich, das uns über Jahrhunderte beschützt hat, dessen Kultur der unseren so nahe ist, es möge eine gerechte Lösung finden für das Libanonproblem.«

Dieses Problem bestand darin, daß junge Menschen häufig die Hoffnung verloren, sie könnten in dem engen Land Zukunftspläne realisieren, ihren kommerziellen Ehrgeiz befriedigen. Dritte und vierte Söhne wohlhabender Maronitenfamilien verließen die Heimat, um sich in Ägypten, in Nordamerika, in Südamerika, in Westafrika und im Fernen Osten niederzulassen. Die Auswanderer wurden meist erfolgreiche Geschäftsleute. Sie waren überzeugt, in ganz besonderem Maße die Tradition der Phönizier zu bewahren. Wie ihre vermeintlichen Vorfahren bildeten sie am Ort der Ansiedlung eng zusammenhängende Kolonien, die in Kolumbien, Brasilien und Argentinien heute noch von Bedeutung sind. Die Maronitenführung unserer Zeit weist darauf hin, die meisten der Emigranten seien Christen gewesen, und sie hätten nie ihre Bindung an ihre Familien, an ihr Volk verloren; daher müßten sie in den Statistiken von heute dem maronitischen Bevölkerungsteil zugerechnet werden. Anzunehmen ist, daß die Zahl der Libanesen, die von den Auswanderern der Jahre bis 1914 abstammen, eine Million beträgt.

Die französische Regierung hatte das Problem Libanon wohl erkannt, doch sie konnte erst helfend eingreifen, als die osmanische Herrschaft über die Mittelmeerostküste im Herbst 1918 beendet war. Die Vorbereitungen dazu waren allerdings schon zwei Jahre zuvor abgeschlossen worden, als der englische Diplomat Mark Sykes und sein französischer Kollege François Georges Picot die Aufteilung von Einflußgebieten im Nahen Osten ausgehandelt hatten. England, das sich bereits für Ägypten zuständig fühlte, erhielt die Aufsicht über das Gebiet des heutigen Jordanien und über den Irak zugesprochen; Frankreich aber übernahm Verantwortung für Syrien und den Libanon. Dieses Abkommen, auch »Convention Sykes–Picot« genannt, sollte, so war im Mai 1916 bestimmt worden, nach dem Ende des Osmanischen Reiches in Kraft treten. Dieser Zeitpunkt war nun gekommen.

Die Ankunft einer Besatzungstruppe, die unter der Trikolore marschierte, ließ in den Maroniten die Überzeugung entstehen, für sie beginne jetzt eine glückliche Epoche. Robert Coulandre, Geschäftsführender Hochkommissar in der Levante, erklärte ausdrücklich, er und die französische Truppe seien in den Libanon gekommen, um die Maroniten zu schützen und ihre Interessen zu wahren. So geschah es, daß den französischen Soldaten, wo immer sie sich in christlichen Dörfern und Städten auch zeigten, durch Freudenschreie und Gewehrsalven, die in die Luft gefeuert wurden, ein begeisterter Empfang bereitet wurde. Die maronitische Bevölkerung hatte guten Grund, über die Präsenz der Franzosen froh zu sein.

Der panarabische Nationalismus, an dessen Entstehen maronitische Intellektuelle zur Zeit der Osmanenherrschaft beteiligt gewesen waren, hatte sich während des Ersten Weltkriegs in eine rein islamische Bewegung verwandelt. Ihr Anführer war Scherif Hussein, der Emir von Mekka, geworden. Die englische Regierung hatte ihn mächtig werden lassen, weil sie seine Hilfe im Kampf gegen die Türken benötigt hatte. Ende Oktober des Jahres 1915 war ihm durch den britischen Hochkommissar in Cairo dieses Schreiben übersandt worden:

»Ich bin von der britischen Regierung autorisiert worden, Ihnen folgende Zusicherung zu geben: Unter Vorbehalt von Änderungen, die weiter unten aufgeführt sind, ist Großbritannien bereit, die Unabhängigkeit der Araber anzuerkennen und auf dem Gebiet, dessen Grenzen vom Scherifen von Mekka vorgeschlagen wurden, zu unterstützen.«

Die Änderungen des Grenzverlaufs für ein zu schaffendes, unabhängiges arabisches Staatsgebilde, die sich England vorbehielt, betrafen die Distrikte westlich von Damaskus, Homs, Hama und Aleppo, »die nicht als rein arabisch bezeichnet werden können«. Der Scherif von Mekka aber wollte sich um diesen Vorbehalt nicht kümmern; er glaubte berechtigt zu sein, das gesamte Gebiet des »Fruchtbaren Halbmonds«, das sich vom heutigen Staat Israel über Libanon, Syrien, zum Irak erstreckt, für sich beanspruchen zu können. Die Maroniten wären in diesem Staat des »Fruchtbaren Halbmonds« die Minderheit gewesen. Verständlich, daß sie sich gegen diese Lösung mit Hilfe der Franzosen wehren wollten.

Die maronitischen Politiker hatten sich entschlossen, für einen christlichen Staat Libanon zu kämpfen. Nie mehr sollte das christliche Volk des Libanon abhängig sein von einer übergeordneten islamischen Autorität. Wollten sie ihr Ziel erreichen, mußten sie rasch handeln, denn unmittelbar nach Kriegsende trafen sich Delegationen der Siegermächte in Paris, um über den Frieden in Europa zu beraten – und um zu entscheiden, was mit den Einzelregionen des zerfallenen Osmanischen Reiches geschehen solle.

Die amerikanische und die britische Delegation zeigten Neigung, die Pläne des Scherifen Hussein zur Gründung eines arabischen Staates im »Fruchtbaren Halbmond« zu unterstützen, unter Umgehung des Sykes-Picot-Abkommens, das eine Aufteilung des Gebiets zwischen der Sinaihalbinsel und dem Zweistromland um Euphrat und Tigris in französische und englische Kontrollsphären vorsah. Scherif Hussein stützte seine Ansprüche auf den Brief, den er Ende Oktober 1915 vom britischen Hochkommissar in Cairo erhalten hatte. Die britische Delegation fand sich in der schwierigen Position, die Echtheit des Briefes und damit die Berechtigung der Ansprüche des Scherifen Hussein anerkennen zu müssen.

Der Brief des Hochkommissars und das Sykes-Picot-Abkommen waren in ihren Inhalten nicht auf einen Nenner zu bringen. Die aus dem Widerspruch resultierenden Komplikationen wurden verstärkt durch ein drittes Versprechen der Londoner Regierung vom November 1917, das bisher geheim geblieben war, dessen Einlösung jetzt aber gefordert wurde: In der Balfour Declaration hatte England der zionistischen Bewegung die Gründung einer Heimstatt für die Juden auf nahöstlichem Boden zugesagt.

Die Häufung von Widersprüchen und Zweideutigkeiten raubte der britischen Delegation auf der Pariser Friedenskonferenz die Glaubwürdigkeit in bezug auf ihre Position im Nahen Osten. Die französische Regierung, unbelastet von Versprechungen, nützte die britische Schwäche aus. Auf Wunsch der Franzosen reiste eine eigenständige maronitische Delegation unter Führung des Patriarchen nach Paris. Sie machte Propaganda für einen unabhängigen Staat Libanon, dessen Grenzen so gezogen werden sollten, daß sein Gebiet eine ausreichende Lebensgrundlage für seine Bewohner bot. Die Forderung des Patriarchen schloß die Bitte ein, die französische Regierung möge die Protektion für den künftigen libanesischen Staat übernehmen. Die Interessen der Maroniten und der französischen Politiker befanden sich in völliger Übereinstimmung: Frankreich wollte seinen Einfluß im Nahen Osten stärken, und die Maroniten sahen eine Möglichkeit, ihr Überleben mit Hilfe der französischen Militärmacht zu sichern.

Der Entscheidungsprozeß verlief nach Plan: Am 28. April 1920 beauftragte der Allied Supreme Council, der sich in San Remo traf, die Französische Republik, das Mandat für Syrien und Libanon zu übernehmen. Am 31. August desselben Jahres veröffentlichte der Vertreter Frankreichs in Beirut ein Dekret über die Gründung des Staates Groß-Libanon, der – außer dem Libanongebirge – die Städte Beirut, Saida und Tyr sowie die Bekaaebene umfaßte. Schon am folgenden Tag wurde die Staatsgründung vollzogen.

Die panarabische Bewegung empfand die Entstehung des unabhängigen Libanon als schwere Niederlage. Da war durch Dekret einer Kolonialmacht ein separater Staat gegründet worden, auf einem Gebiet, das von einigen hunderttausend Anhängern der arabisch-nationalistischen Bewegung für das islamische Großreich des »Fruchtbaren Halbmonds« beansprucht wurde. Träger des Staates waren die Maroniten, die von sich selbst sagten, sie hätten mit den Arabern nichts gemeinsam, sie seien Nachfahren der Phönizier. Daß sich der Staat der Maroniten als Teil der arabischen Welt fühlen würde, war nicht anzunehmen.

Die Moslems des Libanon, Sunniten und Schiiten, hatten Angst davor, durch die Maroniten für immer von der islamischen Welt getrennt zu werden, in die sie sich gerne eingegliedert hätten. Die islamischen Bewohner der Bekaaebene, der Städte Beirut, Saida, Tripoli und Tyr waren für die arabische Bewegung und für die Vision des künftigen arabisch-islamischen Staates verloren – das war die Befürchtung der arabischen Nationalisten im Libanon und in der übrigen arabischen Welt. Sie nahmen zu Recht an, daß die Abspaltung des Libanon die Aufsplitterung Arabiens in Einzelregionen begünstigen werde. Obgleich für die Nationalisten diese Entwicklung enttäuschend verlief, gaben sie ihre Hoffnung nicht auf, doch noch die eigenen Ziele erreichen zu können. Der provisorische Charakter des Staates, dessen Status sich nur wenig von dem einer Kolonie unterschied, ließ diese Hoffnung zu.

Der Libanon besaß zu diesem Zeitpunkt kein libanesisches Oberhaupt. Der französische Hochkommissar war weiterhin zuständig für die Verwaltung des Mandatsgebiets. Er konnte die Verwaltungsorganisation nach seinem Willen formen. Die Regierung in Paris achtete darauf, daß nur gläubige und praktizierende Katholiken Hochkommissare in Beirut wurden. Sie wiederum wählten Mitarbeiter und Berater mit Vorliebe aus den Reihen der Absolventen der römisch-katholischen Missionsschulen aus. So geschah es ganz von selbst, daß die ersten der einflußreichsten Beamten des neuen Staates Libanon Maroniten waren. Drusen und Moslems standen von Anfang an abseits.

Die Fiktion von der libanesischen Nation

Ein bedeutender Vorkämpfer für maronitische Vorrechte in jenen Jahren war Emile Eddé – sein Sohn Raymond Eddé gilt später, während der siebziger und achtziger Jahre, als möglicher Kandidat für die Präsidentschaft im Libanon. Emile Eddé sprach weit besser französisch als arabisch. Die europäische Sprache, so meinte Eddé, unterscheide den Christen vom Araber. Mit unbeirrbarer Selbstverständlichkeit betrachtete er den Libanon als die von Gott den Maroniten zugedachte Heimstätte, in der sie regieren könnten, ohne übermäßige Rücksicht auf andere Volksgruppen nehmen zu müssen. An die Moslems gerichtet, sagte er das böse Wort: »Wer sich bei uns im christlichen Staat Libanon nicht wohl fühlt, der kann sich auf dem Meer draußen umschauen!«

Der Libanon gehöre – das war die These des Raymond Eddé – wie Frankreich zur Kulturwelt des Mittelmeers: »Zu Arabien kann sich der Libanon deshalb nicht zählen, weil Arabien die Zone der Wüste ist – mit der Wüste aber hat der Libanon nichts gemein.«

Diese Definition der Zugehörigkeit zur mediterranen Kulturwelt beeinflußte die Vorstellung der maronitischen Politiker von der »Libanesischen Nation«. Die Verfassung, die unter maronitischer Anleitung im Jahre 1920 entstand, spiegelte diese Konzeption jedoch zunächst kaum wider. Sie schrieb die Vorherrschaft der Maroniten nicht fest.

Die Autoren der Verfassung wollten, daß der Präsident seinen Eid auf die »Libanesische Nation« ablegte. Sie unterließen jedoch jede Definition dieser Nation und jede Fixierung der Regeln des Verhaltens der einzelnen Volksteile zueinander. Die Verfassung sagte nichts aus über die Zusammensetzung der politischen Gremien; sie verordnete keineswegs, daß die Mehrheit der Parlamentarier der maronitischen Volksgruppe anzugehören hätte.

Den Maroniten stand während der ersten Jahre des Staates Libanon keine geschlossene Opposition gegenüber. Die Drusen hatten bald begriffen, daß ihnen der Fortbestand des Landes Vorteile brachte: In diesem kleinen Land bildeten sie eine starke Minorität; wären sie ein Teil der Bevölkerung eines großsyrisch-arabischen Staates geworden, hätten sie eine schwache Minorität dargestellt, die den mächtigen Sunniten nicht hätte imponieren können. Die Führung der Drusen war überzeugt, daß ihre Stimme unter den gegebenen Umständen künftig im Libanon gehört werde.

Die Sunniten aber behielten ihren Argwohn gegen diesen Staat, der die Gründung einer Kolonialmacht war, die ihre Sympathie gegenüber den Maroniten nicht verbarg. Geistliche und politische Chefs der Sunniten protestierten gegen die Bevorzugung maronitischer Kandidaten bei der Besetzung von Staatsämtern. Doch wenn er den Angehörigen der sunnitischen Intelligenz eine Zusammenarbeit mit der Staatsführung anbieten wollte, stieß der französische Hochkommissar meist auf Ablehnung. Mancher Sunnit, der in eine prominente Position berufen wurde, lehnte ab – aus Angst, er könne bei seinen Glaubensgenossen draußen in der islamisch-arabischen Welt als Kollaborateur in Verruf geraten.

Wie wenig sich die Sunniten mit dem Staat Libanon identifizierten, zeigte dieser Vorfall: Acht Jahre nach der Staatsgründung begaben sich politisch führende Männer aus dem Clan der Sunniten nach Damaskus, um die dortige Konstituierende Versammlung zu veranlassen, das Besitzrecht Syriens am islamischen Gebiet der Bekaaebene und der Städte Beirut, Saida, Tyr und Tripoli in der syrischen Verfassung zu verankern. Die christliche Bevölkerung nahm die Reise der Moslems nach Damaskus übel auf; die französischen Diplomaten in Beirut registrierten sie mit Unbehagen.

Die Hartnäckigkeit, mit der die Sunniten den Anschluß an Syrien suchten, brachten einen Konkurrenten des Emile Eddé im Kampf um die Macht zu der Erkenntnis, nur eine Partnerschaft zwischen Christen und Moslems könne das Überleben des Staates sichern. Obgleich Scheich Beschara al-Khuri einer alten maronitischen Feudalfamilie angehörte, vertrat er den Standpunkt, sein Land sei untrennbar mit der arabischen Umwelt verbunden und könne nicht völlig separat als maronitische Insel leben. Der Libanon müsse sich einpassen in die arabische Welt. Scheich Beschara al-Khuri arbeitete folgerichtig darauf hin, das französische Mandat erlöschen zu lassen, weil er meinte, daß die enge Bindung an Frankreich in der Zukunft bei der Anpassung des Libanon an Arabien ein Hindernis bilden würde. Die Moslems haßten die Franzosen – auf dieser Tatsache wollte der Rechtsanwalt Beschara al-Khuri seine Politik aufbauen. Hatten die Franzosen erst das Land verlassen, so dachte er, werde der Haß gegen den Staat ein Ende finden.

Emile Eddé hingegen sah das Überleben des libanesischen Staatsgebildes nur in der Beibehaltung des Mandats gesichert: Die französische Regierung sollte für ewig den Bestand des Libanon garantieren. Scheich Beschara al-Khuri aber wollte, daß die Maroniten vor allen anderen Gruppen die Loslösung von Frankreich propagierten. Er war überzeugt, die Moslems würden dieser Haltung der Christen Respekt zollen.

Eineinhalb Jahrzehnte lang zog sich der Streit der beiden maronitischen Politiker hin, bis zum 20. Januar 1936. An diesem Tag wurde Emile Eddé durch die christliche Mehrheit des Parlaments zum libanesischen Präsidenten gewählt: mit nur einer Stimme Vorsprung.

Die Wahl des Verfechters der maronitischen Vorherrschaft unter französischem Schutz löste Unruhen aus: Die sunnitischen Politiker verlangten erneut lautstark einen Anschluß der islamischen Landschaften und Städte an Syrien. Angeheizt wurden die Versammlungen und Demonstrationen durch Mitglieder der neugegründeten Syrischen Nationalpartei, die meist Studenten und Absolventen der American University von Beirut waren. Sie verneinten die Existenz einer libanesischen Nationalität. Nach ihrer Meinung waren alle Libanesen, gleichgültig welcher religiösen Volksgruppe sie angehörten, Syrer.

Die Demonstrationen, die von der Syrischen Nationalpartei organisiert wurden, ließen im März 1936 erkennen, daß ihr Kern aus militanten jungen Männern bestand, die in einer Art Miliz zusammengeschlossen waren. Die Maroniten jedoch verfügten über keine feste Organisation. Wenn sie die Straßen von Beirut nicht der Syrischen Nationalpartei überlassen wollten, mußte die Maronitenführung rasch ebenfalls eine Partei gründen.

Da bestand eine kleine Sportgruppe, der nur Christen angehörten. Sie wurde vom Apotheker Pierre Gemayel geleitet. Scheich Pierre, so wurde er von Freunden und Bewunderern genannt. Er war 31 Jahre alt, als er sich entschloß, seine Sportgruppe in eine Organisation umzuwandeln, die er »Kata'eb« nannte; die französische Bezeichnung, die Scheich Pierre Gemayel vorzog, hieß »Phalanges Libanaises«. Vorbild waren die paramilitärischen Verbände der Faschisten in Italien und Spanien sowie der Nationalsozialisten im Deutschen Reich. Schon ein Vierteljahr nach der Aufstellung erster Gruppen der Phalanges Libanaises befand sich Scheich Pierre auf Einladung des nationalsozialistischen Staates bei den Olympischen Sommerspielen in Berlin. Noch als Achtzigjähriger schwärmte er von der Disziplin der Deutschen, die er damals kennengelernt hatte. Kaum war er im Sommer 1936 aus Berlin zurückgekehrt, wurden die Phalanges Libanaises so straff organisiert wie SA und Hitlerjugend. Zu bewähren hatten sich die Phalanges Libanaises im Herbst 1936.

Die französische und die libanesische Regierung hatten ein Abkommen abgeschlossen, das die gegenseitigen Beziehungen regelte. Es legte fest, daß Frankreich und der Libanon in Frieden und Krieg Verbündete seien. Aus diesem Bündnis wurde ein besonderer Status für Frankreich abgeleitet: Das französische Kriegsministerium kontrollierte die libanesische Armee. Dem Botschafter Frankreichs war Vorrang zu gewähren vor allen anderen Diplomaten.

Mit den genannten Paragraphen des Abkommens hätten sich die islamisch-arabischen Nationalisten abfinden können, nur mit einem nicht: Er legte fest, daß Libanon und Syrien zwei souveräne Staaten bildeten. Diese Auftrennung wollten die Nationalisten nicht dulden. Die Schuld an der Existenz des separaten Staates Libanon gaben sie mehr als bisher der Kooperation zwischen Maroniten und der französischen Regierung. Der Vorwurf lautete, beide arbeiteten darauf hin, die Teilung für ewig beizubehalten.

Kaum war der Text des Abkommens veröffentlicht, da brachen in allen islamischen Regionen des Staates Unruhen aus. Die Händler der Stadt Tripoli entschlossen sich zum Streik, um dafür zu demonstrieren, daß ihr Gemeinwesen, von Moslems bewohnt, nichts mit dem Staat der Maroniten und Franzosen gemeinsam habe.

Doch diese politischen Meinungsäußerungen waren harmlos im Vergleich zu den Vorfällen, die Beirut am 15. November 1936 erschütterten: Gruppen, die Gewalt als Mittel des Kampfes für gerechtfertigt hielten, trafen in der Stadtmitte aufeinander. Mit Prügeln, Messern und Gewehren suchten sie eine Entscheidung zu erzwingen. Keine der beiden kämpfenden Parteien konnte jedoch die andere besiegen. Die Phalanges Libanaises mußten die bittere Erfahrung machen, daß die Anhänger einer Angliederung an Syrien sich eine schlagkräftige Organisation geschaffen hatten. Sie trug den Namen »Najjada« – »Islamische Pfadfinder«.

Nach einem Tag brutaler Auseinandersetzungen in Beirut – die Bezeichnung »Bürgerkrieg« ist angebracht – waren auf beiden Seiten Männer gestorben. Die ersten Opfer von Hunderttausenden, die im Verlauf der nachfolgenden fünfzig Jahre Christen und Moslems abverlangt wurden, waren zu beklagen. Von nun an hatten die Phalangisten und ihre Gegner die Möglichkeit, Märtyrer zu feiern – und in ihrem Namen weitere Opfer zu verlangen. »Die Toten vom 15. November 1936 verpflichten uns zum Kampf«, sagte der Phalangistenführer Pierre Gemayel während jener Tage.

Der französische Einfluß zerfällt

»Mit Schmerz mußten wir zusehen, wie zwei unserer besten Freunde sich gegenseitig umbrachten«, so erinnerte sich Scheich Pierre Gemayel an die ersten Monate des Zweiten Weltkriegs. Die Truppen des Deutschen Reiches eroberten am 14. Juni 1940 die Hauptstadt Frankreichs. Nach wenigen Tagen besaß die Französische Republik zwei Regierungen: In Vichy amtierte Marschall Philippe Pétain, der eine Zusammenarbeit mit dem Deutschen Reich für notwendig hielt; in London hingegen erklärte sich General Charles de Gaulle zuständig für das Freie Frankreich. Für die libanesischen Politiker stellte sich die Frage, mit welcher der französischen Regierungen sie vertragsgemäß verbündet waren: Beide erhoben Anspruch auf den Libanon. England entschied die Unsicherheit: Von Palästina aus eroberten britische Truppen im Sommer 1940 Syrien und den Libanon. General de Gaulle schickte General Georges Catroux nach Beirut, wo er am 27. September 1941 die Unabhängigkeit des Libanon verkündete. Syrien war einige Wochen zuvor selbständig geworden.

Die Hoffnung des islamischen Bevölkerungsteils des Libanon, Frankreich werde das Gebiet wirklich aus seiner Kontrolle entlassen, damit die Bewohner selbst über die Zukunft entscheiden könnten, erfüllte sich keineswegs. Die Vertreter des Freien Frankreich in Beirut kümmerten sich nicht um die eigene Erklärung, der Libanon sei nun unabhängig. Sie bestimmten weiterhin über die Person des Präsidenten, über die Beförderung höherer Offiziere, über die Außenpolitik. Das Maß der französischen Einmischung irritierte sogar maronitische Politiker.

Wer mit den Franzosen unzufrieden war, dem bot sich jetzt eine Alternative an: England plante, an der Ostküste des Mittelmeers wieder eine aktive Politik zu treiben. Die britische Regierung wollte durch Einflußnahme im Norden Palästinas die Kontrolle der Mandatzone erleichtern. Gemäß dieser politischen Linie erkannte London den Staat Libanon sofort nach der Unabhängigkeitserklärung vom 27. September 1941 an – zur Bestürzung der Vertreter des Generals de Gaulle, die ihre eigene Erklärung gar nicht so ernst gemeint hatten. Daß die britische Regierung die Franzosen wirklich beim Wort nahm, zeigte sich im Februar 1942: Generalmajor Sir Edward Spears stellte sich der libanesischen Regierung als »Minister to Syria and Lebanon« vor. Zum Aufenthaltsort hatte er Beirut gewählt.

Sir Edward Spears erwies sich als harter Konkurrent für den Vertreter de Gaulles. Er suchte Kontakt zu den Politikern, die mit Frankreich unzufrieden waren, und fand einen bereitwilligen Partner im maronitischen Rechtsanwalt Camille Chamoun, der nicht glauben wollte, daß

Frankreich, das vom Deutschen Reich geschlagen war, nach dem Krieg erneut eine Macht mit weltweitem Einfluß sein würde. Camille Chamoun sagte damals offen, unter den europäischen Mächten werde allein England zu den Siegern gehören. Die französischen Vertreter in Beirut ließen sofort das Gerücht verbreiten, Camille Chamoun stehe auf der Soldliste des britischen Geheimdienstes.

Der britische »Minister to Syria and Lebanon« war kein stiller Beobachter der Vorgänge im Libanon. Zwei Monate nach seiner Ankunft hatte er in zahlreichen Gesprächen den Eindruck gewonnen, das Land brauche, damit seine politische Entwicklung positiv verlaufen könne, demokratische Wahlen zur Feststellung des Einflusses prominenter Persönlichkeiten und propagandastarker Organisationen. Dagegen wehrte sich sofort der Vertreter Frankreichs, der wohl wußte, daß normale freie Wahlen nur ein Ergebnis haben konnten: Sie mußten die zahlenmäßige Unterlegenheit der Maroniten ans Licht bringen. Einen Sieg der Moslems aber fürchtete die Regierung des Freien Frankreich: Er hätte die Fiktion von der libanesischen Nation, die mit Frankreich verbündet ist, zerstört. Der islamische Wahlsieg hätte zur Fusion der Moslemstädte Tripoli, Saida, Tyr mit Syrien geführt. Um diese Entwicklung zu vermeiden, gab General de Gaulle seinem Vertreter in Beirut Anweisung, die Wahlen unmöglich zu machen oder wenigstens zu verschieben. Mit dem Argument, die Kriegszeit verbiete die Durchführung von Wahlkampf und Abstimmung, da sie nur Unruhe stiften würden, die von möglichen Feinden ausgenutzt werden könnten, ordnete General Catroux Aufschub an, mußte sich aber schließlich dem englischen Druck beugen – sehr zum Ärger des maronitischen Politikers Emile Eddé.

Sodann gelang Eddé mit Hilfe des Vertreters der Regierung des Freien Frankreich ein Erfolg für die Maroniten, der an Bedeutung einem Staatsstreich gleichkam: Der von Emile Eddé protegierte Staatschef Ayyub Thabit, den General Catroux gegen jegliche Tradition durch Dekret ernannt hatte, ordnete an, daß die Christen – gleichgültig wie das Wahlergebnis aussehen werde – ein Recht auf 32 Sitze hätten, Moslems und Drusen gemeinsam aber auf nur 22. Diese Sitzverteilung war offensichtlich ungerecht gegenüber den Moslems und den Drusen, die zusammen mindestens die Zahl der Sitze der Christen hätten beanspruchen können, doch Emile Eddé und Ayyub Thabit argumentierten zu ihrer Verteidigung, daß bei der Stimmenverteilung die maronitischen Emigranten zu berücksichtigen seien, die als Söhne des libanesischen Vaterlands Anspruch auf Vertretung im Parlament besäßen.

Diese Benachteiligung konnten sich weder Drusen noch Moslems gefallen lassen. Angesichts der ungerechten Behandlung forderten die

Bewohner von Saida, Tyr und Tripoli die Angliederung ihrer Städte an Syrien. In Beirut demonstrierten die Kämpfer der islamischen Najjadamiliz gegen die christliche Vorherrschaft. Diesmal gelang es den Phalanges Libanaises unter Scheich Pierre Gemayel, die bewaffneten Moslemmilizionäre aus dem Zentrum der Stadt zu vertreiben. Doch die Unruhe hielt an.

General Catroux sah ein, daß er sich in der Unterstützung der Maroniten zu weit vorgewagt hatte. Nun stand er vor der Entscheidung, ob er seinen Truppen Befehl geben sollte, in die unruhigen Städte einzumarschieren, oder ob er die Maroniten zur Vernunft zu bringen versuchte. General Catroux entschied sich für die Lösung ohne Waffen: Er setzte den von ihm selbst ernannten Staatschef des Libanon ab und gab bekannt, die verkündete Verordnung über die Sitzverteilung im Parlament sei fortan ungültig.

Die Formel »6 zu 5«

Der für sie unglückliche Ausgang des Versuchs, durch Übernahme der Macht im Parlament die beherrschende Stellung im Lande zu erringen und möglichst für immer zu behalten, bewog die Maronitenchefs, die Technik der Überrumpelung in der Politik aufzugeben. Sie meinten erkannt zu haben, daß in kritischen Zeiten kein unbedingter Verlaß auf die französische Regierung sei. Wollten sie den Staat vor dem Zerfall retten, mußten sie mit den Verantwortlichen des islamischen Bevölkerungsteils reden. Mit dieser Erkenntnis ging die Zeit des Emile Eddé zu Ende: Er hatte die Machtfixierung durchsetzen wollen – er war der Verfechter der engen Bindung an Frankreich gewesen. Sein Scheitern brachte den Konkurrenten nach oben. Zwanzig Jahre lang hatte Beschara al-Khuri darum gekämpft, daß die Moslems als Partner im Staat betrachtet werden. Jetzt hatte sich seine Richtung durchgesetzt.

Beschara al-Khuri wußte, mit wem er verhandeln mußte. Sein Partner war der Sunnit Riad as-Solh. Dessen Familie stammte aus Saida, hatte sich aber zwei Generationen zuvor in Beirut ein Haus gekauft, in der Absicht, den Handel der Hafenstadt nach und nach zu kontrollieren. Aus der kommerziellen Kontrolle wurde politische Kontrolle. Riad as-Solh hatte erkannt, daß die Notabeln von Beirut in ihrem Wunsch nach Anschluß an Syrien und Ablehnung der Kooperation mit den Maroniten starrköpfig befangen waren. Er verkündete den Standpunkt, der Erfolg liege in der Flexibilität.

Beschara al-Khuri und Riad as-Solh entwickelten gemeinsam die Formel, nach der künftig die Parlamentssitze verteilt werden sollten.

Sie erhöhten die Zahl der Abgeordneten von 54 auf 55, um bessere arithmetische Voraussetzungen zu schaffen: 30 Parlamentssitze gehörten fortan den Christen; auf 25 hatten Moslems und Drusen gemeinsam Anspruch. Die Formel »6 zu 5« war gefunden. Sie bestimmte vom Sommer 1943 an die Machtstruktur im Libanon. Seit damals ist die Zahl der Abgeordneten immer ein Mehrfaches der Zahl 11, der Summe von 6 und 5.

Die Grundlage für »al-Mithaq al-Watani« war geschaffen, für den »Nationalpakt«. Beschara al-Khuri und Riad as-Solh hüteten sich, ihre Übereinkunft schriftlich zu fixieren. Sie wollten mit Absicht keine Verfassung festschreiben, wie dies in anderen Ländern üblich ist: Der Libanon, in seiner Sonderstellung, sollte auch eine besondere politische Konstitution besitzen, die von einem Hauch des Geheimnisvollen umgeben war, von der Heiligkeit einer Übereinkunft zwischen zwei Männern.

Die Formel »6 zu 5« fand nicht nur Anwendung bei der Festlegung der Sitzverhältnisse im Parlament, sondern auch bei der Verteilung führender Positionen in der Staatsverwaltung und in der Armee. Von 1943 an besaßen die Christen immer ein wenig mehr Macht im Libanon als Drusen und Moslems gemeinsam.

Die Formel machte auch die Abhaltung von Wahlen möglich. Da sich Christen und Moslems einig waren, daß ein reguläres Parlament geschaffen werden mußte, blieb der Vertretung des Generals de Gaulle in Beirut kein anderer Weg, als Wahlkampf und Abstimmung zuzulassen. Die Abgeordneten, die sich durchsetzen konnten, wählten bei ihrer ersten Sitzung am 21. September 1943 Beschara al-Khuri zum Staatspräsidenten des Libanon. Al-Khuri wiederum bestimmte den sunnitischen Verbündeten Riad as-Solh zum Ministerpräsidenten. So begründeten die Schöpfer des Nationalpakts die Tradition, an der bis in die achtziger Jahre hinein niemand rütteln will: Nur ein Maronit darf Staatspräsident des Libanon sein; den Sunniten ist der Posten des Ministerpräsidenten vorbehalten.

Noch vor den Wahlen hatte de Gaulle General Catroux ablösen und durch Jean Helleu ersetzen lassen. Er wurde sofort nach Konstituierung der Regierung mit Schwierigkeiten konfrontiert: Ministerpräsident Riad as-Solh forderte die Umwandlung des Amtes des »Generaldelegierten der Französischen Republik« – Amtsinhaber war Jean Helleu – in eine normale diplomatische Vertretung. Die Forderung auf Umwandlung sollte besagen, daß die libanesische Regierung das Mandat Frankreichs, die französische Aufsicht über den libanesischen Staat, als beendet ansah.

Die Regierung des Freien Frankreich residierte damals in Algier. Von dort aus gab de Gaulle die Anweisung, Jean Helleu habe unter allen Umständen die einseitige Aufkündigung des Mandats durch die libanesische Regierung zu verhindern. Jean Helleu wandte, um dem Befehl nachzukommen, das schroffste Mittel an: Er ließ am frühen Morgen des 11. November 1943 den libanesischen Staatschef und den Ministerpräsidenten durch seine senegalesischen Infanteristen aus den Betten holen und verhaften. Die beiden höchsten Persönlichkeiten des Libanon wurden wie Staatsverbrecher in die Festung Raschaya gebracht. Jean Helleu handelte in der traditionellen Manier der Kolonialherren: Er dekretierte die Absetzung des Staatspräsidenten Beschara al-Khuri und des Ministerpräsidenten Riad as-Solh und setzte Emile Eddé an die Spitze des Staates. Der treue Gefolgsmann der Franzosen sollte den Libanon regieren.

Vom Staatsstreich der Mandatsmacht Frankreich hielten selbst die Maroniten nichts, die vom Wert der engen Bindung zwischen den Christen des Libanon und der Französischen Republik überzeugt waren. In den Reihen der Maronitenführung glaubte niemand daran, daß Emile Eddé die Kraft haben werde, sich lange an der Staatsspitze zu halten; er besaß nicht die Begabung, mit den Moslems zu reden, um einen Ausgleich der Interessen zu suchen. Auf den Nationalpakt, den Beschara al-Khuri und Riad as-Solh geschlossen hatten, wollte inzwischen niemand, der politischen Verstand besaß, mehr verzichten. Die Formel »6 zu 5« war allgemein akzeptiert worden. Da das Risiko bestand, daß Emile Eddé die Formel außer Kraft setzen könnte, schlossen sich Politiker unterschiedlicher Lager zusammen.

Scheich Pierre Gemayel, der Chef der Phalanges Libanaises, setzte sich mit den Kommandeuren der islamischen Miliz Najjada in Verbindung und schlug eine gemeinsame Aktion vor. Bis zu diesem Tag waren die Kämpfer der Najjada bittere Feinde der Phalanges Libanaises gewesen, doch am 11. November 1943 bildeten sie mit dem Gegner ein einziges Oberkommando. An beide Organisationen erging der Befehl, das ganze Land in einen Generalstreik zu führen.

Der Befehl wurde befolgt. Die Märkte in den Städten schlossen, die Handwerksbetriebe hörten auf zu arbeiten; die Banken weigerten sich, Geld auszuzahlen. De Gaulles Vertreter in Beirut antwortete mit der Verhängung einer absoluten Ausgangssperre. Doch die islamischen und die christlichen Milizen demonstrierten weiterhin für die rechtmäßige Regierung. Niemand hörte auf Emile Eddé, den von Jean Helleu aufgezwungenen Präsidenten.

In den Tagen nach dem 11. November 1943 wurde zum erstenmal das Gewicht der USA in der libanesischen Politik spürbar: Die amerikanische Regierung verlangte von General de Gaulle die Wiedereinsetzung der beiden Väter der Formel »6 zu 5« in ihre Ämter. Dem Chef des Freien Frankreich blieb kein Ausweg: Er mußte Jean Helleu aus Beirut abberufen. Am 17. November traf General Catroux wieder in Beirut ein mit de Gaulles Auftrag, Beschara al-Khuri und Riad as-Solh freizulassen. Als die beiden ihre Funktionen wieder auszuüben begannen, endete das französische Mandat über den Libanon. Frankreich hatte die Chance, ein Minimum an Einfluß zu behalten, vertan. Die Regierung de Gaulle mußte im Frühjahr 1944 auf alle Vorrechte verzichten.

Das Land versinkt im Chaos

Die Formel »6 zu 5« führt zu Vetternwirtschaft

Seit Emile Eddé, der Feind des Ausgleichs mit den Moslems, in Mißkredit geraten war, konnte Beschara al-Khuri seine Absichten verwirklichen, den Moslems Beteiligung an der Staatsverwaltung anzubieten. Sunniten und Schiiten erhielten führende Posten in den Ministerien. Verlangt waren allerdings Qualifikationen, die nur von wenigen aus beiden Religionsschichten erbracht werden konnten. Die Christen aber besaßen durch ihre zahlreichen Missionsschulen noch immer einen beachtlichen Bildungsvorsprung.

Zwei Organe des Staates blieben eine Domäne der Christen: das Oberkommando der Armee und die Generaldirektion für Staatssicherheit. Die für den islamischen Teil der Bevölkerung Verantwortlichen akzeptierten in beiden Organen die christliche Vorherrschaft. Erst eine Generation später kam es zum Streit um die Führung der Armee und der Polizeikräfte.

Christen und auch Moslems verfügten fortan über eine stattliche Anzahl von einflußreichen Verwaltungsposten – sie besaßen Pfründen. Damit beglückt wurde jedoch nicht irgendwer innerhalb der religiösen Gemeinschaften: Die Herren der traditionellen Feudalfamilien sicherten sich das Recht der Postenverteilung. Selten erfüllten sie selbst Aufgaben in der Staatsadministration, doch sie bestimmten, wer im Innen- oder Außenministerium Abteilungsleiter werden durfte, wer in der Verkehrspolizei zum Leutnant aufrücken konnte.

Die jungen Maroniten, die Karriere machen wollten, wußten, daß ihr Glück von der Familie Schehab abhing; Sunniten hatten meist dann Erfolg, wenn sie sich an Salim Salam wandten, an den Mann, der innerhalb weniger Jahre Mitglieder von Familien mit älteren Rechten aus wirtschaftlich beherrschenden Stellungen in Beirut verdrängt hatte. Drusen stand die Wahl offen, sich an den Chef der Familie Jumblat oder an den Ältesten der Arslansippe zu wenden. Beide besaßen in jenen Jahren Einfluß – allerdings war er nur gering im Vergleich zu den Möglichkeiten, die den Schehabs und den Salams zur Verfügung standen.

Die Drusen insgesamt hatten sich nicht durchsetzen können im Proporzgerangel um einträgliche Posten. Selten gelang es einem jungen Drusen, einen Platz an einem Schreibtisch zu ergattern, an dem wirklich politische und administrative Entscheidungen gefällt wurden. Ähnlich hoffnungslos war der Versuch von Schiiten, im Libanon Karriere zu machen.

Die Schehabs, Salams, Jumblats und Arslans waren, wenn sie jungen Männern aus der eigenen Volksgruppe zu Einnahmen und Ansehen verhalfen, keineswegs uneigennützig gesinnt. Sie ließen sich ihre Hilfe honorieren. Dabei war ihr Interesse nicht so sehr auf Geld ausgerichtet – sie verlangten vielmehr, daß der Empfänger ihrer Gnade bei anstehenden Parlamentswahlen für ihre Kandidaten stimmte. Diese Wahlhilfe wurde nicht nur von dem betreffenden jungen Mann erwartet, sondern auch von dessen weitläufiger Sippe. Je mehr Stimmen ein Bewerber garantieren konnte, desto intensiver setzte sich der mächtige Patron für ihn ein.

Das System des Patronats erweiterte sich bald: Die Massen, die in den Städten Beirut, Tripoli, Saida und Tyr lebten, brauchten in ihrer Hoffnungslosigkeit Männer, zu denen sie aufblicken konnten. Keiner, der zur Masse gehörte, konnte an einen Posten im Staat denken, doch es war möglich, in dienende Funktionen einzurücken. Besonders beliebt war die Aufgabe des Leibwächters im Haus eines Mächtigen. Andere übernahmen die Funktion von Einpeitschern bei Demonstrationen. Die Chefs der Clans Schehab und Salam brauchten Hunderte von Männern, auf die sie sich verlassen konnten, wenn Gefahr bestand, daß andere Mächtige in ihre Einflußsphäre einbrachen. Die Familie Frangieh erkämpfte sich mit Hilfe von Abhängigen, die häufig auf Befehl auch mordeten, Kontrolle über die Bewohner der Dörfer im nördlichen Libanongebirge und in den Außenvierteln der Stadt Tripoli – dort wurden dem Frangiehclan allerdings Grenzen gesetzt durch die Familie Karame. Der Sippe Chamoun war es nach harten Auseinandersetzungen gelungen, sich christliche Regionen im Schufgebirge zu unterwerfen. Die Chamouns waren dabei zu Partnern der Jumblats geworden. Das Zusammenleben der Christen und Drusen hatte sich während der nahezu drei Generationen, die seit den Massakern des Jahres 1860 lebten, normal entwickelt, als ob nichts geschehen wäre. Im Verlauf der Amtszeit des Präsidenten Beschara al-Khuri waren keinerlei Spannungen spürbar. Camille Chamoun und Kamal Jumblat, die Chefs der beiden Clans in der Zeit nach dem Zweiten Weltkrieg, hatten ein Bündnis der Machtverteilung im Schufgebirge geschlossen.

Die Chefs der Clans sind in ihrer Ausstattung mit absoluter Autorität europäischen Herzögen des Mittelalters vergleichbar. Sie bestimmen das Leben der Frauen und Männer in dem Gebiet, dessen Kontrolle sie beanspruchen. Nicht nur, daß sie allein Staatsstellungen vermitteln können, sie wollen auch gefragt sein, wenn jemand ein Gewerbe ausüben will. Wer sich nicht die Genehmigung des Clanchefs einholt, ehe er einen Laden eröffnet, der wird kaum Kunden finden; die Boykottorder des Mächtigen wird ihn vernichten. Klug beraten sind Männer, die dem Scheich oder Emir wichtig sind, vor einer Eheschließung um Erlaubnis zu fragen – sie ersparen sich Ärger.

Selbst das Recht der Gerichtsbarkeit hatten sich die Feudalherren zugeeignet. Sie sprachen zwar keine Urteile aus, doch sie persönlich entschieden, ob jemand einem ordentlichen Gericht überstellt werden sollte oder nicht. Ein Mörder war vor der libanesischen Justiz sicher, solange der Emir die Hand über ihn hielt. War der Mörder mit Einverständnis des Emirs vor Gericht gestellt und verurteilt, hielt sich der Clanchef bis zum letzten Augenblick vor der Vollstreckung die Option offen, das Urteil ungeschehen zu machen.

Während der Jahrzehnte von der Erklärung der Unabhängigkeit an bis in die Gegenwart herein vervollkommnet sich das System der Abhängigkeit und des Protektionismus. Der Anachronismus Feudalsystem arrangiert sich mit den Gegebenheiten der Gegenwart. Die Macht der Emire wuchs ins internationale Geschäft hinein: Die Vergabe von Importlizenzen, von Aufträgen zum Waffenkauf, von Genehmigungen zur Gründung von Niederlassungen europäischer und amerikanischer Firmen liegt seit Beginn der siebziger Jahre weitgehend in der Hand von Persönlichkeiten aus der feudalen Schicht.

Die Scheichs und Emire gewähren Gunst und Schutz. Sie verlangen dafür, daß ihr Reichtum vermehrt wird: Stille, aber lukrative Beteiligung an einträglichen Geschäften gilt als Selbstverständlichkeit. Handwerker und Bauern im Libanongebirge sind den Feudalherren zur Steuerzahlung verpflichtet; die Beamten der staatlichen Finanzkasse treten als Eintreiber zurück hinter den Agenten der wirklich Mächtigen.

Möglich wurde diese Entwicklung, weil die Präsidenten des Libanon sich ihr nicht entgegenstellten. Von ihrer Funktion her hätten sie die Möglichkeit dazu gehabt. Sie waren die Erben der französischen Mandatsadministration: Sie hatten dieselbe Macht übertragen bekommen, die den Vertretern der Französischen Republik während der Jahre unmittelbar nach dem Ersten Weltkrieg zugewiesen war. Sowenig einst die Mandatsadministratoren irgendeinem Gremium im Libanon verantwortlich waren, so wenig mußte der Präsident fürchten, zur Rechenschaft gezogen zu werden. War er einmal vom Parlament gewählt, hatten ihm die Volksvertreter nichts vorzuschreiben. Diese Unabhängigkeit bedeutete jedoch auch zugleich eine Schwäche: Ganz ohne politische Basis, nur sich selbst verantwortlich, konnte der Präsident kaum wirkungsvoll handeln. Um den Gang der politischen Entwicklung zu beeinflussen, brauchte er die Hilfe der Scheichs und Emire. Mit den Clanspitzen hatte sich der Präsident zu arrangieren, wenn er ein Programm durchsetzen wollte. Aus dieser Kooperation entwickelte sich die Praxis, den Scheichs und Emiren Abgeordnetensitze im Parlament zu reservieren. Einer der ersten Feudalherren im Parlament war Kamal Jumblat, der Herr über die Drusen des Schufgebirges und über den imposanten Palast in Muchtara.

Veränderung hatte Kamal Jumblat dazu getrieben, politisch über die Enge der Schufberge hinauszublicken: Ihn störte der wachsende Reichtum der Khurifamilie in den christlichen Dörfern des Schuf. Mit seinem Ärger stand Kamal Jumblat nicht allein – auch der Familie Chamoun mißfiel der wirtschaftliche Erfolg der Khuris. Die Clans der Jumblatis und der Chamouns, ohnehin schon verbündet, schlossen sich enger zusammen, um die Sippe Khuri zu vernichten; das Ziel war vor allem, den Präsidenten Beschara al-Khuri zu stürzen.

Dem reichen Feudalherren Jumblat gelang das Wunder, andere der Korruption und der Bereicherung anzuklagen, ohne höhnende Bemerkungen auszulösen, seine Familie habe auch nicht immer ehrenhaft gehandelt. Niemand verlachte seine Idee, eine »Progressive Sozialistische Partei« zu gründen. Der Großgrundbesitzer als Sozialist – kaum jemand empfand in dieser Kombination einen Widerspruch. Niemand rechnete damit, daß Kamal Jumblat ein sozialistisches Programm verwirklichen werde – seine Progressive Sozialistische Partei war und ist nichts anderes als die politische Sammelorganisation der drusischen Anhänger der Jumblatfamilie.

Die Konspiration Jumblat–Chamoun zum Sturz des Präsidenten Beschara al-Khuri hatte Aussicht auf Erfolg, weil Riad as-Solh, der sunnitische Partner des Staatschefs, im Sommer 1951 während eines Besuchs der jordanischen Hauptstadt von einem Anhänger der großsyrischen Idee erschossen wurde. Durch den Tod von Riad as-Solh hatte Beschara al-Khuri die Unterstützung der Sunniten verloren. Am 18. September 1952 resignierte der Präsident vor den klugen Machenschaften der Verbündeten Jumblat und Chamoun. Fünf Tage später wurde Camille Chamoun vom Parlament zum Präsidenten des Libanon gewählt. Kamal Jumblat, der Mitverschwörer, hatte nie damit rechnen können, selbst die Staatsführung zu übernehmen – sie war einem maronitischen Politiker vorbehalten.

Der Sturz in den Bürgerkrieg

Wenn er schon nicht Präsident werden durfte, so wollte Kamal Jumblat doch wenigstens die Politik im Präsidentenpalast mitbestimmen. Eine seiner Forderungen war, Beschara al-Khuri müsse wegen Duldung von Korruption in seiner Familie vor Gericht gestellt werden. Kamal Jumblat bekam gar keine Gelegenheit, seine Vorstellung künftiger Politik dem Präsidenten zu schildern. Zu seiner Überraschung wurde er vom ersten Tag der Amtszeit Chamouns an von allen Entscheidungen ferngehalten. Um zu zeigen, daß er überhaupt nichts von einem juristischen Prozeß gegen Beschara al-Khuri hielt, umgab sich Chamoun demonstrativ mit Beratern und Mitarbeitern seines Vorgängers. So platzte die Allianz zwischen Jumblat und Chamoun.

Der Präsident glaubte, ohne einen festen Verbündeten regieren zu können. Dieser Glaube war fundiert, denn der sunnitische Bevölkerungsteil besaß um diese Zeit keinen herausragenden Führer vom Format eines Riad as-Solh. Vier Kandidaten für die Spitzenposition unter den sunnitischen Politikern suchten sich zu profilieren: Sami as-Solh, ein Vetter des toten Ministerpräsidenten; Abdallah al-Jafi, ein Rechtsanwalt von Reputation; Raschid Karame, der Chef eines Clans aus Tripoli; und Saeb Salam, ein Geschäftsmann mit politischem Anhang in der Hauptstadt. Diese Aufspaltung des sunnitischen Potentials paßte ins Konzept des Präsidenten: Er war sicher, daß jeder der vier bereit stand, um die Funktion des Ministerpräsidenten zu übernehmen, daß sich jeder gegen den anderen ausspielen ließ. Die Sorge plagte ihn nicht, einmal in kritischer Zeit kein Kabinett bilden zu können.

Chamoun behielt recht, doch von der Mitte seiner Amtszeit ab besaß er nur noch wenige politische Freunde: Er hatte jede wichtige Persönlichkeit für sich eingespannt – und schließlich vor den Kopf gestoßen. Selbst die führenden Maroniten haßten ihn wegen seiner schroffen Art der Menschenbehandlung. Hatte er die Politiker als Helfer verloren, so war es Chamoun gelungen, die Geschäftsleute auf seine Seite zu ziehen. Ihnen war jede Freiheit gewährt. Das stabile libanesische Pfund durfte ohne Restriktionen ausgeführt und konvertiert werden. Die Geschäftsleute des Libanon wurden reich, während sie wie in anderen arabischen Ländern nach 1952 Grund zur Klage hatten.

In Ägypten hatte Gamal Abdel Nasser die Macht übernommen. Seine Wirtschaftspolitik war sozialistisch orientiert. Sie umfaßte Verstaatlichung, Verminderung des Außenhandels, Bewirtschaftung der Devisen, Verstaatlichung der Banken. Nassers Programm fand starke Beachtung in Damaskus und in Baghdad. Es war geschätzt als Mittel, nationale Unabhängigkeit auf dem Wirtschaftssektor zu erlangen – Unabhängigkeit von der internationalen Finanzwelt, vom Kapitalismus. Das war der Grund für die starke Sogwirkung von Nassers Ideen: Sie sprachen weniger die Wirtschaftspolitiker als die arabischen Nationalisten an. Diese Wirkung hatte Gamal Abdel Nasser beabsichtigt; auf ihr baute er seinen Anspruch auf, Führer der arabischen Welt zu werden.

Die Moslems im Libanon sahen mit Gefallen, daß eine islamisch-arabische Leitgestalt ins Licht der Weltpolitik getreten war. Ihnen selbst fehlte auf regionaler Ebene eine derartige Gestalt. Die Taktik des Präsidenten Chamoun, die führenden Moslems uneins zu halten, hat diesem Bevölkerungsteil viel von seiner Bedeutung genommen. Um so glanzvoller mußte Nasser erscheinen. Dieser brillante Redner gab den Moslems insgesamt Selbstvertrauen. Drei der vier Sunnitenführer des Libanon waren im Juli 1956 von Nassers Gewaltakt der Verstaatlichung des Suezkanals derart begeistert, daß sie Kontakt aufnahmen zum ägyptischen Staatschef, um ihm zu huldigen.

Abdallah al-Jafi war zu jener Zeit libanesischer Ministerpräsident; Saeb Salam hatte die Funktion eines Staatsministers ohne besondere Aufgaben übernommen. Beide verlangten von Präsident Chamoun, er möge Frankreich und England durch Abbruch der diplomatischen Beziehungen dafür bestrafen, daß beide versucht hatten, mit Israels Hilfe den verstaatlichten Suezkanal in einer Militäraktion wieder unter ihre Kontrolle zu bringen. Diese Forderung konnte Camille Chamoun nicht erfüllen; er wollte die Bindung des Libanon an die Westmächte nicht opfern, nur um Gamal Abdel Nasser zu gefallen. Daraufhin stellten Abdallah al-Jafi und Saeb Salam ihre Ämter zur Verfügung.

Hatten die beiden gehofft, Camille Chamoun durch diesen Schritt in Schwierigkeiten zu bringen, so täuschten sie sich. Sami as-Solh war sofort bereit, ein Kabinett zu bilden, das allein schon in seiner Zusammensetzung die Ablehnung jeglicher Pläne der Annäherung des Libanon an Gamal Abdel Nassers politische Richtung demonstrierte. Chamoun hielt diese eindeutige Festlegung seiner Haltung für notwendig, um den unruhigen Geistern unter den Moslems im eigenen Land zu zeigen, daß sie sich keine Hoffnung zu machen brauchten, die libanesische Regierung werde sich unter Druck setzen lassen und schließlich doch noch Nasser gegen England und Frankreich unterstützen.

In Beirut, Tripoli, Saida und Tyr organisierten Nassers Freunde die ersten Demonstrationen. Einpeitscher begannen die Massen gegen die Regierung Chamoun zu mobilisieren: Der Präsident wurde zum Feind der arabischen Nation erklärt. Eine Polarisierung zeichnete sich ab: Die Mehrheit der Moslems trat für Gamal Abdel Nasser ein, die Mehrheit der Christen bezog gegen ihn Stellung. Chamoun erkannte, daß der Libanon an dieser Polarisierung zerbrechen konnte. Da sie durch interne

Maßnahmen nicht aufzuheben war, suchte der Präsident Hilfe von außen.

Die USA boten von sich aus an, den bedrängten libanesischen Staatschef zu unterstützen. Den Rahmen dazu lieferte die Eisenhower-Doktrin, die den Staaten militärischen Beistand versprach, die sich von einer kommunistischen Aggression bedroht fühlten. Mit Bedacht war der Begriff der Aggression unscharf definiert worden – so konnte der Beistand auch erwartet werden, wenn kommunistisch gesteuerte Umsturzversuche eine Regierung bedrohten. Camille Chamoun erklärte kurzerhand die Demonstrationen in Beirut, Tripoli, Saida und Tyr zu internen kommunistischen Umtrieben. Der Beweis für diesen Sachverhalt, so ließ Chamoun damals wissen, liege darin, daß die Demonstranten sich zu Gamal Abdel Nasser, »dem Freund Moskaus und offensichtlichen Kommunisten«, bekannten. Diese Denunziation des ägyptischen Staatschefs wurde von der amerikanischen Regierung akzeptiert.

Gamal Abdel Nasser reagierte zornig: Er gab seinen Anhängern im Libanon freie Hand zum aktiven Widerstand gegen Camille Chamoun. Raschid Karame und Kamal Jumblat verbündeten sich; ihnen schlossen sich auch Parteigänger des christlichen Politikers Beschara al-Khuri an, die mit einer Bindung des Libanon an die USA nicht einverstanden waren. Zahlreiche christliche Politiker standen jedoch nur deshalb auf der Seite der Gegner des Präsidenten, weil sie der Meinung waren, Chamoun habe sie in der Vergangenheit ungerecht behandelt.

Die Anti-Chamounisten mußten jedoch eine bittere Enttäuschung hinnehmen, als bei den Parlamentswahlen des Sommers 1957 einige ihrer wichtigsten Männer den Abgeordnetenstatus verloren: so Saeb Salam, Abdallah al-Jafi und Kamal Jumblat. Aus dem Wahlergebnis konnte Camille Chamoun mit Recht ablesen, daß die meisten Libanesen auf seiner Seite standen. Die Anhänger der Verlierer aber behaupteten fortan, Chamoun habe die Wahlergebnisse fälschen lassen. Sie protestierten nicht nur in Demonstrationen, sondern auch mit harten Aktionen. In den Schufbergen brach der Aufstand los.

Der Bürgerkrieg von 1958

Der 22. Februar 1958 veränderte das Spannungsfeld Nahost: An diesem Tag beschlossen Ägypten und Syrien, gemeinsam die Vereinigte Arabische Republik zu bilden. Sie war von Gamal Abdel Nasser als Keimzelle eines umfassenden arabischen Vaterlands gedacht. Für Millionen Moslems schien ein Traum in Erfüllung zu gehen. Seit sieben Jahrhunderten war Arabien zersplittert, und trotzdem war die Erinnerung an das arabisch-islamische Riesenreich der Kalifen nie erloschen; sie war vielmehr mit der Vision verbunden, das Kalifenreich werde wiedererstehen. Nasser, »der glanzvolle Held«, der den »imperialistischen Mächten« den Suezkanal weggenommen hatte, wurde als fähig erachtet, einem neuen arabischen Staat zur Blüte zu verhelfen. Da gab es kaum einen arabischen Moslem, der abseits stehen wollte. Tausende demonstrierten in Beirut für die Einfügung des Libanon in Nassers Vereinigte Arabische Republik. Der Wunsch vieler Moslems, ihre Heimat möge zu Syrien gehören, übertrug sich nun auf das große, das neu entstehende Staatsgebilde. Der kleine, separate Libanon wurde von islamischen Libanesen verachtet.

Die Entstehung der Vereinigten Arabischen Republik ließ auch die Hoffnung wachsen, Arabien möge endlich militärisch den Israelis ebenbürtig werden. Als Schande war die Niederlage von 1948 empfunden worden, deren Folge der Aufstieg Israels zur beherrschenden Regionalmacht war. Einen Teil dieser Schande hatte der Krieg des Herbstes 1956 ausgelöscht, der um den Suezkanal geführt worden war: Nach Überzeugung der meisten Moslems hatte Gamal Abdel Nasser nur deshalb nicht gesiegt, weil er durch die Übermacht der Engländer und Franzosen, deren Regierungen durch eine Verschwörung mit der israelischen Staatsführung paktierten, in Bedrängnis geraten war. Auf der Erfahrung des Krieges von 1956 baute der Glaube auf, die Armee des Unionsstaates Ägypten–Syrien werde in der Lage sein, Israel, wenn es keine Unterstützung von außen mehr fand, zu schlagen. Die islamischen Libanesen fühlten in sich die Verpflichtung, die Vereinigte Arabische Republik zu stärken, um die Siegeschancen zu vergrößern.

Der Widerstand des libanesischen Präsidenten Camille Chamoun gegen jede Form von Kooperation mit Gamal Abdel Nasser reizte den Zorn des nichtchristlichen Bevölkerungsteils. Drusenkämpfer blockierten die Zufahrten zu maronitischen Dörfern im Schufgebirge; sie sprengten Brücken und verbrannten einzelne Häuser. Vom Schuf aus pflanzte sich die Gewalt fort. Der libanesische Grenzposten an der Straße Beirut–Damaskus wurde überfallen; fünf Männer, Zöllner und Gendarmen, starben. Am selben Tag – es war der 12. Mai 1958 – brachen gewalttätige Banden in die christlichen Gebiete der Hauptstadt ein. Bewaffnete blockierten die Küstenstraße, die von Tripoli nach Beirut führt. In der Nacht vom 12. zum 13. Mai verlor die Regierung Chamoun völlig die Kontrolle über die islamischen und drusischen Gebiete des Libanon.

Camille Chamoun forderte in jener Nacht die Armeeführung auf, die Aufstandsgebiete durch Truppen besetzen zu lassen. Die libanesischen Verbände wären ohne Probleme in der Lage gewesen, den Gewaltakten und Demonstrationen ein Ende zu bereiten, doch der Oberkommandierende, General Fuad Schehab, weigerte sich, den Befehl zum Einsatz zu geben. Sein Argument war, die Armee sei nicht dazu geschaffen worden, eine bestimmte Regierung an der Macht zu halten, sondern um die Grenzen gegen Aggression von außen zu schützen. Auf den Einwand des Präsidenten, der Aufstand werde durch Waffenlieferungen aus Syrien genährt und sei folglich als syrische Einmischung zu bezeichnen, reagierte Fuad Schehab nicht. Die Soldaten blieben in den Kasernen.

Islamische und christliche Milizen feuerten mit Maschinenpistolen und Granatwerfen aufeinander. Täglich starben Dutzende von Menschen. Da gab es keine Autorität mehr, die das Morden hätte beenden können. Weder die Phalanges Libanaises noch ihre Gegner besaßen ausreichende Kampfkraft, um sich durchzusetzen. Einige Tage lang glaubten die Moslemmilizen, die Begeisterung der Massen über den Sturz der irakischen Monarchie am 14. Juli 1958 und der damit verbundene Sieg Nasser-freundlicher Politiker könnten den Sturm entfachen, der nötig war, um die christliche Front zum Einsturz zu bringen, doch Camille Chamoun wußte sich zu helfen: Unter Berufung auf die Eisenhower-Doktrin bat er die USA um militärische Unterstützung. Schon einen Tag nach dem Umsturz in Baghdad, am 15. Juli 1958, landeten amerikanische Marineinfanteristen am Strand von Beirut. Sie sicherten die internen und äußeren Fernmeldeverbindungen und übernahmen den Schutz der Regierungsgebäude. Damals, im Sommer des Jahres 1958, herrschte Respekt in Beirut vor den Marineinfanteristen. Gegen sie zu demonstrieren oder gar zu schießen wagte niemand.

Doch Eisenhower begnügte sich nicht damit, Truppen zu schicken. Auf die militärische Aktion folgte sofort die politische Absicherung. Nur 24 Stunden nach der Landung der Marineinfanteristen traf bereits Robert Murphy, der Under-Secretary of State, im Auftrag des Präsidenten Eisenhower in der libanesischen Hauptstadt ein. Seine Instruktion lautete, alles zu unternehmen, um der Regierung des Präsidenten Chamoun Stabilität zu geben. Robert Murphy begann sofort mit Verhandlungen: Er sprach mit Kamal Jumblat, Saeb Salam und Raschid Karame – und bekam von ihnen zu hören, daß sie nicht bereit wären, den Präsidenten Camille Chamoun zu unterstützen, da sie ihm Feindschaft geschworen hätten. Robert Murphy zog trotzdem ein positives Fazit aus diesen Gesprächen: Es zeichne sich Bereitschaft ab, vorläufig auf einen Anschluß an die Vereinigte Arabische Republik zu verzichten, wenn eine Veränderung an der Staatsspitze erwartet werden könne.

Gelang es, Camille Chamoun aus dem Präsidentenpalast zu verdrängen, bestand eine Chance, den Libanon als unabhängiges Staatswesen zu erhalten. Die Entscheidung, gerade den Mann zu opfern, der sich vertrauensvoll an die amerikanische Regierung mit der Bitte um Hilfe gewandt hatte, fiel in Washington nicht leicht. Doch Präsident Eisenhower entschied, Camille Chamoun müsse die Macht im Libanon abgeben; nur so könne eine Stärkung des Einflusses von Gamal Abdel Nasser verhindert werden.

Als er die Zusage des Verzichts der islamischen Politiker auf Anschluß des Libanon an Syrien ausgehandelt hatte, blieb dem US-Diplomaten die heikle Aufgabe, Camille Chamoun zur Rücknahme seiner Kandidatur für eine zweite Amtsperiode zu bewegen. Robert Murphy erfüllte diese Aufgabe mit Brillanz. Er war sogar in der Lage, einen Gegenkandidaten zu präsentieren: General Fuad Schehab. Der Oberkommandierende hatte den Moslems mit seiner Weigerung imponiert, die Armee gegen die Aufständischen antreten zu lassen. Selbst viele Christen hatten verstanden, daß ein Angriff gegen islamische Dörfer das Ende der Armee bedeutet hätte – die Gefahr war beachtlich gewesen, daß islamische Soldaten sich geweigert hätten, auf ihre Glaubensbrüder zu schießen. Der dann unvermeidbare Zerfall der Armee wäre nicht im Sinne der Christen gewesen. Die Verständigen unter den christlichen Politikern schlossen sich deshalb mit Raschid Karame, Saeb Salam und Kamal Jumblat zusammen. Ihre Allianz ermöglichte am 31. Juli 1958 die Wahl des Generals Fuad Schehab zum libanesischen Präsidenten. Es war den Vereinigten Staaten gelungen, den Zusammenhalt des Libanon zu sichern.

Doch der Bürgerkrieg war damit noch nicht zu Ende. Als Fuad Schehab am 22. September in den Präsidentenpalast einzog, da ernannte er Raschid Karame, einen führenden Kopf der Rebellen, zum Ministerpräsidenten. Kaum im Amt, da erklärte Karame, jetzt sei es Zeit, »die Früchte der Revolution in die Scheuern einzubringen«. Diese Worte empfand Pierre Gemayel, der Chef der Phalanges Libanaises, als Herausforderung. Er warf Raschid Karame vor, er wolle die Stärkung der islamischen Position in Politik und Gesellschaft erreichen – und dies könne nur auf Kosten der Christen geplant sein. Dagegen wollte sich Pierre Gemayel wehren. Er mobilisierte seine Milizkämpfer und gab ihnen den Auftrag, gegenüber Umsturzversuchen islamischer Politiker wachsam zu sein. Daß am Tag, der auf die Mobilisierung folgte, einer der Denker aus dem Kreis um Pierre Gemayel für immer verschwand – er muß umgebracht und heimlich verscharrt worden sein –, heizte die Wut der Phalangistenfunktionäre an; sie riefen die Bewohner der Christengebiete zum Generalstreik auf mit dem Ziel, die Wirtschaft des ganzen Landes zu lähmen. Die islamischen und drusischen Milizen beantworteten die Streikmaßnahmen mit Überfällen auf Büros der Phalanges Libanaises und Anschlägen auf prominente Mitglieder der Gemayelorganisation. Zwischen christlichen und islamischen Stadtvierteln in Beirut wurden Sandbarrikaden aufgeworfen. Bewaffnete bezogen Positionen. Bürgerkriegsfronten bildeten sich. Die Amtszeit des Präsidenten Fuad Schehab begann damit, daß der Libanon in seine christlichen und islamischen Bestandteile zerfiel.

Fuad Schehab wollte nicht als der Zerstörer des Libanon gelten. Er verbot seinem Ministerpräsidenten daher die Aufstellung eines rein islamisch orientierten Ministerkabinetts, dessen Konsequenz gewesen wäre, daß sich die christlichen Gebiete eine eigene Regierung gegeben hätten. Auf Wunsch des Staatspräsidenten mußte sich Raschid Karame mit vier Ministern begnügen, deren Religionszugehörigkeit Fuad Schehab genau fixierte: Zwei der Kabinettsmitglieder sollten Schiiten und zwei sollten Sunniten sein. Dieses Gleichgewicht hatte – dies war zumindest die Absicht von Fuad Schehab – die neue politische Formel für den Libanon zu repräsentieren, die so lautete: »Es gibt keine Sieger und keine Besiegten.« Zum erstenmal war dieses Schlagwort zu vernehmen, das künftig am Ende jeder Bürgerkriegsphase eine neue Zeit der Zusammenarbeit der zerstrittenen Parteien einleiten sollte.

Mit dem Ende des Chamounregimes waren soziale Veränderungen sichtbar geworden. Der Aufstand gegen Camille Chamoun hatte bewirkt, daß die Sunniten selbstbewußter auftraten. Die Folge war, daß sie künftig stärker in die Regierung und in die Verwaltung des Libanon eingebunden werden mußten. Trotzdem: Gleichheit zwischen den Religionsgruppen war nicht zu erreichen. Im Gegenteil, neue Ungerechtigkeit war entstanden. Die Drusen und die Schiiten waren künftig weniger denn je an politischen Entscheidungen beteiligt.

Dennoch behinderten die ungelösten sozialen Probleme den Prozeß der Normalisierung nicht. Mit erstaunlicher Schnelligkeit vergaßen die Libanesen den Bürgerkrieg des Sommers 1958. Als ob nie Barrikaden zwischen christlichen und islamischen Stadtteilen bestanden hätten, lebten Christen und Moslems zusammen, zum Nutzen der Libanesen insgesamt. Die Männer in den Städten Beirut, Saida, Tyr und Tripoli besannen sich auf ihre Begabung als Händler: Dabei zeichneten sich besonders Angehörige der maronitischen und der sunnitischen Bevölkerungsschicht aus. Maronitische und sunnitische Kaufleute, Fabrikanten, Serviceunternehmer verbündeten sich. Die Folge war, daß die Regierungszeit des Präsidenten Fuad Schehab schließlich zu einer Epoche wirtschaftlicher Blüte für das kleine Land wurde.

Reichtum zog weiteren Reichtum an. Gelder aus Saudi Arabien wurden auf Konten Beiruter Banken überwiesen. Die libanesische Hauptstadt entwickelte sich zum Umschlagsplatz für die Dollareinnahmen der Ölstaaten – die damals allerdings noch nicht mit derartigem Reichtum gesegnet waren wie zwanzig Jahre später.

Um den Zustrom dieser Gelder zu erhalten, garantierte Präsident Fuad Schehab Ruhe und Sicherheit im Libanon. Die Verantwortung dafür übernahm der Geheimdienst, der zu einem mächtigen und allgegenwärtigen Instrument ausgebaut wurde. Tausende von Agenten sammelten Informationen über regimefeindliche Strömungen im Lande: Sie beobachteten Christen, Moslems und Drusen gleichermaßen.

Die Atempause

Genaue Kenntnis der Stimmung im Libanon ermöglichte dem Präsidenten außerordentliche Beweglichkeit in Entscheidungen: Er wußte genau, wie weit er Veränderungen anbahnen und vorantreiben durfte, ohne gefährliche Reaktionen auszulösen, die das Gleichgewicht zwischen Christen und Moslems hätten stören können. Der Geheimdienst, das Deuxième Bureau, half, die Innenpolitik so zu steuern, daß die Formel »Es gibt keine Sieger und keine Besiegten« weiterhin gültig bleiben konnte.

Die Strömungen, die noch immer Anschluß der islamischen Bevölkerungsteile an Nassers Unionsstaat begünstigten, wurden von Präsident Schehab durch ständige Wiederholung der Behauptung eingedämmt, auch er, der Staatschef des Libanon, empfinde tiefe Sympathie für Gamal Abdel Nasser, den Vorkämpfer der arabischen Einigung; früher oder später werde es dem Ägypter gelingen, das islamische Großreich der Kalifen wiederzuerwecken.

Daß eine derartige Sympathieerklärung vielen Christen mißfiel, ist selbstverständlich. Sie sahen darin einen Verrat an der Politik des bisherigen Präsidenten Camille Chamoun, der dafür gekämpft hatte, daß Nassers Einfluß im Libanon gering blieb. Die Unzufriedenen sammelten sich um den abgelösten Präsidenten, dem sie gern eine zweite Amtsperiode gegönnt hätten. Camille Chamoun sah eine Chance, sich weiterhin Einfluß zu erhalten: Er organisierte die Unzufriedenen in einer politischen Organisation, der er die französische Bezeichnung Parti National Liberal gab. Sie stand vom Gründungstag an in Opposition zu Präsident Fuad Schehab.

Pierre Gemayel, der in der Parti National Liberal eine Konkurrenz zu seinen Phalanges Libanaises sah, bezog, um nicht in Chamouns Sog zu geraten, eine gegenteilige Position: Er unterstützte Präsident Schehab. Diese Politik war nicht ohne Risiko, denn Pierre Gemayel wußte genau, daß die Mehrheit der Christen des Libanon auf Chamouns Seite stand.

Die eindeutige Festlegung der Position kostete Gemayel Hunderte von aktiven Milizkämpfern, die sich in die Parti National Liberal eingliedern ließen. Während eines Jahrzehnts beschränkte sich Pierre Gemayels Einfluß auf die Region nördlich und östlich von Beirut, auf die Bergdörfer der Landschaft Metn, und auf die Menschen, die aus diesen Dörfern in die Stadt, nach Beirut, abgewandert waren.

Die Abwanderung aus dem Gebirge zur Hauptstadt ist in diesen Jahren zum Problem geworden. Präsident Schehab hatte den guten Gedanken gehabt, das Gebirge mit einem Netz von Straßen zu durchziehen, um den Bauern dort endlich Gelegenheit zu geben, ihre Waren auf den Markt von Beirut bringen zu können. Ein wenig mehr Wohlstand sollte in die Dörfer einziehen. Doch das Ergebnis des Straßenbaus sah anders aus. Die Dorfbewohner lernten zum erstenmal die Stadt kennen; ihnen gefielen die Häuser und der Markt. Das Leben in der Stadt erschien ihnen verlockend zu sein – sie ließen sich verleiten, die Dörfer zu verlassen, um in Beirut eine neue Heimat zu finden. Ihre ersten Behausungen bestanden aus Zelten und Blechhütten; erst im Verlauf von Monaten bauten sich die Entwurzelten primitiv gemauerte Häuser. Neue Stadtviertel wuchsen aus dem Boden.

Um den maronitischen Kern des Vororts Schiah entstand ein schiitisches Siedlungsgebiet. In Schußweite ostwärts von Schiah mauerten maronitische Familien Häuser in den Orangengärten von Ain ar-Rummanah auf. Direkt neben dem christlichen Wohngebiet Sinn al-Fil entwickelte sich die schiitische Siedlung an-Naba. Darum, wem das Land gehörte, auf dem sie ihre Unterkünfte bauten, kümmerten sich die Dorfflüchtigen nicht. Der Boden war häufig im Besitz klösterlicher Stiftungen oder maronitischer Privatpersonen. Beide hatten meist nicht den Mut, sich gegen die Ansiedlung der Armen auf ihrem Grundbesitz zu wehren.

Die Familien und Sippen, die während der Amtszeit des Präsidenten Fuad Schehab nach Beirut zogen und ohne Rücksicht auf Gesetze Siedlungsflächen belegten, taten, was andere auch getan hatten: Ein Jahrzehnt zuvor waren die ersten palästinensischen Flüchtlinge nach Beirut gekommen. Auch sie hatten zunächst Zelte aufgeschlagen in den Gärten und Olivenhainen, die im Halbkreis den Osten der Stadt umgaben. Aus solchen improvisierten Flüchtlingslagern waren durch Bau fester Häuser palästinensische Stadtteile geworden: zum Beispiel Sabra und Schatila.

Die Händler und Handwerker, die Beamten und die Bankiers von Beirut hatten zunächst gar nicht bemerkt, daß ihre Stadt im Osten, Norden und Süden von einer Klammer neuer Wohngebiete umgeben wurde, deren Bewohner alle eine gemeinsame Eigenschaft besaßen: Sie waren arm. Daraus ergab sich ihre politische Haltung: Sie waren unzufrieden und deshalb revolutionär gestimmt. Präsident Fuad Schehab war der erste, der begriff, daß sich am Stadtrand ein explosives politisches Potential gebildet hatte. Er wies sein Deuxième Bureau an, die Wohngebiete der libanesischen Zuwanderer und der palästinensischen Flüchtlinge aufmerksam zu beobachten. Solange Schehab regierte, blieben die Bewohner der Vororte ruhig.

Der Präsident dämpfte die Emotionen jedoch nicht nur durch Polizeimaßnahmen, sondern auch durch kluge Behandlung der Bevölkerungsteile, die in den Vororten wohnten. Er war sich bewußt, daß die Armen und Unzufriedenen strategisch wichtige Punkte beherrschten – durch ihre Wohnviertel führten alle Ausfallstraßen. In den Gebieten ostwärts der Zufahrtsstraße des Beiruter Flughafens lebten hauptsächlich Schiiten, Zuwanderer aus südlichen Gebirgsgegenden. Die Gefahr war nicht auszuschließen, daß sie sich dazu hinreißen ließen – waren die Unzufriedenen erst durch Agitatoren aufgeputscht –, die Flughafenstraße zu sperren. Mit den Palästinensern aus den Lagern Sabra und Schatila auf ihrer Seite konnten die Schiiten den Flugverkehr, die wichtigste Verbindung des Libanon mit Europa und den USA, lahmlegen. Um diese Sorge zu mindern, bemühte sich Fuad Schehab, die einflußreichen Männer unter den Schiiten an sein Regime zu binden: Der Präsident bot ihnen gutbezahlte Posten in der Verwaltung an. Doch es zeigte sich, daß das Angebot nur in wenigen Fällen angenommen wurde – aus Mangel an geeigneten schiitischen Kandidaten. An diesem Mangel trugen die Schiiten selbst die geringste Schuld. Die Familien, die damals zu dieser Religionsgruppe gehörten, hatten selten das Geld, um ihre Kinder auf Schulen schicken zu können. Staatsschulen, die kostenlos Unterricht geboten hätten, existierten in Schiitendörfern kaum; die bisherigen Regierungen hatten Schulen hauptsächlich in christlichen und in sunnitischen Gegenden einrichten lassen. Fuad Schehab sorgte dafür, daß die schiitische Bevölkerung künftig im Erziehungsprogramm der libanesischen Regierung stärker berücksichtigt wurde. Während seiner Amtszeit aber konnte er nicht verhindern, daß die meisten Verwaltungsposten, die den Schiiten zugedacht waren, den Sunniten zufielen.

Fuad Schehab erklärte häufig, daß im modernen Staat Libanon, den er schaffen wollte, jede Bevölkerungsgruppe gleichberechtigt an der Staatsverwaltung beteiligt werden sollte, wobei er daran dachte, nicht erst die traditionellen Scheichs und Emire fragen zu müssen, wenn er die Absicht hatte, jemandem eine Funktion zu übertragen. Verächtlich nannte er sie »fromagistes«: »diejenigen, die den Käse unter sich aufteilen«. Die Realität zwang den Präsidenten jedoch, sich mit den verachteten »fromagistes« abzugeben.

Der Clanchef Pierre Gemayel darf nicht Staatschef werden

Auch Fuad Schehab hatte – wie sein Vorgänger Chamoun – mit dem Gedanken gespielt, die Parlamentsmehrheit, über die er verfügte, zu bemühen, um sich eine zweite Periode im Präsidentenamt zu sichern; doch als er erkannte, daß er eine Koalition der »fromagistes« gegen sich haben würde, verzichtete er darauf. Die Kandidatensuche begann. Fest stand nur, daß auch der nächste Staatschef – wie die Vorgänger – Maronit sein sollte.

Die an Zahl und politischem Gewicht stärkste Gruppe unter den Maroniten waren die Phalanges Libanaises. Scheich Pierre Gemayel gab daher seine Kandidatur bekannt. Innerhalb der Phalanges Libanaises wagte niemand, der Entscheidung des Chefs zu widersprechen.

Die islamischen Politiker des Libanon aber empörten sich. Die Vorstellung, der Kommandeur dieser aggressiven christlichen Organisation könnte mächtigster Mann im Staat werden, erschreckte sie. Schließlich waren die Phalanges Libanaises vor allem eine bewaffnete Miliz, eine irreguläre Armee. Raschid Karame und Saeb Salam wiesen darauf hin, es sei undenkbar, daß der künftige Präsident des Libanon über eine eigene bewaffnete Streitmacht verfüge, mit deren Hilfe er seinen Wünschen Nachdruck verleihen könne. Selbst im eigenen christlichen Kreis, allerdings außerhalb der Phalanges Libanaises, stieß die Vorstellung, der Milizchef könne zum Staatspräsidenten gewählt werden, auf Widerstand: Die »Schehabisten«, die Anhänger des Fuad Schehab, sahen Gefahr für die zukünftigen Pläne des eigenen Chefs, der sich keineswegs aus der Politik zurückziehen wollte. Die Kombination von Milizchef und Präsident hätte Scheich Pierre Gemayel gegenüber dem Expräsidenten Fuad Schehab zu mächtig gemacht.

Für die Öffentlichkeit formulierten die Schehabisten die Ablehnung der Kandidatur des Phalangechefs so: »Scheich Pierre ist der starke Mann einer bestimmten Partei. Wenn er Präsident wird, ist nicht auszuschließen, daß er weiterhin Parteipolitik betreibt. Der Präsident aber sollte nicht im Verdacht stehen, der Mann einer Seite zu sein. Er sollte eine gewisse Überparteilichkeit ausstrahlen. Scheich Pierre aber ist zu hundert Prozent Partei.«

Von diesem Zeitpunkt an galt die Regel, keine in einer Partei herausragende Persönlichkeit dürfe Präsident des Libanon werden. Erst zugunsten der Söhne des Scheichs Pierre wurde dieser Grundsatz durchbrochen – mit verheerenden Folgen.

Obgleich Scheich Pierre Gemayel sich damals ausrechnen konnte, daß er nicht genügend Stimmen auf sich würde vereinigen können, beharrte er auf seiner Kandidatur. Starrsinnig glaubte er daran, das Präsidentenamt verdient zu haben. Das Schicksal, so meinte er, werde ihm, und sei es durch ein Wunder, die Präsidentenwürde verschaffen. Doch als der Tag der Wahl vorüber war, da hatte Scheich Pierre Gemayel eine böse Niederlage hinnehmen müssen: Nur das kleine Häufchen engster Mitstreiter hatte im Parlament für ihn gestimmt. Präsident geworden war der Bankier und Journalist Charles Hélou, ein Mann ohne eigene politische Hausmacht, der sich völlig in der Hand der Schehabisten befand. Er behielt die wesentlichen Personen aus dem Schehabstab bei und bekannte öffentlich, der Politik des Vorgängers folgen zu wollen.

Scheich Pierre Gemayel, bisher bereit, die Schehabisten zu unterstützen, hielt die Fortsetzung der Schehabpolitik für einen Fehler, der Folgen haben würde. Er hatte Veränderungen des politischen Klimas im Spannungsfeld zwischen Arabien und Israel vorausgesehen; er glaubte, die Probleme besser meistern zu können als der Verlegenheitskandidat Charles Hélou.

Die PLO als Streitpunkt zwischen Christen und Moslems

Kaum hatte Charles Hélou das Präsidentenamt angetreten, standen Entscheidungen an, die das Schicksal des Libanon für die nächsten 25 Jahre prägten. Die Arabische Gipfelkonferenz, die im Oktober 1964 tagte, beschloß die Unterstützung der Palästinensischen Befreiungsorganisation (PLO) durch alle arabischen Staaten. Da die einzelnen Länder in unterschiedlicher Beziehung zu den Palästinensern standen, mußten auch die Ausführungen des Beschlusses der Arabischen Gipfelkonferenz unterschiedlich ausfallen. Staaten, die nach 1948 keine palästinensischen Flüchtlinge aufzunehmen gehabt hatten, wurden von der Pflicht, die PLO zu unterstützen, kaum berührt: Sie versprachen der Palästinenserorganisation Geld – meist ohne sich an das Versprechen zu halten. Staaten, auf deren Gebiet Palästinenser lebten, waren nach Beschluß der Gipfelkonferenz verpflichtet, die Bildung von bewaffneten Unterorganisationen der PLO zuzulassen, von Milizen also, die für Ziele kämpften, die wenig mit der Politik des jeweiligen Gastlandes gemeinsam hatten. Am härtesten getroffen vom Beschluß der arabischen Staatschefs aber wurden die Länder, die Flüchtlinge aufgenommen und eine gemeinsame Grenze mit Israel hatten. Drei Länder hatten diesen Härtefall zu erdulden: Jordanien, Syrien und der Libanon. Ägypten, Souverän über die Flüchtlingslager des Gazastreifens, der an Israel grenzte, verfügte wenigstens noch über die Pufferzone der Sinai-Halbinsel, die das Palästinensergebiet Gaza vom ägyptischen Kernland abtrennte. Was in Gaza geschah, kümmerte die Menschen am Nil wenig.

Im Libanon aber lebten die Flüchtlinge – sie machten etwa zehn Prozent der Bewohner des Landes aus – mitten unter den Libanesen, und die Grenze zu Israel verlief direkt am Rand libanesischer Dörfer. Ließ die libanesische Regierung den Aufbau von bewaffneten PLO-Gruppen in ihrem Land zu, mußte sie damit rechnen, daß die Kämpfer von libanesischem Gebiet aus Anschläge in Israel verübten. Die Vergeltung der Israelis, dies war vorauszusehen, traf dann nicht Lager der Palästinenser in abgelegenen Gegenden, sondern mitten im Lebensraum der Libanesen.

Staatspräsident Charles Hélou und die Armeeführung hatten die Konsequenzen des Beschlusses der Gipfelkonferenz erkannt. Beide wollten unter allen Umständen vermeiden, daß der Libanon, dessen Existenz auf einer heiklen Balance der Kräfte beruhte, durch kämpfende Palästinenser in einen Krieg mit Israel hineingezogen wurde, der das innere Gefüge des Staates stören und zerstören würde. Zu verhindern war deshalb schon der Beginn eines Aufbaus kleinerer Verbände.

Charles Hélou bemerkte richtig: »Wir können es uns nicht leisten zu sagen, daß wir hundert Kämpfer zulassen mit der Begründung, diese hundert Kämpfer stellten für niemand eine Gefahr dar. Existieren hundert Bewaffnete, werden es bald tausend sein. Der Schritt zu zehntausend Kämpfern ist dann schnell getan.« Eine derartige Streitmacht hielt Charles Hélou für ausreichend, um die empfindliche Struktur des libanesischen Staates zu gefährden.

Das Prinzip, den Anfang einer brisanten Entwicklung zu verhindern, wurde jedoch gerade von einer Organisation aufgegeben, von der mehr Einsicht zu erwarten gewesen wäre: Das Deuxième Bureau, der libanesische Geheimdienst, organisierte selbst das Training von Palästinensergruppen. In der Nähe des Schiitendorfes Kayfun, in den Hügeln südöstlich von Beirut, wurden unter Aufsicht von Geheimdienstoffizieren Schießübungen unter Olivenbäumen durchgeführt. Da die Übungen geheim blieben, gab das Deuxième Bureau auch keine Erklärung über ihren Sinn ab. Gerüchte wurden geglaubt, das Deuxième Bureau wolle mit derartigen Machenschaften den Führern der Christenmilizen zeigen, daß es über vielfältige Mittel verfüge, um seiner politischen Richtung Geltung zu verschaffen.

Dieses trickreiche Spiel verlief allerdings nicht nach Wunsch. Den Palästinensern gelang der psychologisch wichtige Erfolg, Führer des islamischen Bevölkerungsteils für die Probleme der Palästinenser und der PLO zu interessieren. Sunnitische Politiker erfuhren von der Existenz der Kampfgruppen – und billigten das Vorgehen des Geheimdienstes. Von einem Tag zum anderen war es nicht mehr möglich, die PLO-Kämpfer wieder zu entwaffnen, ohne einen Aufschrei der Moslems in allen libanesischen Städten auszulösen. Die Moslemchefs erfanden das Schlagwort vom »legitimen Kampf der Palästinenser gegen den Erzfeind Israel«. In Wahrheit aber hatten sie erkannt, daß die PLO als zusätzliche Miliz auf ihrer Seite eingesetzt werden konnte. Die Kampfgruppen der Palästinenser boten das ideale Gegengewicht zu den bewaffneten Milizen der Phalanges Libanaises. Die PLO wurde zum Instrument der Sunniten im Prozeß der Befreiung aus der Bevormundung durch die Christen des Landes.

Gegen den Willen vieler islamischer Politiker konnte das Deuxième Bureau, das fast ausschließlich von Christen besetzt war, die Palästinenser unter Kontrolle halten, zumindest bis zum für die Araber blamablen Ende des Junikriegs von 1967. Doch danach änderte sich die Situation schlagartig: Die Niederlage der ägyptischen, jordanischen und syrischen Soldaten wurde von der gewaltigen Mehrheit der islamischen Araber als Schmach empfunden. Der Verlust des Felsendoms von Jerusalem, dessen Basis, ein Fels, als durch Mohammed geheiligt gilt, hatte Wut und Verzweiflung wahrhaft gläubiger Moslems zur Folge. Die ägyptischen, jordanischen und syrischen Armeen waren nicht in der Lage, glaubhaft versichern zu können, daß sie den Felsendom der islamischen Welt zurückerobern würden. Die regulären Truppen Arabiens waren kompromittiert – ihnen traute niemand mehr.

Diese Krise des Selbstvertrauens der Araber nützte die PLO aus: Sie präsentierte sich als die politische und militärische Kraft, die bereit war, den Kampf gegen Israel fortzusetzen. Hatten die traditionellen Armeen versagt, so versprach Yasir Arafat den Sieg durch revolutionäre Kampfmittel. Redete er davon, daß die PLO Jerusalem den Arabern wiedergewinnen werde, so brandete ihm Begeisterung entgegen. Seine Organisation wurde vor allem unter den Moslems des Libanon überaus populär.

Aus der kleinen PLO-Keimzelle war während der fünf Jahre von 1964 bis 1969 eine schlagkräftige Kommandotruppe geworden, zum Schrecken der Christen, deren Führer – Scheich Pierre Gemayel zum Beispiel – feststellen mußten, daß ihre Miliz, die Phalanges Libanaises, militärisch den PLO-Verbänden keineswegs gewachsen war.

Gemayel definierte die Situation zutreffend: »Die Kommandos der Palästinenser konnten deshalb so stark werden, weil sie von niemand mehr in Schranken gehalten wurden. Nach dem Krieg von 1967 hatte das Deuxième Bureau nur noch eine geringe Macht über die Palästinenser. Die Armee aber durfte nicht eingreifen, weil sie von der Regierung gebremst wurde. Der Regierungschef wagte aus Angst vor dem Protest der islamischen Libanesen nie, den Palästinensern die Zufuhr von Waffen abzuschneiden.«

Doch Scheich Pierre Gemayel hatte bald Grund zu weit empörterer Klage, denn die Moslemführung scheute sich nicht, die Interessen der Palästinenser über die Interessen der Libanesen zu stellen.

Besorgt um seine Popularität in den Moslemvierteln von Beirut, biederte sich Ministerpräsident Abdallah al-Jafi bei der Palästinenserführung an mit dem Versprechen, der PLO werde künftig überhaupt keine Beschränkung mehr auferlegt. Ihre Kämpfer hätten das Recht, auch außerhalb der Palästinenserlager Waffen zu tragen; niemand dürfe die Kämpfer daran hindern, vom libanesischen Grenzgebiet aus israelische Siedlungen anzugreifen. Die Zusage dieses Ministerpräsidenten ging so weit, daß sie auch seine Nachfolger auf die Politik der freien Hand für die Kommandos festlegen sollte. Abdallah al-Jafi hatte sich, ehe er das Versprechen abgab, nicht mit der Armeeführung beraten, die sich in der Hand der Christen befand. Die christlichen Generalstabsoffiziere beschlossen, auf den Regierungschef Abdallah al-Jafi nicht mehr zu hören. Die enge Verbindung zwischen islamischen Politikern und Palästinenserführung veranlaßte Scheich Pierre Gemayel, eine Allianz mit Camille Chamoun und anderen christlichen Kräften zu schmieden. Beide gaben ihrem politischen Block den Namen »al-Hilf«, auf deutsch »Das Bündnis«. Der maronitische Patriarch segnete den Zusammenschluß.

Gemayel, Chamoun und der Patriarch sahen in der PLO weniger eine Organisation, die sich die Heimat Palästina erobern wollte, als das bewaffnete Instrument bisher erfolgloser und ohnmächtiger linksradikaler Politiker, die das christlich orientierte System des Libanon zu sprengen beabsichtigten. Deshalb erschien ihnen die PLO als überaus gefährlich: In Gemayels Augen war sie eine heimtückische Waffe der kommunistischen Herren des Kreml.

Der Chef der rührigen Progressiven Sozialistischen Partei, der Drusenführer Kamal Jumblat, wertete die Gründung von al-Hilf hingegen als Herausforderung aller fortschrittlichen Kräfte. Seine Parteiorganisation – der es während der Monate zuvor gelungen war, nicht nur Drusen, sondern auch Moslems zu rekrutieren – rief die Massen zu Demonstrationen auf die Straßen von Beirut. Der hochgewachsene Kamal Jumblat führte selbst die Protestmärsche an, durch die vor der Gefahr christlicher Angriffe auf die Rechte der Palästinenser im Libanon gewarnt werden sollte. Kamal Jumblat und Scheich Pierre Gemayel waren zu Kontrahenten in einer erbitterten Fehde geworden. Der Konflikt zwischen beiden Politikern wurde durch die israelische Regierung schließlich noch zugespitzt.

Am zweitletzten Tag des Jahres 1968 geriet die Armeeführung in eine kritische Situation: Am späten Abend überfielen israelische Kommandokämpfer den Internationalen Flughafen Beirut; sie hatte sich aus Hubschraubern der Luftwaffe Israels direkt auf der Piste absetzen lassen. Dreizehn Flugzeuge der zivilen libanesischen Luftlinie MEA, die für die Nacht vor dem Hauptgebäude abgestellt waren, wurden von den Kommandos durch Sprengsätze zerstört. Menschenleben waren durch den perfekt geplanten und präzise durchgeführten Überfall nicht in Gefahr geraten. Die israelische Regierung versuchte die sinnlose Zerstörungsaktion mit dem Hinweis zu rechtfertigen, die libanesische Regierung unterstütze Terroranschläge der PLO.

Kaum waren die Flammen auf dem Flughafen Beirut gelöscht, da war in den Moslemvierteln der Hauptstadt der Schrei zu hören, die christliche Armeeführung habe versagt: Sie hätte den Überfall abwehren lassen müssen – oder zumindest verhindern sollen, daß die Angreifer wieder in die Hubschrauber einsteigen und ungestraft abfliegen konnten. Das Oberkommando von Bodentruppen und Luftwaffe, so lautete der Vorwurf, habe seine Pflicht verletzt, wenn nicht sogar Verrat begangen. Die christlichen Offiziere der obersten Führungsspitze mußten sich sagen lassen, sie hätten den israelischen Befehlshabern den Überfall gestattet.

Diese schwerwiegende Anklage war ebenso unbegründet wie der Vorwurf der Unfähigkeit. Der libanesischen Armee war gar keine Zeit zur Abwehr der Attacke geblieben: Von See her – der Flughafen liegt direkt an der Küste – waren die israelischen Kommandos eingeflogen, und nach weniger als zehn Minuten hatten sie das Flughafengelände bereits wieder verlassen. Die Voraussetzungen zum Angriff waren für die israelischen Kommandos außerordentlich günstig gewesen. Die libanesische Regierung hatte mit Absicht nie Soldaten am Internationalen Flughafen Beirut stationiert, weil sie der Meinung war, die Benutzung durch die Luftlinien aus aller Welt gebe ihm einen international-neutralen Charakter, der Respekt fordere.

Die christlichen Politiker bemühten sich, die Vorwürfe gegen das Armeeoberkommando zu entkräften. Doch die Gegner waren logischen Argumenten nicht mehr zugänglich. Sie wollten sich ihre Munition für die Propagandaschlacht nicht nehmen lassen. Scheich Pierre Gemayel wies darauf hin, daß die wirkungsvollste Verteidigung des libanesischen Territoriums darin bestehe, die PLO-Kämpfer daran zu hindern, vom Libanon aus Israel anzugreifen – Israel habe selbst erklärt, der Überfall auf den Flughafen sei ein Vergeltungsschlag gewesen.

Die Moslemführung ließ auch dieses Argument nicht gelten. Sie hielt den Vorwurf des Verrats aufrecht. Die Antwort an Scheich Pierre Gemayel lautete: »Die Aufgabe der libanesischen Armee kann nicht darin bestehen, die palästinensische Kommandobewegung am legitimen Kampf gegen Israel zu hindern. Sie muß sich darauf konzentrieren, die heimtückischen israelischen Überfälle abzuwehren. Israel ist auf jeden Fall entschlossen, gegen seine arabischen Nachbarn loszuschlagen, und braucht dafür keinen besonderen Anlaß. Bekannt ist, daß Israel den Südlibanon erobern will bis herauf zum Litanifluß, dessen Wasser von den Israelis beansprucht wird. Die Kämpfer der PLO sind ein Garant dafür, daß Israel den Litanifluß nicht erreicht. Da sie den Süden schützen, müssen sie von der Armee unterstützt werden.«

Diesen Standpunkt nahm auch der sunnitische Mufti von Beirut ein. Er rief die islamischen Massen zum Protest gegen die Armee und gegen die christlichen Politiker auf. Es kam zu Unruhen in Beirut und Saida. Zum erstenmal nahmen bewaffnete Kämpfer der PLO an Demonstrationen teil. Sie schossen auf Soldaten, die den Demonstranten den Weg blockieren wollten. Soldaten, Zivilisten und PLO-Kämpfer wurden verwundet; einige starben.

Am 6. Mai 1969 – es war der Tag der »Libanesischen Märtyrer« – sprach Staatspräsident Charles Hélou über Fernsehen und Rundfunk zu den Libanesen. Klarheit wollte der Staatschef schaffen. Er sagte: »Der Libanon kann den legitimen Kampf der Palästinenser nur so weit unterstützen, als diese Unterstützung die Sicherheit und die territoriale Integrität nicht gefährdet. Vorrang muß unsere eigene Heimat haben.« Charles Hélou sprach damit deutlich aus, daß der Libanon keinerlei Angriffe von seinem Gebiet aus dulden werde, da solche Aktionen unweigerlich israelische Vergeltungsschläge provozierten, denen der Libanon nicht gewachsen war.

Scheich Pierre Gemayel war mit den Worten des Präsidenten zufrieden, denn sie gaben präzise seinen Standpunkt wieder. Raschid Karame aber, der sich zu jener Zeit anschickte, den Posten des Ministerpräsidenten zu übernehmen, ärgerte sich darüber, da ihn Charles Hélou wegen des Redetexts nicht konsultiert hatte. Auch Raschid Karame war gewillt, seine Popularität in Moslemkreisen durch lautstarke Unterstützung der Palästinenser zu intensivieren. Wollte er glaubwürdig bleiben, konnte er die Rede des Staatschefs nicht unwidersprochen hinnehmen. Da Charles Hélou nicht auf Raschid Karame verzichten konnte, mußte er sich den Wünschen des designierten Ministerpräsidenten fügen: Er ließ verlauten, die Rede vom 6. Mai 1969 sei in ihren Passagen über das Verhältnis des Libanon zu den Palästinensern unverbindlich und reflektiere nicht die offizielle Politik. Aus Entgegenkommen dem Präsidenten gegenüber, und um dessen Prestigeverlust nicht zu groß werden zu lassen, teilte Raschid Karame mit, er werde sich mit aller Kraft dafür einsetzen, daß die Aktionen der Palästinenser vor der Ausführung jeweils mit dem Oberkommando der Armee besprochen und abgestimmt werden. Diese Art der Koordination war freilich von vornherein zum Scheitern bestimmt: Die PLO als Organisation, die im geheimen operierte, durfte, wollte sie ihre Kämpfer nicht gefährden, keinem Außenstehenden ihre Pläne mitteilen; sie konnte nie sicher davor sein, daß ihre Absichten den Israelis durch Verrat bekanntgemacht wurden.

Teils durch Propaganda, teils durch Aktionen gegen israelische Siedlungen gelang es der Palästinenserführung im Sommer 1969, ihr Ansehen in der arabischen Welt insgesamt zu steigern: Die Regierungen in Cairo, Damaskus und Baghdad sahen sich durch die PLO-Sympathien der Massen veranlaßt, den Palästinensern Hilfe in großem Umfang zu versprechen. Die Zusage der Unterstützung von außen steigerte wiederum den Wunsch der PLO, der libanesischen Regierung noch weitergehende Zugeständnisse abzuringen. Fast täglich fanden Demonstrationen der bewaffneten Kämpfer in Beirut statt, die der Forderung Nachdruck verliehen, die Armee des Libanon solle sich ganz aus dem Grenzgebiet zu Israel zurückziehen, damit dort die Palästinenser ungehindert Basen eröffnen könnten.

Raschid Karame, der einzige sunnitische Politiker, der überhaupt bereit war, das Ministerpräsidentenamt zu übernehmen, sah diese Forderung als berechtigt an: Er gab im Einvernehmen mit Präsident Charles Hélou dem christlichen Armeegeneral Bustani den Aufftrag, entsprechende Vereinbarungen mit Arafat zu treffen. Am 3. November 1969 unterzeichneten Bustani und Arafat in Cairo ein Abkommen, das der PLO in der Zone des südlichen Libanon jede Freiheit ließ. Damit hatte die Präsenz der Kommandos im Süden eine legale Basis erhalten. Da sich hauptsächlich Kämpfer der Organisation al-Fatah dort aufhielten, trug jene Zone bereits den Namen »Fatahland«.

Noch glaubten Staatspräsident Hélou und sein General Bustani, der exakte Inhalt des Abkommens könnte vor Scheich Pierre Gemayel geheimgehalten werden. Doch dieser Glaube war Illusion. Der Chef der Phalanges Libanaises mußte erkennen, daß seine schlimmsten Befürchtungen Wirklichkeit geworden waren. Die Unterschrift des Generals Bustani galt der Christenführung als entscheidender Schritt zum Untergang des Libanon: Sie bedeutete Verzicht auf Souveränität des libanesischen Staates in seinem Südgebiet. Und Arafat zögerte nicht, die Vereinbarungen des Abkommens von Cairo Wirklichkeit werden zu lassen: »Fatahland« wurde vom Libanon abgetrennt. Auf Kosten des Libanon hatte Arafat ein eigenes Territorium erhalten.

Scheich Pierre Gemayel war erstaunt gewesen, daß ein christlicher General ein derartiges Abkommen, das allen Interessen der christlichen Politiker zuwiderlief, hatte unterzeichnen können. Sein Erstaunen wurde zum Entsetzen, als er nach Tagen erfuhr, die Cairoer Vereinbarung übertrage die Polizeigewalt in den Palästinenserlagern des Libanon vollkommen an die PLO. Den Grund für die Nachgiebigkeit des Generals sah Gemayel in dessen Absicht, für die Präsidentschaft zu kandidieren; da Bustani dafür die Stimmen islamischer Politiker benötigte, wollte er sich ihnen durch Sympathiebezeugung für die Palästinenser empfehlen. Der persönliche Ehrgeiz des Generals, so meinte der Phalangechef, zerstöre die Stabilität des Libanon.

Den Verbündeten, die sich zur christlichen Allianz al-Hilf zusammengeschlossen hatten, blieb nichts anderes übrig, als das Abkommen von Cairo zu akzeptieren. Sie verlangten schließlich nur noch, daß die darin enthaltenen Vereinbarungen strikt eingehalten werden. Da der Text jedoch Angriffe der PLO-Kämpfer vom Libanon aus gegen Ziele in Israel nicht verbot, gab die Kampforganisation weiterhin, und nun in vermehrtem Maße, Anlaß für Vergeltungsschläge des Gegners. Die israelische Regierung warnte die Libanesen, sie werde unbarmherzig Rache üben.

Während der Monate der raschen Zunahme von PLO-Attacken und Vergeltungsschlägen war der Drusenführer Kamal Jumblat Innenminister des Libanon. Er wurde von Scheich Pierre Gemayel und Camille Chamoun immer wieder dringend aufgefordert, der Kommandoorganisation endlich Fesseln anzulegen, doch weder Jumblat noch dessen Ministerpräsident Raschid Karame wollten der Forderung folgen. Sie blieben bei ihrer Politik der Nachgiebigkeit gegenüber Yasir Arafat, obgleich die israelischen Luftangriffe, die auf jeden Anschlag der Palästinenser folgten, immer die islamische Bevölkerung im Südlibanon trafen. Christendörfer waren nie das Opfer der Revanche. Allein die Moslems traf auch die Konsequenz der Steigerung militärischer Aktionen: Aus dem »Fatahland« flohen Zehntausende von sunnitischen und schiitischen Familien nach Beirut. Sie suchten Zuflucht in den Vororten, in denen sie Glaubensbrüder fanden. Da sie die Mieten für Wohnungen nicht zahlen konnten, bauten sie sich selbst notdürftige Unterkünfte, Hütten aus Holz und Blech. Wieder wuchsen die Armenviertel im Osten und Süden der libanesischen Hauptstadt.

Scheich Pierre Gemayel stellte Anfang des Jahres 1970 vor dem obersten Gremium der Phalanges Libanaises fest, daß er nun das Abkommen von Cairo als gescheitert ansehe, daß er keine Hoffnung mehr habe, die Regierung werde der Armee Befehl zum Angriff gegen die Palästinenserlager geben; er sei deshalb fest entschlossen, die Initiative zur Maßregelung der Palästinenser selbst in die Hand zu nehmen – die Milizen der Organisation hätten den Kampf gegen die PLO zu eröffnen. Gemayel konnte den Spitzenpersönlichkeiten der Phalanges Libanaises mitteilen, er habe die Zusage des Deuxième Bureau erhalten, daß dieser Geheimdienst die Selbsthilfeaktionen der Christen decken werde, auch wenn Regierung und Armeeführung weiterhin gegenüber den Umtrieben der PLO die Augen zudrückten.

Daß Scheich Pierre Gemayel sich in der Tat dazu durchgerungen hatte, der PLO zu beweisen, wer Herr im Libanon ist, zeigte sich Ende März 1970. An einem Vormittag fuhr ein Konvoi von Fahrzeugen des Typs Landrover durch das christliche Dorf Kahale, das im Anstieg des Libanongebirges an der Straße von Beirut nach Damaskus liegt. In den Landrovern saßen Kämpfer der PLO, die einen Toten zur Beerdigung nach Damaskus bringen wollten. Wie sie es gewohnt waren, schossen sie in jedem Dorf, das sie passierten, aus ihren Kalaschnikow-Maschinenpistolen Salven in die Luft. Als sie ihre Magazine auch im Dorf Kahale leergefeuert hatten, da antworteten Mitglieder der Phalanges Libanaises durch direkte Schüsse. Fünf der PLO-Kämpfer waren sofort tot.

Arafat ließ nur Minuten später seine Kampfverbände mobilisieren, da er einen umfassenden Angriff auf die Positionen seiner Organisation in den Palästinenserlagern befürchtete. Nervosität und Angst vor den Ereignissen der nächsten Stunden beherrschten die Gedanken der Menschen in Beirut. Aus dem Lager Tell az-Zatar im Osten der Stadt wurden Granatwerfergeschosse auf den christlichen Vorort ad-Dikwana abgefeuert. Von dort aus schossen Kämpfer der Phalanges Libanaises zurück. Rasch breitete sich die Zone aus, in der Gefechte stattfanden. Mitglieder sunnitischer Milizverbände schossen schließlich auf der Seite der PLO mit. Der Konflikt, der im Dorf Kahale begonnen hatte, konnte jederzeit den islamisch-christlichen Bürgerkrieg auslösen.

Zum Glück für den Libanon mußte jedoch Scheich Pierre Gemayel am letzten Tag des Monats März 1970 als Fazit des bisherigen Kampfverlaufs erkennen, daß die Phalanges Libanaises für einen derartigen Bürgerkrieg nicht gerüstet waren. Sie besaßen weder genügend Männer noch einen ausreichenden Waffenbestand, um sich gegen die mit Kriegsgerät aller Art – von der Maschinenpistole bis zum Artilleriegeschütz – ausreichend versehenen PLO-Verbände durchsetzen zu können. Die wenigen Konflikttage hatten genügt, um Scheich Pierre Gemayel zur Einsicht zu bringen. Er nahm deshalb einen Vermittlungsvorschlag des libyschen Außenministers an, der eigens nach Beirut gekommen war, um die kämpfenden Parteien zur Einstellung des Schußwechsels zu bewegen.

Scheich Pierre Gemayel versucht erneut, Präsident zu werden

Während der ersten Apriltage des Jahres 1970 machte der Chef der Phalanges Libanaises die auch für ihn erstaunliche Feststellung, daß seine Popularität nicht nur im christlichen Teil der libanesischen Bevölkerung zugenommen hatte – ihn erreichten Signale aus islamischen politischen Zirkeln, die anzeigten, daß auch Moslems, vor allem wenn sie bürgerlichen Familien angehörten, seine harte Haltung gegenüber der PLO als imponierend einschätzten. Ein Stimmungswechsel deutete sich an: War noch Mitte März in den islamischen Stadtteilen Beiruts jeder Politiker unpopulär gewesen, der verlangt hatte, die Palästinenser sollten sich Beschränkungen auferlegen, um den Bestand des Libanon nicht in Gefahr zu bringen, so wurde jetzt ein Mann geschätzt, der die Interessen der Libanesen in den Vordergrund rückte. Hatte zuvor General Bustani, der Unterzeichner des Cairoer Abkommens, jede Chance zum Griff nach dem höchsten Staatsamt gehabt, so waren jetzt einige prominente Moslems nicht mehr bereit, ihn auf dem Weg in den Präsidentenpalast zu unterstützen. Pierre Gemayel aber fühlte sich durch den Meinungsumschwung vieler Moslems ermutigt, noch einmal seine Kandidatur für das Präsidentenamt anzumelden.

Für den Phalangeführer war es wichtig, den für ihn günstig gewordenen Popularitätstrend zu verstärken. Er schärfte deshalb seinen Milizkommandeuren ein, unbedingt die vom libyschen Außenminister ausgehandelte Waffenruhe einzuhalten. Als ein Politiker wollte Gemayel gelten, der harte Entscheidungen treffen kann, der zugleich jedoch auch Kompromisse einzugehen bereit ist. So hielt Gemayel es jetzt auch für klug zu betonen, der Kampf der Palästinenser um ihre Heimat sei eine heilige Angelegenheit; die Libanesen hätten diesen Kampf zu unterstützen.

Diese Erklärung verwirrte so manchen Parlamentsabgeordneten, der sich schon entschlossen hatte, für Gemayel zu stimmen. Er galt nun kaum mehr als Mann, der seiner Überzeugung folgte, sondern als Opportunist, der seine Meinung änderte, anpaßte. Die Sympathien für den Phalangechef schwanden innerhalb weniger Tage. Wieder war die Mahnung zu hören, unter keinen Umständen dürfe der oberste Befehlshaber einer Miliz zum Staatspräsidenten gewählt werden, da er doch sicher versuchen werde, seinen Willen mit Waffengewalt durchzusetzen. Camille Chamoun, der Gemayel zunächst zur Kandidatur ermutigt hatte, spürte rasch die Schwankung der Popularitätskurve des obersten Phalangisten. Er ließ wissen, er sei selbst bereit, in dieser kritischen Zeit Staatspräsident zu werden. Noch einmal eine Kampfabstimmung durchzustehen, die kaum gewonnen werden konnte, überstieg Scheich Pierre Gemayels Nervenkraft. Er gab seiner Parteiorganisation den Entschluß bekannt, sich nicht zur Abstimmung zu stellen. Präsident wurde daraufhin, mit einer Stimme Mehrheit, der Maronit Sleiman Frangieh.

Bekannt geworden war dieser Politiker – er gehört zum Jahrgang 1910 – im Jahr 1957. Damals hatte eine blutige Fehde die Menschen der Bergregion von Zghorta ostwärts von Tripoli in zwei Parteien gespalten. Als der Frangiehclan in Gefahr geriet, seinen Einfluß auf die Bauern, Landbesitzer, Händler und Handwerker des Marktes Zghorta an eine andere Sippe zu verlieren, da überraschte Sleiman Frangieh die gegnerische Großfamilie beim Sonntagsgottesdienst. Mit der Maschinenpistole feuerte er in die Reihen der Betenden, die dichtgedrängt im Kirchenschiff saßen oder standen. Wie viele Menschen Sleiman Frangieh damals erschossen hat, konnte außerhalb von Zghorta nie festgestellt werden; die Zahl der Opfer blieb das Geheimnis der betroffenen Clans. Zu bemerken war, daß die Gegner der Frangiehsippe nach jenem Sonntag derart geschwächt waren, daß sie ihre Unterlegenheit zugaben. Sleiman Frangieh, der Sieger, mußte damals nach Syrien fliehen, da ihn der eigene Clan vor der Strafverfolgung nicht hätte schützen können.

Frangieh nützte die Zeit im Nachbarland. Dort knüpfte der Flüchtling enge Kontakte zum Regime der Baathpartei in Damaskus; sie sollten ihm später nützlich sein. Lange dauerte der Aufenthalt im Exil nicht: Als Politiker von Einfluß und als Clanchef wurde Sleiman Frangieh im Libanon gebraucht. Seine syrische Erfahrung veranlaßte ihn im Jahre 1958, die Position Gamal Abdel Nassers zu beziehen, der eben Ägypten und Syrien vereinigt hatte. Frangieh forderte damals als einziger christlicher libanesischer Politiker von Format den Anschluß des Libanon an das umfassende arabische Vaterland, das Nasser zu gründen gedenke. Daran erinnerten sich islamische Politiker gern. Manchen Christen gefiel Sleiman Frangieh indessen, weil er dabei war, im Bergland um Zghorta eine eigene Miliz zu gründen, die als Widerstandsbewegung gedacht war gegen den wachsenden Einfluß der PLO in der benachbarten Stadt Tripoli, auf deren Kontrolle Frangieh Anspruch erhob.

Eine Woche ehe Sleiman Frangieh das Präsidentenamt übernahm, hatte König Hussein von Jordanien einen entschlossenen Kampf gegen die PLO-Verbände, die ihm seine Hauptstadt Amman streitig machen wollten, begonnen. Als Frangieh am 23. September des Jahres 1970 in den Präsidentenpalast auf den Hügeln von Baabda östlich von Beirut einzog, da hatte König Hussein die Schlacht um die jordanische Hauptstadt bereits entschieden. Arafat und seine bewaffneten Anhänger waren aus Amman nach Norden, in die Berge von Jerasch, abgedrängt worden. Der PLO-Chef hatte bereits angeordnet, seine Basis in der libanesischen Hauptstadt auszubauen. Von dort, so ließ er verlauten, wolle er den politischen und militärischen Kampf der Palästinenser gegen Israel künftig führen. Seine Aussage, »das revolutionäre Potential des Libanon wird der palästinensischen Bewegung neue Impulse geben«, erschreckte Christen und Moslems gleichermaßen. Zu erwarten war, daß die PLO auch in Beirut unter Druck geriet – und zwar noch vor Eintreffen des Kommandochefs selbst. Scheich Pierre Gemayel verlangte von Sleiman Frangieh, er müsse die Gelegenheit ergreifen, um – wie König Hussein – die Palästinenser zu entwaffnen. Es habe sich gezeigt, so meinte Gemayel, daß die arabischen Politiker insgesamt eine weitere Demütigung der hochfahrend gewordenen Palästinenserführung begrüßen würden.

Sleiman Frangieh hatte sein Amt mit dem festen Vorsatz angetreten, Yasir Arafat auch im Libanon zu entmachten. Als er jedoch die Voraussetzungen für die militärische Durchführung des Vorhabens überprüfte, da mußte er feststellen, daß er sich auf die libanesische Armee nicht mehr unbedingt verlassen konnte. Waren die Streitkräfte während der vergangenen Jahre fest in der Hand christlicher Befehlshaber gewesen, so waren jetzt mehr Moslems in verantwortliche Stellungen eingerückt. Die Ursache dafür war das sinkende Interesse junger Männer aus dem christlichen Bevölkerungsteil am Militärdienst; sie gingen lieber in die Privatwirtschaft. Im Libanon wurde niemand gezwungen, Soldat zu sein; sämtliche Dienstgrade waren mit Freiwilligen besetzt. Da junge Schiiten und Drusen in die Rekrutierungsbüros drängten, bildeten sie bald die Mehrheit der Soldaten und Offiziere. Und damit veränderte sich nicht nur die Struktur der Armee, sondern auch ihr Charakter: Als christlich orientiert war die Truppe bald nicht mehr zu bezeichnen; sie konnte kaum noch im Interesse der christlichen Bevölkerung eingesetzt werden. Es war nicht auszuschließen, daß sich die Truppe bei einer Auseinandersetzung mit der PLO in christliche und in islamisch-drusische Elemente aufspaltete.

Aber auch bei den Moslems wurde ein Prozeß des Umdenkens erkennbar: Bürgerlich-sunnitische Familien sahen in der PLO mehr und mehr einen Verband von Unruhestiftern; ärmere Stadtbewohner aber glaubten in Arafats Organisation einen revolutionären Schutzschild zu besitzen, der sie vor den Auswirkungen christlicher Übermacht bewahren konnte. Sunniten und Schiiten waren zu Beginn der siebziger Jahre kaum in eigenen Milizen organisiert. Die bewaffneten islamischen Einheiten, die seit dem Ende der dreißiger Jahre existiert hatten, waren in

132

ihrer Entwicklung steckengeblieben. Die meisten hatten sich in Schmugglerbanden verwandelt; andere waren zu Verbrecherorganisationen geworden. Ihre Schlagkraft im Bürgerkrieg wurde als unbedeutend eingeschätzt; ihr politischer Einfluß auf die islamischen Bewohner von Beirut, Tripoli, Tyr und Saida war gering. So konnte sich die PLO ersatzweise als bewaffnete Kraft der Moslems ausgeben – bei den ärmeren Schichten hatte sie mit dieser Propaganda Erfolg. Die sunnitische Bürgerschicht aber besaß überhaupt kein Interesse an Milizen, die immer die Gefahr in sich bergen, revolutionär und damit antibürgerlich zu sein.

Die Politik der bürgerlichen islamischen Politiker war auf einen Abbau der latenten Spannungen zwischen Christen und Moslems ausgerichtet. Die Massen der Moslems aber glaubten an eine revolutionäre Entwicklung im Libanon; sie waren bereit zur Anwendung von Gewalt in der Auseinandersetzung mit der herrschenden Schicht der Christen. Im Klassenkampf, der kommen mußte, stand – davon waren die ärmeren Moslems überzeugt – die PLO auf ihrer Seite.

Die Schiiten bekommen einen Führer

Mancher führende Kopf im islamischen Teil der Bevölkerung – auch in Kreisen, die nicht den bürgerlich-sunnitischen Familien angehörten – zweifelte an der Beständigkeit der engen Verbindung der Interessen zwischen dem unterprivilegierten Teil der Moslems und der PLO. Dieser Zweifel war besonders unter den Schiiten spürbar, die nur in geringem Maß am wirtschaftlichen Leben des Libanon beteiligt waren. Sie waren die Leidtragenden im Krieg, den Arafats Kommandoorganisation gegen Israel führte: Schlugen die israelischen Verteidigungskräfte zurück, dann trafen sie schiitische Siedlungen im Süden des Libanon. Das Resultat war, daß die Bevölkerung dieser Religionsgruppe immer weniger Sympathien für Kämpfer und Führung der PLO empfand. Doch da existierte im Libanon keine starke Macht, die den Schiiten hätte Schutz bieten können vor den Folgen des israelisch-palästinensischen Konflikts. Nicht gewillt, die Ohnmacht länger hinzunehmen, hatten energische schiitische Persönlichkeiten im Jahr 1969 den Höheren Schiitisch-Islamischen Rat gegründet. Er sollte Sprachrohr und Interessenvertretung der Schiiten sein. Zum Vorsitzenden wählte sich der Höhere Schiitisch-Islamische Rat einen Geistlichen, einen Imam, der jahrelang bei Ayatollah Khomeini in Qum, der Heiligen Stadt der Schiiten im Iran, gelebt hatte: Imam Musa as-Sadr. Zur Zeit der Wahl zum Vorsitzenden war er 51 Jahre alt; er gehörte zum Jahrgang 1918.

133

Imam Musa as-Sadr stammte aus einer libanesischen Familie, die in den Iran ausgewandert war. Als die schiitischen Persönlichkeiten einen Führer für ihre Glaubensgenossen suchten, da wurde ihnen von den Autoritäten in Qum dieser Mann empfohlen. Er war durch sein religiöses Wissen, durch Intelligenz und durch seine diplomatisch-politischen Fähigkeiten aufgefallen. Dieser hochgewachsene, imposante Imam galt als Glücksfall für die Schiiten des Libanon. Eine hochkarätige Führergestalt, die dazuhin noch libanesischer Abstammung war und das besondere arabische Idiom der Libanesen beherrschte. Daß der Imam Iraner war, merkte niemand, der ihn reden hörte.

Daß er von sich behaupten durfte, mit dem Propheten verwandt zu sein, gab dem Imam unter seinen Glaubensbrüdern höchstes Ansehen. Zum erstenmal, seit sie vor einem halben Jahrtausend aus dem Libanongebirge nach Süden und damit in die Bedeutungslosigkeit abgedrängt worden waren, konnten die Schiiten Hoffnung haben, ein starker Mann werde ihnen als Gruppe wieder zur Anerkennung verhelfen.

Hatten die Sunniten zunächst gegen die Gründung des Höheren Schiitisch-Islamischen Rates protestiert, da er eine Abspaltung vom bereits bestehenden Höheren Islamischen Rat war, der vor allem von Drusen und Sunniten beherrscht wurde, so nahmen sie doch rasch das geschickt vorgebrachte Angebot des Imams zur Kooperation an. Auch seine Bemühungen, Kontakte zu christlichen Politikern herzustellen, fanden positive Resonanz. Alle politischen Kräfte des Libanon akzeptierten den Imam als aufrechten libanesischen Nationalisten. Selbst die konservativ-maronitischen und die bürgerlich-sunnitischen Kreise nahmen ihm radikale Sprüche nicht übel, die für die Ohren seiner unterprivilegierten Zuhörer bestimmt waren. Als der Imam den schiitischen Massen versprach, er werde die Paläste der Reichen stürmen lassen, wenn nicht Hütten für die Armen gebaut werden würden, da regten sich weder die Anhänger von Scheich Pierre Gemayel noch von Camille Chamoun auf. Beide lobten den Imam sogar, weil er vor allem forderte, der Süden des Libanon müsse von der Armee kontrolliert werden, weil nur die Armee die schiitischen Bauern vor den israelischen Angriffen zu schützen vermöge. Gemayel und Chamoun hörten aus dieser Äußerung eine Absage des Imams an die PLO heraus.

Daß er ohne bewaffnete Macht nichts für die Schiiten erreichen würde, das wußte der Imam. Behutsam begann er mit dem Aufbau einer eigenen politischen und militärischen Organisation. Er gab ihr den Namen »Bewegung der Unterprivilegierten«. Diese Bezeichnung formulierte bereits das Programm. Sie stellte Imam Musa as-Sadr ganz von selbst an die Spitze der radikalen Gruppierungen des Libanon. Der Imam überflügelte so innerhalb weniger Monate die Progressive Sozialistische Partei des Drusenführers Kamal Jumblat. Was der Jumblatpartei nie gelungen war, erschien dem Imam möglich: Als seine Organisation in Beirut zum Proteststreik gegen die Machtlosigkeit der Armee im Süden des Libanon aufrief, da schlossen nicht nur seine Anhänger unter den Kaufleuten der Hauptstadt ihre Läden, sondern auch viele sunnitische Händler.

Die »Bewegung der Unterprivilegierten« gab sich bald schon einen militärischen Zweig, eine Miliz. Sie trägt seit 1975 den Namen »Amal« – auf deutsch »Hoffnung«. Diese Gründung des Imams Musa as-Sadr errang ihre wahre Bedeutung erst während des Bürgerkriegs der Jahre 1983 und 1984. Von Anfang an war die Schiitenmiliz von einem beachtlichen Vorteil begünstigt: Bei ihren Meldestellen bewarben sich Männer, die als Soldaten gedient hatten. Ihre militärische Erfahrung kam der Miliz zugute.

Auftakt zum unendlichen Krieg

Die PLO, nach dem Verlust von Jordanien in ihren Aktivitäten ganz auf den Libanon angewiesen, betrachtete unterdessen den islamischen Teil von Beirut von Monat zu Monat mehr als ihr Eigentum. In den Stadtteilen Sabra, Schatila und Burj Barajne wagte sich kein Soldat und kein Angehöriger der Sicherheitsdienste in Uniform auf die Straße. Dort patrouillierten Kämpfer der al-Fatah und der Volksfront zur Befreiung Palästinas. Die Palästinenser in jenen Stadtteilen waren längst nicht mehr der libanesischen Rechtsprechung unterworfen; die PLO hatte eigene Gerichte eingerichtet. Die libanesische Regierung wurde nicht mehr zur Kenntnis genommen.

Seit dem Eintreffen der PLO-Führung in Beirut hatte sich die Art der Bewaffnung der Kämpfer verändert. Immer mehr schweres Kriegsgerät war in den Basen Sabra und Schatila eingetroffen. Ohne daß die libanesische Armee dies verhindern hätte können, bekam die PLO Flugabwehrgeschütze, Panzer, Haubitzen und Raketenwerfer aus osteuropäischen Staaten. Die Lieferungen erfolgten über Syrien oder über die Häfen Saida und Tyr, die unter Aufsicht der PLO standen.

Die veränderte Art der Bewaffnung machte eine Umstrukturierung der palästinensischen Kampfverbände möglich: Arafat gab die Idee des Guerillakrieges auf. Die Kommandoanschläge sollten abgelöst werden durch Kriegsaktionen traditioneller Art. Der PLO-Chef dachte daran, eines Tages sogar geschlossene Panzerverbände einsetzen zu können. Hierzu geeignete palästinensische Kommandeure wurden bereits auf Militärakademien einiger Ostblockländer ausgebildet.

Im Frühjahr 1973 war die Armeeführung zu der Überzeugung gelangt, daß die Veränderungen innerhalb der PLO zum Handeln zwangen. Alle Anzeichen wiesen darauf hin, daß eine Kriegserklärung an die PLO keine Unruhe unter den Soldaten auslösen würde.

Am 2. Mai 1973 umzingelten Armeeverbände die Palästinenserlager im Süden von Beirut. Die Absicht war, die Viertel Sabra, Schatila und Burj Barajne von der Versorgung mit Waffen und Munition abzuschneiden. Die Umzingelten wehrten sich. Aus Burj Barajne feuerten PLO-Kämpfer Raketen gegen Landebahn und Gebäude des Internationalen Flughafens Beirut. Zum erstenmal mußte er aus Sicherheitsgründen geschlossen werden – von nun an hatten sich die Libanesen daran zu gewöhnen, daß der Flughafen keine garantierte Brücke zur Außenwelt mehr darstellte.

Diesmal reagierte die Armee noch energisch auf die Gefährdung des Flugverkehrs: Die libanesische Luftwaffe flog Einsätze gegen die Raketenstellungen im Lager Burj Barajne. Daß libanesische Piloten überhaupt zu derartigen Angriffen fähig waren, überraschte. Niemand hatte jemals die Maschinen vom Typ Hawker Hunter an einem Kampf teilnehmen gesehen.

Die Zerstörung seiner Raketenbatterien war für Yasir Arafat ein Grund, sich an Verhandlungen über einen Waffenstillstand zu beteiligen, die vom Generalsekretär der Arabischen Liga eingeleitet worden waren. Doch die Armeeführung verzögerte den Befehl zur Feuereinstellung, da sie sich nach den erfolgreichen Luftangriffen in einer starken Position fühlte. Die syrische Regierung nützte die Situation: Solange gekämpft wurde, konnte sie sich einmischen. Sie schickte bewaffnete palästinensisch-syrische Gruppen in das libanesische Bekaatal mit dem Auftrag, dort Armeeposten anzugreifen. Die Verantwortlichen in Damaskus hatten den Entschluß gefaßt, das christlich orientierte Regime des Libanon zu destabilisieren – obgleich Sleiman Frangieh, der seit seinem syrischen Exilaufenthalt als Freund der Mächtigen in Damaskus galt, Präsident war.

Trotz der syrischen Unterstützung glaubte Arafat nicht an die Möglichkeit eines langen, erfolgreichen Widerstands gegen eine Armee, die über eine Luftwaffe verfügte. Der PLO-Chef hatte schon damals, nach den Erfahrungen in Jordanien, das Vertrauen in die syrische Hilfe verloren. Als ihm ein Angebot gemacht wurde, das ihm die Wahrung des Gesichts ermöglichte, griff er zu: Am 18. Mai 1973 erklärte sich Arafat bereit, der Gründung einer »Gemeinsamen Hohen Kommission« zuzustimmen, der PLO-Kommandeure und Armeeoffiziere angehören sollten. Als Aufgabe dieses Gremiums war vorgesehen, jeden Streit zwischen Armee und PLO im Keim zu ersticken. Der Auftrag war gut gemeint, konnte jedoch von Anfang an nicht erfüllt werden, da die Verantwortlichen beider Seiten einander mißtrauten.

Präsident Sleiman Frangieh, der diesen Libanonkrieg im Vertrauen auf die Überlegenheit der Armee begonnen hatte, war gleichzeitig mit Arafat zu der Erkenntnis gelangt, daß es besser sei, sich nachgiebig zu zeigen. Durch kluge Auswahl der am Kampf beteiligten Verbände war es zwar gelungen, die Spannungen innerhalb der Armee gering zu halten. Fraglich war jedoch, ob bei einer andauernden militärischen Auseinandersetzung islamische und drusische Soldaten ihre Sympathien für die Palästinenser weiterhin verdrängen würden. Die Gefahr der Spaltung der Kampftruppen war nicht auszuschließen. Sie wurde noch verstärkt durch die Haltung anderer arabischer Staaten, die über ihre Radiostationen den Präsidenten und die Armeeführung des Libanon anklagten, durch Kampf gegen die Palästinenser zu Verrätern an Gesamtarabien geworden zu sein. Der syrische Rundfunk verbreitete das Schlagwort: »Das Regime der Christen im Libanon hilft den Israelis!« Auf schiitische und drusische Soldaten konnte eine derartige Parole nicht ohne Wirkung bleiben. Yasir Arafat und Sleiman Frangieh hatten also gute Gründe, den Libanonkrieg abzubrechen. Die Nachgiebigkeit der beiden stellte die Ruhe im Libanon wieder her.

Das Einlenken des Präsidenten bewirkte allerdings, daß er an Glaubwürdigkeit verlor: Christen, Moslems und PLO-Mitglieder hielten Sleiman Frangieh nicht mehr für fähig, den Konflikt mit Härte durchzufechten. Nicht anzunehmen war, daß ihm die Armeeführung noch einmal folgte, wenn er Befehl zum Angriff auf die Palästinenserlager geben würde. Das Oberkommando bereitete sich darauf vor, in künftigen internen Konflikten des Libanon neutral zu bleiben. Die Führung der Armee wollte nicht noch einmal den Zusammenhalt der Truppe aufs Spiel setzen. Damit war eine neue Situation entstanden: Die Schwäche des Präsidenten gab jeder Partei in der Auseinandersetzung das Gefühl, sie müsse sich jetzt allein – und intensiver als zuvor – für die Kämpfe der Zukunft rüsten.

Scheich Pierre Gemayel, der Chef der Phalanges Libanaises, war durch den Ausgang dieser Phase des internen Libanonkriegs wieder einmal enttäuscht worden. Er konnte nun nicht mehr glauben, daß eine Macht außerhalb seiner eigenen Partei genügend Entschlußkraft besaß, um den Staat des Yasir Arafat im Libanon auszulöschen. Gemayel war fortan von der Überzeugung durchdrungen, daß seine Heimat erst dann wieder in Ordnung gebracht werden könne, wenn die PLO zerstört sei und die Palästinenser erneut auf den Status demütiger Flüchtlinge reduziert worden seien. Ohne Verbündete, das wußte Gemayel, konnte die Auslöschung des PLO-Staates nicht gelingen. Als er durch amerikanische Vermittlung seine Organisation vorsichtig Fühler in Richtung Israel ausstrecken ließ, da empfing er Botschaften, die ihm anzeigten, daß eine Zusammenarbeit zwischen den Phalanges Libanaises und der israelischen Regierung möglich sei. Beide hatten Interesse daran, die PLO aus dem Libanon zu vertreiben.

Wurden die Kontakte zu Israel im islamischen Teil Beiruts und in Damaskus bekannt, konnten sie unberechenbare Reaktionen auslösen. Möglich war eine Sperrung der Straßen, die den christlichen Libanon, angefangen vom Beiruter Stadtteil Aschrafieh im Süden bis zu den Dörfern vor Tripoli im Norden, mit der islamischen Umwelt verbanden. Der Gedanke, Israel, der Feind der Araber, könnte ein politischer oder vielleicht gar ein militärischer Partner sein, war im Frühsommer 1973 allen Verantwortlichen im Nahen Osten noch völlig fremd. Erst der ägyptisch-syrisch-israelische Krieg im Oktober jenes Jahres sollte eine Veränderung der Situation bringen. Anwar as-Sadat wurde zum ersten arabischen Politiker, der offen zugab, daß er beabsichtigte, aus einer Partnerschaft mit dem bisher verhaßten Israel Vorteile zu schlagen. Insgeheim aber versuchte Scheich Pierre Gemayel, vor allen anderen die israelische Regierung für eine Allianz zu gewinnen – in der Hoffnung, daß sich die Auswirkungen verschweigen ließen.

In der Tat verhüllte ein Schleier der Geheimhaltung eineinhalb Jahre lang, daß sich Beauftragte des israelischen Verteidigungsministeriums in Bikfaya, dem Heimatdorf der Gemayels, aufhielten, daß Waffen und militärische Ausrüstungsgegenstände im Hafen Beirut eintrafen, die verblüffend denen ähnlich sahen, die von israelischen Soldaten verwendet wurden. Auf Anordnung der libanesischen Regierung wurden Lieferungen im Auftrag Israels unter Aufsicht von Sicherheitskräften entladen, auf deren Solidarität sich die Phalanges Libanaises verlassen konnten. Vom Schiff aus gelangten Waffen, Fahrzeuge, Helme und Uniformen ohne Umweg in das Ausbildungszentrum der Christenmiliz beim Bergdorf Lakluk. Dort lehrten israelische Militärberater den jungen Männern der Christenmiliz den Umgang mit den Waffen.

Ein Jahr nach Aufnahme der ersten Beziehungen zu den Israelis war der Ausbildungsstand der Christenmiliz schon so weit verbessert, daß Scheich Pierre Gemayel die Kampfkraft in der Praxis zu testen wagte. Anlaß war im Juli 1974 eine Schießerei zwischen zwei Schmuggelbanden, von denen eine in Verbindung zur maronitischen Führung stand, die andere aber den Palästinensern zuzuordnen war. Der Vorgang war alltäglich. Ähnliches hatte bisher nie größere Reaktionen ausgelöst. Diesmal aber gab der Chef der Phalanges Libanaises, kaum war ihm der Vorfall bekannt geworden, Befehl, seine Miliz habe in den Kampf einzugreifen. Zwei Tage lang dauerte der Feuerwechsel zwischen dem christlichen Beiruter Vorort ad-Dikwana und dem Palästinenserlager Tell az-Zatar. Als auf Drängen des Staatspräsidenten Sleiman Frangieh ein Waffenstillstand vereinbart wurde, da stand fest, daß sich die Phalanges Libanaises Respekt verschafft hatten.

Zwei Monate später hatte die Christenmiliz einen weiteren Test zu bestehen, der ihr allerdings aufgezwungen wurde. Im Gebirgsdorf Tarschisch, das hoch oben in der Landschaft Metn liegt, eröffneten die Phalanges Libanaises am 22. September 1974 ein Rekrutierungsbüro. Die Gegend um das Dorf ist nicht ausschließlich von Christen bewohnt; dort leben auch Drusen, für die sich damals Kamal Jumblat verantwortlich fühlte. Da er sich über die Eröffnung des Rekrutierungsbüros ärgerte, schickte er einige Bewaffnete nach Tarschisch; sie sollten den Phalangisten das Mobiliar zerschlagen. Doch wiederum zeigte sich die Christenmiliz der Herausforderung gewachsen. Mutig verteidigten sich die christlichen Milizkämpfer. Die Drusen hinterließen bei ihrer Flucht drei Tote.

Die Zwischenfälle ereigneten sich in einer Zeit des Wartens auf ein Ergebnis der amerikanischen Friedensinitiative, die unmittelbar nach dem Oktoberkrieg von 1973 begonnen hatte. Ägypten und Jordanien zeigten Bereitschaft zur Aussöhnung mit Israel; Syrien aber ließ verlauten, es weigere sich auch weiterhin, über einen Frieden zu reden. Die amerikanische Regierung glaubte jedoch, auch Hafez Assad für die Idee einer friedlichen Lösung des Nahostkonflikts gewinnen zu können, hatten sich doch die Beziehungen zwischen den Verantwortlichen in Washington und Damaskus verbessert. Hafez Assad hatte eine sachte Loslösung von Moskau vollzogen und Gespräche mit Henry Kissinger begonnen. Hin und wieder war von Beratern des syrischen Präsidenten die Bemerkung zu hören, nichts spreche dagegen, diesmal auf die amerikanische Karte zu setzen. Handgreifliche Resultate der syrischen Bewußtseinsänderung waren allerdings in der offiziellen Politik der Regierenden in Damaskus noch nicht spürbar.

Die Feinheiten syrischer Diplomatie entgingen der Aufmerksamkeit fast aller Moslempolitiker im Libanon. Für sie blieb die Polarisierung der arabischen Welt erhalten: Ägypten galt zu Recht als friedensbereit – Syrien aber wurde zu Unrecht als absoluter Gegner der Verständigung mit Israel eingestuft. Da die islamischen Politiker des Libanon aus Tradition Sympathien für Syrien empfanden, folgten sie der offiziellen syrischen Politik: Sie lehnten die Bemühungen der USA um eine Friedenslösung ab.

Scheich Pierre Gemayel und Camille Chamoun aber hofften auf ein positives Ergebnis der Verhandlungen. Sie wußten, daß die innere Ruhe im Libanon vom Ende der Hochspannung zwischen Arabien und Is-

139

rael abhing. Allerdings machten sie sich Sorgen um die Qualität der Lösung, die von den USA anvisiert wurde. Sie fürchteten, der Friede könne zu Lasten des Libanon geschlossen werden. Es war zu erwarten, daß bei seinem Abschluß keine Heimat für die Palästinenser geschaffen werden würde und die Palästinenser weiterhin in den bisherigen Aufnahmeländern zu leben hätten. Gemayel und Chamoun verlangten daher, ein möglicher Friede müsse auch diesbezüglich eine Lösung anbieten, die von den Palästinensern akzeptiert werden könne. Damit war zumindest in diesem Punkt Übereinstimmung gegeben zwischen den Positionen von beiden christlichen Politikern und Arafat, der ebenfalls eine Einbeziehung der Palästinenser in den Friedensprozeß forderte.

Je mehr die Chance für einen Durchbruch in den ägyptisch-israelischen Gesprächen wuchs, desto enger verbanden sich die Politiker, die Syriens Politik unterstützten, mit der PLO. Hatte Arafats Organisation bisher schon eine Schutzfunktion erfüllt, so war sie jetzt aufgefordert, ihre Kraft einzusetzen, um Ansprüchen der islamischen Politiker auf größere Beteiligung an der Regierungsgewalt Gewicht zu verleihen. Das Bewußtsein, daß die Moslems nicht nur die stärkste Bevölkerungsgruppe des Libanon bildeten, sondern auch – durch die PLO – eine ernst zu nehmende Kampforganisation besaßen, gab den Moslemführern Raschid Karame, Saeb Salam und Imam Musa as-Sadr den Mut, eine Schmälerung der Rechte des christlichen Präsidenten zu fordern. Der sunnitische Ministerpräsident sollte, nach der Vorstellung jener drei Männer, die auch von Kamal Jumblat geteilt wurde, wirklicher Chef der Exekutive werden und nicht nur Empfänger der Befehle des Präsidenten sein.

Mit ihrer Forderung stießen die Moslempolitiker jedoch auf erbitterte Ablehnung durch den damaligen Präsidenten Sleiman Frangieh. Der hatte sich schon zuvor über eine Bemerkung des Ministerpräsidenten Raschid Karame, er selbst sei in Wahrheit der Chef der Regierung und nicht der Präsident, derart geärgert, daß er fortan kaum mehr ein Wort mit Karame sprach. Doch Frangiehs Widerstand veranlaßte die islamischen Politiker nicht, auf ihre Forderung zu verzichten. Daß nicht nur der Präsident allein seine Rechte verteidigte, sondern dabei auch von den Phalanges Libanaises unterstützt wurde, reizte Saeb Salam, Raschid Karame und den Imam.

Die Unsicherheit über Fortgang und Ergebnis der Friedensgespräche und der Streit um die Rechte des sunnitischen Ministerpräsidenten erzeugten ein politisches Klima in Beirut, das Unheil ahnen ließ. Dazu kam ein beängstigendes Anwachsen der Inflationsrate und der Mietpreise für Wohnungen aller Klassen. Verschlechtert wurde die Situation noch durch auffällig übles Verhalten des Präsidentenclans. Daß die Familien der Staatschefs korrupt waren, daran hatten sich die Libanesen seit der Gründung ihres Gemeinwesens gewöhnen müssen. Viele profitierten von der Bestechlichkeit der Herren, die an die Spitze des Staates gelangt waren und durch Geschenke gefügig gemacht werden konnten. Die Angehörigen des Sleiman Frangieh aber waren über jedes bisher übliche Maß hinaus geldgierig. Als die Betriebsleitung der einzigen Zementfabrik des Libanon – sie steht in Schekka südlich von Tripoli – nicht bereit war, fünf Prozent der Einnahmen an die Familienkasse der Frangiehs zu zahlen, schickte der Clan Bewaffnete, die drohten, die Anlage zu sprengen, wenn die Zahlungen nicht sofort erfolgten. Da der Ort Schekka in der Nähe von Zghorta liegt, der Residenz der Familie Frangieh, blieb der Betriebsleitung nichts anderes übrig, als nachzugeben.

Besonders empfänglich für Zahlungen und Schenkungen war Tony Frangieh, der Sohn des Präsidenten. Der Vater hatte ihn zum Minister für Fernmeldewesen gemacht und dafür gesorgt, daß er auch bei wechselnden Regierungen – und selbst bei unwilligen Regierungschefs – im Kabinett blieb. Zeitweilig durfte kein Politiker eine Regierung bilden, wenn er dem Präsidenten nicht die Bestätigung des Ministeramtes von Tony Frangieh versprach.

Obgleich der Präsidentensohn durch seine Art, die Amtsgeschäfte zu führen, reich wurde, verbesserte sich das Fernmeldewesen während seiner Ministerzeit keineswegs. Tony Frangieh nahm es gelassen hin, daß der Telefonverkehr von Beirut aus mit anderen Städten des Landes im Frühjahr 1975 völlig zusammenbrach. Schuld am Ausfall des Netzes trugen Fehlplanungen und der miserable Standard des Personals, dessen Leiter von Tony Frangieh selbst bestellt waren. Kritik prallte an ihm ab, da der Vater die Amtsführung des Sohnes verteidigte. Die Geschäftsleute von Beirut aber, die nicht mehr mit ihren Partnern in Tripoli und Saida telefonieren konnten, kündigten dem Frangiehregime die Loyalität auf: Sie reagierten mit massiver Steuerhinterziehung. Die Staatseinnahmen des Libanon sanken schlagartig ab.

Nicht nur der Frangiehclan trug dazu bei, den Libanon zu ruinieren: Alle Familienchefs wetteiferten darin – aus Habsucht. Camille Chamoun war wesentlich daran beteiligt, daß in der Küstenstadt Saida eine kapitalreiche Gesellschaft für Fischerei und Fischverwertung entstand: die Protein Company. In ihr sahen die Familien, die bisher in Saida und in anderen Städten an der Küste vom Fischfang gelebt hatten, eine Bedrohung ihrer Existenz. Um dagegen zu protestieren, begannen die Fischer mit Unterstützung islamischer Organisationen am 28. Februar 1975 einen Demonstrationsmarsch. In Sprechchören forderten die Demonstranten die Abschaffung der Protein Company. Als nach Stunden friedlichen Verlaufs der Protestveranstaltung ein Trupp Soldaten die

Straßen blockierte, durch die sich der Zug der Fischer bewegte, da flammten die Emotionen auf: Die Empörten erschlugen einen Unteroffizier der Armee. Die Soldaten antworteten mit scharfen Schüssen; sie verwundeten dabei Maruf Saad, einen populären Führer der Moslems in Saida. Schnell geriet die Tatsache in Vergessenheit, daß der Unteroffizier das erste Opfer war. Die Moslemorganisationen insgesamt erhoben laute Klage über die Unmenschlichkeit der Armeeführung, die Soldaten auf arme Moslems schießen lasse, um damit den reichen Christen, in diesem Fall Camille Chamoun, zu dienen.

In allen Städten brachen Unruhen aus, und überall stießen die Demonstranten auf Soldaten, die den Auftrag hatten, Ordnung zu halten. Die Revolte erreichte am 6. März ihren Höhepunkt, als der Tod des Maruf Saad bekannt wurde. Am Tag danach dämpfte Kamal Jumblat in der Überzeugung, die Massen hätten Männer wie Camille Chamoun ihre Kraft spüren lassen, die Emotionen wieder ab.

Zurück blieb im Gemüt aller Libanesen die Gewißheit, das System sei faul. Tony Frangieh und Camille Chamoun wurden für die Moslems Beispiele der Verderbtheit der gesamten herrschenden Klasse. Da Tony Frangieh und Camille Chamoun Christen waren, konzentrierte sich der Zorn all derer, die nicht von den Methoden der Korruption profitierten, auf die Wohlhabenden des christlichen Volksteils. Für Moslems und Drusen wurden die Christen – und ganz besonders die Maroniten – generell zu Schuldigen an der Misere des Libanon. Wer diese Misere beseitigen wollte, der nahm sich vor, die Maroniten zu züchtigen. Sie wurden nun als »Faschisten« bezeichnet; sie wurden beschimpft als Ausbeuter der arbeitenden Klasse.

Die Sicherung der Existenz des eigenen Volksteils sah Scheich Pierre Gemayel nun mehr denn je als seine Aufgabe an. Für das beste Konzept hielt der Phalangechef eine Kantonalisierung des Libanon, eine Auftrennung in eine christliche und eine islamisch-drusische Zone: Beiden sollte weitgehende Selbstverwaltung zugestanden werden. Als Grenze der beiden Kantone sah der Plan die Straße von Beirut nach Damaskus vor, die schon einmal, zur Zeit der Osmanenherrscher, die Trennungslinie zwischen den verfeindeten Volksteilen gebildet hatte.

Diese Straße sollte nach Gemayels Willen in ihrem Verlauf von Beirut bis zum Bekaatal im Osten von Christen kontrolliert werden. Die Vorarbeiten dazu hatte er schon vor Monaten angeordnet: Dort, wo die Straße von Beirut nach Damaskus ihren Anfang nimmt, im Beiruter Stadtteil Ain ar-Rummanah, war auf Gemayels Wunsch eine Kirche entstanden, die den Anspruch auf Kontrolle des Weges durch die Christen dokumentieren sollte. Die Weihe der Kirche war für den 13. April 1975 vorgesehen. Schutzpatron sollte der heilige Michael sein.

Ausbruch des Bürgerkriegs

Als Scheich Pierre Gemayel am Morgen des Einweihungstages, es war ein Sonntag, vor der neuen Kirche in Ain ar-Rummanah eintraf, da waren Hundertschaften der Eliteverbände seiner Milizen angetreten. Die Kirchenweihe war als Demonstration der militärischen Schlagkraft der Phalanges Libanaises gedacht. Gemayel wollte die schiitischen und palästinensischen Bewohner des benachbarten Stadtviertels Schiah durch einen beachtlichen Aufmarsch von Kämpfern, die leichte und auch schwerere Waffen mit sich führten, beeindrucken. Den Gegnern sollte signalisiert werden, daß die christliche Seite bereit war zum offenen militärischen Konflikt. Die Schiiten hatten schon den Bau der Kirche, so nahe an ihrem Wohngebiet, als Provokation empfunden; die Parade der Miliz aber sahen sie als Gipfel der Herausforderung an.

Die PLO-Kommandeure des Palästinenserlagers Tell az-Zatar, das wie Ain ar-Rummanah und Schiah zu den sogenannten östlichen Stadtteilen zählt, glaubten als Verbündete der Schiiten handeln zu müssen. Sie schickten von Tell az-Zatar zwei Jeeps, besetzt mit bewaffneten PLO-Kämpfern, los, um in Ain ar-Rummanah den Christen zu zeigen, daß sie nicht damit rechnen konnten, den Osten Beiruts allein zu beherrschen. Diese schwache Gegendemonstration, aus dem Augenblick heraus organisiert, war nicht nur sinnlos, sie hatte furchtbare Folgen: Als die zwei Jeeps in die Straße vor der Kirche einbogen – diese Straße trug den Namen von Scheich Pierre Gemayel –, da wurden sie von christlichen Milizwachen aufgehalten. Die PLO-Kämpfer bestanden darauf, die Straße durchfahren zu wollen, da sie ja nicht Eigentum der Phalanges Libanaises sei. Aus dem Streit mit Worten entwickelte sich eine Schießerei, bei der ein Leibwächter des Phalangechefs sein Leben verlor.

Die zwei Jeeps konnten schließlich abgedrängt werden. Doch wenige Minuten später sahen die christlichen Wachen am Beginn der Gemayelstraße einen buntbemalten Bus, der sich mit hoher Geschwindigkeit näherte. Obgleich im äußeren Anschein nichts auf eine mögliche Gefahr hinwies – der Bus sah aus wie hundert andere –, eröffneten die Wachen das Feuer in Richtung des Fahrzeugs. Der Grund für diese harte Reaktion lag in der Sorge der Posten, die Besatzungen der abgedrängten Jeeps hätten Verstärkung geholt, um den Zugang zur Gemayelstraße doch noch zu erzwingen. So wollten die Wachen der Phalanges Libanaises kein Risiko eingehen. Ihre präzise gezielten Geschosse durchschlugen Scheiben und Blechverkleidung des Busses. Sie töteten den Fahrer und 26 weitere Insassen; 19 Menschen waren schwer verwundet. Die Fahrgäste waren Palästinenser und Libanesen gewesen,

Frauen und Männer jeden Alters. Sie hatten in Schiah an einer Totenfeier teilgenommen und waren unterwegs ins Lager Tell az-Zatar gewesen. Waffen hatten sie nicht bei sich gehabt.

Wenige Minuten nach dem Überfall auf den Bus – die 27 Toten waren noch nicht weggetragen – brachen im Osten Beiruts an allen Schnittpunkten zwischen christlichen und islamischen Stadtteilen Kämpfe aus. Auf der Straße, die Ain ar-Rummanah und Schiah trennt, schaufelten christliche und schiitische Kämpfer Barrikaden aus Sand auf. Eine Front entstand zwischen Westbeirut und Ostbeirut. Zwischen islamischen und christlichen Stadtteilen bestand keine Verbindung mehr. Wer versuchte, die Front zu überqueren, der geriet in direktes Feuer.

Die Aufgabe der Koordinierung aller Kräfte der islamisch-palästinensischen Allianz übernahm Kamal Jumblat. Die Befehlshaber der schiitischen, drusischen und palästinensischen Kampfverbände trafen sich noch am Abend des 13. April in Jumblats Beiruter Haus. Dort erhoben sie die Forderung, Scheich Pierre Gemayel solle seine Miliz, die sich als Verbrecherorganisation erwiesen habe, sofort auflösen. Die Antwort gaben die Phalanges Libanaises noch zur selben Stunde: Vom dominierenden Hügel Aschrafieh, der eng bebaut war, beschossen sie mit Artillerie das Palästinenserlager Tell az-Zatar.

Die heftigen Kämpfe dauerten bis zum 16. April. Um die Mittagszeit dieses Tages trat ein Waffenstillstand in Kraft, den der Generalsekretär der Arabischen Liga ausgehandelt hatte. Dies war der erste Waffenstillstand in einer langen Kette ähnlicher Vereinbarungen. Damals aber, am 16. April des Jahres 1975, lebten viele Libanesen noch in der Illusion, er werde von Dauer sein. Sie glaubten, die Vernunft habe gesiegt. Alle Milizen und die PLO, dies sahen die Waffenstillstandsbedingungen vor, sollten die Barrikaden räumen und sich von der Frontlinie zurückziehen. »Truppenentflechtung« hieß die Formel, durch die kämpfende Parteien getrennt werden sollten.

Die libanesische Regierung zog Bilanz der drei ersten Kriegstage: 164 Menschen waren getötet und 291 verwundet worden. Der durch Beschuß entstandene Schaden wurde auf 400 Millionen libanesische Pfund geschätzt; nach damaligem Geldwert entsprach dieser Betrag rund 500 Millionen DM.

Die Krise schien überstanden zu sein, da machten sich Kräfte bemerkbar, die Beirut nicht zum normalen Leben zurückkehren lassen wollten: Scharfschützen suchten sich Zivilisten auf der Straße, in Fahrzeugen, in Häusern zum Ziel aus. Ausgestattet mit Präzisionsgewehren, die mit exzellenten Zielfernrohren verbunden waren, warteten die Scharfschützen auf Hausdächern, bis sie ein passendes Opfer fanden.

Wen sie mit ihren Geschossen trafen, war ihnen gleichgültig. Sie wollten Panik erzeugen, wollten den Bürgerkrieg entfachen. Polizei und libanesische Armee konnten einige der Scharfschützen verhaften, doch beide hielten die Identität der Verhafteten geheim. In Verlautbarungen der Armee über Vorfälle mit Scharfschützen wurde nur von »bewaffneten Elementen« gesprochen. Die Menschen in Beirut wußten, wer von den Dächern aus schoß: Personen, die von Syrern veranlaßt wurden, Unruhe zu stiften.

Von der Plage der Scharfschützen wurden weder die christlichen noch die islamischen Stadtviertel verschont. Die Schüsse trafen nicht nur Personen, die an der Frontlinie lebten; sie töteten vor allem mitten im christlichen oder im islamischen Gebiet. Brutal und heimtückisch wurde der Bürgerkrieg nach dem Abschluß des ersten Waffenstillstands. Das Feuer der Präzisionsgewehre brachte das Geschäftsleben der Stadt fast zum Erliegen, da sich in vielen Stadtgegenden niemand mehr aus dem Haus wagte. Doch selbst in Wohnungen war keiner mehr sicher. Menschen wurden durch die Fenster ihrer Wohnzimmer und ihrer Badezimmer erschossen.

Kamal Jumblat erhob den wohl unberechtigten Vorwurf, das Unwesen der Scharfschützen sei von den Phalanges Libanaises organisiert worden, da diese Organisation überhaupt nicht daran interessiert sei, daß wieder Ruhe in Beirut einkehre. Scheich Pierre Gemayel, so sagte der Drusenführer, träume immer noch davon, einen vernichtenden Schlag gegen die PLO und gegen die Verbündeten der Palästinenser führen zu können. In der Tat war der Phalangechef unzufrieden mit dem Ausgang der ersten Runde der Auseinandersetzung. Dafür hatten die Phalanges Libanaises nicht monatelang die Milizionäre trainiert, daß sie sich nun mit einem Unentschieden begnügten. Gemayel war noch immer überzeugt, daß der Libanon nur gerettet werden könne, wenn die Palästinenser entwaffnet und entmachtet würden. Er sah sich selbst als den Retter des Heimatlandes.

Als Politiker, der die Legalität achtet, wollte er in dieser Phase der Entwicklung gelten: Er übergab zwei der Milizkämpfer, die in Ain ar-Rummanah auf den Bus geschossen hatten, den Justizbehörden zur Aburteilung. Mit dieser Geste gestand Gemayel ein, daß seine Männer Unrecht getan hatten. Leicht fiel ihm die Auslieferung der Kämpfer nicht. Arafat jedoch war damit keineswegs zufrieden. Sein Geheimdienst hatte festgestellt, daß insgesamt sieben Angehörige der Phalanges Libanaises an der Ermordung der 27 Palästinenser beteiligt gewesen waren. Der PLO-Chef verlangte auch die Übergabe der fünf Täter, die noch in Freiheit waren, an die libanesische Justiz. Diese Forderung beantwortete Gemayel nicht.

145

Scheich Pierre war um diese Zeit schon nicht mehr der einzige Gemayel, der in der Politik aktiv war. Da griff ein gutaussehender Mann, noch nicht dreißig Jahre alt, gewalttätig den Moslempolitiker Raschid as-Solh an, um ihn am Verlassen des Parlaments zu hindern. Der junge Mann im eleganten Anzug war Amin Gemayel, der älteste Sohn von Scheich Pierre. Amin zwang durch sein Eingreifen Raschid as-Solh, so lange zu bleiben, bis der Phalangechef eine Erklärung zur aktuellen politischen Lage abgegeben hatte. Vorausgegangen war eine heftige Anklage aus dem Munde von Raschid as-Solh gegen die Brutalität der Kriegführung der christlichen Milizen.

Amins jüngerer Bruder Beschir hatte damals gerade begonnen, sich um den militärischen Bereich der Phalanges Libanaises zu kümmern. Innerhalb weniger Monate wurde er durch seine zupackende Art, durch seinen Mut zum Idol der christlichen Jugend des Libanon, die bereit war, für die Erhaltung der Vorrechte ihrer Volksgruppe zu kämpfen. Beschirs Kampfgeist steckte auch Zaudernde an. Ohne ihn hätte sich das Regime des Vaters nicht mehr derart absolut halten lassen. Der Junge hauchte der Idee vom christlichen Staat neues Leben ein.

Zwölf Tage nach Abschluß des ersten Waffenstillstandsabkommens war das Papier völlig wertlos geworden: Aus einzelnen Kämpfen, ausgefochten mit leichten Waffen, entwickelten sich erneut Schlachten, in denen Raketenwerfer und großkalibrige Geschütze eingesetzt wurden. Das Feuer richtete sich gegen christliche und islamische Wohngebiete. Hauptsächlich in der Nacht waren die Kanoniere tätig. In breitem Fächer zogen die Feuerspuren der Geschosse über die Häuser hinweg, von einem Stadtteil zum anderen. Dort, wo die Raketen aufschlugen, war ein gleißend heller Blitz zu sehen, dem eine Feuersäule nachfolgte. Mehr als 160 Menschen starben in jenen Nächten der zweiten Kriegsrunde. Die Krankenhäuser beider Seiten meldeten, sie hätten 405 Verwundete behandelt. Deutlich zu erkennen war, daß die Artillerie der Christen die besseren Waffen und Geschosse besaß. Die modernen Feldgeschütze vom Kaliber 155 mm aus amerikanischer Fabrikation feuerten Granaten verheerender Explosionswirkung, die dem Effekt der Katjuscha-Raketen der PLO weit überlegen war.

Das erneute Aufflammen der Kämpfe paßte in das Konzept der Maronitenführung um Scheich Pierre. Nun sollte die Entscheidungsschlacht beginnen. »Daß der Stärkere gewinne!« Diese Parole gab der Phalangechef aus in der festen Überzeugung, selbst über die stärksten Kräfte zu verfügen. Zweifel am eigenen Sieg plagten Pierre Gemayel nicht; er glaubte, für die gerechte Sache zu kämpfen, der Gott den Sieg schenken müsse.

Über fehlende Unterstützung brauchte sich der Chef des Gemayelclans diesmal nicht zu beklagen. Anders als während der Jahre zuvor stand der christliche Bevölkerungsteil einmütig hinter den Gemayels. Die Phalanges Libanaises waren zum wesentlichen politischen Repräsentanten der Christen des Libanon geworden. Sogar Präsident Sleiman Frangieh ließ erkennen, daß er die Entschlossenheit der Milizführung, der PLO Fesseln anzulegen, billigte.

Am Abend des 23. Mai 1975 wurde deutlich, welchen Weg Sleiman Frangieh beschreiten wollte: Er verkündete die Bildung eines Kabinetts, das fast ausschließlich aus Offizieren bestand. Zwar war nach den Regeln der Tradition der Premierminister ein Vertreter des Standpunkts der Moslems, doch Brigadegeneral ar-Rifai, der für diesen Posten ausersehen war, galt als Offizier, der sich gut mit den christlichen Kollegen verstand, der Sympathie empfand für die disziplinierten Verbände der Phalanges Libanaises.

Hatte Sleiman Frangieh die Absicht, dem Militärkabinett und der Christenführung die Bereinigung des Libanonproblems zu überlassen, so mußte er eine schlimme Enttäuschung erleben. Der Widerstand war härter als erwartet, da die Gegner sich durch Uniformen nicht einschüchtern ließen. Für die Moslems, die Drusen und die Palästinenser konnte die Ernennung von Offizieren zu Regierungsmitgliedern nur Erklärung des totalen Krieges bedeuten. Die Sympathien der Offiziere für die Christenmiliz waren bekannt. Kamal Jumblat und Yasir Arafat fürchteten, die Militärregierung werde der Armee Befehl zum Angriff gegen die Palästinenserlager geben. Die islamischen Milizen und die PLO reagierten durch sofortige Kampfansage.

Noch in der Nacht vom 23. auf den 24. Mai 1975 entflammten die härtesten Kämpfe des gesamten bisherigen Kriegsverlaufs. Immer deutlicher trat der religiöse Aspekt des Krieges in den Vordergrund: Die christlichen Kämpfer schossen mit Gewehren und Geschützen, die mit Marienbildern verziert waren; die Moslems versprachen sich besondere Wirkung von Waffen, auf denen Koransprüche zu lesen waren. Die religiösen Embleme zeigten an, daß nun auf beiden Seiten fanatisch gekämpft wurde: Im Namen von Jesus und Maria stritten die Christen – im Namen von Mohammed die Moslems.

Schroff war die Polarisierung geworden. Sleiman Frangieh sah in den Morgenstunden des 24. Mai ein, daß er das Offizierskabinett nicht halten konnte, wenn er nicht für das Zerbrechen des Libanon verantwortlich sein wollte. Er nahm dankbar das Rücktrittsgesuch des Brigadegenerals ar-Rifai an. Das Experiment, eine Militärregierung einzusetzen, hatte erneut über 150 Menschenleben gefordert.

Doch der Rücktritt der Offiziere vom Regierungsamt brachte keine Beruhigung. Am 30. Mai wurde beim Debbasplatz, direkt an der Demarkationslinie zwischen dem islamischen und dem christlichen Teil Beiruts, ein Palästinenser erschossen aufgefunden. Die Moslemmilizen des Stadtviertels Basta errichteten sofort Straßensperren und kontrollierten die Ausweispapiere von Autoinsassen. Jeder Libanese hatte einen Ausweis zu besitzen, in dem vermerkt war, welcher Religionsgruppe er angehörte. Die Bewaffneten an den Straßensperren holten an jenem 30. Mai jeden heraus, der als Christ gekennzeichnet war. Die Frauen durften schließlich weiterfahren, die Männer wurden verprügelt. Etwa einhundert wurden durch Messerschnitte verstümmelt. Dreißig aber starben auf bestialische Weise.

Von nun an kennzeichnete unmenschliche Brutalität den internen Krieg der Libanesen. Fiel ein Moslem den Christenmilizen in die Hand, wurde er gefoltert und meist umgebracht. Die Morde fanden häufig mit Billigung von Scheich Pierre Gemayel statt, der sie deshalb nicht unterband, weil er sie als zu verantwortendes Element der Rache betrachtete, denn auch die Moslemmilizen schonten nur wenige. So zog sich der libanesische Bürgerkrieg in einer Kette von Verbrechen hin. Nach drei Monaten der Auseinandersetzung gaben die libanesischen Sicherheitskräfte die Zahl der Opfer bekannt: 2314 Menschen waren getötet worden, 16442 hatten Verwundungen erlitten.

Irgendeinen faßbaren Gewinn für eine der Bürgerkriegsparteien hatte der Kampf nicht gebracht. Weder war den christlichen Milizen die Vernichtung der PLO gelungen, noch hatten die Palästinenser in die Verteidigungslinien der Phalanges Libanaises eindringen können. Sinnlos waren die Opfer gewesen. Bei aller Tapferkeit hatten weder Christen noch Moslems Gelände oder Stadtgebiete des Gegners erobern können. Nach hundert Tagen Krieg waren nun die Kräfte erlahmt. Die Chefs der Milizen und der PLO einigten sich auf einen Waffenstillstand, den Krieg beenden wollte allerdings keiner von ihnen.

Daß die nächste Runde des Konflikts vorbereitet wurde, war aus Einzelvorgängen zu ersehen, die bekannt wurden. Da starben bei einer gewaltigen Explosion in der Nähe der Tempel von Baalbek dreißig junge Männer. Der Platz der Explosion war als Übungsort der Palästinenserorganisation al-Fatah bekannt, doch die Männer, die ihr Leben verloren, waren nicht Arafats Befehl unterstellt gewesen – sie hatten zur Schiitenorganisation Amal gehört, die unter dem Kommando des Imams Musa as-Sadr stand. Al-Fatah bildete also Mitglieder der Schiitenorganisation aus – zur Überraschung der Kommandeure christlicher Milizen, die bisher die Organisation Amal als unbedeutend abgetan hatten. Der Imam versuchte sofort den Verdacht zu zerstreuen, seine Kampfgruppe bereite sich darauf vor, den Bürgerkrieg wieder entflammen zu lassen. Amal, so sagte er, habe nur die Aufgabe, die

Schiiten im Südlibanon gegen israelische Angriffe zu schützen. Doch glaubte ihm niemand.

Die Chefs der Christenmilizen waren schon deshalb skeptisch in bezug auf die Absichten des Imams, weil sie selbst ihre Verbände mit äußerster Energie aufrüsteten. Und was sie unternahmen, das trauten sie auch dem Gegner zu. Jede Woche traf ein Frachtschiff vor dem improvisierten Hafen von Junieh ein. Jedes der Schiffe blieb der Küste fern, solange es Tag war. Die Entladung fand immer bei Nacht statt. Bis zum Morgengrauen war die Ladung, Waffen aus Europa, im christlichen Teil des Libanongebirges verschwunden.

Die Finanzierung der Waffenkäufe, die von der Christenmiliz getätigt wurden, war möglich durch Spenden wohlhabender Libanesen, die in den Vereinigten Staaten, in Australien und in Brasilien lebten. Die Waffen der islamischen Verbände wurden mit Hilfe der PLO bezahlt, die ständig mit hohen Hilfsgeldern aus der Kasse des Ölstaats Saudi Arabien rechnen konnte. Dasselbe Saudi Arabien gehörte allerdings auch zu den Geldgebern der Phalanges Libanaises, die von der königlichen Familie dafür bezahlt wurden, daß sie in ihrem Bereich sozialrevolutionäre Bewegungen, wie die Progressive Sozialistische Partei des Drusenführers Kamal Jumblat, bekämpften.

Die Phalanges Libanaises waren im Sommer 1975 nicht mehr die einzige Miliz der Christen des Libanon. Tony Frangieh, der Sohn des Präsidenten, hatte in den Dörfern des Nordlibanon, die ostwärts von Tripoli liegen, die »Zghorta-Befreiunsarmee« gegründet. Sie sollte dem Zweck dienen, die Moslemmilizen, die in Tripoli beherrschend geworden waren, zu bändigen. Dafür wäre allerdings die Gründung einer eigenen Armee nicht nötig gewesen. Tony Frangieh hätte die Männer aus der Gegend von Zghorta auch in die Phalanges Libanaises einbringen können. Dies hätte jedoch eine Stärkung der Mannschaft der Gemayels bedeutet, und daran war die Familie Frangieh überhaupt nicht interessiert. Der Aufbau der Zghorta-Befreiungsarmee sollte vielmehr den Anspruch der Gemayelmiliz, die einzige bewaffnete Streitmacht der Christen zu sein, zerstören. Diese Aufteilung der Schlagkraft, die Spaltung, verminderte die Aussicht der Christen auf Erfolg in der nächsten Runde der Auseinandersetzung.

Sie begann im Osten des Libanon, im Bekaatal, in der christlichen Stadt Zahle, nördlich der Straße Beirut–Damaskus. In einem Flippersalon gerieten ein Mann aus Zahle und ein Fremder, ein Moslem, der Syrer war, in Streit. Plötzlich hatte der Fremde eine Granate in der Hand. Ehe er jedoch seine Drohung wahrmachen konnte, die Handgranate zu werfen, wurde er von einem anderen Gast des Flippersalons erschossen. Ordnungsgemäß verhaftete ein Ortspolizist von Zahle die beiden am

Streit Beteiligten. Doch noch ehe die vorgesetzte Behörde Anweisung geben konnte, was mit den Verhafteten zu geschehen habe, mußten sie wieder freigelassen werden, da Vertreter der christlichen Bevölkerung drohten, durch Generalstreik das wirtschaftliche Leben von Zahle zu ersticken. Ruhe in der Stadt war den Verantwortlichen wichtiger als Gerechtigkeit. Dieser Standpunkt verletzte wiederum die Moslems, überwiegend Schiiten, die in den Vororten von Zahle lebten. Als bekannt wurde, der Erschossene sei Schiit gewesen, da versammelten sich Hunderte von schiitischen Frauen und Männern, um die Ausfallstraße der Stadt zu blockieren. Die Christen, bemüht, die Wege offenzuhalten, schossen über die Köpfe der Demonstranten hinweg. Daraus entwickelte sich ein heftiges Gefecht, dem Dutzende von Männern zum Opfer fielen. Tagelang vermochten es die nach Zahle beorderten Sicherheitskräfte nicht, die Christen und die Moslems für eine Waffenstillstandsvereinbarung zu gewinnen.

Das Gefecht von Zahle löste überall dort, wo Gläubige der zwei Religionsgruppen eng beieinander wohnten, Nervosität aus. Sowohl die Christen als auch die Moslems fürchteten, einem Komplott des jeweiligen Gegners ausgesetzt zu sein. In diesem Klima der Angst bewirkten geringe Anlässe schwerwiegende Folgen. Ein Autofahrer, der Moslem war, wollte sich am südlichen Stadtende von Tripoli dagegen wehren, daß Bewaffnete, die offensichtlich zur Zghorta-Befreiungsarmee des Tony Frangieh gehörten, an einer Straßensperre den Kofferraum seines Fahrzeugs kontrollierten. Andere Autofahrer, ebenfalls Moslems, unterstützten den Protestierenden. Autofahrer und Bewaffnete verprügelten sich, dann fielen Schüsse. Ein Mann starb sofort, zehn wurden verwundet.

Während der folgenden Tage reizten sich Kämpfer der Frangiehmiliz und bewaffnete Moslems aus Tripoli durch Entführungen: Wer in seinem Auto Gegenden durchfuhr, die unter der Kontrolle von Milizen standen, die nicht derselben Religion angehörten wie der Fahrzeuginsasse, der lief Gefahr, verschleppt zu werden. Der schlimmste Vorfall ereignete sich am 7. September 1975 auf der Küstenstraße Tripoli–Beirut bei der Ortschaft Schekka: Zwölf islamische Fahrgäste eines Busses wurden zum Aussteigen gezwungen und in nahe gelegenen Olivengärten erschossen. Verantwortlich für diese Morde waren Angehörige der Armee des Tony Frangieh. Die zwölf Männer hatten nur deshalb sterben müssen, weil sie Moslems waren.

Die Moslems von Tripoli reagierten auf den zwölffachen Mord von Schekka in maßlosem Zorn: Sie rotteten sich zusammen, um hinaufzustürmen nach Zghorta; Haus und Dorf der Frangiehs sollten verbrannt und die Familie ausgerottet werden. Nur unter äußerstem Einsatz ge-

150

lang der Zghorta-Befreiungsarmee die Abwehr des blindwütigen, aber entschlossenen Angriffs. Da den islamischen Haufen Zghorta unerreichbar blieb, plünderten und verbrannten sie im Zentrum von Tripoli sämtliche Ladengeschäfte, die Christen gehörten. Alle Bewohner, die den Maroniten zuzurechnen waren, wurden aus der Stadt vertrieben.

Die Suks von Beirut in Flammen

Raschid Karame, Ministerpräsident des Libanon in jener Zeit, entschloß sich, zur Beendigung der Kämpfe zwischen den Bewohnern von Tripoli und Zghorta die Armee einzusetzen. Kaum aber hatte die Truppe die Kämpfenden getrennt, da brach in allen islamischen Zonen des Libanon Protest aus gegen eine angebliche Voreingenommenheit der Offiziere und Soldaten. Ihnen wurde vorgeworfen, sie hätten sich geweigert, gegen Christen einzuschreiten, die Moslems entführt und umgebracht hätten; dreizehn islamische Milizkämpfer aber seien durch Soldaten erschossen worden, nur weil sie den Schwimmclub am Strand von Schekka verwüstet hätten, der einem Maroniten aus Zghorta gehörte. Aus Protest gegen diese Begünstigung eines eifrigen Anhängers der Frangiehs empfahl Kamal Jumblat als Chef der Progressiven Sozialistischen Partei allen islamischen Organisationen des Libanon, am Montag, dem 15. September 1975, einen Generalstreik durchzuführen. Von dieser Empfehlung rückte Kamal Jumblat jedoch selbst wieder ab, als ihm Raschid Karame mitteilen ließ, er, der für Sicherheit verantwortliche Ministerpräsident, sei besorgt, der Tag des Generalstreiks könne zu einem Tag des hemmungslosen Gewaltausbruchs werden und den erneuten Ausbruch des landesweiten Bürgerkriegs bewirken. Raschid Karame warnte, der Generalstreik werde zur Folge haben, daß nicht nur weiterhin in Tripoli, sondern auch wieder in Beirut gekämpft werde.

Daß Kamal Jumblat auf Grund dieser Warnung den Generalstreik abblasen wollte, nahmen diejenigen, die Gewalt anwenden wollten, freilich gar nicht zur Kenntnis. 24 Stunden vor dem Anbruch des gefürchteten 15. September bezogen Kämpfer der Gemayelmiliz Positionen an der Ostseite des größten und bedeutendsten Platzes von Beirut, der die französischen Bezeichnungen Place des Canons und Place des Martyrs trägt. Mitten durch den Platz verlief die Demarkationslinie, die christliches und islamisches Stadtgebiet trennte. Die Häuser im Westen vom Place des Canons waren überwiegend von Moslems bewohnt, im Osten bildeten Christen die Mehrheit.

An der Ostseite des Place des Canons besaß Scheich Pierre Gemayel eine Apotheke. Sie war jedoch nicht der Grund für den Phalangechef, seine Bewaffneten dorthin zu beordern: Er hatte Sorge um sein Hauptquartier, das sich nur 300 Meter östlich des Platzes befand. Aus dem Gewirr der Gassen der Suks, der überdachten Märkte, aus den dichtgedrängten Verkaufsgewölben an der Westseite des Platzes konnte der Gegner zu einem Überraschungsangriff losbrechen mit dem Ziel, die Zentrale der Phalange zu erobern.

Gemayels Vorsorge war berechtigt. Unverständlich aber blieb, warum die christlichen Milizkämpfer Befehl erhielten, die Märkte mit Artillerie und Raketenwerfern zu beschießen. Vom 17. September an feuerten die Gemayelkanoniere vier Tage lang auf die traditionsreichen Suks von Beirut. Am Ende des vierten Tages waren alle Gebäude in einem Geviert von jeweils 500 Metern Seitenlänge durch Detonationen und Brände zerstört. Wie viele Menschen in zusammenstürzenden Häusern starben, blieb unbekannt.

Todesmutig hatten sich die Männer der Beiruter Feuerwehr durch die Flammenwände in die Sukgassen hineingewagt, um Verschüttete zu retten, um hilflose Menschen aus den brennenden Häusern zu ziehen, doch die Feuerwehrleute wurden durch gezielte Schüsse von Scharfschützen vertrieben. Feuerwehrzüge, die aus Damaskus gekommen waren in der Absicht, Hilfe zu leisten, mußten am Rand der Flammenzone untätig stehenbleiben, da auch ihre Besatzungen beschossen wurden. So konnte niemand den 37 Frauen, Männern und Kindern helfen, die in den Trümmern des Hotels Arabi umkamen.

Die Feuer breiteten sich ungehindert aus; sie griffen über auf Geschäftshäuser, die nördlich der Suks standen – sie befanden sich meist in christlichem Besitz. In den Ruinen nisteten sich schon bald Kämpfer der islamischen Milizen und der PLO ein. Die Gegend um den Hauptplatz von Beirut wurde zur Todeszone.

Die Verantwortung für die Zerstörung des Beiruter Handelszentrums trugen Scheich Pierre Gemayel und seine Kampforganisation. Die Handlungsweise war kaum durch die Entschuldigung zu rechtfertigen, das nahegelegene Hauptquartier der Phalanges Libanaises habe verteidigt und geschützt werden müssen. Der Beschießung durch die Raketenwerfer der Christen war kein islamischer Angriff, nicht einmal eine Provokation durch PLO-Kämpfer vorausgegangen. Es bestand auch keine Notwendigkeit, freies Schußfeld für die Phalangemiliz zu schaffen – der Place des Canons hatte selbst genügend Freiraum zur Entfaltung der vollen Abwehrkraft der Maschinenwaffen geboten.

Da Pierre Gemayel nie eine Erklärung abgab, die seine Handlungsweise verständlich gemacht hätte, bleiben für eine Begründung nur Vermutungen. Möglich ist, daß zunächst nur eine begrenzte Aktion zur Warnung des Gegners vorgesehen war, die jedoch bald außer Kontrolle geriet und sich nach eigenen Gesetzen entwickelte: Ein Rausch der Vernichtungswut könnte die Kämpfer der Phalanges Libanaises befallen haben. Nach einigen Stunden der Beschießung der Marktregion fraßen sich die dort wütenden Feuer unaufhaltsam weiter. In dieser Phase waren die Feuerwehrmänner aus Beirut und Damaskus durch Scharfschützen am Eingreifen gehindert worden. Die Christenmiliz legt Wert auf die Feststellung, sie habe nichts mit den Scharfschützen gemein.

Bis zu jenem 17. September des Jahres 1975 hatte die Phalangeführung nach dem Grundsatz gehandelt, die wirtschaftliche Kraft des Libanon müsse bewahrt und sogar noch gestärkt werden; jeder, der Substanz des Libanon zerstörte, wurde als Feind angesehen. Die Vernichtung der Suks war ein radikaler Bruch mit diesem Prinzip. Möglich ist, daß Pierre Gemayel mit dieser sinnlosen Zerstörung die Entschlossenheit der Christenführung bekunden wollte, eher den Libanon selbst zu vernichten, als die Veränderung seiner Struktur zuzulassen, und sich eher selbst die Lebensbasis zu nehmen, als Konzessionen zu machen. Stimmt diese Annahme – sie paßt zum Charakter des Scheichs Pierre –, dann liegt die Folgerung nahe, daß diese Demonstration der Entschlossenheit dem Gegner signalisieren sollte, er brauche sich keine Hoffnung zu machen, den Libanon intakt in die Hand zu bekommen.

Ministerpräsident Raschid Karame aber sah den Sinn der Aktion darin, daß Gemayel ihn zwingen wollte, der Armee die Sicherung von Beirut zu übertragen. Für Karame, den islamischen Politiker, stellte sich die Situation so dar: »Scheich Pierre ist der Meinung, nur die Armee könne das Land vor Veränderung bewahren. Er selbst schafft die Situation, die das Eingreifen der Truppe zwingend notwendig macht. Er glaubt, daß sich die Armeeführung, die von Maroniten kontrolliert wird, auf die Seite der Christen schlägt, wenn die politische Weisung erfolgt, die Truppe habe die kämpfenden Bürgerkriegsparteien zu trennen. Die Chefs der Maroniten glauben, die Allianz zwischen Oberkommando der Armee und Führungsspitze der Phalanges Libanaises werde unweigerlich eintreten, wenn der legalen Streitmacht in der Hauptstadt keine Zurückhaltung mehr auferlegt wird, wenn sie aufgefordert wird, den neutralen Schlupfwinkel der Kasernen zu verlassen.«

Nach den Erfahrungen, die Raschid Karame nur Tage zuvor während der Kämpfe zwischen Tripoli und Zghorta gemacht hatte, dachte der Ministerpräsident nicht daran, der Armee den Einsatzbefehl für Beirut zu geben. Die islamischen Politiker hatten schon wissen lassen, sie wollten keinen libanesischen Soldaten im Stadtzentrum sehen. Hatte Scheich Pierre Gemayel wirklich spekuliert, die Extremsituation werde die Armeeführung zwingen, Stellung in Beirut zu beziehen, so erlebte er eine Enttäuschung: Raschid Karame, der nicht nur Ministerpräsident, sondern auch Verteidigungsminister war, besaß die Autorität, die Offiziere zur Neutralität zu zwingen.

Daß der Phalangechef über die Reaktion des Ministerpräsidenten enttäuscht war, läßt sich aus seinem weiteren Verhalten ablesen: Er verlangte Karames Rücktritt mit der Begründung, der Chef der Exekutive habe seine Verpflichtung, für Ordnung und Stabilität zu sorgen, nicht erfüllt. Gemayel warf dem Ministerpräsidenten vor, der Situation überhaupt nicht gewachsen zu sein. Um Karames Unfähigkeit, das Land zu regieren, noch augenfälliger zu machen, befahl Scheich Pierre der eigenen Miliz, den Kampf an allen Frontlinien zu verstärken und sich auf keinerlei Gespräch über einen möglichen Waffenstillstand einzulassen. Chaos sollte herrschen im Libanon. Gemayel erwartete, daß die Libanesen Raschid Karame dafür verantwortlich machten. Unter dem Druck christlichen und islamischen Protestes sollte Karame durch einen schwächeren sunnitischen Politiker ersetzt werden, der gegen die Verwendung der Armee in Beirut keine Einwände erheben würde.

In diesen Tagen, in denen brutaler Wahnsinn den Libanon für immer veränderte, waren Akte der Vernunft selten. Daß sie gerade im Schuf geschahen, in diesem Bergland, dessen Menschen im Jahr 1860 mit Vorbedacht Massaker verübt hatten, ist erstaunlich. Da hatten sich Camille Chamoun, der maronitische Politiker, der als Präsident des Libanon im Jahr 1958 die amerikanischen Marines ins Land geholt hatte, um islamisch-progressive Kräfte daran zu hindern, Anschluß an Syrien zu suchen, und Kamal Jumblat, der damals die Zerstörung des christlich orientierten Staates gern mitvollzogen hätte, gemeinsam entschlossen, den Bürgerkrieg vom Schuf fernzuhalten. Beide hatten die Macht und die Möglichkeiten dazu. Camille Chamoun, der die christlichen Dörfer des Schufgebirges im Parlament repräsentierte, konnte den Bewohnern auf Grund seiner natürlichen Autorität das Verhalten vorschreiben – Kamal Jumblat durfte sich, da sein Ansehen auf eigenem Prestige und auf feudaler Tradition beruhte, unbedingt auf das Volk der Drusen verlassen. So brachten beide das Wunder zustande, den Bewaffneten der christlichen und drusischen Volksgruppen im Schuf zu verbieten, aufeinander zu feuern. Dieselben Bewaffneten aber schlossen sich, kamen sie nach Beirut, sofort den kämpfenden Parteien an. Die Vereinbarung galt nur für das Bergland südöstlich von Beirut. Camille Chamoun und Kamal Jumblat achteten besonders darauf, die Palästinenser überhaupt und die PLO im besonderen aus den Schufbergen fernzuhalten.

Syrische Intervention

Präsident Assad sieht sich zum Handeln gezwungen

Das kluge Verhalten des Maroniten Camille Chamoun und des Drusen Kamal Jumblat, das darauf angelegt war, die Menschen, von deren Einkünften sie selbst lebten, nicht im Bürgerkrieg leiden und umkommen zu lassen, ließ die Unvernunft der Gemayels um so deutlicher hervortreten. Hafez Assad, der syrische Präsident, in dessen Bewußtsein das Gefühl der Verantwortung für den Libanon stark ausgeprägt ist, sah sich zwei Tage nach dem von Scheich Pierre befohlenen Beginn der Beschießung des Beiruter Stadtzentrums veranlaßt, wieder einmal seinen Sondergesandten, den Außenminister Abdel Halim Khaddam, in den Präsidentenpalast nach Baabda, östlich von Beirut, zu entsenden. Khaddam hatte schon mehrmals versucht, die Politiker aller Richtungen zur Mäßigung zu veranlassen. Gelungen war ihm nur die Festlegung von Feuerpausen, die dann nie beachtet wurden. Zu bewundern war schon damals die Geduld der Syrer – sie hielt ein Jahrzehnt lang an.

Diesmal, am 19. September 1975, erschien Abdel Halim Khaddam in Baabda mit dem Vorschlag, Präsident Sleiman Frangieh möge ein »Komitee des Nationalen Dialogs« einsetzen, dem Kamal Jumblat, Saeb Salam, Raschid Karame, Camille Chamoun – aber vor allem auch Scheich Pierre Gemayel angehören sollten. Das Gremium, so drängte Khaddam, möge sich unverzüglich treffen, um eine Basis für das Zusammenleben aller Volksgruppen zu finden. Es dürfe in den Diskussionen keine Tabus geben, keine Vorbehalte und kein Beharren auf unantastbaren Vorrechten. Endlich müßten alle Probleme offen besprochen werden. Im Ausgleich der Interessen könne dann Zufriedenheit aller erreicht werden.

Dieser optimistische Ansatz der Problemlösung gefiel Präsident Frangieh. Doch war er nicht im Sinne des Phalangeführers, der wohl wußte, daß er auf traditionelle Vorrechte der Christen verzichten sollte. Gemayel kannte bereits die zwei wichtigsten und offenbar unabdingbaren Punkte aus dem Katalog der islamischen Forderungen: Raschid Karame, Saeb Salam und Kamal Jumblat wollten dem Staatspräsidenten das Recht nehmen, den Ministerpräsidenten ohne Zustimmung des Parlaments zu ernennen und ihm Vorschriften für die Amtsführung zu machen. Diese Forderung hatte das Ziel, den islamisch-sunnitischen Ministerpräsidenten mit mehr Vollmachten auszustatten, als sie der Staatspräsident besaß. Und überdies sollte die Formel »6 zu 5« ihre Gültigkeit verlieren und durch die Formel »5 zu 5« ersetzt werden, die bewirkt hätte, daß Christen und Moslems im Parlament und in der Verwaltung künftig in gleicher Stärke vertreten gewesen wären.

Beide Punkte aus dem Forderungskatalog wurden von Scheich Pierre Gemayel von vornherein als nicht annehmbar zurückgewiesen. Er ließ wissen, daß er sich weigern werde, auch nur darüber zu diskutieren. Die Reform des Libanon, so meinte er, dürfe den Status des Präsidenten und die Formel »6 zu 5« nicht berühren. Über welche Art von Reform er mit sich reden lassen wollte, blieb offen. Seine Gegner erwiderten, sie seien nicht an »kosmetischen Veränderungen« der politischen Struktur des Libanon interessiert; die Reform müsse durch einen scharfen chirurgischen Eingriff erfolgen, der die Rechte der Christen zugunsten der Moslems beschneide.

Da Scheich Pierre Gemayel die Diskussion über die kritischen Punkte vermeiden wollte, war es seine Absicht, die Formierung des »Komitees des Nationalen Dialogs« überhaupt zu verhindern. Dazu fiel ihm ein geschickter Winkelzug ein: Er verkündete, der Konflikt im Libanon sei nicht ein internes, sondern ein gesamtarabisches Problem, denn da finde keineswegs ein libanesischer Bürgerkrieg statt, sondern eine bewaffnete Auseinandersetzung mit der nichtlibanesischen Streitmacht der Palästinensischen Befreiungsbewegung, die sich widerrechtlich eingenistet und schließlich zur Besatzungsmacht entwickelt habe. Diese PLO aber werde getragen von der gesamten arabischen Nation, deshalb solle ein übernationales Gremium den Streit schlichten. Gemayels Hoffnung war, daß die Vertreter Ägyptens und Saudi Arabiens in diesem Gremium den maronitischen Standpunkt, der weitgehende Entwaffnung der PLO-Kämpfer vorsah, bekräftigen würden. Er hatte Informationen aus den Hauptstädten Cairo und Riadh erhalten, die ihn zu dieser Hoffnung veranlaßten.

Die Regierung des Emirats Kuwait ließ sich von christlich-libanesischer Seite dazu inspirieren, eine Konferenz der arabischen Außenminister anzuregen, die dann in Cairo zusammentrat. Der einzige Verhandlungsgegenstand sollte der Libanon sein. Die Repräsentanten Syriens, Libyens und der PLO blieben der Tagung fern. Ihre Begründung für die Abseitsposition war, sie könnten der »Arabisierung« des Libanonkonflikts nicht zustimmen, denn es handle sich selbstverständlich um einen rein internen Streit zwischen islamischen und christlichen

Volksgruppen, an dem die Palästinenser nur am Rande beteiligt seien. Das Fehlen Syriens nahm der Konferenz der arabischen Außenminister jeglichen Sinn. Die Delegierten verließen Cairo nach langen, aber fruchtlosen Diskussionen wieder. Gemayel war enttäuscht; Hafez Assad, der syrische Präsident, aber fand die Entwicklung ermutigend, hatte die Cairoer Tagung doch gezeigt, daß ohne syrische Initiative keine Lösung im Libanonkonflikt möglich war. Von nun an konnte Hafez Assad die Entwicklung in Ruhe beobachten. Sein Einfluß auf die Vorgänge im Libanon wuchs.

Nach dem Scheitern der Konferenz war ein Anschwellen der Kämpfe unvermeidbar. Gefechte flammten auf entlang der alten Ausfallstraße nach Damaskus, die vom Place des Canons aus nach Südosten führt. Aus dem Stellungskrieg entlang der Demarkationslinie zwischen christlichen und islamischen Wohnvierteln heraus eröffnete die Christenmiliz eine überraschende Offensive. Das Hafengebiet, die Gegend des Hauptquartiers der Gemayel-Organisation, war der Ausgangspunkt des Angriffs. Er verlief so erfolgreich, daß die Phalanges Libanaises das Gebiet der modernen und modischen Hotels am Meer in ihre Hand bringen konnten. Sie besetzten erst den unfertigen Komplex des Hilton-Hotels, dann die Gebäude der renommierten Hotels St. Georges und Phoenicia. Mit der Eroberung des Holiday-Inn-Hotels gelang es ihnen, ein Gebäude zu sichern, dessen obere Stockwerke ein exzellentes Schußfeld weit in das islamische Westbeirut hinein boten.

Etwa 500 Meter von diesem Hotel entfernt, nahe beim Stadtzentrum gelegen, besaßen die Moslemmilizen ihre strategisch wichtigste Stellung: den Rohbau eines Hochhauses von zwanzig Stockwerken, das nach dem Besitzer Murr Tower hieß. In der Silhouette Beiruts dominiert der Murr Tower als das höchste Gebäude. Seine unverkleidete Struktur aus Beton und Stahl ragt über ein Gewirr alter Häuser hoch. Der Tower steht direkt am Rand des islamischen Stadtgebiets und bot den islamischen Milizen den Vorteil, in einem weiten Abschnitt des Christengebiets alle Vorgänge beobachten zu können. Allerdings ist der Murr Tower auch ein exponierter Punkt. Die Phalanges Libanaises hatten sich rasch auf ihn eingeschossen. Mit Feuer aus Geschützen und Raketenwerfern bemühten sie sich, die Moslemmilizen aus ihrer beherrschenden Stellung zu vertreiben – ohne Erfolg. Das Stahlgerüst des Tower trotzte allen Explosionen.

Der Murr Tower blieb von Kämpfern einer Milizorganisation besetzt, die sich »al-Murabitun« nannte. So hatten sich in der Frühzeit des Islams die Sturmbrigaden des Heeres von Mekka und Medina bezeichnet. Der Kommandeur der modernen al-Murabitun hieß Ibrahim Kholeilat; er gehört zum Jahrgang 1942. Kholeilat bekannte sich zu den politischen Grundsätzen des 1970 verstorbenen Gamal Abdel Nasser, die auf die Vision von einem gesamtarabischen Staat mit milder sozialistischer Ordnung ausgerichtet waren. Wichtig war jedoch nicht die sozialistische Neigung der al-Murabitun, sondern ihre Funktion als Miliz der sunnitischen Bevölkerung in Westbeirut. Al-Murabitun war gegründet worden als bewaffneter Schutz der Sunniten. Die Organisation hatte damit für diese Religionsgruppe dieselbe Aufgabe wie Amal für die Schiiten und die Phalanges Libanaises für Maroniten und Christen insgesamt.

Waffen hatte die sunnitische Kampforganisation von der PLO erhalten; das zur Kriegführung nötige Geld floß aus den Kassen des saudiarabischen Königshauses und der Emire der Ölstaaten am Persisch-Arabischen Golf. Die Monarchen der reichen Länder, die selbst Sunniten sind, fühlten sich verpflichtet, ihren Glaubensbrüdern im Libanon durch finanzielle Zuwendungen zu helfen. Für die Ausbildung der Bewaffneten sorgten sunnitische Offiziere der libanesischen Armee.

Daß die Kämpfer von al-Murabitun über starke Feuerkraft verfügten, bekamen die christlichen Milizionäre zu spüren, die das Hotel Holiday Inn erobert hatten. In Ruhe die erreichte Position aufzubauen, um von ihr aus den weiteren Vorstoß nach Westbeirut hinein vorzubereiten, war die Absicht der Phalanges Libanaises gewesen. Die Miliz kämpfte in der Überzeugung, ihr Sieg sei selbstverständlich, da an diesem Frontabschnitt keine erprobte palästinensische Einheit al-Murabitun unterstützte. Doch die sunnitische Kampforganisation hatte sich rasch vom Schock des christlichen Blitzangriffs erholt. Bald nach der Eroberung lag das Hotel unter starkem Beschuß: Raketen und Granatwerfergeschosse schlugen in dem hohen Gebäude ein. Brände brachen aus, die mehrere Stockwerke verwüsteten. Die Phalanges Libanaises mußten den Plan aufgeben, bis zur American University vorzustoßen, die etwas mehr als einen Kilometer vom Holiday Inn entfernt ist. Die Verteidigung des Hotels wurde zur kräftezehrenden Aktion, von deren Ausgang das Ansehen der Phalanges Libanaises abhing. Verlor die Christenmiliz das Holiday Inn, dann war dies ein Triumph für die Moslems.

Der Organisation al-Murabitun hatte diese Kriegsphase bereits Prestigezuwachs gebracht. Mit der Abwehr des Vorstoßes der Christen hatte sich die Kampfgruppe endgültig die uneingeschränkte Sympathie der Sunniten in Westbeirut erworben. Ihrem Kommandeur Ibrahim Kholeilat war es gelungen, sich innerhalb der Sunnitengemeinde neben Saeb Salam und Raschid Karame zu stellen. Weil das sunnitische Volk Ibrahim Kholeilat feierte, mußten die beiden Politiker den Emporkömmling neben sich dulden. Kontrolle über ihn übten sie nicht aus.

Die Vorgänge in Beirut wurden von Damaskus aus aufmerksam beobachtet. Der syrische Präsident Hafez Assad behielt sich alle Entscheidungen in der »Affäre Libanon« vor. Die Situation stellte sich ihm so dar: Auch diese Runde des Bürgerkriegs hatte den christlichen Milizen nicht den gewünschten Erfolg gebracht. Sie hatten im Gegenteil feststellen müssen, daß die Schlagkraft der islamischen Milizen stärker war als je zuvor. Die Fronten waren erstarrt an der Demarkationslinie zwischen Ain ar-Rummanah und dem Hotelviertel des Beiruter Zentrums. Die Pattsituation verlangte nach einer Lösung von außen. Irgendwann mußte der Zeitpunkt kommen, der für ein Eingreifen der Syrer im Libanon günstig war.

Von den Ereignissen weggefegt waren alle Pläne, ein »Komitee des Nationalen Dialogs« einzuberufen. Der syrische Außenminister Abdel Halim Khaddam schlug vor, wenigstens ein »Höheres Koordinationskomitee« einzurichten, das eine Brücke schlagen konnte zwischen Moslems und Christen. Niemand besaß in jenen ersten Oktobertagen des Jahres 1975 die Kraft, den syrischen Wunsch abzulehnen – so wurde er halbherzig akzeptiert. Das Gremium konnte zusammentreten. Seine praktische unmittelbare Aufgabe war, wieder einmal einen Waffenstillstand zu vereinbaren und abzusichern. Der Umstand, daß die Bürgerkriegsparteien gerade unter Mangel an Waffen litten, erleichterte die Erfüllung der Aufgabe.

Drei Tage nach dem Zusammentreten des Höheren Koordinationskomitees wurden Zweifel wach, ob Scheich Pierre Gemayel überhaupt bereit war, eine wenn auch noch so bescheidene Brücke zwischen Christen und Moslems zu dulden. Am 6. November 1975 traf ein auffällig großes Frachtschiff vor dem improvisierten Hafen Junieh im christlichen Gebiet ein. Präsident Sleiman Frangieh, zu diesem Zeitpunkt darauf bedacht, die Chancen für die Arbeit des Koordinationskomitees nicht durch eine Verschärfung der Spannungen im Lande zu vermindern, teilte den Verdacht seiner Sicherheitsoffiziere, der Frachter habe Waffen für die Phalanges Libanaises geladen. Da dies nur Fortsetzung des Kampfes bedeuten konnte, ließ der Präsident den Phalangechef darauf hinweisen, daß er in der Entladung des Frachters einen Bruch der eben gültig gewordenen Waffenstillstandsvereinbarungen sehe. Daraufhin wurde ihm mitgeteilt, der Frachter sei keineswegs mit Waffen beladen, sondern mit lebendem Vieh.

Diese offenbare Lüge ärgerte Sleiman Frangieh derart, daß er ein Truppenkontingent in Richtung Junieh abrücken ließ. Die Soldaten wurden jedoch durch Posten der Phalanges Libanaises so lange aufgehalten, bis Geschütze, Raketenwerfer und Munition ausgeladen und in die Bergregion Kesruan abtransportiert worden waren. Von jenem

6. November 1975 an blieb das Verhältnis zwischen Sleiman Frangieh und Pierre Gemayel gespannt.

Daß die Christenmiliz neue Waffen erhalten hatte, wurde den sunnitischen, schiitischen und palästinensischen Kampforganisationen rasch bekannt. Auf ein solches Ereignis, das als Vorwand dienen konnte für die eigene Aufrüstung, hatten sie lange gewartet. Sie reagierten mit hektischen Bemühungen, ebenfalls Geschütze und Raketenwerfer in großer Zahl zu erwerben. Die Sowjetunion war bereit zu liefern: gegen harte Währung, die von der PLO zur Verfügung gestellt wurde; sie wiederum erhielt ihr Geld von den reichen arabischen Ölstaaten. So geschah es, daß die Entladung des Frachters am 6. November 1975 einen Wettlauf der Aufrüstung in Gang setzte, der für Verständigung überhaupt keine Hoffnung mehr ließ. Alle Geschütze, Raketenwerfer, Maschinengewehre und Handfeuerwaffen, die für die islamischen Milizen bestimmt waren, wurden in jener Zeit über Syrien in den Libanon gebracht. Hafez Assads Analyse der libanesischen Situation lautete jetzt: Die Libanesen wollen eine nächste Runde auskämpfen – danach ist der Libanon reif für eine syrische Intervention.

Wie gering die Hoffnung auf eine friedliche Lösung war, zeigte sich schon im Verhalten der für die Wirtschaft wichtigen Kreise der Hauptstadt. Die Zerstörung der jahrhundertealten Suks hatte bei den Händlern, Unternehmern und Bankiers einen Schock ausgelöst, der nie mehr zu heilen war. Vernichtet waren nicht nur Läden und Verkaufsgewölbe, sondern auch die Zentralen der inländischen und die Filialen der ausländischen Banken. Hatten die Geldinstitute während der Kriegsmonate von April bis August ihre Finanzbestände noch in Beirut verwahrt, so war mit dem ersten Tag der Beschießung der Suks ein Transferstrom der Bankeinlagen in Richtung Europa und Vereinigte Staaten eingeleitet worden. Das Kapital floh aus Beirut. Den Bankenplatz Beirut gab es fortan nicht mehr. Da die nun zerstörten internationalen Verflechtungen der libanesischen Wirtschaft sich weitgehend in der Hand christlicher Geschäftsleute befunden hatten, war vor allem der christliche Teil der Bevölkerung Verlierer der bisherigen Phase des Bürgerkriegs.

Scheich Pierre Gemayel, unzufrieden mit der Entwicklung, sah ein, daß ohne Syriens Hilfe der Prozeß der Substanzminderung zu Lasten der Christen nicht aufzuhalten war. Er rang sich dazu durch, selbst mit dem syrischen Präsidenten Hafez Assad zu reden. Unentschlossen war er jedoch, was er dem Syrer an politischen Zugeständnissen anbieten, auf welche Positionen er verzichten sollte. Er geriet jedoch nicht in die Verlegenheit, Angebote machen zu müssen, denn das Treffen zwischen Pierre Gemayel und Hafez Assad wurde durch schreckliche Ereignisse im Libanon in einen bedeutungslosen Vorgang verwandelt.

Vorgesehen war der Besuch in Damaskus für den 6. Dezember 1975. Drei Tage zuvor waren Anzeichen zu erkennen, daß Kräfte existieren mußten, die mit Gemayels Reise unzufrieden waren. Bewaffnete, die damals und später nie identifiziert wurden, stoppten in der Nähe der christlichen Ortschaft Kahale einen Lastwagen, der mit Tausenden von neugedruckten Exemplaren des Koran unterwegs war nach Beirut. Die Unbekannten stürzten die Ladung in den Straßengraben und verbrannten sie. Diese Aktion der Koranentheiligung hatte aller Wahrscheinlichkeit nach nur den einen Zweck, die Entwicklung aufzuhalten, die in ein Abflauen des Religionskriegs münden konnte. Waren die Emotionen erst wieder aufgeheizt, hatte die Gemayelreise nach Damaskus ihren Sinn verloren. Dann konnte Gemayel nicht mehr ernsthaft versuchen, mit Hafez Assad zu einer Übereinkunft zu kommen. Diesmal ließ sich jedoch die Intensivierung des Glaubenskrieges noch verhindern, da die Moslemführung einsah, daß ihr mit dieser Provokation eine Falle gestellt worden war.

Einen Tag vor Gemayels Reise nach Damaskus aber wurde Kahale durch palästinensische Artillerie beschossen, die in der zumeist drusischen Stadt Aley stationiert war. Die Phalanges Libanaises beantworteten von Kahale aus das Feuer mit Granaten gleichen Kalibers. Scheich Pierre Gemayel, willens, den Besuchstermin in Damaskus einzuhalten, gab Befehl, das Gefecht nicht über den Bereich Kahale–Aley hinauszutragen; der Konflikt sollte eingedämmt werden. Doch als er am Samstag, dem 6. Dezember, den Hubschrauber bestieg, der ihn nach Damaskus zum syrischen Präsidenten Hafez Assad brachte, da verbreitete sich in Beirut die Nachricht, vier Kämpfer der Spezialeinheit »BG« seien ermordet aufgefunden worden. »BG« war die Bezeichnung der Truppe, die sich Beschir Gemayel, der Sohn von Scheich Pierre, zum Schutz seiner Person und für besonders harte Einsätze geschaffen hatte. Diese Eliteeinheit zeichnete sich durch außerordentliche Härte und ein intensives Gefühl des Zusammenhalts aus. Für jedes Mitglied galt an jenem 6. Dezember als selbstverständlich, daß der Tod der vier Kameraden gerächt werden müsse. Daß keiner wußte, an wem die Rache zu vollziehen war, da niemand die Täter kannte, wurde nicht bedacht: In blinder Wut wurde gemordet. Moslems, die aus dem christlichen Teil von Beirut noch nicht abgewandert waren, weil sie dort eine Heimat hatten, gerieten plötzlich in die akute Gefahr, ermordet zu werden. 150 islamische Männer wurden während weniger Stunden nach der Auffindung der vier maronitischen Leichen auf bestialische Weise getötet. Unter den Opfern befanden sich viele Hafenarbeiter, die, nach Schichtwechsel, auf dem Weg nach Hause waren.

Innenminister Camille Chamoun wollte den Ausnahmezustand ausrufen und verlangte von Ministerpräsident Raschid Karame, der zugleich Verteidigungsminister war, die Freigabe der Armee zum Einsatz im Unruhegebiet Beirut; er wurde von Karame nur ausgelacht, war doch gerade Chamouns Miliz besonders aktiv an den Morden beteiligt.

Zwei Tage nach dem »Schwarzen Samstag« – diese Bezeichnung hatten die Moslems inzwischen dem 6. Dezember gegeben – begann die Racheaktion der Moslemmilizen. Sie unterschied sich sehr von der Rache der christlichen Kämpfer: Die Organisation al-Murabitun und ihre Verbündeten schlugen nur gegen die Phalanges Libanaises und gegen die Chamounkämpfer los. In einer kühn vorgetragenen Offensive, deren Ausgangspunkt der Murr Tower war, griffen Einheiten der islamischen Kampfverbände das Hotelviertel an, das von den Phalanges Libanaises Ende Oktober erobert worden war. Drei Tage lang stürmten die Männer von Ibrahim Kholeilat gegen die Hotelkolosse an, die zu Festungen ausgebaut waren. Dann gelang der Erfolg: Die Christenmiliz mußte die Hotels Saint Georges und Phoenicia räumen, da den Verteidigern keine Munition mehr zur Verfügung stand. Die Kämpfer im Holiday Inn aber waren von Einheiten der Murabitun umzingelt. Im Schutz der Dunkelheit konnten sich Tage später einige Phalangekämpfer nach Osten, in Richtung des 400 Meter entfernten christlichen Gebiets, durchschlagen.

Scheich Pierre Gemayel, der aus Damaskus ohne ein für die aktuelle Problemlösung brauchbares Resultat zurückgekehrt war, analysierte am 9. Dezember zusammen mit seinem Sohn Beschir die Situation. Beide hatten nur geringe Hoffnung, die Positionen westlich vom Place des Canons halten zu können. Während der vergangenen zwei Monate waren nahezu sämtliche Gebäude im Gebiet, das einen Quadratkilometer umfaßte, zerstört worden. Im Kampf von Ruine zu Ruine hatten sich die Kämpfer von al-Murabitun als mutiger und einfallsreicher erwiesen. Beschir Gemayel, der realistisch dachte, konnte unter diesen Umständen nicht völlig ausschließen, daß die sunnitische Kampforganisation bei einem Vorstoß in Richtung Hauptquartier der Phalanges Libanaises erfolgreich sein würde. Noch immer litt die Christenmiliz unter einem Mangel an trainierten Kämpfern, um die langen Fronten zu schützen. Die Phalanges Libanaises hatten nicht nur die Beiruter Demarkationslinie zu verteidigen, sondern auch heiße Grenzen im Gebirge und die außerhalb des eigentlichen Christengebiets gelegene Stadt Zahle im Bekaatal.

War Beschir Gemayel skeptisch, ob seine Kämpfer einen Stoß des Gegners zum Phalangehauptquartier abfangen könnten, so konnte ihm sein Vater die Sorge abnehmen, daß eine derartige Attacke geplant sei. Der syrische Staatspräsident Hafez Assad hatte ihm mitteilen lassen, er werde einen eindeutigen Sieg der Organisation al-Murabitun im Zentrum von Beirut verhindern, da er eine völlige Verschiebung der Kräfteverhältnisse bedeuten würde; Hoffnung für eine Lösung des gesamten internen Libanonkonflikts sei nur dann gegeben, wenn eine Balance der Kräfte existiere.

Der Syrer hatte versprochen, die Christen würden nicht die Verlierer im internen Konflikt sein. Der Chef der Phalanges Libanaises hatte den Eindruck, Hafez Assad sehe auch nicht ein, warum der christliche Staatspräsident auf Vorrechte zugunsten des Ministerpräsidenten verzichten sollte, warum eine Änderung der Sitzverteilung im Parlament zugunsten der Moslems und Drusen durchgesetzt werden müsse.

Hatte der Flug nach Damaskus auch kein greifbares Ergebnis für eine Lösung des aktuellen Konflikts gebracht, so war das Gespräch zwischen Scheich Pierre Gemayel und Hafez Assad doch wichtig gewesen, weil Aspekte der Zukunft besprochen werden konnten.

Durch geduldige syrische Vermittlung wurde Ibrahim Kholeilat veranlaßt, noch vor Weihnachten 1975 auf die Fortsetzung der Murabitunoffensive zum Place des Canons zu verzichten. Die Beruhigung der Front in Zentralbeirut wurde von Scheich Pierre aber nicht zur behutsamen Aufnahme von Gesprächen mit dem Gegner benutzt, sondern zur Sicherung des eigenen Hinterlandes als Vorsorge für die nächste Phase des Bürgerkriegs. Direkt an der Straße zwischen Ostbeirut und dem neu angelegten Hafen Junieh befand sich das von der ärmsten Moslemschicht bewohnte Slumviertel al-Karantina; dort hatten radikale islamische Gruppen das Sagen. Weiter südlich, zwischen ad-Dikwana und Schiah, war das Palästinenserlager Tell az-Zatar entstanden, von dem aus die Straße in das christliche Bergland kontrolliert werden konnte. Diese beiden Fremdkörper im christlichen Lebensbereich sollten jetzt verschwinden, obwohl kein aktueller Anlaß für die Ausräumung der Siedlungen bestand.

Yasir Arafat hatte ausdrücklich auf die Neutralität der PLO-Kämpfer des Lagers Tell az-Zatar hingewiesen: Sie seien nicht Partei im internen libanesischen Streit. Trotzdem trieb die Christenführer die Sorge um, die Kämpfer in Tell az-Zatar würden, wenn es zu einer Krise käme, die Straße zwischen Beirut und dem Gebirge sperren; von der PLO würde es dann abhängen, ob Verpflegung und Nachschub die christlichen Stadtviertel der Hauptstadt erreichten. In der Tat hatten bewaffnete Palästinenser schon zeitweise die Straße, die vom Gebirgsort Brumana herunter an Tell az-Zatar vorbei nach Beirut führt, kontrolliert: Dies war vermutlich aus Arroganz der regionalen PLO-Unterführer geschehen, die häufig zeigen wollten, daß sie die Herren seien. Um diese unberechenbare Gefahr zu beseitigen, begannen die Milizionäre des Beschir Gemayel am frühen Morgen des 4. Januar 1976 mit den Vorbereitungen für die Belagerung von Tell az-Zatar.

Längst war auch dieses Lager keine Ansammlung von Zelten und einfachen Hütten mehr. Feste zwei- und dreistöckige Gebäude waren entstanden, mit flachen Dächern, auf denen Wäsche im Wind flatterte. Ein großes Problem des Lagers – damit stand Tell az-Zatar allerdings nicht allein – war die Wasserversorgung. Die Palästinensersiedlung war ja nicht nach dem Bebauungsplan der libanesischen Hauptstadt entstanden, sondern durch illegale Landnahme: ohne Absprache mit Behörden oder den Besitzern von Grund und Boden. So fühlte sich die Stadtverwaltung nie für Tell az-Zatar verantwortlich: Sie baute keine Wasserleitung, und sie sorgte nicht für Beseitigung der menschlichen Ausscheidungen. In Selbsthilfe hatten die Flüchtlinge Rohre verlegt, um Wasser in das Lager zu holen. Die Leitung endete am Lagerrand. Quellen waren nicht gefunden worden im engeren Bereich von Tell az-Zatar.

Bis zum Morgen des 6. Januar 1976 hatte es im internen libanesischen Krieg nie eine direkte Konfrontation zwischen PLO und Phalanges Libanaises gegeben, obgleich der Anlaß für das offene Aufbrechen des Libanonkonflikts der Beschuß eines Palästinenserbusses gewesen war. Den Kampf auf der Seite der Gegner der Phalangisten hatten sunnitische, schiitische und drusische Milizen geführt, die nur hin und wieder von PLO-Verbänden unterstützt wurden. Jetzt aber beabsichtigten Pierre und Beschir Gemayel die unmittelbare Auseinandersetzung mit der palästinensischen Kampforganisation. »Wir wollen, daß alle fremden Elemente von unserem Heimatboden verschwinden!« sagte Beschir Gemayel. Doppelsinnig war dieser Satz gemeint: Er bedeutete, daß alle Moslems, wozu auch die Palästinenser zählten, die christlichen Gebiete des Libanon zu verlassen hätten; und er sollte die Palästinenser vorwarnen, daß ihre Vetreibung aus dem Libanon beschlossene Sache sei.

Diese zweite Bedeutung des Ausspruchs wurde von der syrischen Führung mit Beunruhigung zur Kenntnis genommen. Präsident Hafez Assad hatte sich der arabischen Welt als einziger Beschützer der Palästinenser und der PLO dargestellt, auf den Verlaß sei. Tat er nichts, um den Anfängen des Vertreibungsprozesses zu wehren, verlor er an Glaubwürdigkeit. Er gestattete deshalb, daß einige seiner Mitarbeiter laut darüber nachdachten, ob nicht eine militärische Intervention zur Sicherung der palästinensischen Präsenz im Libanon angebracht sei; eine derartige Intervention werde dem gepeinigten Land Frieden bringen. Eine Intervention Syriens war der arabischen Welt – und den Vereinten Nationen – dann als gerechtfertigt darzustellen, wenn sie die

Kämpfe im Libanon beendete. Je stärker die Gefechte tobten, desto mehr Verständnis konnte Hafez Assad für sein Eingreifen erwarten. Seine Mittelsmänner ließen deshalb jetzt dem Chef der al-Murabitun, Ibrahim Kholeilat, freie Hand an der Front in Zentralbeirut.

Die sunnitische Kampforganisation begann also wieder gegen die christlichen Positionen am Place des Canons anzurennen, konnte jedoch keinen weiteren Geländegewinn erringen. Die Christenmiliz, reicher an Erfahrung, kämpfte wirkungsvoll. Im Verlauf der Gefechte gelang den Phalanges Libanaises sogar ein Vorstoß zum Hotel Holiday Inn.

Wie ernst der Ausspruch von Beschir Gemayel: »Wir wollen, daß alle fremden Elemente von unserem Heimatboden verschwinden!« gemeint war, begriff Hafez Assad aber erst am 18. Januar. An diesem Tag drangen Kämpfer der Spezialeinheit »BG« – Beschir Gemayel – in das Slumviertel al-Karantina ein. Der Name des Viertels zeigt seine frühere Verwendung: Hier befand sich einst die Quarantäne des Hafens Beirut.

Al-Karantina bestand aus beinahe tausend ineinandergeschachtelten, hüttenähnlichen Primitivkonstruktionen aus Blech, Pappe, Holz und Sackleinen. Jede dieser winzigen Behausungen lehnte sich an die andere an. In al-Karantina hatten sich Arbeitsunwillige, Gescheiterte, Verbrecher, aber auch zahlreiche Flüchtlinge mit ihren Familien »angesiedelt«. Alle waren sie Moslems. Rund 5000 Menschen betrachteten die Hütten in al-Karantina als ihre Heimat.

In ihrer Isolation – Moslems im Christengebiet, Arme unter Wohlhabenden – waren sie der Propaganda durch eine radikale kommunistische Organisation ausgesetzt gewesen, deren Agitatoren erfolgreich die Parole predigten, am Elend der Bewohner von al-Karantina seien allein die Reichen schuld, vor allem die reichen Christen. Es sei die Pflicht jedes aufrechten Moslems, für die Veränderung des Systems im Libanon zu kämpfen. Die Vorherrschaft der Christen müsse gebrochen werden. Auf die Außenwände mancher Hütte war das Schlagwort »Beschir = Faschist« gepinselt worden.

Die Kommunisten hatten mit Hilfe der PLO längst begonnen, die jungen Männer des Viertels zu bewaffnen und im Guerillakampf auszubilden. Sie waren bei der Anwerbung der Männer schon deshalb erfolgreich gewesen, weil sie diesen Angehörigen armer Familien Sold bezahlen und damit den Lebensunterhalt sichern konnten.

Beschir Gemayel und die Kämpfer der Einheit »BG« waren informiert gewesen über die Kampfkraft und Entschlossenheit der Gegner, ihre Wohnungen zu verteidigen. Die Kommandeure der »BG« hatten eigens eine Taktik entwickelt, um die Verteidigung durchbrechen zu können: In gepanzerten Fahrzeugen mußte der Feuerriegel durchstoßen werden, mit dem die Verteidiger von den äußeren, durch Sandsäcke geschützten Hütten aus das gesamte Viertel umgaben. Die gepanzerten Fahrzeuge sollten als feuerspeiende, bewegliche Festungen mitten hinein in den Wirrwarr der Hütten fahren, um dann von innen heraus die Widerstandskraft der Gegner zu vernichten. Das Problem war nur gewesen, daß die Phalanges Libanaises über keinerlei Fahrzeuge mit ausreichender Panzerung verfügt hatten. Sie hatten sich durch Eigenbau geholfen: Auf die kräftigen Stahlrahmen von Lastwagen waren dicke Stahlplatten geschweißt worden, in die Schießscharten geschnitten waren. Wer hinter den Panzerplatten saß, der war geschützt gegen Geschosse aus Maschinenpistolen und Maschinengewehren; doch schon einfachen panzerbrechenden Waffen war die Stahlverkleidung nicht gewachsen. Für den Erfolg wichtig war die Schnelligkeit, mit der die Fahrzeuge auftauchen und sich fortbewegen mußten. Sie konnten wirksam im Einsatz sein, solange der Gegner die schlichte Bauart nicht erkannt hatte.

Drei der gepanzerten Fahrzeuge – sie stehen heute noch im Hof des Hauptquartiers der christlichen Milizen in Beirut – fuhren am 18. Januar 1976, gesteuert von wagemutigen Milizionären, von der Straße her auf die Hütten von al-Karantina zu. Sie überwanden den Schußhagel und brachen in die Gassen ein. Unter den Feuerstößen aus den Fahrzeugen fielen die ersten Hütten zusammen. Hinter den Fahrzeugen rückten Guerillaspezialisten der »BG« vor. Sie schonten niemanden, der sich ihnen mit der Waffe in den Weg stellte; sie schossen aber auch auf Unbewaffnete. Beschir Gemayels Männer wollten Schrecken verbreiten, die Bewohner des Slumviertels zur Flucht veranlassen.

Feige verhielten sich die Verteidiger nicht. Immer wieder bildeten sie Widerstandsnester und schossen im Schutz des Rauchs, der al-Karantina schon bald einhüllte. Da von außen keine Hilfe eintreffen konnte – das Viertel al-Karantina lag zwar am Meer, doch mitten im Machtzentrum der Phalanges Libanaises –, erlahmte die Kampfkraft der Bewohner schließlich. Die Verteidiger ergaben sich. Wer aus den Massen der Gefangenen von den Milizionären der »BG« als Kämpfer erkannt wurde, und das waren die meisten der jungen Männer, der starb durch Salven aus Maschinenpistolen. Als die Schießereien aufhörten, wurden die überlebenden Männer und alle Frauen und Kinder aus dem Viertel getrieben. Sie durften mitnehmen, was sie eben tragen konnten. Dann fuhren Caterpillar auf und zertrümmerten alle Hütten. Die Schaufeln dieser Baumaschinen schoben die Reste der Behausungen an einem Fleck zusammen. Was brennbar war, wurde von Flammen verzehrt. Am Abend des 18. Januar 1976 war nichts mehr erhalten vom Slumviertel al-Karantina. Die vertriebenen Bewohner trafen, geleitet von Kämpfern der Phalanges Libanaises, an der Demarkationslinie zwischen Ostbeirut und Westbeirut ein. Dort wurden sie von Beauftragten der PLO und der Organisation al-Murabitun in Empfang genommen. Die Vertriebenen fanden Unterkunft in Häusern, aus denen die christlichen Bewohner geflohen waren, und in ehemaligen Hotels.

Im Verlauf des 18. Januar war der syrische Staatspräsident Hafez Assad mehrfach von Raschid Karame und von anderen führenden Moslempolitikern auf die Vorgänge in al-Karantina aufmerksam gemacht worden; verbunden waren die Telefonate mit der dringenden Bitte um Hilfe. Der Staatschef in Damaskus aber gab immer nur die eine Antwort: »Die PLO und die islamischen Kampforganisationen besitzen mehr Waffen, mehr Munition und mehr Kämpfer als die libanesische Armee und die Phalanges Libanaises zusammen. PLO und Moslemorganisationen können sich allein helfen.« Seine Einschätzung des Kräfteverhältnisses beruhte auf korrekten Informationen, Palästinenser und Moslemkämpfer hätten die südlich von Beirut gelegene Stadt Damur überrannt – aus Rache für die Belagerung des Flüchtlingslagers Tell az-Zatar. Tausende der Bewohner wären in die nächste Ortschaft as-Sadiyat geflohen, in der Camille Chamoun, der frühere Präsident und derzeitige Innenminister, eine Villa am Meer besaß.

Camille Chamoun hielt sich selbst im nun eingeschlossenen Ort as-Sadiyat auf, der unter Beschuß durch PLO-Artillerie lag. Von seiner Villa aus hatte Chamoun an den libanesischen Präsidenten appelliert, er möge für Evakuierung der über tausend Familien sorgen, die sich im kalten Januarregen auf dem Küstenstreifen rings um das Haus drängten und auf Abtransport aus dem belagerten Gebiet warteten. Derselbe Chamoun, der jetzt um Hilfe rief, war der Befehlshaber einer eigenen Miliz, die den Namen »Numur« (Tiger) trug. Offenbar waren diese Miliz und die mit ihr verbündeten Phalanges Libanaises der PLO und den Moslemorganisationen unterlegen – dies war die Folgerung, die Hafez Assad aus den Ereignissen von Damur und as-Sadiyat zog.

Anlaß des Angriffs auf die Christenstädte südlich von Beirut war, daß Yasir Arafat und Kamal Jumblat sehr wohl verstanden hatten, was die Belagerung des Flüchtlingslagers Tell az-Zatar bedeutete: Es war der Anfang einer geplanten Aktion der Christen zur Vertreibung aller islamischen Bevölkerungsgruppen aus den christlichen Gebieten. Arafat und Jumblat wollten zeigen, daß sie imstande waren, gleiches mit gleichem zu vergelten: Sie vertrieben die christlichen Familien aus überwiegend islamischen und drusischen Gegenden. Dabei war es Palästinensern und Moslemkämpfern gelungen, innerhalb weniger Stunden den starken Verteidigungsgürtel der Christen zu durchbrechen.

Beschir Gemayels Befehl zum Angriff gegen al-Karantina war keine Reaktion auf die Vorgänge in Damur und as-Sadiyat gewesen. Längst war geplant gewesen, das Slumviertel zu »sanieren«. Der syrische Präsident aber glaubte, Zusammenhänge erkennen zu können. Für ihn war die »Aktion al-Karantina« die Rache, die auf die »Aktion Damur« hatte folgen müssen. Deshalb ließen ihn Karames Appelle ungerührt. Erst als die ausgetriebenen Bewohner von al-Karantina auf dem Weg nach Westbeirut waren, war der syrische Staatschef bereit, mit seinem libanesischen Amtskollegen über das Geschehen zu reden.

Nach Angaben der Mitarbeiter von Sleiman Frangieh habe Hafez Assad gesagt: »Herr Präsident, bei Ihnen ist ein schweres Massaker im Gang, das nicht ohne Folgen bleiben kann. Ich bitte Sie dringend, etwas zu unternehmen, damit dieses Massaker aufhört, damit die daraus resultierenden Gefahren abgewendet werden können. Da werden Kinder, Frauen und alte Leute umgebracht, und das kann nicht geduldet werden. Bitte, richten Sie ihre Aufmerksamkeit auf diesen Vorgang und helfen Sie, soweit Sie können. Wir hier erwarten mit Spannung das Ergebnis Ihrer Bemühungen.«

Telefonisch vereinbarten die zwei Präsidenten einen Waffenstillstand – ein sinnloses Unterfangen, da keiner von beiden direkte Autorität über die Kampforganisationen besaß, die zur Fortsetzung der Gefechte entschlossen waren. So nahmen weder die Bewaffneten von al-Murabitun noch von den Phalanges Libanaises die Absprache von Hafez Assad und Sleiman Frangieh zur Kenntnis. Die PLO brachte ihre Aktion gegen Christengebiete südlich von Beirut zum Abschluß. Sie ließ zwar die Evakuierung der Bevölkerung mit Hilfe von Schiffen und Hubschraubern zu, nahm jedoch die Kämpfer der Chamounmiliz »Tiger« gefangen. Das Haus des ehemaligen Staatspräsidenten in as-Sadiyat wurde ausgeplündert und schließlich teilweise gesprengt. Die Verwüstung seines Prachtsitzes am Meer machte Camille Chamoun zum schroffsten Gegner von Vereinbarungen mit Yasir Arafat. Chamoun war fortan kein Freund von Waffenstillstandsabkommen mehr, die den Kampf gegen die PLO beenden sollten.

Als der syrische Präsident begriff, daß seiner Verordnung eines Waffenstillstands kein Erfolg beschieden war, da erkannte er auch die Sinnlosigkeit der Hoffnung auf einen internen Heilungsprozeß für den zerrissenen Staat Libanon. Zusammen mit seinen Beratern faßte Hafez Assad den Entschluß, militärisch zu intervenieren, Truppen zu schikken. Dieser Entschluß war heikel, denn seine Ausführung konnte eine harte israelische Reaktion auslösen. Alle Vorgänge auf libanesischem Gebiet wurden von den Israelis genau beobachtet – der israelische Geheimdienst wußte über die geringste Bewegung der Milizverbände Bescheid, kannte die Position der Geschütze und Raketenwerfer aller Parteien im Bürgerkrieg. Er war darauf bedacht, keine Zusammenballung von Kämpfern und Material im Gebiet zuzulassen, das der israelischen Grenze nahe war. Ohne Kontakt mit dem israelischen Geheimdienst, ohne Zustimmung durch die israelische Regierung konnte Hafez Assad keine Streitkräfte in den Libanon entsenden, wenn er die Verbände nicht in Gefahr bringen wollte, sofort von der israelischen Luftwaffe angegriffen und vernichtet zu werden. Da der syrische Präsident sich hütete, selbst Verbindung in Richtung Israel zu halten, wandte er sich an den amerikanischen Botschafter in Damaskus mit der Bitte, der israelischen Regierung mitzuteilen, Syrien plane eine militärische Intervention im Libanon, die jedoch in keiner Weise gegen Israel gerichtet sei.

Die Regierung der USA, daran interessiert, den Libanon zur Ruhe zu bringen, gab der syrischen Aktion eine Chance. Vorausgegangen waren während der zurückliegenden Monate Fühlungnahmen zwischen Washington und Damaskus. Hafez Assad hatte seine schroff-ablehnende Haltung gegenüber der amerikanischen Regierung aufgegeben – und Distanz zur Führung in Moskau bewiesen. Wenige Monate zuvor war die Regierung in Damaskus von den Außenpolitikern in Washington noch als Lakai der Sowjets verurteilt worden; jetzt aber galt Hafez Assad als Garant einer gewissen Stabilität. So hielt es die amerikanische Regierung für opportun, den Israelis Duldung des syrischen Einmarsches im Libanon zu empfehlen.

Kaum war die diplomatische Aktion zum gewünschten Ergebnis gekommen, handelte Hafez Assad: Am 19. Januar 1976 überschritt ein beachtlicher Verband gepanzerter Fahrzeuge am Rand des Bekaatals die libanesische Grenze. Eine telefonische Anfrage des Präsidenten Sleiman Frangieh beantwortete Hafez Assad so: »Beide Seiten im Bürgerkrieg haben das Maß des Zulässigen überschritten. Die einmarschierenden Verbände sollen alle Beteiligten zur Vernunft bringen.« Auf die Frage des libanesischen Präsidenten, warum Syrien eine palästinensische Panzertruppe, die Yarmuk-Brigade der Palästinensischen Befreiungsarmee (PLA), ausgewählt habe, erhielt Frangieh die Antwort: »Sie war gerade greifbar. Doch die Yarmuk-Brigade ist nicht als palästinensischer, sondern als syrischer Verband zu betrachten. Sie wird von syrischen Offizieren kommandiert und handelt völlig nach dem Willen der syrischen Regierung.« In der Tat besaß Yasir Arafat keinerlei Einfluß auf die Yarmuk-Brigade. Sie war nur dem Anschein nach ein palästinensischer Truppenverband.

Ohne auf Widerstand zu stoßen, hatte die Yarmuk-Brigade innerhalb von einer Stunde nach Überschreiten der Grenze am Straßenknotenpunkt Schtura Position bezogen. Von hier aus kontrollierte sie das gesamte Bekaatal und die Straße, die über das Libanongebirge nach Beirut führt. Diese rasche Inbesitznahme strategischer Punkte durch eine Panzereinheit, die syrisch-palästinensisch orientiert war, verwirrte und deprimierte die Christenführung. Sie glaubte, der Panzervorstoß sei gegen maronitisches Kernland gerichtet und habe letztlich nur das eine Ziel, die Phalanges Libanaises zu vernichten. Scheich Pierre Gemayel stellte zu seiner großen Überraschung fest, daß der israelische Schlag zur Verhinderung des syrisch-palästinensischen Aufmarsches in libanesischem Gebiet ausblieb.

Bisher hatte ein derartiger Schlag der Israelis zum Schutz christlicher Interessen in der politischen Vorstellung des Phalangeführers als Selbstverständlichkeit gegolten. Daß er nicht erfolgte, ließ Scheich Pierre zum erstenmal an der Freundschaft der Vereinigten Staaten zu den Christen des Libanon zweifeln, denn er begriff wohl, daß die Regierung in Washington dem syrischen Einmarsch zugestimmt hatte. Völlig verblüfft war er allerdings, als ihm der amerikanische Botschafter in Beirut die Gründe für die Handlungsweise der für die US-Außenpolitik Verantwortlichen darlegte: Sie seien überzeugt, Syrien bringe dem Libanon Frieden. Der Botschafter war befugt, die Garantie abzugeben, Hafez Assad werde keine Niederlage der christlichen Milizen dulden. Die syrische Intervention habe allerdings auch das Ziel, die Teilung des Libanon in einen islamischen und einen maronitischen Staat zu verhindern. Washington bitte Scheich Pierre Gemayel, so erklärte der amerikanische Botschafter, keinen Widerstand zu leisten gegen Syriens Eingreifen, das im Interesse des Libanon liege.

So bedrängt, sah sich der Phalangechef veranlaßt, seine Einstellung zu ändern. Das State Department in Washington mobilisierte weitere Unterstützung zur Beeinflussung der Christenführung: Unter dem Druck französischer Regierungsbeamter, die ihn aus Paris anriefen, gab Pierre Gemayel schließlich die Bereitschaft zu erkennen, die Syrer im Libanon zu akzeptieren. Gefördert wurde diese Bereitschaft durch Meldungen aus den von der PLA besetzten Städten: Überall waren die syrischen Offiziere darauf bedacht, mit den libanesischen Sicherheitsbehörden zusammenzuarbeiten; nirgends leisteten sich die Syrer Eigenmächtigkeiten.

Nach wenigen Tagen hatte die Invasionstruppe den gesamten islamischen Teil des Libanon unter Kontrolle; selbst Gebiete, die nicht direkt besetzt waren, verhielten sich so, als seien die Syrer präsent. Freigeblieben war der maronitische Sektor, der von Zghorta im Norden bis zur Straße Beirut–Damaskus reichte und dem der Ostteil von Beirut angegliedert war. Die syrischen Verbände sorgten in den von ihnen beherrschten Zonen für Ruhe – die Phalanges Libanaises hüteten sich, vom christlichen Teil des Landes aus die Ruhe zu stören.

Obgleich der syrische Präsident erklärt hatte, einer Teilung des Libanon werde er nicht zustimmen, hatte seine Aktion dafür gesorgt, daß das Land nun in Kantone aufgetrennt war, die allerdings einander respektierten. So waren die Voraussetzungen geschaffen für einen Waffenstillstand – es war der 33. seit Beginn des Bürgerkriegs am 13. April 1975.

Die »Nationale Übereinkunft«

Am 14. Februar 1976 verkündete Präsident Sleiman Frangieh über die Bildschirme, der Libanon werde eine Verfassung bekommen, die dem Land Gerechtigkeit bringe und damit die Voraussetzung für eine innere Befriedung des Staates schaffe.

In Damaskus war der Anstoß zur Neufassung der Regeln des Zusammenlebens aller Libanesen gegeben worden. Hafez Assad hatte Sleiman Frangieh aufgefordert, für den christlichen Bevölkerungsteil die Bereitschaft für Konzessionen zu erklären. Damit war sofort deutlich geworden, daß Hafez Assad die konfessionelle Ausrichtung der libanesischen Politik nicht anrühren wollte. Das Prinzip sollte erhalten bleiben und nur durch Veränderung dem Kräfteverhältnis zwischen den Bevölkerungsteilen angepaßt werden.

Da nur wenig verändert werden sollte, konnte der Wortlaut der neuen »Nationalen Übereinkunft«, den Sleiman Frangieh am 14. Februar verlas, dem Libanon nicht die fundamentale Wende bringen. Beibehalten wurde die bisherige konfessionelle Aufteilung der drei höchsten Staatsämter: Nur ein Maronit durfte Präsident der Libanesischen Republik werden; der Ministerpräsident hatte Sunnit zu sein; das Amt des Parlamentsvorsitzenden konnte nur von einem Schiiten besetzt werden.

Neu war jedoch die Bestimmung der gleichmäßigen Aufteilung der Abgeordnetensitze im Parlament: Christen und Moslems sollten künftig über dieselbe Anzahl von Stimmen verfügen können. Damit war die Formel »6 zu 5« aufgehoben und durch die Formel »5 zu 5« ersetzt. Die »Nationale Übereinkunft«, die Präsident Frangieh den Libanesen vorstellte, sah für die Besetzung der Posten zweiten und dritten Ranges in der Staatsverwaltung und der Offiziersstellen in der Armee vom Obersten abwärts den Verzicht auf jegliche Formel vor: Von nun an sollte der Kandidat eine Position zugewiesen bekommen, der die beste Voraussetzung dafür besaß, wobei die Kriterien Fähigkeit und Ausbildung in erster Linie berücksichtigt werden müßten. Der Grundsatz der beruflichen Kompetenz war jedoch nicht in Anwendung zu bringen bei der Berufung von Behördenleitern und höchsten Offizieren. Diese Funktionen waren unter Christen und Moslems nach der Formel »5 zu 5« zu verteilen. Die Beamten also, die direkt unter den Ministern Zuständigkeiten verwalteten, waren weiterhin in ihrer Auswahl den Regeln des Konfessionalismus unterworfen.

Die »Nationale Übereinkunft« kündigte Reformen auf den Gebieten Erziehung, Sozialwesen, Rechtsprechung und Verwaltung an – ohne jedoch präzise Versprechungen zu machen. Deutlich wurde, daß Sleiman Frangieh keine Vorstellung besaß, wie die Gesellschaft des Libanon künftig geordnet sein sollte. Wichtig für den Präsidenten war nur, jetzt ein Modell vorzustellen, das die islamischen Politiker für den Augenblick befriedigen konnte. Ein stärkeres Maß an Konzessionen hatte ihm der syrische Druck nicht abgefordert.

In seiner Fernsehansprache vom 14. Februar 1976 versprach Sleiman Frangieh, er werde bald eine »Regierung der nationalen Einheit« vorstellen können; sie sollte das Symbol des neu vereinigten Libanon sein. Abdel Halim Khaddam, der syrische Außenminister, kam in Begleitung anderer wichtiger Repräsentanten des Assadregimes nach Beirut, um die Bildung dieser Regierung zu beschleunigen. Kamal Jumblat, den Khaddam als ersten aufforderte, sich an einem Kabinett aller politischen Kräfte des Libanon zu beteiligen, ließ dem Syrer sofort eine Absage zukommen. Der drusische Politiker und Chef der Progressiven Sozialistischen Partei übergab Khaddam ein Memorandum, in dem er die Grundlage der »Regierung der nationalen Einheit« – gemeint war die »Nationale Übereinkunft« – verurteilte. Das Angebot der Christen an die Religionsgruppen, so war in Jumblats Memorandum zu lesen, sei in der Substanz zu gering und erfolgte dazuhin zu spät. Die geplante Reform lasse den Konfessionalismus bestehen, der eines modernen Staates unwürdig sei. Als unerträglich müsse er, Kamal Jumblat, die Zumutung empfinden, daß das Amt des Staatspräsidenten für alle Zeiten den Maroniten vorbehalten bleibe – dazuhin habe Sleiman Frangieh an keiner Stelle das unterprivilegierte Volk der Drusen erwähnt, das an der Macht und am Reichtum im Libanon beteiligt sein wolle.

Der Drusenführer stand mit seiner Ansicht keineswegs allein. Der Syrer Khaddam mußte die Erfahrung machen, daß Kamal Jumblat von vielen wichtigen Moslempolitikern unterstützt wurde. Sunnitenführer stellten Khaddam immer wieder die Frage, warum er nicht dafür eintrete, daß die sunnitischen Ministerpräsidenten mehr Selbständigkeit gegenüber dem Staatspräsidenten bekämen. Der Außenminister blieb die Antwort schuldig. Ohne etwas erreicht zu haben, fuhr Abdel Halim

Khaddam nach Damaskus zurück. Die syrische Regierung hielt aber trotz des Scheiterns ihrer Bemühungen an der Idee fest, der Libanon brauche eine Regierung aller politischen Kräfte. Kamal Jumblat aber hatte erkannt, daß eine solche Regierung Illusion bleiben müsse. Seine Einsicht begründete er mit dem Zustand der libanesischen Armee: Seit Anfang Februar war ein deutlicher Zerfall der Streitmacht festzustellen. Wenn die Armee schon nicht mehr am Gedanken der nationalen Einheit festhielt, konnte auch keine Regierung darauf aufgebaut werden.

Begonnen hatte die Auflösung mit der Desertion des Leutnants Ahmad Khatib, der, wie er sagte, die christliche Allmacht in der Truppe satt hatte. Der Moslem Khatib nahm andere islamische Soldaten und Offiziere mit sich und gründete die »Libanesische Arabische Armee«. Christliche Soldaten und Offiziere reagierten sofort durch Aufstellung eigener Einheiten. Die getrennten Verbände rückten auseinander: Die christlichen Einheiten fuhren ins Christengebiet, die Moslems zogen in die Zone ihrer Glaubensbrüder.

Leutnant Ahmad Khatib gab unmittelbar nach seiner Trennung vom christlichen Oberkommando eine politische Erklärung ab, die für die Haltung der islamischen Truppenteile bindend wurde. Der Leutnant sagte: »Die Nationale Übereinkunft bietet überhaupt keinen Ansatzpunkt für die Lösung des libanesischen Problems. Zu viele Opfer sind von Moslems gebracht worden. Diese Opfer machen es uns unmöglich, die verkündete Übereinkunft zu akzeptieren.«

Am 11. März 1976 informierte der syrische Außenminister, der sich schon wieder in Beirut aufhielt, seinen Präsidenten, die libanesische Armee habe als Gesamtverband zu bestehen aufgehört, doch es sei damit zu rechnen, daß ein Militärputsch bevorstehe. Nach Meinung des Informanten sei der Coup vielleicht darin nützlich, den Präsidenten Frangieh, der den Konflikt nicht mehr übersehe, zu Fall zu bringen. Ohne Zweifel war der syrische Außenminister darüber informiert gewesen, was für den Abend desselben Tages geplant war.

Der islamische Brigadegeneral Aziz Ahdab stellte sich über die Bildschirme des Libanesischen Fernsehens als selbsternannter Regierungschef vor. Er sei entschlossen, so sagte er, das Chaos zu beenden. Voraussetzung dafür sei der Rücktritt des Präsidenten Sleiman Frangieh. Für die Ohren der Mächtigen in Damaskus sagte General Aziz Ahdab, die Fortsetzung der syrischen Initiative zur Befriedung des Libanon sei ihm willkommen.

Der syrische Präsident hütete sich, zum Militärputsch positive Stellung zu beziehen. Doch er hatte sofort erkannt, daß der Coup Bewegung in die verworrene Situation brachte. Er sah den Vorteil so: »General Ahdab stellte die Forderung nach dem Rücktritt des libanesischen Präsidenten. Diese Forderung war bisher noch nie erhoben worden. Sie ist bedenkenswert.« Schon zwei Tage später verlangten zwei Drittel der Parlamentsabgeordneten, Sleiman Frangieh möge den Platz im Präsidentenpalast freigeben. Für die Petition der Abgeordneten zeigte Hafez Assad Verständnis; doch als der islamische Leutnant Ahmad Khatib den Rücktritt Frangiehs erzwingen wollte, da wurde er barsch an der Verwirklichung seiner Absicht gehindert.

Die erste syrische Wende

Am 15. März 1976 befahl Ahmad Khatib in seiner Eigenschaft als Oberkommandierender der sich eben formierenden Libanesischen Arabischen Armee den Angriff auf den Präsidentenpalast von Baabda, der südöstlich von Beirut auf einem Hügel liegt. In zwei Kolonnen rückten etwa tausend Mann mit Fahrzeugen von Osten und von Süden her auf das Ziel vor. Als die erste Kolonne im Osten von Baabda den Gebirgsort Sofar erreichte, wurde sie von einer Einheit der PLA aufgehalten, der syrisch-palästinensischen Kampfeinheit, die Hafez Assad Mitte Januar in den Libanon geschickt hatte. Auch die zweite Kolonne kam nicht voran: Sie stand in der Ortschaft Khalde, im Süden von Beirut, vor einer Barrikade; auch hier blockierten PLA-Truppen den Weg.

Der syrische Präsident selbst hatte den Auftrag gegeben, Ahmad Khatib und seine Soldaten davon abzuhalten, den Präsidentenpalast von Baabda zu stürmen und den Präsidenten Frangieh aus dem Amt zu jagen. Er sah wenig Sinn darin, einen Mann zu stürzen, dessen Amtszeit ohnehin nur noch fünf Monate dauern sollte. Überdies konnte Assad kaum zulassen, daß ein derart entscheidender Schritt im syrisch kontrollierten Gebiet nicht mit ihm abgesprochen, nicht von ihm genehmigt wurde. Nachgiebigkeit gegenüber Ahmad Khatib hätte bedeutet, daß vom Prestige des syrischen Präsidenten im Libanon wenig übriggeblieben wäre. Assad wollte gerade verhindern, daß jeder der Kriegsherren nur dem eigenen Willen folgte. Um sich als Meister des Libanon zu bewähren, nahm Hafez Assad gegen den islamischen Glaubensbruder Khatib Stellung – zur Verwunderung der Moslempolitiker im Libanon.

Die Entscheidung für Frangieh war kurzfristig gefallen, in den ersten Minuten nach Bekanntwerden des Angriffsbeginns der Libanesischen Arabischen Armee. Die Ereignisse des 15. März 1976 veranlaßten Hafez Assad zur Klage, er sei gezwungen, 85 Prozent seiner Arbeitskraft für die Libanonaffäre zu gebrauchen. Einen Staatsbesuch beim französischen Präsidenten Giscard d'Estaing, der für den 16. März geplant war, sagte Assad unter Hinweis auf die neue Krise im Libanon ab. Für den Abend des durch die Absage der Reise frei gewordenen Tages bat der syrische Präsident alle wichtigen Moslemführer zu sich nach Damaskus; auch Yasir Arafat war eingeladen. Selbstverständlich fügte sich der PLO-Chef den syrischen Wünschen.

Nur einer weigerte sich zu kommen: Kamal Jumblat. Von seinem Hauptquartier Muchtara im Schufgebirge aus schimpfte er auf die Syrer: »Sie mischen sich bei uns ein. Sie sollen den Libanon schnellstens verlassen. Die Syrer haben ihre Rolle hier ausgespielt.« Noch zeigte Hafez Assad Geduld; er schickte zwei Männer aus seinem Stab nach Muchtara mit dem Auftrag, die syrische Position genau zu erläutern und Jumblats Verständnis zu erlangen. Doch der ließ die beiden Abgesandten Assads von seiner Tür weisen. In den syrischen Zeitungen, die alle nur die Regierungsmeinung spiegeln, wurde Jumblat daraufhin angegriffen, er sei allein derjenige, der den Religionskrieg im Libanon immer wieder anfache. Offensichtlich sei der Chef der Progressiven Sozialistischen Partei ein Feind Syriens, da er dessen Friedensinitiative störe.

Die Abwendung der syrischen Führung von den islamisch-sozialistischen Gruppierungen, die bisher als unbedingte Freunde Syriens gegolten hatten, half jetzt dem Phalangechef Gemayel über kritische Wochen hinweg.

»Was wollen Sie eigentlich noch, Kamal Jumblat?«

Gemayels Gegenspieler, Kamal Jumblat, vergrößerte Gemayels Chancen durch zynische Schmähung des syrischen Präsidenten. Jumblat war am 28. März doch noch einer Einladung nach Damaskus gefolgt; bei der Rückkehr nach Muchtara aber ließ er diese Erklärung verbreiten: »Ich bedanke mich dafür, daß mich der syrische Staatspräsident zum Essen eingeladen hat. Ich hoffe, die Einladung bald erwidern zu können – in Bikfaya.« Dazu muß gesagt werden, daß Bikfaya im Libanongebirge die Heimatstadt der Familie Gemayel ist.

Hafez Assad schildert den Verlauf des vorausgegangenen Gesprächs mit Kamal Jumblat so:

»Ich sagte: Wir stimmen im wesentlichen Ihrer Analyse zu, die das Fazit zieht, daß die Kämpfe beendet werden müssen. Doch was nützt die Übereinstimmung. Die Praxis sieht anders aus. Wir haben Ihnen politisch und militärisch geholfen, doch Sie waren nicht in der Lage, sich durchzusetzen. So sind wir im Libanon einmarschiert, belastet durch das Risiko, daß Israel uns überfallen könnte. Wir haben uns Ihrer Forderung nach nationalen Reformen angenommen und haben das wichtige Dokument der ›Nationalen Übereinkunft‹ zustande gebracht. In ihm sind viele Ihrer Wünsche berücksichtigt. Ich glaube, 90 oder 95 Prozent dessen, was Sie wollen, ist erfüllt worden. Dann geschah der Putsch des Militärs, der als neues Element das Verlangen ins Spiel brachte, Präsident Sleiman Frangieh solle abtreten. Bisher war davon keine Rede gewesen, und wir sind mit diesem Verlangen auch nicht einverstanden. Sie aber haben den Putsch unterstützt. Sie haben verlangt, der jetzige libanesische Präsident habe sein Amt abzugeben. Ihr ganzes Bemühen läuft darauf hinaus, die Situation zur Explosion zu bringen. Wir dachten hier in Damaskus, daß Sie und wir in derselben Richtung marschieren, auf dasselbe Ziel zu. Aber jetzt sind wir hier so weit, daß wir Sie fragen müssen, was Sie denn eigentlich wirklich wollen. Die Rechte der PLO, für die Sie sich einsetzten, sind nicht in Gefahr. Die nationalen Reformen für den Libanon, die Sie haben wollten, stellen kein Problem mehr dar. Selbst die Abdankung des Präsidenten Sleiman Frangieh wird schließlich, wenn auch später, erfolgen. Was wollen Sie eigentlich noch, Kamal Jumblat?«

Darauf, so berichtet Hafez Assad, habe Kamal Jumblat geantwortet: »Als Sie und ich einig geworden waren, da hatten wir über sechs Punkte gesprochen. Als die ›Nationale Übereinkunft‹ dann vorlag, da enthielt sie siebzehn Punkte!« Hafez Assad sagte, er habe sich über diese Antwort gewaltig geärgert, doch seine Reaktion sei völlig ruhig gewesen. Er habe bemerkt: »Es ist doch unwichtig, wie viele Punkte das Dokument enthält. Von Bedeutung ist doch allein der Inhalt! Enthalten die Punkte irgend etwas, das Ihnen nicht paßt? Oder ist etwas vergessen worden, was Sie dringend gefordert haben?« Kamal Jumblat habe geantwortet: »Wir haben in unserer Progressiven Sozialistischen Partei ein Komitee ernannt, das den Text der ›Nationalen Übereinkunft‹ zu studieren hat. Das Komitee ist der Meinung, die einzelnen Punkte seien nicht präzise genug gefaßt.« Assad erinnert sich, er habe seinem Gesprächspartner Nachhilfeunterricht über das Wesen derartiger Dokumente, wie die »Nationale Übereinkunft«, erteilen müssen: »Da stehen doch nur die Richtlinein für die künftige Arbeit drin. Das Dokument steckt doch nur den Rahmen ab. Über die Verwirklichung jedes Punktes muß nachgedacht werden. Aus den Richtlinien müssen Dekrete und Gesetze entstehen, die dann mit Leben erfüllt werden. Was jetzt folgt, ist gesetzgeberische Detailarbeit.« Kamal Jumblat aber sei wieder ausgewichen mit der Bemerkung, er wolle, daß der Libanon ein weltlicher Staat werde, ohne konfessionell-orientierte Ordnung.

Jetzt, so sagt Hafez Assad, habe er wohl Grund gehabt zu bezweifeln, ob Kamal Jumblat das Problem seines eigenen Heimatlandes Libanon richtig verstehe: »Völlig verwundert fragte ich ihn, ob er der Meinung sei, am Fortbestehen der konfessionell-orientierten Ordnung des libanesischen Staates seien die Phalanges Libanaises und Pierre Gemayel schuld. Er müsse doch wissen, daß sich vor allem die Moslems daran festklammerten. Bei den Phalanges Libanaises würde er derzeit offene Ohren für die Wünsche zur Auflösung der konfessionalisierten Ordnung finden. Die Geistlichen des Islam aber seien dagegen, denn der Islam kenne keinen weltlichen Staat. Da warf Kamal Jumblat ein, die Geistlichen des Islam seien unwichtig. Meine Entgegnung war, nichts ist unwichtig, was den Islam betrifft. So war unser Gespräch verlaufen. Plötzlich aber wechselte Kamal Jumblat das Thema; er wurde heftig und sagte: ›Wir müssen die Christen züchtigen. Dies muß militärisch, mit der Waffe geschehen. Es ist höchste Zeit dafür – denn sie haben uns einhundertvierzig Jahre lang beherrscht!‹«

An jenem 28. März 1976 zerbrach endgültig jegliches Verständnis, das der syrische Staatspräsident so lange für Kamal Jumblat, den Drusenführer und Chef der Progressiven Sozialistischen Partei des Libanon, empfunden hatte. Hafez Assad zieht selbst dieses Fazit vom Ende seiner Verbindung zum wichtigsten Kopf der Sozialistischen Bewegung des Libanon: »Zu unserer maßlosen Verblüffung war, nach Jumblats jetziger Aussage, das derzeitige Problem dieses Landes keine Sache von Recht und Unrecht, kein Widerstreit zwischen progressiver und konservativer Politik, zwischen Fortschritt und Reaktion, wie Kamal Jumblat uns bisher immer glauben machen wollte, sondern es handelte sich ganz einfach um eine einhundertundvierzig Jahre alte Blutrache. Dies war ein völlig neuer Sachverhalt für uns. Da Blutrache neues Blutvergießen fordert, und zwar zwingend fordert, war Kamal Jumblat auf Fortsetzung des Krieges versessen. Nun begriffen wir, daß er überhaupt kein Interesse an einer Aussöhnung mit der christlichen Seite hatte. Er suchte den militärischen Weg aus der Sackgasse.« Hafez Assad aber wollte die militärische Lösung vermeiden.

Kaum hatte Kamal Jumblat am 28. März 1976 Damaskus verlassen, verfügte Staatspräsident Hafez Assad nach Beratung mit seinem Außenminister Abdel Halim Khaddam einen sofortigen Stopp sämtlicher Waffenlieferungen an die drusischen, schiitischen und sunnitischen Milizen. Die Landverbindungen, so befahl Hafez Assad, wie auch der Seeweg zum libanesischen Hafen Saida seien zu blockieren. Die Miliz der Progressiven Sozialistischen Partei hatte im Ostblock Waffen im Wert von zwölf Millionen Dollar bestellt, die am 30. März vom syrischen Hafen Latakia her durch Syrien transportiert werden sollten. Der Fahrzeugkonvoi wurde aufgehalten. Die Waffen behielt Syrien. Die

Konsequenz war bitter für Jumblats militärische Organisation: Sie verfügte jetzt nur noch über geringe Munitionsvorräte. So blieb ihrem Chef gar nichts anderes übrig, als einem Waffenstillstand zuzustimmen.

Daß die Waffen schwiegen, gab Hafez Assad Gelegenheit, Präsidentschaftswahlen im Libanon durchzusetzen. Die gesetzlichen Vorschriften sahen zwar die dafür nötige Abstimmung im Parlament erst für den Herbst vor – so lange hätte Sleiman Frangieh rechtens Staatchef bleiben können –, doch der mächtige Syrer wollte eindeutige Verhältnisse schaffen.

Kamal Jumblat versuchte, die Pläne Assads durch Tricks und Winkelzüge zu durchkreuzen. Zuerst verlangte er, die Wahl müsse bis zum 2. Mai stattgefunden haben, dann aber verlangte er plötzlich eine Verschiebung des Wahltermins, da er zu übereilt angesetzt worden sei. Seine Bemühungen, Zeit zu gewinnen, um einem Kandidaten seiner Vorstellung eine Chance zu verschaffen, scheiterten: Syriens Machtapparat drohte mit weit massiverer Militärintervention. Dem Druck aus Damaskus wollte Kamal Jumblat durch Erpressung begegnen: Am Tag der Wahl, so bestimmte er, müsse ein Generalstreik die Hauptstadt lähmen. Die Gegend des Parlaments aber sei mit Raketen und Artillerie zu beschießen, um die Abgeordneten daran zu hindern, sich dem Gebäude zu nähern.

Tatsächlich ließen sich 29 Abgeordnete von Kamal Jumblat einschüchtern: Sie blieben dem Abstimmungsort Schtura im Bekaatal fern. Diese Stadt war für die Einberufung des Parlaments ausgewählt worden, weil dort die Syrer uneingeschränkt die Kontrolle ausübten. Doch fand sich unter dem Schutz und auf Druck der Syrer die Mehrheit der Abgeordneten in Schtura ein. Gezählt wurden nach geheimem Wahlvorgang 66 Stimmen für den Kandidaten der Mächtigen in Damaskus, für Elias Sarkis.

Er gehört zum Jahrgang 1924 und damit noch zu den jüngeren Politikern des Libanon. Entdeckt worden war Elias Sarkis von Präsident Fuad Schehab, als er einen fähigen Mann zur Leitung der Präsidialkanzlei suchte. Der Maronit erwies sich als ungewöhlich tüchtiger Administrator mit unerschütterlicher Arbeitskraft und Zähigkeit. Bewitzelt wurde nur sein Lebensstil, der den des Präsidenten bei weitem übertraf. Libanesische Karikaturisten zeichneten den Chef der Präsidialkanzlei gern im Aufzug und in der Pose des »Sonnenkönigs« Ludwig XIV.

Dieser Charakterzug war seltsam, denn Elias Sarkis gehörte keiner der feudalen und feudalistischen Familien des Libanon an. Der Name Sarkis bedeutete wenig im Verhältnis zu den Namen Jumblat, Gemayel, Frangieh. Elias Sarkis verfügte über keinen Clan, über keinen

Stamm. Da war niemand, der sich für ihn mit dem Leben eingesetzt hätte. Er war angewiesen auf seinen eigenen Verstand, auf seine Tüchtigkeit. Dies war die Ursache, warum eine jüngere, technokratisch ausgerichtete Generation maronitischer Politiker, die auch keine Clanchefs zum Vater hatten, in Sarkis eine Hoffnung sahen; er sollte die Feudalstruktur innerhalb der christlichen Volksgruppe überwinden.

Als das Schehabregime zu Ende gegangen war, hatte Elias Sarkis in die höchste Führungsetage der libanesischen Staatsbank aufsteigen können; dieser Bankiersposten war ihm jedoch immer nur als Sprungbrett erschienen im Wettbewerb der Kandidaten um das Amt des Staatspräsidenten. Er war seit seiner Dienstzeit in der Präsidialkanzlei überzeugt gewesen, die Spitze der Hierarchie des Libanon zu erreichen. Sein erster Versuch des Griffs nach der Macht war im Herbst 1970 gescheitert: Eine einzige Stimme ließ ihn damals zum Verlierer gegen Sleiman Frangieh werden. Elias Sarkis gab nicht auf. Er sagt selbst: »1970 hatte ich alle Voraussetzungen für mich, und trotzdem wurde ich das Gefühl nicht los, diesmal kaum erfolgreich zu sein. Am 8. Mai 1976 aber standen die Zeichen gegen mich, und dennoch trat ich an im Bewußtsein, der Sieger zu sein.«

Sein Berater Karim Pakradouni, ein politischer Denker von Format auf christlicher Seite, erinnert sich: »Unter einem Hagel von Granaten fand der Abstimmungsvorgang statt. Als das Resultat verkündet wurde, da feuerten die Milizen von Jumblat, Ibrahim Kholeilat und Yasir Arafat aus allen Rohren in Richtung Carlton-Hotel, in dem der neugewählte Staatschef eine Suite bezogen hatte. Elias Sarkis mußte die ersten 24 Stunden nach der Wahl im Schutzraum des Hotels verbringen. Dort nahm er die üblichen Glückwünsche entgegen. Ehe er vom Hotel aus am Abend eine kurze Rede über die Bildschirme hielt, unterbrach irgend jemand die Stromversorgung. Als er dann schließlich doch die Libanesen ansprechen konnte, da wirkte er überlegen und voll intellektueller Reife. Elias Sarkis unterschied sich völlig von anderen libanesischen Politikern, die emotionsgeladen redeten. Seine Wahl ließ viele Libanesen hoffen, er werde die Kraft haben, den internen Streit zu beenden.«

Doch da gab es für den designierten Präsidenten vorerst keine Möglichkeit, sich aktiv für den Frieden im Libanon einzusetzen – er hatte noch fünf Monate zu warten, bis er, mit voller Macht ausgestattet, in den Präsidentenpalast von Baabda einziehen konnte. So lange noch war Sleiman Frangieh der erste Mann im Staat.

Elias Sarkis versuchte wenigstens Vorarbeiten zu leisten für die Zeit der eigenen Präsidentschaft. Als erfolgreicher Präsidentschaftskandidat der Syrer hatte er vorsichtig zu sein: Er durfte in nichts vom Kurs des

Präsidenten Hafez Assad abweichen. Wollte er dem Libanon Frieden bringen, das wußte Elias Sarkis, mußte er mit Kamal Jumblat zu einem Einverständnis kommen, mit dem Mann, der durch Waffengewalt die Wahl hatte verhindern wollen. Um sich jedoch mit Jumblat unterhalten zu können, brauchte er das Einverständnis von Assad. Nur widerwillig gestand der Syrer die Kontaktaufnahme zu, hatte er doch schon andere radikale Pläne für das Ende seines Streits mit Kamal Jumblat. Unmittelbar nach dem Tag der Präsidentschaftswahl hatte der syrische Außenminister laut gedroht: »Wenn ich in der Vergangenheit gesagt habe, daß Syrien das Libanongebirge besetzen kann, so meine ich die Gegend, in der Kamal Jumblat zu Hause ist, und sonst gar nichts.«

Das erste Zusammentreffen von Elias Sarkis mit Kamal Jumblat fand am 18. Mai 1976 statt. Sarkis erläuterte dem bisherigen Gegner seine etwas naiven Absichten: »Die kriegführenden Parteien müssen sich feierlich verpflichten, den Kampf einzustellen. Diese Verpflichtung gilt für Libanesen und für Palästinenser. Danach werden wir uns alle um einen runden Tisch setzen, und jeder wird seine Klagen und Wünsche vorbringen. So wird es uns gelingen, die Basis für ein friedliches Zusammenleben aller Libanesen zu schaffen. Ich hoffe, daß ich für dieses Programm auch Ihre Zustimmung erhalte. Ich brauche Sie, ich brauche die Phalanges Libanaises, und ich brauche die Syrer und die PLO.«

Doch zur bitteren Enttäuschung von Elias Sarkis, der gehofft hatte, den spröden und starrsinnigen Drusenführer im ersten Anlauf durch schlichte Offenheit für sich gewinnen zu können, sagte Jumblat nur: »Die Einstellung der Kämpfe ist erst dann möglich, wenn sich die syrischen Truppen aus dem Libanon zurückgezogen haben. Natürlich ist es klug, daß alle Konfliktparteien an einem runden Tisch Platz nehmen, so kann niemand sagen, er sitze vor dem anderen. Doch ich werde erst dann an diesem Tisch Platz nehmen, wenn meine Reformvorschläge zuvor angenommen worden sind.«

Vorbedingungen könnte er nicht akzeptieren, entgegnete Sarkis. Das Wichtigste sei im Augenblick die völlige Einstellung der mörderischen Feuerwechsel. Auf die Bitte, alles zu unternehmen, damit nicht mehr gekämpft werde, reagierte Kamal Jumblat nicht.

Der Bericht, den Hafez Assad über dieses Gespräch von Elias Sarkis erhielt, trug dazu bei, den syrischen Präsidenten zu entschlossenem Handeln zu veranlassen. Er bat den diplomatischen Vertreter der Vereinigten Staaten von Amerika zu sich, um ihm mitzuteilen, ein weiterer Einmarsch syrischer Truppen in dem Libanon sei keineswegs gegen Israel gerichtet, sondern gegen Unruhestifter und Friedensbrecher, die im Libanon ungestört ihr Unwesen treiben könnten. Hafez Assad verwies auf die täglichen Berichte aus Beirut, die Mord, Entführung, Er-

180

pressung schilderten, die beschrieben, wie Zivilisten im Feuer der Raketen starben. Der amerikanische Botschafter konnte wenige Stunden später mitteilen, seine Regierung habe sich mit den Verantwortlichen in Israel in Verbindung gesetzt – Israel habe nichts gegen den Einmarsch der Syrer, wenn der für Israels Sicherheit nötige Abstand zur israelischen Grenze eingehalten werde.

Die zweite syrische Intervention

Am 31. Mai 1976 faßten Hafez Assad und Abdel Halim Khaddam den Entschluß zum offenen Einmarsch syrischer Truppen im Libanon. Im Gegensatz zur ersten Intervention, die als Aktion der Palästinensischen Befreiungsarmee getarnt gewesen war, wurde diesmal eine reguläre syrische Panzertruppe in das Bekaatal beordert. Am 1. Juni überschritten 4000 Soldaten die libanesische Grenze. Das Rückgrat des Verbandes bildeten 250 Panzer. Assad hatte eine Eliteeinheit mit dem Libanoneinmarsch beauftragt: die Dritte Panzerdivision, die bisher an der Golanfront stationiert gewesen war.

Doch die erste Invasionsphase verlief nicht nach syrischem Wunsch. Obgleich die Dritte Panzerdivision Kriegserfahrung besaß – sie hatte am Oktoberkrieg des Jahres 1973 gegen Israel teilgenommen –, fiel ihr die Niederkämpfung des Widerstands, der ihr entgegenschlug, schwer. Die Kämpfer der PLO und der Progressiven Sozialistischen Partei stoppten den Vormarsch der in zwei Kolonnen aufgeteilten Division in Bhamdun am Gebirgsabhang – dieser Ort war bis zum Beginn des Bürgerkriegs ein beliebter Ferienort wohlhabender Libanesen und reicher Ölprinzen gewesen – und in der Küstenstadt Saida. An beiden Orten hatte die PLO taktisch geschickt angelegte Abwehrstellungen, bestückt mit panzerbrechenden Waffen, vorbereitet. In Saida, das von Palästinensern und von mit der PLO sympathisierenden Libanesen bewohnt war, erwartete die Panzerfahrer die bitterste Überraschung: Auf dem Hauptplatz waren, gut getarnt, großkalibrige Geschütze in Stellung gebracht worden. Die Kanoniere warteten, bis die Panzer nahe genug herangefahren waren, dann jagten sie die Granaten aus den Rohren. Präzise trafen sie die empfindlichen Punkte der ersten zwei Kettenfahrzeuge. Beide, vollgeladen mit Munition und Treibstoff, detonierten in einer gewaltigen Explosion. Der tonnenschwere Stahlturm des ersten Panzers flog durch die Luft und landete im ersten Stock eines nahe stehenden Hauses, wo er als unübersehbares Zeichen der syrischen Schlappe wochenlang blieb.

Nach diesem Abwehrerfolg der Palästinenser zogen sich die syrischen Soldaten samt ihren Panzern wieder aus Saida zurück, um draußen vor der Stadt eine neue Angriffsformation zu bilden. Dort stellten die Befehlshaber fest, daß vier weitere Panzer fehlten – ihre Besatzungen waren in der Stadt einfach ausgestiegen und hatten sich ergeben. Beeindruckt vom Verteidigungswillen der Palästinenser und Libanesen von Saida untersagte das syrische Oberkommando einen weiteren Versuch, die Stadt zu erobern.

Fast gleichzeitig mit der Meldung vom Mißgeschick der als Eliteeinheit geltenden Dritten Panzerdivision erhielt Hafez Assad ein Schreiben aus Moskau. Der Sowjetbotschafter in Damaskus überbrachte eine strenge Ermahnung, die Breschnjews Unterschrift trug. Laut syrischen Quellen hatte sie folgenden Wortlaut:

»Die Sowjetunion fühlt sich beunruhigt über die Position, die Syrien im Libanon bezogen hat. Wir, die Führer des Sowjetvolkes, bestehen darauf, daß die syrische Führung sofort allen militärischen Operationen gegen die palästinensische Befreiungsbewegung ein Ende macht. Im Libanon müssen alle Kämpfe ohne Verzögerung eingestellt werden. Wir verlangen unbedingten Waffenstillstand. Sie können am besten dazu beitragen, daß er auch eingehalten wird, wenn sie alle ihre Truppen aus dem Libanon zurückziehen. Den syrischen Rückzug verlangen wir in der Überzeugung, daß er syrischen Interessen dienen wird. Findet dieser Rückzug nicht statt, werden die Imperialisten und ihre arabischen Verbündeten ihrem Ziel näherkommen, die fortschrittlichen Bewegungen Arabiens unter ihre Kontrolle zu bringen.«

Diese ohne alle diplomatischen Höflichkeitsformeln abgefaßte Mahnung hatte Hafez Assad ernst zu nehmen; schließlich war die Kampfkraft seiner Armee abhängig vom Nachschub aus der Sowjetunion. Syrien verfügte über keine eigene Munitionsfabrik; stellte die Sowjetunion die Lieferungen von Geschossen ein, dann schmolz die Feuerkraft der Dritten Panzerdivision schnell dahin. Um die sich abzeichnende peinliche Entwicklung der Beziehung zum Waffenlieferanten Sowjetunion zu vermeiden, mußte Assad den Verantwortlichen im Kreml die Motive seines Eingreifens im Libanon verständlich machen – doch alle Bemühungen, Breschnjew zu überzeugen, daß Syrien nur im Sinne des fortschrittlichen Lagers gehandelt habe, schlugen fehl.

Yasir Arafat aber besaß zu dieser Zeit das Vertrauen des sowjetischen Staatschefs; die PLO-Delegierten in Moskau fanden Glauben, wenn sie versicherten, im Libanon würden die sozialistischen Freunde der Sowjetunion durch syrische Panzergranaten, die schließlich aus den Waffenkammern der Sowjetunion stammten, ermordet. Arafats Klagen hatten Erfolg: Die Sowjetunion stellte die Lieferung von Waffen und Munition an Syrien ein.

Am 9. Juni 1976 mußte der syrische Präsident Befehl geben, den Vormarsch der Dritten Panzerdivision sofort einzustellen. Dieser Befehl sah nach Eingeständnis einer Niederlage aus. PLO-Chef Arafat konnte triumphieren: Eine Verschwörung gegen Arabiens fortschrittliche Kräfte sei mit Hilfe der sowjetischen Freunde verhindert worden. Daß er laut triumphierte, vergaß ihm Hafez Assad nie; er war fortan darauf bedacht, Arafat den Triumph heimzuzahlen. In der Stunde des Erfolgs ließ sich der PLO-Chef dazu verleiten, die Erfolgschancen seiner eigenen Organisation zu überschätzen: Er war überzeugt, die Syrer in Saida besiegt, zur Flucht und zum Verzicht auf weitere Angriffe veranlaßt zu haben; daraus zog er die Konsequenz, die Verbände der PLO seien mit ihrer Ausrüstung und im derzeitigen Trainingsstand sogar hochmechanisierten gegnerischen Truppen gewachsen – und dazu zählten auch die Israelis. Diese Fehleinschätzung sollte in der Zukunft Folgen haben.

In Wahrheit sah die Situation für Arafat wenig günstig aus: Zwar war der syrische Panzerverband in Bhamdun und Saida stehengeblieben, ehe er zum Angriff gegen irgendein Palästinenserlager antreten konnte, doch er wirkte sich als ständige potentielle Bedrohung für die PLO und ihre libanesischen Verbündeten aus. Bhamdun war die ideale Basis für Vorstöße ins Schufgebirge; damit stand Jumblats ureigenstes drusisches Territorium unter syrischer Kontrolle. Doch die Intervention der Syrer hatte Auswirkungen, die weiter reichten: Durch die Präsenz der Dritten Panzerdivision war die Handlungsfreiheit der palästinensischen Verbände, der Murabitunkämpfer und der Miliz der Progressiven Sozialistischen Partei eingeschränkt. Die Phalanges Libanaises aber erhielten Gelegenheit, ihre eigene militärische Situation zu verbessern.

Noch immer hielt sich das Lager Tell az-Zatar als bewaffnetes Bollwerk der Palästinenser mitten im Phalangegebiet am Ostrand von Beirut. Arafat hatte nach der ersten Blockade im Winter Vorsorge getroffen: Gewaltig verstärkt worden war die Feuerkraft der PLO-Kämpfer, die das Lager verteidigen sollten. Sie verfügten über Raketenwerfer, mittlere Feldgeschütze, Granatwerfer und schwere Maschinengewehre. Etwa eintausend ausgebildete Männer standen zur Abwehr von Angriffen zur Verfügung.

Die Vorsorge hatte allerdings Überheblichkeit der Verteidiger zur Folge: Sie reizten die Phalanges Libanaises durch Errichtung von Straßensperren, die für Autofahrer, die aus den Gebirgsorten kamen und in Richtung Beirut fahren wollten, Umwege bedeuteten. Sie vertrieben Bewohner aus Häusern in Lagernähe, um in den geräumten Wohnungen Maschinengewehrnester einzurichten. Alle diese Aktionen verstärkten den Willen der Phalangenkommandeure, den Fremdkörper Tell az-Zatar zu vernichten. Die Syrer boten die Chance dazu.

Dany Chamoun, der Sohn des ehemaligen Präsidenten, bekam Gelegenheit, seine Milizen, die »Tiger«, zu testen. Ihre ersten Attacken blieben jedoch ergebnislos im Vorfeld des Lagers stecken. Die PLO hatte Anfahrtsstraßen und freie Felder derart geschickt vermint, daß die Angreifer die Sprengkörper erst bei deren Explosion entdeckten. Vierzig Menschenleben kostete der erfolglose Versuch, das Lagervorfeld zu überwinden. Die Kämpfer der Organisation »Tiger« konstruierten daraufhin eine Behelfsvorrichtung aus mit Sand gefüllten Tonnen, die an langen Eisenstangen geschoben wurden. Das Gewicht der Tonnen brachte die Minen zur Explosion. Durch Geschoßgarben aus Maschinengewehren verhinderten die Verteidiger, die sich in den äußeren Gebäuden des Lagers verbarrikadiert hatten, daß sich die maronitischen Kämpfer mit ihrem primitiven Minenräumgerät ungestraft im Vorfeld der Lagerfestung bewegen konnten. Die Hoffnung, Tell az-Zatar im Sturm erobern zu können, mußte Dany Chamoun also aufgeben.

Viele Vorteile fielen auf der Seite der PLO-Kämpfer ins Gewicht, doch sie mußten zwei Nachteile in Kauf nehmen: Sie waren abgeschnitten von den Nachschubbasen – und sie verfügten nur über eine mangelhafte Wasserversorgung; noch immer endete die Leitung am Lagerrand. Wer Wasser holen wollte, der geriet in Gefahr, getötet zu werden.

Die PLO gab sich alle Mühe, Munition nach Tell az-Zatar zu bringen, denn der Verbrauch war riesig: Täglich wurden mehr als 100 000 Patronen allein für die Kalaschnikow-Maschinenpistolen gebraucht. Doch die Phalanges Libanaises und ihre Verbündeten, die »Tiger« des Chamounclans, hatten bald alle Straßen, Wege und Pfade, die aus dem Gebirge herunter zum Lager führten, blockiert. Wo die Kräfte der »Tiger« und der Phalanges Libanaises nicht ausreichten, da half die syrische Armee. Sie spürte mit Hubschraubern die Trupps auf, die Munitionskisten durch Pinienwälder und über felsiges Gelände schleppten. Direkt griffen die syrischen Verbände, die 30 Kilometer vom Lager entfernt ihren Angriff in Richtung Beirut hatten abbrechen müssen, nicht ein. Sie unterstützten aber die maronitischen Milizen durch konzentrierte Angriffe gegen Stellungen der Jumblatmiliz in den Bergen. Die Einheiten der islamischen Organisationen wurden überall in Gefechte verwickelt, wobei die Syrer weniger durch Infanterieaktionen als durch massierten Einsatz ihrer Artillerie wirksam waren. Das Resultat war, daß die Kräfte der Moslemmilizen gebunden waren und der PLO nicht helfen konnten.

Die Intervention zugunsten der Maroniten brachte Hafez Assad mehr und mehr in die schwierige Lage, seine Haltung auch gegenüber Regierungen arabischer Staaten verteidigen zu müssen. Der König von Saudi Arabien brachte seine »Empörung über die syrische Verschwörung zur Vernichtung der palästinensischen Widerstandsbewegung« zum Ausdruck. Die Regierung in Baghdad ließ wissen, sie verabscheue »die Verbrechen der in Damaskus herrschenden faschistischen Clique«. Das Regime in Ägypten, das sich selbst auf dem Weg zur Verständigung mit den Israelis befand und mit der PLO längst gebrochen hatte, löste die diplomatischen Beziehungen zu Syrien auf mit der Begründung, es könne nicht zusehen, wie Syrien Völkermord an den Palästinensern begehe.

Die Kritik der arabischen Regierungen berührte die Verantwortlichen in Damaskus wenig. Unangenehm für Hafez Assad aber war die hartnäckige Kritik aus Moskau. Die sowjetische Nachrichtenagentur TASS erinnerte den syrischen Präsidenten daran, er habe versprochen, durch die militärische Intervention das Blutvergießen im Libanon zu beenden – doch es fließe jetzt mehr Blut als je zuvor. Hafez Assad hatte keinen Verbündeten mehr, und trotzdem hielt er an der eingeschlagenen Politik fest. Diese Haltung war deshalb so bemerkenswert, weil der syrische Staatschef in Damaskus keineswegs mit diktatorischer Gewalt regierte; er war angewiesen auf Unterstützung durch die Armee, die für Putschideen immer anfällig gewesen war. Lehnte das Offizierskorps die Libanonaktion als Abenteuer ab, dann hatte sie Mittel, um Hafez Assad zu stürzen.

Hafez Assad begegnete der Gefahr durch einen Aufruf zu besonderer Wachsamkeit – damit signalisierte der Präsident, daß er selbst gegen umstürzlerische Umtriebe gewappnet sei – und durch besonderes Lob für die Armee: »Die Massen und die Völker des gesamten syrischen Gebietes sind aufgerufen, allen imperialistischen Plänen entschlossen entgegenzutreten... Wir müssen alle geschlossen hinter der heroischen syrischen Armee stehen, die ein Schutzschild darstellt für die gesamte Arabische Nation in ihrem Kampf gegen Verschwörungen, wer auch immer Urheber der Verschwörungen sein mag.« Die Nennung der »Völker des gesamten syrischen Gebiets« war ein Hinweis darauf, daß Hafez Assad den Libanon noch immer als Teil dieses syrischen Gebiets ansah. Die Armee war gewarnt: Das Offizierskorps wußte nun, daß Hafez Assad seine eigene Spezialtruppe gegen jede unliebsame und gefährlich erscheinende Machtkonzentration der Truppenführer einsetzen würde.

Daß Hafez Assad trotz aller Widerstände die PLO und die islamisch-sozialistischen Organisationen des Libanon auch weiterhin als Feinde Syriens ansah, ermöglichte den Phalanges Libanaises und den Chamoun-Tigern die ungestörte Fortsetzung der Belagerung des Palästinenserlagers Tell az-Zatar östlich von Beirut. Da der Sturmangriff mißlungen war, blieb nur noch Hoffnung auf eine Strategie des Aushungerns – in diesem Fall präzise gesagt, des Ausdurstens. Die maronitischen Kämpfer waren wohlinformiert über den Schwachpunkt in der sonst perfekten Verteidigung. Sie postierten ihre Scharfschützen so, daß sie auf jeden Lagerbewohner zielen konnten, der sich der Wasserstelle näherte. Wasser für 5000 Menschen in die Festung Tell az-Zatar zu holen, Tag für Tag, wurde zum Problem. Die Belagerung fand während der Monate Juli und August statt, also während der heißen Zeit des Jahres 1976. Drei Liter Flüssigkeit ist das Minimum, das einem Menschen bei Temperaturen zwischen 30 und 40 Grad Celsius zur Verfügung stehen sollte. Niemand erhielt dieses Minimum. Dabei strengte sich die PLO unter großen Opfern an, den Notstand zu beheben. Freiwillige wagten sich zur Wasserleitung hinaus, doch viele wurden getötet oder verwundet. Die Verluste waren derart hoch, daß schließlich alle Versuche, bei Tageslicht das Wasser zu erreichen, aufgegeben wurden. Aber auch bei Nacht blieb der Weg aus dem befestigten Lager hinaus nicht lange sicher, da die »Tiger« sich Infrarotgläser beschafften, die es ihnen ermöglichten, auch bei Dunkelheit zielgenau zu schießen. Jetzt starben die Wasserträger auch bei Nacht. Yasir Arafat umschrieb die Situation, die nun entstand, so: »In Tell az-Zatar ist eine Tasse Wasser bald wertvoller als eine Tasse Blut.«

Ganze 55 Tage lang dauerte die Belagerung der Palästinenserfestung – 55 Tage furchtbarer Not, ohne Hoffnung auf Hilfe von außen. Arabien schwieg zu den Vorgängen um Tell az-Zatar. Fast ohne Unterbrechung schossen maronitische Artilleristen auf die Häuser des Lagers. Angebote der PLO zur Feuereinstellung interessierten weder Beschir Gemayel noch Dany Chamoun. Sie hatten nur ein Ziel: das Palästinenserlager im christlichen Gebiet auszurotten. Als Durst und Munitionsmangel die Verteidiger zur Aufgabe zwangen, da fielen die Kämpfer der Phalanges Libanaises und der Tigerorganisation mit Brutalität über Bewaffnete und Unbewaffnete her. Männer zwischen fünfzehn und dreißig Jahren wurden umgebracht. Ihre Leichen wurden an Autos gebunden und durch die Lagergassen geschleift, vor den Augen der Frauen und Mütter. Als das Morden abklang, wurden die Häuser von Tell az-Zatar gesprengt. Den Schutt planierten Bulldozer zu einer ebenen Fläche.

Die Vernichtung des Palästinenserlagers erregte Unwillen innerhalb der syrischen Armee. Die Soldaten und Offiziere fragten sich, ob die Eliteeinheit in den Libanon geschickt worden sei, um den Mord an Palästinensern, an Moslems zu ermöglichen. Mit der Zerstörung von Tell az-Zatar hat die Allianz zwischen den maronitischen Libanesen und den Syrern ihren Höhepunkt überschritten, auch wenn sie noch eine Zeitlang wirksam war.

Ein erstes Anzeichen einer Wende wurde bemerkt: Einen Monat nach dem Ende der Belagerung traf sich Yasir Arafat mit Naji Jamil, dem syrischen Sicherheitschef, um die Möglichkeit eines Friedensschlusses zu erörtern. Durch die harte Haltung des PLO-Chefs, der sich unter Berufung auf die Sowjetunion nicht davon abbringen ließ, den sofortigen und bedingungslosen Rückzug der Syrer aus dem Libanon zu fordern, entwickelte sich der Dialog zwischen Arafat und Vertretern des syrischen Präsidenten zunächst nicht weiter. Bei der Begegnung von Arafat mit Jamil war auch Elias Sarkis anwesend, der neue libanesische Staatspräsident. Da er mit syrischer Unterstützung gewählt worden war, selbst aber keine Hausmacht besaß, blieb ihm kaum etwas anderes übrig, als Naji Jamil zu bitten, bei Hafez Assad für die weitere Präsenz syrischer Soldaten im Libanon einzutreten.

Am 28. September 1976 griffen syrische Verbände die Stellungen der islamisch-sozialistischen Organisationen und der PLO an. Diesmal zwangen die syrischen Panzerfahrer jeden Widerstand rasch nieder. Es war, als ob die PLO-Kämpfer jegliche Verteidigungsmoral eingebüßt hätten. Arafat rief die arabische Welt auf, die Palästinenser vor einem erneuten Massaker zu bewahren. Doch weder Ägypten noch Saudi Arabien wollten und konnten helfend eingreifen. Die Kämpfer der Progressiven Sozialistischen Partei und der PLO verloren ihre Positionen im Gebirge und damit die Kontrolle über die meisten Abschnitte der strategisch wichtigen Straßenverbindung zwischen Beirut und Damaskus.

Am Abend des 30. September gab Hafez Assad wieder einmal Befehl zum Abbruch der Offensive – diesmal jedoch als Sieger. Jetzt fühlte er sich in der Lage, der PLO ein Friedensangebot zu unterbreiten. Seine Absicht war, Arafat, dem nach der Niederlage im Libanongebirge kaum mehr Alternativen blieben, an Syrien anzubinden und von Kamal Jumblat zu isolieren. Auf den Chef der Progressiven Sozialistischen Partei sollte das Friedensangebot nicht ausgedehnt werden. Noch immer sah die syrische Führung in ihm den Hauptschuldigen am internen Streit des Libanon. Arafat und die PLO aber, so meinte der syrische Staatspräsident, seien in die libanesische Auseinandersetzung nahezu gegen ihren Willen hineingezogen worden. Nun wollte Assad der PLO die Chance geben, sich aus dem »libanesischen Verhängnis« zu lösen.

Das Friedensangebot zu diesem Zeitpunkt erfolgte allerdings auch aus militärischen Erwägungen: Der syrische Geheimdienst hatte erfahren, daß die PLO-Führung eine letzte Entscheidungsschlacht bei Bhamdun plante. Eine solche Schlacht aber hätte weltweite Aufmerksamkeit erregt und neuen Ärger mit der Sowjetunion und mit anderen arabischen Staaten ausgelöst. Deshalb mußte der »Kampf um Bhamdun« vermieden werden.

Außenminister Abdel Halim Khaddam bekam den Auftrag, mit Yasir Arafat die Bedingungen für eine Verständigung zwischen PLO-Führung und Hafez Assad auszuhandeln. In der Stadt Sofar, oberhalb von Bhamdun in den Bergen gelegen, fand die Nachtsitzung statt, mit der eine neue Zeit der Zusammenarbeit zwischen Palästinensern und Syrern beginnen sollte. Khaddam hatte nur eine einzige Bedingung zu stellen: Die PLO sollte die Städte Bhamdun und Aley an der Straße Beirut–Damaskus räumen. Khaddams Begründung war, daß eine derartige Position in einem von der syrischen Armee befriedeten Libanon für die PLO nicht mehr wichtig sei. Die Räumung der Städte aber würde den Straßenverkehr zwischen Beirut und Damaskus sicherer machen. Und Arafat, dem die Chance einer Aussöhnung mit Hafez Assad im Interesse des Überlebens seiner Organisation gelegen kam, war trotz der Bedenken seines militärischen Stabes bereit zu akzeptieren. Doch Dr. George Habbasch von der Volksfront zur Befreiung Palästinas und Nayef Hawatmeh von der Demokratischen Volksfront leisteten Widerstand. Eine Räumung der Städte Bhamdun und Aley sei einer schmählichen Kapitulation gegenüber syrischen Machtansprüchen gleichzusetzen; einem derartigen »Akt der Schande« würden sie nicht zustimmen, schließlich sei die PLO eine unabhängige Organisation und nicht an Weisungen aus Damaskus gebunden.

Da keine einstimmige Entscheidung zu erreichen war, gab Arafat den radikalen Stimmen nach. Ihm war daran gelegen, eine Zersplitterung der Gesamtheit palästinensischer Widerstandsbewegungen zu verhindern. Er wollte vermeiden, daß Dr. Habbasch und Nayef Hawatmeh aus seinem Einflußbereich entwichen und eine völlig unabhängige Politik entwickelten. Es sei ihm nicht leichtgefallen, den syrischen Vorschlag zur Lösung des Konflikts zurückzuweisen, sagte Arafat am frühen Morgen nach der langen Sitzung.

Als Abdel Halim Khaddam in Damaskus mit dem Präsidenten den Verlauf der gescheiterten Versöhnungskonferenz im Detail diskutierte, da waren sie sich bald einig, daß Yasir Arafat nun ganz und gar der Gefangene der Ansichten und der Handlungen Kamal Jumblats geworden sei. In Dr. Habbasch und Nayef Hawatmeh erkannten Assad und Khaddam nur weitere Werkzeuge zur Beeinflussung der PLO-Chefs. Für einen friedlichen Ausgleich im Streit mit Arafat sahen sie keine Möglichkeit mehr. Sie beschlossen, dem Jumblat-Arafat-Bündnis den letzten und endgültigen Schlag zu versetzen.

Kamal Jumblat erfuhr rasch von den Vorbereitungen der syrischen Armee zur Fortsetzung der Offensive im Libanon. Er begriff, daß Hafez Assad sein Todfeind geworden war, daß er von den Syrern nur das Schlimmste zu erwarten hatte. Es gelang ihm, den Libanon zu verlassen. In Cairo hoffte er Unterstützung durch Präsident Anwar as-Sadat zu erhalten.

Als alle Anzeichen auf einen baldigen Beginn der syrischen Offensive hinwiesen, gab sich Sadat Mühe, in letzter Stunde die Katastrophe für die Jumblatbewegung zu verhindern. Sein Plan war, die Staatschefs von Syrien, Saudi Arabien, Kuwait und Libanon an einen Verhandlungstisch zu bitten, an dem auch er und Yasir Arafat Platz nehmen würden. Am 2. Oktober 1976 sollte dieser arabische Minigipfel in der saudiarabischen Verwaltungshauptstadt Riadh stattfinden. Der König von Saudi Arabien und der Emir von Kuwait stimmten Sadats Plan sofort zu. Präsident Assad aber lehnte ab, nach Riadh zu kommen. Mit Recht fürchtete er, die Versammlung werde sich in einen Gerichtshof verwandeln, der Urteil sprechen wolle über die syrische Libanonpolitik. Assad ließ wissen, er halte den Gedanken für unsinnig, auf einer derartigen Konferenz nur über den Libanon zu reden; der Gesamtzustand Arabiens müsse analysiert werden, denn selbstverständlich sei der Konflikt im Libanon Teil der schwierigen Situation Arabiens überhaupt. Da niemand Hafez Assad zwingen konnte, nach Riadh zu kommen, war Sadats Initiative zur Einberufung einer Konferenz arabischer Staatschefs sinnlos geworden. Der Syrer hatte demonstriert, daß er sich keine Vorschriften machen ließ. Wenn er sich vorgenommen hatte, Kamal Jumblat zu bestrafen, so sollte ihn kein König und kein Präsident davon abhalten können.

Günstig für den syrischen Präsidenten war die psychologische Entwicklung innerhalb der Gruppierung palästinensischer und islamischer Organiationen. Saeb Salam, der sunnitische Politiker, hatte noch im Sommer 1976 betont, ihn binde ein ungeschriebener Pakt an Kamal Jumblat; Ende September aber zweifelte er daran, ob der Drusenchef überhaupt noch Herr seiner Sinne sei. Jumblats Anspruch, die Christen für ihr Verhalten während der vergangenen 140 Jahre zu züchtigen, hatte Saeb Salam mißfallen. Salam warf Jumblat vor, er überschätze seine Person und seine Position: »Wir Moslems stellen ausdrücklich fest, daß Kamal Jumblat kein Recht hat, für uns zu sprechen, weder im Libanon noch im Ausland. Wir Moslems glauben an den konstruktiven Dialog, der aber wird von Jumblat sabotiert. Wir waren von Anfang an gegen die Gewalt. Jumblat aber schätzt Gewalt.«

Zu diesem Zeitpunkt hatten auch die führenden Köpfe der PLO begriffen, daß sie vom Chef der Progressiven Sozialistischen Partei als

Handlanger mißbraucht worden waren in einem Rachefeldzug, der die Palästinenser überhaupt nichts anging. Auch Yasir Arafat verstand nun, daß Jumblats Ziel nicht die Sicherung der Existenz des palästinensischen Volkes und nicht die Durchsetzung sozialer Reformen im Libanon war, sondern Vergeltung. Nicht für die Zerstörung des Palästinenserlagers Tell az-Zatar wollte Jumblat Rechenschaft verlangen, sondern für das, was während der vergangenen Jahrzehnte geschehen war.

Doch ehe Arafat aus seiner Enttäuschung Konsequenzen ziehen konnte, schlug Hafez Assad zu. Am Nachmittag des 11. Oktober befahl Assad, wiederum nach Beratung mit seinem Außenminister Khaddam, den Vormarsch der syrischen Panzerverbände für den kommenden Morgen. Kurz vor Sonnenaufgang setzten sich die Kolonnen in Bewegung: in Richtung Beirut. Stellte sich ihnen Widerstand entgegen, wurde er durch eine Feuerwelle aus Panzerkanonen niedergekämpft. Die Zeit des halbherzigen Kampfs der syrischen Soldaten war vorüber. Ein Vorfall in Damaskus hatte sie motiviert: Da waren vor wenigen Tagen palästinensische Kommandokämpfer in das Semiramis-Hotel im Zentrum von Damaskus eingedrungen und hatten ohne festes Ziel um sich geschossen. Fünf Hotelgäste hatten ihr Leben verloren. Sinn war in diesem Unternehmen nicht zu erkennen, doch es hatte Hafez Assad das Argument geliefert, die fehlgeleiteten Palästinenser könnten nur durch Härte wieder auf den rechten Weg gebracht werden.

Schon wenige Stunden nach Ausbruch der Kämpfe mußte Arafat, den Assads Entscheidung zum harten Schlag völlig überrascht hatte, erkennen, daß es seinen Einheiten kaum möglich sein würde, die Offensive vor der libanesischen Hauptstadt aufzuhalten. In verzweifelter Stimmung schickte er Fernschreiben an die Präsidialkanzleien in Cairo und Baghdad, telefonierte er mit dem libyschen Präsidenten Moammar al-Kathafi und mit König Hussein. Er bekam Trostworte zu hören, aber keine praktisch verwertbare Hilfszusage. Erst ein Telefongespräch mit den königlichen Beratern im Palast von Riadh erbrachte das Resultat, daß sich Saudi Arabien verpflichtete, Präsident Assad mit allen Mitteln der Überredungskunst und der finanziellen Erpressung zu veranlassen, an einer Gipfelkonferenz der Staatschefs teilzunehmen. Am 15. Oktober – die Ziele der syrischen Offensive waren im wesentlichen erreicht – erfuhr Hafez Assad von saudiarabischen Zusagen zur Überweisung von Hilfsgeldern in Milliardenhöhe. Als Gegenleistung teilte Assad mit, er sei diesmal bereit, nach Riadh zu kommen, um mit dem saudiarabischen König und dem ägyptischen Präsidenten die Situation im Libanon zu besprechen. Die Versicherung, sich anderen arabischen Staatschefs zu stellen, war für den Syrer mit keinem Risiko mehr verbunden – seine Panzertruppe hatte die Vororte von Beirut erreicht. So fiel es ihm leicht, großzügig zu sein. In seiner Antwort auf die Einladung teilte Assad mit, er habe auch nichts dagegen, daß Yasir Arafat an den Gesprächen teilnehme, obgleich der PLO-Chef kein Staatsoberhaupt sei – und selbstverständlich freue er sich auf die Begegnung mit dem neuen libanesischen Präsidenten Elias Sarkis. Der Mann, dessen Wahl Assad selbst durchgesetzt hatte, war am 23. September 1976, nach einer Wartefrist von fünf Monaten, in den Präsidentenpalast eingezogen.

Syrien krallt sich im Libanon fest

Unmittelbar nach der Leistung des Amtseides vor den Parlamentsabgeordneten hatte sich Sarkis in das Präsidentenpalais, in der Nähe der Ortschaft Baabda, hinausfahren lassen. Aus Natursteinen und Glas besteht der niedere Bau, der so schmucklos ist, daß die Bezeichnung »Palast« für ihn nicht zutrifft; er läßt sich eher als umfangreiche Villa beschreiben, deren Architekt sich alle Mühe gegeben hat, sie unauffällig in der Landschaft zu verstecken. Weit eindrucksvoller ist das mehrstöckige Gebäude des Verteidigungsministeriums, das einen höhergelegenen Hügel ziert und weithin zu sehen ist.

Zur Überraschung seines Stabes entschloß sich Elias Sarkis, seinen Amtssitz sofort zu beziehen. Auf diese Anordnung war niemand vorbereitet gewesen. Doch der neue Präsident ließ sich den Entschluß nicht ausreden. Sechs Monate lang war der Präsidentenpalast unbenützt gewesen: Sleiman Frangieh, der letzte Bewohner, war im Frühjahr daraus geflohen, als aus den Rohren der Artillerie des Leutnants Ahmed Khatib ein Hagel von Geschossen auf das Gelände ringsum niedergegangen war. So betrat Elias Sarkis ein leeres Haus, dessen Fenster zertrümmert, dessen Wände durchlöchert, dessen Möbel umgestürzt waren. Schutt bedeckte die Fußböden. Gestank von Dreck und Abfall war in der Luft. Das Arbeitszimmer des Präsidenten erwies sich als unbenutzbar. Arbeiter richteten in Eile einen kleinen Raum her, der in einer geschützten Ecke lag. Zwar war ein Telefonanschluß vorhanden, doch die Leitungen zwischen Palast und Fernmeldeamt waren unterbrochen; Explosionen hatten die Kabel zerfetzt. »Ich beginne bei Null!« sagte Sarkis, als er an einem einfachen Schreibtisch Platz nehmen konnte. »Eigentlich«, so ergänzte er, »beginne ich bei weniger als Null!«

Die Reise nach Riadh, zur Konferenz arabischer Staatschefs, war die erste wichtige Herausforderung des Präsidenten Elias Sarkis. Das Treffen der Monarchen und Präsidenten war belastet durch Streit zwischen Assad und Sadat. Der Syrer wollte dem Ägypter nicht verzeihen, daß er den Weg der Aussöhnung mit Israel beschritten hatte. Sadat aber warf Assad vor, ein kleinlicher Kopf zu sein, unfähig zu zukunftweisender Friedensvision. Assad, so sagte Sadat, sei ein ewiger Neinsager; Politik aber könne nicht nur aus Neinsagen bestehen. Diese Grundsatzdiskussion über die Prinzipien der Nahostpolitik brachte die Libanonkonferenz schon in der Vorbereitungsphase in Gefahr zu scheitern. Dem Geschick des saudiarabischen Königs Khaled allein war es zu verdanken, daß die Gespräche, trotz des Streits der Präsidenten, beginnen konnten. Elias Sarkis wurde aufgefordert, zunächst einmal die aktuelle Situation des Libanon darzulegen. Skepsis über den Erfolg der Zusammenkunft war aus seinen Worten zu hören. Sarkis ließ spüren, daß er der Meinung war, die Zerstörung des Libanon sei bereits viel zu weit fortgeschritten, um noch einen Heilungsprozeß einleiten zu können:

»Der Streit«, so sagte Sarkis, »geht nicht um Reformen und soziale Gerechtigkeit, er geht um den Status der Palästinenser; er geht darum, ob sie im Libanon tun und lassen können, was sie wollen. Der Status der Palästinenser aber liegt allen Arabern am Herzen, er ist Angelegenheit aller Araber. Ich vertraue deshalb Ihnen, den arabischen Staatschefs, das Libanonproblem an und bitte Sie, den Fall zu prüfen und zu entscheiden.«

Der Fall »Libanon« war damit den in Riadh anwesenden arabischen Staatschefs zur Lösung zugewiesen. Die Taktik des libanesischen Präsidenten Elias Sarkis war, den anderen Konferenzteilnehmern einzureden, der Libanon sei das arme Opfer einer Entwicklung, die von den Bewohnern dieses Landes und von den Politikern nicht habe beeinflußt werden können. Die Verantwortung für Bürgerkrieg, Mord und Blutvergießen verlagerte Sarkis von den Libanesen auf andere – auf die Palästinenser vor allem.

Doch Elias Sarkis klagte nicht nur, er unterbreitete auch einen Lösungsvorschlag. Damit überraschte er Präsident Sadat und Yasir Arafat, die beide über die Absichten des Libanesen nicht informiert worden waren. Sarkis gab am Schluß seiner Rede den Ton der Skepsis auf – plötzlich schien alles machbar, lösbar und eigentlich höchst einfach zu sein. Der libanesische Präsident trug ganz geschäftsmäßig vor, wie der Konflikt beendet werden könne:

»Die libanesische Staatsgewalt muß über eine Streitmacht verfügen können, die dazu eingesetzt wird, Unruhestifter, Agitatoren zu bekämpfen und zu neutralisieren. Eine solche Streitmacht wird den Bürgern Vertrauen einflößen. Sie ist nicht nur notwendig, sie ist einfach unentbehrlich. Syrien hat bereits angeboten, daß es Soldaten für diese Truppe zur Verfügung stellt, und ich zweifle nicht, daß andere arabische Staaten sich an die Seite Syriens stellen werden. Da den Libanon und Syrien besondere Beziehungen verbinden, habe ich den syrischen Staatschef gebeten, seine Armee zur Unterdrückung der Unruhe einzusetzen. Die syrische Armee wird selbstverständlich den Kern einer arabischen Abschreckungstruppe bilden. Der Oberbefehl über den Verband wird jedoch einem Libanesen übertragen.«

Sarkis, der sich zuvor mit Hafez Assad abgesprochen hatte, stellte den konkreten Antrag, die Konferenz der anwesenden Staatschefs möge beschließen:

»...,

1. daß mit sofortiger Wirkung alle Kampfhandlungen eingestellt werden;
2. daß die Palästinenser aufgefordert werden, die Souveränität des Libanon zu respektieren;
3. daß eine Arabische Abschreckungstruppe aufgestellt werde, die libanesischer Autorität unterstehen soll. Die Aufgabe der Abschreckungstruppe soll sein, die Ordnung auf libanesischem Gebiet wiederherzustellen. Sie wird diese Aufgabe so lange erfüllen, bis die eigenen Streitkräfte des Libanon an ihre Stelle treten können.«

Auf Wunsch von Anwar as-Sadat erhielt Arafat nun Gelegenheit, seinen Standpunkt zu erläutern. Der PLO-Chef begann damit, den abwesenden Camille Chamoun anzuklagen, er arbeite mit dem israelischen Geheimdienst zusammen, er nehme Waffen von Israel an, um damit die Palästinenser zu bekämpfen. Dieser Teil von Arafats Rede fand wenig Interesse. Klagen über vergangene Ereignisse wollte niemand hören. Der PLO-Chef wurde von Hafez Assad darauf hingewiesen, daß seine eigene Rolle während der letzten Monate umstritten sei. Arafat gab daraufhin zu, seine bewaffneten Kräfte auf seiten einer Partei im internen libanesischen Konflikt eingesetzt zu haben. Er gestand ein, damit einen Fehler gemacht zu haben. Dieses Eingeständnis gefiel dem syrischen Präsidenten, für dessen Ohr es bestimmt war. Die Bemühung Arafats, mit Assad zu einem Einverständnis zu kommen, war offensichtlich. Elias Sarkis aber hatte den Eindruck, daß der syrische Präsident nicht auf die Versöhnungsgesten von Arafat einging. Der Libanese war beeindruckt von der eindeutigen, geraden Haltung des Syrers.

Arafat hinterließ diesmal einen ungünstigen Eindruck. Zur Verblüffung der Konferenzteilnehmer verlangte er vom libanesischen Präsidenten das Versprechen zum Wiederaufbau des Lagers Tell az-Zatar; wer von dort vertrieben worden sei, dem müsse die Rückkehr ermöglicht werden. Elias Sarkis wies diese Forderung entschieden zurück: »Wem nützt der Wiederaufbau von Tell az-Zatar? Die Palästinenser haben nichts davon, denn die Christen werden mit aller Gewalt die Rückkehr der Bewohner verhindern. Das Lager mitten im Christengebiet wird immer Ärger schaffen.« Sarkis verbürgte sich dafür, daß Tell az-Zatar an anderer Stelle wiederentstehen könne – der libanesische Staat werde ein geeignetes Gelände dafür zur Verfügung stellen. Auf diesen Vorschlag ging Arafat schließlich ein. Realisiert wurde er nie.

Nachdem Zeit für diesen Gesprächspunkt verschwendet worden war, wurde erst das wesentliche Thema behandelt: die Arabische Abschreckungstruppe. Arafat und die ägyptische Delegation forderten, daß die Arabische Liga die Aufsicht über den Verband zugesprochen erhalte. Der Grund für diese Forderung war, die Abschreckungstruppe der syrischen Kontrolle zu entziehen. Da Syrien jedoch das Hauptkontingent zu stellen hatte, konnte Hafez Assad darauf nicht eingehen. Er hatte zuvor schon mit Elias Sarkis abgesprochen, daß der libanesische Präsident formell Oberbefehlshaber sein sollte. Selbst eine lange Diskussion führte zu keiner Einigung: Das Problem der Zuständigkeit blieb zunächst ungelöst.

Um den Fortgang der Konferenz zu sichern, stellte Sarkis die Frage nach der Mannschaftsstärke der Abschreckungstruppe. Er selbst schlug vor, sie solle 30000 Soldaten und Offiziere umfassen. Dagegen protestierte Arafat: »Diese Zahl ist viel zu hoch. Als die libanesische Armee noch existierte, da bestand sie nur aus 14000 Mann. Mehr sind nicht nötig!« Elias Sarkis entgegnete: »Die 14000 Mann haben genügt, als außerhalb der Armee im Libanon nur vierzehn Gewehre vorhanden waren. Jetzt haben wir im Libanon fünf Millionen Gewehre. Da würden nicht einmal 130000 Mann ausreichen, um diese Waffen alle einsammeln zu lassen.«

Für kein einziges Problem zeichnete sich während der ersten Konferenzstunden eine Lösung ab. Die Ursache für die psychologische Sackgasse war der ständige Streit zwischen Assad und as-Sadat. Voraussetzung für einen Erfolg der Konferenz war also, daß sich der syrische und der ägyptische Staatschef aussöhnten. Dies zu erreichen nahm sich der damalige saudiarabische Kronprinz Fahd vor. In der Nacht des 17. Oktober 1976 hatte er schließlich Erfolg: Die zwei Präsidenten waren bereit, sich die Hände zu schütteln. Damit war das Hindernis beseitigt, das Assad und Sadat trennte; plötzlich schienen beide Staatschefs wieder Vertrauen zueinander zu haben.

Die Annäherung des syrischen und des ägyptischen Standpunkts brachte Yasir Arafat in Verlegenheit, der geglaubt hatte, das Mißtrauen zwischen Sadat und Assad ausnützen zu können, um die Arabische Abschreckungstruppe den Syrern entziehen und unter Kontrolle von Personen bringen zu können, die positiv zur PLO eingestellt waren. Beunruhigt war Arafat, als Anwar as-Sadat plötzlich ebenfalls der Meinung war, der Verband, der dem Libanon Frieden und Ordnung bringen sollte, dürfe nur von einem Libanesen kommandiert werden. »Sie würgen mich beide ab!« rief Arafat und erhielt von Hafez Assad zur Antwort: »Du erwürgst dich selbst und mit dir die palästinensische Befreiungsbewegung. Dadurch, daß du dich in Dinge einmischst, die dich überhaupt nichts angehen, schadest du dir und deiner Organisation!«

Als der PLO-Chef erkannte, daß er Assads Sympathie verspielt hatte, bezog Arafat gegenüber Assad wieder eine betont feindliche Position: Er verlangte erneut den Abzug aller syrischen Truppen aus dem Libanon. Seine Forderung untermauerte er mit der Behauptung, die Moslems des Libanon seien auch dafür, daß die syrischen Soldaten abzögen. Darauf erhielt er von Assad die bissige Antwort: »Hält man einem Moslem die Mündung der Kalaschnikow-Maschinenpistole vor die Stirn, wird er bereitwillig alles unterschreiben. So handelt die PLO doch im Libanon!«

Wie sehr sich Assad über Arafat ärgerte, war daraus zu ersehen, daß er den Befehlshaber der PLO verantwortlich machte für die blutig verlaufene Besetzung des Semiramis-Hotels in Damaskus durch Palästinenser nur wenige Tage zuvor. Hafez Assad sagte mit kalter Stimme: »Die Sache mit dem Semiramis-Hotel hat dich deine letzte Basis im Libanongebirge gekostet. Ich werde gnadenlos zurückschlagen, wenn du etwas unternimmst, was mir nicht paßt!« Die Taktik des Syrers war eindeutig auf Arafats Zermürbung ausgerichtet. Assads Ziel war erreicht, als Arafat zugab: »Ich bin besiegt. Ich brauche Schutz und unterwerfe mich dafür dem Spruch der beiden Präsidenten.«

So blieb sein Wunsch unerfüllt, die Aufsicht über die Abschreckungstruppe einer Kommission der Arabischen Liga zu übertragen. Sadat und Assad entschieden, daß Elias Sarkis für die friedenbringenden Soldaten zuständig sein sollte. Arafats Enttäuschung wuchs, als Sadat den Konferenzteilnehmern empfahl, dem libanesischen Präsidenten auch die Kontrolle über das Verhalten der PLO im Libanon zu überlassen.

Auf Arafats Protest antwortete Sadat: »Sie vertreten zwar die Palästinenser, gleichgültig, wo sie leben. Ob sich ein Palästinenser im Libanon aufhält, in Jordanien oder in Ägypten, Sie sind für ihn zuständig. Aber Sie besitzen keinerlei Souveränitätsrechte in diesen Staaten. Sie können nicht behaupten, daß Ihnen der Anspruch auf Vertretung der Palästinenser irgendein Recht gibt, irgend jemand im Libanon Vorschriften zu machen. Ganz im Gegenteil: Sie haben sich den Vorschriften der libanesischen Staatsgewalt zu beugen. Ich will Ihnen, Yasir, ganz deutlich sagen, daß wir den neuen libanesischen Staatspräsidenten unterstützen. Hören Sie mir gut zu, Yasir! Wenn Sie dem Präsidenten

Sarkis Ärger bereiten, dann haben Sie Hafez Assad und mich gegen sich!«

Die beiden Präsidenten setzten gemeinsam durch, daß zwar Elias Sarkis formell als Autorität im Libanon bekräftigt wurde, daß jedoch in Wahrheit der syrischen Führung die Verantwortung für Sicherheit und Ordnung im Libanon zugewiesen wurde. Der reichste Staat Arabiens sorgte für ausreichende Belohnung des syrischen Einsatzes: Als Hafez Assad davon sprach, daß die militärischen Aktionen der vergangenen Wochen Geld gekostet hätten, zögerte der Kronprinz von Saudi Arabien nicht, der syrischen Staatskasse dreieinhalb Milliarden Dollar anzubieten. Mit dieser großzügigen Geste war Hafez Assad sehr zufrieden.

Der syrische Präsident war jedoch der einzige, der mit den Ergebnissen des Waffengangs und der Minigipfelkonferenz zufrieden sein konnte. Verlierer waren die islamischen Organisationen, die Kämpfer und Waffen verloren hatten und in die Defensive gedrängt worden waren. Verlierer war vor allem auch Yasir Arafat, dessen Palästinensische Befreiungsbewegung die Unabhängigkeit eingebüßt hatte – Arafat war künftig gezwungen, auf den libanesischen Präsidenten Rücksicht zu nehmen, wollte er sich nicht zornigen Strafaktionen des syrischen und des ägyptischen Staatschefs aussetzen. Doch sogar die Phalanges Libanaises waren unzufrieden mit dem Ergebnis der Konferenz von Riadh: Sie waren überzeugt, der von Syrien durchgesetzte Waffenstillstand habe ihnen den sicheren Sieg geraubt. So hofften sie, in einer nächsten Runde den Erfolg doch noch komplett machen zu können.

Die Generalversammlung aller arabischen Staatschefs, die am 25. Oktober 1976 begann, bestätigte die Entscheidungen des Minigipfels von Riadh: Eine Arabische Abschreckungstruppe sollte aufgestellt werden in Stärke von 30000 Mann. Nachdem dieser Beschluß gefaßt war, verwunderte Hafez Assad die Monarchen und Präsidenten Arabiens durch die Erklärung, er werde, unter der Voraussetzung, daß andere Staaten, wie Ägypten, Irak, Algerien und Jordanien, in der Lage wären, die gesamten 30000 Mann zu stellen, die syrische Armee aus dem Libanon abziehen. Die Überraschung war deshalb so groß, weil Hafez Assad sich bisher immer geweigert hatte, einer »Arabisierung« des Libanonkonflikts zuzustimmen – er hatte stets verlangt, der Kreis derer, die im Libanon etwas zu sagen hätten, sei auf ihn und auf den libanesischen Staatspräsidenten zu beschränken.

Das Angebot an die anderen arabischen Staaten, ohne Syrien die Arabische Abschreckungstruppe zu bilden, war keineswegs ernst gemeint. Hafez Assad wußte wohl, daß kein an der Generalversammlung teilnehmendes Land ein größeres Kontingent in den Libanon schicken konnte. König Hussein von Jordanien wies auch sofort darauf hin, daß die Armee seines Königreichs schon einmal gegen die Palästinenser gekämpft hätte; niemand könne eine Wiederholung des Konflikts zwischen Jordanien und der PLO wollen. Hussein blieb mit seiner Absage nicht allein. Algeriens Präsident erklärte, ihm sei die Entsendung von Soldaten an die Ostküste des Mittelmeers derzeit nicht zuzumuten, weil sein Land sich im Kriegszustand mit Marokko befinde, das im Begriff sei, die Spanische Sahara zu annektieren. Dann folgte die dritte Absage: Irak lag im Streit mit Syrien und sah sich außerstande, ein militärisches Unternehmen zu unterstützen, das vom syrischen Präsidenten organisiert wurde. Ägypten aber war offenbar entschlossen, Truppenverbände zur Friedenssicherung in den Libanon zu schicken. Eine genauere Analyse der Situation veranlaßte Anwar as-Sadat allerdings, das eigene Angebot noch einmal zu überdenken. Ihm waren Berichte vorgelegt worden, die von enger Zusammenarbeit zwischen der Führung der Phalanges Libanaises und der israelischen Armee sprachen. Sadat sah sofort das Schreckgespenst einer Konfrontation mit Israel voraus, die dadurch entstehen konnte, daß die ägyptischen Abteilungen der Arabischen Abschreckungstruppe in einen Konflikt mit Phalangekämpfern und deren israelischen Militärberatern hineingezogen wurden. Da Sadat den Weg der Aussöhnung Ägyptens mit Israel gewählt hatte, durfte er nicht das Risiko eingehen, gegen seinen Willen in Reibereien mit Israel zu geraten. Deshalb gab Anwar as-Sadat, als er von Elias Sarkis gefragt wurde, wie viele Soldaten er für den Libanon bereitstellen werde, die Antwort: »Keinen einzigen. Wir haben da unsere Erfahrungen. Nassers politische Existenz ist zerstört worden, weil er sich in den Bürgerkrieg des Jemen eingemischt hatte. Ich denke nicht daran, mir mein politisches Grab im Libanon zu schaufeln.« Der syrische Informationsminister Ahmad Iskandar Ahmad gab daraufhin sofort die Erklärung ab, die Aufstellung der Arabischen Abschreckungstruppe sei nicht gefährdet, da selbstverständlich Syrien auch allein fähig sei, 30000 Soldaten im Libanon zu stationieren.

Als sich die syrischen Verbände darauf vorbereiteten, nun endlich in Beirut einzumarschieren, da stellte sich die Frage, wo sie Stellung beziehen sollten – nur im islamischen Teil oder auch in den christlichen Sektoren von Beirut? Elias Sarkis war der Meinung, aus Gründen der Fairneß dürfe unter keinen Umständen daran gedacht werden, die Abschreckungstruppe nur in den Quartieren der Moslems unterzubringen. Doch Camille Chamoun ließ wissen, für ihn komme der Einmarsch syrischer Truppen in christliche Gegenden überhaupt nicht in Frage. Mit dieser Erklärung bekam die Allianz zwischen Maronitenführung und Hafez Assad einen entscheidenden Sprung.

Kaum waren die Beschlüsse der Generalversammlung arabischer Staatschefs in Beirut bekanntgeworden, da überflutete eine Welle der Gewalt die Stadt und die benachbarten Berggegenden. Wohngebiete wurden mit Raketen und Granaten beschossen. Keine Seite hielt sich zurück: Da feuerten islamische und christliche Milizen, da versuchte die PLO durch Gedonner ihrer Geschütze die eigene Verzweiflung wegen der mißlichen Lage zu übertönen. In den Schufbergen, die während der vergangenen Monate ruhig geblieben waren, brachen Drusenkämpfer in christliche Dörfer ein und mordeten Männer und Frauen. Die christlichen Milizen rächten sich sofort. Angst breitete sich aus, als eigentlich Hoffnung einziehen sollte.

Die Unsicherheit der Menschen, die nicht wußten, was ihnen der Einmarsch der Syrer bringen werde, wurde gesteigert durch Gerüchte, Israel bereite sich auf eine Invasion des Libanon vor, da seine Regierung – zusammen mit der Armeeführung – den Machtzuwachs Syriens, der aus dem Erfolg im Libanon resultierte, nicht dulde. Arafat wünschte sich die israelische Invasion, weil er glaubte, die Truppen der Syrer und der Israelis würden sich dann gegenseitig bekämpfen. Nach der Ansicht des PLO-Chefs würde Hafez Assad in diesem Fall nichts anderes übrigbleiben, als ihn und seine Kämpfer um Hilfe zu bitten.

Doch Arafats Wunschträume zerplatzten rasch. Am 10. November 1976 übernahm die Arabische Abschreckungstruppe in den Städten Aley und Bhamdun an der Straße von Beirut nach Damaskus die Kontrolle. Am 15. November war Beirut umzingelt. Dann begann das Einrücken der syrischen Panzer in die libanesische Hauptstadt.

Noch immer herrschte Angst vor der Reaktion der Israelis. Selbst Elias Sarkis schloß nicht aus, daß die israelische Luftwaffe die Spitze der syrischen Panzerkolonne angreifen könnte. Am Abend des entscheidenden Tages lud er seine wichtigsten Berater zum Essen in den Präsidentenpalast von Baabda ein. Von der Fensterfront des Gebäudes auf dem Hügel über der Stadt wollte er zusehen, wie die Arabische Abschreckungstruppe dem Bürgerkrieg in Beirut ein Ende bereitete. Er sei fest überzeugt, so sagte er, daß Präsident Sadat den Israelis mitgeteilt habe, jede Form der Einmischung im Libanon werde Auswirkungen auf den ägyptisch-israelischen Friedensprozeß haben. Er vermute auch, Sadat sei von den Vereinigten Staaten im Druck auf Israel unterstützt worden. »Morgen«, so meinte Elias Sarkis, »wird alles besser aussehen. Hoffentlich. Vielleicht aber wird alles schlimmer. Nur ein Narr wie ich kann sich darauf einlassen, die Syrer ins Land zu holen. Doch der ganze Libanon ist ein Narrenhaus geworden. Vielleicht werde ich der stärkste Präsident sein, den der Libanon je gehabt hat – vielleicht aber bin ich der schwächste.«

Ungeklärt war noch, ob Camille Chamoun und Scheich Pierre Gemayel den Einzug der Syrer in die christlichen Viertel von Beirut dulden würden. Vier Stunden lang sprach Elias Sarkis während der entscheidenden Stunden auf die beiden maronitischen Politiker ein. Sie waren schließlich bereit zu erklären, »höhere Interessen« würden sie dazu zwingen, die Beschlüsse der Generalversammlung arabischer Staatschefs zu akzeptieren.

Nun fühlte sich auch Kamal Jumblat gezwungen, den Widerstand gegen die syrische Besetzung von Beirut aufzugeben. Von Cairo aus teilte er Hafez Assad mit, er sei zufrieden, daß der Entschluß gefallen sei, die Arabische Abschreckungstruppe auch in den christlichen Sektor von Beirut zu schicken: »Der gleichzeitige Einmarsch des Verbandes in das Gebiet der arabischen Nationalisten in Westbeirut und der Isolationisten in Ostbeirut macht die Aktion für uns erträglich. Ich hoffe, daß der Kampf jetzt zu Ende ist. Im März hatten wir beinahe den Sieg errungen über die isolationistischen Maroniten. Doch dann erfolgte der Dolchstoß in den Rücken der sozialistischen Allianz. Jetzt ist es Aufgabe der Syrer, die Maroniten zum Verzicht auf ihre Privilegien zu veranlassen. Der syrische Präsident muß Reformen durchsetzen, muß die Abschaffung der Formel ›6 zu 5‹ für die Postenbesetzung veranlassen.« Hafez Assad empfand Jumblats Bemerkungen als Unverschämtheit.

Die PLO hütete sich, in eine Konfrontation mit den vorrückenden Syrern hineingezogen zu werden. Arafats wichtigster außenpolitischer Berater, Faruk Khaddumi, gab die Parole aus: »Rückzug vor den syrischen Verbänden! Ihnen aus dem Weg gehen!« Die Politiker der Kampforganisation hatten begriffen, daß der Vollzug des syrischen Einmarsches die Chance bot, der Beziehung zum syrischen Staatspräsidenten eine neue Basis zu geben. Khaddumi sprach die Hoffnung aus, daß der schädliche Streit mit Hafez Assad ein Ende haben werde: »Freundschaft mit Syrien ist lebenswichtig für uns. Wir werden unsere Energie darauf konzentrieren, diese Freundschaft wieder zu erringen.«

Elias Sarkis versucht Frieden zu schaffen

Mit Beginn ihres Einmarsches gaben die Syrer bekannt, sie würden gegen jeden vorgehen, der zu schießen wage. Daß sie ihre Drohung ernst meinten, war in Beirut bekannt. Stark genug, um den Worten Taten folgen zu lassen, waren sie: 8000 Soldaten waren in Beirut eingezogen; sie verfügten über 250 Panzer und ebenso viele Geschütze. Die Syrer hielten 52 strategische Positionen in der libanesischen Hauptstadt besetzt. Aus Respekt vor dieser schlagkräftigen Besatzungsmacht hielten sich die Milizkämpfer zurück: Sie benützten ihre Waffen nicht mehr. Daß Gewehre und Kanonen schwiegen, war für Elias Sarkis das Signal zum Beginn politischer Arbeit. Seine Absicht war, ein »Kabinett der nationalen Einigung« zu berufen, in dem alle Gruppierungen und Organisationen von Gewicht vertreten sein sollten. Doch er bekam sofort zu spüren, daß Kräfte von außen Einfluß nahmen auf die Besetzung der Ministerposten. Entscheiden, wie er wollte, konnte Elias Sarkis nicht.

Der saudiarabische Kronprinz ließ ihm sagen, daß selbstverständlich die Tradition beibehalten werden müsse, die Funktion des Ministerpräsidenten allein an Sunniten zu vergeben. Aus Riadh war der Wunsch zu hören, nur ein Mann ausgesprochen konservativer Haltung dürfe dieses Amt bekommen. Bald darauf nannte der Kronprinz auch einen Namen: Takieddine Solh. Elias Sarkis wurde unter Druck gesetzt, diesen alten Mann an seine Seite zu holen. Als Sarkis zögerte, ließ der Kronprinz von Saudi Arabien ausrichten: »Takieddine Solh ist unser Freund. Sicher wird unsere Hilfe gebraucht in dieser schwierigen Phase. Da kann unser Freund als Verbindungsmann von Nutzen sein.«

Ehe jedoch ein Kabinett gebildet werden konnte, war erst darüber zu entscheiden, welche Rolle der von den Syrern entmachtete Kamal Jumblat beim beabsichtigten Wiederaufbau des Libanon spielen sollte. Wurde er als anerkannte politische Kraft akzeptiert, mußte es zu einer Aussöhnung mit Scheich Pierre Gemayel, dem obersten Chef der wichtigen politischen und militärischen Organisationen der Christen, kommen. Elias Sarkis, der beide – Kamal Jumblat und Pierre Gemayel – im »Kabinett der nationalen Einigung« vertreten sehen wollte, wagte nicht, im Fall Jumblat eine Entscheidung zu treffen, ohne Hafez Assad zu fragen. Sein Vertrauter Fuad Boutros sollte in Damaskus sondieren. Die Antwort Assads war eindeutig: »Unter keinen Umständen darf Kamal Jumblat mit einem Amt betraut werden. Wissen Sie denn nicht, daß Kamal Jumblat die Wurzel des Unglücks im Libanon ist? Er hat eine üble Verschwörung organisiert gegen sein eigenes Land, Libanon, und gegen die Sicherheit Syriens. Wenn er gewonnen hätte, dann wäre von ihm niemand geschont worden. Im Augenblick versucht er, mit uns wieder ins reine zu kommen, doch wir reagieren nicht auf seine Annäherungen. Wir haben ihn isoliert, und Ihr wollt ihn wieder zum politischen Leben erwecken? Sollte Kamal Jumblat jemals wieder Funktion und Macht erhalten, könnte sich weder der Libanon noch Syrien, noch der Präsident Sarkis fortan sicher fühlen. Der Fall Jumblat ist für uns erledigt!«

Fuad Boutros, verblüfft über die Härte der Sprache, fragte Hafez Assad ganz direkt: »Haben Sie die Absicht, Kamal Jumblat töten zu lassen?« Assad war über die Frage keineswegs erstaunt oder gar beleidigt.

Er nahm sie durchaus ernst. Assad antwortete: »Nein, die Absicht, Jumblat zu ermorden, besteht nicht. Doch wir wollen ihn politisch erledigen. Jumblat muß ein Bürger werden wie andere auch!«

Wenige Tage nach diesem Gespräch, am 4. Dezember 1976, detonierte eine gewaltige Sprengladung, die in einem Personenkraftwagen versteckt war, vor dem Beiruter Haus des Kamal Jumblat. Er blieb unverletzt.

Elias Sarkis zog die Konsequenz aus der Haltung des syrischen Präsidenten: Er bildete ein Kabinett ohne Beteiligung des Drusenführers, ohne die bisher führenden Politiker überhaupt. Zu seinem Stab sagte Sarkis: »Syrien will eine unpolitische Technokratenregierung. Ich muß mich dem syrischen Wunsch beugen.« Am 24. Dezember 1976 wurde die Regierung unter Ministerpräsident Selim Hoss einstimmig vom libanesischen Parlament bestätigt. Den Wunsch der königlichen Familie Saudi Arabiens, Takieddine Solh mit dem wichtigen Amt zu betrauen, hatte Elias Sarkis schließlich doch unbeachtet gelassen.

Das Jahr 1977 begannen die meisten Libanesen in der Hoffnung, daß in ihr Land wieder Stabilität und Frieden einziehen werde. Die Hoffnung war begründet. Die Banken hatten noch im Dezember ihre Geschäfte wiederaufgenommen. Wenig später waren die Schulen geöffnet worden. An den Wiederaufbau des zentralen Marktgebiets dachte niemand, da es im Grenzbereich zwischen islamischen und christlichen Wohngegenden lag, doch bildeten sich neue Suks. Beirut blieb zwar eine geteilte Stadt, doch war zu erkennen, daß sie sich erneut zum Wirtschaftszentrum Arabiens entwickelte.

Hafez Assad hatte allen Grund, mit sich zufrieden zu sein. In dieser Phase der Entwicklung war er der Gewinner. Das Ansehen des syrischen Staatspräsidenten in der arabischen Welt war gestiegen: Hatte er sich bis dahin mit einem Platz im Schatten des Ägypters Anwar as-Sadat begnügen müssen, so galt er jetzt als Politiker, der fähig war, mit der höchsten Entschlossenheit zu handeln, Wagnisse einzugehen. Die Kritiker in den arabischen Hauptstädten waren verstummt. Der Einmarsch im Libanon wurde als legitime Tat eines arabischen Staates zur Rettung eines Bruderstaates empfunden.

Befragt, welche Prinzipien er zur Lösung des Libanonkonflikts anwende, antwortete er: »Für mich sind drei Prinzipien wichtig, und sie werden für mein Handeln immer gelten:

1. Ist die Sicherheit Syriens durch einen anderen arabischen Staat gefährdet, gleichgültig, ob durch diesen Staat selbst oder durch Organisationen, die in seinem Gebiet aktiv sind, wird Syrien militärisch eingreifen. Sicherheit steht über allen anderen Gesichtspunkten, denn Sicherheit berührt die Souveränität unseres Staates.

2. Ist die Sicherheit Syriens gefährdet, werde ich handeln, ohne erst die Großmächte um Erlaubnis zu fragen. Syrien ist eine regionale Großmacht und hat eigene Verpflichtungen.

3. Ist die Sicherheit Syriens gefährdet durch Vorgänge in einem Staat, der sich im amerikanischen Einflußgebiet befindet, so wird mich diese weltpolitische Zuordnung nicht am Handeln hindern – auch wenn es mir bewußt ist, daß Syrien zum Einflußgebiet der Sowjetunion gehört.«

Der syrische Präsident hat nichts dagegen, daß diese drei Prinzipien die »Assad-Doktrin« genannt werden. Sie hat ihre Gültigkeit auch während der achtziger Jahre behalten.

Obgleich Hafez Assad deutlich machte, daß das Schicksal des Libanon allein von der syrischen Staatsführung gesteuert werden müsse, hatte er gestattet, daß eine Viererkommission gegründet wurde, der Vertreter aus Saudi Arabien, Ägypten, Kuwait und Syrien angehörten, mit der Zielsetzung, die Aufgabe des libanesischen Präsidenten zu erleichtern, die Waffenruhe im Libanon in einen dauerhaften Frieden zu verwandeln. Am 17. Dezember 1976 hatte Elias Sarkis diese Kommission zur ersten Sitzung eingeladen. Beschlossen worden war:

1. Alle schweren Waffen der Milizen und der PLO sind einzusammeln.
2. Die Arabische Abschreckungstruppe hat auch in die Schufberge einzumarschieren.
3. Die PLO wird veranlaßt, sich an Abmachungen zu halten, die das Verhalten ihrer Kämpfer betreffen. Außerhalb der Palästinenserlager ist den PLO-Angehörigen das Tragen von Waffen verboten.

Als Datum für den Abschluß des Einsammelns der schweren Waffen war der 29. Dezember 1976 vorgesehen gewesen. Doch der Tag war vergangen, ohne daß die syrischen Truppen auch nur ein Geschütz der Milizverbände an sich genommen hätten. Elias Sarkis hatte beunruhigt reagiert – die plötzliche Zurückhaltung der Syrer war ihm rätselhaft erschienen. Zu seinem Berater Pakradouni hatte Sarkis gesagt: »Ich weiß nicht, was Assad wirklich will. Er bleibt ein Geheimnis für mich.« Daß der Syrer begonnen hatte, behutsam seine Libanonpolitik zu ändern, war damals auch für Sarkis nicht zu erkennen gewesen.

Zum zweiten Mal war das Vertrauen des libanesischen Staatschefs in Hafez Assad am 6. Januar 1977 erschüttert worden. An diesem Tag war im christlichen Stadtteil Aschrafieh im Norden Beiruts eine Sprengladung detoniert. 35 Menschen hatten ihr Leben verloren; mehr als 50 waren schwer verwundet. Da die Arabische Abschreckungstruppe auch die Verantwortung für die Sicherheit in Aschrafieh trug – an fünf Checkpoints wurden in jenem Stadtviertel Fahrer und Ladungen von Lastkraftwagen und von Personenfahrzeugen kontrolliert –, hatte Elias

Sarkis den Vertreter Syriens in der Viererkommission schroff gefragt, warum dieser Anschlag nicht hatte verhindert werden können. Eine befriedigende Antwort war ihm nicht gegeben worden.

So war Sarkis skeptisch, als Hafez Assad im März 1977 eine positive Bilanz der Ereignisse im Libanon zog. Der Libanese hatte zu viele Anzeichen bemerkt, die auf kommendes Unheil hinwiesen. Zu diesem Zeitpunkt war den Milizen noch immer kein Geschütz und kein Raketenwerfer abgenommen worden. Ebenso war der zweite Beschluß der Viererkommission, der den Einmarsch der Syrer im Schufgebirge vorsah, noch keineswegs verwirklicht worden. Die Arabische Abschreckungstruppe hatte sich gehütet, in das Drusengebiet vorzudringen – aus Sorge, auf entschlossen verteidigte Widerstandsnester zu stoßen. Zwar hatte der Oberbefehlshaber mehrfach verkündet, er werde seine Soldaten sogar in die »Höhle von Muchtara« eindringen lassen – damit war der Jumblatpalast gemeint –, doch zur Ausführung war es nicht gekommen.

Die Weigerung der Syrer, auch im Reich des Kamal Jumblat eine Kontrolle auszuüben, blieb nicht ohne Auswirkung auf das Verhalten der Christenführer Pierre Gemayel und Camille Chamoun, die der Arabischen Abschreckungstruppe die Besetzung christlicher Gebiete gestattet hatten. Sie fühlten sich nun betrogen und weigerten sich, ihren Milizkämpfern den Befehl zur Ablieferung der Geschütze und Raketenwerfer zu geben. Sie teilten dem Präsidenten mit, solange sich die Arabische Abschreckungstruppe vom Schufgebirge fernhalte, könne mit ihrer Kooperation nicht mehr gerechnet werden.

Yasir Arafat beachtete mit wachsendem Interesse das langsame Anwachsen der Spannungen in Beirut. Er hatte die Absicht, die Differenzen für sich auszunützen: Wenn die Syrer sich weigerten, in das Schufgebiet einzurücken, und wenn die Christenführung nicht daran dachte, wie vereinbart, die schweren Waffen abzugeben, dann sah er nicht ein, warum sich nur die PLO an Abmachungen halten sollte. Arafat widerrief bereits gegebene Anordnungen: Die PLO-Kämpfer sollten fortan auch außerhalb der Palästinenserlager wieder Waffen mit sich führen. Dem Kronprinzen von Saudi Arabien, der ihn telefonisch um Beachtung der Beschlüsse der Viererkommission bat, sagte Arafat: »Wenn wir uns an Beschlüsse halten und die anderen nicht, dann werden wir überfallen. Das Ergebnis wird ein Massaker sein, das alles übertrifft, was bisher geschehen ist. Meine Verbündeten, die islamischen Milizen, denken nicht daran, Geschütze auszuliefern, weil sie kein Vertrauen in Syrien haben. Ehe die Beschlüsse verwirklicht werden können, muß ein Klima des Vertrauens geschaffen werden. Ich brauche Zeit, um das Vertrauen herzustellen.«

Argwöhnisch geworden durch die Vorfälle der vergangenen Wochen, fragte Elias Sarkis den syrischen Vertreter in der Viererkommission, warum die Abschreckungstruppe noch nicht begonnen habe, die Artillerie der Milizen einzuziehen. Der Syrer gab zur Antwort, die Truppe wolle Menschenleben schonen. Da offenbar weder Pierre Gemayel noch Camille Chamoun, noch Kamal Jumblat bereit seien, sich freiwillig den Abmachungen zu beugen, könne die Sammelaktion nur unter Gewaltanwendung stattfinden; Gewalt aber werde Opfer fordern. Wütend entgegnete Elias Sarkis: »Jetzt werden bei der Beschlagnahme der Waffen vielleicht zwanzig Soldaten ihr Leben verlieren – in einem Jahr aber werden es mindestens zweihundert sein, und selbst unter diesem Opfer werden wir dann die Geschütze nicht in die Hand bekommen! Wir werden es bitter zu bereuen haben, wenn Sie jetzt nicht durchgreifen!«

Aus dem Präsidentenpalast in Damaskus war der Vorschlag zu hören, Sarkis möge in Verhandlungen mit den Bürgerkriegsparteien die politischen Voraussetzungen schaffen für eine reibungslose Beschlagnahmeaktion. Sarkis hielt diesen Vorschlag für sinnvoll. Die nötigen Verhandlungen wollte er durch ein Gespräch mit Yasir Arafat beginnen. Doch der PLO-Chef weigerte sich, in den Präsidentenpalast nach Baabda zu kommen. Seine Begründung war, die Wachen im Palast seien Maroniten, die geschworen hätten, ihn umzubringen. Yasir Arafat – entschlossen, kein Geschütz und keinen Raketenwerfer abzugeben – wollte Zeit gewinnen. Zwei Ereignisse gaben ihm die Chance dazu.

Weitere Eskalierung und Internationalisierung des Konflikts

Mordkommandos verändern die politische Situation

Der Drusenführer wollte heim nach Muchtara. Es war die Mittagszeit des 16. März 1977. Kamal Jumblat fuhr auf der Straße von Beit Eddin bergwärts. Bei ihm im Fahrzeug saß die Leibwache; die zwei Männer hatten schußbereite Maschinenpistolen in der Hand. Eben waren sie am letzten syrischen Kontrollpunkt vorbeigefahren. Nun begann das Gebiet, in das die Syrer noch nicht eingedrungen waren, das unter Aufsicht der Jumblatmiliz stand. Anzunehmen ist, daß in diesem Augenblick die Aufmerksamkeit der zwei Leibwächter nachließ. Sie feuerten nicht zurück, als Geschoßgarben aus drei Maschinenpistolen gegen das Fahrzeug prasselten. Auch die syrischen Soldaten, deren Checkpoint nur 50 Meter entfernt war, schossen nicht. Sie versuchten auch nicht, die Schützen zu verfolgen. Die Männer entkamen in einem bereitstehenden Personenwagen in Richtung Beit Eddin.

Kamal Jumblat war in den Kopf getroffen worden; er war sofort tot. Auch die zwei Leibwächter, verletzt durch Schüsse in den Oberkörper, starben, ehe von Muchtara her Fahrzeuge am Tatort eintrafen.

Innerhalb weniger Minuten drang die Nachricht vom Tod des Drusenführers in jedes Dorf des Schufgebirges. Tausende kamen sofort zur Straße, die von Beit Eddin hinüberführt nach Muchtara. Sie alle wollten ihren toten Feudalherren in sein Haus begleiten. Sie ehrten den Mann aus der Familie, die schon seit Jahrhunderten über das Volk der Drusen herrschte, durch heftiges Gewehrfeuer: Sie jagten Millionen von Geschossen aus den Läufen ihrer Maschinenpistolen in die Luft. Doch sie schossen auch auf Menschen: In manchen Dörfern des Schufgebirges wurden Christen, die dort als Minderheit lebten, getötet. Mehr als 150 Menschen verloren ihr Leben. Zu erklären sind die Mordtaten, die alle unmittelbar nach dem Attentat an Jumblat geschahen, nur durch die ungeheure Gefühlsexplosion, die der Tod dieses Mannes ausgelöst hatte. Der traditionelle Feind wurde wieder einmal das Opfer. Niemand hatte je Grund zum Verdacht, Christen hätten den prominenten Drusen umgebracht.

Als Elias Sarkis die Nachricht von Jumblats Tod erhielt, meinte er: »Diese Tat löst ein ungeheures politisches Erdbeben aus.« Als Präsident des Libanon hatte er die Pflicht, die Auswirkung der Erschütterung geringzuhalten. Ihm wurde noch am Nachmittag des Mordtages gemeldet, Kamal Jumblats Sohn Walid bemühe sich energisch, das Morden im Schufgebirge einzudämmen und schließlich zu beenden.

Über jenen Walid Jumblat war bis zu diesem Zeitpunkt wenig bekanntgeworden. Für Elias Sarkis aber war es nun wichtig, die Persönlichkeit, die nach der Drusentradition Nachfolger des Vaters werden sollte, zu begreifen. Karim Pakradouni, Mitglied des Präsidentenstabes, schrieb damals diese Charakteristik nieder:

»Dieser Feudalherr durch Geburtsrecht ist das Produkt einer Familie, die ruhmreich, aber stets auch unter dramatischen Umständen politisch wirksam war. Jeder der Vorfahren hat seiner Zeit einen Stempel aufgeprägt – doch nahezu jeder ist auch erschossen oder hingerichtet worden. Walid hat eine schwere Kindheit hinter sich. Der Vater hat ihn vernachlässigt. Die Mutter lebte getrennt von ihrem Mann. So fehlte dem jungen Walid die richtige Anleitung. Walid entwickelte Selbstvertrauen, aber auch Verachtung für andere. Besonders ausgeprägt ist in seiner Mentalität die Besonderheit des drusischen Volkes, sich verstellen zu können, seine wahre Überzeugung zu verbergen. Derzeit ist Walid, noch nicht dreißig Jahre alt, überwältigt von der Verantwortung, die ihm aufgeladen wurde. Er hat die politische Orientierung verloren und weiß nicht, wer sein Freund und wer sein Feind ist. Ohne einen Beweis dafür zu haben, gibt er dem syrischen Präsidenten persönlich die Schuld am Tod seines Vaters. Er mißtraut den Arabern insgesamt in ihren Absichten gegenüber dem libanesischen Staat. Er fürchtet auch israelische Initiativen, die eine Zerstörung des Libanon zur Folge haben könnten. Männer, die ihn genau kennen, haben bemerkt, daß er von der Idee getrieben wird, dieselbe Rolle zu spielen wie sein Vater. Doch er weiß um die Veränderung der politischen Situation, der schließlich auch sein Vater nicht gewachsen war. Trotzdem hofft Walid Jumblat, die Politik des Libanon maßgeblich beeinflussen zu können. Diese Äußerung ist verbürgt: ›Wenn mein Volk will, daß ich nur ein simpler Drusenführer sein soll, dann lasse ich besser die Finger von der Politik.‹«

Karim Pakradouni hielt damals, im März 1977, Walid Jumblat für einen »Playboy«, der früh einen kahlen Kopf bekommen hat:

»Er liebt das Leben, und er liebt das Geld. Er hat sich raffinierte Lebenssitten angewöhnt. So spielt er zum Beispiel ganz passabel Klavier. Er bewegt sich gerne in Jeans, lehnt Krawatten ab, doch Hemd und Jakke stammen von besten Londoner Coutureadressen. Er zeigt Leidenschaft für Autos und für Geschwindigkeit. Walid Jumblat ist nervös und ungeduldig. In der Politik bevorzugt er einfache Ideen und schnelle Lösungen. Die sterile und aufgeblasene Sprache der sozialistisch-islamischen Organisationen liegt ihm nicht; er haßt sie sogar als Ausdruck der Ohnmacht dieser Gruppen. Walid Jumblat ist kein Mann der Linken; er gehört eher zu den Rechten. Die Partei, die er von seinem Vater geerbt hat, wird ihn jedoch zwingen, in sozialistischen Phrasen zu reden.«

Auch wenn er die Nachfolge des Vaters als Drusenführer und als Chef der Progressiven Sozialistischen Partei abgelehnt hätte, wäre er von denen, die dem Vater gehorcht hatten, mit Gewalt zum Herrn über Drusen, über die Partei und über das Schufgebiet gemacht worden. Nach der Tradition der Jumblatfamilie hatte der Sohn dem Vater nachzufolgen; Ausnahmen wurden nicht gestattet.

Der Tod von Kamal Jumblat hatte der libanesischen Politik neue Perspektiven geöffnet: Kamal hätte nie daran denken können, mit dem syrischen Präsidenten oder mit Scheich Pierre Gemayel einen Dialog zu beginnen. Walid war unbelastet von Streit, Verschwörung und vom Kampf der Vergangenheit. Elias Sarkis, der die Chance, die sich ihm bot, erkannt hatte, ließ ihm deshalb am 10. Mai 1977 vorschlagen, er möge doch das Gespräch mit der »Libanesischen Front« suchen – so nannte sich die Dachorganisation der christlichen Parteien. Partner in der »Libanesischen Front« waren Pierre Gemayel, Camille Chamoun und Sleiman Frangieh. Sie hatten signalisiert, bereit zu sein, sich mit Walid Jumblat zu treffen. Doch der neuernannte Drusenführer und Parteichef lehnte ab mit der Bemerkung, seine Organisation sei zu schwach, um in Verhandlungen eintreten zu können: »Wir haben überhaupt nichts anzubieten. Ich mache mir keine Hoffnung, daß sich irgend etwas zu unseren Gunsten verändert. Wir haben die Schlacht um Reformen verloren, noch ehe wir sie begonnen haben.«

Eigene Reformpläne hatte Walid Jumblat bislang nicht vorgelegt. Die Pläne des Vaters hatten Gleichberechtigung der islamischen Bevölkerungsteile im Verhältnis zu Rechten und Privilegien der Christen gefordert – zugleich aber hatten sie verlangt, den betonten Konfessionalismus, die Postenverteilung nach einem konfessionellen Proporzschlüssel, abzuschaffen. An die Verwirklichung der Vision vom laisierten Staat glaubte Walid Jumblat nun nicht mehr. Mit ihm resignierte nahezu die gesamte Führungsschicht des Bündnisses der sozialistisch-islamischen Organisationen.

Die Resignation des Drusenführers fiel mit einer Zeit besonderer politischer Aktivität der »Libanesischen Front« zusammen. Sie hatte bereits am 23. Januar 1977 Leitsätze für die künftige libanesische Politik entwickelt, die einen Verzicht auf die bisherige Struktur des Libanon vorsah: Der Einheitsstaat sollte von einzelnen autonomen Regionen abgelöst werden; Selbstverwaltung auf den Gebieten Sicherheit, Verteidigung, Finanzen und Erziehung sollte diesen Regionen zugestanden werden. Im Kern bedeutete der Plan der »Libanesischen Front« eine Aufspaltung des Libanon in drei unabhängige staatsähnliche Gebilde, von denen jedes vom Einkommen der Bewohner finanziert werden sollte. Den Politikern der »Libanesischen Front« war bewußt, daß die Christen – ohnehin schon bisher die Reichen – auch weiterhin in ihrem Gebiet das höchste Sozialprodukt erarbeiten würden. Der autonome christliche Sektor würde die wirtschaftlich dominierende Kraft der gesamten Region des bisherigen Staates Libanon werden. Der wichtigste Vorteil des Planes zur Aufspaltung lag für die Christen darin, künftig nicht mehr den Unterhalt der armen drusischen und schiitischen Gebiete mitfinanzieren zu müssen. Bisher war Straßenbau im Schufgebirge nur möglich gewesen, weil die libanesische Staatskasse dank der Leistungen des christlichen Staatsteils über Gelder für derartige Projekte verfügte. Die Absicht der »Libanesischen Front« war es, das Sozialprodukt der Christen nur noch im Interesse und zum Nutzen der Christen zu verwenden.

Der Plan zur Teilung des Libanon, der zunächst von der »Libanesischen Front« als Geheimnis behandelt wurde, war kaum bekanntgeworden, da brach im Norden des christlichen Gebiets Streit aus um die Kontrolle des Sozialprodukts: Konkurrenten waren die Clans um Sleiman Frangieh und Pierre Gemayel. Die Auseinandersetzung zwischen den beiden entzündete sich am Anspruch der Frangiehs und der Gemayels auf Abgaben der Zementfabrik in Schekka, an der Mittelmeerküste südlich von Tripoli. Sie liefert Zement nicht nur für Bauvorhaben im Libanon, sondern auch für Großprojekte in Syrien, in Jordanien, im Irak, in den reichen Ölemiraten am Persisch-Arabischen Golf. Die Fabrik ist spezialisiert auf Röhren, die bei der Konstruktion von Wasserleitungen und Abwasserkanälen benötigt werden. Am Bauboom der Arabischen Halbinsel hatte die Zementfabrik von Schekka in hohem Maße profitiert – und mit ihr die Aktionäre, die bedeutenden christlichen Familien des Libanon angehörten.

Nach libanesischer Tradition gilt als selbstverständlich, daß vom Einkommen eines derartigen Industriebetriebs nur geringe Steuern an den Staat, aber beachtliche Abgaben an die Feudalherren bezahlt werden, die sich für das Gebiet zuständig fühlen, in dem der Betrieb seinen Standort hat. Als »Schirmherr« der Zementfabrik in Schekka galt Sleiman Frangieh, der in der nahe gelegenen Gebirgsgegend Zghorta seinen Stammsitz besaß. Es war ihm jedoch, da die Fabrik mächtige Protektoren unter ihren Aktionären mobilisieren konnte, nie gelungen, deren Bankkonten um große Beträge zu schröpfen.

Die Chefs der Phalanges Libanaises aber waren überzeugt, der Frangiehclan beziehe einen großen Teil seines Einkommens aus Abgaben der Zementfabrik. Sie entschlossen sich, Sleiman Frangieh diese Einnahmequelle streitig zu machen. Am 3. Juni 1977 fuhren Kämpfer der Gemayelmiliz in die Ortschaft Schekka hinein, wurden aber schon bei den ersten Häusern von Bewaffneten des Frangiehclans aus Maschinenpistolen beschossen. Die Angreifer mußten sich rasch zurückziehen. Fünf Männer starben an den Folgen der Verwundungen.

Beschir Gemayel, der jüngere Sohn von Scheich Pierre Gemayel, war verantwortlich für die militärischen Aktionen der Phalanges Libanaises. Er stellte die »Affäre Schekka« so dar: »Wir wissen, daß christliche Milizen, die außerhalb unserer Organisation stehen, Erpressung nicht scheuen, daß sie Firmen und Einzelpersonen Geld wegnehmen. Diesen verbrecherischen Milizen muß, wenn nötig durch Gewalt, beigebracht werden, daß im christlichen Teil des Libanon derartige Praktiken nicht erlaubt sind. Manche sind so weit gegangen, Menschen umzubringen!« Seine Zuhörer wußten genau, daß mit dieser Anspielung Sleiman Frangieh gemeint war, von dem berichtet wurde, er habe einst Streit mit einer konkurrierenden Sippe durch Salven aus einer Maschinenpistole entschieden: in einer Kirche, während des Gottesdienstes.

Wollte Sleiman Frangieh sein Ansehen in seinem unmittelbaren Heimatbezirk Zghorta nicht gefährden, durfte er den Vorwurf der Erpressung gegenüber Einzelpersonen und Firmen nicht ohne Reaktion hinnehmen. Seine Ehre verlangte nach Blut. Um Beschir Gemayel zum Schweigen zu bringen, ermordeten Angehörige der Frangiehmiliz den örtlichen Verantwortlichen der Phalanges Libanaises für den Bezirk Zghorta. Nach Meinung des Frangiehclans hatte der Phalangist in Zghorta sowieso nichts zu suchen gehabt. So diente seine Ermordung einem doppelten Zweck. Diese Tat war am 7. Juni 1977 geschehen – die furchtbare Rache ereignete sich sechs Tage später.

Kurz vor Sonnenaufgang fuhren auf Lastkraftwagen 300 bewaffnete Phalangisten vom höhergelegenen Dorf Bescharre, das von der Gemayelorganisation kontrolliert wurde, herunter nach Ehden, dem Zentralort des Bezirks Zghorta. Vor dem Haus der Familie Frangieh stiegen sie von den Lastwagen. Jeder der 300 Bewaffneten wußte, was er zu tun hatte: Innerhalb von Sekunden war das Gebäude umzingelt. Schlaftrunkene Wachen, vor dem Hauseingang postiert, begannen zu schießen, wurden jedoch sofort niedergekämpft. Nach der Eroberung des Eingangs drangen die Phalangisten in das geräumige Haus ein. Ohne auf Widerstand zu stoßen, gingen sie von Zimmer zu Zimmer. Sie töteten jeden, den sie vorfanden, durch ihre Handfeuerwaffen. Ihre Geschosse löschten das Leben von 33 Mitgliedern der Familie Frangieh aus. Unter den Toten befanden sich Tony Frangieh, der Sohn von Sleiman Frangieh, Tonys Frau und die dreijährige Tochter. 54 Menschen starben während dieses Angriffs auf das Haus des Exprädidenten Frangieh in Ehden. Kommandeur der Aktion war der noch junge Samir Geagea – ein Freund von Beschir Gemayel.

Beschir ließ sofort verbreiten, er habe diese Bluttat nicht gewollt. Die Absicht sei gewesen, die Wächter des Hauses umzubringen, als Rache für die Ermordung des Phalangeverantwortlichen im Bezirk Zghorta. Der Familie Frangieh, so lauteten Beschirs Worte, hätte »ein Denkzettel verpaßt werden sollen«.

Das politische Ergebnis der Aktion war jedenfalls die Spaltung der Maroniten in einer kritischen Zeit, die unbedingten Zusammenhalt erfordert hätte. Im Bergland um Zghorta wird die Blutrache gepflegt. Der Sitte gemäß schworen die Überlebenden der Familie Frangieh, Rache zu nehmen an den Gemayels. Sie sollte erst erfüllt sein, wenn auch Scheich Pierre Gemayel seinen Erben verloren habe. Beschir Gemayel lebte von nun an in der Gewißheit, daß ständig jemand daran dachte, ihn umzubringen. Nichts und niemand konnte den Gang des Schicksals aufhalten.

Camille Chamoun schrieb am 15. Juni in sein Tagebuch: »Gestern haben die Frangiehs ihre Toten beerdigt. Die Atmosphäre war voll Würde, aber auch voll Bedrohung. Der Trauerzug bewegte sich vom Haus der Toten zur Kirche Notre-Dame von Zghorta. Dicht hintereinander fuhren die Autos, und dennoch war der Zug mehr als einen Kilometer lang. Totenstille lag über der Ortschaft. Vor dem Altar der Kirche wurden die dreiunddreißig Särge der toten Familienmitglieder abgestellt. Den Segen erteilte der maronitische Patriarch. Trotz seines Unglücks, den Sohn verloren zu haben, zeigte Sleiman Frangieh kein Zeichen der Rührung seiner Seele. Er strahlte ungeheure Entschlossenheit aus. Neben ihm stand der kleine Sohn des Tony Frangieh, der dem Gemetzel nur deshalb hatte entkommen können, weil er sich nicht im Haus befunden hatte.«

Präsident Elias Sarkis sprach drei Tage nach dem Tod des Frangiehsohnes eine böse Prognose aus. Die Worte waren nur für die Ohren seiner Berater bestimmt: »Was geschehen ist, wird einen hundertjährigen Krieg der Blutrache im Libanon auslösen. Die Wunde ist zu tief und zu schmerzhaft. Hundert Jahre lang werden sich die Maroniten gegenseitig bekämpfen. Eine Versöhnung kann es nicht geben. Ich sehe auf lange Zeit keine Möglichkeit, den Frangiehs ein Verzeihen gegenüber den

Gemayels abzuringen. Wer seinen Erben verloren hat, der vergißt nicht, wer die Schuld daran trägt.«

Eine einzige Hoffnung, so meinte Elias Sarkis, zeichne sich ab: »Nur der Papst kann einen Akt der Aussöhnung einleiten. Ich denke in dieser verzweifelten Situation daran, selbst den Vatikan zu besuchen, um dem Papst zu sagen, daß er allein die Kette der Racheschläge, die jetzt ihren Anfang nimmt, zu unterbrechen imstande sei.«

Doch dem Präsidenten blieb keine Zeit für einen Flug nach Rom. Als sich kurze Zeit später der Apostolische Nuntius telefonisch bei Elias Sarkis erkundigte, was der Papst für den Libanon tun könne, da erhielt er zur Antwort: »Für uns beten!« Die Rache hatte bereits begonnen.

Vom Tag der Beerdigung an beschoß syrische Artillerie die christlichen Stadtteile von Beirut. Von nun an existierte nicht mehr die Spur einer Allianz oder auch nur einer Gemeinsamkeit zwischen Maroniten und der syrischen Führung. Eine enge Beziehung hatte bestanden zwischen Rifaat al-Assad, dem Bruder des syrischen Präsidenten – er war in Damaskus für Sicherheitsfragen zuständig –, und Tony Frangieh. Rifaat al-Assad war nun entschlossen, die Phalangisten, die er insgesamt als die Mörder seines Freundes ansah, zu bestrafen.

Am 27. Juni 1978, um sechs Uhr abends, bereiteten sich Soldaten einer Spezialeinheit darauf vor, bei Anbruch der Dunkelheit in drei christliche Dörfer im nördlichen Bekaatal einzudringen. Wie geplant, umzingelten die Soldaten die Siedlungen Ras Baalbek, Qaa und Ideidet al-Fakieh, so daß niemand entkommen konnte; dann trieben sie in den drei Orten die jungen Männer zusammen. Offiziere lasen von mitgebrachten Listen die Namen derjenigen ab, die zu verhaften waren. Die Ausgesuchten waren durchweg Schüler und Studenten. Kaum einer gehörte zur Organisation der Phalanges Libanaises. Die Verhafteten wurden vor die Dörfer geführt und durch Genickschüsse umgebracht. Genauso viele, wie in Ehden hatten sterben müssen, waren nun Opfer der syrischen Rache geworden.

Vier Tage später schien der Racheschwur erfüllt zu werden: An einem Checkpoint im christlichen Stadtteil Aschrafieh geriet Beschir Gemayel, der Erbe in der Führung des Gemayelclans, in die Fänge seiner Feinde. Syrische Soldaten zwangen ihn, sein Auto zu verlassen; er wurde abgeführt und in das örtliche Hauptquartier der Arabischen Abschreckungstruppe gebracht. Jederzeit konnte er dem Frangiehclan ausgeliefert werden. Der Phalangekommandeur von Aschrafieh begriff sofort die Gefahr, die Beschir drohte. Er befahl die Mobilisierung aller Verbände der christlichen Miliz. Wenig später waren alle Straßen und alle Schleichwege in Aschrafieh versperrt. Die syrischen Soldaten hatten die Chance verpaßt, Beschir Gemayel aus dem christlichen Stadtteil wegzubringen. Sie selbst sahen nach einer halben Stunde keine Möglichkeit mehr, ihr Hauptquartier in Aschrafieh zu verlassen. Eine wütende Menschenmenge umstand drohend das Gebäude. Die Bewohner von Aschrafieh schienen zu allem entschlossen, denn sie trauerten an diesem Tag um die Schüler und Studenten, die im oberen Bekaatal ermordet worden waren. Für das christliche Gebiet des Libanon war jener 1. Juli zum Tag »Nationaler Empörung« erklärt worden. Frauen und Männer aller Altersstufen waren in ihrer Wut bereit, ihr Leben zu opfern für die Toten – und vor allem für den gefährdeten Beschir Gemayel. Eine blutige Auseinandersetzung bahnte sich an, bei der keiner der Syrer, die Beschir bewachten, überlebt hätte. Der Kommandeur des örtlichen Hauptquartiers entschloß sich daher nach einer Stunde, Beschir Gemayel freizulassen. Bejubelt von den Bewohnern fuhr der Befehlshaber der Phalanges Libanaises durch die Straßen von Aschrafieh – vorbei an weiteren Checkpoints der Arabischen Abschreckungstruppe, deren Besatzungen verschüchtert hinter Sandsäcken Schutz suchten.

Dieser Vorfall markierte den Beginn einer erbitterten Feindschaft zwischen Beschir Gemayel und Hafez Assad. Die Verhaftung hatte Beschir gezeigt, daß die syrische Führung ihn auslöschen wollte; von nun an wehrte er sich unerbittlich. Am selben Tag noch, um 16.30 Uhr, gab er Befehl zur Eröffnung des Feuers aller Kaliber auf die syrischen Stellungen im Osten von Beirut. Die Granaten der Phalanges Libanaises trafen einen überraschten Gegner. Doch nach fünfzehn Minuten schossen die syrischen Artilleristen zurück; sie zielten auf die Stadtviertel Badaro und Ain ar-Rummanah und feuerten damit auf die Tigermiliz des Camille Chamoun, die dort stationiert war. Chamouns Kämpfer schauten eben einem Fußballspiel zu, als die ersten Granaten detonierten. Der Chef vermerkte in seinem Tagebuch voll Stolz, daß sie dennoch in kurzer Zeit ihre Gefechtsstände besetzt hätten und daß sein Sohn Dany sich als Artilleriekommandant bewährt habe.

Der Feuerkraft der Syrer war die Artillerie der Tigermiliz allerdings nicht gewachsen. Am 3. Juli schrieb Chamoun in sein Tagebuch: »Diese Nacht war ein furchtbarer Alptraum.«

Als nach vier Tagen endlich ein Waffenstillstand respektiert zu werden versprach, zog Camille Chamoun Bilanz: »Wie viele Zivilisten ums Leben gekommen sind, wissen wir nicht. Die Schätzungen der Krankenhäuser summieren sich auf etwa sechzig Tote. 400 Zivilisten sind verwundet worden. Unsere Kämpfer haben einen Mann verloren durch einen Treffer in Ain ar-Rummanah, vier andere haben Wunden davongetragen. Die Syrer haben zwischen sechzig und fünfundsechzig Ausfälle durch Tod oder Verwundung; viele davon sind Opfer eines Treffers, den unsere Artilleristen von Aschrafieh aus erzielt haben. Er schlug direkt in einem Munitionsdepot ein, das von rund zwanzig Syrern bewacht wurde. Ein gewaltiges Feuer brach aus. Eine halbe Stunde lang schlugen die Flammen hoch. So lange dauerte auch das Krachen der explodierenden Munition. In das Getöse mischten sich die Schreie der Verwundeten. Kurze Zeit später zerstörten unsere Männer einen Raketenwerfer. Noch niemals war die Moral und die Kampfkraft unserer Verbände so groß gewesen. Die libanesische Seele erweist sich als unbezwingbar.«

Die syrische Artillerie hatte sich deshalb Ain ar-Rummanah und damit die Stellungen der Tigermiliz zum Ziel gewählt, weil sie bei einem Beschuß von Aschrafieh – dieser Stadtteil war das Zentrum des christlichen Kampfgeists – eigene syrische Checkpoints und das Hauptquartier der Arabischen Abschreckungstruppe, die zumeist aus Syrern bestand, in Gefahr gebracht hätte. Als nun die Syrer während der durch den Waffenstillstand ermöglichten Kampfpause anboten, sie würden ihre Verbände aus Aschrafieh abziehen, da glaubte Beschir Gemayel einen Erfolg erzielt zu haben, doch Camille Chamoun warnte sofort: »Wenn die Syrer weg sind von Aschrafieh, dann können sie blindwütig auf dieses Gebiet feuern, ohne eigene Soldaten zu gefährden.« Doch auch er sah ein, daß der Abzug aus Aschrafieh wenigstens die Bevölkerung dort »vom Druck der syrischen Besetzung« befreien würde.

Gewaltig war die Veränderung der Situation seit dem Einmarsch der Syrer eineinhalb Jahre zuvor: Gekommen waren die Truppen des Hafez Assad als Freunde der Christen – nun wurden sie von Pierre und Beschir Gemayel sowie von Camille Chamoun als die schlimmsten Feinde angesehen; nur Sleiman Frangieh paßte sich in die antisyrische Koalition nicht ein. Seit dem Mord an seinem Sohn Tony durch Kämpfer der Phalanges Libanaises hielt er sich fern von den Sitzungen der »Libanesischen Front« und beriet sich mit Abgesandten aus Damaskus.

Am 6. Juli 1978 beurteilte Staatspräsident Elias Sarkis den Konflikt so: »Die Reaktion der syrischen Artillerie, die, ohne genau zu zielen, Wohngebiete beschießt, zeigt, daß die syrische Führung wütend über ihren Mißerfolg ist. Die Syrer sind nicht in der Lage, Aschrafieh zu kontrollieren und Ain ar-Rummanah zu besetzen. Eine militärische Lösung zeichnet sich nicht ab.« Elias Sarkis wollte daher eine politische Lösung finden. Durch seinen Rücktritt glaubte er, den Prozeß der Suche nach einem Ausweg beschleunigen zu können. Außer ihm war jedoch niemand dieser Meinung.

Obgleich die Straße zum Präsidentenpalast von Baabda unter syrischem Dauerfeuer lag, ließ sich Scheich Pierre Gemayel nicht abhalten, sofort nachdem er von den Rücktrittsplänen erfahren hatte, Elias Sarkis aufzusuchen. Er wollte dem Präsidenten ins Gewissen reden, daß er in dieser Situation seinen Posten nicht verlassen dürfe, doch fiel ihm Elias Sarkis ins Wort: »Es ist in der Tat eine Frage des Gewissens. Ich kann nicht mit ansehen, wie das Feuer dieses Krieges weiter um sich greift, ohne daß ich ein Mittel weiß, wie der Brand einzudämmen ist. Ich kann doch nicht weiterregieren und so tun, als brenne der Libanon nicht!«

Camille Chamoun hatte ebenfalls die Absicht, mit dem Auto zum Baabdapalast zu fahren, doch er konnte sein Haus in Aschrafieh wegen des heftigen Beschusses durch syrische Artillerie nicht verlassen. Chamoun entschuldigte sich in einem Telefongespräch bei Elias Sarkis, daß er derzeit keine Möglichkeit sehe, den Baabdapalast zu erreichen. Als Antwort bekam er zu hören, die Demission des Präsidenten sei vorläufig außer Kraft gesetzt, sei »eingefroren«, jedoch nicht aufgehoben; Elias Sarkis werde weiterhin seine Pflicht erfüllen, bis ein anderer das Amt übernehmen könne.

Camille Chamoun ist Realist: Er wußte nun, daß von diesem libanesischen Präsidenten nichts mehr zu erwarten war – keine Initiative, kein neuer Gedanke zur Lösung der Krise. Seine Analyse lautete so: »Sarkis hat keine Ahnung, wie er die Situation in den Griff bekommen soll, die sich von Tag zu Tag verschlechtert. Elias Sarkis hat seine Chancen und Möglichkeiten leichtfertig verschleudert. Der Präsident der libanesischen Republik war von der Konferenz arabischer Staatschefs zur obersten Autorität über die Abschreckungstruppe ernannt worden, doch er hat in Wirklichkeit nie den Anspruch erhoben, ihr Kommandeur zu sein. Sarkis hatte von Anfang an dem syrischen Präsidenten die Initiative überlassen. So ist er der Gefangene der syrischen Verbände geworden, anstatt ihr Chef zu sein. In logischer Konsequenz findet er schließlich keinen anderen Ausweg, als sein Amt im Stich zu lassen.«

Camille Chamoun – in Wahrheit Präsident der Libanesen

Am Tag nach der Absichtserklärung des Elias Sarkis, das Präsidentenamt abzugeben, wurde Camille Chamoun in seinem Haus in Aschrafieh von den Söhnen Dory und Dany besucht. Sie waren von Junieh hergefahren und hatten den syrischen Kontrollpunkt »al-Karantina« passieren müssen, der sich auf der Brücke über einem meist trockenen Flußbett befand, nahe dem Platz, wo die Phalanges Libanaises einst das Slumviertel al-Karantina erobert und niedergerissen hatten. Dory und Dany Chamoun hatten, zum Erstaunen des Vaters, den syrischen Kontrollpunkt ungehindert passieren können. Beide waren während der vergangenen Tage an Lagern und Aufmarschstellungen der Arabischen

Abschreckungstruppe vorbeigefahren. Die Chamounsöhne folgerten aus dem, was sie gesehen hatten, daß die Syrer um jeden Preis entschlossen seien, im Libanon zu bleiben. Ihr Vater war schon längst derselben Meinung.

Was Elias Sarkis unterlassen hatte, übernahm nun Camille Chamoun: Er appellierte an die westliche Welt, dem bedrängten Libanon zu helfen. Da er Freunde in Frankreich zu haben glaubte, wandte er sich zunächst an die Franzosen. Im Unterstand seines Hauptquartiers in Aschrafieh, dessen Mauern ihn gegen Splitter, aber nicht gegen die Wirkung eines direkten Einschlags schützen konnten, schrieb der Expräsident Chamoun den Text eines Aufrufs, der dem Vertreter der französischen Nachrichtenagentur AFP zugestellt wurde:

»Blutig ist die Tragödie, die den Libanon unter den gleichgültigen Augen des Westens zerstört. Ich wende mich vor allen Dingen an das französische Volk, das mit uns Libanesen immer eng verbunden war. Frankreich gilt uns als das Vaterland hoher geistiger und moralischer Werte. Ich bitte Frankreich, unser Fürsprecher in der westlichen Welt zu sein. Ich verlange nichts, keine Hilfe, keine Unterstützung. Aber ich fordere Frankreich und die westliche Welt auf, wenigstens an uns zu denken.«

Unmittelbar nach dem Aufruf an die Europäer verfaßte Camille Chamoun einen offenen Brief an Elias Sarkis. Dem Text konnte der Präsident entnehmen daß ihn der Expräsident für einen unverantwortlich handelnden Deserteur hielt. Chamoun kritisierte vor allem, daß Sarkis seiner dramatischen Geste keinerlei Erklärung hatte folgen lassen: »Herr Präsident, Sie haben die Libanesen damit völlig im dunkeln gelassen, wie die Zukunft des Landes aussehen wird. Jeder kann Ihren Schritt interpretieren, wie er will. Viele sagen, sie spielten eine finstere Komödie, in Absprache mit den Syrern, um der Legalität, und damit auch dem Widerstand gegen die Syrer, einen Stoß zu versetzen. Andere, und auch sie sind viele, äußern die Meinung, Ihr Rücktritt geschehe aus Protest gegen die unmenschliche Bombardierung Beiruter Wohnquartiere durch die syrische Artillerie. Wenn Ihr Schritt diesen Sinn haben soll, dann frage ich Sie, Herr Präsident, warum, um Gottes willen, haben Sie nicht den Mut, der Weltöffentlichkeit die Klage laut entgegenzuschreien?«

Elias Sarkis, der auf Druck und mit Hilfe der Syrer eineinhalb Jahre zuvor zum Präsidenten gewählt worden war, hütete sich, Hafez Assad anzuklagen. Im Gegenteil: Er gab eine Erklärung ab mit der eindeutigen Aussage, die Syrer handelten durchaus im Rahmen der Legalität. Damit war festgestellt, die Beschießung der christlichen Wohnviertel erfolge in Erfüllung legaler Aufgaben. Diese Behauptung reizte den

Zorn des maronitischen Politikers Chamoun derart, daß er vor Zeugen, die seine Worte in den Präsidentenpalast von Baabda weitertrugen, Elias Sarkis als »politische Leiche« bezeichnete.

In diesen Tagen der Artilleriekämpfe zwischen syrischen Truppen und christlichen Milizen, der ungezielten Beschießung christlicher Wohnquartiere der Hauptstadt Beirut, begannen auch die Moslems, mehr auf die Stimme des Expräsidenten zu achten. Elias Sarkis ließ sich nur selten vernehmen; der Staatschef im Baabdapalast verschwand aus dem Bewußtsein der Libanesen. An seine Stelle trat Camille Chamoun, in dessen Hauptquartier im gefährdeten Stadtteil Aschrafieh den Journalisten täglich Situationsberichte und Erklärungen geboten wurden. Am 24. Juli rief Chamoun die syrischen Soldaten auf, die Beschießung Beiruts zu beenden: »Weigert euch, euere libanesischen Brüder zu töten! Die Libanesen haben nicht die Absicht, euch umzubringen. Geht in Frieden in eure Heimat zurück und kommt als Brüder wieder!«

Die Führung der syrischen Verbände erkannte bald, daß Camille Chamoun die Stimme des christlichen Widerstands und der islamischen Betroffenheit war. Sie konzentrierten ihr Artilleriefeuer bald nur noch auf die Stellungen der von Dany Chamoun befehligten Tigermiliz. Dieser maronitischen Truppe warf der regionale syrische Kommandant vor, sie habe am 21. Juli einen an der Ortschaft Hadath, im Süden von Beirut, vorüberfahrenden Geländewagen der Arabischen Abschreckungstruppe ohne Grund beschossen und zerstört. Dabei seien ein syrischer Offizier getötet und zwei Zivilisten verwundet worden. Dany Chamoun, der den Ort des gemeldeten Vorfalls besichtigte, konnte keine Spur entdecken, die Beweis gewesen wäre für den Vorwurf der Syrer. Er wies deshalb die Forderung zurück, die verantwortlichen Tigermilizionäre aufzuspüren und abzuurteilen. Dies veranlaßte den syrischen Kommandeur zu dem Befehl, die Ortschaft Hadath mit Dauerfeuer zu belegen. Granaten und Raketen schlugen in Häuser, Straßen und Gärten ein. Die Gebäude in Hadath sind niedrig und stehen meist im Abstand voneinander. So pflügten die Geschosse meist freies Gelände um; die Verluste der Bevölkerung blieben gering. Doch die Menschen litten Not. Da das Leitungssystem an einigen Stellen durch Treffer geborsten war, gelangte kein Wasser mehr nach Hadath. Ohne Wasser aber waren die sommerlichen Temperaturen nicht auszuhalten. Camille Chamoun rief die Regierung auf, sie möge Tankwagen in die Kampfzone schicken, damit die Bevölkerung wenigstens notdürftig versorgt werden könne. Zwar reagierte niemand im Baabdapalast und im Amtssitz des Ministerpräsidenten in Beirut, doch die Libanesen hatten das gute Gefühl, daß wenigstens einer der Politiker an die Notleidenden dachte.

Nach zwölf Tagen nahezu ununterbrochenen Geschützfeuers richtete Camille Chamoun diesen Appell an die libanesische Jugend: »Begreift, daß Syrien schuld ist an den Kämpfen, die derzeit im Libanon stattfinden. Die Regierung in Damaskus führt einen Ausrottungskrieg, dessen Opfer wir sind. Ich wende mich an alle jungen Libanesen mit dem Befehl, sich den Kämpfern von Hadath anzuschließen, an deren Seite die Kämpfer von Aschrafieh und Ain ar-Rummanah stehen. Sie alle haben unsere Bewunderung verdient. Wir haben zusammen den Kampf fortzusetzen, der die Würde und das Überleben unseres Landes sichert.«

Der hartnäckige Widerstand der christlichen Milizen hatte zur Folge, daß die syrischen Soldaten wegen ihrer hohen Verluste nach und nach aus der Reichweite der Geschützbatterien von Aschrafieh zurückgezogen wurden. Damit war die unmittelbare Gefahr einer Eroberung dieses Stadtteils vorüber. Ein strategisch wichtiger Punkt aber blieb weiterhin in syrischer Hand: die Brücke über das Flußbett beim einstigen Slumgebiet al-Karantina. Wer hier seine Posten hatte, der kontrollierte die Zufahrt zum Hügel Aschrafieh, auf dem dicht gedrängt die Häuser christlicher Einwohner stehen. Mitte August 1978 verstärkten die Syrer die Stellungen auf der Brücke durch Panzer und leichte Geschütze. Die Posten ließen kaum noch jemand passieren. Mit Lebensmitteln beladene Lastwagen wurden zur Umkehr gezwungen. Camille Chamoun schloß daraus, daß in Damaskus die Entscheidung gefallen war, den Beiruter Stadtteil Aschrafieh, in dessen Mittelpunkt Chamouns Hauptquartier lag, auszuhungern. Gerade zu diesem Zeitpunkt erfuhr er zudem, Israel habe auf amerikanischen Druck hin sämtliche Waffenlieferungen an die christlichen Milizen einstellen müssen.

Die Amerikaner raten den Christen, den Libanon aufzugeben

Richard Parker, der US-Botschafter im Libanon, hatte die unangenehme Aufgabe, den christlichen Politikern den Hintergrund des Lieferstopps für Waffen zu erläutern. Am 14. August 1978 besuchte er Camille Chamoun und Scheich Pierre Gemayel. Beiden erklärte er, die harten Artillerieschläge der Syrer seien nichts anderes als Antworten auf Provokationen durch die Tigermiliz und durch die Phalanges Libanaises. Die christlichen Verbände hätten jeweils zuerst geschossen. Würden nun beiden Milizen keine Waffen mehr geliefert, seien sie wohl nicht mehr in der Lage zu provozieren. Ganz von selbst werde daher der Konflikt um Beirut zur Ruhe kommen.

Über das Gespräch mit dem amerikanischen Botschafter notierte Camille Chamoun noch am selben Tag: »Ich habe ihm deutlich gesagt, daß die Regierung der Vereinigten Staaten im Libanonkonflikt auf einem Auge blind sei. Sie gibt die Schuld an allem, was geschieht, den Christen. Die Schuld der Syrer aber übersieht sie. Ich fragte den US-Botschafter, ob er denn nicht erkenne, was Hafez Assad vorhat. Der syrische Präsident will auf Dauer die Präsenz Syriens in unserem Land sichern. Deshalb provozieren seine Leute immer neue Zwischenfälle, immer neue Bombardements in Beirut. Ihm allein nützt die Fortdauer des religiös-orientierten Konflikts, weil er damit das Verbleiben seiner Truppen im Libanon rechtfertigen kann. Hafez Assad spielt sich als Friedensbringer hier auf, in Wahrheit verhindert er den Frieden.«

Wenige Tage zuvor hatte Dany Chamoun während eines Empfangs der amerikanischen Botschaft zu Ehren eines Diplomaten, der sich aus Beirut verabschiedete, Gelegenheit, mit den politischen Beratern des Botschafters Richard Parker zu reden. Dany hatte danach den Eindruck, daß sich die Amerikaner das völlige Verschwinden des Staates Libanon von der Landkarte wünschten. Das Gebiet sollte – dies war Äußerungen zu entnehmen, die Dany zu hören bekam – von Syrien geschluckt werden, um unter syrischer Kontrolle Heimat der Palästinenser zu werden, die dann nicht mehr unter dem Zwang stehen würden, um eine Heimat kämpfen zu müssen. Deutlich sei ihm gesagt worden, so berichtete Dany Chamoun seinem Vater, daß die USA auf ein rasches Ende des Nahostkonflikts hinarbeiteten. Der Libanon, ohnehin ein künstliches Gebilde, müsse geopfert werden, damit Frieden einziehen könne im Nahen Osten. Den Christen des Landes blieben dann zwei Möglichkeiten: Sie könnten als Minorität im Libanongebirge weiterleben – oder sie könnten das Gebiet verlassen, um sich einzureihen in die mehr als eine Million Libanesen, die bereits im Ausland lebten. Die Vereinigten Staaten seien bereit, die Mehrzahl der Neuauswanderer aufzunehmen. Dany Chamoun hatte auch erfahren, daß die Regierung der USA mit Syrien über eine Entschädigung der Christen für zurückgelassene Vermögenswerte verhandeln wolle.

Auf Danys Frage, wie denn Israel und Saudi Arabien auf diese Lösung reagieren würden, habe er diese Antwort erhalten: Die USA hätten die Absicht, die israelische Regierung durch umfangreiche Garantien zu beruhigen. Drohe Gefahr für Israel durch Aktionen des neuen groß-syrischen Staates, dann würden im Mittelmeer stationierte amerikanische Schiffsverbände mit Flugzeugen und Geschützen zum Schutz Israels eingreifen. Diese Schiffsverbände hätten auch Marineinfanteristen an Bord, die an Land eingesetzt werden könnten. Über die Reaktion Saudi Arabiens, so war dem fragenden Dany Chamoun gesagt worden, brauche man sich keine Gedanken zu machen. Die königliche

Familie wisse, daß sie in Fragen ihrer Sicherheit von den USA abhängig ist – sie werde, obgleich sie immer Furcht vor dem Zusammenwachsen eines starken arabischen Staates in ihrer Nachbarschaft gezeigt hatte, schließlich doch den Wünschen Washingtons folgen.

Danys Bericht enthielt keine Überraschung für seinen Vater. Genau ein Jahr zuvor hatte Camille Chamoun ein Dokument in die Hand bekommen, das von den Absichten der US-Regierung berichtete, den Palästinensern im Libanon eine Ersatzheimat zu geben. Chamoun schildert, was er dem Dokument entnommen hatte:

»Mehrmals haben sich im Jahre 1974 Henry Kissinger, ein Verantwortlicher der israelischen Regierung und der damalige CIA-Chef getroffen – zuletzt in Jerusalem. Thema der Gespräche ist die Frage gewesen, wie das Palästinenserproblem zu lösen sei, ohne daß Israel gezwungen werde, die vertriebenen Palästinenser wieder in ihre alte Heimat zurückkehren zu lassen. Einig waren sich die Beteiligten über den Ausgangspunkt der Bemühungen um Frieden: Ohne Befriedigung palästinensischer Ansprüche konnte der Nahe Osten nie zur Ruhe kommen, deshalb mußte eine Ersatzheimat für das heimatlose Volk der Palästinenser gefunden werden. Sicher war, daß nur ein arabischer Staat in Betracht gezogen werden konnte. Nach gründlicher Diskussion aller Möglichkeiten fiel die Wahl auf den Libanon. Die Konferenzteilnehmer hatten Stärken und Schwächen Jordaniens und Ägyptens abgewogen. Sie hatten beide Staaten für stabil befunden. Jordanien hatte bereits palästinensischen Umsturzversuchen widerstanden. Dem Libanon aber mußten Henry Kissinger sowie die Vertreter der CIA und der israelischen Regierung alle Anzeichen der Stabilität absprechen. Dieser Staat war vor allen Dingen militärisch so schwach, daß seine Armee nicht mit Aussicht auf Erfolg gegen Systemveränderer eingesetzt werden konnte. Einen zweiten Punkt hatten die Konferenzteilnehmer in der Diskussion über den amerikanischen Plan für wichtig erachtet: Der Libanon war kein Land von wirtschaftlicher Bedeutung für die westliche Welt. Veränderungen in diesem Staat oder gar seine Auflösung blieben ohne Auswirkung auf die Ökonomie der USA und der europäischen Industriestaaten. Niemand in der westlichen Welt würde wesentlich ärmer werden, wenn der Libanon zu bestehen aufhörte. Die Konferenzteilnehmer stellten fest, der Libanon biete ideale Bedingungen, um in eine Ersatzheimat für die Palästinenser verwandelt zu werden.«

Dieser Zusammenfassung des Inhalts jenes Dokuments, das Camille Chamoun im Frühsommer 1977 zugespielt erhalten hatte, fügte er selbst Bemerkungen an über den Standpunkt der Regierungen in Jerusalem und Moskau zur amerikanischen Absicht, den Libanon den Palästinensern auszuliefern:

»Die Israelis waren deshalb mit dem Plan einverstanden, weil sie damit den Libanon, das Beispiel für ein friedliches Zusammenleben mehrerer Religionsgruppen, zerstören konnten. Häufig genug war den Verantwortlichen in Israel der nördliche Nachbarstaat als Muster vorgehalten worden. Die französische Regierung hatte die Politiker der Arbeiterpartei Israels mehrfach aufgefordert, zu einem ebenso erträglichen Einvernehmen zwischen Juden und Moslems zu kommen, wie es im Libanon zwischen Christen und Moslems praktiziert werde. War das Beispiel für Toleranz zerstört, dann konnte niemand mehr von den Israelis verlangen, das libanesische Muster zu kopieren.«

Die Sowjetunion, so hatte Camille Chamoun erfahren, war aus zwei Gründen bereit, den amerikanischen Plan zu unterstützen:

1. War sie maßgeblich daran beteiligt, den Palästinensern eine Heimat zu beschaffen, konnte sie mit Dankbarkeit der Palästinenser und der meisten arabischen Staaten rechnen. Wichtig war nur, daß die Palästinenser und die arabische Welt den Eindruck bekamen, die Vereinigten Staaten hätten zwar den Plan entworfen, Realität aber sei er allein durch die aktive Rolle der Sowjetunion geworden.

2. Die Befriedung der Palästinenser enthob die Sowjetunion der Verpflichtung, Waffen an arabische Frontstaaten liefern zu müssen, in der ständigen Sorge, diese Waffen würden sich durch Fehlbedienung als unwirksam erweisen und damit – wie mehrfach in der Vergangenheit – zur Ursache von Spott in der westlichen Welt werden. Die Niederlage der Araber war immer zugleich die Blamage der sowjetischen Waffen gewesen.

Camille Chamoun sagt, seine Informationsquellen hätten erkennen lassen, daß die UdSSR es im Herbst 1974 übernommen habe, die PLO-Führung zur Annahme des amerikanischen Plans zu bewegen. Einverständnis habe darüber geherrscht, daß Henry Kissinger nicht als Urheber der Idee vom Palästinenserstaat in Libanon genannt werden sollte. Leicht sei den sowjetischen Diplomaten die Erfüllung ihrer Aufgabe nicht gefallen, da Yasir Arafat und dessen Berater hartnäckig darauf bestanden hätten, die verlorene Heimat Palästina befreien zu wollen. Ihr Argument war, sie hätten dem vertriebenen palästinensischen Volk die Rückkehr in das Gebiet um Jerusalem, Hebron und Jericho versprochen und könnten dieses Versprechen nicht einfach vergessen. Erst nach intensivem Zureden habe Arafat eingesehen, daß die Verwandlung des Libanon in eine Ersatzheimat für die Palästinenser keineswegs deren ewigen Verzicht auf »Kampf gegen den zionistischen Feind« bedeuten müsse. Arafat habe vor allem einen Aspekt des amerikanischen Plans als vorteilhaft erkannt: Nach dem Aufbau einer funktionierenden Verwaltung im libanesischen Palästinenserstaat konnte er an die Schaffung

220

einer schlagkräftigen Armee denken, die – nach Arafats Überzeugung – zum erstenmal eine wirkungsvolle Kriegführung gegen Israel erlaubte.

Ein Hindernis stand der Ausführung des amerikanischen Plans freilich entgegen: der Wille der christlichen Bevölkerung des Libanon, sich nicht aus ihrer Heimat vertreiben zu lassen. Im Herbst 1974 hatte Scheich Pierre Gemayel die Regierung der Vereinigten Staaten wissen lassen, er halte die Vertreibung eines Volkes, damit ein anderes, bisher vertriebenes Volk angesiedelt werden könne, für die schlechteste aller möglichen Lösungen. Nie und nimmer sei das christliche Volk bereit, auf einen derartigen Plan einzugehen. Denselben Standpunkt vertrat Dany Chamoun im Juli 1978 gegenüber den Beratern des amerikanischen Botschafters Richard Parker.

Der Botschafter nahm Danys Beteuerungen nicht ernst: Er gab den Christen des Libanon keine Chance mehr für die Bewahrung ihrer Heimat. Von ihm hatte die Regierung in Washington den Rat erhalten, die Waffenlieferung für die Christenmiliz zu unterbrechen. Seinen Beratern gegenüber vertrat er den Standpunkt, es habe keinen Sinn, eine verlorene Sache zu unterstützen.

Zur selben Auffassung war nach Analyse der Kräfteverhältnisse zwischen den christlichen und den syrischen Kampfverbänden die französische Diplomatie gelangt. Ende Juli 1978 berichtete der Botschafter des Libanon in Paris über ein Gespräch, das er mit dem französischen Außenminister de Guiringaud geführt hatte: Ohne diplomatische Verbrämung habe der Außenminister das unvermeidbare und baldige Ende des christlichen Volkes im Libanon vorausgesagt. Dieses Ende werde beschleunigt durch die enge Zusammenarbeit der Christen mit Israel. Durch sie werde die arabische Welt, und ganz besonders Syrien, zu höchster Wut gereizt. Nach Meinung des französischen Außenministers sei damit zu rechnen, daß Syrien in einer Endabrechnung Tausende von Christen töten werde, ohne von arabischer Seite oder durch europäisches Eingreifen daran gehindert zu werden. Frankreich könne auf jeden Fall nichts zur Rettung der Christen des Libanon unternehmen.

Scheich Pierre Gemayel, dem das Protokoll der Unterredung zwischen dem libanesischen Botschafter und dem französischen Außenminister durch die Kanzlei des Präsidenten Sarkis zugestellt wurde, wollte nicht glauben, daß es die Wahrheit enthielt. Frankreich, aus dessen Protektorat der Libanon hervorgegangen war, wollte nicht mehr Schirmherr des zur christlichen Welt orientierten Staates sein? Camille Chamoun aber zweifelte keinen Augenblick an der Genauigkeit des Protokolls. Er wußte, daß Europäer und US-Amerikaner keine Sympathie mehr empfanden für die Christen des Libanon. »Sie sehen in uns Bluthunde«, sagte er, »die darauf aus sind, Moslems zu zerfleischen!«

Pierre Gemayel, den sein Sohn Beschir in jenen Tagen überaus deprimiert antraf, und Camille Chamoun fanden für das Verhalten der Franzosen immer noch verständnisvolle Worte, schließlich war doch die Mittelmacht Frankreich selbst in die Abhängigkeit von Entscheidungen und Meinungen der Großmacht USA verstrickt. Auf die USA, die Urheber des Plans der Abtretung des Libanon an die Palästinenser, aber entlud sich der Zorn der Christenführer. Camille Chamoun schrieb am 31. August 1978 in sein Tagebuch:

»Die Amerikaner imitieren die drei Affen, die nichts sehen, nichts hören und nichts reden wollen. Die Verantwortlichen in der Washingtoner Regierung haben sich offenbar geschworen, die Wahrheit nicht zu bemerken. Sie haben dazuhin die Fähigkeit verloren zu unterscheiden, was moralisch ist und was unmoralisch. Sie erkennen nicht mehr, was gut und was schlecht ist. Ihre Außenpolitik wird von Erfordernissen der Innenpolitik diktiert, von Rücksicht auf die Wähler, von wirtschaftlichen Gesichtspunkten. Nie lassen sie sich von höheren Interessen leiten. Prinzipien sind ihnen gleichgültig, und sie werden rasch geopfert, wenn sich ein Vorteil abzeichnet. Sie setzen Himmel und Hölle in Bewegung, um eine Verletzung der Menschenrechte durch die Sowjetunion anzuprangern. Das läßt sich mit billiger Demagogie bewältigen. Zur gleichen Zeit aber unternehmen sie nichts dagegen, daß Tausende durch die Brutalität Syriens sterben. Sie verschließen die Ohren vor den Schreien der Sterbenden und verweigern ihnen jegliche Hilfe.«

Einen Tag nach dieser Eintragung in sein »Journal« erhielt Camille Chamoun vom Deuxième Bureau der libanesischen Armee die Information, Syrien plane für den 6. September 1978 einen vernichtenden Schlag in Blitzkriegmethode gegen die christlichen Milizen. Beabsichtigt sei die Besetzung der Region um Jbeil (Byblos) und des Kesruan; nach Abschluß dieser Aktion sei dann damit zu rechnen, daß die Gebirgsgegend des Metn von den Phalanges Libanaises und der Organisation »Tiger« nicht mehr gehalten werden könne. Syrien habe dann das gesamte christliche Gebiet in der Hand. Der Geheimdienst der libanesischen Armee teilte ergänzend mit, umfangreiche und wirkungsvolle Hilfe von seiten der Streitkräfte Israels dürfe von den Milizkommandeuren nicht erwartet werden. Um das Gesicht zu wahren, werde die israelische Regierung einen kurzen Luftangriff auf die syrischen Panzerverbände befehlen – vorgesehen sei jedoch nur der Einsatz von zwei Kampfmaschinen.

Das Deuxième Bureau wußte auch, warum gerade der 6. September zum Tag des Generalangriffs der Syrer auf die christlichen Milizen bestimmt worden war: An jenem Tag wollten sich Menachem Begin, Anwar as-Sadat und Jimmy Carter in Camp David treffen, um den Prozeß der Suche nach Frieden für den Nahen Osten in seiner entscheidenden Phase voranzubringen. Vorausgegangen war in der zweiten Novemberhälfte des Jahres 1977 der Besuch des ägyptischen Staatspräsidenten in Jerusalem. Anwar as-Sadat hatte mit seinem mutigen Schritt die Periode des »ewigen Nein« der Araber zu allen Friedensbemühungen beendet. Der Ägypter hatte dokumentiert, daß er und sein Land die Existenz Israels akzeptierten, daß er Frieden wollte mit Israel. In Camp David sollte die endgültige Formel für diesen Frieden gefunden werden.

Der syrische Präsident Hafez Assad hatte Sadats Besuch in Jerusalem als schädlich für die Solidarität der Araber abgelehnt; aus demselben Grund war er auch gegen den Zusammentritt der Konferenz von Camp David. Doch war dieses ständige »Nein« nicht so ganz ernst gemeint. In Wahrheit wartete Hafez Assad gespannt auf mögliche Ergebnisse des Treffens, die – bei klugem taktischem Verhalten – auch ihm eine ehrenvolle Rückgewinnung der an Israel verlorenen Gebiete erlaubt hätten.

Bei dieser zwiespältigen Haltung konnte der Generalangriff auf die Christenmilizen doppelten Vorteil bringen: Assad dokumentierte durch den Angriffsbefehl seine Entschlossenheit, die »Camp-David-Lösung« auch weiterhin abzulehnen – und er konnte den von der Sowjetunion akzeptierten Plan der Vereinigten Staaten zur festen Ansiedlung der Palästinenser im Libanon durch Vernichtung der Christenmilizen unterstützen. Mit dem Angriff tat er sich, der Sowjetunion und den USA einen Gefallen.

Granatwerferfeuer auf Ain ar-Rummanah eröffnete die syrische Offensive. Von Stunde zu Stunde weitete sich das Gebiet aus, das unter Beschuß der syrischen Artillerie lag: Hadath und Aschrafieh und Dörfer im Gebirge gehörten zu den Zielen. Präsident Elias Sarkis aber schwieg. Er hielt in seiner Residenz in Baabda aus, obgleich sie direkt beschossen wurde. Meistens zielten die Syrer auf das Gebäude am Hang über Beirut. Manchmal lag es aber auch im Visier der christlichen Kanoniere. Sie feuerten in diese Richtung ohne Befehl – aus Zorn über diesen Präsidenten, der zwar als Oberbefehlshaber der Arabischen Abschreckungstruppe eingesetzt war, ihr aber keinerlei Befehl gab. Sarkis lebte im Untergeschoß des Baabdapalastes, das in eine Art Unterstand verwandelt worden war.

»Da das Telefon meist nicht funktionierte, konnte der Präsident bald keinen Kontakt zur Außenwelt mehr aufnehmen«, erzählte sein Berater Karim Pakradouni später. »Über Funkgeräte verfügte der Stab des Elias Sarkis nicht. So konnte er tagelang seinem Ministerpräsidenten keine Anweisungen übermitteln. Trotzdem behielt Sarkis seine Ruhe. Manchmal allerdings gab er sich zu sehr der Nostalgie hin. Dann wieder erklärte er uns, daß sich seine Politik des Paktes mit den Syrern letztlich doch bewähren werde: ›Alle Welt übt Druck auf mich aus, ich soll meine Überzeugung ändern. Ich habe beschlossen, bei meinem Standpunkt zu bleiben. Ich denke auch nicht daran, meinen Posten zu verlassen. Wer mich aus dem Baabdapalast vertreiben will, der muß mich umbringen. Ich gebe zu, keinen Plan zu haben, keine Idee für eine Lösung des Konflikts. Ich bin gegen eine Mauer gestoßen, die ich nicht aufbrechen kann. Mir bleibt nur eines: abzuwarten.‹«

Karim Pakradouni berichtet weiter, der Präsident habe oft darüber geklagt, daß ihm keine libanesische Armee mehr zur Verfügung stand. Der frühere Präsident Fuad Schehab habe recht gehabt mit seinem Grundsatz: »Eine Armee zu unterhalten ist teuer. Aber keine Armee zu unterhalten kann noch wesentlich teurer sein!«

Ohnmächtig, weil keine bewaffnete Kraft mehr seinen Befehlen gehorchte, bat Elias Sarkis den US-Botschafter, er möge veranlassen, daß Jimmy Carter eine neue Initiative beginne, mit dem Ziel, die Kämpfe zu beenden. Daraufhin schlug der amerikanische Präsident eine internationale Konferenz vor, an der Syrien, Saudi Arabien, Ägypten, Israel, Frankreich und die Vereinigten Staaten teilnehmen sollten.

Camille Chamoun war überrascht, daß Carter sich hatte aus seiner Reserve herauslocken lassen: »Zum erstenmal spricht dieser amerikanische Präsident in der Libanonaffäre als Staatsmann.« Besonders gut gefallen hatte ihm diese Bemerkung des Amerikaners: »Im Libanon findet eine Tragödie statt, die bisher von der Welt und von den Vereinigten Staaten nicht richtig beachtet worden ist.«

Chamoun und die übrigen Christenführer empfanden Carters Initiative als »Schritt in die richtige Richtung«, doch sie waren dagegen, daß die vorgeschlagene Konferenz zusammentrat. Ihre Begründung: »Der Konflikt zwischen uns und Syrien kann nur durch den Rückzug der Syrer beendet werden.« Auch Hafez Assad lehnte den Vorschlag sofort ab. Ihm paßte die israelische Beteiligung nicht. Wenige Minuten nachdem seine Ablehnung in Damaskus und in der libanesischen Hauptstadt bekanntgemacht worden war, schossen die Kämpfer der Tigermiliz auf die syrischen Artilleriestellungen bei Beirut. Der US-Botschafter nahm das erneute Aufflammen der Gefechte mit der Bemerkung zur Kenntnis, damit sei wohl erneut bewiesen, daß die Phalanges Libanaises und die Tigermiliz nicht bereit seien, Frieden zu schließen.

Am 12. September 1978 befaßte sich das oberste Gremium der »Libanesischen Front«, der politischen und militärischen Allianz der christlichen Organisationen, mit der Haltung der Vereinigten Staaten zu den Christen des Libanon. Charles Malek, der brillanteste Diplomat, den die Republik je besaß, war eben aus den USA zurückgekehrt. Er hatte dort im Auftrag der »Libanesischen Front« zu erfahren versucht, warum die Politik der Vereinigten Staaten die Christen des Libanon benachteilige. Schuld daran, so schilderte Malek den führenden Köpfen der Christenorganisation das Ergebnis seiner Untersuchung, sei das State Department, das völlig auf der Seite Syriens stehe, einfach deshalb, weil Syrien derzeit als die stärkste militärische Kraft Arabiens gelte. Das State Department stelle sich immer auf die Seite der stärkeren Armee, und Präsident Carter folge den Ansichten des State Department. Charles Malek konnte Scheich Pierre Gemayel und Camille Chamoun wenig Hoffnung auf eine Änderung der amerikanischen Politik in der Zukunft machen: Präsident Carter sei derart auf die Aussöhnung zwischen Ägypten und Israel fixiert, daß er für andere Problemgebiete überhaupt keine Zeit habe.

Der Mangel an amerikanischem Interesse für den Libanon führte dazu, daß Syrien freie Hand hatte für die Regelung des Konflikts auf seine Art. Hafez Assad versuchte, die christlichen Politiker durch Steigerung des syrischen Artilleriefeuers zu zermürben. Doch der Erfolg blieb aus. Mit Wucht schossen die Phalanges Libanaises und die Tigermilizen zurück. Ende September 1978 erfuhr der Geheimdienst der »Libanesischen Front« aus Damaskus, Hafez Assad habe einen bestimmten Grund, gerade jetzt besonders viele Granaten auf die christlichen Stadtteile von Beirut abfeuern zu lassen: Der libysche Revolutionsführer Moammar al-Kathafi habe ihm 600 Millionen Dollar versprochen, wenn es der syrischen Armee gelinge, den Widerstand der christlichen Milizen zu brechen.

Wie heftig gekämpft wurde, konnte Elias Sarkis an den Vibrationen der Wände seines Unterstandes feststellen. Der Präsident sprach nur noch wenig mit seinem Stab. Wenn er etwas sagte, dann klagte er über Kopfweh, über Schmerzen in Hals und Nieren. An manchen Tagen hoffte er, der Widerstand der christlichen Milizen möge doch endlich zusammenbrechen, damit Ruhe eintrete in Beirut. Über die Zähigkeit der Phalanges Libanaises und der Tigermiliz meinte Sarkis: »Das ist unglaublich, was die aushalten. Den Syrern wird es nicht gelingen, Aschrafieh einzunehmen, und wenn da auch nur noch zehn Phalangisten zur Verteidigung überleben. Die Syrer müssen erst alles zerstören und alle umbringen, ehe sie Aschrafieh erobern können!«

Die Christen des Libanon hielten während dieser harten Wochen der Prüfung stand. Sie folgten nicht dem Rat der US-Diplomaten, die Heimat aufzugeben. Als Symbol ihres Widerstands stellten Familien aus Aschrafieh im Keller des Verwaltungsgebäudes der Libanesischen Elektrizitätswerke die Statue der Notre-Dame von Lourdes auf. Bei Kerzenlicht beteten Hunderte von Maroniten dort Abend um Abend für den Zusammenhalt der Front, die nur wenige Meter entfernt verlief.

Elias Sarkis völlig in der Hand der Syrer

Die Eroberung von Aschrafieh gelang Hafez Assad zwar nicht, doch er brachte das Meisterstück fertig, den libanesischen Präsidenten derart zu demoralisieren, daß er keinen eigenen Willen mehr besaß.

Seit Wochen war Elias Sarkis ohne Kontakt zum syrischen Präsidenten gewesen. Am 1. Oktober 1978 konnte endlich ein Telefongespräch nach Ost-Berlin vermittelt werden – dort hielt sich Hafez Assad zu einem Staatsbesuch auf. Sarkis verlangte, daß der syrische Präsident als Oberbefehlshaber seiner Armee die sofortige Einstellung der Artilleriekämpfe befehle. Der Wortlaut der telefonischen Diskussion ist festgehalten worden:

Sarkis: »Keine Regierung der Welt kann zulassen, daß ihre Hauptstadt zerstört wird!«

Assad: »Wir bemühen uns um Waffenstillstand. Wir möchten zuvor jedoch die Standpunkte der verschiedenen Parteien im Libanonkonflikt kennenlernen.«

Sarkis: »Wozu wollen Sie die Standpunkte der verschiedenen Parteien kennenlernen? Ich bin der Staatschef des Libanon und damit der einzige Politiker, der im Namen des Libanon reden darf. Ich kann nicht dulden, daß Sie mit anderen reden. Ich bin ihr Gesprächspartner und sonst niemand!«

Assad: »Mein lieber Bruder, das ist kein Thema, das wir am Telefon behandeln sollten. Ich bin in zwei Tagen wieder in Damaskus. Dort sind Sie mir herzlich willkommen. Wir werden in Damaskus alle Aspekte der Situation bereden.«

Zwei Tage später teilte Außenminister Abdel Halim Khaddam dem libanesischen Präsidenten tatsächlich mit, Hafez Assad sei in der syrischen Hauptstadt eingetroffen und erwarte – trotz Müdigkeit nach den Staatsvisiten in Ost-Berlin und Moskau – den besprochenen Besuch. Elias Sarkis hatte zwar nur geringe Neigung, zu diesem Zeitpunkt nach Damaskus zu reisen, doch er wußte, daß er der Aufforderung, vor Hafez Assad zu erscheinen, folgen mußte, auch wenn damit Gefahr verbunden war. Sein Mitarbeiter Karim Pakradouni schildert die Abreise des libanesischen Präsidenten aus seiner Residenz:

»Sarkis hatte sich seit Tagen nicht mehr rasiert gehabt. Da kein Wasser aus der Leitung kam, seifte er sich mit Mineralwasser ein, um sich den alten Bart abnehmen zu können. Der Raum war nahezu dunkel, als Elias Sarkis selbst seine Koffer packte. Zitterndes Kerzenlicht warf gespenstische Schatten an die Wand. Niemand sagte auch nur ein Wort. In der Ferne war die Kanonade von Aschrafieh zu hören. Die Republikanische Garde, die den Eingang zum Palast bewachte, bestand nur noch aus wenigen Männern, die kaum mehr richtige Uniformen trugen. Die Zedernfahne am Mast war zerfetzt. Von außen sah das Gebäude furchtbar aus: Mauern waren eingestürzt, Fensterscheiben zerbrochen; überall lag Schutt und Dreck.«

Elias Sarkis fuhr nach Damaskus im Gefühl, er werde nicht mehr lebend nach Beirut zurückkehren. Er glaubte, von zwei Seiten bedroht zu sein – von den Syrern und von den Phalanges Libanaises. Seine Überzeugung, daß ihm jemand nach dem Leben trachte, steigerte sich, als im Augenblick seiner Abfahrt die Straße, die vom Palast zum Flughafen führt, direkt beschossen wurde. Auch auf dem Flughafengelände detonierten Granaten, doch die Maschine der Middle East Airlines hob mit dem libanesischen Präsidenten an Bord unbeschädigt vom Boden ab.

Nach diesen Erfahrungen wartete Elias Sarkis darauf, bei der Ankunft in Damaskus verhaftet zu werden. In seiner Vorstellung war Hafez Assad entschlossen, ihn zu beseitigen. Immer wieder, so sagte der Präsident des Libanon zu seinen Begleitern, dächte er über die seltsamen Bemerkungen des syrischen Präsidenten während des Telefongesprächs nach. Daß die Syrer imstande waren, mißliebige Politiker hart anzufassen, erfuhr er am folgenden Tag durch seinen Sicherheitsbeauftragten Johnny Abdo, der von einem Gespräch mit Außenminister Abdel Halim Khaddam berichtete. Johnny Abdo hatte Khaddam ganz unverblümt nach einer möglichen geheimen Übereinkunft zwischen der syrischen und der ägyptischen Führung gefragt: Es würde ihn doch überaus interessieren, ob Hafez Assad dem ägyptischen Präsidenten Sadat stillschweigend sein Zugeständnis zu Verhandlungen mit Israel signalisiert hätte – dieses Thema sei zwar nicht Bestandteil der Tagesordnung, aber dennoch wichtig für die Beurteilung des politischen Umfelds, das Einfluß habe auf den Libanonkonflikt.

Die Antwort des Außenministers lautete: »Weder laut noch schweigend haben wir Sadat wissen lassen, daß wir seiner Narretei zuschauen werden. Zuerst haben wir überhaupt nicht an seine Absicht geglaubt, nach Jerusalem zu fliegen. Wir dachten, die Ankündigung der Jerusalemreise sei einer seiner üblichen rhetorischen Winkelzüge, die nur für den Hausgebrauch, für die ägyptischen Zuhörer bestimmt waren. Als wir sahen, daß die Ankündigung ernst gemeint war, da beschlossen wir, ihn zu ermorden. Gelegenheit dazu bot sein Besuch bei uns in Damaskus, damals, als er Hafez Assad vor der Jerusalemreise zum Komplizen gewinnen wollte. Wir hatten sofort, als bekannt wurde, daß er kommen würde, verschiedene Szenarios entworfen, wie und wo die Ermordung stattfinden könnte. Zwei Situationen wären günstig gewesen: Wir hätten ihn auf dem Flughafen oder vor dem Präsidentenpalast umbringen lassen können. In beiden Fällen hätten wir einen Palästinenser als Schützen eingesetzt, der dann erklärt hätte, er habe Sadat für den Verrat am palästinensischen Volk bestraft. Die Sache mit dem Palästinenser hat uns allen gut gefallen. Weniger passend war der Vorschlag, das Flugzeug des Ägypters unmittelbar nach dem Start in Damaskus abschießen zu lassen. Wir haben damals auch diskutiert, ob wir Sadat gefangennehmen sollten. In unserem Strafgesetzbuch gibt es einen Paragraphen, der die Bestrafung von Kontakten mit Israel vorsieht. Darauf hätten wir uns berufen können. Präsident Assad selbst hat dann schließlich bestimmt, daß wir Sadat ungeschoren wieder abreisen lassen. Alles wäre anders gelaufen, wenn wir ihn umgebracht oder wenigstens verhaftet hätten.«

Elias Sarkis war überzeugt, Abdel Halim Khaddam habe diese Details in der Absicht erzählt, ihm zu zeigen, wie die syrische Führung mit abtrünnigen und ungetreuen ehemaligen Freunden umzuspringen bereit sei. Der libanesische Außenminister Fuad Boutros bemerkte bitter: »Da kann man von Glück sagen, daß es Hafez Assad gibt. Er stellt eine wahre Lebensversicherung dar!«

Ein Waffenstillstand – niemand zählte mehr die Nummern der vielen kurzlebigen Abkommen – war schließlich das Resultat, das Elias Sarkis von Damaskus nach Beirut zurückbrachte. Ohne Erfolg waren seine Bemühungen gewesen, Hafez Assad zum Rückzug seiner Truppen aus christlichen Bereichen des Libanon zu bewegen, in denen sie durch libanesische Verbände ersetzt werden sollten. Der syrische Präsident wollte nichts wissen von einem Neuaufbau der libanesischen Armee. Er verlangte im Gegenteil die Auflösung bestehender Einheiten, die Entlassung hoher Offiziere.

Der Grund für Assads Verlangen war ein Ereignis, das acht Monate zurücklag. Der syrische Präsident ärgerte sich noch immer über das Verhalten von Teilen der libanesischen Armee am 6. Februar 1978. An diesem Tag hatten sich Offiziere der Kaserne von Fayadieh, die im Osten Beiruts an der Straße nach Damaskus liegt, gegen die Einrichtung eines syrischen Kontrollpostens an der Einfahrt zur Kaserne gewehrt. Als die Syrer nicht bereit waren abzuziehen, schossen die libanesischen Offiziere. Rasch breitete sich der Konflikt aus: Die syrischen Soldaten holten Verstärkung herbei; inzwischen bewaffneten sich die tausend Soldaten in der Kaserne. Eine syrische Attacke auf den Eingang des Gebäudekomplexes schlug fehl. Der Gegenangriff der Libanesen trieb die Syrer die Straße hinunter, weit in Richtung Beirut. Am Ende des mehrstündigen Kampfes hatten dreißig syrische Soldaten ihr Leben verloren; mehr als dreißig waren verletzt worden. Die Libanesen gaben bekannt, auf ihrer Seite sei nur ein Soldat tödlich getroffen worden.

Sobald Elias Sarkis vom Schußwechsel vor der Kaserne von Fayadieh erfahren hatte, war er darum bemüht gewesen, mit Hafez Assad telefonisch in Kontakt zu kommen. Erst beim zweiten Versuch war es der Vermittlung im Präsidentenpalast von Damaskus gelungen, den syrischen Staatschef zu finden. Da Assad über die Zahl der Toten noch nicht informiert worden war, glaubte er der Erklärung des Libanesen, es handle sich um ein schlichtes Mißverständnis. Doch zwei Stunden später, als ins Armeehauptquartier nach Damaskus gemeldet worden war, daß dreißig Syrer durch Geschosse der libanesischen Armee gestorben waren, da rief Hafez Assad im Baabdapalast an. Wie immer, wenn er zornig ist, redete er außerordentlich leise. Assad warf der libanesischen Armee vor, sie habe die syrischen Soldaten in eine vorbereitete Falle gelockt, sie trage Schuld an diesem Massaker – überhaupt seien die libanesischen Truppenverbände nichts anderes als ein »Haufen unorganisierter Milizen«.

Diese drei Wörter verwendete Hafez Assad wieder, als er acht Monate später von Elias Sarkis gebeten wurde, durch Rückzug seiner Truppen, der libanesischen Armee die Möglichkeit zu geben, in christlichen Gebieten Positionen zu beziehen. Dem libanesischen Präsidenten sagte er über den Verhandlungstisch ins Gesicht: »Dieser Haufen unorganisierter Milizen verdient nicht, als Armee bezeichnet zu werden!« Solange der Offizier, der für das »Massaker von Fayadieh« Verantwortung trage, noch nicht verhaftet und abgeurteilt sei, werde er sich das Recht nehmen, die bewaffneten Verbände des libanesischen Präsidenten zu verachten.

Während des Jahres 1978 hatten sich zwei Persönlichkeiten im Libanon politisches Gewicht erworben, das bedeutsamer war, als das des Präsidenten Sarkis. Die eine dieser zwei Persönlichkeiten war Beschir Gemayel, der Sohn von Scheich Pierre – dem Jungen folgten inzwischen die politischen und militärischen Kader der Phalanges Libanaises mehr als dem Vater. Die zweite machtvolle Persönlichkeit im Libanon war der Schiitenimam Musa Sadr. Doch er verschwand spurlos.

Wo ist der Imam Musa Sadr?

Seit dem 31. August des Jahres 1978 stellen die Schiiten des Libanon diese Frage. Je mehr Zeit verstreicht seit jenem Tag, an dem der Imam zum letztenmal gesehen wurde, desto entschlossener ist dieser Bevölkerungsteil, eine Antwort zu erzwingen.

In der letzten Woche des Monats August 1978 war der Imam nach Libyen geflogen, um auf Einladung des Revolutionsführers Moammar

al-Kathafi den Feierlichkeiten zum Jahrestag des Offiziersputsches bei-
zuwohnen, der neun Jahre zuvor Kathafi in Tripolis an die Macht gebracht hatte.

Wenig Gemeinsames verband den libyschen Revolutionär und den
libanesischen Geistlichen: Sunnit war der eine, Schiit der andere. Moammar al-Kathafi war verantwortlich für eine zwar kleine, doch in sich
geschlossene Nation, der die Befreiung aus den Zwängen der kolonialen
Bevormundung gelungen war – der Imam aber war nur der Sprecher
des politisch schwächsten und zugleich ärmsten Teils der Bevölkerung
des Kleinstaates Libanon. Dachte der libysche Revolutionsführer in Kategorien weiträumiger panarabischer Politik, so mußte sich der Imam
damit begnügen, die Verbesserung der primitiven Lebensumstände der
schiitischen Arbeiter, Bauern und Handwerker zu planen. Der Staat
al-Kathafis war reich – die Schiitenregion des Libanon war arm.

Doch gerade dieser Gegensatz hatte den libyschen Sunniten und den
libanesischen Schiiten zusammengebracht: Der Imam machte sich
Hoffnung, für die Schiiten des Libanon von der libyschen Revolutionsführung finanzielle Unterstützung zu bekommen. Milliardeneinnah-
men aus dem Ölgeschäft erlaubten dem Mächtigen Libyens, Geldgeber
zu sein für revolutionäre Bewegungen und für Bittsteller, die im Namen Unterprivilegierter sprachen. Als purer Menschenfreund handelte
Moammar al-Kathafi jedoch keineswegs: Spenden gab er nur, wenn die
Aussicht bestand, daß sie politischen Nutzen brachten. Ein Zuschuß für
den Imam Musa Sadr konnte auf Dauer Profit versprechen allein dadurch, daß der Empfänger des Geldes gezwungen war, auf die Wünsche
der Spender, auf die Interessen der libyschen Revolutionsführung,
Rücksicht zu nehmen.

So hatte sich der Imam Musa Sadr vor dem Abflug von Beirut nach
Tripolis Hoffnung auf Dollars gemacht. Er wußte bereits, daß Moam-
mar al-Kathafi den Willen hatte, im Libanon mitzubestimmen, in dem
Land, auf dessen kleinem Territorium der Zusammenprall arabischer
Kräfte stattfand: als Ausdruck der gewaltigen Spannung Arabiens zwi-
schen Republiken und Monarchien. Waren bislang die Republik Syrien
und das Königreich Saudi Arabien in diesem Zusammenprall bestim-
mend gewesen – das eine Land durch seine Armee, das andere durch
Diplomatie –, so wollte nun der Libyer Geld für sich wirken lassen.
Musa Sadr glaubte, das Geld für die Schiiten einnehmen und dennoch
Handlungsfreiheit bewahren zu können.

Am 1. September 1979 sollte der Imam unter Ehrengästen in Tripolis
auf der Tribüne sitzen, vor der die Revolutionsparade vorüberzog.
Doch er befand sich nicht bei den Politikern, Offizieren und Geistlichen, die hinter Moammar al-Kathafi Platz genommen hatten. Nie-

mand vermißte allerdings den Imam. Er war allein nach Tripolis gekommen; er besaß keine Freunde in der libyschen Hauptstadt und keine schiitischen Glaubensgenossen.

Erst nach Tagen, als sich die Mitarbeiter des Imams in Beirut wunderten, warum Musa Sadr noch nicht aus Rom, seiner nächsten Reisestation, angerufen hatte, wurde in Tripolis vorsichtig nach dem Verbleib des Geistlichen gefragt. Da keine Antwort eintraf, reiste einer der Vertrauten aus dem engsten Kreis um den Imam in die libysche Hauptstadt. Dort fand er Gepäck und geistliche Gewänder im Hotelzimmer des Verschwundenen. Voll Freude, endlich eine Spur gefunden zu haben, forschte der Schiit aus Beirut im Büro des Revolutionsführers weiter – im Glauben, der Imam sei von Moammar al-Kathafi ehrenvoll in das Zelt seines Vaters eingeladen worden. Besonderen Gästen widerfuhr manchmal diese Auszeichnung.

Erst als die Mitarbeiter des Imams Präsident Sarkis gebeten hatten, durch die libanesische Botschaft in Tripolis die Nachforschungen unterstützen zu lassen, verbreitete die libysche Revolutionsführung über ihre Nachrichtenagentur die Meldung, Imam Musa Sadr sei vor Beginn der Revolutionsfeier in einem Linienflugzeug der italienischen Gesellschaft Alitalia nach Rom abgereist. Dort allerdings war er nie angekommen. Die Fluggesellschaft betonte, der Geistliche habe ihr Flugzeug auch gar nicht betreten. So bleibt nur die Annahme, daß Imam Musa Sadr in Libyen umgebracht oder zumindest an einen unbekannten Ort verschleppt worden ist.

Die Schiiten des Libanon sind allerdings überzeugt, dieser Geistliche lebe noch immer. Allah habe ihn mit Absicht den Augen der Gläubigen entzogen, um zu erfahren, ob die schiitischen Frauen und Männer auch unter dem Druck dieser Prüfung glaubensstark bleiben. Der Imam werde wiederkommen. Dieser Glaube ist weit verbreitet im schiitischen Volk des Libanon. Selbst intelligente Politiker und Intellektuelle halten daran fest. Der Glaube ist verbunden mit der Gewißheit, die Wiederkunft werde den Schiiten Entschädigung bringen für Demütigung und auferlegte Entbehrung in der Vergangenheit. Wenn der Imam wiederkomme, dann würden die Schiiten die Macht im Libanon antreten. Heilshoffnung knüpft sich an die Person des Verschwundenen. Vom Herbst 1978 an sind schiitische Wohngebiete des Libanon daran erkennbar, daß an den Hauswänden Bilder des Imams Musa Sadr kleben.

Er hatte den Grundsatz des Propheten Mohammed, daß Religion und Politik untrennbar miteinander verbunden sein müssen, in der Realität erprobt. Für jede politische Situation hatte er eine passende Aussage des Propheten, einen Spruch aus dem Koran oder ein Beispiel aus der schiitischen Märtyrergeschichte bereit. Seine Zitate verfolgten immer das Ziel, Emotionen zu wecken. Die schiitische Überlieferung ist reich an gefühlsbeladenen Legenden, die sich in politische Gleichnisse ummünzen lassen. Meisterhaft hatte der Imam den Schatz der Tradition für sein Wirken in der Gegenwart ausgenützt.

Die Theologie war seine Ideologie geworden. Er war überzeugt, daß die Schiiten dazu bestimmt seien, als Mehrheit an die Spitze der Menschen des Libanon zu treten. »Der Libanon ist unsere Heimat« – diesen Satz hatte der Imam immer wieder den schiitischen Gläubigen gepredigt; und sie hatten verstanden, daß diese Heimat schiitisch orientiert sein werde. Die Erklärung, der Libanon sei die Heimat der Schiiten, mußte den Christen mißfallen. Sie verstanden die Worte als Herausforderung. Diese Wirkung wiederum steigerte das Ansehen des Imams bei den eigenen Gläubigen. Dem Imam war es gelungen, Schiiten des Libanon, die stets mißachtet gewesen waren, einen Anflug von Selbstbewußtsein zu geben. Er hatte gewußt, daß er keine Verbündeten brauchte, daß sie ihm eher schädlich sein konnten. Die Interessen des eigenen Bevölkerungsteils waren von ihm über die Forderungen des islamisch-palästinensischen Linksblocks gestellt worden. Der sunnitischen Organisation al-Murabitun hatte er vorgeworfen, sie wolle die Schiiten im revolutionären Kampf gegen die Christen als »Kanonenfutter« verwenden. Kamal Jumblat war von ihm angeklagt worden, er sei die Ursache der permanenten Andauer des libanesischen Bürgerkriegs: »Nur Gott weiß, wie lange Jumblat das Blutvergießen andauern läßt!« Den Chefs der Phalanges Libanaises aber hatte er mitgeteilt, ihre Arroganz gegenüber den Moslems sei unerträglich: »So können und dürfen wir uns nicht länger behandeln lassen. Die Regierenden, die Christen, die seit der Staatsgründung den Libanon lenken, haben immer uns Schiiten als das Unterproletariat betrachtet. Wir sind zu Enterbten geworden. Aber niemand soll sich täuschen lassen: Jede Ungerechtigkeit erzeugt eine Explosion, irgendwann.«

Durch offene Worte hatte sich der Imam Feinde gemacht. Auch an der syrischen Libanonpolitik hatte er Kritik geäußert. Mißfallen hatte dem Imam vor allem die offensichtliche Absicht des syrischen Präsidenten, den Libanon an seinen Staat anzugliedern. Dem schiitischen Geistlichen waren die Konsequenzen eines derartigen Anschlusses deutlich gewesen: Die Schiiten, auf dem Weg, Majorität im Libanon zu werden, wären innerhalb des syrischen Staates dazu verdammt gewesen, immer Minorität zu sein. Deshalb hatte Musa Sadr in Worten Widerstand gegen die syrische Besetzung libanesischen Gebiets geleistet: »Es kann durchaus geschehen, daß Syrien den Libanon vollends schluckt, doch wir Schiiten werden dafür sorgen, daß es sich dabei eine gewaltige Verdauungsstörung holt, die es rasch veranlassen wird, den

Libanon wieder auszuspucken!« Hafez Assad hatte auf solche Worte mit heimtückischem Lob reagiert: »Der Imam ist ein großer Denker, ein Visionär!« Doch Assads Abneigung gegen Visionäre war bekannt.

Auch die PLO hatte den Imam nicht geschont. Wenige Tage vor seiner Abreise nach Tripolis hatte er einem Mitarbeiter des Präsidenten Elias Sarkis gesagt, er verachte die palästinensische Kampforganisation, denn ihr fehle von der Spitze bis zum jüngsten Kämpfer der Drang zum Märtyrertum: »Die PLO ist eine Militärmaschinerie, die nicht mehr dazu bestimmt ist, gegen den Feind Israel zu wirken; sie ist dazu umfunktioniert worden, Terror auf Libanesen und auf andere Araber auszuüben. Im schiitischen Gebiet des Südlibanon ist die PLO ein Faktor der Anarchie. Ihre Funktionäre nehmen sich Freiheiten und wagen Frechheiten, die für uns Schiiten einfach unerträglich sind. Unsere Bauern und Handwerker waren bisher von einem Minderwertigkeitskomplex gegenüber diesen Funktionären befallen. Diesen Komplex haben sie jetzt überwunden. Sie haben einfach genug von der PLO.« Doch sie wurden die PLO nicht los.

Die Dörfer des Südlibanon verbrennen

Im Verlauf des Jahres 1979 verlagerte sich das Gewicht des Kampfgeschehens im Libanon von Beirut in das Gebiet nördlich der israelischen Grenze. Schon im Jahr zuvor hatte die israelische Armee auf libanesischem Gebiet eine schmale, von ihr kontrollierte Pufferzone gebildet, die von den Israelis und von ihrem Handlanger in der Pufferzone, dem christlichen Major Saad Haddad, »Freier Libanon« genannt wurde. Major Haddad hatte sich der Regierung in Jerusalem als libanesischer Garant der israelischen Nordgrenze angeboten; er hatte das Versprechen abgegeben, der PLO werde durch die von ihm organisierte Miliz die Möglichkeit genommen, weiterhin israelische Dörfer und Siedlungen anzugreifen. Dieses Versprechen war von der schiitischen Bevölkerung des südlichen Libanon stark beachtet worden – hatten doch die Schiiten immer unter den Auswirkungen der palästinensischen Anschläge zu leiden. Schlugen die Israelis zurück, dann waren die Schiitendörfer, in denen sich Arafats Kämpfer aufhielten, meist das Ziel.

Major Saad Haddad erklärte, der »Freie Libanon« sei völlig unabhängig von der Regierung in Beirut. Elias Sarkis verurteilte die Loslösung des Grenzstreifens. Doch die Verurteilung durch den Ohnmächtigen im Beiruter Baabdapalast war dem Major gleichgültig. Keiner der Aufrufe des Präsidenten an die Bevölkerung, sie möge der Zentralregierung treu bleiben, wurde in der Pufferzone beachtet. Der Grund für die Mißachtung lag darin, daß Saad Haddad durch sein Bündnis mit Israel – der jüdische Staat stellte ihm Waffen und Geld für Soldzahlungen zur Verfügung – die Bevölkerung der Grenzgegend schützen konnte. Elias Sarkis aber besaß dazu überhaupt keine Möglichkeit.

Obgleich die Gründung der Pufferzone die PLO von der israelischen Grenze abgedrängt hatte, gelang es palästinensischen Kämpfern vereinzelt auch weiterhin, auf israelisches Gebiet vorzudringen, um dort Minen in Straßen einzugraben, um Armeeposten zu überfallen, Raketen auf Siedlungen abzuschießen. Die Basen der PLO, die Ausgangspunkte der Aktionen, befanden sich jetzt im engeren Gebiet nördlich und südlich des Flusses Litani. Diese Zone war nun zum Fatahland geworden. Die Stadt Tyr gehörte dazu, nicht aber Saida. Diese Stadt wurde zum Ort der Zuflucht für die Bewohner der Dörfer, die im Fatahland unter den israelischen Revancheschlägen zu leiden hatten. Mehr als 100 000 Menschen flohen aus der Litaniregion nach Saida. Viele von ihnen trauten schließlich auch der Sicherheit in dieser Stadt nicht; sie suchten Unterkunft in Beirut.

Der PLO paßte diese Wanderbewegung ins Konzept: Sie konnte nach und nach die von den Bewohnern verlassenen Dörfer und Kleinstädte in Besitz nehmen. Die israelische Führung reagierte mit dem Befehl an die Luftwaffe, die Litanigegend zu überwachen und die PLO-Einheiten durch ständige Angriffe zu bedrohen. Wieder wurden libanesische Dörfer zerstört.

Elias Sarkis sah den Sachverhalt völlig richtig: An der Zerstörung des Lebensraums der südlibanesischen Bevölkerung war nicht allein Israel schuld; auch die PLO trug dafür ein gerüttelt Maß an Verantwortung. Solange die palästinensischen Kämpfer durch Raketenfeuer und Straßenverminung Vergeltungsschläge der Israelis auslösten, waren die Libanesen des Südens Opfer des israelisch-palästinensischen Krieges. Aus dieser Erkenntnis heraus suchte Elias Sarkis nach einer Lösung, die den Krieg im Süden beenden sollte. Der Präsident forderte Yasir Arafat energisch auf, er möge sich zu einem Gespräch im Baabdapalast einfinden. Doch der PLO-Chef, der wohlinformiert war, daß von ihm das Einfrieren der Kommandoaktionen verlangt werde, weigerte sich, die Residenz des Präsidenten zu betreten, mit der bereits zuvor schon einmal geäußerten Begründung, die Wache im Palast hätte die Absicht, ihn umzubringen.

Arafats Taktik bestand darin, die Begegnung mit Elias Sarkis noch lange hinauszuzögern. Er war keineswegs am Frieden im Süden interessiert. Er wollte im Gegenteil Israel zu immer neuen Schlägen gegen libanesische Dörfer reizen, in der Hoffnung, die Weltöffentlichkeit werde Israel dafür verurteilen und schließlich sogar die Vereinigten

Staaten zwingen, gegen den Staat der Juden Stellung zu beziehen. Der Hintergedanke war, in den USA und in Europa möglichst viel Bedauern, Mitleid und Sympathie für Libanesen und Palästinenser und damit auch für die PLO zu wecken.

Wollte er sich jedoch nicht Sympathien im Libanon verscherzen, mußte Arafat letztlich der Einladung in den Baabdapalast folgen. Elias Sarkis begann das Gespräch mit einer Bemerkung, die Arafat gefiel: »Es ist Ihnen, Herr Vorsitzender, gelungen, Pluspunkte in Europa und in den USA zu sammeln. Sie und die PLO haben einen internationalen Status erreicht.« Dann allerdings sprach Sarkis sofort das Problem Südlibanon an: »Sie setzen jetzt jedoch viel aufs Spiel. Die Palästinenser werden neuerdings meist als die Opfer der Israelis angesehen. Wenn Sie jedoch den Südlibanon weiterhin Stück für Stück besetzen, dann werden Sie als Aggressor gegen die Libanesen und nicht mehr als Opfer israelischer Aggression betrachtet.« Sarkis warnte Arafat: »Sie haben nicht nur die Maroniten gegen sich, sondern jetzt vor allem auch die Schiiten. Wenn Sie so weitermachen wie bisher, werden Sie in wenigen Wochen eine schiitische Rebellion gegen sich haben, die bis in die Außenbezirke von Beirut reicht.

Elias Sarkis wollte erfahren, ob die PLO-Führung entschlossen war, wirklich den Süden des Libanon als Ersatz für Palästina zu annektieren. Er provozierte Arafat: »Sie besitzen den Südlibanon doch schon! Sie regieren dort und nicht ich. Sie sind ganz allein für alle Vorgänge dort verantwortlich!« Der PLO-Chef wehrte ab. Er habe keineswegs den Plan, Palästina durch den Südlibanon ersetzen zu wollen. Ihm sei es auch recht, wenn die libanesische Armee die Kontrolle der Litanizone übernehme – dabei wußte Arafat selbstverständlich, daß Elias Sarkis über keine Truppe verfügte, der er einen Befehl zum Einrücken in das Gebiet um den Fluß Litani geben konnte.

So endete das Treffen in substanzlosem Gerede. Das Resultat war, daß die PLO ihre Position im Südlibanon ausbauen konnte, daß die israelische Luftwaffe Grund fand, immer intensiver Dörfer und Gehöfte mit Raketenfeuer anzugreifen.

Die Meldungen über Verluste an Menschenleben und über Schäden an Gebäuden, die bis Jahresende 1981 in Beirut gesammelt wurden, lassen sich so zusammenfassen: Im Südlibanon waren 9400 Gebäude völlig zerstört und 21 500 so schwer beschädigt worden, daß sie nicht mehr bewohnt werden konnten. Die vier Städte Tyr, Nabatiyeh, Bint Jbeil und Khiyam waren von den Bewohnern verlassen worden. Mehr als tausend Menschen hatten durch Kriegseinwirkung ihr Leben verloren; 8000 waren so schwer verwundet worden, daß sie an bleibenden Schäden litten. Etwa 5000 Kinder suchten ihre Eltern.

Landwirtschaftsexperten der libanesischen Regierung bemühten sich um Feststellung der Verwüstungen der Felder des Südlibanon. Die Zahlen waren erschreckend: 51 000 Olivenbäume und 70 000 Orangenbäume sind vernichtet worden. Eine Fläche von 110 Quadratkilometern fruchtbaren Bodens war für lange Zeit unbenutzbar geworden, da sie gespickt war mit Minen und Blindgängern aller Kaliber. Nichts war mehr übriggeblieben von den ausgedehnten Tabakkulturen des Südlibanon.

Da das direkte Gespräch mit Yasir Arafat kein Ergebnis erbracht hatte, glaubte Elias Sarkis, er könne durch eine »Arabisierung des Südlibanonproblems« der gepeinigten Gegend um den Litanifluß eine ruhigere Zeit beschaffen. Er versuchte anderen arabischen Staatschefs deutlich zu machen, daß der Libanon nicht allein die Last des Konflikts zwischen Israel und Arabien tragen könne: »Niemand sonst als das Volk der Libanesen bringt Tag um Tag Opfer für den Kampf gegen Israel.« Und der libanesische Präsident stellte den Staatschefs von Syrien, Irak, Algerien, Saudi Arabien und Jordanien die Frage: »Wer führt denn überhaupt noch Krieg gegen Israel außer uns Libanesen – von den Palästinensern abgesehen?«

Ägypten war aus der Solidaritätsfront der Staaten, die sich mit der Existenz Israels nicht abfinden wollten, bereits ausgestiegen; Jordanien bereitete sich auf Verhandlungen mit Israel durch amerikanische Vermittlung vor; und Syrien hütete sich, die israelische Armee zu provozieren; so konnte sich die Schlagkraft der Artillerie und der Luftwaffe Israels auf Ziele im Libanon konzentrieren. Sarkis glaubte, er könne eine Mehrheit gewinnen im Kreis der arabischen Staatschefs für eine Resolution, die Arafat aufforderte, den Südlibanon nicht mehr als Operationsbasis im Kampf der Palästinenser gegen Israel zu benützen.

Wie es Arafat gelang, diese Resolution zu verhindern, schildert Elias Sarkis so: »Er hat einfach eine Alternative dargestellt. Er sagte, es gebe nur zwei Möglichkeiten, um gegen Israel etwas auszurichten. Die eine Möglichkeit sei, die Ölwaffe einzusetzen, den Ölhahn zuzudrehen, um so die Vereinigten Staaten zu zwingen, der PLO die Anerkennung durch Israel zu verschaffen. Die zweite Möglichkeit aber sei, die israelische Regierung durch Angriffe vom Südlibanon aus ständig daran zu erinnern, daß die Palästinensische Befreiungsbewegung Realität sei, die anerkannt werden müsse. Arafat meinte, den Staatschefs stünde die Entscheidung frei, welche der beiden Möglichkeiten sie vorzögen.«

Elias Sarkis erzählt, selbstverständlich habe Saudi Arabien dafür gesorgt, daß über den Einsatz der »Ölwaffe« gar nicht mehr diskutiert wurde. Das Argument des saudiarabischen Königs war, wenn sein Land kein Öl verkaufen könne, werde es nicht in der Lage sein, hohe Dollarbeträge als Zuschüsse zu bezahlen. »So blieb die Last des Konflikts wieder am Libanon hängen. Alle arabischen Präsidenten und Könige haben sich auf Arafats Seite gestellt und seine Forderung auf Beibehaltung der Operationsbasis Südlibanon unterstützt. Ich war allein gegen alle.«

Sarkis sagte, dies sei seine Entgegnung gewesen: »Sie können die PLO ungestraft unterstützen, da sie sich im Libanon befindet und nicht in Ihren Ländern. Öffnen Sie doch einmal der PLO die Türen, wie wir das getan haben, dann werden auch Sie Ihre Erfahrungen machen. Wenn es den Palästinensern gelungen wäre, den Israelis halb soviel Schaden zuzufügen wie den Libanesen, dann hätten sie sich längst gegen Israel durchgesetzt.« Elias Sarkis war der Meinung, Arafat habe ihm diese Aussage derart verübelt, daß er befürchten müsse, der PLO-Chef habe schon einen Mordbefehl gegen ihn ausgesprochen.

Die eindeutige Haltung des libanesischen Präsidenten wurde von Scheich Pierre Gemayel, dem Chef der christlichen Phalanges Libanaises registriert. Auch er war der Meinung, die PLO müsse veranlaßt werden, ihre Kampfbasen im Südlibanon zu räumen und in die Flüchtlingslager zurückzukehren – schließlich seien die Palästinenser Gäste und hätten sich nach den Regeln des libanesischen Gastlandes zu verhalten.

Die Gemeinsamkeit der Standpunkte brachte Scheich Pierre auf die Idee, den Präsidenten zum Verbündeten der Phalanges Libanaises zu machen. Als Vorstufe dazu mußte allerdings erst der Versuch unternommen werden, das Idol der nachwachsenden Generation der Phalangisten mit Sarkis auszusöhnen: Vor Beschir Gemayel, dem jüngeren Sohn des Scheichs Pierre, hatte der libanesische Präsident wenig Achtung; Sarkis hielt Beschir für einen Gewaltmenschen, der von politischer Verantwortung fernzuhalten sei. Beschir aber war längst entschlossen, der nächste Präsident des Libanon zu werden. Seine Präsidentschaft aber sollte sich von der Amtsführung aller Vorgänger unterscheiden. Beschir Gemayel wollte sich nicht – wie Elias Sarkis – Vorschriften von Syrien machen lassen. Beschirs Parole hieß: »Der Libanon den Libanesen!«, wobei er vor allem daran dachte, den aus den Händen der Syrer und Palästinenser befreiten Libanon wieder den christlichen Libanesen und deren Verbündeten zu übergeben.

Beschir Gemayel – der Kämpfer

Seine Anhänger hatten sich dieses Bild von ihm eingeprägt: »Beschir Gemayel steht aufrecht in der Frontlinie, vor seinen Kämpfern, die Kalaschnikow-Maschinenpistole schußbereit in den Händen. Er ist Garant für Sieg und Sicherheit der christlichen Bevölkerung des Libanon. Beschir gilt als Held der Verteidigung von Aschrafieh und der Bergdörfer. Er hat sich als unerbittlicher Feind der Palästinenser und der Syrer profiliert. Er ist der gottgesandte König des Libanongebirges.« Bis weit über seinen Tod hinaus ist dieses Bild nicht verblaßt.

Veränderungen zeichneten sich jedoch ab: Im Jahr 1980 war Beschir darauf bedacht, daß seine Vergangenheit als Kämpfer zumindest bei einigen bisherigen Gegnern, die bald als politische Verbündete benötigt wurden, in Vergessenheit geriet. Er wußte, daß die Pose des Helden mit der Kalaschnikow-Maschinenpistole zwar den Mitgliedern der Phalanges Libanaises außerordentlich imponierte, den Angehörigen der islamischen Milizen aber Abscheu und Schrecken einjagte. Beschir war bei den Moslems noch immer verhaßt als der Kommandeur der blutigen Aktion zur Auslöschung des Slumlagers al-Karantina. Wollte Beschir Präsident des Libanon werden, durfte er nicht länger als Feind der Moslems gelten. Er begann, gegen sein eigenes Bild anzukämpfen.

Da Beschir den syrischen Präsidenten für den eigentlichen Lenker der Politik der islamischen Organisationen hielt, war der Gedanke naheliegend, Hafez Assad in den Prozeß der Aussöhnung direkt einzubeziehen. Im Einvernehmen mit seinem Vater entließ Beschir 55 Syrer, Zivilisten und Soldaten, die nach und nach in die Hand der christlichen Milizen gefallen waren; jetzt durften die Gefangenen nach Syrien heimkehren. Fünf Tage später zeigte der syrische Präsident, daß er Beschirs Signal verstanden hatte: Er gab siebzehn Phalangisten frei, die von den Syrern gefangengenommen worden waren. Ein erstes Einverständnis zwischen Hafez Assad und Beschir Gemayel war erreicht. Damit war der Weg frei für eine Verständigung zwischen Elias Sarkis, der dem Syrer hörig war, und dem maronitischen Milizchef, zwischen der »Legalität des Elias Sarkis und der Autorität des Beschir Gemayel« – vom Vater, von Scheich Pierre, stammt diese Formulierung.

Beschir selbst hielt den Wortlaut seiner ersten Unterhaltung mit Sarkis fest: »Der Präsident hat mich höflich empfangen, obgleich er bisher nichts von mir und ich nichts von ihm gehalten hatte. Ich habe ihm gleich gesagt, daß ich ihn um nichts bitten werde, nicht um Unterstützung und nicht um einen Posten.« Er habe nur den einen Wunsch geäußert, berichtete Beschir, daß der Präsident beim amerikanischen Botschafter ein Wort für ihn einlegte: »Die Amerikaner glaubten, ich sei ein Bandenchef, ein Terrorist, eine Art ›Carlos‹, nur mit dem Unterschied, daß ich mich nicht, wie der echte Carlos, verborgen hielt. Ich bat Elias Sarkis, mit diesem Mißverständnis aufzuräumen und dem diplomatischen Vertreter der USA in Beirut zu erklären, ich sei nichts als ein Kämpfer für die Befreiung meines Landes. Für einen derartigen

Kämpfer müßten doch die USA, im Bewußtsein ihrer Geschichte, Verständnis haben.« Beschir hatte den Eindruck, der Präsident sei geneigt gewesen, den amerikanischen Botschafter entsprechend aufzuklären. Allerdings habe Elias Sarkis diesen Gegenwunsch geäußert: »Ich bitte Sie herzlich, mit den scharfen verbalen Angriffen gegen die libanesische Armee aufzuhören, die ich eben aufzubauen gedenke.«

Beschir schilderte den weiteren Verlauf des Gesprächs so: »Als seine Bitte um Unterstützung der Aufbaupläne für die Armee auf dem Tisch lag, reagierte ich mit der Frage, ob sich die Armee, die neu geschaffen werde, von der Armee des Jahres 1975 unterscheide, die damals auseinanderfiel. Sarkis entgegnete offen, es gebe keinen Unterschied. Ich antwortete ausweichend, ich müsse noch darüber nachdenken.«

Beschir Gemayel hatte jedoch in dieser Frage bereits eine feste Meinung: Er konnte keinen Sinn im Aufbau einer Armee erkennen, die sich in kritischer Zeit dann doch wieder aufspaltete in islamische und christliche Verbände. Im libanesischen Staat seiner Vorstellung, der ein absolut christliches Zentrum besitzen sollte, war nur Platz für eine Armee, deren Befehlsstrukturen in christlicher Hand waren und so eine Garantie boten gegen eine Aufspaltung in religiös-orientierte, getrennte Verbände.

Beschirs Vorstellung vom libanesischen Staat war geprägt von Pater Mouannes, dem führenden Kopf der »Universität zum Heiligen Geist«, die sich in Kaslik, nördlich von Beirut, befindet. Die Universität war im Jahre 1960 gegründet worden: als geistiger Gegenpol zur Arabischen Universität, die im islamischen Teil von Beirut liegt. Hatte die Arabische Universität, die mit Geld des ägyptischen Präsidenten Gamal Abdel Nasser geschaffen worden war, die Prinzipien der Einheit Arabiens und der Eingliederung des Libanon in diese Einheit gelehrt, so wurde und wird von den Dozenten der Universität zum Heiligen Geist den Studenten beigebracht, daß die Libanesen, im besonderen die christlichen Libanesen, keineswegs Teil der Arabischen Nation seien. Zur Definition des Charakters der Libanesen wurden die drei Begriffe »Phénicité, Libanité und Maronité« geprägt. Mit Absicht waren für die Begriffe französische Worte gewählt worden; so wurde die Abgrenzung zur arabischen Kulturwelt dokumentiert. »Phénicité, Libanité und Maronité« sollten nicht nur den Charakter der Libanesen, sondern des Libanon insgesamt bestimmen. Sunniten, Schiiten und Drusen waren eingeladen, teilzuhaben am Staat Libanon – wenn sie seinen Charakter akzeptierten, wenn sie sich ihm unterordneten.

Beharrlich vertrat Beschir Gemayel, gemäß der Lehre der Universität vom Heiligen Geist, den Standpunkt, der Libanon besitze keinen arabischen Charakter. Damit reizte er die Wut des syrischen Präsidenten, der mit ähnlicher Hartnäckigkeit behauptete, selbstverständlich sei der Libanon ein Teil Arabiens. Schließlich sei er doch auch der Arabischen Liga beigetreten. Diesem Argument konnte Beschir schwerlich widersprechen. Er wußte auch, daß er zur Verständigung mit Hafez Assad gezwungen war. Da kam ihm der syrische Staatschef entgegen: Um den Prozeß der Annäherung zwischen dem syrischen und dem phalangistischen Standpunkt zu erleichtern, fand Hafez Assad eine Formel, der Beschir Gemayel zustimmen konnte. Hafez Assad ließ wissen: »Arabischer Charakter des Libanon bedeutet nicht islamischer Charakter.«

Bejahung des arabischen Charakters aber hatte die Konsequenz, daß die Verantwortlichen des Libanon zurückhaltend sein mußten in ihren Kontakten zu Israel. Zu Karim Pakradouni, der aus dem Beraterstab des Präsidenten Sarkis zur Gruppe christlicher politischer Denker um Beschir Gemayel übergewechselt war und als Vermittler zwischen Beschir und der syrischen Führung wirkte, sagte Außenminister Abdel Halim Khaddam im Februar 1980 in Damaskus: »Die Verbindung der Phalange zu Israel muß abgebrochen werden, in Ihrem eigenen Interesse. Israel will den Libanon zerstören, weil er, wenn er intakt ist, als Konkurrent der israelischen Wirtschaft auftritt. Verträge zwischen Israel und Libanon kommen nicht in Frage. Sollten die Gemayels tatsächlich Patrioten sein, so müßte ihnen doch auffallen, daß sie, mehr noch als wir, gegen den Vertrag von Camp David anzukämpfen haben, denn Camp David heißt Einpflanzung der Palästinenser im Libanon. Wenn die Palästinenser erst einen Teil des Libanon fest in der Hand haben, dann werden sie alle ihre Landsleute dorthin zusammenrufen. Über kurz oder lang werden sie den gesamten Libanon beherrschen wollen. Sagen Sie Beschir ausdrücklich von mir, daß sich seine Beziehung zu Israel nicht lohnen wird.«

Am Tag, als dieses Gespräch in Damaskus stattfand, explodierte neben dem Fahrzeug, das Beschir Gemayel regelmäßig benützte, eine mächtige Sprengladung, die in einem Auto versteckt war. Beschir selbst hatte Glück, an diesem Tag saß er nicht im Fahrzeug – doch seine Tochter Maya, nicht einmal zwei Jahre alt; sie war sofort tot. Der Geheimdienst der Forces Libanaises, der Dachorganisation christlicher Kampfgruppen, stellte wenig später fest, daß al-Fatah, der Kampfverband des Yasir Arafat, für den Anschlag verantwortlich war. Eine rasche Veröffentlichung der Geheimdiensterkenntnisse vermied eine erneute Verschlechterung der Beziehung zwischen Beschir Gemayel und der syrischen Führung. Schnell war bereits der Verdacht geäußert worden, Syrien trage Verantwortung für den Anschlag, Hafez Assad habe Beschir Gemayel beseitigen wollen.

Im Frühjahr 1980 waren jedoch nicht nur Syrien – in abnehmendem Maße – und die PLO – in zunehmendem Maße – die Feinde Beschirs. Er war auch in einem wichtigen Teil des christlichen Lagers verhaßt: Die Milizen der Nationalliberalen Partei des Camille Chamoun warfen dem jungen Herrn der Phalanges Libanaises vor, er wolle sich zum absoluten Meister aller christlichen Kampfverbände ernennen, unter Ausschaltung der Chamounerben Dany und Dory. So war bittere Eifersucht entstanden zwischen den Clans der Gemayels und der Chamouns, woraus nach und nach ein Wettbewerb im Kampf um die Macht mit allen Mitteln zwischen Beschir Gemayel und Dany Chamoun wurde. Aus nichtigem Grund schossen die Milizorganisationen Phalanges Libanaises und Tiger aufeinander – wenn sie nicht gerade gemeinsam gegen die Syrer zu kämpfen hatten. Die Auseinandersetzungen hatten schon im Jahr 1978 begonnen, mitten in der Zeit der schlimmsten Kämpfe um Aschrafieh, Schiah und Ain ar-Rummanah.

Am 17. Juli 1978 hatte Camille Chamoun in sein Tagebuch geschrieben: »In der Nacht hat eine Schlacht stattgefunden zwischen unserer Tigermiliz und den Phalangen. Eine Schlacht, die so wild und furchtbar war, als ob sie zwischen Todfeinden ausgetragen worden wäre. Wie sie es gewohnt sind, schossen die Phalangisten als erste. Es ist bei ihnen üblich, schnell zur Waffe zu greifen. Gestern schon haben ihre Spezialtruppen drei junge Männer verstümmelt und umgebracht. Insgesamt sind zehn Menschen ums Leben gekommen.«

Die Rivalität zwischen Dany und Beschir wurde zum wichtigsten Thema bei Konferenzen der christlichen Führungsspitze. Während einer gemeinsamen Sitzung beider Organisationen versuchten Pierre Gemayel und Camille Chamoun, die beide den blutigen Streit zwischen Bruderorganisationen, die einem gemeinsamen Feind gegenüberstehen, bedauerten, eine Schlichtung; doch sie hatten keinen Erfolg. Festgestellt wurde lediglich, daß sich die Tigermiliz des Dany Chamoun vorwerfen lassen mußte, sie sei in beachtlichem Umfang am Rauschgifthandel auf libanesischem Gebiet beteiligt. Die Gefechte begannen meist mit Auseinandersetzungen zwischen phalangistischen Wachposten und Rauschgifttransporteuren, die von der Tigermiliz geschützt wurden. Daß die ausschließliche Begründung des Streits als Konkurrenzsituation unter Rauschgiftbanden irreführend war, stellte Beschir Gemayel am 5. Mai 1980 vor den Gremien seiner Organisation dar:

»Dany Chamoun ist die Ursache des Streits. Er ist Opfer seiner eigenen Verblendung. Er glaubt, ich wolle eine christliche Einheitspartei begründen und ihn gleichzeitig umbringen. Nichts davon stimmt. Wahr ist, daß mich die Demoralisierung der Bevölkerung stört. Der Glaube in die Aufrichtigkeit unseres Kampfes wankt. Zur Wiederherstellung der Moral können wir zwischen drei Lösungen wählen. Wir haben die Möglichkeit, darauf zu hoffen, daß Pierre Gemayel und Camille Chamoun nach jedem Zwischenfall den Konflikt bereinigen. Das haben sie bisher immer gemacht. Doch dadurch wird auf die Dauer jede stabile Lösung verhindert, weil unsere interne Krankheit nicht geheilt, sondern nur gelindert wird. Dany wird immer zu seinem Vater gehen, um ihn zu bitten, zusammen mit Scheich Pierre den Konfliktstoff unter den Teppich zu kehren. Diese Möglichkeit läßt unseren politischen Willen verfaulen. Eine zweite Möglichkeit ist, daß wir den Streit völlig vermeiden, daß wir den Chamounmilizen freie Hand geben. Wählen wir diese Möglichkeit, dann haben wir uns selbst entmachtet. Die dritte Möglichkeit verlangt nach Anwendung von Gewalt, führt zu einem ›zweiten Ehden‹.«

Beschir spielte an auf die Ermordung des Frangiehsohnes Tony und dessen Familie in der Stadt Ehden östlich von Tripoli im Juli 1978 durch Einheiten der Phalanges Libanaises. Beschir sagte am 5. Mai 1980: »Ich will kein zweites Ehden.« Doch gleichzeitig teilte er den Gremien seiner Organisation mit, der Plan zur Besetzung von Safra liege zur Ausführung bereit. In diesem Dorf im Kesruangebiet befanden sich die Villa des Dany Chamoun, das Hauptquartier der Tigermiliz und die Zentrale der von Camille Chamoun geleiteten Nationalliberalen Partei des Libanon. Der Plan trage den Codenamen »Lena«. Den Angriffsbefehl gebe er vorerst aber noch nicht, erklärte Beschir, da zu hoffen sei, daß noch eine Möglichkeit gefunden werde, die eine Gewaltanwendung gegen die Tigermiliz vermeidbar mache. Doch in der Nacht vom 2. zum 3. Juli 1980 zwang Dany Chamoun den Rivalen Beschir Gemayel zur Ausführung des Planes »Lena«: In jener Nacht sprengten Kämpfer der Tigermiliz das Haus der Phalanges Libanaises im Dorf Wadi Schachrur, drei Kilometer südlich des Baabdapalasts, in die Luft. Fünfzehn Phalangisten wurden dabei getötet oder schwer verwundet. Ein direkter Anlaß für die Sprengung bestand nicht – Dany Chamoun hatte nur den Gemayels zeigen wollen, daß er stärker sei als sie.

Hatte Dany gehofft, Beschir einzuschüchtern, so täuschte er sich. Am 5. Juli traf sich auf Anordnung von Beschir das politisch bestimmende Organ der Phalanges Libanaises, um über den Vorfall zu beraten. Die Neigung der Mitglieder dieses »Politbüros« war insgesamt auf Vergeltung ausgerichtet, doch ein Beschluß zur Vernichtung der Tigermiliz wurde nicht gefaßt. Am Ende der Konferenz hatte Beschir den Eindruck gewonnen, daß er völlige Entscheidungsfreiheit habe. Er setzte als Zeitpunkt zur Durchführung des Planes »Lena« die Vormittagsstunden des 7. Juli 1980 an. Das Dorf Safra sollte aber erst besetzt werden, wenn Dany Chamoun sein Haus in Richtung Beirut verlassen hatte. Beschir hatte angeordnet, daß dem Vater und dem Sohn Chamoun nichts geschehen dürfe.

Der erste Stoßtrupp der Phalangisten fuhr im geschlossenen Lieferwagen einer Getränkefirma vor dem Hauptquartier der Tigermiliz vor. Bis zum letzten Augenblick vor den ersten Schüssen ahnten die Chamounkämpfer nicht, daß sie Opfer eines Überfalls wurden. Obgleich der Überraschungseffekt den Gemayelkämpfern zugute kam, konnte die Tigermiliz hinhaltenden Widerstand leisten. Hundert Männer, meist Tigermilizionäre, aber auch Phalangisten, verloren ihr Leben. Nach einer halben Stunde gehörte das Hauptquartier der Chamounkämpfer dem Gemayelclan.

Die Operation beschränkte sich nicht auf den Angriff gegen die Tigerzentrale in Safra. Überall, wo sich Kasernen und regionale Hauptquartiere der Chamounisten befanden – in Aschrafieh, in Jbeil (Byblos), in der Gebirgsgegend von Metn und Kesruan –, schlugen die Phalangisten zu. 500 Männer starben während der Kämpfe am Vormittag des 7. Juli 1980. Um die Mittagszeit hatte die Tigermiliz sämtliche Basen und ihre gesamten Waffen verloren.

Beschir hatte den Vormittag in seinem Hauptquartier in Aschrafieh zugebracht. Seine Gewohnheit war, sich nach dem Beginn einer Aktion durch nichts stören zu lassen. Diesmal weigerte er sich während der entscheidenden Stunden, Telefonanrufe von Scheich Pierre Gemayel und Camille Chamoun zu beantworten. Er wußte, daß beide versuchen würden, den Abbruch der Aktion durchzusetzen, und wollte sich den Erfolg nicht durch die beiden Alten rauben lassen.

Am Nachmittag, nachdem er gesiegt hatte, war Beschir bereit, sich vor den Gremien der Chamounorganisation und der Phalanges Libanaises zu verantworten. Die Sitzung fand im Kloster Saint-Antoine statt, an der Grenze zwischen dem christlichen und dem islamischen Teil von Beirut. Rings um das Kloster herrschte Stille. Bis hinauf nach Aschrafieh und hinüber nach Ain ar-Rummanah fuhr kein Auto auf den Straßen, bewegte sich kein Zivilist. Nur Milizionäre der Phalanges Libanaises waren zu sehen. Die Stimmung war, als ob ein Staatsstreich im Gange wäre.

Der Konflikt war noch nicht zu Ende – vielleicht stand der härteste Kampf noch bevor. Beschir konnte kaum hoffen, bei den Delegierten der Chamounpartei Verständnis für seine Aktion zu finden, schließlich waren nur fünf Stunden zuvor 500 Männer, meist Angehörige der Kader der Tigermiliz, durch Geschosse der Beschirkämpfer gestorben. Diese Toten, Söhne christlicher Familien, konnten jede Aussöhnung verhindern. In unzähligen Städten und Dörfern wurden Beerdigungsfeiern vorbereitet. Frauen weinten, und Männer schworen Rache. Zu erwarten war ein furchtbarer Ausbruch der Emotionen, der zum offenen Bürgerkrieg innerhalb des christlichen Teils der libanesischen Bevölkerung führen konnte.

In dieser brisanten Situation erwiesen sich die beiden Alten der maronitischen Politik als Meister der Krisenbewältigung. Scheich Pierre hatte den klugen Gedanken, Camille Chamoun von seiner Wohnung abzuholen und ihn zum Sitzungsort zu geleiten. Während der Fahrt von Aschrafieh zum Kloster Saint-Antoine bot sich Gelegenheit, persönliches Bedauern auszudrücken, Verständnis für Beschir zu wecken, von der Notwendigkeit zu reden, militärisch die Reihen der Christen zu schließen. Scheich Pierre sagte später: »Ich hatte große Sorge vor dem ersten Kontakt mit Camille Chamoun an diesem Tag. Doch als ich mit ihm gesprochen hatte, da wußte ich, daß er vom Willen beseelt war, das Schlimmste zu vermeiden.«

Zwei wichtige Persönlichkeiten beider Gruppen erschienen nicht zum Treffen im Kloster Saint-Antoine: Amin Gemayel, Beschirs älterer Bruder, und Dany Chamoun. Amin war häufig nicht einverstanden mit den gewalttätigen Methoden seines Bruders, Konflikte zu lösen. Diesmal war er der Meinung, Beschir habe zu viele Tote zu verantworten; Beschir habe der christlichen Sache des Libanon gewaltigen Schaden zugefügt.

Dany aber sah seine politische Zukunft zerstört; seine ehrgeizigen Pläne waren geplatzt. Noch am Nachmittag des 7. Juli fuhr Dany über die Demarkationslinie, die den christlichen und den islamischen Teil von Beirut trennte, hinüber zu den Moslems. Er nahm Kontakt auf zur sunnitischen Kampforganisation al-Murabitun und stellte sich für Propaganda gegen Beschir Gemayel zur Verfügung. Von Westbeirut aus schimpfte Dany auch auf die versöhnliche Haltung seines Vaters, dem er vorwarf, die Familie, den Clan, verraten zu haben.

Camille Chamoun litt unter der Demütigung, die Dany hatte erleben müssen. Dieser jüngere seiner beiden Söhne war der Bevorzugte gewesen – genau wie Beschir von seinem Vater bevorzugt worden war gegenüber Amin. Beschir und Dany unterschieden sich in vielem , auch in der äußeren Erscheinung: Beschirs Gestalt war gedrungen, aber kraftvoll. Dany hatte von seinem Vater die hochaufgewachsene Gestalt geerbt, die elegante, sportliche Haltung. Erbgut des Vaters waren auch die blauen Augen, das blonde Haar und das wirkungsvolle Lächeln. Camille war stolz gewesen auf Danys Mut – auch auf seinen Hochmut gegenüber Intellektuellen, denen Dany, wenn es möglich war, auswich. Beschir aber hatte frühzeitig eingesehen, daß er Denker brauchte, wenn er Erfolg haben wollte auf dem Weg an die Spitze des Staates.

Camille Chamoun wußte, daß die Schlacht für Dany verloren war, doch an das Ende der politischen Karriere des Sohnes glaubte er nicht. Um zu retten, was zu retten war für die Kontinuität des Einflusses der Chamounfamilie auf die libanesische Politik, überwand er die eigene Resignation und behielt sein Präsidentenamt in der »Libanesischen Front«, der Dachorganisation der Phalanges Libanaises und der Nationalliberalen Partei.

»Unterschiedliche politische Parteien, aber unbedingte Einheit der Kampfmilizen.« Dies war die Devise, nach der Beschir gehandelt hatte. In seinen eigenen Aufzeichnungen sind diese Erklärungen der Umstände der blutigen Abrechnung mit der Tigermiliz erhalten: »Ich habe vom Jahr 1977 an versucht, meine Streitkräfte so aufzubauen, daß sie zum Kern der Einigung für alle kampfwilligen Christen werden konnten. In Wahrheit aber sind wir nichts anderes gewesen, als eine Organisation, die gerade die Kraft hatte, die Leistungen der verschiedenen Gruppen zu koordinieren. Die Zusammenfassung aller Milizen in eine in sich geschlossene Kampforganisation ist uns nicht gelungen. Die Operation vom 7. Juli 1980 hätte bereits drei Jahre früher durchgeführt werden müssen. Da wir kein gemeinsames Oberkommando besaßen, waren Reibereien nicht zu vermeiden. Bald reagierten die Kämpfer beider Organisationen aufeinander mit Verärgerung. Waren ein Phalangist und ein Tigermilizionär in einen Autounfall verwickelt, dann waren sie versucht, die Schuldfrage mit der Waffe zu lösen. Dutzende von Männern starben durch derart läppische Vorfälle. Wir konnten diese Spannungen nicht mehr dulden – und den Rauschgiftschmuggel der Konkurrenzmiliz auch nicht. Im Dorf Safra haben wir bei der Eroberung Hunderte von Drogenpaketen sicherstellen können. Sie sind für mich der Beweis, daß sich die Tigermiliz ihre Gelder für Sold und Waffen aus dem Rauschgiftschmuggel holte. Ich bin mir immer noch nicht so ganz sicher, ob hinter diesen Aktivitäten nicht sogar das Deuxième Bureau der Armee steckte.«

Während der folgenden Monate herrschten starke Konflikte zwischen der Gemayelmiliz und der libanesischen Armee. Die Ursache aber wurde nicht deutlich. Ohne Angabe von Gründen besetzten Soldaten die Hauptquartiere der Phalangisten in den Beiruter Stadtteilen Hadath und Aschrafieh. Wenige Tage später schossen Armeeverbände in Ain ar-Rummanah auf Beschirs Kämpfer. Mit politischer und militärischer Logik hatten diese Vorgänge nichts zu tun. Elias Sarkis, als Staatspräsident der Oberbefehlshaber der libanesischen Armee, hatte die Aktionen seiner Truppe gegen die Miliz des Beschir Gemayel auf jeden Fall nicht angeordnet. Er sagte in jenen Tagen: »Ich will nicht, daß sich die Beziehungen zu Beschir, die während der vergangenen Monate so viel besser geworden sind, wieder verschlechtern.« Sarkis beauftragte seinen Mitarbeiter Johnny Abdo, der Geheimdiensterfahrung besaß, den Kontakt mit dem Stab von Beschir unter allen Umständen aufrechtzuerhalten. Der Präsident fühlte seine Überzeugung wachsen, daß nur ein Politiker die Persönlichkeit besaß, Nachfolger im Baabdapalast zu werden: Beschir Gemayel.

Durch Johnny Abdos Bemühung wurde schließlich ein Treffen vereinbart zwischen Elias Sarkis und Beschir Gemayel. Der junge Kämpfer stellte dem Präsidenten sofort zu Beginn ihrer Begegnung die Frage: »Glauben Sie, daß die Formel ›6 zu 5‹, die den Libanon seit 1943 bestimmt hat, auch im künftigen Libanon gültig sein kann?« Elias Sarkis gab zur Antwort: »Nein! Das ist unmöglich!« Diese entschiedene Reaktion veranlaßte Beschir, unmittelbar nach dieser Begegnung eine Arbeitsgruppe zusammenzustellen, die eine neue Formel für das Ordnungsgefüge im Staat Libanon finden sollte. Treffpunkt für die Sitzungen der Arbeitsgruppe, die den Codenamen »Alpha-groupe« erhielt, wurde die Universität zum Heiligen Geist in Kaslik bei Beirut.

Beschir hatte den Gedanken, den libanesischen Nationalismus der Zukunft aus dem damaligen Geist des christlichen Widerstands gegen die fremde Besatzung des Landes zu entwickeln. Die Grundthese war, daß jeder aufrechte Libanese Gegner der Fremden zu sein habe – wer sich den Palästinensern und Syrern mit Wort und Tat entgegenstellte, der bewies unter den gegebenen Umständen am deutlichsten seinen libanesischen Patriotismus, denn er trat für Unabhängigkeit seiner Heimat ein. Der neue Libanon aber sollte Patrioten gehören, die ihre Heimatliebe unter Beweis gestellt hatten.

Gedacht war an eine Überwindung des Konfessionalismus. Beschir Gemayel und seine Mitarbeiter gingen davon aus, daß sich patriotischer Geist nicht nur auf die Schicht christlicher Bewohner beschränkte. Auch Mitglieder anderer Religionsgruppen konnten nicht damit einverstanden sein, daß der Libanon besetzt war. Jeder Libanese war aufgerufen, sich am Widerstand gegen Syrer und Palästinenser zu beteiligen: auch Sunniten, Schiiten und Drusen. Der Geist des Widerstands als Klammer der Zusammengehörigkeit aller Libanesen – dieser Gedanke wurde zum Zentralpunkt des Programms, das im Kreis um Beschir Gemayel entwickelt wurde.

Bereits im November 1980 legte Beschir dem Präsidenten Sarkis ein Dokument vor, das in Umrissen das neue Programm erkennen ließ. Zu diesem Zeitpunkt war Beschir darauf bedacht, die Aussöhnung des »libanesischen Widerstands« – gemeint waren die christlichen Kampforganisationen – mit der »libanesischen Staatsautorität« – gemeint war der Präsident Sarkis – zum Abschluß zu bringen.

Die wichtigen Sätze des Dokuments lauteten: »Die verfassungsmäßige Staatsmacht kann der christlichen Widerstandsbewegung eine neue Dimension geben: Sie wird den christlichen Widerstand in eine überkonfessionelle libanesische Bewegung verwandeln, die tatsächlich in der Lage sein kann, den Libanon zu befreien. Um diese Leistung vollbringen zu können, muß sich die Staatsmacht allerdings selbst verändern: Sie muß den Geist des Widerstands annehmen. In ihr begegnen sich dann traditionelle Legalität und revolutionäre Kraft. Das Ziel des libanesischen Widerstands muß sein, die augenblickliche Legalität in eine neuartige Legalität umzugestalten.«

Elias Sarkis hielt zunächst nicht viel von solchen Formulierungen, auch wenn der Verstand des brillanten libanesischen Diplomaten Charles Malek in den Sätzen spürbar war. Der Präsident ließ Beschir seine Zurückhaltung spüren, doch der sagte zu Sarkis unbekümmert: »Ihre Vernunft und meine Tollheit, wenn sie sich zusammentun, wird der Libanon zu verändern sein!« Doch Sarkis erwiderte: »Was da nötig sein wird, ist eher Tollheit auf meiner Seite – und Vernunft auf Ihrer!«

Obgleich sich Sarkis hütete, den »Geist des libanesischen Widerstands« offiziell als Zentralpunkt des Wiederaufbauprogramms für den Libanon anzuerkennen – ein solcher Schritt hätte ihm gewaltigen Ärger mit der syrischen Führung eingebracht –, begann er doch, dem ehrgeizigen Phalangisten den Zugang zur Staatsspitze zu erleichtern. Unbedingte Voraussetzung für jeden weiteren Schritt war eine Verständigung mit den übrigen politisch-religiösen Kräften des Libanon. Die Machtverhältnisse schätzte Sarkis zu jener Zeit so ein: »Der Libanon besitzt zwei Pfeiler der Politik. Das sind Beschir Gemayel und Walid Jumblat. Die Kombination der beiden wird der Politik neuen Schwung geben.«

Diese Einschätzung war korrekt, denn schon vor Jahresende 1980 hatten sich Beschir Gemayel und Walid Jumblat darauf geeinigt, ein Aktionsprogramm zur Beschleunigung des Abzugs der syrischen Truppen auszuarbeiten.

Beschir erklärt, mit Israel gebrochen zu haben

Dem syrischen Präsidenten Hafez Assad blieb das wachsende Einverständnis zwischen Beschir Gemayel und anderen libanesischen Politikern nicht verborgen. Als Geheimnis konnte auch nicht die Annäherung des Phalangeführers an die Politik der USA gelten. Noch Mitte des Jahres 1980 hatte das State Department in Washington dem amerikanischen Botschafter in Beirut jeglichen Kontakt zu Beschir strikt untersagt. Elias Sarkis hatte erreicht, daß John Gunther Dean, der diplomatische Vertreter der USA, den jungen Gemayel mit Erlaubnis des State Department empfangen durfte. Was er zu hören bekam, gefiel dem Botschafter. Beschir sagte: »Wir wollen uns einfügen in die Strategie der Vereinigten Staaten im Nahen Osten. Wir wollen uns der freien Welt anschließen. Vor allem aber wollen wir die legale Macht werden im Libanon. Dieses Ziel werden wir durch legale Mittel und nicht durch Kampf mit der Waffe erreichen.«

Die Ankündigung der Absichten der Phalangisten durch Beschir Gemayel veranlaßte Botschafter Dean, dem State Department eine Korrektur der Libanonpolitik zu empfehlen. Sie war bisher darauf ausgerichtet, weitgehend die Aktionen der Syrer zu unterstützen. Zu keinem der Politiker, die wirklich Macht besaßen, hatten die amerikanischen Außenpolitiker Vertrauen gefaßt. Dean hatte in Beschir Gemayel zum erstenmal einen libanesischen Clanchef getroffen, der nicht nur davon sprach, er wolle Rache nehmen, die rivalisierende Volksgruppe zerstören, sondern der wenigstens den Hauch eines überregionalen politischen Konzepts spüren ließ. Für diesen Mann wollte der Botschafter eintreten.

Er hatte Erfolg. Seine vorgesetzte Behörde bemühte sich fortan, die Kandidatur Beschirs für das Präsidentenamt des Libanon zu fördern. Allerdings bezogen die Planer der US-Außenpolitik Beschir zu schnell, und ohne ihn zu fragen, in ihr Gesamtkonzept für den Nahen Osten ein. Die Arabienspezialisten des State Department hatten erkannt, daß dieser Kandidat die Möglichkeit bot, die Camp-David-Lösung, die sich bisher auf eine israelisch-ägyptische Vereinbarung beschränkt hatte, durch einen israelisch-libanesischen Vertrag zu erweitern. Ein Ende des Konflikts zwischen Israelis und Arabern zeichnete sich in der Vorstellung der Spezialisten des State Department ab: Zu Ägypten würde sich irgendwann der Libanon gesellen, und bald würde sich dann auch Jordanien der Versuchung nicht länger entziehen können, Frieden mit Israel zu schließen.

Der Optimismus der Heimatbehörde mißfiel dem amerikanischen Botschafter in Beirut: Nach seiner Meinung war der Prozeß der Befriedung nicht derart einfach zu sehen. Er hatte Formulierungen von Beschir im Gedächtnis behalten, die aussagten, der Libanon werde immer Rücksicht nehmen müssen auf arabische Empfindlichkeit. John Gunther Dean kannte auch den Wunsch israelischer Nationalisten nach einer Verschiebung der Nordgrenze des jüdischen Staates in Richtung Litanifluß. Israelischen Siedlern sollte das Wasser zur Verfügung stehen, das vom Bekaatal ins Mittelmeer herunterfloß. Botschafter Dean fühlte sich veranlaßt, Beschir zu warnen: »Hüten Sie sich vor den Israelis, das sind die ewig Unzufriedenen. Wenn Sie den Israelis alles geben, dann finden die doch wieder etwas, das sie zu allem bisher Gebotenen hin fordern wollen. Wir haben da unsere Erfahrungen. Wir gaben den Israelis unsere modernsten Flugzeuge, und sie sind trotzdem mit uns unzufrieden.«

Daß sich Beschir Gemayel am Ende des Jahres 1980 häufig mit Botschafter Dean traf, daß er noch häufiger mit Präsident Sarkis telefonierte, erfuhr Hafez Assad durch seinen Geheimdienst. Der syrische Präsident hatte das Gefühl, dem jungen Phalangekommandeur müsse eine Lektion erteilt werden: Er ließ über die Weihnachtszeit die christliche Stadt Zahle – am östlichen Fuß des Libanongebirges, am Rand des Bekaatals gelegen – durch syrische Truppen umzingeln und beschießen. Verteidigt wurde Zahle durch Phalangekämpfer, die dem Befehl von Beschir unterstanden, der sich allerdings nicht in der Stadt aufhielt. Eigentlich hatten die Bewaffneten der Phalanges Libanaises in Zahle gar nichts zu suchen. Sie waren von Beschir als Garnison in die griechisch-orthodoxe Stadt beordert worden. Die Bewohner von Zahle rechneten sich nicht zum Clan der Gemayels.

In ein Wadi sind die Häuser von Zahle gebaut, in ein Bachtal, das zur Bekaaebene hinmündet. Die steilen Hänge des Wadis, von denen aus ein direkter Blick in die Straßen und Gassen von Zahle möglich ist, sind mit Weinreben bepflanzt. Wer die Weingärten besetzt hält, der beherrscht Zahle. Den syrischen Verbänden war es gelungen, Artillerie auf den Kuppen der Hänge in Stellung zu bringen. Den Artilleristen präsentierte sich die Stadt wie eine Zielscheibe. Kein Schuß konnte fehlgehen. Zwei Tage nach Beginn der Kanonade von Zahle wandte sich Beschir Gemayel an die Organisation der Vereinten Nationen mit der Bitte um Hilfe. Er forderte die Gremien der Weltorganisation auf, die syrische Regierung zur Öffnung des Belagerungsgürtels um Zahle zu bewegen. Beschir schlug vor, eine internationale Beobachtergruppe möge nach Zahle kommen, um den friedlichen Charakter dieser christlichen Stadt festzustellen. Erfolg hatte das Gemayelmemorandum bei den Verantwortlichen in der Organisation der Vereinten Nationen nicht. Es ist nur deshalb bemerkenswert, weil es als die erste diplomatische Initiative des Kämpfers Beschir Gemayel bezeichnet werden kann.

Erfolgreicher war die Intervention der französischen und der amerikanischen Diplomatie in Damaskus. Louis Delamar, der Botschafter Frankreichs im Libanon, opferte sein Weihnachtsfest, um seine Regierung und das State Department in Washington über die Ereignisse in Zahle informiert zu halten. Er machte sich selbst auf den Weg über das Gebirge – sein Fahrzeug blieb mehrmals im tiefen Schnee stecken –, weil sich Louis Delamar ein eigenes Bild über die Kampfsituation verschaffen wollte. Druck aus Paris und Washington veranlaßten Hafez

Assad schließlich, die Beschießung von Zahle im Verlauf des 26. Dezember 1980 einzustellen.

Die Kanonade wurde von Elias Sarkis als Zeichen eines Wutausbruchs des syrischen Präsidenten bewertet, als ein reinigendes Gewitter, an dessen Ende alle Wolken der Verstimmung zwischen Hafez Assad und Beschir Gemayel verschwunden sein müßten. Sarkis teilte dem Präsidenten in Damaskus mit, er hoffe, bald eine Verständigung zwischen der syrischen Führung und den Chefs der Phalanges Libanaises erleben zu dürfen, die dringend notwendig sei, da nach seiner Meinung der nächste Präsident des Libanon nur mit Einverständnis sowohl der Syrer als auch der Phalangekommandeure gewählt werden könnte.

Da Assad ausweichend, aber nicht ablehnend reagierte, machte sich Sarkis Hoffnung, bis zum Herbst 1981 Beschir Gemayel und Hafez Assad doch noch aussöhnen zu können. Die Zeit drängte, da Sarkis im Herbst 1982, wie es die Verfassung vorschrieb, aus dem Amt zu scheiden hatte. Im Sommer 1982 mußte der neue Staatchef des Libanon gewählt werden.

Doch die Hoffnung des Elias Sarkis auf Erfolg seiner Vermittlung zerstob am 2. April 1981. Hafez Assad ließ erneut die Stadt Zahle umzingeln und beschießen. Vorbereitungen der syrischen Armee gaben zu erkennen, daß ein Sturmangriff, daß die Eroberung der Stadt vorgesehen war. Der Stadtrand von Zahle war allerdings nicht die einzige Front, die am 2. April aufflammte: Auch Aschrafieh und andere christliche Stadtteile Beiruts wurden von den Syrern beschossen.

Am selben Tag noch sprach Beschir zu Offizieren der Phalanges Libanaises: »Das Artilleriefeuer auf Aschrafieh ist nur ein Ablenkungsmanöver. Das Ziel der Syrer ist die Besetzung von Zahle. Wir werden Widerstand leisten und die christliche Bevölkerung verteidigen. Wenn die Stadt fällt, wird die gesamte christliche Widerstandsbewegung mit ihr fallen. Wir haben einst Damur verloren. Eine solche Katastrophe darf sich nicht wiederholen. Seit dem Fall von Damur im Jahr 1976 gedenken wir Jahr um Jahr dieser Niederlage. Ich möchte mich künftig nicht an jedem 2. April in Aschrafieh hinstellen müssen vor unsere Kämpfer, um eine Trauerrede auf den Fall von Zahle zu halten. Sicher ist unsere militärische Situation kritisch, sogar dramatisch. Doch wir sind entschlossen, bis zum Ende auszuhalten. Für uns handelt es sich nicht darum, nur Zahle zu retten, sondern den ganzen Libanon. Unsere Widerstandsbewegung stellt eine Revolution dar. Wir verlangen, daß sich die höchste Autorität dieses Staates an die Spitze unserer Revolution stellt.«

Dieser Appell an Elias Sarkis blieb allerdings ohne Wirkung. Die Zurückhaltung war begründet: Wenn der Präsident Verständnis wecken wollte für Beschir in Damaskus, dann konnte er jetzt nicht offen Partei ergreifen gegen Hafez Assad. Dazuhin glaubte Sarkis nicht, daß die Syrer die alleinige Schuld an den Vorgängen um Zahle trugen. Mit seiner Skepsis stand er nicht allein: Der amerikanische Präsident Ronald Reagan, seit wenigen Monaten erst im Amt, riet Sarkis zur Vorsicht: Er sei informiert worden, die Phalangisten hätten die syrischen Truppen im Bekaatal böswillig gereizt; nach seiner Überzeugung handle Syrien nur, weil es glaube, sich verteidigen zu müssen. Der amerikanische Präsident teilte auch mit, Israel verfüge über ähnliche Informationen und denke nicht daran, den belagerten Christen von Zahle zu helfen, um gutzumachen, was sich die Phalanges Libanaises durch Arroganz selbst eingebrockt hätten.

In der Tat hatten sich die Syrer über die maronitischen Milizen von Zahle geärgert. Die Stadt befindet sich direkt an der Straße, die hochführt zum Jebel Sannin, dem – mit 2648 Metern Höhe – beherrschenden Berg des Libanonzentralmassivs. Vom Jebel Sannin aus gesehen, liegen sämtliche Dörfer und Städte des christlichen Libanon im Feuerbereich normaler Artilleriegeschütze. Der wichtigste Versorgungshafen Junieh befindet sich nur 25 Kilometer in der Luftlinie entfernt – Bikfaya, der Heimatort der Gemayels, nur 16 Kilometer. Den Jebel Sannin in die Hand zu bekommen war das Ziel der Syrer. Das Armeeoberkommando wußte jedoch, daß die Versorgung der Truppe am Berg oben unmöglich war, solange die einzige Verbindungsstraße zwischen Bekaatal und Jebel Sannin beim Kloster von Zahle, am südwestlichen Stadtrand, unterbrochen werden konnte. Die Kämpfer der Phalanges Libanaises, die sich dort eingenistet hatten, versäumten keine Gelegenheit, um bergfahrende Konvois der Syrer durch Geschosse aus schweren Maschinengewehren und Granatwerfern zur Umkehr zu zwingen.

Wie sehr die syrische Armee aber das Störfeuer aus Zahle übelnahm, erfuhr ein Mann aus dem Stab des libanesischen Präsidenten, der eigens nach Damaskus geschickt worden war, um sich an höchster Stelle nach der Ursache der erneuten Kanonade zu erkundigen. Ihm sagte Hafez Assad: »Die syrische Armee weicht doch nicht vor Milizen zurück! Beschir behandelt uns, als ob wir eine Besatzungsmacht wären. Seine Männer benehmen sich unverschämt. Wir werden uns durch tausend Granaten auf Zahle rächen.« Assad fügte hinzu, er wisse genau, daß sich Beschir nur deshalb so herausfordernd benehme, weil er die Unterstützung der Vereinigten Staaten besitze; offensichtlich sei die ganze Zahleaffäre eine Verschwörung zwischen dem State Department und der Phalangeführung. Auch Beschir müsse begreifen, daß das Bekaatal zur Sicherheitszone Syriens zähle, schließlich liege Damaskus nur eine halbe Stunde Autofahrt davon entfernt. Das Bekaatal sei die weiche

Flanke Syriens – und die Stadt Zahle steche wie ein Dorn in diese weiche Flanke. Solange sich bewaffnete Beschiranhänger in Zahle aufhielten, bestünde die Gefahr, daß sie aus Arroganz und Übermut auf syrische Militärfahrzeuge schössen.

In Zahle, das durch die Gebirgskämme des Libanonzentralmassivs vom eigentlichen christlichen Gebiet getrennt ist, befanden sich im Frühjahr 1981 etwa 200 Milizkämpfer. Keiner von ihnen gehörte zu den 60000 Einwohnern der Stadt, die zwar Christen, jedoch keine Maroniten, sondern Angehörige der griechisch-orthodoxen Kirche sind. Die Männer aber, die Beschir nach Zahle geschickt hatte, waren Maroniten. Da sie nicht in Zahle geboren und aufgewachsen waren, bildeten sie – so sahen die Syrer die Sachlage – einen Fremdkörper, der beseitigt werden mußte.

Syrien beschränkte sich nicht auf diese Forderung. Wenige Tage später verlangte Außenminister Abdel Halim Khaddam vom libanesischen Präsidenten die offizielle Übertragung der Kontrolle über den gesamten Gebirgskomplex des Jebel Sannin an die syrische Armee. Eine Reaktion auf seine Forderung erwartete Khaddam keineswegs; auch ohne offizielle Zustimmung des libanesischen Staatschefs war die syrische Truppenführung entschlossen, Soldaten zum Kamm des Jebel Sannin zu schicken, sobald der im April noch metertiefe Schnee an seinen Hängen abgetaut war.

Mit dem durch Khaddam geäußerten Wunsch waren von der syrischen Führung zwei Bedingungen für die Aufhebung der Belagerung von Zahle gestellt worden: Beschir hatte seine Milizkämpfer aus der Stadt abzuziehen, und Elias Sarkis sollte den strategisch wichtigsten Berg des Libanon syrischen Soldaten überlassen. Als der libanesische Präsident in Damaskus nachfragen ließ, ob die Erfüllung dieser Forderung den Dialog zwischen Beschir und den zuständigen Persönlichkeiten Syriens möglich mache, da war die Antwort »nein«. Die schroffe Reaktion wurde allerdings später gemildert: Das »Nein« gelte dann nicht mehr, wenn Beschir Gemayel im Namen der Phalanges Libanaises verbindlich erkläre, daß jeder Kontakt zu Israel unterbrochen sei und daß Beschir an keine Wiederaufnahme der Beziehungen denke.

Diese Forderung schlichtweg abzulehnen war Beschir nicht möglich. Staatspräsident im Libanon zu werden war sein Ziel – es konnte nur mit Zustimmung der Syrer erreicht werden. Voraussetzung für diese Zustimmung aber war der Dialog, die Abstimmung mit der syrischen Führung. Botschafter John Gunther Dean empfahl dem Phalangekommandeur in dieser Situation »Zurückhaltung und Beweglichkeit«.

Wieder war in Washington eine psychologische Veränderung vor sich gegangen. Daß die Nahostspezialisten des State Department dem

Milizchef erneut mißtrauten, war aus den Direktiven zu ersehen, die der Botschafter am 7. April aus Washington erhalten hatte. Der Text lautete: »Die Vereinigten Staaten sind der Meinung, daß die Kämpfe um Zahle sofort einzustellen sind. Die Regierung der USA ist bestürzt über die Leiden der Bevölkerung. Schuld daran tragen zynische Politiker, denen der Tod von Menschen völlig gleichgültig ist.« Gemeint war nur einer: Beschir Gemayel.

Die Direktiven wiesen den Botschafter an, Christen und Moslems des Libanon gleichermaßen anzuhalten, mit dem Präsidenten Elias Sarkis einen Ausweg aus der Krise zu suchen. Alle Parteien hätten sich auf einen nationalen Konsens zu einigen, der die Autorität und die Wirksamkeit der libanesischen Zentralgewalt stärke. Der Botschafter habe, so lautete die Anweisung aus Washington, besonders der christlichen Milizführung mitzuteilen, daß die Regierung der Vereinigten Staaten ihren militärischen Sieg nicht wünsche, daß sie überhaupt der Ansicht sei, die Existenz der Miliz sei für den Libanon eher schädlich als nützlich.

John Gunther Dean konnte nichts anderes tun, als die Direktiven aus Washington zu den Akten legen. Er hatte weder Einfluß auf die Christenmiliz, die Zahle wirkungsvoll verteidigte, noch konnte er die syrischen Truppen davon abhalten, die Stadtgebiete anzugreifen, von denen aus die Straße, die bergwärts in Richtung Sannin führt, beschossen werden konnte.

Am 10. April waren die Angreifer erfolgreich: Das Kloster am Südwestrand von Zahle fiel in die Hand der Syrer; damit hatten sie die unmittelbare Gefahr für ihre Nachschubkonvois, die an dem massiven Gebäude vorbeifahren mußten, beseitigt. In den Abendstunden dieses Tages informierte der Chef des Phalangegeheimdienstes – der christliche Secret Service nannte sich »Troisième Bureau« – den obersten Befehlshaber der Miliz, Beschir Gemayel, daß die einzige Straße, die, wenigstens zeitweise, noch hatte benützt werden können, um Nachschub von den christlichen Dörfern im Westen her über das Gebirge zu schaffen, bald in ihren wesentlichen Abschnitten von den Syrern kontrolliert werde. Ab etwa 21 Uhr, so schätzte der Geheimdienstchef die Situation ein, würden syrische Einheiten so weit vorgestoßen sein, daß die letzte Wegverbindung nach Zahle unterbrochen sei. Kaum war Beschir über die bedrohliche Lage informiert worden, gab er über Funk diesen Text in das Milizhauptquartier der belagerten Stadt durch:

»Ihr habt genau noch eine Stunde Zeit, um eine historische Entscheidung zu treffen. Ihr müßt selbst verfügen, ob die Milizkämpfer in Zahle bleiben sollen oder ob sie auf der Straße nach Westen, die eben noch passierbar ist, abrücken. Wenn Ihr Zahle verlaßt, habt Ihr Euer Leben gerettet, doch der Fall der Stadt wird nicht zu vermeiden sein. Damit wird dann auch das Ende unseres Widerstands gekommen sein, weil unsere Moral zerbricht. Wenn Ihr bleibt, werdet Ihr bald keine Munition mehr haben, keine Medikamente, kein Brot und wahrscheinlich auch kein Wasser. Ihr werdet dann die Aufgabe haben, den inneren Widerstand der Stadt zu organisieren. An Euch wird sich die Widerstandsbewegung in der Bekaa und im gesamten Libanon ein Beispiel nehmen. Ihr würdet damit unserem Kampf, der schon seit sechs Jahren andauert, einen neuen und tiefen Sinn geben. Ich übertrage Euch meine gesamte Befehlsgewalt, damit Ihr selbst entscheiden könnt, was Ihr für richtig haltet. Ich wäre gerne bei Euch. Wenn ich die Wahl hätte zwischen dem Tod durch eine syrische Granate hier in Beirut oder bei Euch in Zahle, dann würde ich den Tod in Zahle, mit der Waffe in der Hand, vorziehen. Wenn Ihr Euch dafür entscheidet, in Zahle zu bleiben, bedenkt eines: Die Garde stirbt, doch sie ergibt sich nicht!«

Wenige Minuten, nachdem dieser Funkspruch abgesetzt war, erhielt Beschir Gemayel aus Zahle die Antwort, daß die Verteidiger beschlossen hätten, die Bevölkerung nicht im Stich zu lassen.

Beschirs Bemerkung: »Ihr werdet dann die Aufgabe haben, den inneren Widerstand der Stadt zu organisieren«, bedarf einer zusätzlichen Erläuterung. Die griechisch-orthodoxen Bewohner der Stadt hatten sich bisher kaum an den Kämpfen beteiligt. Sie hatten die bewaffnete Aktion den Milizionären der Phalanges Libanaises überlassen. Meist hatten sie die Kämpfer sogar mit Argwohn betrachtet, trieben diese doch Zahle erst in den Konflikt mit den Syrern hinein. Organisierung des »inneren Widerstands« aber hieß auch die griechisch-orthodoxen Männer am Kampf der Maroniten zu beteiligen. Gelang dies erst einmal in Zahle, dann konnte die Allianz mit dieser anderen christlichen Bevölkerungsgruppe auch in weiteren Städten der Bekaa und des gesamten Libanon versucht werden.

In der Tat griffen einige Männer der eigentlichen Bevölkerung von Zahle zu den Waffen, die ihnen von den Phalanges Libanaises angeboten wurden, und kämpften mit großem Mut.

Mehrere in Hubschraubern vorgetragene Angriffe der Syrer gegen Verteidigungszentren schlugen fehl. Die Erfolge der Christen wirkten sich aus: Die Moral der Angreifer sank. Hafez Assad wurde von seiner Armeeführung gedrängt, einen Ausweg zu suchen, der es erlaubte, das Gesicht zu wahren. Da traf bei ihm eine Nachricht aus Beirut zur rechten Zeit ein: Elias Sarkis teilte mit, die Führung der Phalanges Libanaises habe ihn wissen lassen, daß sie zum Dialog mit Syrien bereit sei. Vater und Sohn Gemayel hätten auch die Aufkündigung des Kontakts mit Israel nicht mehr völlig ausgeschlossen. Hafez Assad gab sofort eine Antwort: Er ordnete an, daß ein mit Mehl beladener Lastwagen, dem schon tagelang die Durchfahrt verwehrt worden war, die Straße nach Zahle benützen dürfe.

Die direkten Angriffe gegen die Stadt und die Artillerieschläge wurden eingestellt; dagegen gingen die Vorstöße in die hohen Regionen des Jebel Sannin weiter. Besonders ausgebildete syrische Einheiten ließen sich am 25. April hinauf zum Gipfel fliegen. Sie gruben sich dort in den Schnee ein. Die syrische Armeeführung hatte ihr strategisches Ziel erreicht. Sie war jetzt nahe daran, eine militärische Lösung des Libanonkonflikts durch Niederwerfung der christlichen Miliz in den Gebieten Metn und Kesruan zu erzwingen.

Diese Entwicklung mißfiel der Regierung der Vereinigten Staaten. Alexander Haig erklärte öffentlich, Syrien sei dabei, den »Status quo« im Libanon zu seinen Gunsten zu verändern. Haig war von der israelischen Regierung zu dieser Erklärung motiviert worden, da sie eine politisch-diplomatische Deckung brauchte, um einen Luftangriff gegen die neuen Positionen der Syrer im Sanningebiet durchführen zu können. Während dieser Aktion schoß die israelische Luftwaffe zwei syrische Hubschrauber ab, die zu Versorgungsflügen unterwegs waren.

Hafez Assad, wütend über diesen durch keinerlei Provokation verursachten Angriff, befahl, Luftabwehrbatterien vom Typ Sam 6 und Sam 2 in der Bekaa zu stationieren, um die israelischen Kampfflugzeuge daran zu hindern, Attacken nordwärts der Straße Beirut–Damaskus durchzuführen.

Diesen Schritt wiederum glaubten die Israelis nicht dulden zu dürfen. Sie verlangten den Abbau der Raketenrampen. Hafez Assad aber fühlte sich im Recht – und holte sich für seinen Standpunkt Unterstützung in Moskau. Leonid Breschnew erklärte, er werde keinen Überfall auf syrische Raketenstützpunkte dulden.

Unvermeidbar war, daß Alexander Haig, der durch seine voreilige Erklärung die Krise ausgelöst hatte, die Sowjetunion vor Hilfsaktionen für Syrien warnte. Aus den Zwischenfällen von Zahle war ein Konflikt der Großmächte geworden. Jeder Zusammenstoß zwischen Syrien und Israel in der Bekaa, und war er noch so unbedeutend, konnte jetzt eine bewaffnete Auseinandersetzung auslösen. So sah auch der amerikanische Unterhändler Philip Habib die Situation, als er am 7. Mai im Auftrag des Präsidenten Ronald Reagan im Nahen Osten eintraf, um die Gefahr zu entschärfen. Beinahe wäre er zu spät gekommen, denn Menachem Begin hatte bereits entschieden gehabt, die Raketenbasen am 1. Mai zerstören zu lassen – doch die Wetterbedingungen waren an jenem Tag zu schlecht gewesen. Ein zweiter Angriffstermin, der

4. Mai, war kurzfristig abgesagt worden, weil Reagan seinen Unterhändler bereits ernannt hatte.

Elias Sarkis hielt Habib für einen verständigen Mann, wunderte sich allerdings, daß er nur darauf aus war, das Raketenproblem zu lösen, ohne sich um die Ursache der Krise zu kümmern: Der Libanonkonflikt war Philip Habib gleichgültig. Doch dank seiner Bemühungen um Entspannung konnte auch der Kampf an der Belagerungsfront von Zahle beendet werden. Saudi Arabien erklärte sich bereit, an die syrische Regierung eine beachtliche finanzielle Entschädigung für die Aufgabe der Blockade zu zahlen. Das »Wunder von Zahle« war ein Erfolg der Diplomatie Philip Habibs und saudiarabischer Zahlungskraft. Ende Juni 1981 zog Beschir Gemayel seine Kämpfer aus Zahle zurück – zur Zufriedenheit der griechisch-orthodoxen Bewohner.

Der Ausgangspunkt für diese Lösung war äußerst schlecht gewesen, da der israelische Ministerpräsident zum falschen Zeitpunkt Wahrheiten enthüllt hatte. Am 3. Juni hatte Begin erklärt, er persönlich stehe schon seit Jahren in engem Kontakt mit der Führung der Phalangisten, insbesondere mit Beschir Gemayel. Diese Erklärung hatte die syrischen Politiker argwöhnisch gemacht. Abdel Halim Khaddam behauptete wenige Tage später, er wisse genau, daß Beschir Gemayel auf libanesischem Gebiet einen christlichen Staat errichten wolle, der von Israel unterstützt werden solle. Der syrische Außenminister bestand auf seiner Behauptung trotz Protests des Phalangechefs. Von Beschir verlangte Khaddam jetzt die schriftliche eidesstattliche Erklärung, daß die Phalanges Libanaises keine Beziehung mehr zu Israel unterhielten.

Beschir ließ wissen, es sei nicht ausgeschlossen, daß er eine derartige Erklärung abgebe. Er sei noch auf der Suche nach einem Verbündeten. In Frage komme entweder Syrien oder Israel; es sei ihm klar, daß damit für ihn auch die Wahl anstehe zwischen den USA und der UdSSR. Er sei durchaus geneigt, sagte Beschir, die israelische Option fallenzulassen, wenn Syrien ihm eine Garantie gebe, daß die libanesische Krise gelöst werde.

Selbstverständlich meinte er eine Lösung in seinem Sinne – sie sollte ihm die Tür zum Präsidentenpalast von Baabda öffnen. Elias Sarkis versprach Beschir, die verlangten Garantien zu besorgen. Dieses Versprechen genügte Beschir, dem nichts anderes übrigblieb, als ein Wagnis einzugehen: Am 6. Juli 1981 übergab er dem libanesischen Präsidenten ein Schreiben, das den Verzicht der Phalanges Libanaises auf Bindung und Zusammenarbeit mit Israel zum Inhalt hatte.

Ernstgemeint war die Verzichtserklärung keineswegs. Beschir dachte nicht daran, auf die »syrische Option« zu setzen. Niemand sonst als die israelische Regierung war bereit, den Phalanges Libanaises Waffen zu liefern und Militärberater zur Verfügung zu stellen. Zu Israel existierte für Beschir keine Alternative. Doch diese Wahrheit hinderte ihn keineswegs, eine Erklärung abzugeben, er habe nichts mehr mit Israel zu tun, solange die israelische Regierung wußte, daß die Realität davon nicht betroffen war.

Aus Israel war keine ernsthafte Reaktion auf Beschirs scheinbare Kursänderung zu hören. Daß die Verzichterklärung eine Finte war, nahm allerdings auch der syrische Außenminister an. Er und Präsident Hafez Assad waren insgeheim entschlossen, Beschirs anstehende Präsidentschaftskandidatur nicht zu unterstützen. Der Phalangekommandeur sollte vom Baabdapalast ferngehalten werden. Doch politische und militärische Umstürze in der Region entwerteten den Entschluß der beiden Syrer.

Eine neue Dimension

»Die Khomeiniwelle macht die Moslems fanatischer als je zuvor!«

Elias Sarkis hat dies gesagt, als er Beschir ermahnte, nicht zu weit zu gehen in seiner Bindung an Israel, als er davon sprach, daß gegen die Christen ein Gegenkreuzzug drohe. Die Situationsanalyse des Präsidenten erwies sich als korrekt: »Der Krieg im Mittleren Osten ist seit den Veränderungen am Persischen Golf und in Teheran nicht mehr ein Krieg um Land und Menschen. Das ist der Kampf der Götter gegeneinander geworden. Ausgefochten wird die Entscheidung, ob Moses und seine Thora, Mohammed und sein Koran oder Jesus und die Evangelien den Nahen Osten beherrschen.«

In Beirut war die Veränderung des politischen Klimas auf der Straße zu erkennen: Deutlich wurde die enge Verbindung des heimischen Konflikts zu den Ereignissen am Persischen Golf. Zehntausende von Khomeinipostern bekräftigten das Bekenntnis zum iranischen Ayatollah. Riesige Spruchbänder verkündeten, der Geistliche sei ein Heiliger, der jeder Unterdrückung ein Ende bereite; sein Atem werde den Beginn eines Zeitalters der Gerechtigkeit bewirken. Selbst Yasir Arafat, der Sunnit, sagte in einer Rede vor jungen Offizieren seiner Organisation: »Ein Sturm erhob sich in der islamischen Welt. Er trägt den Namen Khomeinisturm.«

Von einem Tag zum anderen hatte der Windstoß, von dem Arafat sprach, Illusionen hinweggefegt, der Nahostkonflikt sei durch diplomatische Anstrengung zu lösen, durch geschickte Kabinettspolitik der Großmächte. Die religiöse Überzeugung, der Glaube, hatte dem Konflikt eine neue Dimension gegeben, die einen Ausgleich zwischen den streitenden Kräften nahezu unmöglich machte. Ayatollah Khomeini umriß diese neue Dimension mit dem einen Satz: »Wir führen Krieg gegen den Teufel. Mit ihm Waffenstillstand oder Frieden zu schließen ist völlig unmöglich. Wir werden mit Allah über den Teufel siegen.«

Die Worte des Geistlichen aus Iran fanden offene Ohren im Libanon. Die Bevölkerungsgruppe der Schiiten, mindestens 700 000 Menschen stark, empfand Stolz, daß ein Mann ihrer Glaubensrichtung zu derart weltpolitischer Bedeutung hatte aufsteigen können. Die libanesischen Schiiten, belastet mit dem Komplex, von allen anderen religiösen Gruppen verachtet und herumgestoßen zu werden, sahen erst mit Verblüffung, dann mit dem Gefühl, ihm nacheifern zu müssen, daß ein Schiit die Härte besaß, andere zu verachten und herumzustoßen. Als dieser Geistliche in Qum, in einer der heiligen Städte der Schiiten, versprach, er werde die Islamische Revolution, die er im Iran ausgelöst hatte, auch in andere Länder exportieren, da wuchs in den libanesischen Schiiten die Hoffnung, der Ayatollah werde auch für Beendigung des Unrechts sorgen, das ihnen durch Christen und Sunniten widerfuhr.

Unterschiedlich waren die Erwartungen, die im Bewußtsein der libanesischen schiitischen Gläubigen durch die Erscheinung des Ayatollah im Iran geweckt wurden. Manche waren überzeugt, er sei der Messias, mit dessen Kommen und Eingreifen – selbstverständlich nur zu ihren Gunsten – auch die Schiiten rechnen, und er werde Erlösung bringen. Andere dachten an das Geld aus dem Ölgeschäft, über das der Mächtige in Teheran verfügen konnte; sie erwarteten, daß er die Dollars nach Prinzipien der Gerechtigkeit an die Gläubigen verteile und dabei auch an die libanesischen Schiiten denke.

Wer Zeichen der politischen Veränderung lesen konnte, für den brachte der Ausbruch des iranischen Sturms keine Überraschung. Viele Schiiten des Libanon waren vorbereitet auf die Erscheinung des geistigen Führers, denn der Imam Musa Sadr, der sie fast ein Jahrzehnt lang religiös und politisch geleitet hatte, war ein Schüler des Ayatollah in der Heiligen Stadt Qum gewesen. Sie erinnerten sich daran, daß der Imam ihnen bis zu seinem Verschwinden im Jahr 1978 häufig von dem bedeutenden Lehrer, Moralisten und politischen Visionär erzählt hatte – und so erschien ihnen jetzt der Geistliche, der bei ihnen im Libanon gelebt und gewirkt hatte, als Bote, wenn nicht sogar als Prophet des Gottesmannes, der den Schah zu stürzen vermocht hatte; so hatten sie teil an den weltgeschichtlichen Vorgängen um Ayatollah Khomeini.

Der Mann, dessen Bild die Schiiten tagtäglich tausendfach vor Augen haben, heißt eigentlich Ruhollah Musawi. Da es im Iran üblich ist, daß die Geistlichen sich nach dem Namen des Ortes nennen, in dem sie geboren sind, ließ sich Ruhollah Musawi, kaum war er Mullah geworden, als Ruhollah Khomeini ansprechen – das unbedeutende Dorf Khomein, Musawis Geburtsort, liegt etwa 100 Kilometer südwestlich von Qum. In Khomein war der Vater Mullah gewesen. Im Jahr 1902, im Geburtsjahr Khomeinis, hatten ihn die Landbesitzer des Dorfes umbringen lassen, weil er, ihrer Meinung nach, zu lautstark für die Rechte der Landpächter agitiert hatte.

In den Augen der Schiiten ist Ruhollah Khomeini von Allah über andere Menschen gestellt worden, denn er kann von sich sagen, daß er in direkter Linie von Ali, dem – nach schiitischem Glauben – rechtmäßigen Erben des Propheten Mohammed, abstammt und daher zu den Auserwählten zählt, die regieren dürfen im islamischen Staat. Ihn zeichnet weiterhin sein Geburtsdatum aus: Es ist der zwanzigste Tag des islamischen Monats Jumad. An diesem Tag ist auch, vor mehr als tausend Jahren, Fatima, die Tochter des Propheten Mohammed, geboren worden. In der Heilsgeschichte der Schiiten ist sie vor allem als Ehefrau Alis bedeutsam. So treffen in Ruhollah Khomeini Vorbedingung zur Führung im Staat und gutes Vorzeichen aufeinander.

In Qum studierte er die Lehre von Allah und spezialisierte sich auf islamische Philosophie und Logik. Sich für ein drittes Fach zu interessieren, für Ethik, verbot ihm in den zwanziger Jahren die Polizei des Schahs Reza Pahlewi, die, mit Recht, der Meinung war, der junge Mann wolle sich das Rüstzeug zur Agitation gegen das kaiserliche Regime aneignen.

Mit 25 Jahren heiratete der Geistliche. Seine Frau Khadidja erzählt, sie sei überzeugt, daß Allah sie mit Vorbedacht zu dieser Heirat bestimmt hätte. Eigentlich wäre ihre Neigung, Ruhollah Khomeini zu heiraten, gering gewesen, so sagt sie, doch dann seien ihr der Prophet Mohammed, dessen Tochter Fatima und Ali, der Auserwählte, nachts im Schlaf erschienen. Alle drei hätten gesagt, daß sie verachtet sei. Auf die Frage nach dem Grund der Verachtung habe sie die Antwort bekommen: »Weil du dich weigerst, unseren Sohn zu heiraten!« So wurde die Legende geschaffen, Ruhollah Khomeini habe von Mohammed, Fatima und Ali die unmittelbare Verwandtschaft mit ihnen, die direkte Abstammung bestätigt bekommen.

Diese Legende war die Voraussetzung für seine politische Betätigung. Ruhollah Khomeini äußerte häufig die Überzeugung, Kernprinzip des Islam sei die enge Verflechtung von Religion und Politik: »Der Prophet Mohammed hat sich zu keinem Zeitpunkt von der Politik ferngehalten. Wenn er nur Allahs Gesandter gewesen wäre, dann hätte er Allahs Buch, den Koran, den Menschen übergeben und wäre wieder verschwunden. Doch Mohammed war von Allah beauftragt zu kämpfen und zu planen. Er organisierte die Struktur der Gesellschaft und wirkte als Richter. Er kommandierte Armeen in der Schlacht, entsandte Botschafter, unterzeichnete Verträge. Es ist Unsinn zu sagen, Religion ließe sich trennen vom täglichen Regierungsgeschäft.«

Für Ruhollah Khomeini war aus dem Wissen von der unauftrennbaren Bindung zwischen Politik und Religion der Schluß zwingend, daß allein die Männer der Religion die Staatsgeschäfte zu führen haben. Je höher ein Mann aufsteige im Kreis der Geistlichen, desto stärker sei seine Verpflichtung, in die Politik einzugreifen. Geistliche Führer, Imame, so meinte er, seien aus dem Licht Gottes geschaffen; ihren Rang könne kein Monarch der Welt erreichen; ja, nicht einmal einem Engel sei dies möglich. Dieser Satz macht deutlich, welche Wichtigkeit Khomeini und mit ihm andere Geistliche in der Heiligen Stadt Qum nicht nur sich selbst, sondern auch dem Geistlichen Musa Sadr beigemessen hatten, der von ihnen als Imam in den Libanon entsandt worden war.

Der Imam Musa Sadr hatte nach einem Lehrsatz Khomeinis zu wirken versucht: »Sei immer Beschützer der Unterdrückten. Sei immer Feind der Unterdrücker.« Wer Unterdrücker ist und wer Unterdrückter, hatte Khomeini schon vor bald einem halben Jahrhundert festgestellt: Unterdrückt ist das schiitische Volk; es wird unterdrückt von weltlichen Herrschern, die, da sie nicht Geistliche sind, das Gebot von der Bindung zwischen Religion und Politik mißachten. Unterdrücker sind, auf internationaler Ebene, die imperialistischen Amerikaner und die Zionisten. An Hauswänden im islamischen Teil von Beirut war der Kampf, den Khomeini und die Schiiten führten, optisch packend dargestellt: Von einer höheren Sphäre aus beobachtete Khomeini, wie das schiitische Volk des Libanon der vielköpfigen Schlange, die »Imperialismus–Zionismus« heißt, ein Haupt nach dem anderen abschlägt.

»Weltliche Macht allein ist zerstörend«, sagte Ruhollah Khomeini. Beweis für diesen Leitsatz war ihm ein Ausspruch des Propheten Mohammed: »Betritt der König ein Dorf, dann verdirbt er es, dann plündert er es aus, dann macht er die Bewohner zu Sklaven.« Allein der Geistliche, der Glaube und Politik in sich vereinige, sei ein Garant dafür, daß die Dörfer unbehelligt und unverdorben blieben. So werde der islamische Staat unter geistlicher Herrschaft zum Hort der Freiheit und der Entfaltung der Menschen.

Khomeinis Denkwelt, seine Sprache sind dem Koran entnommen. Für Moslems, die an Inhalt und Ausdrucksweise des Koran gewöhnt sind, besitzen Khomeinis Worte Reichtum an Assoziationen und an verschlüsselter Bedeutung. Verständnis für Khomeini ist nicht loszulösen von der Kenntnis des Koran. Der Ayatollah erkannte im Heiligen Buch eine Kraft, die fähig sei, die Gebrechen der Welt zu heilen. Da der Koran Weltgeltung hat, sah Ruhollah Khomeini seinen Wirkungskreis nicht auf den Iran beschränkt. Er glaubte mit Autorität für alle Moslems sprechen zu können – vor allem aber für die Schiiten der Erde.

Ihnen, und damit auch den Schiiten des Libanon, hatte Khomeini dargelegt, wie er ihr Leben ordnen wollte, wie er sich den Unterschied zwischen der Regierungsweise in einem islamischen Staat und in einem Staat traditioneller Ordnung vorstellte. Seine Ansichten wurden von den Schiiten keineswegs für naiv gehalten. In voller Überzeugung stellte Khomeini den Staat seiner Vorstellung über jede andere Gesellschaftsform:

»Der islamische Staat ähnelt keiner anderen bestehenden Staatsform. Das Oberhaupt ist kein Despot, der eigenmächtig handelt, der mit Vermögen und Leben der Menschen spielt, der tut, was er will, der tötet, wen er will, der den Boden und das Eigentum des Volkes diesem oder jenem schenkt. Der hochedle Prophet verfügte nicht über solche Macht. Der islamische Staat ist weder despotisch noch absolutistisch, er ist vielmehr konstitutionell. Selbstverständlich nicht konstitutionell im üblichen Sinn des Begriffs, wo Gesetze nach dem Votum von Personen verabschiedet werden. Er ist konstitutionell in dem Sinne, daß die Regierenden in ihrer exekutiven und administrativen Tätigkeit an eine Reihe von Bedingungen gebunden sind, die im heiligen Koran und in der Überlieferung festgelegt worden sind. Damit sind die Gesetze und Bestimmungen des Islam gemeint, die respektiert und angewendet werden müssen. Daher ist die islamische Regierung die Regierung des göttlichen Gesetzes über das Volk. Darin liegt der wesentliche Unterschied zwischen dem islamischen Staat einerseits und den konstitutionellen Monarchien und Republiken andererseits. In jenen werden die Gesetze von den Vertretern des Volkes oder von den Königen ausgearbeitet, während doch die Gesetzgebung nach dem Islam Gott, dem Allmächtigen, gehört. Der heilige islamische Gesetzgeber ist die einzige Legislative. Niemand hat das Recht, Gesetze zu initiieren, und kein Gesetz, außer dem göttlichen, darf angewandt werden. Deshalb gibt es im islamischen Staat statt einer gesetzgebenden Versammlung, die gewöhnlich eine von den drei Gewalten im Staate bildet, eine Planungsversammlung, die für die verschiedenen Ministerien auf der Grundlage der islamischen Gesetze Pläne ausarbeitet. In diesen Plänen wird die Art der Leistung öffentlicher Dienste für das ganze Land festgelegt.«

Immer wieder betonte Ruhollah Khomeini, daß er die Gesetze, die von Menschen erdacht werden, für Teufelswerk hielt:

»Die Souveränität im Staat gehört allein Gott. Das Gesetz darf nichts anderes sein als ein Befehl Gottes. Die Befehle Gottes herrschen uneingeschränkt über alle Menschen und über den islamischen Staat. Das islamische Gesetzeswerk, das im Koran und in der Überlieferung niedergelegt ist, wird von den Moslems akzeptiert und respektiert. Diese Übereinstimmung erleichtert die Arbeit der Regierung, die zur Arbeit des Volkes selbst geworden ist. In den Republiken und konstitutionellen Monarchien dagegen erhebt die Mehrheit derjenigen, die sich als Vertreter des Volkes betrachten, alles, was sie wünscht, zum Gesetz und zwingt es den Menschen auf.«

Khomeini verlangte, daß Republiken und konstitutionelle Monarchien abzuschaffen seien – weil sie dem Gesetz Gottes nicht entsprächen. Überall hätten zunächst und vor allem die Schiiten für die Abschaffung der von Gott nicht gewollten Regierungsformen zu kämpfen. »Aufgefordert zum Kampf gegen gottlose Staatsführungen sind die libanesischen und die irakischen Schiiten.« Im Libanon und im Irak »Gottesstaaten« zu errichten war Khomeinis Absicht – an der Verwirklichung arbeitete er seit dem Jahr 1980. Der Krieg am Persischen Golf ist wichtiger Bestandteil des Plans, dem Gesetz Gottes diese Staaten zu öffnen, in der Hoffnung, der Islamischen Revolution werde dann die gesamte Region Arabien zufallen.

Ereignisse am Persischen Golf überschatten den Libanonkonflikt: »Auf nach Kerbela und dann nach al-Kuds!«

So einfach ist die Parole, mit der Ruhollah Khomeini das Endziel seines Kampfes benennt: Al-Kuds will er erobern, »die Heilige« – gemeint ist Jerusalem. Die Stadt, von der aus einst der Prophet Mohammed in den Himmel aufgestiegen ist, um die Inspiration zum Koran zu empfangen, will er den Israelis entreißen. Zuvor aber sollen Kerbela und das Heilige Grab des Prophetenenkels Hussein in seine Hand fallen.

Stadt und Grab liegen 88 Kilometer südwestlich der irakischen Hauptstadt Baghdad. Kerbela ist der bedeutendste Wallfahrtsort der Schiiten. Den Platz zu sehen, an dem Hussein, der Enkel des Propheten Mohammed, sein Leben verloren hat, ist Erfüllung der religiösen Existenz eines schiitischen Gläubigen.

Überall, wo Schiiten wohnen, werden alljährlich die Ereignisse von Kerbela nachvollzogen: In den Dörfern an Euphrat und Tigris wie auch im Libanon bringen sich Männer am Jahrestag von Husseins Tod Wunden bei, um teilzuhaben an seinem Leiden. Sie peitschen sich auf den Straßen, bis Blut fließt. Mit lautem Jammern und Heulen umringen schwarzgekleidete Frauen die Flagellantengruppen. Von jedem Schiiten wird Mitleiden verlangt für die Passion des Märtyrers Hussein.

Im Jahr 680 unserer Zeitrechnung begab sich der Enkel des Propheten von Mekka ins Zweistromland um Euphrat und Tigris. Er war der letzte Überlebende aus der Familie des Ali, der sich, als Schwiegersohn des Propheten Mohammed, einst Hoffnung gemacht hatte, die Macht im islamischen Staat zu übernehmen; Ali war verdrängt worden durch den Clan der Omayyaden, dessen Mitglieder sich nicht darum gekümmert hatten, daß Ali auf Verwandtschaftsrechte zu Mohammed und auf das dynastische Prinzip pochte. Alle Versuche des Ali, doch noch Nachfolger des Propheten zu werden, waren an der Machtgier der Familie Omayya gescheitert. Aber im Zweistromland war eine Gemeinde von Anhängern Alis gewachsen, die nichts mit den Omayyaden zu schaffen haben wollten. Sie hatten sich zu einer Partei zusammengeschlossen, um die Ansprüche der Nachkommen Alis auf Führung des von Mohammed begründeten Reiches aufrechtzuerhalten. Die Gruppe nannte sich Schiat Ali, Partei des Ali. Daraus hat sich »Schia« als Bezeichnung für die Bewegung entwickelt; die »Schiiten« sind ihre Anhänger.

Die »Partei des Ali« im Zweistromland verfolgte eine separatistische Politik. Hussein, der Sohn des Ali, sollte der eigenständigen Politik Gewicht geben. Das Leben des Prophetenenkels und seinen Tod bei Kerbela schildert der schiitische Gelehrte Allamah Sayyid Mohammed Tabatabai. Für ihn, den Teheraner Theologen, ist Hussein der »dritte Imam« in einer Kette von Imamen, von rechtgeleiteten Männern:

»Der dritte Imam, der Imam Hussein, ist als zweites Kind von Ali und Fatima im Jahr vier der islamischen Zeitrechnung geboren worden. Nachdem sein Bruder Hassan nach Allahs Willen zum Märtyrer geworden war, ist Hussein durch göttlichen Befehl Imam geworden. Zehn Jahre lang war Hussein Imam der Rechtgläubigen, doch sechs Monate lang, während der Regierungszeit des Kalifen Mu'awiya, aus der Familie Omayya, war er Unterdrückung und Verfolgung ausgesetzt. Kalif Mu'awiya besaß volle Autorität und Macht und duldete nicht, daß ein Nachkomme des Ali sein Haupt hob. Mu'awiya gab sich alle Mühe, daß die Angehörigen der Prophetenfamilie machtlos blieben, in Vergessenheit gerieten. Niemand aus dem ›Haushalt des Propheten‹, aus der Hierarchie der Prophetenfamilie, sollte die Position der Omayyaden gefährden können. Kalif Mu'awiya war darauf aus, seinem Sohn Yazid den Weg in den Kalifenpalast von Damaskus zu öffnen. Diesen Yazid aber verachteten viele Moslems, weil er nicht von guten Prinzipien geleitet war. Yazid galt als skrupellos. Um die Opposition zu unterdrücken, dachten sich Mu'awiya und Yazid immer neue Methoden der Überwachung der Gläubigen aus. Mit großer Geduld überstand Hussein die Periode, in der er nichts sagen und nichts wagen durfte.

Diese Zeit dauerte bis in die Mitte des Jahres 60 islamischer Rechnung: Da starb Mu'awiya, und sein Sohn Yazid wurde Kalif. Üblich war, daß die wichtigen und führenden Männer dem neuen Herrscher Gefolgschaft versprachen. An dieses Versprechen waren sie dann gebunden. Wer es brach, der fiel in Schande. Der Tradition folgend hatte Mu'awiya schon einige Wochen vor seinem Tod jeden, der Einfluß besaß, aufgefordert, Gefolgsmann des Yazid zu werden. An Hussein, den

Prophetenenkel, aber war keine derartige Aufforderung ergangen. Mu'awiya hatte auch zu Yazid noch unmittelbar vor seinem Tod gesagt, er solle Hussein unter keinen Umständen zum Gefolgschaftsversprechen zwingen; es sei besser, über Hussein einfach hinwegzusehen.

An diesen Rat des Vaters hielt sich Yazid, als er Herrscher war, jedoch nicht. Er schickte dem Gouverneur von Medina die strikte Aufforderung, Hussein durch Eid auf den Herrscher Yazid zu verpflichten – oder Husseins abgeschlagenes Haupt nach Damaskus zu schicken. Der Gouverneur informierte Hussein über die Order des Herrschers. Er hatte Sorge davor, schuldig zu werden am Blut des Propheten. Da Hussein nicht gewillt war, ein Versprechen abzugeben, das er dann doch nicht einlösen konnte, verließ er in aller Heimlichkeit während der Nacht Medina und ritt nach Mekka. Der gesamte ›Haushalt des Propheten‹ wurde in jener Nacht nach Mekka verlegt. Dort hielten sich Hussein und die Prophetenfamilie vier Monate lang auf. Hussein lebte direkt beim Heiligtum, bei der Kaaba, was in der islamischen Welt natürlich nicht unbemerkt bleiben konnte.

Tausende von Briefen trafen bei Hussein ein, mit dem Ausdruck des Mitgefühls. Aus dem Zweistromland aber kamen Schreiben, die ihn aufforderten, unbedingt nach Kufa zu kommen, um dort die Führung des Volkes zu übernehmen. Die Bewohner des Landes um Euphrat und Tigris seien bereit, einen Aufstand zu wagen gegen das ungerechte Regime des Kalifen Yazid.«

Der Theologe Allamah Sayyid Mohammed Hussein Tabatabai, auch er ein Mann, der durch den schwarzen Turban anzeigt, daß er zur Familie des Propheten zählt, schildert die Anfänge der Schiat Ali, der Schiitenbewegung, als soziale Revolution. Ali und dessen Söhne Hassan und Hussein hatten gegen die wachsenden Privilegien der Omayyadenfamilie protestiert. Hussein wies häufig darauf hin, daß der Prophet sich nie am Staatsschatz bereichert habe; er und seine Familie hätten bescheiden gelebt. Am Hof des Kalifen in Damaskus aber war die Schatzkammer gefüllt mit den Gütern, die von den Provinzstatthaltern eingesammelt und abgeliefert worden waren. In der Hauptstadt waren Geld und Sachwerte aus dem riesigen islamischen Staat konzentriert, zumeist als totes Kapital. Das Wirtschaftszentrum des Reiches hatte sich verlagert. Mekka und Medina hatten Bedeutung und Reichtum an Damaskus verloren. Der Prophetenenkel Hussein fühlte sich solidarisch mit den Bürgern und Händlern von Mekka. Doch er konnte in der Heiligen Stadt kaum wagen, vernehmbar die Stimme gegen die Mächtigen in Damaskus zu erheben, die Polizei der Omayyaden war allgegenwärtig. In Kufa, im Zweistromland, so hoffte er, konnte er eine Protestbewegung organisieren; dort war das revolutionäre Potential zum Kampf gegen die ausbeuterischen Omayyaden vorhanden. Als Hussein zu Beginn der Pilgerzeit entdeckte, daß einige der gefährlichen Angehörigen der Mordkommandos des Omayyadenkalifen aus Damaskus nach Mekka gekommen waren, da entschloß er sich zur Flucht. Der Husseinspezialist Tabatabai schildert den Vorgang so:

»Imam Hussein kürzte für sich die Pilgerrituale ab. Inmitten der Menge stand er auf und verkündete, daß er sich auf den Weg in den Irak machen wolle. Er erklärte, ihm bleibe nur das Märtyrertum. Gleichzeitig bat er die Moslems um Hilfe im Kampf für die Gerechtigkeit. Schon am nächsten Tag verließ Hussein mit seiner Familie und einer Gruppe von Anhängern die Stadt Mekka. Imam Hussein wußte genau, daß er getötet werden würde, denn er kannte die gewaltige Militärmacht der Omayyaden – und den Wankelmut der Menschen im Zweistromland. Auf dem Weg erhielt er schlimme Nachrichten: Der Onkel des Kalifen, der in Kufa Vertreter der Staatsmacht war, hatte einen Agenten der Schiat Ali umbringen lassen. Er war, an den Füßen gebunden, durch die Straßen von Kufa geschleift worden, bis er tot war. Über die Stadt war der Ausnahmezustand verhängt worden; Truppen waren von Westen her unterwegs nach Kufa. Hussein aber entschied sich, den Ritt fortzusetzen, auch wenn er mit seinem Tod enden sollte. Er konnte nicht umkehren und dem Kalifen Yazid den Gefolgschaftseid leisten.«

Die Leidensgeschichte des Hussein vollzog sich 70 Kilometer nördlich von Kufa:

»Da war ein einsamer Platz, der Kerbela hieß. Hier wurde der Imam von der Armee des Yazid umzingelt. Acht Tage lang blieb die Gruppe um den Imam an derselben Stelle. Immer enger wurde der Kreis, den 30 000 Soldaten um ihn gezogen hatten. Hussein gab schließlich den Männern, die ihn bis Kerbela begleitet hatten, die Chance, bei Nacht den Belagerungsring zu durchbrechen, um die Freiheit zu gewinnen. In der Tat wurde Hussein von den meisten seiner Anhänger verlassen. Nur etwa fünfzig Bewaffnete blieben bei ihm.

In dieser hoffnungslosen Situation versuchte Hussein, die Kommandeure der riesigen Streitmacht, die ihn umzingelte, auf seine Seite zu ziehen. Laut, so daß viele ihn hören konnten, hielt der Imam diese Rede:

›Wißt ihr denn nicht, daß ich der Sohn Fatimas bin, der Sohn der Tochter des Mohammed. Ich bin der Sohn des Ali, des ersten Gläubigen im Islam, zu dem der Prophet gesagt hat: Dein Fleisch ist mein Fleisch, und dein Blut ist mein Blut. Wenn ihr Moslems seid und wenn ihr zum Volk meines Großvaters gehört, wie wollt ihr dann am Tage der Auferstehung die Feindschaft mit mir rechtfertigen? Verehren doch die Chri-

266

sten selbst den Staub, der unter den Füßen des Esels von Jesus lag, und die Juden halten jede Spur heilig, die sich von Moses erhalten hat. Ihr aber wollt mein Blut vergießen, obgleich ich bei Mohammed hoch angesehen war! Was habe ich verbrochen, daß ihr glaubt, das Recht zu haben, mich zu töten? Bin ich ein Mörder? Bin ich ein Räuber? Ich lebte zurückgezogen in Mekka, bis ich vom Volk von Kufa schriftlich eingeladen wurde zu kommen. Wenn ihr euch die Gnade Allahs erhalten wollt, und die Fürsprache meines Großvaters, so laßt mich in Ruhe nach Mekka zurückkehren.‹

Es war, als ob ihm niemand zugehört hätte. Keiner der gegnerischen Offiziere antwortete; keiner reagierte. Der kleine Haufen um Hussein hatte nichts mehr zu essen; die Trinkwasserschläuche waren leer.«

In der Schilderung des Theologen Tabatabai geschah das Ende so:

»Am zehnten Tag des Monats Muharram im Jahr 61 stellte Imam Hussein sich mit den wenigen Getreuen auf. Um ihn versammelt waren alle, die zum ›Haushalt des Propheten‹ gehörten: Husseins Kinder, Neffen, Nichten. Wer bewaffnet war, der kämpfte, bis ihn der Tod durch das Schwert erreichte. Auch der elfjährige Sohn des Bruders von Hussein wehrte sich mit der Waffe. Am Abend waren alle Männer, die am Kampf beteiligt waren, tot. Auch Hussein lebte nicht mehr. Als das Gefecht zu Ende war, da fielen die Soldaten der Omayyaden über das Lager des Hussein her und brannten alle Zelte nieder. Sie enthaupteten die Märtyrer und zogen den Toten die Kleider aus. Ohne Begräbnis blieben die nackten Leichen in der Sonne liegen. Hussein und die toten Gefährten wurden Tage später von Bauern der Umgebung in die Erde gelegt.«

Eine Mauer mit acht Toren umgibt heute den Platz, unter dessen Oberfläche nach schiitischer Überzeugung der dritte Imam ruhen soll. Legenden werden erzählt über diesen Ort: Jahrtausende zuvor sei der Boden schon als heilig erklärt worden; Engel hätten damals Staub von Jerusalem nach Kerbela gebracht. Später sei die Jungfrau Maria an diesen Platz gekommen, auf geheimnisvolle Weise. In der Nacht habe sie, genau an dem Ort, wo nicht ganz 700 Jahre später Hussein sterben sollte, ihren Sohn Jesus geboren; am frühen Morgen aber sei sie wieder verschwunden und in das Land zwischen Mittelmeer und Jordan zurückgekehrt. 4000 Engel, so berichten die Erzählungen der Schiiten, wachen Tag und Nacht weinend am Grab des Märtyrers Hussein und beklagen seinen Leidensweg. Ihnen gesellt sich derjenige zu, der Mitgefühl empfindet für die Männer, die im Oktober des Jahres 680 westlicher Zeitrechnung den Tod gefunden hatten: »Jeder, der über die Not des Hussein Tränen vergießt, erhält von Allah im Paradies ein bereitetes Gemach zugewiesen. Er kann auch sicher sein, daß ihm Allah für ewig den Aufenthalt im Paradies gestattet. Um Hussein weinen, das ist die Erfüllung unseres Lebens, das ist höchste Bestimmung unserer Seele. Wer nicht um die Pein des Hussein in Kerbela weint, der gehört zu den undankbaren Geschöpfen dieser Erde. Noch im Paradies werden wir um Hussein weinen.«

Die Existenz jedes einzelnen Schiiten ist von starken Gefühlsausbrüchen geprägt. Aus den Ereignissen von Kerbela ist auch die Bereitschaft der Schiiten zu erklären, ihr Leben im Kampf zum Nutzen der Schiat Ali zu opfern. Stirbt ein Schiit für die Befreiung des Heiligtums von Kerbela, ist ihm ein bevorzugter Platz im Paradies sicher. Dem Gläubigen wird gesagt, eine Wallfahrt nach Kerbela wiege tausend Wallfahrten nach Mekka auf; der Tod im Kampf um Kerbela aber werde dadurch gelohnt, daß Hussein selbst den Märtyrer ins Paradies geleite.

Die private Rache des Ayatollah

1981, an der Front ostwärts des Schatt al-Arab: Tagelang blieben die Leichen der Iraner vor den Stellungen der irakischen Armee liegen. Schwärme von Fliegen wurden durch das verwesende Fleisch angezogen. Die Soldaten, die niedergemäht worden waren durch Geschoßgarben schwerer Maschinenwaffen, waren jung gewesen: Manche hatten nur knapp das Alter von zwölf Jahren erreicht; die Ältesten waren zwanzig Jahre alt. Bewaffnet waren sie schlecht. Nur wenige hatten eine Maschinenpistole in der Hand, als sie starben. Niemand zählte die Toten. Wurde der Gestank unerträglich, dann hoben Schaufelbagger der irakischen Armee einen Graben aus, in den – durch dasselbe Arbeitsgerät – die Leichen geschoben wurden. Eine Sanddecke, einen Meter hoch, bedeckte dann die jungen Opfer des Krieges am Persisch-Arabischen Golf.

In ihrer Heimat werden ihre Namen in die Liste der Märtyrer geschrieben. Ruhollah Khomeini preist die Gefallenen: »Sie hatten die Angst vor dem Tod überwunden, so wie einst Hussein seine Angst abgelegt hatte. Alle Moslems müssen diese Angst verlieren, dann sind sie stark genug, Arabien und schließlich die ganze Welt zu erobern.«

Die Angst vor dem Tod, so meint Khomeini, hätten auch die Schiiten des Irak zu überwinden. Zwei Drittel der Bevölkerung des Landes um Tigris und Euphrat zählen zu diesem Zweig der islamischen Religion. Iran und Irak sind Staaten mit schiitischer Bevölkerungsmehrheit – der Libanon gehört erst neuerdings in diese Kategorie. Von den Schiiten des Irak verlangt Khomeini, daß sie sich gegen ihre Regierung erheben, denn diese Regierung ist sunnitisch orientiert. Für Khomeini ist der irakische Staatspräsident Saddam Hussein ein später Nachfolger des Kalifen Yazid, der Verantwortung trug – damals, vor 1300 Jahren –, als Hussein getötet wurde. »Saddam Hussein hat so wenig Recht darauf, in Baghdad zu regieren, wie Yazid, der sich die Macht erschlichen hatte« – sagt Khomeini.

Saddam Hussein soll zur Rechenschaft gezogen werden für Taten, die vor 1300 Jahren begangen worden sind. Die Geschichte der Schiiten besteht aus einer Kette von Gewalttaten, deren Opfer Angehörige der Schiat Ali waren. Die Häufung derartiger Taten bewirkt auch heute noch Gewalt. Die Märtyrer, das ist gängige Überzeugung der Gläubigen, verlangen, daß ihr Blut gerächt werde. Hussein ist der eine, dessen Tod Khomeinis Politik beeinflußt – Ali, der Schwiegersohn des Propheten, ist der andere. Khomeinis Rachedurst wird verstärkt durch sein Bewußtsein, zur Familie des Propheten zu gehören und damit eng verwandt zu sein mit Hussein und Ali. Khomeini fühlt sich berechtigt zur Blutrache.

In einer engen Gasse von Kufa hatte der gedungene Mörder auf Ali gewartet – die Stadt im Zweistromland war schon zu Alis Lebzeiten Zentrum der Schiat Ali geworden. Ali hatte in Kufa unter Freunden gelebt, doch keiner konnte ihn schützen, als der Mörder in jener Gasse im Stadtzentrum mit einem vergifteten Dolch zustieß. Der scharfe Stahl durchschlug den Stirnknochen und drang ins Gehirn. Das Gift lähmte den Körper sofort, und dennoch dauerte Alis Todeskampf zwei Tage.

Diese testamentarische Vorschrift hatte Ali hinterlassen: »Legt mich nach meinem Tod auf ein Kamel und treibt dann das Tier aus Kufa hinaus. Versucht nicht, seinen Weg zu lenken. Dort, wo sich das Kamel aus eigenem Antrieb niederlegt, dort werdet ihr mich beerdigen!«

Südlich der kleinen Stadt Kufa, acht Kilometer von ihr entfernt, befindet sich die Grabmoschee des Ali. Der Ort Nedschef umgibt sie mit niederen Häusern und engen Gassen. Weithin ist die Grabmoschee sichtbar, denn die goldenen Platten, die das Gebäude zieren, reflektieren das Sonnenlicht. Das eigentliche Grabgehäuse im Innern der Moschee ist aus Silber gearbeitet.

Tritt der Gläubige auf das Grab zu, so hat er dieses Gebet zu sprechen: »Friede sei mit dir, o Allahs Freund. Friede sei mit dir, o Beweis von Allahs Existenz. Friede sei mit dir, du Stütze der Religion. Friede sei mit dir, o Erbe des Propheten. Friede sei mit dir, o Beschützer des Feuers und des Paradieses. Friede sei mit dir, o Fürst der Gläubigen. Ich bezeuge, daß du das Wort der Gnade bist, das Tor der Gerechtigkeit, die feste Wurzel, der massive Berg und der rechte Weg. Ich bezeuge, daß durch dich Allah seine Existenz allen Kreaturen beweist. Dir ist Allahs

Wissen anvertraut. In dir sind alle Geheimnisse Allahs verschlossen. Du bist der Aufbewahrungsort allen göttlichen Wissens. Ich bezeuge, daß du der erste warst der Unterdrückten. Dein Recht war dir mit Gewalt entrissen worden. Fluch auf diejenigen, die schuldig waren an deiner Unterdrückung. Jeder wahre Gläubige verflucht die Schuldigen. Die Gnade Allahs aber sei mit dir, o Fürst der Gläubigen, mit deinem Geist und mit deinem Körper.«

Viele hundertmal hat Ruhollah Khomeini dieses Gebet am Grab des Märtyrers Ali gesprochen. Der Ayatollah hatte das Heiligtum Nedschef zum Aufenthaltsort gewählt, als der Schah in der ersten Hälfte der sechziger Jahre versuchte, die Einmischung der Geistlichen in die Politik einzudämmen. Ruhollah Khomeini aber hatte sich nicht einschüchtern lassen; er war entschlossen, am islamischen Grundsatz der engen und unauflösbaren Verbindung von Religion und Politik festzuhalten. Die vom Schah angestrebte Trennung von Moschee und Staat hielt der hohe Geistliche für ein Verbrechen an Allah, das sich rächen würde. Khomeini mußte damals, nach seiner Verhaftung im Jahr 1963, wegen seiner Hartnäckigkeit in der Ablehnung der kaiserlichen Religionspolitik den Iran verlassen. Die irakische Stadt Nedschef, der heilige Ort des Ali, erschien ihm – als religiöses Symbol – die passende Stadt für die Fortführung des Kampfes gegen Mohammed Reza Pahlewi zu sein. Diesen Kampf sah der Ayatollah als von Allah gewollte Parallele der historischen Auseinandersetzung zwischen Ali, Hussein und den Mächtigen. Khomeini nannte den Monarchen »Schah Yazid«; in Erinnerung an den Herrscher, der einst für den Tod des Hussein verantwortlich gewesen war.

Mit der Vertreibung ins Exil hatte Khomeini seine »Schule« verlassen müssen, seinen Lehrplatz in der Moschee der iranischen Stadt Qum. Seine Schüler aber erwarteten weiterhin, daß er ihnen Anleitung gebe für ihr Verhalten gegenüber Gesellschaft und Staat. Vom Grab des Ali in Nedschef aus sprach Khomeini fortan zu den angehenden schiitischen Theologen – seine Stimme gelangte auf Tonbändern über die Grenze nach Qum. Aus der Ferne konnte der Ayatollah unverhüllter den Schah anklagen, als ihm dies in Qum, unter Aufsicht der Schahpolizei, möglich gewesen wäre. Seine Angriffe fanden im Iran starke Beachtung, nicht nur bei der Geistlichkeit, sondern vor allem beim Bürgertum, das mit der großspurigen Wirtschaftspolitik des Schahs kaum mehr einverstanden war. Für die Widerstandsbewegung im Iran wurde Nedschef zum Zentrum. Wer an wirkungsvollem Kampf gegen den Schah interessiert war, der reiste zum Grab des Ali, um sich dem Ayatollah vorzustellen. Die meisten der Politiker, die später beim Aufbau der Islamischen Republik Iran eine Funktion übernahmen, waren im irakischen Nedschef auf Khomeini und seine Absichten eingeschworen worden.

Solange Iran und Irak im Streit lagen, weil die irakische Führung, die sich sozialistisch gab, den iranischen Feudalherrn Pahlewi als Ausbeuter seines Volkes anklagte, war der Ayatollah als Verbündeter der Regierung in Baghdad angesehen. Die Annäherung zwischen Baghdad und Teheran, die sich vom Jahr 1975 ab vollzog, brachte Khomeini jedoch in Konflikt mit der irakischen Staatsführung. Er war fortan ein Störenfried. Als der Schah den starken Mann des Irak, Saddam Hussein, aufforderte, den Ayatollah zum Schweigen zu bringen, da erklärte Saddam Hussein, Khomeini sei ein unerwünschter Ausländer und habe den Irak zu verlassen. Gerade diese Maßnahme aber hielt der Schah für falsch; er hatte eher gehofft, Saddam Hussein werde dem Geistlichen jede Art der politischen Äußerung verbieten. Der irakische Staatchef hatte jedoch bereits entschieden, daß Khomeini abreisen müsse. Die Alternative wäre gewesen, den Ayatollah zu verhaften, doch die Festnahme des als heilig geltenden Mannes am Grab des Ali hätte in der überwiegend schiitisch ausgerichteten Bevölkerung im Zweistromland Beunruhigung ausgelöst. Die Bitten des Schahs, Khomeini zu verhaften, blieben deshalb in Baghdad unbeachtet.

Mohammed Reza Pahlewi hatte argumentiert, Khomeini sei in Europa gefährlicher, weil er von dort aus ungehindert seine revolutionären Parolen über die freien Medien, über Presse und Fernsehen, verbreiten könne. Dieses Argument beeindruckte Saddam Hussein, der sich das Problem Khomeini rasch und auf Dauer vom Hals schaffen wollte, jedoch keineswegs. Er war auch nicht von seiner Meinung abzubringen, als ihm der Schah prophezeite, daß Khomeini auch dem irakischen Regime dereinst gefährlich werden könne. Der Ausweisungsbeschluß blieb bestehen.

Zu diesem Zeitpunkt hatte der Ayatollah selbst noch nicht begriffen, daß ihm die Ausweisung aus Irak nur Vorteile bringen werde. Erst in Frankreich erkannte er die Möglichkeit, die ihm der freie Zugang zu den Medien bot. In Nedschef hatte Khomeini keinen Kameramann zu Gesicht bekommen. Dort war er nur von regionaler Bedeutung; ohne Bewußtsein für die Möglichkeiten, die ihm eine internationale Reputation öffnete. Khomeini sah zunächst nur die schlimme Seite der Ausweisung: Er sollte sich weiter entfernt von seinen Schülern aufhalten müssen. So geschah es, daß er in Nedschef, am Grab des Ali, Saddam Hussein, der ihn ausweisen ließ, verfluchte. Er schwor, zuerst den Schah in die Knie zu zwingen und dann Saddam Hussein. Das erste Ziel erreichte Khomeini am 16. Januar 1979.

Die Schiitenflut von Teheran bis Beirut

»Der Persische Golf wird ein Feuerball, wenn ich das will!« Mit Erschrecken reagierte die westliche Industriewelt auf diese Drohung des iranischen Revolutionsführers. Die Vernichtung des Schahs hatte ihn glaubwürdig gemacht in der Vorstellung der Politiker und Fernsehzuschauer im Abendland und im Fernen Osten. Sollte der Persische Golf wie ein Feuerball brennen, das wußte jeder, dann zog Not ein in die von der Industrie abhängige Welt. Die Hälfte des Öls, das in Europa, in den Vereinigten Staaten und in Japan verbraucht wird, stammt aus der Region des Persischen Golfs. Bei der Bewertung dieser Weltgegend darf auch nicht vergessen werden, daß die Hälfte aller Waffen, die von den Industrienationen exportiert werden, für jene Zone bestimmt ist. Der Geldkreislauf hatte sich eingespielt: Die Ölstaaten gaben einen wichtigen Teil ihrer Einnahmen durch Bezahlung von Waffenkäufen wieder an die Wirtschaft der Industrienationen zurück. Bei dieser doppelten Abhängigkeit der hochentwickelten Staaten von reichen Ländern, die Lieferanten und Kunden zugleich sind, ist einzusehen, daß die Politiker und Wirtschaftsspezialisten in Washington, London, Paris und Tokio die Ereignisse im Gebiet um den Persischen Golf, um Euphrat und Tigris an Bedeutung über den Libanonkonflikt stellten, der keinen Markt beeinträchtigte, der dem Ölgeschäft keinen Schaden zufügte.

Der Schah war Garant für ein reibungsloses Funktionieren des Geldkreislaufs gewesen. Sosehr sich der Schah als iranischer Nationalist gebärdet hatte, so sehr war er auch mit dem Westen verbunden gewesen: Nie hatte er die Interessen der Industrienationen aus den Augen verloren – auch nicht in der Frage des Ölpreises. Der Schah hatte dazuhin als Garant gegolten für Stabilität der Ölregion am Persischen Golf. Für alle Herrscher der Anrainerstaaten des Golfs – besonders für die Scheichs der kleinen Emirate – war es zur Gewohnheit, wenn nicht sogar zur Pflicht geworden, jährlich einmal den Schah zu besuchen, um mit ihm Fragen der Sicherheit und Beständigkeit auf der Arabischen Halbinsel zu besprechen.

Der letzte derartige Besucher war, im August 1978, Scheich Aisa bin Sulman al-Khalifa von Bahrain gewesen. Der Scheich hatte schon nicht mehr im Auto vom Flughafen in den Teheraner Golistanpalast gebracht werden können, da jeder Verkehr auf den Straßen im Zentrum der iranischen Hauptstadt durch Demonstrationen erstickt worden war. Der Besucher war erstaunt gewesen über diese Entwicklung. So hatte er das Ausmaß der Rebellion gegen das Schahregime nicht eingeschätzt. Noch mehr aber hatte ihn verwundert, daß der Schah im Verlauf des Abendessens ihm, dem Scheich von Bahrain, die Verantwortung für die Unruhen zuschob: »Sie und die anderen kleinen Herrscher am Golf sind schuld. Sie und die Saudis sind die Schwachpunkte der ganzen Region. Sie bringen es noch fertig, daß der Kommunismus bei uns die Macht übernimmt. Ich sage Ihnen, der Kommunismus wird sich ausbreiten. Er ist schon überall spürbar. Kratzen Sie an einem Baum die Rinde ab, dann sehen Sie, wie das rote Gift des Kommunismus herausfließt!«

Scheich Aisa bin Sulman al-Khalifa flog damals, im August 1978, nach Bahrain zurück, ohne daß er in Teheran auch nur ein vernünftiges Wort über Gegenwart und Zukunft mit dem Schah gewechselt hatte. Er beriet sich während der nächsten Tage mit den anderen Herrschern am Golf und faßte mit ihnen gemeinsam den Entschluß, von nun an den Schah nicht mehr zu konsultieren – der Monarch auf dem Pfauenthron war für sie bereits entmachtet, ersetzt durch die schiitische Geistlichkeit. Die gewaltigste Veränderung im Spannungsfeld Mittlerer Osten war vollzogen.

Erschreckt ließen die Regierenden am Westufer des Persischen Golfs ihre Bevölkerungsstatistiken überprüfen, um festzustellen, wie hoch in ihren Staaten der Anteil schiitischer Menschen zu beziffern war. Das Emirat Bahrain, dessen Regierung bisher davon ausging, daß rund 50 Prozent der Bevölkerung dem schiitischen Glauben zuzuordnen waren, mußte die Zahl korrigieren: Mindestens 65 Prozent der 250000 Bahrainis waren Schiiten. Kuwait veränderte die Statistik nur geringfügig: Statt 30 Prozent galten nun 35 Prozent der Kuwaitis, die insgesamt eine Million Menschen zählten, als Schiiten. Die Statistiker in Saudi Arabien rechneten künftig mit 15 Prozent statt mit sieben Prozent Schiiten unter den vier Millionen Einwohnern. Die Regierung in Baghdad aber paßte ihre Statistikzahlen nicht der Realität an; sie beharrte darauf, nur 36 Prozent der Irakis seien Angehörige der schiitischen Glaubensrichtung – die führenden Geistlichen in Nedschef aber sind überzeugt, daß die Zahl auf rund 75 Prozent zu verdoppeln ist.

In allen diesen Staaten waren die Regierenden Angehörige der sunnitischen Glaubensrichtung. Mit Argwohn registrierten sie den Machtzuwachs der Schiiten und ihr rapide zunehmendes Selbstbewußtsein. Um die Abwehr der zu fürchtenden schiitischen Aggressionen von außen und innen – erwartet wurden Revolutionen und Invasionen – zu erleichtern, begannen sich die in der Spitze sunnitisch orientierten Staaten in einem lockeren Zweckverband zu organisieren. Militärisch waren sie alle schwach, und deshalb lag für sie die Frage nahe, wen sie um Schutz bitten sollten. Die Regierung der USA bot sich eilfertig als Protektionsmacht an. Doch dieses Angebot wurde mit Verachtung übergangen; die Amerikaner hatten in Teheran bewiesen, daß sie nicht in der Lage waren, ein Regime am Persischen Golf zu schützen. Das

273

Vertrauen in die amerikanische Politik war erschüttert. Die Herrschenden am Golf hatten Angst davor, von der amerikanischen Regierung als »Freunde« bezeichnet zu werden. Die Freunde der USA waren offenbar zum Untergang verurteilt.

Die Regionalmacht Ägypten erklärte sich bereit, an Stelle der Vereinigten Staaten die Protektion der bedrohten Regime zu übernehmen, doch auch diese Hilfsbereitschaft fand keinen Widerhall. Da Ägypten sich mit Israel verständigt hatte, wurde es nicht mehr als Partner im arabischen Lager angesehen; von einer ägyptischen Regierung, die durch Anwar as-Sadat geführt wurde, wollten sich Saudi Arabien und die Emirate nicht helfen lassen.

Die einzige Militärmacht von Bedeutung im Unruhegebiet war der Irak. Allerdings galt sein sunnitisches Regime selbst als bedroht. Im Untergrund hatte die schiitische revolutionäre Organisation »Daawa al-Islam« – »der Ruf des Islam« – zu wirken begonnen; sie wurde vom ersten Botschafter, den das Khomeiniregime nach Bagdhad geschickt hatte, finanziell unterstützt in der Hoffnung, die schiitische Revolution werde bald auf das Westufer des Schatt al-Arab übergreifen.

Die königliche Familie Saudi Arabiens und die Scheichs der Emirate begriffen rasch, daß ein von den schiitischen Geistlichen inspirierter Umsturz im Irak die Lücke schließen würde, die bisher noch zwischen den Schiiten des Libanon, dem schiitischen Regime in Syrien und dem Iran bestand. Präzise gesagt: Wurde Saddam Hussein gestürzt, dann entstand ein zusammenhängendes Schiitengebiet, das vom Süden des Libanon über das Bekaatal nach Damaskus und weiter über das Zweistromland von Euphrat und Tigris ins Kerngebiet des Ayatollah reichte. Ein solches Schiitenland durften die sunnitischen Prinzen und Emire nicht Wirklichkeit werden lassen. Um seine Formierung zu verhindern, wurde in der saudiarabischen Hauptstadt Riadh die Politik der Hilfeleistung für den sunnitischen irakischen Präsidenten Saddam Hussein entwickelt.

In Baghdad hatte sich schon bald nach der Machtübernahme im Iran durch Khomeini die Befürchtung breitgemacht, der Ayatollah plane die rasche Schaffung des Schiitenlandes. Saddam Hussein hatte zum Tag der Einsetzung der islamischen Verfassung in der iranischen Republik ein Glückwunschtelegramm mit dem in der Diplomatie üblichen Text nach Teheran geschickt. Die Antwort des Ayatollah schloß mit der Grußformel: »Friede sei mit denen, die auf dem rechten Pfad wandeln!« Die Empfänger waren mit dem Sinn dieser Formel wohlvertraut: Sie war einst vom Propheten Mohammed im Briefverkehr mit Stammesführern, die den Islam noch nicht angenommen hatten, verwendet worden, mit Ungläubigen also. Saddam Hussein konnte aus

Khomeinis Antwort ablesen, daß er als Fremdkörper betrachtet wurde im »Schiitenland«.

Durch vorbeugende Verwaltungsmaßnahmen versuchte das sunnitische Regime in Baghdad die eigene Basis zu stärken: Zahlreiche schiitische Familien, die als besonders glaubenseifrig galten, wurden aus Dörfern und Städten am Schatt al-Arab zusammengeholt und über die Grenze getrieben mit der Aufforderung: »Ab zu Khomeini!« Wenige Tage später erhielten Männer in den Städten Basra, Baghdad und Nedschef, die ihr schiitisches Bewußtsein betont zur Schau gestellt hatten, die Aufforderung, in den Baghdader Mansour Club zu kommen; Präsident Saddam Hussein werde sich dort in offener Diskussion mit ihrem Standpunkt auseinandersetzen. Vor dem Mansour Club wurden die Männer in Busse gedrängt. Ihr Argwohn wurde gedämpft durch die Information, das Treffen mit dem Staatschef sei an einen anderen Ort verlegt worden, finde aus zwingendem Grund außerhalb von Baghdad statt. Die Gruppe fuhr jedoch, auf zwanzig Busse verteilt, unter starker Bewachung zum nächsten Grenzort. Dort wurde den Männern mitgeteilt, sie seien fortan im Irak unerwünscht, ihre Heimat sei künftig der Iran. Betroffen von der Ausweisung waren Intellektuelle und wohlhabende Kaufleute. Khomeini und seine Berater reagierten wütend: »Wenn der Teufel Saddam Hussein seine Provokationen nicht einstellt, wird unsere Armee nach Baghdad marschieren!«

»Mit Logik hat dieser Krieg nichts zu tun.«

Der stellvertretende Ministerpräsident des Irak, Tarik Aziz, hat dieses kurze Fazit des Konflikts am Persischen Golf gezogen. Er fügte an, daß der Krieg zwischen Iran und Irak damit eines mit dem blutigen Streit im Libanon gemeinsam habe: die Sinnlosigkeit. Tarik Aziz hätte aus eigener Erfahrung noch eine zweite Parallele erwähnen können: die brutale und rücksichtslose Gewalt.

Am Dienstag, dem 1. April 1980, begab sich Tarik Aziz zur Mustansir-Universität in Baghdad. Er sollte im Auftrag seines Präsidenten die Internationale Wirtschaftskonferenz der Nationalen Studentenunion eröffnen. Als Aziz, stellvertretender Ministerpräsident und Mitglied des Revolutionsrats, die Universität betrat, da wurde er von etwa tausend Studenten mit Beifall begrüßt. Plötzlich sah einer der Studentenfunktionäre, wie eine Handgranate in Richtung des hohen Gastes durch die Luft flog. Es gelang dem Funktionär, Tarik Aziz zu Boden zu werfen. Bei der Explosion der Handgranate wurden zwei Studenten getötet und zehn verwundet. Auch Tarik Aziz wurde durch Splitter verletzt.

Der Werfer des Sprengkörpers konnte verhaftet werden: Er war iranischer Nationalität. Die Untersuchung ergab, daß er Mitglied von »ad-Daawa al-Islam« war. Verhöre des Attentäters führten zur Erkenntnis, daß die Organisation über umfangreiche Waffenlager in Baghdad, Kerbela und Nedschef verfügte; das dort gestapelte Material war über die Grenze aus dem Iran in den Irak gebracht worden.

Obgleich der irakische Staatssicherheitsdienst über die schiitische Kampforganisation im eigenen Land jetzt mehr wußte, konnte er nicht verhindern, daß auf den Trauerzug für die Opfer des Attentats in der Universität, der sich am 5. April durch Baghdad bewegte, aus dem Fenster einer Schule, die hauptsächlich von Iranern besucht wurde, ein Sprengkörper fiel. Wieder wurden Studenten verwundet. Weitere sieben Tage später entkam der irakische Informationsminister knapp einem Anschlag. Auch in diesem Fall konnte dem Täter Mitgliedschaft bei der Organisation Daawa al-Islam nachgewiesen werden. Ferner wurde festgestellt, daß Angehörige von Daawa al-Islam bei der Organisation Amal im Libanon in der Technik des Guerillakriegs trainiert worden waren. Finanziert hatte die Kooperation zwischen den Schiiten des Irak und des Libanon die iranische Staatskasse.

Khomeinis Radiostationen ostwärts des Schatt al-Arab rühmten die Revolution der Schiiten im Libanon und Irak. Im Libanon waren Israel und seine maronitischen Verbündeten die Gegner der Revolution; im Irak war die »Sunnitenclique« schuld daran, daß die Revolutionäre noch nicht den durchschlagenden Erfolg errungen hatten. Tag um Tag wurde Saddam Hussein in den Kommentaren der weitreichenden iranischen Grenzsender beschimpft, wobei die Kommentatoren dasselbe Klischee verwendeten, das schon den Propagandafeldzug gegen den Schah geprägt hatte: Der Präsident wurde mit dem Kalifen Yazid verglichen, mit dem »Mörder des Hussein«. Gefährlich war für den irakischen Staatschef, daß dieses Klischee schon einmal wirksam gewesen war – im Verlauf der iranischen Revolution. Die gedankliche Verbindung zwischen seiner Person und der Erinnerung an frühere Gegner der Schiat Ali hatte sich für den Schah als tödlich erwiesen. Nicht auszuschließen war, daß die Schiiten des Irak sich durch das Signal, das mit dem Klischee gesetzt war, veranlaßt fühlten, gegen Saddam Hussein zu revoltieren. Die grenznahen Radiostationen des iranischen Propagandaapparats mußten daher zuerst ausgeschaltet werden, wenn das irakische Sunnitenregime überleben wollte. Über die Antennen der Sender Dezful und Ahwaz durften nicht länger die Aufrufe zur Arabien-weiten Erhebung der Schiiten von Bahrain bis Libanon, vom Persischen Golf bis zum Mittelmeer ausgestrahlt werden. Durch Krieg wollte Saddam Hussein der Gefahr aus dem Iran begegnen.

»Zur Abwehr der Zersetzung, die den Libanon zerstört hat, führen wir diesen Krieg!« sagte der irakische Informationsminister, als Saddam Hussein den Panzervorstoß über den Schatt al-Arab befohlen hatte; er verbarg damit einen zweiten, wichtigeren Grund für den irakischen Angriff gegen Iran. Im diplomatischen Gefecht hatte das Regime in Baghdad die Besitzrechte am Schatt al-Arab verloren; der Krieg sollte den früheren Zustand des Grenzverlaufs wiederherstellen.

Keine Grenze des Mittleren Ostens ist derart umstritten wie diejenige, die zum Schatt al-Arab parallel verläuft. Die Wasserstraße, deren Name sich mit »Ufer der Araber« übersetzen läßt – woraus diese durchaus Besitzansprüche ableiten –, entsteht durch den Zusammenfluß von Euphrat und Tigris und erstreckt sich über 190 Kilometer aus dem Gebiet nördlich von Basra bis zum Persischen Golf. Seine Breite wechselt zwischen 300 Metern und einem Kilometer.

Der Schatt al-Arab stellt den einzigen Ausgang des Irak zum Meer dar. Ohne Schatt al-Arab wäre der Irak kaum als Anliegerstaat des Persischen Golfs zu bezeichnen; das Land besitzt keinen einzigen Hafen direkt am Meer. Nur Basra, an der Wasserstraße gelegen, bietet die Möglichkeit, Schiffe anlanden zu lassen. Ist der Zugang zum Hafen Basra gesperrt, ist der Irak von jeder Verbindung mit den Weltmeeren abgeschlossen.

In der neueren Geschichte wurde der Verlauf der für den Irak so wichtigen Grenze am Schatt al-Arab immer wieder neu festgelegt. In Zeiten, in denen der Irak stark und der Iran schwach war, wurden die Verantwortlichen in Teheran gezwungen, die gesamte Wasseroberfläche des Schatt al-Arab an den westlichen Nachbarn abzutreten. Das »Protokoll von Istanbul« aus dem Jahr 1912 legte fest: »Die Grenze am Schatt al-Arab verläuft direkt am linken Ufer von der Ortschaft Nahr Abul Arabid bis zum Meer.« Im Jahr 1934, während einer starken Phase iranischer Politik, forderte der Iran, die Wasserstraße als gemeinsames Eigentum von Iran und Irak zu betrachten. Eine Zeitlang wurde in der Tat eine gemeinsame Verwaltung praktiziert. Doch dann verschoben sich die Kräftefelder im Mittleren Osten erneut. Unter dem Druck Englands mußte der Iran am 4. Juli 1937 auf eine Beteiligung am Besitz des Schatt al-Arab verzichten. Durch Vertrag zwischen dem Königreich Irak und dem Kaiserreich Iran wurde die Grenze wieder zurück ans iranische Ufer verlegt. Das wachsende Selbstbewußtsein des Schahs Mohammed Reza Pahlewi konnte den Zustand, daß sein Land kein Eigentumsrecht am Schatt al-Arab besaß, auf Dauer nicht dulden: Es war für den Herrscher untragbar, daß seine Schiffe, die den Hafen Abadan anliefen, vor der Einfahrt in den Schatt al-Arab gezwungen waren, irakische Hoheitszeichen am Mast zu hissen. Die iranische Regierung for-

277

derte vom Jahr 1958 ab den Irak auf, die Wasserstraße in der Mitte zu teilen. Erneut sollten beide Staaten ihr Besitzer sein.

Um die Regierenden in Baghdad zum Einlenken zu veranlassen, fand der Schah ein Mittel, ihre Position zu schwächen: Er unterstützte den Aufstand der Kurden des Nordirak gegen die irakische Zentralregierung. Mit iranischem Geld und iranischen Waffen konnte der Kurdenführer Mulla Mustapha Barzani den Kampf gegen Baghdad führen. Da die Überfälle und Gefechte in der Nähe der irakischen Ölfelder stattfanden, störten sie die Wirtschaftspolitiker, die dem Land Irak Fortschritt versprochen hatten. Sie redeten ihrem Präsidenten häufig zu, auf ein Tauschgeschäft einzugehen, das von iranischer Seite immer wieder über diverse diplomatische Kanäle angeboten wurde: Abbruch der Unterstützung für die Kurden gegen Teilung des Schatt al-Arab.

Der Oktoberkrieg des Jahres 1973 bot Gelegenheit, die Ernsthaftigkeit iranischer Angebote zu testen. Obgleich über Wochen hin starke Spannung geherrscht hatte zwischen Iran und Irak, zog Baghdad Truppen vom Schatt al-Arab ab, um sie an der syrischen Front gegen Israel einzusetzen. Der Schah gab seiner Armee Befehl, die Situation nicht auszunützen. Daraufhin teilte Baghdad der iranischen Regierung mit, die Bereitschaft zur Suche nach einer Lösung des Konflikts am Schatt al-Arab sei jetzt vorhanden.

Nach zähen Verhandlungen unterzeichneten Vertreter von Iran und Irak am 6. März 1975 in Algier einer Vereinbarung, die in ihrem Artikel 2 die neue Grenze zwischen Iran und Irak definierte: Sie hatte im Schatt al-Arab künftig dem »Thalweg« zu folgen. Dieser Völkerrechtsbegriff in veralteter deutscher Schreibweise wird verwendet für die Mittellinie des schiffbaren Teils einer Wasserstraße; sie soll möglichst den tiefsten Stellen der Wasserstraße folgen.

Die Vereinbarung verpflichtete Iran und Irak in einem Zusatzparagraphen, jeweils die Sicherheit des Vereinbarungspartners zu respektieren: Dieses Versprechen bedeutete, daß der Schah tatsächlich auf die Unterstützung der Kurden zu verzichten hatte; Baghdad aber sah sich veranlaßt, Ruhollah Khomeini aus Nedschef auszuweisen.

Hätte der Name Schatt al-Arab nicht auf Zugehörigkeit der Wasserstraße zu Arabien hingewiesen, wäre wahrscheinlich die Vereinbarung von Algier nie angetastet worden. Die Verantwortlichen in Baghdad hatten mit der Teilung der Wasserstraße keinen hohen Preis bezahlt für die Beendigung des volkswirtschaftlich teuren Konflikts mit den Kurden, und dennoch waren sie nicht glücklich über ihren politischen Handel mit Iran, hatte er doch zur Abtretung der Hälfte des Schatt al-Arab, der Hälfte eines arabischen Gewässers, geführt. Ein derartiger Verzicht aber war nach der Ideologie des starken Mannes in Baghdad, Saddam

Hussein – der die Übereinkunft mit dem Iran zuerst gebilligt hatte –, Verrat an arabischen Rechten. Immer stärker wuchs in ihm das Gefühl, erpreßt worden zu sein. Vom ersten Jahrestag der Unterzeichnung des Abkommens an suchte Saddam Hussein nach einer Gelegenheit, um die Vereinbarung für ungültig zu erklären.

Der Sturz des Schahs, vor allem aber der vermeintliche Zerfall der iranischen Armee, bot eine solche Gelegenheit. Der irakische Präsident glaubte im Herbst 1979, die Abmachung mit dem Iran ungestraft aufkündigen zu können. Er war jedoch vorsichtig genug, der verbalen Erklärung keine wirkliche Inbesitznahme der gesamten Wasserfläche folgen zu lassen. Die Chance war groß, daß die iranischen Kampfverbände immer schwächer wurden, weil die geistlichen Blutrichter bewährte und Offiziere hinrichten ließen. Die irakische Armee aber gewann an Kraft. Sie war bisher ausschließlich auf Waffenlieferungen aus der Sowjetunion angewiesen gewesen: Moskau hatte mehr als ein Jahrzehnt lang Panzer, Artillerie und Raketen samt Militärberatern zur Verfügung gestellt. Im Jahr 1979 aber hatten Saddam Husseins Beauftragte weitere Waffenquellen öffnen können: Aus Spanien, Brasilien, Italien und vor allem aus Frankreich war Kriegsmaterial unterwegs. Sechzig Kampfflugzeuge vom Typ Mirage trafen nach und nach auf Flugfeldern der irakischen Luftwaffe ein.

Unproblematisch war allerdings dieser Prozeß der Umrüstung und Modernisierung keineswegs. Ehe die neuen Waffensysteme nicht völlig in die Armeestruktur integriert waren, konnten sie kaum mit voller Wirkung eingesetzt werden. Gefahr bestand, daß die Geräte durch Bedienungsfehler der noch untrainierten Mannschaft im Nachteil waren gegenüber Material, das zwar nicht so hochentwickelt, doch seinem Personal vertraut war. Hätten die irakischen Kriegsplaner allerdings auf den Zeitpunkt hoher Effizienz für die Mirage-Flugzeuge warten wollen, so wäre kein Angriffstermin vor Frühjahr 1982 in Frage gekommen. Bis dahin aber hätte die iranische Führung Zeit gehabt, die chaotisch gewordene Befehlshierarchie ihrer Truppe wieder zu ordnen und – davor war die Sorge im Kreis der politisch und militärisch Verantwortlichen in Baghdad besonders groß – die Position des Regimes von Saddam Hussein durch Morde und Sabotageanschläge zu destabilisieren. Der Präsident selbst rechnete mit einer Zunahme der iranisch inspirierten Terrorakte. Eine Verschlechterung der Sicherheitssituation aber durfte er unter keinen Umständen dulden, hatte er doch alle Chefs der blockfreien Staaten auf Herbst 1982 nach Baghdad eingeladen.

Diese wichtige und publicity-trächtige Konferenz würde, nach Saddam Husseins Meinung, Baghdad den Glanz geben, der ihm so lange

gefehlt hatte. Bis zur Eröffnung des Gipfeltreffens sollte die Khomeini-
herrschaft im Iran zu Ende sein, sollte wieder Friede herrschen am Persischen Golf. Als Vernichter der Idee vom »Schiitenland«, das sich vom
Iran bis zum Libanon erstrecken würde, hätte sich Saddam Hussein
dann die Dankbarkeit der sunnitischen Herren aller reichen arabischen
Ölstaaten errungen. Der irakische Präsident wäre dann unangefochten
zum mächtigsten Mann der Region zwischen der afghanischen Grenze
und dem Mittelmeer geworden. Zuvor aber mußte der Krieg erst einmal begonnen werden.

Unmittelbar nach der etwas voreiligen Aufkündigung der völkerrechtlich gültigen Vereinbarung über den Schatt al-Arab hatte die irakische Armee einen Testkrieg an der Grenze nordöstlich der Hauptstadt
Baghdad geführt. Sie hatte zwei Dörfer erobert, die angeblich der
Schah dem Irak schon versprochen hatte, als Ausgleich für den Verlust
der halben Wasserstraße Schatt al-Arab. Vom strategischen Standpunkt
aus war die Erweiterung des irakischen Gebiets gerade an dieser Stelle
klug gedacht: Die Grenze befand sich nur 150 Kilometer von der irakischen Hauptstadt entfernt; vor Baghdad besaß die Heeresführung des
Saddam Hussein nur geringes strategisches Operationsfeld. Daß die Eroberung der beiden Dörfer fast ohne Gegenwehr möglich war, führte
die Generalität in Baghdad allerdings zum logischen, aber falschen
Schluß, die iranischen Verbände seien zu gar keinem Widerstand mehr
fähig.

In Wahrheit aber verfügte Ayatollah Khomeini über Streitkräfte, die
denen des Irak gewachsen waren: Im Iran gehörten 240000 Männer der
Armee an, im Irak 242000; der Iran besaß rund 1000 Geschütze, der
Irak nur 800; die iranische Luftwaffe war doppelt so stark als die irakische. Allein an Panzern war Saddam Hussein überlegen: Er konnte
2850 gepanzerte Kettenfahrzeuge in den Kampf schicken; sein Gegner
nur 1985.

Zu seinen Gunsten kalkulierte der irakische Staatschef allerdings
psychologische Momente ein, die der iranischen Truppe in der Tat zu
schaffen machten. Oberbefehlshaber der Armee des Iran war Staatspräsident Abulhassan Bani Sadr, doch er kontrollierte nicht die Kampfkraft
der Pasdaran, der islamischen revolutionären Miliz, der nahezu 100000
Kämpfer angehörten. Die Pasdaran, den Geistlichen hörig, waren zum
Gegengewicht zur regulären Armee geworden. Gemeinsamkeit existierte weder in der Organisation noch in der strategischen und taktischen Planung. Die Kommandeure der Revolutionsmiliz verabscheuten
die Armeeoffiziere, denen sie noch immer vorwarfen, Lakaien des
Schahs gewesen zu sein. Khomeini neigte auch nach den umfangreichen blutigen Säuberungsmaßnahmen dazu, der Armeeführung zu

mißtrauen. Sie sollte sich erst bewähren; die Pasdarankommandeure hatten ihre Bewährungsprobe nach Meinung Khomeinis mit dem Erfolg der Islamischen Revolution abgeschlossen. So existierten im Iran zwei getrennte bewaffnete Verbände. Die Kalkulation des irakischen Staatschefs, die reguläre Armee und die Pasdaran würden sich gegenseitig lähmen, ging allerdings auf die Dauer nicht auf.

Nach irakischem Plan waren drei Frontabschnitte wichtig: der Schatt al-Arab, die Zone ostwärts von Baghdad und das Gebiet im Osten der Ölfelder von Kirkuk, das immer im Bereich potentieller kurdischer Rebellen lag. Wesentliche Geländegewinne aber waren nur an der Wasserstraße im Süden beabsichtigt: Saddam Hussein wollte nicht nur die gesamte Oberfläche des Schatt al-Arab in die Hand bekommen, sondern auch die iranische Provinz Khuzistan, mit den Städten Abadan, Ahwaz und Dezful. An der Südfront sollte unter größtmöglicher Truppenkonzentration ein Durchbruch erzielt werden, der propagandistisch als entscheidende Niederlage des Ayatollah Khomeini gewertet werden konnte. Drei Panzerbrigaden und zwei mechanisierte Divisionen wurden am Frontabschnitt Schatt al-Arab bereitgestellt.

Die Festlegung des Angriffstermins auf September 1980 engte den Zeitraum ein, in dem die militärische Operation abgeschlossen sein mußte. Ab Oktober waren, durch die Witterung bedingt, wichtige Straßen im Zagrosgebirge nicht mehr benutzbar. Sollte die irakische Offensive über einen Brückenkopf am Ostufer des Schatt al-Arab ausgedehnt werden, war die Befahrbarkeit der Verkehrswege im iranischen Hinterland von strategischer Bedeutung. Die Engländer hatten schlimme Erfahrungen gemacht, während militärischer Expeditionen in den zwanziger und dreißiger Jahren. Saddam Hussein wußte, daß britische Fahrzeuge im Schlamm steckengeblieben waren. Er wollte deshalb den Kampf vor Einbruch des Winters als Blitzkrieg führen.

Am 22. September 1980 begann der Krieg am Persischen Golf mit konzentrierten Luftangriffen gegen iranische Flugplätze in Grenznähe und im Hinterland. Die Kriegsplaner in Baghdad hatten diese Strategie von den Israelis übernommen, die den Junikrieg von 1967 durch eine derartige Aktion erfolgreich eingeleitet hatten. Vergleichbar wirkungsvoll war der irakische Schlag aus der Luft allerdings nicht: Noch am selben Tag griffen iranische Kampfmaschinen die Stadt Basra an.

Bessere Ergebnisse erbrachte die Offensive der Panzerstreitkräfte, die den Schatt al-Arab zu überwinden hatten. Südlich und nördlich der Stadt Abadan gelang den Angreifern die Vernichtung der iranischen Grenzgarnisonen. Nach wenigen Stunden war der Hafen Abadan isoliert, wenn auch nicht völlig eingeschlossen. Ein Sieg zeichnete sich ab. In Baghdad wurde der eigene Vormarsch gefeiert als »Saddams Qadisiyya« – in Erinnerung an die Schlacht von Qadisiyya im Jahr 637, die mit dem totalen Sieg der Araber über das persische Heer geendet hatte. Bei Qadisiyya war das Schicksal Persiens entschieden worden: Fortan hatten die Araber den starken Militärblock im Osten nicht mehr zu fürchten. Saddam Hussein, und mit ihm die gesamte sunnitische Oberschicht des Irak, glaubte fest daran, daß der irakische Sieg in der Schlacht von Khorramschahr auf Dauer dasselbe Ergebnis haben werde. Der Preis der Einnahme der eigentlich unbedeutenden Stadt östlich des Schatt al-Arab war allerdings hoch: 1500 irakische Soldaten hatten ihr Leben verloren; mehr als 5000 waren verwundet worden. Die Überlebenden des Kampfes von Khorramschahr nannten den Ort künftig Khuninschahr, Stadt des Blutes.

»Das Opfer hat sich gelohnt!« sagte Saddam Hussein. Gewaltig war die Propaganda in Baghdad, die den Erfolg von Khorramschahr ausnützte. Iran wurde zum Erzfeind erklärt. Deutlich wurde die Kluft der Abneigung, sogar des Hasses, die Iran und Irak, Persien und Arabien trennt. Ein Blick zurück auf die Jahre nach 637 zeigt, daß auch die Schlacht von Qadisiyya und der Sieg der Araber letztlich nicht den Beginn einer arbischen Epoche in Persien bedeutet hatten. Die Perser waren damals zwar bereit gewesen, den Islam anzunehmen, doch sie hatten sich der arabischen Kultur verweigert – im Verlauf der Zeit waren aus den Besiegten sogar Sieger geworden: Persische Denkweise und persische Kunst wurden einflußreich in Baghdad, in der Hauptstadt der Sieger. Diese Entwicklung nehmen irakische Nationalisten heute noch übel. Eine psychische Barriere trennt das iranische und das irakische Volk, die – als eine der Ursachen des Krieges unserer Zeit – mit Logik nichts zu tun hat. Rassische Schranken sind kaum vorhanden. Die häufig zur Begründung der Abneigung zitierte Klassifizierung der Iraker als semitisch und der Iraner als arisch bezieht sich ausschließlich auf die Sprachen, in denen sie sich jeweils ausdrücken, und hat nichts mit rassischer Differenzierung zu tun. Iraner und Iraker sind einfach Nachbarn, die sich nicht leiden können.

»Saddams Qadisiyya« weist eine eigentümliche Parallele zu »Qadisiyya von 637« auf: Die Menschen im Osten des Schatt al-Arab fanden sich damals wie im Jahr 1980 nicht mit der Niederlage ab. Sie waren und sind nicht bereit, sich von Baghdad beherrschen zu lassen. Sie fordern eher, daß sich Regime und Bewohner in Baghdad der Kraft aus dem Osten unterwerfen. Saddam Hussein hatte beim Einzug in Khorramschahr eine begeisterte Menge erwartet, die über die Befreiung von Khomeinis Herrschaft jubelte, doch Khorramschahr war menschenleer, als die Eroberer endlich den iranischen Widerstand gebrochen hatten. Die Bewohner waren über das Zagrosgebirge in das Zentrum des Iran geflohen; sie wollten in Khomeinis Bereich bleiben, möglichst unter seiner Führung gegen Irak weiterkämpfen.

Selbst in der Erfolgsphase des irakischen Angriffs ostwärts des Schatt al-Arab wurde eine Führungsschwäche der Offensivverbände deutlich: Es gelang nie, die Aktionen von Luftwaffe und Panzertruppe zu koordinieren. Benötigten die Panzer dringend Luftwaffenunterstützung, um hartnäckige Verteidiger aus ihren Stellungen zu vertreiben, waren meist die Flugzeuge nicht einsatzbereit. Hatten die Kampfmaschinen in selbständigem Einsatz einmal Stellungen zerstört, dann erhielt die Panzerwaffe den erwarteten Befehl zum Nachstoß nicht. Derartigen Mangel an Koordination halten Militärspezialisten für eine Schwäche aller Streitkräfte, die durch sowjetische Militärberater ausgebildet worden sind: Die von Moskau entsandten Offiziere trainieren die Soldaten jeder Waffengattung intensiv, doch sie vernachlässigen die Lehre kooperativer und übergreifender Taktik zwischen Erdverbänden und Fliegertruppe.

Der Koordinationsmangel wirkte sich zunächst für die Angreifer nicht negativ aus, weil die Verteidiger unter logistischen Problemen zu leiden hatten. Zur Zeit des Schahs waren die gesamten Streitkräfte des Iran mit amerikanischem Kriegsgerät ausgerüstet worden. Die Geistlichkeit, erst seit wenigen Monaten an der Macht, hatte an der Abhängigkeit der Armee vom »amerikanischen Teufel« nichts ändern können. Die Regierung in Washington hatte aber – nachdem der Ayatollah die Besetzung der amerikanischen Botschaft in Teheran initiiert hatte – alle Lieferungen von Panzern, Flugzeugen, Munition und Ersatzteilen an den Iran eingestellt. Der Lieferstopp behinderte besonders den Einsatz der 77 F-14-Kampfflugzeuge, die erst gestartet werden konnten, als sich Israel bereit erklärt hatte, dringend benötigte Teile aus eigenen Beständen abzugeben. Nach Eintreffen der israelischen Hilfe war die Schlagkraft der iranischen Luftwaffe wieder überaus wirkungsvoll: Sie griff Raffinerien in der Gegend von Baghdad an und sorgte so dafür, daß die Leistung der irakischen Kriegsmaschine absank.

Nachdem der erste Angriffsschwung der irakischen Truppen verebbt war, gefror der Krieg zum Stellungskampf. Verluste, wie sie bei der Eroberung von Khorramschahr zu erleiden waren, durfte der irakische Generalstab der Truppe kaum noch einmal zumuten. Die Eroberung von Stadt und Hafen Abadan, die nach militärischen Gesichtspunkten dringend notwendig war, wurde zurückgestellt. Die drei Panzerbrigaden und zwei mechanisierte Divisionen, die beauftragt gewesen waren, Khuzistan rasch zu erobern, richteten sich auf Ausharren im Winter ein. Damit verzichtete Saddam Hussein allerdings auf sein Vorhaben, einen Blitzkrieg zu führen, mit dem Ziel, die iranische Armee zu zerschlagen und das Khomeiniregime zusammenbrechen zu lassen.

Eine gewichtige Auswirkung der Entscheidung zur Einstellung der Offensivoperationen war kaum zu vermeiden: Da der Präsident sein Versprechen, der Krieg werde bald ein Ende haben, nicht hatte wahrmachen können, begannen die Geistlichen und die ihnen hörigen Bewohner der schiitisch-religiös orientierten Städte Kerbela und Nedschef darüber nachzudenken, ob nicht Khomeini doch die stärkere Kraft repräsentiere – ob nicht die Zeit gekommen wäre, den Weg für Khomeini nach Kerbela zu bereiten. Saddam Hussein ließ, um die Bevölkerung zu beruhigen, seinen Verteidigungsminister verkünden, der Krieg sei eigentlich beendet, da das Kriegsziel nach der Eroberung des Ostufers vom Schatt al-Arab erreicht worden sei. General Khairallah schloß seine Erklärung mit den Worten: »Wir sind Freunde der iranischen Streitkräfte und achten sie. Die iranischen Soldaten sind zum Kampf gezwungen worden durch die derzeitigen iranischen Führer. Wir strecken ihnen die Hand der Versöhnung entgegen.« Alle Friedensfühler aus Baghdad blieben jedoch unbeantwortet.

Die Wende des Krieges wurde durch eine Aktion markiert, die weltweite Beachtung fand, weil sie als beachtliche Leistung zu klassifizieren war: Israelische Kampfflugzeuge zerstörten das irakische Atomversuchszentrum.

Zur Überraschung der irakischen Kriegsplaner wurde der Iran von Israel unterstützt, obgleich der jüdische Staat eigentlich am wenigsten Grund hatte, dem Khomeiniregime Sympathie entgegenzubringen. Kaum hatte Ayatollah Khomeini am 2. Februar 1979 Teheran betreten, war die diplomatische Vertretung Israels geschlossen und der PLO übergeben worden. Nun erwies sich Menachem Begin als Waffenbruder des Ayatollah: Die israelische Luftwaffe ging das Wagnis ein, Kampfflugzeuge auf den weiten Weg nach Baghdad zu schicken – und sie intakt wieder zurückzuholen. Der Einsatz war erfolgreich: Israelische Piloten vernichteten wesentliche Teile der Atomreaktoren »Isis« und »Osirak« im Electronic Research Center östlich von Baghdad. Das Forschungsprojekt war eine Gemeinschaftsarbeit des irakischen und des französischen Staates und – nach Angaben der französischen Regierung – friedlichen Aufgaben vorbehalten. Der Irak hatte, im Gegensatz zu Israel, die Inspektion seiner Anlagen durch Beamte der International Atomic Energy Commission immer gestattet. Nie waren Unregelmäßigkeiten aufgefallen, die auf eine unrechtmäßige Verwendung des angereicherten Urans, das Frankreich geliefert hatte, hingewiesen hätte. Die Reaktoren »Isis« und »Osirak« wurden nach Meinung der Inspektoren der internationalen Kommission nicht zur Entwicklung von Atombomben verwendet.

Der Angriff auf die beiden Reaktoren weckte Sympathie für den Irak in Europa, vor allem aber in Saudi Arabien, in den Emiraten am Persischen Golf und in Ägypten. Die genannten arabischen Staaten bemühten sich, zusammen mit Zia ul-Haq, dem Staatspräsidenten von Pakistan, den Krieg durch Vermittlung zu beenden. Als Vorleistung erklärte sich der Irak bereit, einen Waffenstillstand einzuhalten. Am 2. Oktober 1980, nur drei Tage nach dem israelischen Luftangriff auf die Atomreaktoren »Isis« und »Osirak«, erklärte das Oberkommando in Baghdad, die militärischen Operationen würden sich fortan auf defensive Maßnahmen beschränken. Khomeinis Militärbefehlshaber verkündeten jedoch zur selben Zeit, die iranische Gegenoffensive zur »Beendigung der verbrecherischen irakischen Aggression«, werde demnächst beginnen; an einen Waffenstillstand sei erst zu denken, wenn sich das irakische Volk selbst vom »Teufel« Saddam Hussein befreit habe.

Saddam Hussein hatte den revolutionären Charakter der iranischen Kampfführung nicht begriffen. Noch immer der Meinung, er führe einen konventionellen Krieg mit einem Gegner, der auch Verhandlungen als Mittel der Auseinandersetzung und schließlich sogar einen Kompromiß akzeptiere, glaubte der irakische Präsident, es werde ihm durch Wechsel von Härte und Nachgiebigkeit gelingen, dem Ayatollah einen Verhandlungsfrieden abzuringen. Auf das unbeachtete Waffenstillstandsangebot ließ Saddam Hussein am 10. Oktober 1980 eine Offensive am Karunfluß folgen, der von Osten, von Ahwaz her, zum Schatt al-Arab fließt. Der Angriff der Panzertruppe wurde mit solcher Wucht vorgetragen, daß die iranischen Verbände nach Osten auswichen. Die irakischen Soldaten erbeuteten nahezu hundert gepanzerte Fahrzeuge – englische Panzer vom Typ Chieftain, amerikanische M-60 – und Artilleriegeschütze des Kalibers 175 mm. Ein Teil der Beute wurde Tage später der Bevölkerung in Baghdad als Zeugnis irakischer Überlegenheit gezeigt.

Am 10. November 1980 zog Saddam Hussein dieses Fazit: »In aller Offenheit und Aufrichtigkeit erklären wir, daß unsere Berechnungen aufgegangen sind. Die positiven Elemente, die zu unseren Gunsten sprechen, entwickeln sich von Tag zu Tag weiter. Man kann natürlich sagen, diese Worte seien dahergeredet, auch von anderen arabischen Führern hat man sie schon oft gehört, zur Vertuschung unangenehmer Tatsachen. Aber da stelle ich doch die Frage: Welcher arabische Staat hat jemals einen derart langen Krieg geführt? Wir hatten gegen das modernste Material zu kämpfen, das die Vereinigten Staaten dem Iran hinterlassen hatten. Wir waren siegreich!«

Um die Jahreswende 1980/81 stellte sich die Situation so dar: Eine iranische Gegenoffensive hatte zwar den Angreifern große Verluste an Panzern gebracht, doch zugleich den irakischen Kriegsplanern die Hoffnung genommen, sie könnten Khomeini in die Knie zwingen. Saddam Hussein war darauf bedacht, seinem Volk und der Welt einzureden, der Krieg sei zu Ende; etwaige iranische Attacken könnten mit geringer Kraft abgewehrt werden. Saddam Hussein wollte den Eindruck erwecken, nichts hindere ihn und die Bewohner von Baghdad daran, sich mit ganzer Kraft auf die Vorbereitung der Gipfelkonferenz Blockfreier Staaten zu konzentrieren.

Nie zuvor ist in der irakischen Hauptstadt so viel gebaut worden wie in jenen Monaten: Ein Konferenzzentrum entstand, das allen Anforderungen gewachsen sein konnte. Ringstraßen und Querverbindungen ergänzten das Verkehrsnetz von Baghdad; Ministerien und Behörden erhielten neue Amtsgebäude; in den Außenbezirken der Hauptstadt wuchsen moderne und architektonisch gelungene Wohnviertel. Das Geld für diese gigantische Umgestaltung Baghdads schickte Saudi Arabien, dessen Königshaus froh war, einen Verteidiger gegen schiitische Machtansprüche in der Region gefunden zu haben. Die Emire der kleinen Ölstaaten waren gerne bereit, die Zahlungen aus Saudi Arabien durch eigene Beiträge aufzustocken.

So konnte sich Baghdad rüsten, die Staatschefs der Dritten Welt willkommen zu heißen. Doch die Hoffnung sank schon im Verlauf des Frühsommers 1981, daß Könige und Präsidenten überhaupt daran dachten, sich 1982 auf den Weg in den Irak zu machen: Ein Staat, der sich im Krieg befand, wurde von vielen Politikern afrikanischer und südamerikanischer Länder, die sich zu den Friedfertigen der Erde zählen wollten, nicht als Veranstalter einer Gipfelkonferenz der Blockfreien akzeptiert. Dies war genau das psychologische Klima, das Khomeini hatte erreichen wollen: Dem »Teufel« Saddam Hussein gönnte der geistliche und politische Führer der Schiiten den Triumph nicht, für einige Tage der Mittelpunkt der Dritten Welt zu sein.

Saddam Hussein aber war entschlossen, die Einladung aufrechtzuerhalten. Die Überzeugung, er werde letztlich seinen Willen durchsetzen, wuchs in seinem Kreis, als bekannt wurde, innerhalb der iranischen Führung seien Streitigkeiten ausgebrochen: Staatspräsident Bani Sadr, der Oberbefehlshaber der Armee, sei heftigen Vorwürfen der Geistlichkeit ausgesetzt, er lasse die Truppe nur mit halber Energie Krieg führen; die Pasdaran, die schiitische Miliz, aber trage die Hauptlast der Verteidigung und des Angriffs. Saddam Hussein klammerte sich daran fest, der Riß zwischen Khomeini und Bani Sadr werde sich erweitern. Von Woche zu Woche wartete die irakische Führung darauf, Bani Sadr werde es gelingen, der Geistlichkeit die politische Bedeutung zu nehmen, um selbst die Entscheidungen treffen zu können. Doch Präsident Bani Sadr revoltierte nicht gegen den Ayatollah, weil er um die Aussichtslosigkeit eines derartigen Aufstands wußte, er folgte vielmehr den Wünschen der geistlichen Führung. Die reguläre Armee, die ihm unterstand, begann während der letzten Septembertage 1981 und am 21. März 1982 mit Großoffensiven, die in immer deutlicheren Erfolgen endeten. Die Operationen des Frühjahrs 1982 trugen die Bezeichnung: »Der Sieg, der nicht zu leugnen ist.«

Der irakische Geheimdienst und die Armeeführung waren überrascht worden vom Ausmaß des iranischen Vorhabens und vor allem von den Massen an Kämpfern, die durch die Verantwortlichen in Teheran mobilisiert worden waren. Den Angreifern gelang nach und nach die Kombination moderner Waffensysteme mit dem Einsatz riesiger Menschenmengen, die Sturmwellen gegen die irakischen Stellungen vorzutragen hatten. Von Sommer 1981 an prägten die ganz jungen Männer das Bild der iranischen Armee: Sie fürchteten den Tod nicht; ihr Mut ließ sie in die irakischen Stellungen einbrechen im Willen, so viele Gegner wie nur möglich in den Tod mitzunehmen. Pro Angriffstag hielt die iranische Militärverwaltung 20000 Särge hinter den vordersten Linien bereit. Doch nur einige hundert Särge wurden jeweils gebraucht, da die meisten der Angreifer direkt vor oder sogar innerhalb der irakischen Stellungen ihr Leben verloren. Die Leichen zu beseitigen war Sache der Irakis.

Den Verteidigern gelang es zwar immer wieder, den feindlichen Durchbruch ins freie Hinterland zu verhindern, doch mußte die irakische Armee Boden aufgeben. Sie hatte die Fronten zu verkürzen, Auffangstellungen auszubauen, Nachschubwege zu verlegen, und jede dieser Maßnahmen war damit verbunden, daß sich die Soldaten in Richtung Heimat und nicht auf den Feind zu bewegten. So gaben die irakischen Verbände zunächst die Umklammerung von Abadan auf und ließen sich dann in Etappen aus dem Gebiet ostwärts des Schatt al-Arab vertreiben. Zum Glück für das Regime in Baghdad dauerten die jeweiligen iranischen Angriffsphasen selten länger als 48 Stunden. Hätten die Sturmwellen der Zwölf- bis Zwanzigjährigen mehrere Tage angehalten, wäre die Verteidigungsfront zusammengebrochen, weil die Soldaten der psychischen Belastung nicht gewachsen gewesen wären, die durch den Zwang entstand, Tausende derart junger Menschen, die schlecht bewaffnet waren, umbringen zu müssen. Die Soldaten des Saddam Hussein sprachen voll Bewunderung von der Entschlossenheit der jungen Kämpfer – und von ihrer Bereitschaft, Märtyrer zu werden für den schiitischen Glauben. Nicht auszuschließen war, daß diese Bewunderung in Sympathie umschlug und letztlich sogar in Verständnis. Dann wäre allerdings die Zeit gekommen gewesen für die Auflösung der irakischen Front durch Überläufer, die für und nicht mehr gegen Khomeini kämpfen wollten.

Im Frühsommer 1982 war in Baghdad überhaupt keine Hoffnung mehr übriggeblieben, Ayatollah Khomeini könne zu einem Kompromißfrieden gezwungen werden. Saddam Hussein besaß keinen Verhandlungsspielraum mehr. Seine Armee hatte das eroberte Gebiet fast ganz verloren. Gescheitert war die Absicht, das Regime des Ayatollah zum Einsturz zu bringen. Der vom Irak begonnene Krieg hatte das Gegenteil bewirkt: Selbst Männer, die der Schiitenherrschaft kritisch gegenüberstanden, fühlten sich solidarisch mit ihrem Land Iran und unterstützten die im Khomeinigeist kämpfende Armee. Solange das Vaterland bedroht war, wollten sie internen Streit vergessen.

Ein zweiter Faktor wirkte sich zu Khomeinis Gunsten aus: Für die Armeeführung hatte der irakische Angriff die ersehnte Chance gebracht, das eigene nationale Ansehen, das im Eintreten für den Schah und gegen das Volk während der Revolution zerstört worden war, wieder zu verbessern. Die Eroberung von Kerbela wurde als die Krönung dieses Prozesses der Profilierung geplant. In Teheran war im Frühsommer 1982 die Überzeugung weit verbreitet, daß die Ausdehnung der schiitischen Revolution auf irakisches Gebiet gelingen werde.

Mit Sorge sahen die königlichen Familien von Saudi Arabien und die Emire der kleineren Staaten am Persischen Golf, daß es kein Anzeichen gab für ein Ende des Krieges. An Vermittlern und an Vermittlungsausschüssen, die guten Willens waren und sich bemühten, den Konflikt am Persischen Golf zu lösen, herrschte kein Mangel. Olof Palme reiste im Auftrag der Vereinten Nationen nach Baghdad und Teheran. Bei jeder Rundreise gab er sich optimistischer als zuvor – doch schließlich begriff er die Außergewöhnlichkeit des Konflikts und beendete seine Vermittlertätigkeit nahezu stillschweigend. Ein Vierteljahr später sahen die Teilnehmer der Islamischen Gipfelkonferenz, die in der saudiarabischen Stadt Taif tagten, es als ihre Pflicht an, ein »Versöhnungskomitee« einzusetzen. Doch auch dieses Gremium scheiterte an der Haltung der hohen schiitischen Geistlichkeit Irans, die nicht daran dachte, sich durch selbsternannte Verhandler vom geraden Kurs des Kampfes gegen den »Teufel« abbringen zu lassen. Islamische Staatschefs, denen der lang andauernde Krieg unter Moslems ein Greuel war, wagten einen neuen Versuch: Sie benannten das »Versöhnungskomitee« in »Islamic Goodwill Mission« um und baten Präsidenten mit hohem Ansehen, ihre Autorität im Sinne der Aussöhnung der beiden islamischen Nachbarstaaten einzusetzen. Mitglieder der »Islamic Goodwill Mission« wurden Ahmed Sekou Touré, der Präsident der Republik Guinea, Zia ul-Haq, der Präsident Pakistans, Zia ur-Rahman, der Präsident von Bangladesch, Dawudu Gawara, der Präsident von Gambia, – und Yasir Arafat, der Vorsitzende der Palästinensischen Befreiungsbewegung.

Arafat hatte schon ein Jahr zuvor seine Dienste als Vermittler ange-
tragen. Er war während der irakischen Nationalfeiertage im Juli 1981
Gast von Saddam Hussein gewesen, um sich intensiv mit der Sachlage
des Konflikts am Persisch-Arabischen Golf vertraut zu machen. Doch
ehe er Z⁻it hatte, über Vermittlungsvorschläge nachzudenken, mußte
er die irakische Hauptstadt wieder verlassen, da in Beirut das Stadtviertel, das sein militärisches Hauptquartier, den »Operations Room«, be-
herbergte, von der israelischen Luftwaffe angegriffen worden war.

Als Arafat aus Baghdad abflog, da detonierten Raketen über dem
Tigris – Saddam Hussein hatte Befehl erteilt, allen schleichenden Niederlagen zum Trotz den 23. Jahrestag der Revolution gegen das Königshaus im Jahre 1958 mit einem Feuerwerk zu feiern. Ungewollt gewaltig
waren die Detonationen: Die am Tigrisufer gegenüber dem Gästehaus
der Regierung gestapelten Feuerwerkskörper explodierten in einem
schauerlich prächtigen Feuerzauber. Noch stundenlang suchten Ret-
tungsmannschaften auf dem Fluß nach dem verschwundenen Bedienungspersonal. Verwundet waren Feuerwerker aus der gleißenden,
funkensprühenden Lohe in den Tigris gesprungen.

Im Zeichen der PLO

Aus Baghdad heimgekehrt, schließt Arafat Waffenstillstand

In Beirut fand der Chef der PLO diese Situation vor: Die Luftwaffe des Gegners hatte die Befehlszentrale der Palästinenser zerstören wollen, jedoch ein Wohnhaus getroffen, in dem ein Stockwerk durch die Organisation Demokratische Volksfront zur Befreiung Palästinas angemietet worden war. Die von den israelischen Piloten abgefeuerten Raketen waren an der Basis des Gebäudes explodiert und hatten die Betonstruktur zum Einsturz gebracht. Nach Tagen noch wurden Tote aus den Trümmern gegraben: Frauen, Männer, Kinder. Bei Arafats Ankunft zog Leichengestank durch die Straßen des Beiruter Stadtteils Fakhani.

Ruhm oder auch nur Anerkennung hatte dieser Angriff der israelischen Führung nicht eingebracht: Offensichtlich waren die Raketen von den Piloten auf das falsche Ziel gelenkt worden. Für Yasir Arafat bot sich Gelegenheit, die »verbrecherische Militärjunta in Israel« als unmenschlich anzuklagen – und Menachem Begin konnte nur wenig zur Abwehr der Anklage vorbringen. Der amerikanische Unterhändler Philip Habib sah die psychologische Konstellation für Verhandlungen mit den beiden im Libanon kriegführenden Parteien als günstig an: Ihm kam plötzlich der Gedanke, den tollkühnen Versuch zu wagen, Arafat und Begin für einen Waffenstillstand zu gewinnen, der dann Basis sein konnte zum Aufbau einer Vertrauenssituation, die, im Fall des Gelingens, in offene und wirkliche Verhandlungen zwischen Israel und der PLO einmündete.

Ein derartiger Gedanke galt allerdings im Juli 1981 als völlig unrealisierbar. Menachem Begin hatte mehrfach unmißverständlich erklärt, daß für ihn jeglicher Kontakt zu »Arafats Mörderorganisation« ausgeschlossen sei. Er sei nicht bereit, auch nur im entferntesten an einen Frieden mit der PLO zu denken. Für ihn komme nur eine Lösung zwischen Israel und Palästinensern in Betracht: Die PLO müsse verschwinden. Diese Politik verfolgte Begin konsequent. Seit der Zeit, als Henry Kissinger amerikanischer Außenminister war, galt schon der Grundsatz, daß auch die USA in keinerlei Verhandlungen oder auch nur in Gespräche mit der palästinensichen Kampforganisation eintreten durften. Eifersüchtig wachte der israelische Geheimdienst auf Anweisung von Begin über die Einhaltung dieses Grundsatzes: Hatten Treffen zwischen Funktionären der PLO und amerikanischen Regierungsvertretern stattgefunden, so waren sie durch die Lauscher der Israelis in Washington jeweils rasch entlarvt worden. Die für derartige Überschreitungen der Grenzen amerikanischer Nahostpolitik Verantwortlichen in der Washingtoner Administration waren jedesmal durch ihren Präsidenten zur Rechenschaft gezogen worden. Philip Habib konnte deshalb nicht wagen, seine Idee eines Waffenstillstands mit Yasir Arafat, dem Vorsitzenden der Palästinensischen Befreiungsbewegung, direkt zu besprechen. Er mußte einen Verhandlungsumweg wählen über den Kommandeur der UN-Verbände im Südlibanon. Dieser aber mußte wiederum erst die Erlaubnis des Generalsekretärs der Vereinten Nationen in New York einholen. Ein Wunder, daß die Initiative zur Feuereinstellung in diesem Kompetenzendschungel nicht steckenblieb.

Daß offiziell durch einen Vertreter der Weltorganistion die Bitte an ihn gerichtet wurde, er möge der PLO den Befehl geben, die Kampfhandlungen einzustellen, paßte in das Konzept des PLO-Chefs. Sein ganzes Bestreben war darauf ausgerichtet, die Palästinensische Befreiungsbewegung und vor allem seine Person und Position international anerkannt zu sehen. Je stärker er in das Gefüge der Diplomatie eingeordnet war, desto weniger durfte er noch als »Oberster der Terroristen« beschimpft werden, desto mehr mußte ihm weltweite Achtung entgegengebracht werden. Die PLO besaß zwar Beobachterstatus innerhalb der Organisation der Vereinten Nationen, doch in der praktischen Politik war dieser Sachverhalt immer ohne Auswirkung geblieben: Arafat war zwar von den Spitzenpersönlichkeiten des Staates und der Partei in der Sowjetunion meist höflich empfangen worden, doch die Gespräche waren unverbindlich verlaufen. Arafats Legitimation hatte nicht ausgereicht, um die Kremlführung zu einer wirklich achtungsvollen Haltung gegenüber der PLO-Delegation zu zwingen. Man sprach miteinander, ohne sich etwas zu sagen. Die unbefriedigend verlaufenen Besuche in Moskau hatten deshalb nie die völlige Negierung seiner Person durch die amerikanische Regierung aufwiegen können. In die USA eingeladen zu werden war Arafats höchster Wunsch; für seine Erfüllung hätte er gern alle Kontakte nach Moskau abgebrochen. Jetzt aber schienen endlich die Jahre der beleidigenden Vernachlässigung durch die Vereinigten Staaten vorüber zu sein: Philip Habib wollte, mit Einverständnis des amerikanischen Präsidenten Ronald Reagan, Arafat zur Einstellung der Kämpfe gegen Israel veranlassen. Zu seinen Mitarbeitern sagte der PLO-Chef: »Wir sind jetzt auch in amerikanischen Augen keine Null mehr, denn eine Null wird nicht aufgefordert, Waffenstillstand zu schließen.«

Am 25. Juli 1981 beriet der Militärrat von Arafats eigener Hausmacht innerhalb der PLO – gemeint ist al-Fatah – über die Annahme des Waffenstillstandsangebots. Das Protokoll der Sitzung besagt:
»Anwesend: Der Oberbefehlshaber Abu Ammar (Arafat)
        sein Stellvertreter: Abu Jihad
      und Abu al-Walid
Der Oberbefehlshaber stellte die augenblickliche politische Situation dar und lobte die Entschlossenheit der palästinensischen und libanesischen Kämpfer während der vergangenen Tage. Dann sagte er wörtlich: ›General Callaghan hat uns eine offizielle Aufforderung zum Waffenstillstand zugestellt. Unsere Antwort war, daß wir im Prinzip dem Waffenstillstand zustimmen...‹ Arafat teilte mit, daß auch die libanesischen Verbündeten ihr Feuer einstellen würden.«

Das Protokoll der Militärratssitzung der Organisation al-Fatah vom 25. Juli enthält zwei Details, die Hinweise geben auf weitere Entwicklungen: »Der syrische Generalstabschef Hekmat asch-Schehabi hat zugestimmt, daß drei syrische Luftabwehrbatterien im Bereich der PLO-Stellungen im Libanon stationiert werden« – damit wird der Anfang gemacht für intensivere militärische Vorbereitungen in Zusammenarbeit mit Syrien während der nächsten Monate. Grund für diese Steigerung der Zusammenarbeit war die Sorge vor einem umfassenden israelischen Angriff im Libanon.

Hinweise darauf gibt dieses zweite gewichtige Detail aus dem Militärratsprotokoll: »Die Anwesenden wurden über einen Besuch des saudiarabischen Botschafters bei Abu Ammar informiert. Der Botschafter berichtete darüber, König Khaled setze die Vereinigten Staaten unter Druck, daß sie wiederum Israel dahingehend beeinflussen, von einer Eroberung des Libanon abzusehen.«

Die israelischen Pläne zum Einmarsch im Libanon waren im Sommer 1981 bereits ausgearbeitet – und in Umrissen auch schon der PLO bekannt. Arafat wußte, daß der Waffenstillstand, den Israel, durch Vermittlung der Vereinten Nationen und auf amerikanische Anregung hin, eben abschloß, nur Aufschub des Sturms bedeutete. Er hatte Zeit gewonnen; er wollte sie nützen.

Der Oberbefehlshaber aller bewaffneten Palästinenserverbände gab der Verbesserung des Ausbildungsstands während der kommenden Wochen Priorität. Die Verteidigungsminister der UdSSR und der DDR ließen die PLO wissen, daß eine gemeinsame Ausbildung von Palästinensern und deutschen Offiziersanwärtern aus Gründen der Verständigungsschwierigkeiten nicht durchgeführt werden könnte. Es bestehe keine Diskriminierung darin, die Palästinenser getrennt zu unterrichten. Ihre Freundschaft zu den Palästinensern wolle die DDR durch Verkauf von Waffen beweisen. Gerne sei die DDR bereit, gegen Bezahlung in Dollarwährung ein Küstenwachschiff, mit Raketen bestückt, zum Preis von 118 000 Dollar zu liefern; auch Geschütze der Kaliber 27 mm, 57 mm, 100 mm, 122 mm und 130 mm seien zu Listenpreisen zu haben.

Das Entgegenkommen der Ostblockstaaten, Palästinenser zu hochspezialisierten Kursen zuzulassen, wurde häufig schlecht gelohnt. Der PLO-Vorsitzende erhielt Berichte über schlimme Erfahrungen der Gastgeberländer: Palästinenser, die in die Sowjetunion geschickt worden waren, hatten nach kurzer Zeit über die Ausbilder zu mäkeln begonnen; palästinensische Offiziere klagten häufig, sie seien nicht gemäß ihrer hohen Qualifikation in die oberste Ausbildungsstufe eingeteilt worden. Einer sollte Erfahrungen als Chef einer Aufklärungsabteilung sammeln, doch er wollte Kommandeur eines Panzerbataillons werden. Auf die Ablehnung der Versetzung reagierte er mit der Forderung, sofort nach Beirut zurückkehren zu dürfen. Arafat stellte fest, daß seine Offiziere in der Sowjetunion durch unangenehme Besserwisserei auffielen. Viele jammerten darüber, von sowjetischen Ausbildungskameraden bestohlen worden zu sein. Einer bemerkte, so große Diebe wie die Russen seien nicht einmal die Israelis. Diese Worte kosteten ihn den Ausbildungsplatz an der sowjetischen Militärakademie. Kaum einer der von Arafat nach Moskau entsandten PLO-Offiziere kam reicher an militärischen Erkenntnissen nach Beirut zurück.

Wohl wissend, daß der Ausbildungsstand der eigenen Verbände, besonders der Offizierskader und der Nachrichtenspezialisten, miserabel war, hütete sich Arafat, den Waffenstillstand durch irgendeine Provokation an der Südfront brechen zu lassen. Das Grenzgebiet zur Enklave des Majors Saad Haddad und zu Israel blieb ruhig. Dafür wurde die libanesische Hauptstadt von Gewalttaten heimgesucht, ohne daß jeweils die Täter festgestellt werden konnten: Die saudiarabische Botschaft wurde zweimal durch Raketen getroffen; ein Mordanschlag auf den französischen Botschafter verfehlte nur knapp das Ziel; der Wagen des iranischen Konsuls wurde von zehn Kugeln getroffen.

Am 15. Dezember 1981 detonierte ein Personenkraftwagen, dessen Kofferraum mit Sprengstoff gefüllt war, unmittelbar vor der irakischen Botschaft im südlichen Teil von Beirut. Die Gewalt der Explosion brachte das fünfstöckige Gebäude zum Einsturz. 51 Menschen, darunter der Botschafter, wurden von den Trümmermassen erschlagen oder erdrückt. Siebzig Verwundete mußten in Krankenhäuser gebracht werden. Auch in diesem Fall konnte der Täterkreis nicht eindeutig festgestellt werden. Angenommen wird, daß Libanesen schiitischen Glaubens, die auf Khomeini hören, Rache nehmen wollten für die Schüsse auf das Fahrzeug des iranischen Konsuls.

In rascher Folge wurden in Beirut weitere Anschläge verübt: Sprengstoff zerfetzte das Auto eines ägyptischen Diplomaten; ein Mitglied der tunesischen Botschaft wurde durch Geschosse eines Scharfschützen getroffen; den ersten Konsul der algerischen Botschaft entführten und ermordeten unbekannte Täter; eine Detonation zerstörte die Fassade der marokkanischen Botschaft; an zwei aufeinanderfolgenden Tagen explodierte Plastiksprengstoff am Eingang zur ägyptischen Botschaft; die amerikanische Botschaft wurde durch Raketentreffer leicht beschädigt.

Während der Monate März und April 1982 waren Franzosen und französische Einrichtungen Ziel der Anschläge, ohne daß Urheber und Motiv bekannt geworden wären: Syrische Posten in Beirut hielten über Stunden den Botschafter Frankreichs fest; ein Angestellter der französischen Botschaft und dessen schwangere Frau wurden ermordet; ein Sprengkörper explodierte am Eingang zum Gebäude der Nachrichtenagentur Agence France Press; eine Rakete traf die Wohnung eines französischen Diplomaten.

Ein Höhepunkt dieser rätselhaften Kette von Anschlägen war zehn Tage vor dem Einmarsch der israelischen Panzerverbände in den Libanon festzustellen: Am 24. Mai stellten Unbekannte ein Fahrzeug, beladen mit 200 Kilogramm Sprengstoff, vor der französischen Botschaft ab und lösten durch Fernzündung die Detonation aus. 35 Menschen wurden verwundet, 14 von ihnen starben. Schrecklich war der Anblick von zerfetzten Gliedern, von Blut und Gewebeteilen auf Gebäudetrümmern.

Diese Liste der Gewaltakte umfaßt nur die von der libanesischen Regierung registrierten Anschläge gegen Personen und Sachwerte, die eigentlich auf Grund ihres diplomatischen Status unter Schutz stehen sollten. Daß Hunderte von Libanesen in den zehn Monaten des Waffenstillstands, der zwischen der PLO und Israel herrschte, in Beirut und in der Umgebung der Stadt getötet, verwundet, entführt und verstümmelt wurden, war den Behörden nicht wert, aufgezeichnet zu werden, und wurde von den Menschen im christlichen Ostbeirut und im islamischen Westbeirut im Bewußtsein zur Kenntnis genommen, Gewalt gehöre zum Leben im Libanon.

Die Kalaschnikow-Generation

In der Hauptstadt war vom Waffenstillstand wenig zu spüren. Wer aus beruflichen oder privaten Gründen die Übergänge zwischen den Sektoren Ost und West zu überqueren hatte, der war in Gefahr, von Scharfschützen getroffen zu werden, die in den Fensterlücken der schwer beschädigten Häuser an der Demarkationslinie auf Opfer warteten. Ihnen war es völlig gleichgültig, ob sie einen Christen, einen Moslem, einen Libanesen, einen Palästinenser oder einen Ausländer im Visier sahen – sie schossen auf jeden Menschen. Im zerstörten und ausgestorbenen Niemandsland zwischen Ost und West hausten sie, von allen gefürchtet und von niemand verfolgt. Längst gab es keine Polizei mehr, die den Bewohnern von Beirut Schutz hätte bieten können.

Krank an der Seele, am Gemüt waren sie alle, die seit 1975 den Bürgerkrieg mitgemacht hatten. Wer in Beirut lebte, der hatte sich daran gewöhnt, Opfer der Scharfschützen auf der Straße zusammenbrechen zu sehen; Furcht vor einer Detonation von Sprengstoff, der in Autos versteckt worden war, gehörte zum Alltag. Der Tod galt nicht mehr als das Außergewöhnliche.

Zehntausende von Männern und Frauen hatten bei den Milizen das Töten gelernt: bei den Phalanges Libanaises, bei den Palästinensern, bei den sozialistischen Murabitun. Ihnen war eingeschärft worden, die Tötung eines Gegners sei eine ruhmvolle Tat und geschehe zur Ehre und zur Rettung des Libanon. Doch die Gegner wechselten oft: Während entscheidender Kämpfe waren die Tigermilizionäre des Chamounclans Waffenkameraden der Phalanges Libanaises der Gemayels gewesen und mußten doch plötzlich feststellen, daß sie von den Gemayelkämpfern unter tödliches Feuer genommen wurden. Über Nacht konnte der Freund zum Feind werden – wenn dies dem Clanchef so gefiel.

Wer das Töten beherrschte, der hatte meist nichts anderes gelernt. Als Halbwüchsiger war er eingetreten in die Miliz, die seiner religiösen oder völkischen Zuordnung entsprach. Die Kommandeure hatten ihm gesagt, was er zu tun und zu lassen habe. Sie sorgten für Uniform, Essen und Bezahlung. Ein Junge von fünfzehn Jahren, der in Arafats PLO eintrat, brauchte sich um Nahrung und Kleidung nicht mehr zu kümmern. An barem Geld konnte er mit 400 libanesischen Pfund im Monat rechnen; dieser Betrag entsprach im Jahr 1981 dem Wert von nicht ganz 300 DM. Wer sich als Christ bei der Phalangemiliz des Beschir Gemayel meldete, erhielt bis zu 1200 LL im Monat. Nirgends sonst im Libanon wurde unausgebildeten Männern eine derartige Bezahlung geboten. Für den jungen Milizionär bestand überhaupt kein Anreiz, einen Beruf zu lernen. Die Kämpfer fühlten sich versorgt.

Angst hatten sie nur vor der Beendigung der Versorgung durch die Milizorganisation. Die Kämpfer wollten unter keinen Umständen überflüssig werden. Diese Gefahr aber drohte ihnen, wenn der Bürgerkrieg zu Ende ging. Im Frieden wurden die Kämpfer nicht gebraucht. So bemühten sie sich, den Konflikt am Brennen zu halten – selbst wenn die Kommandeure aus politischen Gründen zeitweise darauf bedacht waren, den Kampf einzudämmen. Ganz ebbte der Krieg in Beirut nie ab. Während der Jahre 1981 und 1982 hat es Phasen der Ruhe gegeben, die manchmal wochenlang dauern konnten; doch plötzlich, ohne ersichtlichen Grund, flammten wieder Kämpfe auf.

Die Milizionäre auf jeder Seite des Niemandslands entlang der Demarkationslinie hatten die Möglichkeit, jeden Ansatz zu längerer Waffenruhe zu sabotieren: Sie reizten den Gegner durch einzelne Schüsse und warteten darauf, bis er auf die Provokation reagierte – ebenfalls durch Schüsse. Die Reaktion des Gegners aber wurde wiederum durch Geschosse schwereren Kalibers beantwortet. Eine halbe Stunde dauerte es meist, bis sich aus bescheidenen Anfängen ein Gefecht mit Waffen aller Kaliber entwickelt hatte.

Niemand wurde später zur Rechenschaft gezogen, denn jede Miliz konnte ungestraft behaupten, der Gegner habe mit der Schießerei begonnen. Dem einzelnen Kämpfer konnte kein Fehlverhalten nachgewiesen werden, wenn er sagte, er habe nur deshalb geschossen, weil er zuvor Schüsse gehört habe. So blieb dem Mann der Front immer die Entschuldigung, er habe in Notwehr gehandelt.

Angst vor dem Tod brauchten die Milizkämpfer selbst nur selten zu haben. Ihre Stellungen lagen kaum einmal unter dem gezielten Feuer des jeweiligen Gegners. Sowohl die Phalanges Libanaises als auch die Palästinenser zogen es vor, wahllos in Häuserblocks zu feuern. Sie wollten Schrecken verbreiten. Daß dabei Zivilisten verletzt und getötet wurden, kümmerte sie nicht. Die Zahl der Milizkämpfer, die das Leben verloren, blieb immer gering im Verhältnis zu den Opfern, die vom nicht in Milizen organisierten Teil der Bevölkerung zu bringen waren.

Während der Zeit des Waffenstillstands zwischen PLO und Israel kann kaum mehr vom »unbewaffneten Teil« der Bevölkerung gesprochen werden, da sich inzwischen nahezu alle Männer Kalaschnikow-Maschinenpistolen gekauft hatten. Die Waffe war in Beirut auf dem Markt zu haben, für umgerechnet etwa 500 DM. Wenige Männer konnten der Versuchung widerstehen, sich durch Besitz dieser legendären Waffe stärker zu fühlen. Die Stadt Beirut wies im Frühsommer 1982 wohl den größten Grad der Konzentration von Waffen auf, der in einem zivilen Wohngebiet überhaupt erreicht werden kann. An keinem

Ort der Welt – von reinen Militärbasen abgesehen – waren mehr Maschinenpistolen, Maschinengewehre, Granatwerfer und Geschütze pro Quadratkilometer angehäuft als in der libanesischen Hauptstadt.

Vor allem der PLO gelang die Auffüllung ihrer Waffenlager – auch sie befanden sich in den Wohngebieten. In Tiefgaragen Westbeiruter Hochhäuser stapelten die einzelnen Gruppen der Palästinenserorganisation Zehntausende von Kisten mit Geschossen für Maschinenpistolen, für schwere Maschinengewehre und Granatwerfer. Da waren Raketen gelagert für die Werfergeräte vom Typ »Stalinorgel« und Artilleriemunition aller gängigen Kaliber. In den Tiefgaragen standen auch die fahrbaren Abschußrampen für sowjetische Gradraketen bereit und Flakgeschütze, die allerdings veraltet waren. Alle diese Munitionsvorräte und Geräte waren über die Häfen südlich von Beirut ins Land gekommen, in denen PLO-Funktionäre zu bestimmen hatten.

Doch nicht nur für Kriegsmaterial hatte Yasir Arafat Geld ausgeben lassen – etwa hundert Millionen Dollar –, sondern auch für die Konstruktion kriegstüchtiger Bauwerke. Begonnen worden war mit dem Ausbau eines Bunkersystems in der Erde des Pinienwalds, der Beirut im Grenzgebiet zwischen der islamischen und der christlichen Stadt durchzieht. In Erwartung des israelischen Angriffs sollte hier ein Festungskomplex geschaffen werden, der als sichere Befehlszentrale und als Rückgrat der Stadtverteidigung dienen konnte. Das Bunkersystem wurde durch unterirdische Gänge mit den palästinensischen Stadtteilen Sabra und Schatila verbunden. Auch in Seitenarmen dieser Gänge befanden sich Lager für Munition und Waffen.

Die Monate des Waffenstillstands hatte die PLO unter Führung von Arafat gut genützt, und dennoch war die Stimmung in der Organisation schlecht. Den einzelnen Kämpfern war nicht entgangen, daß die Widerstandsbewegung aufrüstete, doch viele diskutierten untereinander, ob es wohl sinnvoll sei, daß sich eine Guerillaorganisation, die eigentlich Kommandoanschläge verüben sollte, Munitionsdepots zulegte, die zur Deckung des Bedarfs einer regulären Armee ausgereicht hätten. Die Meinung war zu hören: »Wir häufen um uns herum Ballast an, der uns im entscheidenden Moment behindert.«

Je länger der Waffenstillstand andauerte, desto stärker wuchs die Unzufriedenheit der PLO-Kämpfer. Viele sahen keinen Sinn mehr in ihrer Zugehörigkeit zur Kampforganisation. Ihnen war befohlen, wachsam zu sein im Südlibanon, doch gleichzeitig war ihnen verboten, auch nur einen Schuß abzugeben. Fertig ausgearbeitet waren die Pläne zur massiven Beschießung israelischer Städte; sie mußten aber auf Anordnung Arafats in den Fronthauptquartieren unter Verschluß bleiben. Der PLO-Chef versuchte die Moral seiner Männer zu stärken mit dem Ar-

gument: »Ich habe nur einem Waffenstillstand für Aktionen zugestimmt, die den Libanon zum Ausgangspunkt haben. In Israel selbst
aber kämpfen wir weiter.« In Wahrheit verhielt sich die PLO gegenüber
dem Gegner Israel ruhig.

Da gegen Israel – zumindest vom Libanon aus – nicht gekämpft werden durfte, suchten sich die Kampfgruppen andere Gegner. Da hatten
PLO-Kommandeure im Südlibanon das Gefühl, die schiitische Bevölkerung neige dazu, mit den Israelis gegen die palästinensische Widerstandsbewegung zu konspirieren. Sie bemerkten die wachsende Stärke
der Kampforganisation Amal und glaubten, ihr Aufbau erfolge, um die
Palästinenser im Gebiet südlich des Litaniflusses unter Kontrolle halten
zu können. Nicht zu übersehen war, daß die Amalführung der PLO die
beherrschende Rolle im Süden nicht gönnte. Begegneten sich Milizen
der beiden Kampforganisationen, dann schossen sie häufig aufeinander. Vorauszusehen war ein offener Konflikt zwischen Palästinensern
und schiitischen Libanesen. Die Schiiten betrachteten den Südlibanon
als ihr Eigentum; aus diesem Gebiet wollten sie sich durch Arafats Organisation nicht vertreiben lassen. Die wachsende Spannung zwischen
Amal und PLO ließ darauf schließen, daß die Palästinenser im Fall eines
israelischen Angriffs nicht mit Unterstützung durch Amal rechnen
konnten.

Die Wahrscheinlichkeit eines derartigen Angriffs war im Verlauf des
zweiten Quartals im Jahr 1982 gewachsen. Schon im Februar hatte der
PLO-Geheimdienst Truppenkonzentrationen südlich der israelisch-liba-
nesischen Grenze gemeldet. Sie waren über Wochen hin in wechselnder
Stärke beibehalten worden. Arafats Stellvertreter im Oberbefehl, Abu
Jihad, war überzeugt, allein amerikanischer Druck habe die israelische
Invasion Ende Februar 1982 und an Ostern verhindert.

Libanon als Ersatzheimat für die Palästinenser

Die Gefahr aus dem Süden hinderte die PLO-Spitze nicht, optimistische Prognosen abzugeben: »Noch 1982 werden wir die Entstehung eines Palästinenserstaates erleben« – diese Parole war von Arafats Stab
verbreitet worden. Wer sich allerdings erkundigte, wo diese Heimat
sein werde, der erhielt keine Antwort. Niemand in der Palästinenserführung durfte ernsthaft daran denken, Israel werde im besetzten Gebiet den Aufbau einer autonomen Verwaltung dulden, gleichgültig, ob
sie unter PLO-Einfluß stand oder nicht. Menachem Begins Erklärungen ließen keinen Zweifel zu; der Standpunkt der israelischen Regierung war eindeutig.

Yasir Arafat aber gab sich den Anschein, als höre er die Worte Begins nicht. In Ansprachen vor PLO-Offizieren sagte er: »Wir führen diesen Kampf, damit unser Volk zurückkehren kann nach Palästina. Die historische Entwicklung mündet zwangsweise in die Zerstörung des Staates Israel und in den Aufbau unseres Staates der Palästinenser. Diesen Prozeß der Geschichte kann niemand aufhalten, vor allem nicht die Israelis. Deshalb wird uns früher oder später Palästina gehören – und Jerusalem.«

Solange Arafat zu ihnen redete und während der Stunden, die unmittelbar auf die Rede folgten, waren die Offiziere davon überzeugt, daß Arafat recht hatte, selbst wenn sie genau wußten, daß bisher keine der günstigen Voraussagen des Oberbefehlshabers in Erfüllung gegangen war. Nach der Rückkehr in ihre Familien aber empfanden auch sie wieder das Gefühl der Resignation. Der Standpunkt der Älteren war: »Zuviel ist uns schon versprochen worden!« Sie hatten zahllose Schlagworte glauben müssen im Verlauf der Jahre, in denen die PLO existierte. Bis zum Jahr 1970 hatte das Motto in Anspielung auf den erfolgreichen Befreiungskrieg der Vietnamesen geheißen: »Amman ist unser Hanoi. Jerusalem wird unser Saigon sein!« Amman war im jordanischen Bürgerkrieg schmählich verlorengegangen. Während der ersten Phase des libanesischen Bürgerkriegs lautete der Kampfruf: »Das Libanongebirge liegt an unserem Weg nach Jerusalem!« Bald darauf hatten die Syrer die Palästinenser aus dem Libanongebirge verjagt. Nun sollten die aus Palästina Vertriebenen, die erlebt hatten, wie rasch sich Parolen in hohle Phrasen verwandeln können, glauben, daß diesmal Beirut das Sprungbrett sei für die erneute Besitznahme der Heimat. Ernst nahmen die Menschen in den Beiruter Palästinenservierteln die Propagandaformeln nicht mehr.

Arafat wußte um sein Problem, eine Befreiungsbewegung jahrelang am Leben zu halten, obgleich sich nirgends auch nur der Schimmer einer Hoffnung auf eine Heimat, auf einen Staat zeigte. Nirgends in der Welt hatte der Kampf einer ähnlichen Organisation derart lange gedauert. Die Befreiung Algeriens hatte, von den ersten Anfängen bis zum erfolgreichen Ende, kaum zehn Jahre gebraucht. Die Palästinenser aber mühten sich schon ein Vierteljahrhundert mit Kommandoaktionen und diplomatischen Offensiven ab, ohne daß der geringste Fortschritt auf dem Weg zur Eigenständigkeit zu erkennen war. Längst wurde Arafats Standarderklärung »Die Palästinensische Revolution erringt an jedem Tag einen Sieg!« als Pflichtübung ohne Aussagewert von den Zuhörern überhört.

Die dritte Generation der Flüchtlinge wuchs heran. Die Mehrzahl der im Jahr 1982 lebenden Palästinenser hatte die Heimat nie gesehen:

Die meisten waren im Libanon geboren worden und kannten Palästina nur aus Erzählungen. Die PLO-Chefs versuchten, ein Heimatgefühl lebendig zu halten, doch die Realität des täglichen Lebens im Libanon löschte dieses Gefühl sehr rasch aus. Nur die Alten sinnierten noch über die glückliche Zeit in Palästina; die Jüngeren aber suchten sich mit den Gegebenheiten zu arrangieren. Viele fanden Arbeit – wenn nicht im Libanon selbst, dann in den wohlhabenden Ölstaaten am Persischen Golf. Der Entschluß, nicht länger von der Hilfe der Vereinten Nationen und damit von internationalen Almosen leben zu wollen, hatte Konsequenzen: Wer über ein Einkommen verfügte, der verbesserte seine Wohnverhältnisse, der verwandelte seine Hütte in ein Haus. So waren bald Teile der einstigen Hüttenlager Sabra und Schatila nicht mehr von den lange bestehenden islamischen Stadtvierteln der libanesischen Hauptstadt zu unterscheiden: Hier wie dort standen Gebäude aus Beton und Mauersteinen, drei bis vier Stockwerke hoch. Die Bewohner fühlten sich als Einheimische in Beirut; aus ihrem Bewußtsein schwand mehr und mehr das Empfinden, Palästinenser zu sein. Viele dachten gar nicht mehr daran, Beirut jemals zu verlassen.

Arafat, dem Trendentwicklungen meist schnell deutlich werden, begriff, daß die Bereitschaft der Palästinenser geschwunden war, der Vision von der Heimat Palästina nachzuhängen. Die Vernichtung des Staates Israel blieb zwar weiterhin Programmpunkt der PLO, in Wahrheit aber war die Aussichtslosigkeit der Realisierung kein Geheimnis mehr. Selbst die Idee, den eigenen Staat »auf einem Zipfel des alten Palästina« zu errichten, auf dem Gebiet, das Israel gemäß internationaler Beschlüsse freigeben müßte, war wieder verblaßt. Da lag der Gedanke nahe, den von Palästinensern bewohnten Teil des Libanon zu Palästina zu erklären.

Abgesehen von den Lagern Baddawi und Nahr al-Bared bei der nordlibanesischen Stadt Tripoli, befanden sich alle wesentlichen Siedlungsgebiete der Palästinenser südlich der Straße Beirut–Damaskus. Sie wurden durch die PLO autonom verwaltet. Von der Autonomie zur Souveränität über die Gebiete war der Weg nicht weit. Die Verlockung war groß, ihn einfach zu beschreiten. Arafat und seine Berater dachten darüber nach, den Kampf um Palästina zu beenden, um mit größerer Entschlossenheit den Kampf um den Libanon aufzunehmen. In diesem Fall war sich Arafat sicher, ausnahmsweise die Unterstützung der Regierung der Vereinigten Staaten von Amerika zu besitzen. Sein außenpolitischer Berater Faruk Khaddumi war der Meinung, das ägyptisch-israelische Abkommen von Camp David sei auch in der Absicht geschlossen worden, die Palästinenser im Libanon seßhaft zu machen. Die Regierung in Washington müsse dazu gebracht werden, ihren

Standpunkt zum Problem des Palästinenserstaats im Libanon deutlicher auszusprechen und in Taten umzumünzen.

Nach Ansicht von Faruk Khaddumi war zwar mit beachtlichem Widerstand der maronitischen Bevölkerung und ganz besonders der Phalangemiliz zu rechnen, diesem Widerstand aber bleibe die internationale Anerkennung und damit die Erfolgsaussicht versagt, war es doch dem Phalangenkommandeur Beschir Gemayel zu diesem Zeitpunkt noch immer nicht ganz gelungen, bei der amerikanischen Regierung Sympathie zu erringen. Für Washington, so kalkulierte Faruk Khaddumi, mußte der Gedanke verlockend sein, durch Befriedigung palästinensischer Heimatwünsche im Libanon die Voraussetzung für Frieden im gesamten Nahen Osten zu schaffen.

Beschir Gemayel, der selbst nach Washington geflogen war, um die US-Regierung direkt zu fragen, ob es ihre Absicht sei, die jahrhundertealte christliche Präsenz an der Ostküste des Mittelmeers zu beenden, war entschlossen, seine Heimat zu verteidigen: »Den Amerikanern würde es gut gefallen, wenn wir Christen des Libanon alle nach Kanada oder Australien auswanderten. Dann hätten sie kein Problem mehr mit uns – und kein schlechtes Gewissen, das sie manchmal überfällt, weil sie uns hier nicht helfen können. Für unsere Auswanderung würden die Amerikaner sogar viel Geld ausgeben. Doch wir ziehen nicht weg aus dem Libanongebirge, das schon das Land unserer Vorväter war. Wir bleiben!«

Beschir Gemayel war sich bewußt, daß es nicht leicht sein würde, amerikanischem Druck, wenn er wirklich ernst gemeint war, zu widerstehen. Er hatte den Plan zuerst für Gedanken eines Irrsinnigen gehalten, dann für das Hirngespinst eines Nahostspezialisten im State Department, der mit der Sachlage vor Ort nicht vertraut war; doch schließlich hatte er einsehen müssen, daß die Idee der Umsiedlung der libanesischen Christen in Washington für realisierbar und nutzbringend gehalten wurde. Begegnungen mit Beamten des State Department machten ihm deutlich, daß Ronald Reagan entschlossen war zu handeln. Erste Fühler in Richtung Arabien waren bereits ausgestreckt worden, um festzustellen, ob für den Plan der USA Verständnis zu finden wäre. Washington konnte für die Idee, die Mehrheit der rund 600000 Christen aus dem Libanon zu verpflanzen, sicher mit Unterstützung Syriens rechnen; anzunehmen war auch, daß im Libanon die Drusen und Schiiten den Abzug der Christen als glückliches Ereignis feiern würden.

Nur eine politische und militärische Kraft, die allerdings von entscheidender Bedeutung war, blieb unberührt von der Diskussion um die »Entchristianisierung« des Libanon – diese eine Kraft war Israel.

Kein ernst zu nehmender Politiker im jüdischen Staat konnte sich eine Entwicklung wünschen, die den Israelis den einzigen möglichen Partner in der Region geraubt hätte. Bis zum Frühsommer 1982 hatte die Regierung Menachem Begin die Phalanges Libanaises mit Kriegsmaterial und Ausbildungshilfe im Wert von 100 Millionen Dollar unterstützt. Begin hatte sich in Beschir Gemayel einen starken Verbündeten gegen islamische Allmachtsansprüche gewünscht. Er war nun absolut nicht der Ansicht, er könne die für den Staat Israel beachtliche Summe der Hilfsgelder einfach abschreiben und vergessen. Begin wollte, daß die 100 Millionen Dollar jetzt politische Zinsen einbrächten.

In konsequenter Durchführung seiner Politik mußte der israelische Ministerpräsident eine entscheidende Aktion anordnen, die alle Pläne der »Entchristianisierung« des Libanon zunichte machte. Seit Monaten war Israels Armee bereit, in den Libanon einzumarschieren. Begin hatte die Ausgabe des Angriffsbefehls verzögert, weil Ronald Reagan sich gehütet hatte, die Invasion rückhaltlos gutzuheißen. Auch jetzt wollte der Ministerpräsident nicht ohne Rückendeckung durch die USA die Panzer in den Libanon schicken. Er mußte eine Begründung finden, in der die Wahrheit, daß er seinen Partner Beschir stützen und stärken wollte, nicht vorkam. Wirksam war, das wußte Begin aus Erfahrung, das Argument, Israel bekämpfe die im Libanon ansässige Basis des Weltterrorismus. Ronald Reagan hielt ohne Differenzierung bewaffnete Gruppen, die nicht im amerikanischen Interesse wirkten, für Terroristen. In der PLO sah er den Prototyp der terroristischen Organisation. Begins Kalkulation ging auf: Der amerikanische Präsident gestand Israel das Recht zu, gegen die PLO zu kämpfen. Er verlangte allerdings, daß die libanesische Zivilbevölkerung zu schonen sei.

Die Palästinenser selbst boten Menachem Begin den gewünschten Anlaß: Am Donnerstag, dem 3. Juni 1982, wurde Schlomo Argov, der israelische Botschafter in London, durch Schüsse schwer verletzt. Die Verantwortung für das Attentat übernahm eine winzige palästinensische Splittergruppe, die von einem PLO-Dissidenten, Abu Nidal genannt, geführt wurde. Dieser Abu Nidal, durch Arafats Organisation wegen Abweichung von der generellen PLO-Politik zum Tode verurteilt, lebte unter syrischem Schutz in Damaskus. Er hatte sich das Ziel gesetzt, »das amerikanische Bestreben, die Palästinenser zur Kapitulation zu zwingen, scheitern zu lassen«. Seine Aktionen waren eindeutig gegen die Politik Arafats gerichtet, dem Abu Nidal vorwarf, er habe die Absicht, mit den Amerikanern zu konspirieren. Hatte Arafat während der vergangenen Monate in europäischen Hauptstädten Verständnis für die Wünsche der Palästinenser gefunden, so war sein Ansehen jedesmal durch brutale Anschläge der Abu-Nidal-Gruppe derart geschmälert worden, daß er immer wieder als Chef einer Terrororganisation und nicht als legaler Vertreter des palästinensischen Volkes dastand.

Es nützte der PLO nichts, den Anschlag gegen Botschafter Schlomo Argov in einer eiligen Erklärung als einen Akt zu verurteilen, »der nicht den Israelis, sondern den Palästinensern schade« – die Schuld an der schweren Verwundung des Diplomaten schob die israelische Regierung der PLO zu. Ariel Scharon erklärte noch am Abend jenes 3. Juni 1982: »Wir müssen so handeln, daß wir die endgültige Vernichtung der PLO erreichen. Diese endgültige Vernichtung wird erst die Fortsetzung des Weges der Befriedung ermöglichen, den wir mit dem Abkommen von Camp David begonnen haben. Wenn die PLO nicht mehr existiert, wird es uns möglich sein, Friedensabkommen mit Syrien, Jordanien und dem Libanon abzuschließen.«

Mit einem harten Vergeltungsschlag der Israelis war zu rechnen. Am folgenden Nachmittag schon griffen israelische Kampfflugzeuge die Beiruter Palästinenserviertel Sabra und Schatila an. Zwar waren die Flakkanoniere der PLO bereit, die Angreifer zu empfangen, und trotzdem wurden sie überrascht: Die israelischen Flugzeuge stießen von Westen her, aus der Sonne heraus, auf die Stadtviertel, die nicht weit vom Meer entfernt liegen, herunter. Getroffen wurde vor allem das Sportstadion, das nach dem Namen des ehemaligen Präsidenten Camille Chamoun benannt ist. In den Sporthallen, die um die Arena angeordnet sind, hatte die PLO Vorräte an Lebensmitteln, Ausrüstung und Munition eingelagert. Bomben mit gewaltiger Sprengwirkung zerrissen Mauern und Dächer, warfen Krater in den Sportfeldern auf, zerstörten Fahrzeuge, die auf dem Stadiongelände abgestellt waren. Etwa achtzig Palästinenser, die sich zu Fuß oder in Fahrzeugen auf den umliegenden belebten Straßen bewegten, wurden sofort getötet, 260 erlitten Verwundungen.

Zur Zeit der Luftangriffe stellten Beobachter der Vereinten Nationen, die im Südlibanon stationiert waren, fest, daß israelische Artillerie die Hügel um die Stadt Nabatiyeh beschoß, auf denen die PLO Stellungen ausgebaut hatte. Nabatiyeh liegt 16 Kilometer von der israelischen Grenze entfernt, die sich nördlich von Qiryat Schmone in das Hermongebiet hineindrängt; diese Gegend wird »Finger von Galiläa« genannt.

Um 17 Uhr begann palästinensische Artillerie von Nabatiyeh aus das Feuer zu beantworten: Die Granaten schlugen in Siedlungen im »Finger von Galiläa« ein. Nach israelischen Angaben richteten sie beachtlichen Schaden an.

Daß Galiläa von der PLO beschossen wurde, paßte in den Plan der israelischen Regierung, die der Militäraktion, die nun folgen sollte, bereits den Namen »Frieden für Galiläa« gegeben hatte.

Überfall auf den Libanon

Für den Luftangriff auf die Gegend des Beiruter Sportstadions gab der israelische Regierungssprecher diese Rechtfertigung: »Durch das Attentat auf den israelischen Botschafter in London hatten die Palästinenser zuvor schon den Waffenstillstand gebrochen. Jeder Anschlag gegen israelische Interessen wird von uns als Bruch des Waffenstillstands angesehen.«

Die palästinensischen Artillerieschläge vom Nachmittag des 4. Juni waren nach Darstellung desselben Regierungssprechers Anlaß für eine Intensivierung der Kämpfe am folgenden Tag. Von den frühen Morgenstunden des 5. Juni 1982 an überflogen israelische Phantom-Kampfflugzeuge das libanesische Territorium. In drei Zonen griffen sie Positionen an: Der südlichste Punkt war der kleine, von den Palästinensern benützte Hafen Raschidiyeh; im Mittelabschnitt war die Mündung des Zahraniflusses mit der wichtigsten Raffinerie des Libanon als Ziel gewählt worden und im Norden der Palästinenserstützpunkt Damur südlich von Beirut. Die Küstenstraße südlich der Hauptstadt war an jenem Samstag nahezu unbefahrbar: Die israelischen Piloten schossen jedes Fahrzeug in Brand, das sie auf der Südroute bemerkten.

Noch galt die Aktion der Israelis als eine begrenzte Antwort auf den Mordversuch am israelischen Botschafter in London und auf die Beschießung des »Fingers von Galiläa«. Die PLO-Führung war keineswegs beunruhigt. Yasir Arafat befand sich gar nicht im Libanon: Er und wichtige Mitarbeiter waren unterwegs, um einen erneuten hoffnungslosen Versuch zu unternehmen, den iranisch-irakischen Konflikt am Persischen Golf zu schlichten. Als militärischer und politischer Chef der palästinensischen Kampforganisation wurde Arafat dringend in Beirut gebraucht, doch er bemühte sich, in der saudiarabischen Stadt Jeddah ein international erfolgreicher Diplomat und Friedensvermittler zu sein.

In dieser Funktion gefiel er sich außerordentlich. Er wollte deshalb gar nicht glauben, daß der längst erwartete Einmarsch der Israelis in den Libanon begonnen habe. Erst die ständige Zunahme der Kampfintensität veranlaßte Arafat, Jeddah zu verlassen, um am Nachmittag des 6. Juni über Damaskus sein Hauptquartier Beirut zu erreichen. Auch Arafats Stellvertreter Abu Jihad hielt sich bei Kriegsbeginn nicht in Beirut auf. Er hatte auch nur geringe Lust, sich in die bedrohte Stadt zu begeben, doch Arafats energische Worte beorderten Abu Jihad schließlich aus dem Bekaatal auf seinen Posten im Operations Room der PLO.

Als Arafat und Abu Jihad dort Gelegenheit hatten, gemeinsam die militärische Situation zu analysieren, da mußten sie feststellen, daß die PLO-Kämpfer bereits wichtige Positionen im Südlibanon verloren hatten. Die Abwesenheit von Oberbefehlshaber und Stellvertreter war nicht ohne Auswirkung geblieben: Da örtliche Kommandeure ohne Anweisung den angreifenden Truppen gegenüberstanden, befahlen sie häufig Rückzug nach Norden. Die Städte Tyr und Saida boten höhere Sicherheit als die kleinen Dörfer im freien Land. Sie waren die Zufluchtsorte der ersten Stunden nach Beginn des Angriffs. Doch bald schon setzte die Fluchtbewegung nach Beirut ein. Die israelische Invasion schien als Blitzkrieg abzulaufen.

Am frühen Morgen des 6. Juni hatte die israelische Armee in drei Stoßrichtungen ihre Offensive begonnen. Ihre Panzer waren auf der Küstenstraße vom Grenzposten Ras Naqura aus nach Norden durchgebrochen, ohne auf Widerstand zu stoßen; sie bildeten den westlichen Offensivkeil. Er war nicht durch schwieriges Gelände behindert. Im Osten aber mußten Gebirge und Täler überwunden werden – hier standen keine breiten Verkehrswege zur Verfügung. Geländegängige, mechanisierte Verbände hatten vom besetzten Golangebiet aus die libanesische Grenze überschritten, um bei der Kleinstadt Schebaa die nach Norden, ins Litanital, führende Straße zu erreichen. Den ersten spektakulären Erfolg aber erzielten die israelischen Verbände nordwärts des »Fingers von Galiläa«. Von Metulla aus erreichten sie das Dorf Deir Mimas und die Anhöhen der Gegend, in der die Richtung des Litaniflusses von Nord–Süd abrupt nach Westen wechselt. Hier befindet sich die nahezu tausend Jahre alte Kreuzritterburg Beaufort, ein hoch über dem Tal aufragender Komplex von Quadermauern, Turmstümpfen und Wällen, der den Lauf der Jahrhunderte überstanden hatte. Während der vergangenen Monate war von der israelischen Luftwaffe mehrmals der Versuch gemacht worden, die Kreuzritterburg in Trümmer zu legen. Die israelischen Aufklärer hatten längst festgestellt, daß die PLO Beaufort zum Feuerleitstand für die bei Nabatyeh postierte palästinensische Artillerie ausgebaut hatte. Von Beaufort aus ist der Blick weit hinein nach Galiläa möglich. Den Israelis war viel daran gelegen, die PLO von diesem Ausguck zu vertreiben. Doch die Vernichtung der strategisch wichtigen Stellungen war nicht gelungen: Die Quadermauern hatten den Bomben getrotzt; die PLO-Kämpfer hatten in Gängen und Kammern mit geringen Verlusten ausharren können. Die Kreuzritterburg Beaufort war zum Symbol des palästinensischen Widerstands im Südlibanon geworden.

Am Abend des 6. Juni erhielt Arafat in Beirut die Meldung, israelische Verbände hätten die Wälle von Beaufort erreicht. Über Funk gab er an die Burgbesatzung den Befehl durch, die Festung müsse unter allen Umständen gehalten werden, doch seine Planer hatten – obgleich ein Angriff zu erwarten war – versäumt, die Garnison Beaufort an Material und Menschen zu verstärken. Zwar kämpften die Verteidiger mit Mut und Geschick elf Stunden lang gegen die israelische Elitetruppe, die zum Sturm auf Beaufort angesetzt war, doch am Morgen des 7. Juni, um 8 Uhr, hatte der PLO-Verband in der Kreuzritterburg seine Munition verschossen. Der Kampf um Beaufort war zu Ende. Um 11 Uhr traf Menachem Begin im Hubschrauber vor der Festung ein, um zusammen mit Ariel Scharon den Sieg zu dokumentieren.

Ehe die »Aktion Beaufort« begonnen hatte, war vom amtlichen Sprecher des israelischen Ministerpräsidenten diese Erklärung abgegeben worden: »Die Regierung hat den israelischen Verteidigungsstreitkräften Befehl gegeben, die gesamte Bevölkerung Galiläas vor dem Feuer der Terroristen zu schützen, die ihre Basen und Hauptquartiere im Libanon eingerichtet haben. Die syrische Armee bleibt unbehelligt. Gegen sie wird nur im Verteidigungsfall gekämpft.«

Der Montag, der 7. Juni, der mit der Eroberung von Beaufort begonnen hatte, brachte den Angreifern beachtliche Erfolge: Bis zur Mittagszeit hatten sie die Stadt Saida, 75 Kilometer nördlich der Grenze, erreicht; mehr als die Hälfte des Weges in Richtung Beirut war zurückgelegt. Die Hafenstadt wurde umzingelt. Ähnlich positiv für die Israelis war die Situation an anderen Frontgegenden. Die Offensive im Mittelabschnitt war zunächst vor Nabatiyeh durch palästinensischen Widerstand aufgehalten worden, doch die Luftwaffe hatte schließlich die Verteidiger zermürbt. Die weiter im Osten von Schebaa aus vorstoßenden mechanisierten Verbände konnten die Stadt Hasbaya südöstlich des Litaniflusses einnehmen.

War die ursprüngliche Erklärung der israelischen Regierung ernst gemeint, die Invasion habe nur den Sinn, die Bewohner Galiläas vor der palästinensischen Artillerie zu schützen, so war am Abend des 7. Juni das Ziel erreicht: Am Nachmittag waren die letzten Granaten auf israelische Siedlungen im »Finger von Galiläa« gefallen. Vor 18 Uhr hatten die Angreifer sämtliche Batterien zum Schweigen gebracht, deren Reichweite irgendein Dorf in Galiläa gefährden konnte. Doch keinerlei Anzeichen wiesen darauf hin, daß die israelische Führung auch nur daran dachte, die Offensive abzubrechen. Im Gegenteil: Menachem Begin machte deutlich, daß die Operation weitergeführt werde. Er warnte die syrischen Verbände, denen sich die israelischen Truppen rasch näherten, vor Widerstand gegen den israelischen Vormarsch. Sie blieben ungeschoren – so meinte er –, wenn sie die israelischen Panzerverbände einfach passieren ließen, so wie dies die UN-Beobachter getan hatten. Vor der Knesset sagte Begin: »Israel will keinen Krieg gegen Syrien führen. Ich habe Präsident Assad unseren Standpunkt mitgeteilt. Ich weiß, daß er Absprachen einhält. Alles, was wir wollen, ist, daß die Bewohner unserer nördlichen Gebiete nicht mehr brutale und todbringende Raketenüberfälle erleben müssen. Diesen Standpunkt wird Hafez Assad begreifen und akzeptieren. Wenn die Syrer unsere Botschaft verstehen, wird kein einziger syrischer Soldat getroffen werden.«

Der Konflikt mit Syrien aber ließ sich nicht vermeiden. Die ersten Kämpfe hatten bereits stattgefunden – in der Luft. Allerdings mit verheerendem Ergebnis für die Syrer: Am Vormittag des 8. Juni waren zwei syrische Kampfflugzeuge über Beirut abgeschossen worden; um die Mittagszeit stürzte eine Maschine in der Nähe von Bikfaya ab; zwei weitere Flugzeuge verlor die syrische Luftwaffe über Beirut im Verlauf des Nachmittags. Israel vermißte im selben Zeitraum ein Flugzeug. Nahezu unangefochten beherrschten die Israelis den Luftraum über dem Libanon. Niemand hinderte sie daran, die Stadtteile der Palästinenser in Beirut zu bombardieren. Die Flugabwehr der PLO brauchten die Piloten nicht zu fürchten.

Eine Kette von Luftangriffen veranlaßte Yasir Arafat, sein Hauptquartier und seine Wohnungen in der Gegend des Beiruter Sportstadions zu räumen. Er – und mit ihm die gesamte Führungsspitze der PLO – zog um in rein libanesische Wohngebiete, in die Gegend der Westbeiruter Geschäftsstraße Hamra. Grund für den Umzug war Angst vor der israelischen Luftwaffe: Arafat hatte noch die Hoffnung, die Häuser der Libanesen würden nicht getroffen werden. In Wirklichkeit aber veranlaßte gerade seine Flucht die israelische Führung, Angriffe auf die Hamragegend anzuordnen. Arafat brachte den Libanesen in Westbeirut Unglück. Ihre Sympathie für die Palästinenser verringerte sich, als sie entdeckten, daß sie – Frauen, Männer und Kinder – Schutzschild sein sollten für Arafat und seinen Stab.

Auch die Kämpfer nahmen wahr, daß die gesamte militärische und politische Führung Sabra und Schatila und damit auch die lange vorbereiteten Befehlszentralen verlassen hatte. Der PLO-Chef selbst war nie dafür bekannt gewesen, außerordentlich mutig zu sein – in diesen ersten Tagen des Sommerkrieges von 1982 aber stellten viele der Kämpfer fest, ihr Kommandeur werde seiner Aufgabe nicht mehr gerecht. Arafat entzog sich dem Gespräch mit seinen Offizieren; er war für sie häufig unauffindbar. Die Tage verbrachte er bei libanesischen Politikern, deren Unterstützung er sich versicherte – dazu gehörte vor allem Saeb Salam. Stunden verbrachte der PLO-Chef in der Beiruter Sowjetbotschaft: Er wollte Kontakt aufnehmen zu Leonid Breschnjew, um ihn zu bitten, eine internationale Initiative zum Abbruch des Krieges einzuleiten. Die Nächte durchlebte er im Dunkel, das nur durch Petroleumlampen aufgehellt war: Er schlief in Tiefgaragen Westbeiruter Hochhäuser. Ganz besonders bevorzugte er den Gebäudekomplex »Piccadilly«; an manchem Morgen rollte sein Fahrzeugkonvoi die Rampe der Garage hoch zur Straße. Seinem Jeep fuhren kleinere Lastkraftwagen voraus, die mit schweren Maschinengewehren bestückt waren.

Die Kampfzone sah ihn selten. Arafat war allerdings gut beraten, nicht lange in Frontnähe zu bleiben. Meist ging, etwa eine Viertelstunde nach seiner Ankunft, ein Geschoßhagel dort nieder; zu diesem Zeitpunkt hatte der oberste Befehlshaber den Ort allerdings bereits wieder verlassen. Sein Sicherheitsoffizier äußerte den Verdacht, irgend jemand oder irgendein Gerät verrate dem israelischen Geheimdienst immer sehr rasch Arafats Aufenthaltsort. Erst in der Endphase dieses Krieges entdeckte er am Fahrzeug des Chefs einen Minisender, dessen Strahlung von israelischen Schiffen, die vor der Beiruter Küste lagen, angepeilt werden konnte.

Die beiden Befehlshaber, Arafat und sein Stellvertreter Abu Jihad, nahmen den raschen Zusammenbruch aller Verteidigungsstrukturen im Südlibanon gelassen hin. Sie verließen sich noch immer auf Zusicherungen, die zeitliche Begrenzung dieses Krieges sei längst festgelegt. Aus Cairo, von der ägyptischen Regierung, hatte die PLO-Spitze erfahren, daß nach drei Tagen alle militärischen Operationen der Israelis beendet werden würden. Für Abbruch der Kampfhandlungen würden die Vereinigten Staaten und die Organisation der Vereinten Nationen sorgen. Israel werde sich internationalen Beschlüssen zur Feuereinstellung beugen. Diese Information veranlaßte Arafat zu glauben, er brauche seine Organisation nur drei Tage lang vor dem Zusammenbruch zu bewahren, dann sei sie über die aktuelle Krise hinweggerettet. Abu Iyad, einer der politischen Köpfe in der PLO-Spitze, äußerte bald nach Angriffsbeginn, er wisse aus sicherer Quelle, daß die US-Regierung den Israelis sogar nur eine Frist von 36 Stunden lasse, dann hätten die Invasionskräfte ihren Vormarsch einzustellen.

Am Mittwoch, dem 9. Juni, waren alle Termine, an die Arafat, Abu Jihad und Abu Iyad geglaubt hatten, abgelaufen, doch die Offensivkeile wurden ohne Pause vorangetrieben. Arafat begriff, daß Menachem Begin und Ariel Scharon das ursprünglich gesteckte Ziel, die Artilleriebatterien zu vertreiben, die Siedlungen im »Finger von Galiläa« bedroht hatten, aufgegeben hatten zugunsten eines Plans, der die Vernichtung der PLO in Beirut vorsah. Die israelische Führung konzentrierte inzwischen die Angriffskraft auf die Küstenstraße. Der Stoß nach Norden hatte offenbar Priorität bekommen.

Ariel Scharon hatte sich für die Taktik des »Flohhüpfens« entschieden: Nördlich der jeweiligen Frontlinie landeten Kommandotruppen, von Schiffen oder Hubschraubern abgesetzt, mitten im noch unbesetzten Gebiet. Sie sollten dafür sorgen, daß keine Verstärkung von Beirut her zu den Verteidigern gelangen konnte. Sie sahen sich jedoch auch mit einer völlig anderen Aufgabe konfrontiert: Sie hatten die Flucht der Verteidiger aufzuhalten, die in Beirut Schutz suchen wollten. Verhindert werden mußte, daß die Zahl der Kämpfer in der Stadt zunahm. War diese Aufgabe erfüllt, dann warteten die Kommandotruppen ab, bis die eigenen Panzerverbände aufgerückt waren und die Lücken geschlossen hatten. Gerieten die Panzer durch hinhaltenden Widerstand der Palästinenser in Schwierigkeiten, dann beorderte das Oberkommando Kampfflugzeuge oder Kanonenboote zum Einsatz in das Frontgebiet; ihrer geballten Feuerkraft konnten die PLO-Kämpfer nicht standhalten.

Um die Mittagszeit des 9. Juni hielt der wichtige Riegel noch, der die Zufahrt von Süden her nach Beirut sperrte: die Stadt Damur, 20 Kilometer südlich der libanesischen Hauptstadt. Damur war einst eine christliche Stadt gewesen, doch während des Bürgerkriegs hatte die PLO dort die Familien angesiedelt, die von den Phalanges Libanaises aus den Beiruter Palästinenservierteln al-Karantina und Tell az-Zatar vertrieben worden waren; die Christen von Damur waren damals durch brutale Gewalt der PLO gezwungen worden, ihre Häuser zu verlassen.

Während des halben Jahrzehnts, das seither vergangen war, hatte sich Damur in eine Palästinenserstadt verwandelt: Im Straßenbild dominierten die Embleme der Kampforganisationen al-Fatah und Volksfront zur Befreiung Palästinas. Die Kirche, oben am Hang gelegen, diente als Munitionslager. Weitere Depots befanden sich in ausgebauten Kellern der Häuser.

Mangel an Waffen und Munition herrschte nicht in Damur. Die Garnison verfügte über Geschütze meist sowjetischer Bauart. Am südlichen und nördlichen Stadteingang waren T-34-Panzer in die Erde eingegraben; ihre Kanonen ragten hinaus in Richtung Meer. Weitere Panzer desselben Typs standen als operative Reserve in den Straßen bereit. Gegen einen Erdkampf wären die Verteidiger gut gerüstet gewesen. Doch war die Stadt vom ersten Kriegstag an heftigen Luftangriffen ausgesetzt. Gegen Kampfflugzeuge moderner Bauart halfen Kanonen, deren Rohre durch Handkurbeln in die Schußrichtung bewegt werden mußten, nichts. Allein mit Hilfe von Elektronikrechnern gesteuerte Flak wäre den Angreifern gewachsen gewesen. Derartige Waffen aber hatte niemand der Arafat-Organisation zur Verfügung gestellt. Wochen vor Kriegsbeginn war zwar ein libyscher Flakoffizier samt Stab in Beirut eingetroffen: Der Revolutionsführer Moammar al-Kathafi hatte versprochen, der PLO ein zeitgemäßes Flugabwehrsystem zu schenken.

Doch war Anfang Juni 1982 noch kein greifbares Resultat spürbar. So konnten die israelischen Piloten Damur ungefährdet angreifen.

War der Himmel über Damur frei von Feindflugzeugen, dann schossen die Kanonenboote, die in Sichtentfernung parallel zur Küste fuhren. Ihr Feuer war allerdings unpräzise: Die Granaten flogen oft über die Häuser hinweg und detonierten am Hang oberhalb der Stadt. Doch der Krach der Explosionen verfehlte die Wirkung nicht. Beim Eintreffen der israelischen Panzerverbände vor Damur waren die Verteidiger derart demoralisiert, daß sie, ohne an Verteidigung zu denken, nach Norden flohen. Die PLO-Kämpfer ließen dabei ihre gesamten schweren Waffen zurück.

Noch ehe sie Damur völlig erobert hatten, drangen die Israelis in das Schufgebirge ostwärts der Stadt ein, obgleich sich dort kein einziger Palästinenser aufhielt. Es war die Politik von Walid Jumblat gewesen, das Drusengebiet nicht der PLO auszuliefern. So hatte er bisher sein Land vor israelischen Luftangriffen und damit vor Zerstörung bewahren können. Allerdings waren syrische Verbände im Schuf stationiert. Sie hatten Order aus Damaskus bekommen, kampflos über das Libanongebirge nach Osten, in Richtung Bekaatal, abzurücken. Doch die israelische Luftwaffe verhinderte diese Truppenbewegung: Auf den Serpentinenstraßen, die hinaufführten über Muchtara, Beit Eddin zur Route Beirut–Damaskus, waren Panzer und Lastkraftwagen den Feuerstößen der Kampfmaschinen ausgesetzt. Kein einziges Fahrzeug erreichte den Paß über dem Bekaatal. Zu Fuß flohen die syrischen Soldaten durch die Berge. Zuvor hatte die israelische Panzerwaffe allerdings vor einer geschickt angelegten syrischen Stellung Verluste erlitten.

Am Nachmittag des 8. Juni hatte die israelische Panzerspitze die Stadt Muchtara, das Zentrum des Drusenlandes, erreicht. Niemand verwehrte den fremden Soldaten den Zugang zum Hauptplatz der Stadt. Dicht aufgefahren standen die israelischen Panzer schließlich in den Straßen. Die Fahne mit dem Davidstern flatterte an den Antennen. Der kommandierende Offizier fuhr die Eingangsrampe hoch zum Palast der Familie Jumblat, in der Absicht, den Hausherrn zu begrüßen. Walid Jumblat, erst kurz zuvor aus Aley in Muchtara eingetroffen, ließ sich jedoch nicht sehen; er wollte vermeiden, einem Israeli die Hand geben zu müssen. Seine Kämpfer hatte Jumblat angewiesen, überall vor den Invasionstruppen zurückzuweichen. Auf Gefechte sollten sie sich nicht einlassen, da Widerstand gegen die gewaltige Übermacht nur sinnlose Verluste zur Folge haben konnte. Doch war den Kämpfern auch jeglicher Kontakt zur Besatzungsmacht verboten.

Da die Israelis, die ihren Vorstoß entlang der Hauptstraße im Schuf zur Route Beirut–Damaskus bald fortsetzten, Soldaten in zwei Jeeps vor seinem Palast zurückgelassen hatten, betrachtete sich Jumblat selbst als unter Hausarrest gestellt. Er wurde jedoch vom israelischen Abschnittskommandaten, der für Muchtara zuständig war, darauf aufmerksam gemacht, daß er sich überallhin frei bewegen könne; die Regierung Menachem Begin habe keineswegs die Absicht, im internen libanesischen Konflikt zugunsten oder zuungunsten einer Partei Position zu beziehen. Trotzdem blieb Walid Jumblat zunächst in Muchtara. Die Einladung des Präsidenten Elias Sarkis, mit anderen führenden Politikern aller wesentlichen Richtungen zu einer Besprechung nach Baabda zu kommen, ließ er unbeachtet.

In jenen Junitagen des Jahres 1982 begann der Drusenführer, sich politische Eigenständigkeit anzueignen – er löste sich aus dem Schatten des Vaters. Überraschend scharfsichtig waren fortan seine Analysen. Walid Jumblat war der erste libanesische Politiker, der – obwohl er bisher in der internen Auseinandersetzung im Libanon politischer Verbündeter der PLO-Führung war – deutlich machte, daß er Yasir Arafat nicht mehr in Beirut sehen wollte: »Seine Zeit ist vorüber. Wir haben viel für ihn und seine Organisation getan, doch jetzt soll er Beirut verlassen. Wohin er geht, ist mir gleichgültig. Nur wenn Arafat und die gesamte Palästinenserführung Beirut verlassen, können die Libanesen Frieden untereinander finden.«

Der PLO-Chef aber wollte nicht glauben, daß seine Zeit in Beirut vorüber war. Er klammerte sich an die Hoffnung, Syrien werde aktiv in den Krieg eingreifen und die israelischen Offensivtruppen in langanhaltende Kämpfe verwickeln, an denen sich dann auch andere arabische Kontingente beteiligen könnten. Arafat war von der Illusion befangen, aus Empörung über die Israelis werde sogar der ägyptische Präsident seiner Armee den Angriffsbefehl geben; Syrien aber müsse die Spitze der arabischen Offensive gegen Israel bilden. Als Arafat erfuhr, daß der syrische Präsident zehn Reservistenjahrgänge in die Kasernen rief, da glaubte er, nicht umsonst gehofft zu haben. Er äußerte sich über Programmänderungen des syrischen Rundfunks hochbefriedigt: Daß die Radiostation nur noch Militärmärsche spielte, war ihm ein Anzeichen für akute Kriegsbereitschaft der syrischen Staatsführung.

Wenig ermutigend war allerdings ein Bericht, den Arafat am späten Nachmittag des 9. Juni erhielt: Die israelische Luftwaffe hatte einen Angriff gegen die modernen Luftabwehrbatterien gewagt, die Syrien im Bekaatal stationiert hatte. Ohne eine Maschine zu verlieren, war es den Piloten gelungen, sechzehn Raketenstartrampen zu vernichten. Mit diesem Überraschungserfolg endete die Überzeugung der Militärspezialisten in Ost und West, die von den Sowjets entwickelten Luftabwehrwaffen seien von unfehlbar tödlicher Wirkung. Israelische Spezialisten hatten eine Methode ausgetüftelt, um die zerstörende eigene Rakete durch die Leitfrequenz der syrischen Batterie ins Ziel lenken zu lassen: Den sowjetischen Militärberatern war bekannt gewesen, daß ihre Waffe auf diese Weise zerstört werden konnte; sie hatten deshalb den syrischen Feuerleitoffizieren einen ständigen Wechsel der Funkfrequenzen empfohlen. Der gute Rat der Sowjets war jedoch nicht befolgt worden.

Als das syrische Oberkommando die Katastrophe bemerkt hatte, schickten die Verantwortlichen in raschem Entschluß Kampfflugzeuge von Typ Mig-21 und Mig-23 zur Abwehr der Angreifer in den Luftraum über dem Bekaatal. Doch auch dieser Einsatz endete in der Niederlage: Von sechzig syrischen Flugzeugen gingen 22 verloren.

Arafat erkannte sofort die Konsequenz des syrischen Versagens: Hafez Assad konnte es sich nach dieser Erfahrung nicht erlauben, seine Panzerwaffe gegen die israelischen Offensivverbände einzusetzen, sie wäre eine leichte Beute der gegnerischen Flugzeuge geworden. Arafats Einschätzung war korrekt. Da an Luftüberlegenheit nicht zu denken war, ordnete der syrische Generalstabschef an, das Feuer sei nur dann zu eröffnen, wenn die Israelis aggressiv gegen syrische Positionen vorgingen. Dies geschah noch am Abend des 9. Juni: Israelische Panzer rückten auf der Straße Beirut–Damaskus gegen die von syrischer Artillerie und Infanterie besetzte Stadt Aley vor. Heftige Kämpfe entbrannten im steilen Gelände. Die Syrer verteidigten ihre Stellungen hartnäckig, mußten sich aber dann doch zurückziehen.

Der Ausgang des Gefechts veranlaßte den israelischen Frontkommandeur, dem Chef der syrischen Verbände in Beirut diese Mitteilung zukommen zu lassen: »Die Überlegenheit der israelischen Waffen ist derart eindeutig, daß jeder Widerstand nutzlos ist. Ich schlage Ihnen vor, Ihre Verbände aus Beirut abzuziehen. Ihr Konvoi wird unbehelligt bleiben, wenn Sie die Straße benützen, die auf beiliegender Landkarte eingetragen ist.« Die vorgeschlagene Route folgte im wesentlichen der Straße Beirut–Damaskus.

Der syrische Kommandeur informierte Generalstabschef Mustapha Tlass, er habe eine Aufforderung zum Abzug aus Beirut erhalten, und bat um Direktiven, wie er sich verhalten solle. Präsident Hafez Assad gab selbst die Antwort, am Morgen des 11. Juni. Sie lautete: »Abzug aus Beirut unterbleibt. Verteidigen Sie bis zum letzten Mann.«

Genau zu dieser Zeit überraschte das israelische Oberkommando jedoch mit der Erklärung: »Um 10 Uhr GMT (Greenwich Mean Time, also 12 Uhr Ortszeit) wird ein Waffenstillstand wirksam werden. Die israelischen Truppen haben Befehl erhalten, zur genannten Stunde an allen Frontabschnitten die Kampfhandlungen zu beenden. Diese Ent-

312

scheidung konnte getroffen werden, da die israelische Armee die ihr gestellten Aufgaben erfüllt hat. Die Bevölkerung in Galiläa ist von jeglicher Bedrohung befreit. Der Waffenstillstand wird jedoch nur dann eingehalten, wenn auch die syrischen Einheiten den Kampf einstellen. Für jeden Bruch des Waffenstillstands wird Syrien die Verantwortung zu tragen haben.«

Arafat hatte sich gewünscht, daß die israelische Regierung einen Vorschlag zur Einstellung der Kämpfe machte; gern hätte er – wie Ende Juli 1982 – einem derartigen Angebot zugestimmt. Doch die Prüfung des Texts ließ ihn erkennen, daß er und die PLO überhaupt nicht angesprochen waren. Das israelische Oberkommando hatte die Palästinenser gar nicht erwähnt. Ariel Scharon nahm dem PLO-Chef jede Illusion: »Wir lassen uns mit Arafat auf keinen Dialog ein. Wir verhandeln mit ihm nicht über Waffenstillstand oder über irgendeine andere Abmachung.« So zerplatzte die seit Sommer 1982 von Arafat genährte Vorstellung, die PLO werde doch noch zum Verhandlungspartner im Nahostkonflikt werden.

Nach der Ankündigung der Israelis, ihre Verbände würden das Feuer einstellen, war Arafat zunächst überzeugt, Hafez Assad werde das Angebot nicht annehmen, da der syrische Präsident keinen derart offenen Verrat an den Palästinensern begehen werde. Doch keine halbe Stunde war vergangen seit der israelischen Verlautbarung, da informierte Hafez Assad durch Einschaltung des amerikanischen Botschafters in Damaskus die israelische Regierung, auch die syrischen Einheiten würden um 10 Uhr GMT alle Kampfhandlungen beenden. Um den Schein zu wahren, fügte der syrische Präsident der Annahme des Waffenstillstandsangebots eine Bedingung an: »Syrien wird den Waffenstillstand nur einhalten, wenn sich die israelischen Truppen aus dem Libanon zurückziehen.« Dieser Zusatz brachte Arafat nur geringen Trost – er wußte nun, daß die PLO allein blieb in diesem Krieg.

Die zwei Stunden zwischen Verkündung und Eintritt des Waffenstillstands wurden vom israelischen Oberkommando zu äußerst harten Schlägen genutzt: Kampfmaschinen feuerten Raketen und warfen Bomben auf die Beiruter Stadtviertel Fakhani, Sabra und Schatila. Mehr als hundert Menschen verloren dabei ihr Leben. Doch sie waren nicht die einzigen Opfer jener zwei furchtbaren Stunden. Fünfzig Menschen starben auf der Straße Beirut–Damaskus; ihre Fahrzeuge waren auf den kurvenreichen, steilen Strecken des Libanongebirges durch Geschosse der israelischen Luftwaffe getroffen worden. Über sechzig Frauen, Kinder und Männer verbrannten in Autos auf der Straße Schtura–Baalbek. Gesagt werden muß, daß sich viele Autofahrer, die auf der Flucht vor den Israelis unterwegs waren, syrischen Armeekonvois angeschlossen hatten; sie glaubten, bei den Soldaten Sicherheit zu finden. Stürzten sich die israelischen Piloten jedoch auf die Konvois, dann konnten sie kaum zwischen zivilen und militärischen Fahrzeugen unterscheiden. Sie schossen auf jeden Wagen, der in der Kolonne mitfuhr. Eine Überlebenschance hatten nur die Insassen der Fahrzeuge, die sich von syrischen Panzern und Lastwagen fernhielten. Schnell verbreitete sich die Schreckensnachricht vom Tod auf der Straße. Kurz vor der Mittagsstunde war der gesamte Verkehr im Libanongebirge abgestorben. Niemand wagte mehr, seine Fahrt fortzusetzen.

Deir al-Beidar heißt der höchste Punkt der Paßstraße über das Libanongebirge. Auf den Bergkuppen beiderseits der Route standen feuerstarke syrische Artilleriebatterien. Sie waren kein einziges Mal vom Gegner ernsthaft getroffen worden. Bis zur Mittagsstunde des 9. Juni schossen die Artilleristen Granate auf Granate hinunter in die Gegend von Aley, wo sich die vorderste Linie der Israelis befand. Um 12 Uhr verstummte der Artilleriedonner. Die israelischen Flugzeuge verschwanden vom Himmel. Doch die Straßen blieben auch weiterhin leer. Noch stundenlang schlugen Flammen aus den getroffenen Fahrzeugen auf der Straße von Deir al-Beidar herunter nach Schtura. An einer Stelle war die Straße durch den Einsturz einer Brücke völlig unpassierbar geworden.

Unmittelbar nach Beginn der Feuerpause gab Ariel Scharon, der israelische Verteidigungsminister, die Zahl der Toten bekannt, die auf der Seite des Angreifers zu beklagen waren: Über hundert Israelis waren bei Kampfhandlungen getötet und über 600 verwundet worden. Das Eingeständnis hoher Verluste stand im Widerspruch zu bisherigen Aussagen der Armeeführung in Jerusalem, die von geringen Opfern sprachen. Scharon erklärte: »Wir haben einen hohen Preis bezahlt für Frieden und Sicherheit in Israel. Der Preis war auch deshalb so hoch, weil wir versucht hatten, die zivilen Verluste im Libanon niedrig zu halten.« Zu diesem Zeitpunkt hatte noch niemand Gelegenheit zu schätzen, wie viele Libanesen im Süden, während der Eroberung von Tyr und Saida, ihr Leben verloren hatten. So blieb diese Erklärung zunächst unwidersprochen.

Nur für kurze Zeit herrschte Ruhe im Libanon an diesem Mittag des 9. Juni. Dann zeigten die Angreifer ihre Entschlossenheit, die PLO zu vernichten. Die israelische Artillerie konzentrierte wesentliche Teile ihrer Feuerkraft auf die Palästinenserviertel nördlich des Flughafens von Beirut. Yasir Arafat war überzeugt, der Beschuß diene der Vorbereitung eines Sturmangriffs auf Sabra und Schatila und auf seine Unterkünfte in Westbeirut. In dieser Stunde der Gefahr suchte er Verbündete. Über Mangel an Hilfszusagen konnte er sich nicht beklagen. Die

Milizen der Sunniten und der Schiiten wollten helfen. Versprechungen erhielt der PLO-Chef genügend. Nach einem Treffen mit dem libanesischen Ministerpräsidenten Schafiq Wazzan sagte Arafat: »Zur Abwehr des Angriffs wird jetzt auch die reguläre Armee des Libanon eingesetzt!« Er mußte später feststellen, daß er getäuscht worden war; Schafiq Wazzan hatte zu keiner Stunde die Absicht gehabt, den Israelis libanesische Truppen entgegenzuwerfen. Wazzan wußte genau, daß die christlichen Offiziere starke Sympathie für die israelischen Soldaten empfanden. Nie hätten sie den Befehl befolgt, auf die Israelis zu schießen.

Als sich Arafat schon damit abgefunden hatte, daß niemand der PLO helfen würde, da trafen 500 junge Männer in Damaskus ein, die sofort nach Beirut an die Front gebracht werden wollten. Aus Teheran waren sie gekommen: Iraner, Kämpfer der Organisation »Wächter der Revolution«. Der iranische Revolutionsführer Khomeini hatte die Männer geschickt, als Vorhut eines Kampfverbands von 4000 Bewaffneten, der in Teheran bereits zusammengestellt und zum Abflug nach Damaskus vorbereitet wurde. So bedankte sich Ruhollah Khomeini für die Hilfe, die Arafats Organisation während der Iranischen Revolution geleistet hatte.

Khomeinis Befehl, sich sofort an die Beiruter Front zu begeben, konnten die Kämpfer aus Iran allerdings nicht erfüllen, da die syrischen Betreuer sich kaum in der Lage sahen, für Transportmöglichkeit über das Libanongebirge zu sorgen. Hafez Assad war darauf bedacht, keinen Schritt zu unternehmen, der vom israelischen Oberkommando als Bruch des Waffenstillstands ausgelegt werden konnte. Unter keinen Umständen durfte die syrische Armee noch einmal in den Krieg hineingezogen werden. Rücksicht auf Israel war der Grund, warum die syrische Regierung die Nachricht von der Ankunft der Kämpfer aus Teheran mit Zurückhaltung aufnahm. Die 500 Mann der Vorhut wurden in den abgelegenen Ort Baalbek geschickt: Dort sollten sie Quartier beziehen. Den »Wächtern der Revolution« wurde gesagt, sie hätten sich vorzubereiten auf die entscheidende Phase des Krieges gegen Israel, die dann einsetze, wenn sich der Angreifer zu sicher fühle. Dem bedrängten PLO-Chef in Beirut nützten die Bewaffneten in Baalbek nichts. Seine militärische Situation verschlechterte sich rasch: Arafat konnte nicht verhindern, daß israelische Panzerverbände am Sonntag, dem 13. Juni, bis zum Präsidentenpalast in Baabda vordrangen. Die Sicherheit des Präsidenten Elias Sarkis war dem PLO-Chef zwar gleichgültig, doch die strategische Position des Hügels, auf dem der Palast stand, war seinen Kämpfern wichtig: Von Baabda aus konnten die Stadtviertel Sabra und Schatila treffsicher beschossen werden.

Niemand hatte die Absicht gehabt, den Präsidentenpalast zu verteidigen. Die libanesische Einheit, die um das Dorf Baabda und um den Regierungssitz stationiert gewesen war, hatte sich rechtzeitig – und ohne einen Schuß abzugeben – vor den anrückenden Panzern zurückgezogen. Ariel Scharon, der sich häufig an vorderster Front aufhielt, glaubte, er müsse Präsident Elias Sarkis einen Höflichkeitbesuch abstatten. Dem verstörten Offizier der Wache stellte er sich in militärisch kurzer Form vor. Daß er gebeten wurde zu warten, mißfiel Scharon allerdings. Nach wenigen Minuten stieg er wieder in seinen Jeep ein und fuhr weg.

Ariel Scharon war begleitet gewesen von Offizieren seiner Armee, aber auch von einem hochrangigen Kommandeur der Phalanges Libanaises. Offenbar wurde in diesen Stunden die enge Zusammenarbeit zwischen der christlichen Miliz des Libanon und den israelischen Streitkräften gefestigt. Beschir Gemayels Militärpolizisten hatten Scharons Vorhut, die anrückende Panzerspitze, schon weit vor der Ortschaft Baabda mit kühlen Getränken willkommen geheißen; sie hatten die Wege gewiesen, die für schwere Panzer gefahrlos passierbar waren. In den Dörfern Kfarschima, Wadi Schachrur und Baabda waren die christlichen Bewohner an die Hauptstraße geeilt, um den durchfahrenden Israelis ihre Begeisterung zu zeigen. Wo die Kolonnen auch anhielten, wurden die Soldaten von jungen Mädchen geküßt und von älteren Männern mit der Bitte bestürmt, sofort mit ihren Panzern den Hügel hinunter nach Westbeirut zu fahren, um endlich die Palästinenser und ihre libanesischen Verbündeten zu vertreiben.

Dem christlichen Präsidenten des Libanon, der sich – trotz seiner Religionszugehörigkeit – noch als Staatschef aller Libanesen fühlte, war die Verbrüderung zwischen Maroniten und Israelis ein Greuel. Er dachte an die Zukunft und stellte sich die Frage, ob eine Versöhnung zwischen Christen, die mit Israelis kooperierten, und Moslems, die Israel hassen, jemals wieder möglich sein würde. Er war für ein Land zuständig, dessen eine Hälfte der Bevölkerung voll Abscheu sah, wie die andere Hälfte die israelische Besatzungsmacht umarmte. Elias Sarkis mußte am Verstand des christlichen Politikers Pierre Gemayel zweifeln, der am Tag des gerade noch vereitelten Scharonbesuchs beim Präsidenten die Überzeugung aussprach, die Partnerschaft mit den Israelis biete Gelegenheit, die Libanesen wieder zu einigen.

Wenn Elias Sarkis aus den nach Südwesten gerichteten Fenstern im oberen Stockwerk des Baabdapalastes steil nach unten blickte, konnte er ein rasch improvisiertes Lager der israelischen Armee sehen: Panzer, Geschütze und Lastkraftwagen standen auf einer freien Fläche unterhalb eines Abhangs, der mit Gestrüpp bedeckt war. Von hier aus fuhren am Montag, dem 14. Juni, Panzer los, um die Straße Beirut–Damaskus, die nur wenige hundert Meter nördlich des Palastes lag, zu erreichen und zu überqueren. Damit vollzog die israelische Armee den Schulterschluß mit den Phalanges Libanaises. Die Verbündeten waren vereint. Nahtlos gingen jetzt israelisch besetztes Gebiet und Lebensbereich der libanesischen Christen ineinander über. Die Chefs der PLO und 10000 Bewaffnete waren völlig eingekreist.

Daß er sich für alle Abschnitte der Einkreisungsfront verantwortlich fühlte, war für Ariel Scharon eine Selbstverständlichkeit. Um die Souveränität der christlichen Führung in ihrem Bereich kümmerte er sich nicht. Sahen die Stabsoffiziere der Invasionsarmee Schwachstellen in den Verteidigungslinien der Phalanges Libanaises, dann sorgten sie für Verstärkung – ohne erst den Chef der christlichen Miliz, Beschir Gemayel, zu fragen. Beschir konnte sein Erstaunen nicht verbergen, als israelische Panzer im Stadtteil Aschrafieh, der von seinen Männern jahrelang gegen syrische Angriffe verteidigt worden war, Position bezogen. Noch stärker verwundert war er über eine Meldung seines Stabschefs, Ariel Scharon schicke eine Fahrzeugkolonne durch die christlichen Bergdörfer bis hinauf nach Aintura. Dieses Dorf liegt oberhalb der christlichen Stadt Zahle. Zwischen Aintura und Zahle befanden sich starke syrische Verbände. Beschir Gemayel fragte sich, ob die Israelis vom christlichen Gebiet aus Krieg gegen die Syrer führen wollten. Nach Beschirs Ansicht sollte der Kampf gegen die PLO in Beirut Vorrang haben. Ohne Zögern sollte Ariel Scharon den Sturm auf Beirut befehlen – doch da wurde Beschir Gemayel erneut mit einer Überraschung konfrontiert. Der israelische Generalstabschef Rafael Eytan ließ wissen, seine Streitkräfte hätten keinen Befehl erhalten, in den islamischen Teil von Beirut einzudringen. Ein solcher Befehl würde auch nicht erteilt werden, da er völlig unnötig sei. Israel habe sein Kriegsziel bereits erreicht. Die Infrastruktur der PLO habe derartigen Schaden erlitten, daß die Organisation nicht mehr in der Lage sei, zusammenhängenden Widerstand zu leisten. Wer ein anderes, weitergehendes Resultat dieses Krieges wolle, der solle sich auch dafür anstrengen. Rafael Eytan gab zu erkennen, daß er unzufrieden sei mit der Haltung der christlichen Miliz, die zwar Hilfsdienste leiste, aber nicht mitkämpfe.

Beschir Gemayel – durch ein Versprechen gegenüber Elias Sarkis gebunden, sich nicht direkt und offen am Kampf zu beteiligen – hatte nach dieser Mitteilung das Gefühl, General Eytan wolle den Phalanges Libanaises die Aufgabe überlassen, Yasir Arafat aus Beirut zu vertreiben. Besonders dieser Satz verstärkte Beschirs Sorge: »Eine starke libanesische Regierung wird in der Lage sein, sich der Terroristen vollends zu entledigen. Die meisten ihrer Führer sind ja schon in fremde Botschaften geflohen.«

Die israelische Regierung wußte, daß Beschir Gemayel Staatschef im Libanon werden wollte – ihm war also von Menachem Begin die Verantwortung für das Schicksal Arafats zugewiesen. Daß der PLO-Chef in einem Botschaftsgebäude Zuflucht gesucht haben soll, war Beschir allerdings nicht bekannt.

Yasir Arafat hatte sich tatsächlich am 14. Juni, am Tag des Schulterschlusses zwischen Phalanges Libanaises und israelischen Streitkräften, in die sowjetische Botschaft begeben. Aber nicht um Schutz zu suchen, sondern um Botschafter Soldatow zu fragen, ob seine Regierung die Absicht habe, etwas für die nun eingeschlossene PLO-Führung zu tun. Da das Gespräch länger als üblich dauerte, konnte der Eindruck entstehen, Arafat habe Soldatow um Asyl gebeten und werde nun ständig in der Sowjetbotschaft bleiben. In Wahrheit aber hatte eine offene Diskussion Arafats Besuch verlängert. Der Botschafter sagte mit aller Deutlichkeit, die Sowjetunion sehe sich nicht in der Lage, im Libanon in irgendeiner Form einzugreifen, da dieses Land an der Ostküste des Mittelmeers seit dem Tag, an dem das Abkommen von Jalta beschlossen worden ist, zum Einflußgebiet der Vereinigten Staaten gehöre. Die sowjetische Regierung halte sich an dieses Abkommen, weil es einen Faktor der Stabilität für den Nahen Osten darstelle – und weil die Verantwortlichen im Kreml der Meinung seien, die Absprachen, die vor nahezu vierzig Jahren in Jalta vereinbart worden seien, würden auch von Ronald Reagan respektiert. Der Botschafter meinte, Breschnjew könne zwar den Amerikanern mitteilen, daß er an Arafats Rettung aus Beirut interessiert sei; Druck auf die amerikanische Regierung auszuüben aber sei nicht möglich. Soldatow fügte hinzu, nach seiner Kenntnis der Sachlage werde sowjetische Hilfestellung ohnehin gar nicht mehr benötigt, da sich bereits die Regierung der Vereinigten Staaten um eine Lösung des Konflikts bemühe, die auch von Arafat als ehrenvoll und nicht als demütigend angesehen werden könne. Der amerikanische Unterhändler Philip Habib reise derzeit mit entsprechenden Vorschlägen durch die Hauptstädte des Nahen Ostens.

Arafats erste Rettung

Botschafter Soldatow hatte Arafat zu den militärischen Leistungen der PLO gratuliert, insbesondere zum andauernden Widerstand in den Städten Tyr und Saida sowie im Flüchtlingslager Ain Helwe südlich von Saida.

Schon am 7. Juni hatte das israelische Oberkommando erklärt, das Lager befinde sich nach kurzem Kampf völlig in der Hand der eigenen

Streitkräfte. Doch während der Tage danach mußte auch der Generalstabschef zugeben, daß um die Palästinenserstadt immer noch gekämpft wurde.

Durch stundenlange Artillerieschläge bemühte sich die israelische Armee, die Moral der palästinensischen Kämpfer in Ain Helwe zu brechen. Die Hütten und Häuser des Lagers waren bald völlig zerstört. Trotzdem endete bis zum 15. Juni jeder Versuch, Ain Helwe zu stürmen, mit beachtlichen Verlusten.

An jenem Dienstag, um 17.00 Uhr, konnte das Oberkommando der Israel Defence Force mit Recht melden, das Lager Ain Helwe sei eingenommen. In den Straßen und Gassen patrouillierten israelische Soldaten. Doch noch einmal regte sich am späten Abend des 15. Juni der Widerstand der Palästinenser: Ein Jeep, der Patrouille fuhr, wurde aus der Dunkelheit mit einer Gewehrgranate beschossen. Zwei Soldaten starben, als die Detonation den Jeep zerriß. Generalstabschef Eytan reagierte rasch: Die Patrouillen wurden aus Ain Helwe abgezogen, damit das Lager erneut mit Granaten schweren Kalibers belegt werden konnte. Der Beschuß von Ain Helwe dauerte auch am 16. Juni noch an.

Einen Tag später gab das israelische Oberkommando wiederum Verlustzahlen bekannt. Bis zu diesem Tag hatte die Invasionsarmee bereits 240 Soldaten durch Tod verloren – darunter 68 Offiziere. 1014 Soldaten waren verwundet worden.

Zu diesem Zeitpunkt übermittelte der Sondergesandte des amerikanischen Präsidenten seine Vorschläge zur Lösung des Konflikts. Sich mit Yasir Arafat zu treffen war ihm von Ronald Reagan erneut verboten worden; so blieb Philip Habib nichts anderes übrig, als seine Gedanken und Ideen durch Ministerpräsident Schafiq Wazzan an die PLO-Führung weiterleiten zu lassen. Der Kern von Habibs Vorschlag lautete, die PLO in Beirut möge sich selbst entwaffnen und fortan nicht mehr als Kampforganisation, sondern als politischer Interessensverband weiterbestehen. Die PLO solle auf jede Art von Kriegshandlung und auf jeden Terrorakt verzichten. Philip Habib hatte nichts darüber gesagt, wo die PLO politisch weiterbestehen könne, doch war für ihn eine Bedingung selbstverständlich: Beirut war künftig nicht der Ort dafür.

Daß die Vermittlung des Vorschlags durch Schafiq Wazzan offenbar unpräzise erfolgt war, erfuhr Johnny Abdo, der Vertrauensmann des Präsidenten Elias Sarkis, am 19. Juni. An diesem Tag traf sich Johnny Abdo mit Yasir Arafat, um im Auftrag des Staatschefs die Fortschritte der Verhandlungen zu überprüfen. Arafat sagte, er habe aus den Worten von Ministerpräsident Wazzan entnommen, die PLO-Führung werde in Beirut bleiben, nur die bewaffneten Kämpfer hätten die Stadt zu verlassen. Arafat meinte, er werde diesem amerikanischen Vorschlag zustimmen können, denn er treffe genau seine eigenen Interessen. Nach diesem Kampf im Libanon werde auch die PLO – die ihre militärische Leistungskraft bewiesen habe – keinen Krieg gegen Israel mehr führen, sondern in Verhandlungen eintreten. Was der ägyptische Präsident Anwar as-Sadat nach dem Oktoberkrieg von 1973 fertiggebracht habe – sich mit Israel an einen Tisch zu setzen –, werde ihm, Arafat, nach dem Libanonkrieg möglich sein, der jetzt schon der PLO ungeahnte Prestigeerfolge eingebracht habe.

Johnny Abdo machte mit knappen Worten Arafats Vision vom Fortbestand der PLO in Beirut zunichte: »Die Regierungen in Washington und in Jerusalem bestehen darauf, daß die PLO mit Kämpfern und Führung aus Beirut abzieht, ohne eine militärische oder politische Basis zurückzulassen.« Von Arafats Mitarbeiter Abu Walid erhielt Johnny Abdo die Antwort: »Wir gehen nicht aus Beirut weg! Erst nach unserem Tod lassen wir uns fortschaffen. Wir verschwinden nicht von hier, nur um unser Leben zu retten.«

Arafat selbst gab seinem Gesprächspartner Johnny Abdo keine Antwort. Arafat wußte bereits, daß ihm letztlich nichts anderes übrigblieb, als Beirut den Rücken zu kehren. Nicht so sehr die Hartnäckigkeit der Regierungen in Washington und Jerusalem hatte ihn beeindruckt, sondern die Entschlossenheit von Beschir Gemayel, die PLO und möglichst alle Palästinenser aus der libanesischen Hauptstadt zu vertreiben. Karim Pakradouni, Denker im Stab von Elias Sarkis und von Beschir Gemayel, hatte die Richtung gewiesen: »Wenn wir auch nur einen einzigen Palästinenser in Beirut lassen, können wir sicher sein, daß sich nächstes Jahr schon wieder 20000 dort aufhalten. Der Libanon muß endlich vom Palästinenserproblem befreit werden. Zumindest für die nächsten zehn Jahre wollen wir nichts mit den Palästinensern zu tun haben. Der Libanon hat sich ausgeblutet für die Sache der Palästinenser. Damit ist Schluß!«

Arafats Versuche, mit Karim Pakradouni – oder besser mit Beschir Gemayel – ins Gespräch zu kommen, sie von ihrem harten Standpunkt abzubringen, scheiterten. Er bat deshalb um einen zweiten Termin für ein Treffen mit Johnny Abdo, dem Vertrauensmann des libanesischen Präsidenten. Elias Sarkis, der die Abreise der PLO-Führung rasch und bedingungslos erreichen wollte, gab die Genehmigung, daß Johnny Abdo die Verhandlungen mit dem Chef der PLO weiterführte. Allerdings brachte auch das zweite Treffen nur ein geringes Resultat, da Arafat mitteilen mußte, er selbst habe sich zwar dazu durchgerungen, Beirut zu verlassen, doch der Chef der Volksfront zur Befreiung Palästinas, Dr. George Habbasch, sei entschlossen, die libanesische Hauptstadt in ein »zweites Stalingrad« zu verwandeln. Der Marxist Dr. Habbasch sah sich in Stalins Rolle – die israelische Invasionstruppe wurde mit dem Heer des Dritten Reiches verglichen. Wie Stalin wollte Dr. Habbasch den Endkampf in Trümmern führen. Arafat erklärte Johnny Abdo, Dr. Habbasch stehe keineswegs allein mit seinem harten Standpunkt; er finde Unterstützung bei vielen Kommandeuren, die der augenblicklichen Schlacht höchste Bedeutung in der Geschichte des palästinensischen Volkes beimessen. Er selbst, Yasir Arafat, sei gegen den »Kampf um Beirut«, da es sich um eine libanesische und nicht um eine palästinensische Stadt handle, doch er besitze wenig Einfluß auf Habbasch.

Johnny Abdo teilte dem amerikanischen Unterhändler Philip Habib mit, Arafat sei grundsätzlich bereit, mit allen Kämpfern den Libanon zu räumen, er benötige aber noch Zeit, um die anderen Gruppenkommandeure seiner Organisation von der Notwendigkeit des Abzugs zu überzeugen. Philip Habib antwortete mit dem Hinweis auf die Schwierigkeit, der israelischen Führung Abschluß und Einhaltung eines Waffenstillstands aufzuzwingen. Die Zeit dränge.

Tag für Tag beschossen die Invasionstruppen die Wohngebiete von Beirut. Schon längst beschränkten sie sich nicht mehr darauf, nur die Stadtviertel der Palästinenser zu zerstören. Kampfflugzeuge, Artillerie und Raketenwerfer feuerten auch auf die Häuser nördlich der Mazraastraße, die als Trennungslinie galt zwischen Stadtgebiet unter palästinensischem Einfluß und Quartieren, die nur von Libanesen bewohnt wurden. Das israelische Oberkommando konnte die Ausweitung der Beschußzone leicht mit dem Hinweis begründen, Arafat und die gesamte PLO-Führung seien in die Gegend nördlich der Mazraastraße geflüchtet; der Stadtteil im Norden Westbeiruts werde daher als Feindgebiet betrachtet. Die Libanesen könnten den Beschuß nur dann vermeiden, wenn sie selbst dafür sorgten, daß Arafat verschwinde.

Philip Habib brachte die Aufforderung des Oberkommandos zum Aufstand gegen Arafat aus Jerusalem mit; er gab sie in Beirut an Johnny Abdo weiter, der wiederum Arafat, Elias Sarkis und Beschir Gemayel informierte. Habib äußerte die Absicht, dieses komplizierte Verhandlungsverfahren zu vereinfachen, das wegen der Opfer, die der Krieg täglich forderte, nicht zu verantworten war. Er wollte direktere Gespräche einleiten zwischen der PLO und den Israelis. Nach seiner Meinung sollten irgendwo in der Schweiz eine israelische und eine palästinensische Delegation zwei Stockwerke im selben Gebäude beziehen; er selbst könne dann zwischen beiden Stockwerken pendeln, um »den Briefträger zu spielen«. Wenn Menachem Begin Bedenken habe, sich mit PLO-Führern unter einem Dach aufhalten zu müssen, dann bleibe noch der Ausweg, zwei getrennte, aber nebeneinanderliegende

Gebäude als Sitz der Delegationen zu benützen; auch dann sei der Weg für den Unterhändler kurz. Philip Habib verwies darauf, daß dieses Verfahren schon einmal angewandt worden sei, bei den Waffenstillstandverhandlungen, die Israel im Jahr 1949 mit arabischen Staaten auf der Insel Rhodos geführt habe.

Johnny Abdo wunderte sich über das hohe Maß an Naivität des amerikanischen Unterhändlers. Da Habibs Vorfahren Libanesen waren, hatte ihm Abdo mehr an Einfühlungsvermögen in die Mentalität der jüdischen Politiker aus der Generation des Menachem Begin zugetraut, denen es unmöglich ist, mit Menschen zu verhandeln, und sei es auf indirektem Weg, die sich – und sei es zu einem weit zurückliegenden Zeitpunkt – geschworen hatten, »die Juden ins Meer zu werfen«, sie auszulöschen. In den Augen des israelischen Ministerpräsidenten Menachem Begin setzte Arafat die Politik der Judenvernichtung des Dritten Reichs konsequent fort. Diese Haltung durfte in der politischen Kalkulation nicht außer acht bleiben.

Johnny Abdo hatte ein Beispiel bereit für die Auswirkung des Prinzips, sich unter keinen Umständen in Verhandlungen mit der PLO hineinziehen zu lassen. Er erinnerte Philip Habib an den noch immer geheimgehaltenen Versuch der amerikanischen Regierung, mit der PLO ins Gespräch zu kommen, ohne daß israelische Spürnasen dies hätten bemerken sollen. Außenminister Alexander Haig hatte im Frühsommer des Jahres 1982 einen Mann seines Stabes ohne Wissen des Geheimdienstes CIA nach Beirut geschickt, um mit Arafat darüber zu reden, unter welchen Bedingungen die PLO bereit sein könnte, Israel anzuerkennen. Der Mann aus Haigs Stab sollte Arafat auch befragen, welche Fortschritte seine Vermittlungsmission im persisch-irakischen Konflikt erreicht hätte. Es sei schwierig gewesen, so sagte Johnny Abdo, durch Abu Jihad, den Stellvertreter Arafats im Oberkommando der PLO, die Kontakte einzufädeln: Innerhalb der Palästinenserorganisation durfte niemand erfahren, daß Arafat mit den Amerikanern verhandelte. Verrat war zu befürchten, auch in Arafats eigenen Reihen. Seltsames sei dann geschehen: Als der PLO-Chef Abu Jihad endlich freie Hand zur Festlegung eines Termins der Begegnung mit dem Amerikaner gegeben hatte, sei der israelische Einmarsch im Libanon erfolgt. Johnny Abdo war überzeugt, daß der israelische Geheimdienst doch eine Information aus der Palästinenserorganisation erhalten hatte – und daß, zur Verhinderung der amerikanisch-palästinensischen Kontakte, der Zeitpunkt der israelischen Invasion auf Anfang Juni, auf den Termin der geplanten Begegnung, gelegt worden war. »Ich glaube fest an den Zusammenhang«, sagte Johnny Abdo. »Die Israelis sahen voraus, daß sie letzten Endes durch die Amerikaner doch noch zu Verhandlungen mit der PLO gezwungen werden würden. Das war für die israelischen Politiker die logische Konsequenz der Kontakte. Menachem Begin wird Ihre Versuche, Israelis und Palästinenser miteinander reden zu lassen, gar nicht beachten.« Das war das Fazit des Gesprächs mit Philip Habib. Johnny Abdo behielt recht.

Er und Philip Habib hatten sich die Aufgabe gestellt, Westbeirut, den Zufluchtsort der Palästinenserführung, weitgehend vor der Vernichtung zu bewahren. Beide wußten, daß dies nur in Grenzen möglich war. Ohne Beschuß der Stadtgegend nördlich der Mazraastraße war Arafat nicht zur Aufgabe seiner Position in Beirut zu bewegen. Wurde er in Ruhe gelassen, dann rührte er sich nicht von der Stelle. Konzentrierten die israelischen Kanoniere, wie am Montag, dem 21. Juni, ihr Feuer auf die Gebiete südlich der Mazraastraße, dann begann Arafat wieder das Spiel mit taktischen Finessen, das nur das eine Ziel hatte, Zeit zu gewinnen. Er teilte Johnny Abdo mit, er habe folgenden Vorschlag zu machen: Unter der Voraussetzung, daß sich die israelische Armee zehn Kilometer von der Straße Beirut–Damaskus nach Süden zurückziehe und die Beschießung völlig einstelle, sei er bereit, seinen Kämpfern den Abzug aus den libanesischen Stadtteilen und die Rückkehr in die palästinensischen Lager Sabra und Schatila zu befehlen. Seien diese Truppenbewegungen vollzogen, könne über Maßnahmen für die Zukunft beraten werden.

Über die Reaktion des israelischen Oberkommandos auf die Zumutung, die Invasionsstreitkräfte um zehn Kilometer zurückzuziehen und damit den Schulterschluß mit den Phalanges Libanaises aufzugeben, berichtet das Kriegstagebuch der PLO unter dem Datum 22. Juni: »Von 0 Uhr an liegt Beirut während der ganzen Nacht unter Beschuß. Besonders betroffen ist das Stadtviertel Mar Elias. Die Absicht ist, die Bewohner von Beirut einzuschüchtern, sie zu veranlassen, sich aus der Solidarität mit den Palästinensern zu lösen, um so die palästinensische Widerstandsbewegung zur Aufgabe zu zwingen... Im Gebirgsgebiet Metn stießen israelische Panzer während der Morgenstunden nördlich der Straße Beirut–Damaskus gegen Hamana vor. Der Stoß erfolgte aus dem oberen Ende der Schufregion. Von hier aus drängen israelische Panzer entlang der Straße Beirut–Damaskus gegen Bhamdun und Aley. Diese Offensive wird durch Gegenwehr syrischer Artillerie gebremst, die jedoch den Angriffen israelischer Luftwaffe ausgesetzt ist. Dies ist das erste Gefecht zwischen syrischen und israelischen Verbänden seit dem Waffenstillstand vom 11. Juni. Zwölf Panzer und acht gepanzerte Mannschaftstransporter des Gegners wurden zerstört.«

Im Verlauf des 22. Juni verließen rund 200 000 Menschen den Westteil von Beirut. In Kraftfahrzeugen und zu Fuß begaben sich viele in

323

den christlichen Teil des Libanon, der bisher vom Krieg kaum berührt worden war. Die christlichen Landstriche wurden zum Zufluchtsort für sunnitische Familien, die in leerstehenden Hotels und Schulen der Bergdörfer untergebracht wurden. Die islamischen Flüchtlinge konnten sich von den Christen gut aufgenommen fühlen. Beschir Gemayel hatte die Milizionäre der Phalanges Libanaises ausdrücklich angewiesen, die Grenzen für Flüchtlinge offenzuhalten. Sein Argument: »Wir kämpfen nicht gegen die islamischen Libanesen. Wir sind nur Gegner der PLO. Die islamischen Mitbürger sind uns willkommen.« Er bereitete sich darauf vor, Präsident aller Libanesen zu werden – er brauchte die Stimmen der Sunniten, um gewählt zu werden.

Die Schiiten von Beirut – angesiedelt in den südlichen Vororten, die jetzt Frontgebiet waren – befanden sich in einer schwierigeren Lage: Sie, die sich als Unterprivilegierte empfanden, mißtrauten den Christen. Wenn sie jetzt, auf der Flucht, Westbeirut verlassen wollten, mußten auch sie das Gebiet der Christen betreten. Sie hielten sich dort aber nicht auf, sondern flohen weiter in den Süden, in die Region, die seit der Jahrhunderte zurückliegenden Vertreibung durch die Maroniten aus dem Libanongebirge ihnen gehörte. Vom Süden waren sie weggezogen, vor wenigen Monaten erst, aus Angst, im Konflikt zwischen Israelis und Palästinensern ihr Leben zu verlieren. Jetzt jagte sie die Angst aus der bisherigen Fluchtburg Beirut wieder hinaus; jetzt suchten die Schiiten Schutz im israelischen Besatzungsgebiet.

400000 Bewohner aber blieben in Westbeirut zurück. Sie waren nicht gewillt, ihre Wohnungen zu verlassen, um sich auf die Flucht ins Nichts zu begeben. Tagtäglich ließ das israelische Oberkommando Flugblätter über die Häuser regnen mit der in arabischer Sprache verfaßten Aufforderung, die von der PLO kontrollierten Gebiete der Stadt zu verlassen. Die Flugblätter nannten als Fluchtweg die Straße durch den Stadtteil Schiah nach Osten, die zur Route Beirut–Damaskus führt. Doch als die erste Fluchtwelle abgeklungen war, wurden die Flugblätter kaum noch beachtet, blieb die Straße durch Schiah leer.

Den Auszug der Libanesen aus Westbeirut hatte die PLO-Führung ungern gesehen. Sie legte Wert auf die Solidarität zwischen Palästinensern und Libanesen. Die Flucht aber hatte die Behauptung widerlegt, die beiden Volksgruppen kämpften vereint gegen den Feind Israel. In vielen Fällen hatten deshalb PLO-Kommandeure in ihren Abschnitten Bewohner am Verlassen der Häuser gehindert. Die meisten dieser Aktionen waren durchaus als Geiselnahme zu bezeichnen.

Ein Aufstand der Menschen von Westbeirut gegen die PLO aber fand nicht statt. Er hätte tatsächlich Erfolgschancen gehabt, denn Arafat verfügte nur über 13000 Kämpfer, die eine Frontlinie von 14 Kilometern und eine gefährdete Küste zu verteidigen hatten. Die islamischen Milizen Amal und al-Murabitun, die während des Bürgerkriegs äußerst schlagkräftig gewesen waren, hatten gegen die israelische Invasionstruppe nur 3000 Bewaffnete mobilisieren können. Die Kämpfer blieben bis zum Ende der Belagerung treue Verbündete der PLO. Die Chefs der Milizen aber distanzierten sich immer stärker von Yasir Arafat. Sie wußten, daß die PLO Beirut zu verlassen haben würde, – sie aber blieben, mit der Aussicht auf einen langen und bitteren Konflikt mit der Besatzungsmacht Israel.

Walid Jumblat zog am 24. Juni diese Bilanz. »Ich habe es schon einmal gesagt: Die PLO muß gehen. Nicht, weil ich mir das so wünsche, sondern weil einfach keine andere Wahl bleibt. Das Kräfteverhältnis in diesem Krieg und die internationale Situation, die starke Parteinahme der USA für Israel und die laue Haltung der Sowjetunion gegenüber der PLO zwingen den Palästinensern den Abzug auf. Die Sache Arafats hier ist erledigt. Es wird Zeit, daß er der Wirklichkeit ins Gesicht sieht. Wir befinden uns nicht mehr im Jahr 1976. Damals hat Arafat noch durch wechselnde Bündnisse mit arabischen Staaten taktische Erfolge erzielen können. Er arbeitet auch jetzt noch immer auf Zeitgewinn hin, im Glauben, ein Wunder aus Arabien könne ihn retten. Die PLO braucht eine andere, eine realitätsbewußte Führung, die sich für die Bewahrung der Rechte der Palästinenser auf andere Weise bemüht als Yasir Arafat. Doch die Suche nach der neuen Führung ist ein nächster Schritt. Wichtig ist jetzt, daß die derzeitigen Führer abhauen aus Beirut. Wenn sie bleiben, geht Beirut unter.«

Der Untergang schien sich schon einen Tag später anzukündigen. Um die Mittagszeit des 25. Juni begann der staatliche libanesische Rundfunk seine Nachrichtensendung mit den Worten: »Die Schlacht um Beirut hat begonnen!« Um Mitternacht war im Stadtteil Sabra ein Munitionslager von Raketen getroffen worden. Gewaltige Explosionen erschütterten Beirut. Stundenlang stand ein Feuerwerk am Himmel. Gelassen nahm Abu Jihad, verantwortlich für Verwaltung der Munitionsvorräte, den Materialverlust auf. Das zerstörte Depot war eines von vielen.

Kaum war in den frühen Morgenstunden das Krachen der explodierenden Munition abgeklungen, da begannen Geschütze, von den Israelis auf den Hügeln bei Baabda postiert, gegen Westbeirut zu feuern. Den ganzen Tag über detonierten Geschosse gewaltigen Kalibers in den Stadtvierteln südlich und nördlich der Mazraastraße. Feuersäulen stiegen auf, die sich in Wolken aus Rauch und Staub verwandelten. Bis zum frühen Abend gab es bereits 203 Tote; 550 Verwundete waren in Westbeiruter Krankenhäuser eingeliefert worden. Spät am Abend war

Arafat überzeugt, daß mindestens 2000 Menschen an diesem Tag getötet oder verwundet worden seien.

Das israelische Oberkommando sorgte dafür, daß die Bewohner von Beirut glaubten, diese Beschießung sei nur das Vorspiel gewesen für weit schlimmere Ereignisse, die unmittelbar bevorstünden. Am 27. Juni wurden über dem islamischen Teil der Stadt Flugblätter mit folgendem Text abgeworfen: »Volk von Beirut! Die israelische Armee hat noch lange nicht ihre gesamte Feuerkraft eingesetzt. Sie wird ihre Offensive weiterführen. Rette sich, wer kann, aus Beirut! Folgt der Straße in die Sicherheit!«

Doch auf die Warnung folgten fünf Tage der Ruhe in Beirut. Im Kriegstagebuch der PLO sind nur Gefechte im Gebirge vermerkt, an denen die PLO allerdings nicht beteiligt war: Kämpfer der Phalanges Libanaises und der Drusenmiliz des Walid Jumblat stritten sich um die Kontrolle von Dörfern in den Grenzgebieten zwischen den Lebensbereichen der Christen und Drusen. Diese Kämpfe um strategische Positionen und um Einfluß auf die Bewohner der Bergtäler wurden gnadenlos geführt und waren verlustreich.

Am fünften Tag, der ohne Kampfhandlungen in Beirut verlief, glaubte Yasir Arafat in der Lage zu sein, Forderungen stellen zu können. Er hatte das Gefühl, gegen Israel habe massiver internationaler Druck zugunsten der PLO eingesetzt. Diese Chance wollte er ausnützen, um wenigstens noch einen Minimalerfolg zu erzielen. Er verlangte, die PLO müsse auch weiterhin militärisch in Beirut präsent sein. Nur ein politisches Büro beizubehalten genüge keineswegs: »Ich kann nicht 600 000 Palästinenser der Wut der Phalanges Libanaises ausliefern.«

Als ihm Johnny Abdo daraufhin sagte, die israelische Regierung sei unter keinen Umständen bereit, der PLO zu gestatten, weiterhin bewaffnete Verbände in Beirut zu halten, da sprach er nur die halbe Wahrheit aus. Er verschwieg, daß vor allem Beschir Gemayel auf Abzug der Palästinenser bis zum letzten bewaffneten Mann bestand – und Johnny Abdo kannte Beschir als einen Mann, der nicht im geringsten von eigenen Beschlüssen abwich. Arafat aber glaubte, nur die israelische Regierung als Widerpart zu haben, die, unter glücklichen Umständen, von den USA beeinflußt werden konnte. Der PLO-Chef hatte den Eindruck, er könne auch in diesem Fall noch durch Zugeständnisse politischen Boden gewinnen. Er reduzierte seine Forderung: »Es genügt vollständig, wenn die militärische Präsenz in den Stadtvierteln Sabra und Schatila nur symbolischen Charakter hat.« Johnny Abdo versprach, diesen Wunsch Beschir Gemayel zu übermitteln.

Als Abdo auch den amerikanischen Unterhändler informierte, Arafat wolle keine schlagkräftige Truppe in Beirut behalten, sondern nur eine Art von Ehrenwache, da erstaunte ihn Philip Habib mit der Bemerkung, dieser Wunsch sei verständlich und werde wohl auch von den Israelis nicht völlig zurückgewiesen werden. Die Nachgiebigkeit des Amerikaners mißfiel Beschir Gemayel, der sich den Standpunkt seines Beraters Karim Pakradouni völlig zu eigen gemacht hatte, nicht nur die Führung der PLO, sondern die Palästinenser insgesamt seien aus dem Land zu vertreiben. Damit war Habibs Aufgabe erschwert. Wollte er Erfolg haben, durfte er den prinzipiell zum Abzug aus Beirut bereiten Arafat nicht völlig vor den Kopf stoßen. Doch Habib sah nicht den geringsten Ansatzpunkt für eine Annäherung der Standpunkte; seine Bitte, Beschir möge seine Position noch einmal überdenken, wurde nicht erfüllt: Der Chef der Phalangemiliz blieb entschlossen, auf keinen Fall eine Palästinenserorganisation in Beirut zu dulden.

Der Grund für die außergewöhnliche Nachgiebigkeit der USA wurde bald bekannt. Er lag darin, daß die königliche Familie Saudi Arabiens darauf bestand, Arafat und die PLO-Führung insgesamt dürften Beirut nicht gedemütigt verlassen müssen. Arafat habe auch weiterhin die Palästinenser zu repräsentieren – dies aber könne nur geschehen, wenn sein Ansehen unangetastet bleibe. Ziehe er aus Beirut ab, ohne für die Sicherheit der 600 000 zurückbleibenden Palästinenser eine Garantie erreicht zu haben, werde ihm zu Recht der Vorwurf gemacht, er habe seine Pflicht verletzt.

Den Standpunkt der königlichen Familie Saudi Arabiens, deren Interessen so eng mit denen der amerikanischen Wirtschaft verbunden sind, durfte die Regierung der USA nicht einfach übersehen. König Fahd hatte unmißverständlich deutlich gemacht, es sei nicht auszuschließen, daß die Staatsbank des Königreichs daran denke, ihre Einlagen in Höhe von 60 Milliarden Dollar aus den Depots amerikanischer Banken abzuziehen, um sie nach Tokio oder in Richtung europäischer Hauptstädte zu transferieren. Diese Drohung – selbst wenn sie nicht ganz ernst gemeint war – mußte für Ronald Reagan Anlaß sein, König Fahd mit Respekt zu behandeln, auf seine Wünsche einzugehen. Der Präsident hatte deshalb Philip Habib angewiesen, dafür zu sorgen, daß Yasir Arafat wenigstens den einen Wunsch erfüllt bekomme, in Beirut künftig durch eine Handvoll Bewaffneter vertreten zu sein. Doch im christlichen Teil von Beirut wurde die amerikanische Haltung nicht respektiert.

Philip Habib aber war nicht verlegen um einen Schachzug zur Lösung der Schwierigkeit. Er schlug vor, König Fahd, der auf Beschirs Nachgeben bestand, möge doch selbst mit dem dickköpfigen Chef der Phalanges Libanaises reden. Kraft seiner Autorität und seines Geldes, so glaubte Habib, könne es dem Monarchen gelingen, den jungen Milizkommandeur gefügiger zu machen, der einsehen mußte, daß Politik ein Spiel von Geben und Nehmen ist und nicht des Beharrens auf der eigenen Meinung. Schließlich bereitete sich Beschir darauf vor, libanesischer Staatspräsident zu werden; auf dem Weg zu diesem Amt konnte ihm ein großzügiger König Fahd überaus hilfreich sein. Vieles sprach dafür, daß Beschir mit veränderter Meinung aus Saudi Arabien zurückkehren würde. Voll Optimismus bereitete Philip Habib die Reise des Präsidentschaftskandidaten nach Taif vor.

Am frühen Morgen des 1. Juli 1982 holte ein Hubschrauber der amerikanischen Luftwaffe, der von einem Kriegsschiff nahe der Küste gestartet war, Beschir Gemayel von einem freien Platz beim Hafen Junieh ab. Der Flug führte hinüber nach Zypern zum Airport von Larnaka. Dort stand ein Flugzeug der königlichen Familie bereit, das Beschir Gemayel nach Taif brachte. In dieser Stadt tagte eben das »Arabische Komitee zur Rettung des Libanon«, dem außer König Fahd Delegationen aus Algerien, Kuwait, Syrien, dem Libanon und der PLO angehörten.

Sofort nach seiner Ankunft in Taif wurde der Gast von Prinz Saud al-Faisal empfangen, der im Namen des Königs das Gespräch führen sollte. Doch Beschir ließ wenig Spielraum für Verhandlungen. In seinen Aufzeichnungen sind die Worte erhalten, mit denen er an jenem 1. Juli 1982 in Taif seinen Standpunkt erläuterte:

»Ich hatte eine kleine Tochter, sie ist ein Opfer des Krieges im Libanon geworden. Sie starb bei einem Anschlag, der eigentlich mir galt. Ich möchte erreichen, daß kein Kind mehr stirbt in unserem Land. Ich bin kein Politiker und kein Diplomat. Auf Taktieren, auf Finessen verstehe ich mich nicht. Ich möchte frei mit Ihnen reden, auch wenn meine Worte Sie verletzen könnten. Bitte, akzeptieren Sie mich so, wie ich bin. Von der Vergangenheit will ich gar nicht reden. Ich begnüge mich mit der Gegenwart. Der Libanon ist ein besetztes Land. 60 000 israelische Soldaten befinden sich auf unserem Boden und 30 000 Syrer. Vor allen Dingen aber leben mit uns 600 000 Palästinenser. In meinem Namen und im Namen des Präsidenten Sarkis bitte ich Sie, uns zu helfen, daß alle Fremden unser Land verlassen. Ich bitte Sie, uns zu helfen, daß der Libanon seine Souveränität auf dem gesamten Staatsgebiet wieder erringt. Ich bin bereit, zusammen mit Ihnen nach einer ehrenhaften Lösung für die Palästinenser zu suchen, doch ich verlange, daß der Libanon für die nächsten zehn Jahre durch keinerlei Verpflichtung gegenüber den Palästinensern belastet wird. Der Libanon hat für dieses Volk mehr durchgemacht, als alle anderen arabischen Länder zusammengenommen. Arafat versucht Zeit zu gewinnen. Er glaubt, er könne die israelische Armee in seine politische Taktik einbauen, so wie er die syrische Armee benutzt hat und zuvor schon die libanesische Armee. Er verlangt als Zugeständnis vor seinem Abzug aus Beirut, daß 300 seiner Kämpfer bewaffnet zurückbleiben. Das ist seine Vorstellung von symbolischer Präsenz. Davon kann überhaupt keine Rede sein. Wir wollen keine bewaffneten Palästinenser mehr im Libanon haben, und sei ihre Zahl auch noch so gering. Aus den 300 Bewaffneten von heute werden morgen schon 3000. Die libanesische Armee kann in ihrem derzeitigen Zustand keine 300 Palästinenser im Zaum halten – wenn wir ehrlich sind, nicht einmal drei. Sie kann kaum für die Verkehrsregelung eingesetzt werden. Ich verlange, daß alle bewaffneten Palästinenser den Libanon verlassen. Wenn wir erst eine starke Regierung im Libanon gebildet haben, dann können wir noch einmal über die Sache reden. So wie die Lage jetzt aussieht, wird die bewaffnete Präsenz der Palästinenser Israel zu immer neuen Schlägen gegen libanesisches Gebiet reizen. Wir müssen Arafats Machenschaften ein Ende bereiten. Er hat den Libanon zerstört und will sein Zerstörungswerk fortsetzen. Ich sage noch einmal: Bitte, helfen Sie uns, die Fremden loszuwerden. Ich meine die israelischen, die syrischen und die palästinensischen Streitkräfte.«

Prinz Saud al-Faisal dachte, diese Rede gelte als Darlegung eines Standpunkts, über den verhandelt werden könne. Daß er sich täuschte, mußte er beim zweiten Treffen einsehen, das am folgenden Tag um 4 Uhr morgens stattfand. Beschir Gemayel ließ sich nicht umstimmen. Für die königliche Familie von Saudi Arabien galt das Treffen von Taif als gescheitert. Sie vergaß die Niederlage nicht. Sie weigerte sich fortan, Beschirs Präsidentschaftskandidatur zu unterstützen.

Während sich Beschir Gemayel in Saudi Arabien aufhielt, zeigte das israelische Oberkommando seine Ungeduld, seine Unzufriedenheit mit dem schleppenden Fortgang der Verhandlungen. Es beorderte Kampfflugzeuge in den Luftraum von Beirut, die im Tiefflug Angriffe zu simulieren hatten. Nervenaufreibend war das Heulen der Düsen und der ständig wiederholte Überschallknall. Noch minutenlang nach dem Abdrehen der Flugzeuge dauerte das Abwehrfeuer der palästinensischen Flakkanoniere an. Einen Abschußerfolg erzielten sie nicht, da ihre Geschütze eine zu geringe Beweglichkeit besaßen.

Nach dem Scheitern der Versuche, der PLO eine symbolische Präsenz in Beirut zu sichern, verlor Johnny Abdo seine Bedeutung als Übermittler von Signalen zwischen den Verhandlungspartnern. Der sunnitische Politiker Saeb Salam trat stärker hervor. Ihm vertraute Yasir Arafat, der nun gebeten war, weitere Zugeständnisse zu machen. Saeb Salam stellte am 2. Juli die Situation so dar:

»Die Chefs der PLO sind bereit, den Libanon zu verlassen. Doch manchmal sind die Details wichtiger als prinzipielle Erklärungen. Umstrittene Detailfragen sind: Wer muß aus Beirut weg? Wie geschieht die Abreise? Wohin begibt sich die PLO-Führung? Was passiert mit den 600 000 Palästinensern, die hier zurückbleiben? Kann es sich die PLO erlauben, gedemütigt abzuziehen? Alle diese Fragen sind eng miteinander verbunden. Die letzte Frage kann ich selbst beantworten: Wir Araber können nicht dulden, daß die PLO-Führung derart gedemütigt wird, denn sie hat das nicht verdient. Die PLO-Führung besteht nicht aus Terroristen, sondern aus gemäßigten, vernünftigen Männern. Wenn sie ihr Gesicht verlieren, dann werden die Palästinenser eine wahrhaft terroristische Leitung bekommen, unter der die ganze Welt zu leiden haben wird. Wenn Yasir Arafat abgelöst wird, dann hat der Frieden keine Chance mehr.«

Am Sonntag, dem 4. Juli, erhielt Saeb Salam ein von Yasir Arafat signiertes Dokument ausgehändigt, das die Vorstellungen der PLO-Führung zur Beendigung des akuten Kriegszustands enthielt. Arafat selbst bezeichnete das Dokument als Sechspunkteprogramm der PLO. In sechs Stufen sollte die Konfliktlösung ablaufen:

»1.Entflechtung der israelischen und der palästinensisch-syrischen Streitkräfte. In die so entstehende Pufferzone werden UN-Kontingente einziehen, deren Kern 1500 französische Soldaten bilden.

2. Kommandeure und Kämpfer der PLO verlassen Beirut in Richtung Damaskus. Gedacht ist an Abtransport in Flugzeugen.

3. Die libanesische Armee zieht in Westbeirut ein und nimmt alle Waffen an sich, die von der PLO zurückgelassen werden. Sie wird in dieser Phase von Einheiten der UN-Kontingente unterstützt.

4. Zwei palästinensische Brigaden bleiben in Beirut, unterstehen jedoch einem libanesischen Befehlshaber. Diese zwei Brigaden werden nie in die Nähe der israelischen Grenze verlegt. Sie verlassen den Libanon zu dem Zeitpunkt, an dem auch der Abzug der israelischen und der syrischen Verbände stattfinden wird.

5. Nach Abzug der palästinensischen Streitkräfte wird ein politisches Büro der PLO in Beirut bestehen bleiben. Es wird auch weiterhin eine Informationsstelle und ein Amt für Palästinensische Sozialhilfe in der libanesischen Hauptstadt geben.

6. Zum Schutz der palästinensischen Bevölkerung im Libanon werden Sicherheitsgarantien abgegeben. Für den Schutz zuständig sind Verbände der libanesischen und der internationalen Streitkräfte.«

Kaum hatte Saeb Salam das Dokument an Philip Habib weitergegeben, da sagte der israelische Regierungssprecher Dan Meridor, Vorschläge der PLO seien nur dann interessant, wenn sie die Kapitulation ankündigten. Als Menachem Begin schließlich den Text des Arafatdokuments studiert hatte, gab Meridor die offizielle Zurückweisung bekannt: »Die israelische Regierung lehnt jeden Vorschlag kategorisch ab, der in irgendeiner Form die Beibehaltung palästinensischer Verbände oder Büros in der libanesischen Hauptstadt zum Inhalt hat. Die israelische Regierung wird auch keinerlei symbolische Präsenz der PLO im Libanon gestatten.«

Die Waffen schwiegen, doch der Krieg wurde mit psychologischen Mitteln fortgesetzt: Am Abend des 4. Juli blieb Westbeirut dunkel. Israelische Soldaten hatten die Stromverteilerstation al-Karantina besetzt und die Hauptleitung in Richtung der islamischen Stadtteile abgeschaltet. Obgleich die Aktion keineswegs heimlich geschah, ließ Regierungssprecher Meridor wissen, Israel habe mit der Stromabschaltung nichts zu tun – um so den Verdacht auf die Phalanges Libanaises zu lenken. Beschir Gemayel aber hatte nie daran gedacht, die islamischen Bewohner der Hauptstadt den Schrecken der Dunkelheit auszusetzen. Mahmud Ammar, der libanesische Minister für Strom- und Wasserversorgung, ein Moslem, wies die Verantwortung eindeutig der israelischen Armee zu: »Die Soldaten haben Gewalt angewendet. Sie haben unsere Arbeiter auf die Seite geschoben und haben selbst den Schalter umgelegt. Drei Soldaten blieben in der Station al-Karantina als Wache zurück. Was hier geschieht, ist unmenschlich!«

Die schlimmste Konsequenz der Stromabschaltung war nicht die abendliche Dunkelheit in den Wohnungen Westbeiruts, sondern der sofort damit verbundene akute Wassermangel. Das interne Pumpnetz in Westbeirut fiel aus; höhergelegene Häuser blieben ohne Wasser. Die Wasserversorgung Beiruts ist dazuhin so beschaffen, daß die städtischen Leitungen jeweils nur die Erdgeschosse erreichen. Der Druck ist zu gering, um das Wasser hochzuführen in die Wohnungen. Elektrisch betriebene Pumpen drücken es in die Stockwerke. Bei Stromausfall blieben die Wohnungen unversorgt. Das Problem betraf nicht so sehr das Trinkwasser – was die Menschen selbst brauchten, konnten sie sich im Erdgeschoß holen –, schlimm war, daß für die Toiletten kein Spülwasser mehr zur Verfügung stand. Kaum jemand mutete sich zu, die für die Toiletten notwendigen Wassermengen in die oberen Stockwerke zu schleppen. Westbeirut besteht durchweg aus Hochhäusern.

Der Krieg ohne Waffen wurde noch verstärkt: Am folgenden Tag versiegten auch die Leitungen in den Erdgeschossen der Hochhäuser. Um 17.15 Uhr waren israelische Soldaten an der Pumpstation auf dem Hügel des christlichen Stadtteils Aschrafieh vorgefahren. Mahmud Ammar, der zuständige Minister, berichtete: »Das Wasser, das nach Aschrafieh hochgepumpt worden ist, fließt durch die Schwerkraft hinunter nach Westbeirut. Ein großes Rad, das so aussieht wie das Steuerrad eines Schiffes, öffnet und schließt die Leitung. Dieses Rad haben die israelischen Soldaten einfach abgeschraubt und davongerollt. Ohne das Rad kann die Leitung nicht wieder geöffnet werden. Die Soldaten haben genau gewußt, wie alles bei uns funktioniert. Auch die Besetzer der Stromverteilerstation al-Karantina hatten Lagepläne bei sich.«

Westbeirut war ohne Strom und ohne Wasser. Um nicht völlig im Dunkeln sitzen zu müssen, behalfen sich die Bewohner mit Kerzen und Petroleumlampen. In der Halbfinsternis der Wohnungen durchlebten Frauen, Kinder und Männer Zeiten des Schreckens, des Wartens auf den nächsten Einschlag, denn die israelische Artillerie wählte die Nacht für ihr Feuer auf Westbeirut. Die Zeiten der Ruhe waren vorüber.

Mit dem Sonnenaufgang begannen tagtäglich die Stunden der Hitze – und des Durstes. Der Qual entkam nur, wer in seinem Keller einen eigenen Brunnen gegraben hatte. Viele Hausbesitzer hatten, weil sie der Beiruter Wasserversorgung nicht trauten, schon längst Grundwasserpumpen aufgestellt. Die Qualität des so gewonnenen Wassers war schlecht, da es einen extrem hohen Salzgehalt aufwies, doch es half über den schlimmsten Durst hinweg.

Die israelische Armeeführung gab schließlich zu, für die Sperrung der Leitungen für Strom und Wasser verantwortlich zu sein. Dies geschehe, so lautete die Begründung, um die PLO zu veranlassen, endlich aus Beirut abzuziehen. Dunkelheit und Durst sollten die Libanesen in Westbeirut dazu bringen, den Chefs der PLO mehr oder minder handgreiflich deutlich zu machen, daß sie allein für die Not Verantwortung trügen und schnelle Konsequenzen zu ziehen hätten. Die führenden Köpfe der Bewohner Westbeiruts blieben jedoch weiterhin bei ihrer Politik der Solidarität mit Yasir Arafat – auch als die Beschießungen intensiver wurden. Saeb Salam wuchs hinein in seine Funktion des Vermittlers zwischen Philip Habib und Yasir Arafat.

Für den 11. Juli hatten die beiden ein Gespräch vorgesehen, doch israelisches Artilleriefeuer verhinderte die Begegnung. Um die Mittagszeit sagte Saeb Salam: »Philip Habib hat mich soeben angerufen. Er hat geschrien vor Zorn. Er wollte mir nur sagen, ich solle das Haus nicht verlassen, sollte mich in den Keller begeben. Das sei heute der gefährlichste Tag. Ich habe ihn dann gefragt: ›Und was machen die Verhandlungen?‹ Da antwortete er: ›Es gibt keine mehr!‹ Ich sage, die Verhandlungen führen zu nichts. Ariel Scharon hat die Absicht, Beirut zu zerstören. Stadtviertel für Stadtviertel. Heute kommt er mit seiner Absicht ein gutes Stück voran.«

Um 21 Uhr hatten Bemühungen von Philip Habib Erfolg: Ein Waffenstillstand wurde vereinbart. Per Telefon hatte der US-Unterhändler direkte Verbindung zu Menachem Begin aufgenommen; Saeb Salam war Vermittler zu Arafat gewesen.

Eine Pause trat ein in der Entwicklung. Von Beirut verlagerte sich der Ort der Entscheidung nach Washington. Der amerikanische Außenminister Alexander Haig verließ sein Amt, weil er das Vertrauen seines Präsidenten nicht mehr besaß. Fadenscheinig und ohne rechten Sinn war die Begründung des Rücktritts. Yasir Arafat war der Meinung, Alexander Haig habe das State Department verlassen müssen, weil er Ronald Reagan über die wahren Kriegsabsichten der Israelis getäuscht und sich deren Standpunkt ganz zu eigen gemacht habe. Arafat meinte: »Haig ist das erste politische Opfer dieses Krieges. Eine ganze Reihe weiterer Opfer wird folgen. Ich rechne damit, daß Ariel Scharon zurücktritt und Menachem Begin auch. Der Abgang von Alexander Haig ist doch das offene Eingeständnis, daß sich da eine Verschwörung abgespielt hat gegen die Araber. Gescheitert ist sie nur, weil Scharon und Begin den Zeitplan nicht eingehalten haben. Ich weiß bestimmt, daß Haig bei Scharon hat anfragen lassen, wie lange der Krieg denn dauern werde. Und er hatte zur Antwort bekommen: Drei Tage! Hätte der Krieg wirklich nur drei Tage gedauert, dann wäre Haig noch fest im Amt. Doch dazu war unser Widerstand zu stark. So haben wir die ganze Geschichte entlarvt. Jetzt aber wird sich einiges ändern.«

Bestärkt wurde Arafat durch Worte des neuen amerikanischen Außenministers, George Shultz, die als Ansatz des Verständnisses für die Sache der Palästinenser interpretiert werden konnten: »Wir müssen uns dringend den legitimen Problemen dieses palästinensischen Volkes zuwenden. Dieses Volk hat viel gelitten, und es besitzt Rechte.« George Shultz schloß nicht aus, daß irgendwann, unter bestimmten Bedingungen, die PLO auch von den USA als Repräsentant des palästinensischen Volkes anerkannt werden könne. Er ließ durchblicken, daß dazu die Bestätigung der Existenzrechte des Staates Israel durch die PLO-Führung die Grundlage schaffen würde.

Als Ronald Reagan die Spitze des State Department neu geordnet hatte, bemühte er sich selbst um die Suche nach einer Beendigung des Krieges im Libanon, der inzwischen länger als einen Monat dauerte. Der Präsident sprach mit dem saudiarabischen Außenminister Prinz Saud al-Faisal und mit dem syrischen Außenminister Abdel Halim Khaddam. Zum erstenmal wurde ernsthaft die Frage erörtert, wohin denn die Palästinenser, die bereit waren abzuziehen, überhaupt gebracht werden sollten. Ronald Reagan wollte wissen, ob daran gedacht sei, die palästinensische Streitmacht in ein einziges bestimmtes Land oder in mehrere Länder zu transportieren. Dies hänge, so meinte der Präsident, wohl davon ab, wie groß die Zahl derer sei, die Beirut zu verlassen hätten. Sowohl Saud al-Faisal als auch Khaddam gaben an, keine Ahnung zu haben, über wie viele Kämpfer Arafat verfügte. Ronald

Reagan beklagte sich daraufhin über das Mißtrauen der beiden Gesprächspartner. Die guten Dienste der USA, so fuhr Reagan unvermittelt fort, könnten sich nur auf die Vermittlungsphase beschränken. Die Verantwortung für die Ausführung eines Evakuierungsplans liege bei den souveränen Staatschefs in Arabien.

Ronald Reagan bat die beiden Außenminister, die arabischen Regierungen eindringlich auf ihre Pflicht hinzuweisen, für die PLO einen Ausweg zu finden. Doch der Präsident bekam von Prinz Saud al-Faisal die patzige Replik zu hören: »Sie gehen von völlig falschen Voraussetzungen aus. Uns interessiert der Abzug der Palästinenser überhaupt nicht. Uns interessiert allein der Abzug der Israelis aus dem Libanon!« Der amerikanische Präsident wies darauf hin, das eine sei durch das andere zu erreichen: Die israelische Regierung werde dann ihre Truppen abziehen, wenn die PLO sich nicht mehr in Beirut befinde.

Auf Reagans erneute, insistierende Frage, welches arabische Land letztlich bereit wäre, tatsächlich Bewaffnete der PLO aufzunehmen, antwortete der syrische Außenminister: »Syrien wird niemand aufnehmen – aus prinzipiellen Gründen. Wir wollen keinen Exodus auslösen aus libanesischen Lagern in syrische Lager. Möglich ist, daß die Regierung von Irak und Algerien PLO-Mitglieder in ihr Land lassen. Vielleicht ist auch Jordanien bereit dazu.« Nach dieser Erfahrung, die seine Geduld erschöpft hatte, überließ Ronald Reagan die Suche nach der Lösung des Libanonproblems erneut Philip Habib.

So wurde Beirut wieder zum Ort, an dem die Entscheidungen vorbereitet wurden. Zu erwarten war nach dem Scheitern der Washingtoner Gespräche eine intensive Fortsetzung der Beschießung durch israelische Artillerie. Dabei war das Leben in Westbeirut auch so schon schwierig geworden. Schwer lasteten die Folgen der Blockade auf den Menschen: Die israelischen Belagerungstruppen weigerten sich, Lebensmittel in den islamischen Teil der Stadt zu lassen, und sie wurden dabei von den Phalanges Libanaises unterstützt. Die Milizen des Beschir Gemayel waren häufig strenger als die israelischen Soldaten. Die Phalanges Libanaises hielten manchmal Lebensmitteltransporte des Roten Kreuzes auf, die israelische Checkpoints bereits passiert hatten. Die Israelis drückten ein Auge zu, wenn sie entdeckten, daß Männer das Wagnis eingingen, über verminte Nebenstraßen, durch Trümmergrundstücke Mehlsäcke und Kisten voll Kartoffeln in die belagerte Stadt zu schleppen. Die Bewaffneten der christlichen Milizen aber hielten die Blockadebrecher durch Schüsse auf.

Bald schon wurde die Versorgung mit Gemüse, Obst und vor allem mit Mehl schwierig. 180 Tonnen wurden täglich von den Bäckern benötigt, um Fladenbrot, das Hauptnahrungsmittel der Libanesen, in ausreichender Menge für die 400 000 Bewohner herzustellen. Bei Beginn der Belagerung bestanden die Mehlvorräte in der Stadt aus höchstens vier Tagesrationen. Ein Plan für eine gerechte Verteilung existierte nicht. Die Militärpolizei der PLO hatte Anweisung, Mehl bei Großhändlern zu konfiszieren und zu rationieren, doch durchführen ließ sich diese Anweisung kaum. So mußten in den ärmeren Vierteln Bäcker ihre Betriebe schließen, die sich, aus Geldmangel, jeden Tag nur mit geringen Mehlmengen hatten beliefern lassen. In ihren Säcken befand sich kein Mehl mehr. Bäckereien, die noch über Mehl verfügten, konnten jedoch häufig deshalb nicht backen, weil sie kein Heizöl mehr für ihre Öfen bekamen. Kaum einer der Bäcker hatte bei Kriegsbeginn einen Vorrat an Heizöl einkaufen können, dazu hatte das Geld gefehlt. Über Reserven verfügte allein die PLO; die Palästinenserorganisation hatte gut vorgesorgt. Bitten an die PLO waren erfolgreich: Arafat erklärte sich bereit, Heizöl an die Bäckereien abgeben zu lassen. Er wußte genau, daß er gerade in diesem Fall unbedingt helfen mußte: Konnten die Familien in Westbeirut kein Fladenbrot mehr kaufen, dann litten sie Hunger – und dann waren sie bereit, gegen die Organisation zu rebellieren, die – ihrer Meinung nach – Schuld war an der Not. Die Palästinenser wären die Opfer gewesen.

Auch der Treibstoff für Kraftfahrzeuge ging bald zur Neige. Die Folge war, daß die Lastwagen der Müllabfuhr nicht mehr eingesetzt werden konnten. An den Straßenrändern lagerten nach wenigen Tagen schon Berge von Abfällen aus Hunderttausenden von Küchen. In der Hitze begannen diese Haufen zu gären und zu stinken. Die Ärzte befürchteten Epidemien, an denen Tausende sterben würden, wenn der Müll nicht bald aus der Stadt geschafft werde.

Der PLO-Chef gab sich alle Mühe, den Königen und Präsidenten der arabischen Staaten das Elend in der Stadt darzustellen. Er telefonierte und sandte Telegramme – doch kaum einer der Adressaten reagierte. Einzig der libysche Revolutionsführer Moammar al-Kathafi schickte eine Antwort. Sie mißfiel allerdings dem Kommandeur der palästinensischen Verteidiger, der ganz stolz war auf das, was seine Männer bisher geleistet hatten. Der Text, der Arafat ärgerte, war so formuliert: »Ich gebe Ihnen den Rat, Selbstmord zu begehen. Ihr Selbstmord wird der Sache der Palästinenser den Glanz des Ruhms verleihen, der über Generationen andauern wird. Ihr Blut wird der Revolution in ganz Arabien Nahrung geben. Dem Feind sollte nicht das Recht zugestanden werden, über die weitere Zukunft der Palästinenser in Verhandlungen zu bestimmen. Gleichgültig, wo Ihr Euch aufhalten werdet, ob in Beirut, an einem anderen libanesischen Ort oder sonstwo in der Welt, werdet Ihr vom zionistischen Feind verfolgt werden.«

Voll Zorn schrieb Arafat zurück, er habe erwartet, daß ihm Unterstützung angeboten werde, und gab seiner Enttäuschung Ausdruck: »Die Umzingelung der Palästinenser und der Libanesen – wobei die modernsten Waffen durch die Israelis verwendet werden – hat keinerlei arabische Reaktion hervorgerufen. Es sieht für mich so aus, als ob ganz Arabien den Israelis Zustimmung zu unserer Einkreisung gegeben hätte.«

Arafat wies die Schuld an seiner mißlichen Lage dem libyschen Revolutionsführer zu: »Hätten Sie in die Realität umgesetzt, was Sie versprochen hatten, dann wäre es nie zur Belagerung Beiruts gekommen.« Damit bezog er sich auf das Versprechen des Libyers, Truppen zu schikken. Während der Revolutionsfeiern des Jahres 1981 hatte Moammar al-Kathafi auf dem Grünen Platz in Tripolis sein Waffenarsenal vor Arafat auffahren lassen – und er hatte dem Chef der Palästinensischen Befreiungsbewegung gesagt, mit Hilfe dieser Waffen und der entschlossenen Mannschaft werde Palästina bald erobert sein. Damals waren die Pläne des Revolutionsführers jedoch schon in Richtung Afrika gerichtet: Moammar al-Kathafi wollte eher den Tschad erobern als Jerusalem. Diesen »Verrat« klagte Arafat jetzt an. Doch sein Protest gegen Interesselosigkeit und Apathie nützte nichts. Der Krieg bekam seinen eigenen Rhythmus. Im Wechsel von Beschießung und Waffenstillstand zogen sich die Tage hin.

Am 29. Juli glaubte der amerikanische Unterhändler, er habe Aufnahmeländer für die Verbände der PLO gefunden. »Triumphierend kam Habib zu Sarkis«, erzählte Karim Pakradouni, »um ihm mitzuteilen, drei Länder stünden jetzt auf seiner Liste, und damit sei der Fall wohl definitiv geregelt. Skeptisch fragte der Präsident, um welche Staaten es sich handle, und erfuhr, daß der Syrer Hafez Assad, der Ägypter Husni Mubarak und König Hussein von Jordanien PLO-Kämpfer willkommen heißen wollten. Sarkis bemerkte, daß er daran überhaupt nicht glaube. Husni Mubarak habe ausdrücklich betont, er stehe fest zu den Camp-David-Verträgen, da werde er kaum Israel durch Aufnahme von PLO-Aktivisten provozieren wollen. Syrien aber sei keine verlockende Heimstatt für Arafat und seinen Stab. Hafez Assad habe die Palästinenser immer unter strikter Kontrolle gehalten; er werde jetzt unter keinen Umständen der PLO freie Entfaltungsmöglichkeiten geben – Arafat werde sich deshalb hüten, ein größeres Kontingent an Kämpfern in den Machtbereich des syrischen Präsidenten zu verlegen. Was Jordanien betreffe, so wisse er genau, daß König Hussein nur solche Palästinenserführer ins Land lasse, die nicht auf den Fahndungslisten der jordanischen Polizei stehen. Sarkis meinte: ›Die waren doch alle bis zum Bürgerkrieg 1970 in Amman und haben gegen das Regime des Königs gekämpft. Die stehen alle auf der Fahndungsliste.‹ Philip Habib spielte den Beleidigten und sagte, er sei schließlich nicht naiv. Er habe vorsorglich den Bruder des Königs, den Prinzen Hassan, gebeten, eine generelle Amnestie für alle Palästinenserführer zu verkünden. Hassan habe versprochen, er werde diesen Wunsch schon während der nächsten Tage erfüllen. Sarkis hat darauf den Kopf geschüttelt und mit ironischem Ausdruck im Gesicht gemeint: ›Sie sind noch viel naiver, als ich je gedacht habe, und von der arabischen Seele haben Sie überhaupt keine Ahnung. Es genügt doch nicht, daß Hassan eine Amnestie erläßt; entscheidend ist, ob ihm die Palästinenser glauben. Die Chefs sind keine Idioten. Sie werden sich den Jordaniern nicht ausliefern. Den Schwarzen September haben Arafat und seine Leute nicht vergessen. Sie, Philip Habib, brauchen noch mindestens zwei Jahre, bis Sie die Menschen hier begreifen und bis Sie mir Vorschläge machen können.‹«

Ein weiteres Mal hörte Habib den Vorwurf, er sei naiv, zwei Wochen später. Mit Erstaunen folgte Elias Sarkis dem Vortrag des US-Unterhändlers, als dieser berichtete, er habe die PLO-Führung dazu überreden können, den Abzug aus dem Libanon in zwei Etappen zu vollziehen. Von Beirut aus würden sich die Kämpfer zunächst auf der Küstenstraße nach Tripoli im Nordlibanon begeben. Dort könnten sie abwarten, bis die Suche nach Aufnahmeländern mit gutem Ergebnis abgeschlossen sei; dann erfolge die endgültige Abreise aus dem Libanon. Diesmal begnügte sich Elias Sarkis in seiner Antwort nicht mit Ironie. Er schrie Philip Habib an: »Halten Sie mich eigentlich für einen Idioten? Sowie die Palästinenser in Tripoli angekommen sind, werden sie sich dort festklammern und überhaupt nicht mehr an Abreise denken. Dann werden sie wieder nur durch Gewalt vertrieben werden können… Vor zwei Wochen habe ich Ihnen gesagt, daß Sie zwei Jahre brauchen werden, bis Sie den Libanon und seine Menschen verstehen. Ich muß mich korrigieren: Sie werden zwölf Jahre brauchen!«

Philip Habib, dessen Familie aus dem Libanon stammte, ärgerte Elias Sarkis häufig durch einen Versprecher: Wollte Habib »libanesische Regierung« sagen, so geschah es, daß er von der »vietnamesischen Regierung« sprach. Eine politische Absicht stand nicht dahinter: Philip Habib hatte zum Verhandlungsteam der USA zur Beilegung des Vietnamkonflikts gehört. In der Zusammenarbeit mit Außenminister Kissinger hatte Philip Habib einen Grundsatz der Diplomatie gelernt: »Konflikte lassen sich nur lösen, wenn sie heiß sind. Solange ein Streit lauwarm bleibt, kümmert sich niemand darum, ist niemand an einer Schlichtung interessiert. Deshalb ist es wichtig, einen Konflikt, dessen Lösung beabsichtigt ist, so anzuheizen, daß er hell auflodert.« Kissinger hatte diesen Grundsatz selbst befolgt, im Jahre 1973. Er hatte viel dafür getan, daß der ägyptische Präsident Anwar as-Sadat im Oktober jenes Jahres seiner Armee den Sprung über den Suezkanal befahl. Das Auflodern des Konflikts weckte damals die Großmächte auf: Die USA, die bisher gezögert hatten, auf Israel Druck auszuüben, ließen endlich ihren Einfluß wirken. Kissinger konnte im Herbst 1973 die Basis für die Verträge von Camp David legen.

Habib folgte Kissingers Beispiel: Immer, wenn Arafat durch taktische Finessen Zeit gewinnen wollte, bat Habib die Regierung in Washington, Ariel Scharon wissen zu lassen, daß die Stunde für Luftangriffe und Artilleriebeschuß günstig sei. Derartige Hinweise veranlaßten das israelische Oberkommando zu harten Schlägen am 1. und 2. August. Den Wunsch nach Beendigung der Angriffe signalisierte das State Department durch die Bemerkung, die amerikanische Regierung sei bestürzt wegen der Härte der Kampfhandlungen. Philip Habib werde durch sie daran gehindert, seine Vermittlungsarbeit fortzusetzen.

Die Methode hatte Erfolg. Am 3. August übergab Arafat ein Dokument mit neuen Vorschlägen, das er bereits vor einigen Tagen ausgearbeitet hatte, an Saeb Salam zur Weiterleitung an Philip Habib. Der Text enthielt die Erklärung zur grundsätzlichen Bereitschaft der gesamten PLO, aus Beirut abzuziehen. Eine Forderung erhob der PLO-Chef allerdings: Er verlangte, daß dem Abmarsch der Kämpfer aus ihren Stellungen der Einmarsch einer internationalen Sicherungsstreitmacht vorausgehen müsse. Die PLO-Einheiten befänden sich während der Stunden der Aufgabe ihrer Verteidigungspositionen in einer militärisch äußerst verwundbaren Lage – sie müßten vor heimtückischen Attacken geschützt werden. Noch am selben Abend wies die israelische Regierung die Forderung Arafats zurück. Menachem Begin und Ariel Scharon ließen erkennen, daß ihre Geduld am Ende war. Während der Nacht rückten 200 Panzer in die vorgeschobene Stellung beim Museum am Ostrand der belagerten Stadt ein. Abu Jihad, Arafats Stellvertreter im Oberkommando, alarmierte die PLO-Truppen mit dem Befehl zur höchsten Wachsamkeit, da der israelische Generalangriff in den Morgenstunden zu erwarten sei.

In der sonst völlig stillen Nacht war das Klirren der Panzerketten weit zu hören. Schon bald nach 0 Uhr hatten sich die schweren Fahrzeuge in Bewegung gesetzt. Die Richtung des Vorstoßes war zu erkennen: Die Panzer sollten sich vom Museum aus zum Barbirkrankenhaus am Anfang der Mazraastraße durchkämpfen, um dann auf dieser breiten Verkehrsader bis zum zwei Kilometer entfernten Meer vorzudringen. Damit wäre Westbeirut in zwei Hälften geschnitten worden, und die Palästinenserviertel Sabra, Schatila und Burj Barajne wären isoliert gewesen. Ein zweiter Stoß war vom Flughafen Beirut her mitten ins

Zentrum des palästinensischen Teils von Beirut geplant. Als dritte Achse der Offensive war die Straße vorgesehen, die vom Hafen nach Westen führt, zur Amerikanischen Universität. Die Offensivverbände aller drei Achsen sollten sich an der westlichen Spitze von Beirut vereinigen.

Nur langsam rückte die Panzerkolonne auf der vierspurigen Straße am Museum vor. Längst war die Nacht nicht mehr still. In rascher Folge detonierten Granaten. Artillerie versuchte, den Weg freizuschlagen: Als Feuerwalze durchlief ein Geschoßhagel das Gebiet rechts und links der Mazraastraße; mehrmals verlagerten sich die Einschläge nach Westen, um jeweils wieder an den Ausgangspunkt im Osten an den Beginn der Mazraastraße zurückzukehren. Die Feuerwalze zielte nicht auf ausgewählte Objekte. Die Kanoniere bestimmten nur grob die Gegend, in der die Granaten einschlagen sollten. So wurden wahllos Wohnhäuser getroffen, Geschäftsgebäude, Moscheen, Schulen und Krankenhäuser. Die Menschen suchten Schutz in Tiefgaragen und Erdgeschossen. Vereinzelt eilten Frauen, die meist Kinder mitschleppten, in der Dunkelheit dem Meer zu. Staubwolken verhinderten die Sicht in der Mazraastraße; aus Bränden stieg schwarzer Rauch auf. Hinter Sandbarrikaden standen westlich des Museums die Verteidiger bereit.

Abu Jihad hatte in den vergangenen Stunden das Kommando erfahrenen syrischen Offizieren übertragen, die mit den PLO-Verbänden in der Stadt eingeschlossen waren. Er wußte, daß die eigenen Kämpfer meist nicht die Nerven besaßen, um den richtigen Augenblick zum Abschuß der panzerbrechenden Waffen abzuwarten. Sie schossen häufig zu früh auf herannahende Panzer, so daß die Reichweite ihrer Geschosse nicht genügte. Der Grundsatz, »den Gegner kommen lassen«, wurde zwar im Trainingsprogramm gelehrt, aber kaum im Kampf befolgt.

Erstaunlich unentschlossen begann die israelische Offensive. Erst kurz vor Beginn der Morgendämmerung fuhren sechs Panzer los. Sie hatten das dichtbebaute Gebiet beim Barbirkrankenhaus fast erreicht, da stoppten zwei der Panzer abrupt ab: Ihre Ketten waren durch raketengetriebene Gewehrgranaten getroffen worden. Aus nur wenigen Metern Entfernung hatten die Schützen gezielt. Bemerkenswert war vor allem, daß die Verteidiger die ersten beiden Stahlkolosse hatten vorbeifahren lassen. Diese Panzer standen nun in der Falle: Nach rückwärts war der Weg blockiert durch die getroffenen Panzer, die, schräggestellt, die Straße versperrten; vorwärts fuhren die zwei bisher verschonten Kettenfahrzeuge mitten hinein in den Geschoßhagel, der vom Barbirkrankenhaus her auf den Anfang der Mazraastraße prasselte. Auch ihre Ketten waren bald getroffen. Vier Panzer lagen nun unbeweglich fest. Aus den drei vordersten drangen Rauchschwaden und schließlich Flammen. Die Besatzungen wurden durch Maschinengewehrfeuer getötet, als sie sich aus dem Turm retten wollten.

Zwei Stunden nach Sonnenaufgang befahl das israelische Oberkommando den Abbruch der Offensive auf der Mazraastraße. Die zwei Panzer, die von der ersten Durchstoßkolonne übriggeblieben waren, zogen sich zum Museum zurück, begleitet von der Infanterieeinheit, die ebenfalls zum Angriff angesetzt war. Neunzehn Soldaten fehlten; sie lagen verwundet oder tot in der eben geräumten Angriffszone. Stoßtrupps wurden losgeschickt, um die Opfer zu bergen, doch fünf der Toten waren bereits der PLO in die Hände gefallen.

Die Niederlage in der Museumsregion konnte nicht durch einen Erfolg im Südabschnitt der Front wettgemacht werden. Hier gelang den israelischen Verbänden die Eroberung des Henri-Schehab-Camps der libanesischen Armee, doch das Eindringen in die Palästinenserviertel wurde durch hartnäckigen Widerstand verhindert. Dabei hätte energisches Nachdrängen den israelischen Panzerverband zumindest bis zum Sportstadion Camille Chamoun voranbringen können.

Der 4. August wurde im Kriegstagebuch der PLO als der erfolgreichste Tag der gesamten Schlacht um Beirut bezeichnet: »Er markiert einen Wendepunkt, denn von nun an sind keine israelischen Vorbereitungen für die Eroberung von Westbeirut mehr zu bemerken.«

Obgleich sich die militärische Situation für die PLO durch den Abwehrerfolg verbessert hatte, gab Arafat bekannt, daß er immer noch zu seinem Wort stehe, seine gesamte Streitmacht aus Beirut abzuziehen. Er habe nicht die Absicht, die libanesische Hauptstadt in ein »Stalingrad« zu verwandeln. Er habe auch nicht das Recht, von den Bewohnern Beiruts weitere Opfer zu verlangen. Der Tag der israelischen Offensive hatte mehr als 350 Zivilpersonen das Leben gekostet.

Zwei Tage später aber entging Arafat selbst nur knapp dem Tod. Um 13.45 Uhr flog eine israelische Kampfmaschine von Norden her Beirut an. Über dem Stadtgebiet wurde sie durch Abwehrfeuer der palästinensischen Flak empfangen. Doch ungehindert raste das Flugzeug auf die Gegend des Parks im Stadtteil Sanayeh zu. Allem Anschein nach galt der Angriff dem Amtssitz des libanesischen Ministerpräsidenten Schafiq Wazzan. Doch die zwei Bomben, die sich von der Kampfmaschine lösten, trafen ein Haus 100 Meter weiter weg. Eigenartig schwach war das Geräusch der Detonation. Der Trümmerhaufen unterschied sich von allen anderen Überresten zerstörter Häuser in Beirut: Da lagen keine Mauerreste auf der Straße; die Bausubstanz war in sich zusammengestürzt. Es hatte keine Explosion stattgefunden, sondern eine Implosion. Die Bomben hatten das Gebäude bis nahe zum Erdgeschoß durchschlagen, dann erst war die Zündung erfolgt: Im Bruchteil einer

340

Sekunde hatte sich eine Wolke aus hochbrisantem Gas gebildet, die sich sofort entzündete und im Umkreis von 50 Metern alle Luft verbrannte; ein Vakuum entstand, das von außen mit hoher Wucht aufgefüllt wurde. Die Eigenart dieser Bomben war, daß durch ihre Explosion nicht eine Detonationswelle nach außen ihre Kraft entfaltete, sondern ein Sog entstand, der die Mauern nach innen einriß.

Eine Viertelstunde ehe die israelische Kampfmaschine ihre zwei Bomben ins Ziel warf, hatte Yasir Arafat samt seinem Stab dieses Gebäude verlassen. Im untersten Stockwerk befand sich ein Konferenzsaal der PLO, in dem häufig Stabsbesprechungen stattfanden. Im Keller war die Telefon- und Funkzentrale der Palästinenserorganisation untergebracht. Von hier aus war Arafats Technikern noch immer gelungen, Verbindung mit arabischen Regierungen zu halten.

In dieser Phase des Kampfes um Beirut war Arafat häufig in das Gebäude am Sanayehpark gekommen. Um 12.30 Uhr hatte Arafat an jenem Tag die Sitzung begonnen und nach etwas mehr als einer Stunde abgebrochen. Die für Arafats Sicherheit Verantwortlichen nahmen fest an, daß irgend jemand oder irgend etwas die Ankunft des PLO-Chefs nach Israel gemeldet haben mußte. Den Minisender an Arafats Fahrzeug hatten die Verantwortlichen zu diesem Zeitpunkt noch nicht entdeckt. Mit Glück war Arafat entkommen, doch die 150 Bewohner der acht Stockwerke über dem Konferenzsaal hatten unter den Betontrümmern ihr Leben verloren. Erst nach und nach konnten die Leichen geborgen werden. Die Frauen, Männer und Kinder gehörten durchweg zu palästinensischen Familien.

Im Verlauf der Besprechung im PLO-Konferenzsaal hatte Arafat seine Mitarbeiter darüber informiert, daß zwar ein Zeitplan für den Ablauf der Evakuierung ausgearbeitet sei, doch stehe noch immer nicht fest, in welche Länder die Kämpfer abziehen könnten.

Da die Verhandlungen stockten, signalisierte Philip Habib der israelischen Regierung bei seinen Gesprächen in Jerusalem, die Zeit für militärischen Druck sei erneut gekommen. Es fehle nur wenig zum Durchbruch bei den Verhandlungen, doch müsse der arabischen Seite deutlich gemacht werden, wie sehr die Zeit dränge. Das Resultat der Bemerkungen des amerikanischen Unterhändlers bekam die Bevölkerung der libanesischen Hauptstadt am 11. und 12. August zu spüren.

Im Tagebuch der PLO ist für Mittwoch, den 11. August, vermerkt: »Von der Mittagszeit an Luftangriffe, die drei Stunden dauern. Von 15 Uhr an Beschießung von Westbeirut durch Schiffsartillerie. Einschläge bis 20 Uhr. Die libanesischen Behörden melden 80 Tote. Im Süden der Stadt feuert der Gegner mit Artillerie, doch er erzielt keine Fortschritte, keinen Geländegewinn. Frontverlauf verändert sich nicht.«

Am 12. August verstärkte die israelische Führung die Angriffe. Nach libanesischen Angaben starben allein an diesem Tag nahezu 500 Menschen an Folgen der Kampfhandlungen.

Elf Stunden lang heulten die Düsen der Kampfmaschinen über der Stadt. Im Abstand von jeweils zwei Minuten stürzten sich die Flugzeuge vom Typ Kfir und Phantom auf die Ziele. Ihnen schlug heftiges, aber wirkungsloses Flakfeuer entgegen. Auch wenn die Flugzeuge mehrmals, aus derselben Richtung kommend, eine bestimmte Zone der Stadt überflogen, erzielten die Kanoniere der PLO keine Treffer. Gefährlich waren nur die Flugabwehrraketen SAM-7, die, von der Schulter abgefeuert, ihr Ziel selbst suchen: Die Sensoren dieser Raketenart folgen einer Hitzequelle; sie werden von der heißen Strahlung der Düsen angezogen. Doch die amerikanische Rüstungsindustrie hatte ein schlichtes und doch wirksames Gegenmittel dagegen entwickelt: Um die Raketen abzulenken, stießen die Kampfmaschinen Hitzefackeln aus, deren Wärmestrahlung intensiver war als die der Triebwerke. So erreichte keine einzige der SAM-7-Raketen ihr Ziel.

Nach Beobachtungen der PLO flog die israelische Luftwaffe am 12. August 220 Einsätze und belegte Beirut mit mehr als 43 000 Bomben und Raketen. Die Angaben über die Zahl der Sprengkörper ließ sich nicht belegen. Übersehbar aber war das Ausmaß der angerichteten Verwüstung: Die libanesischen Behörden registrierten die Zerstörung von 800 Gebäuden.

Während der Stunden der Luftangriffe befand sich Ministerpräsident Schafiq Wazzan im Baabdapalast zu Gesprächen mit Präsident Elias Sarkis und Philip Habib. Durch die breite Fensterfront konnte Wazzan die Wolken aus Rauch und Staub sehen, die lange noch nach den Detonationen über den getroffenen Häusern standen. Dicht war die schwarze Wand im Gebiet südlich der Mazraastraße; doch auch nördlich dieser Trennungslinie brannten diesmal mehr Gebäude als bei früheren Angriffen. Der Ministerpräsident, sonst ein eher bedächtiger Mann, war außer sich vor Zorn. Schafiq Wazzan sagte zum amerikanischen Unterhändler, er sei nicht länger bereit, an Verhandlungen über den Abzug der PLO teilzunehmen, da Menachem Begin und Ariel Scharon offensichtlich die Absicht hätten, Beirut zu zerstören. Philip Habib, der an diesem Tag wieder einmal die Erfahrung machte, daß die israelische Armeeführung den von ihm gewünschten Druck auf die PLO-Chefs mit übertriebener Härte ausübte, mußte seine Behörde in Washington bemühen, den in Israel Verantwortlichen Mäßigung aufzuzwingen. Das State Department informierte wiederum das Weiße Haus. Ronald Reagan reagierte innerhalb weniger Minuten: Durch den amerikanischen Botschafter in Tel Aviv ließ er Menachem Begin ausrichten, Philip Habib und Schafiq Wazzan würden ihre Bemühungen einstellen, die PLO zum Abzug zu bewegen, wenn das israelische Oberkommando nicht sofort seine Kampfmaschinen auf die Flugplätze zurückhole.

Als der amerikanische Präsident eine Stunde später aus dem Baabda-palast informiert wurde, daß die Angriffe mit unverminderter Härte andauerten, da bestand er auf telefonischer Verbindung mit dem israelischen Ministerpräsidenten. In außergewöhnlicher Lautstärke verlangte Ronald Reagan von Begin die sofortige Beendigung der Luftangriffe. Menachem Begin, so wird berichtet, habe kleinlaut geantwortet, er werde die nötigen Anweisungen geben. Worauf ihn Reagan anfuhr: »Das hoffe ich aber doch sehr!«

Der Wortlaut der telefonischen Diskussion ist durch das Amt des Pressesprechers im Weißen Haus bekannt geworden. Diese Indiskretion hatte den Zweck, den arabischen Regierungen zu demonstrieren, daß der Verantwortliche im Weißen Haus auch zum Schutz arabischer Interessen tätig werden konnte. Der königlichen Familie in Riadh und dem Präsidenten in Damaskus sollte die Strenge imponieren, mit der Ronald Reagan dem Israeli Begin Anweisungen gab, von denen die Araber profitierten. Auf Begins Einwurf am Schluß des Telefonats, der Waffenstillstand, den Reagan wünsche, sei schon beschlossen worden, habe der Präsident geantwortet: »Diesen Satz habe ich leider von Ihnen schon zu oft gehört!«

Über die Intervention des Präsidenten gab das Weiße Haus eine Erklärung ab, die ebenfalls ungewöhnliche Schärfe gegenüber Israel zum Ausdruck brachte: »Der Präsident ist empört über die Serie massiver militärischer Aktionen. Er betont, daß Israel damit den Abbruch der Verhandlungen provoziert habe, die Philip Habib unternommen hat, um eine friedliche Lösung der Krise um Beirut herbeizuführen. Diese Verhandlungen standen unmittelbar vor einem positiven Abschluß. Das Resultat der israelischen Aktionen sind neue Zerstörungen und sinnloses Blutvergießen.«

Als gegen Abend der Himmel frei war von israelischen Flugzeugen, da sagte Ministerpräsident Schafiq Wazzan: »Ich weiß nicht, warum die Israelis derart brutal zuschlagen. Die Palästinenser haben doch fast alles akzeptiert. Ich bin überzeugt, daß sie wirklich abziehen wollen – und Philip Habib ist da meiner Meinung. Was sollen wir tun? Die weiße Fahne hissen?«

Niemand in Beirut erlebte den Beginn des Waffenstillstands am 12. August mit dem Gefühl, das Ende des Krieges sei erreicht – und doch hatte der elfstündige Luftangriff tatsächlich Höhepunkt und Abschluß der Kämpfe markiert. Am selben Tag noch erklärte sich Syrien bereit, PLO-Kämpfer aufzunehmen. Der Meinungsumschwung war ausgelöst worden durch die Erklärung des irakischen Präsidenten Saddam Hussein, die PLO könne sein Land künftig als Heimat betrachten – da durfte sich der Syrer Hafez Assad nicht in den Schatten stellen lassen. Das Ende der syrischen Weigerung, Palästinenser aufzunehmen, machte die Aufstellung einer Liste aller Aufnahmeländer möglich.

Nun standen dem Abzug der Palästinenser nur noch kleinere Schwierigkeiten im Wege. Israel verlangte das Recht, die Identität jedes Palästinensers zu überprüfen, der Beirut verließ. Einer derartigen Forderung wollte Arafat auf keinen Fall nachgeben. Der Stolz der Palästinenser würde brechen, argumentierte er, wenn israelische Posten am Hafen Beirut die Papiere der abziehenden PLO-Kämpfer kontrollieren dürften. Die Palästinenser insgesamt hätten in der arabischen Welt dann ihr Gesicht verloren.

Philip Habib, der Amerikaner libanesischer Abstammung, verteidigte Arafats Standpunkt in Jerusalem und erreichte am 15. August Begins Zugeständnis, die israelische Armee werde keine eigenen Checkpoints errichten. Ein französisches Kontingent der Internationalen Friedenstruppe – ihr sollten Franzosen, US-Amerikaner und Italiener angehören – sei geeignet, so lautete die Absprache, den Abzug von Arafats Kämpfern zu überwachen. Menachem Begin sagte seinem Kabinett, die Zeit für Flexibilität sei gekommen.

Der Verteidigungsminister Ariel Scharon aber warnte vor zu großer Nachgiebigkeit: »Die PLO wird davon zu profitieren versuchen. Sobald unsere Härte nachläßt, wird Arafat nach Wegen suchen, um doch noch in Beirut bleiben zu können. Er hat sicher bereits die Absicht, organisatorische Zellen bestehen zu lassen.«

Am 19. August 1982 stimmte die israelische Regierung dem von Philip Habib ausgearbeiteten Evakuierungsplan zu. Er umfaßte vierzehn Punkte:

»1. Beendigung aller Kriegshandlungen.

2. Der Abzug der PLO-Streitkräfte aus Beirut wird friedlich ablaufen gemäß einem festgelegten Terminplan.

3. Eine internationale Truppe überwacht den Ablauf der Evakuierung.

4. Palästinenser, die bleiben dürfen, weil sie nicht zu den Kampfformationen gehören, unterstehen im Libanon libanesischer Gerichtsbarkeit.

5. Von Beginn der Evakuierung an wird die internationale Truppe die Sicherheit der Palästinenser und der Libanesen in Westbeirut garantieren. Die internationale Truppe wird aus 800 Franzosen, 800 Amerikanern und 400 Italienern bestehen.

6. Die Mission der internationalen Truppe endet, wenn eine der Klauseln dieses Abkommens verletzt wird.

7. Das Mandat der internationalen Truppe dauert einen Monat. Es kann auf Wunsch der libanesischen Regierung verlängert werden.

8. Das Internationale Rote Kreuz wird die Evakuierungsaktion unterstützen.

9. Die Evakuierung wird auf dem Seeweg im Hafen Beirut beginnen, auf dem Luftweg Zypern als Station benützen und sich auf dem Landweg über die Straße Beirut–Damaskus abwickeln. Der Landweg ist erst möglich, wenn die israelischen Verbände die Straße freigegeben haben. Um die Sicherheit für den Evakuierungsvorgang zu gewährleisten, ist der israelische Rückzug notwendig. Die libanesische Armee wird mit der PLO die notwendigen Maßnahmen absprechen.

10. Der Abzug wird innerhalb von fünfzehn Tagen abgeschlossen sein. Er vollzieht sich am hellen Tag. Die palästinensischen Kämpfer nehmen ihre Handfeuerwaffen mit.

11. Die schweren Waffen werden der libanesischen Armee übergeben.

12. Die Führung der PLO wird den eigenen Abzug öffentlich deutlich machen und klar ankündigen.

13. Der israelische Pilot, der von der PLO gefangengehalten wird, muß vor Beginn der Evakuierung freigelassen werden. Zu übergeben sind auch die Leichen der fünf israelischen Soldaten, die während dieses Krieges geborgen wurden, und der vier Soldaten, die während der Kämpfe des Jahres 1978 gestorben sind.

14. Syrische Verbände, die in Westbeirut stationiert sind, werden über die Straße Beirut–Damaskus evakuiert, damit sie sich den syrischen Truppen im Bekaatal anschließen können.«

Der Punkt 13 des Abkommens war auf ausdrücklichen Wunsch von Ariel Scharon eingefügt worden. Er wollte unbedingt die Leichen der fünf Männer in die Heimat zurückholen, die am 4. August beim Versuch, westlich des Museums auf die Mazraastraße vorzustoßen, gestorben waren. Diese Toten wurden in der Kühlkammer des Gazakrankenhauses im palästinensischen Teil Beiruts aufbewahrt. Zusammen mit den vier Toten des Jahres 1978 waren sie ein Pfand in der Hand der PLO-Führung gewesen: Arafat hatte die Absicht gehabt, die neun Leichen gegen gefangene Palästinenser auszutauschen. Er wollte auch eine Gegenleistung haben für die Freilassung des israelischen Piloten Aharon Ahigaz, der zu Beginn des Krieges in Gefangenschaft der PLO geraten und in einem Gebäude des Palästinenserviertels Sabra untergebracht war. Der Zufall hatte Arafat nach Abschluß des Abkommens mit Philip Habib noch eine weitere Geisel zugespielt: Der israelische Soldat

Roni Haoush hatte – als die Kämpfe abgeklungen waren – seinen vorgeschobenen Beobachtungsposten im südlichen Beiruter Vorort Burj Barajne in der falschen Richtung verlassen; er war in voller Uniform und bewaffnet auf die nächste Palästinenserstellung zugegangen und dort gefangengenommen worden. Die Bedingung, daß Roni Haoush freizulassen sei, wurde von Ariel Scharon noch nachträglich in den Artikel 13 des Abkommens aufgenommen.

Palästinenser, Israelis und Libanesen erwarteten die Ankunft der Internationalen Friedenstruppe. Der Krieg schien vorüber zu sein. Am 17. August trafen die ersten Lebensmittellieferungen in Westbeirut ein. Der Mangel an Mehl und Gemüse linderte sich. Die Fahrer der Lastwagen mußten sich noch immer auf ein beachtliches Risiko einlassen: Sie hatten Straßen zu benützen, die vermint waren. Von vier Versuchen, das Gebiet der Demarkationslinie zwischen Ostbeirut und Westbeirut zu durchfahren, endete einer am 17. August durch Detonation einer Mine – der Lastwagen, beladen mit Tomaten, verbrannte.

Wieder bewiesen kleine und große Geschäftsleute in Beirut ihre Anpassungsfähigkeit. Rätselhaft blieb, aus welchen Lagern sie die Waren holten, die augenblicklich gefragt waren. Koffer wurden zum Verkaufsschlager der Händler in der bisherigen PLO-Stadt. Zehntausend Kämpfer waren dabei, ihr persönliches Gepäck zusammenzustellen. Die zur Evakuierung bereiten Männer hatten von ihrer Organisation eine Sonderzahlung in Höhe eines Monatssolds erhalten. Das Geld war in libanesischer Währung ausbezahlt worden, die außerhalb des Libanon keinen Wert besaß. Die Kämpfer hatten deshalb Gegenstände dafür gekauft, die im Aufnahmeland wieder verkauft werden konnten – Uhren, so glaubten sie, würden überall Käufer finden.

Die Libanesen, die mit der PLO über Jahre hin glänzende Geschäfte gemacht hatten, profitierten auch von deren Abzug. Weit verbreitet war die Hoffnung, eine Blütezeit werde nun dem Libanon beschieden sein – in einer Periode der inneren Ruhe. Doch da geschahen Ereignisse, die ahnen ließen, was dem Libanon bevorstand.

In Abadiyeh, das sich am Abhang des Libanongebirges, im Grenzgebiet zwischen christlichem und drusischem Lebensraum, befindet, wurde ein israelisches Patrouillenfahrzeug überfallen: Zwei Soldaten wurden getötet und vier verwundet. Diese Attacke überraschte die israelische Truppenführung, die der Meinung war, der palästinensischen Kampforganisation die Widerstandsmoral zerbrochen zu haben.

Am Abend desselben Tages erschütterten Detonationen die Häuser im Zentrum von Westbeirut. PLO-Posten hatten ein Fahrzeug im Verdacht, mit Sprengstoff beladen zu sein. Da sie keinen der Experten zur Entschärfung der »car bomb« finden konnten, feuerten die Kämpfer aus der Deckung eines Hauseinganges eine raketengetriebene Gewehrgranate gegen das Kraftfahrzeug. In einem rotgelben Feuerball explodierte die Ladung. Da die Straße und die nächsten Häuser zuvor geräumt worden waren, wurden nur vier Personen leicht verletzt. Diese Explosion löste eine Kette von Sprengungen aus: Vier weitere »car bombs« detonierten in nächster Nähe. Sie alle waren jeweils mit 300 Kilogramm TNT beladen. Die Zahl der Verwundeten blieb gering, da die Bewohner Beiruts inzwischen gelernt hatten, nach der ersten Detonation Schutz zu suchen – da meist eine zweite folgte.

Der Verdacht, die Phalanges Libanaises seien Urheber dieser Terroranschläge, wurde durch einen weiteren Vorfall erhärtet. Da fuhr ein blauer Volvo-Pkw auf die Parkfläche vor dem Informationsministerium in Westbeirut, das sich unmittelbar neben dem Amtsgebäude des Ministerpräsidenten Schafiq Wazzan befindet. Ein junges Mädchen mit vollem, dunklem Haar und leichter, sommerlicher Kleidung saß am Steuer. Den Wachsoldaten – eine syrische Einheit war zu diesem Zeitpunkt noch für die Sicherheit des Ministeriums zuständig – wies die Frau einen Ausweis vor, der sie als libanesische Journalistin identifizierte, die beim Informationsministerium akkreditiert war. Sie gab an, die Sekretärin des Ministers aufsuchen zu müssen. Einer der syrischen Soldaten ließ die Schranke hoch, der Weg auf die Parkfläche war frei. Verdacht empfand der Offizier der Wachhabenden allerdings, als er die Frau, die im Ministerium verschwunden war, schon nach wenigen Augenblicken das Gelände wieder verlassen sah. Eine Rückfrage bei der Sekretärin des Ministers ergab, daß sie keine Besucherin empfangen hatte und keine erwartete. Der verantwortliche syrische Offizier ließ den Wagen sofort auf einen unbenützten Platz abseits des Ministeriums schieben. Die Frau wurde verhaftet.

Das Sprengstoff-Entschärfungskommando der libanesischen Armee fand in den Türfüllungen des Fahrzeugs und unter den Rücksitzen Sprengstoffladungen, die ausgereicht hätten, das Ministerium zum Einsturz zu bringen. Die Verhaftete behauptete, von den Ladungen überhaupt nichts gewußt zu haben. Sie gestand allerdings, vom christlichen Ostbeirut herübergefahren zu sein. Sie wohne in Ostbeirut. Die Pressekarte wies sie jedoch als Naila Nagib Sarref aus – als Moslem also. Auf anderen Ausweisen, die bei ihr gefunden wurden, hieß sie Mona Zohbi. Dies war ihr korrekter Name. Mona Zohbi war Christin. Sie wurde seit ihrer Verhaftung durch die Militärpolizei der Syrer und der PLO nie mehr gesehen.

Die Verantwortlichen der »car-bomb-Offensive« wollten erreichen, daß sich der Abzug der PLO aus Beirut im Chaos vollzog – Arafat aber war daran interessiert, daß Ordnung herrschte. Die Welt sollte ihn kennenlernen als Politiker, der Verträge einhielt, und als Chef, der Disziplin zu wahren wußte. Fristgemäß wurden die zwei gefangenen Israelis dem Repräsentanten des Internationalen Roten Kreuzes übergeben, damit sie wohlbehalten in ihre Heimat zurückkehren konnten. Vor dem Gazakrankenhaus, das der Organisation »Palästinensischer Roter Halbmond«, der Partnerorganisation zum Roten Kreuz, unterstand, wurden von Männern aus Arafats persönlicher Wache neun hölzerne Särge auf Lastwagen der libanesischen Armee geladen. Noch am selben Tag erreichten die Toten Israel. Nun konnte Habibs Zeitplan für die Evakuierung in Kraft treten. Er sah folgende Phasen vor:

21. August: 500 französische Soldaten landen im Hafengebiet von Beirut und beziehen dort Positionen. Einheiten der libanesischen Armee unterstützen die Franzosen. Eine erste Gruppe von PLO-Kämpfern, unter ihnen Verwundete, verlassen Beirut per Schiff.

22. August: Abschluß der ersten Stufe. Alle PLO-Mitglieder, die in den Irak oder nach Jordanien transportiert werden wollen, haben die Schiffsreise nach Zypern angetreten. Aufstellung des Verbandes, der nach Tunesien fahren wird.

23. August: Abfahrt des Tunesienkonvois.

24. August: Abreise der Kämpfer, die Südjemen zum Ziel haben.

25. August: Die ersten Lastwagen mit Männern, die für Syrien bestimmt sind, fahren auf der Straße Beirut–Damaskus ab. Französische Soldaten sichern die Straße.

26. bis 28. August: Amerikanische Marineinfanteristen und italienische Soldaten treffen in Beirut ein. Sie werden mit den Franzosen bei der Sicherung des PLO-Abzugs zusammenarbeiten. Die Transportaktion für Palästinenser auf der Straße Beirut–Damaskus wird abgeschlossen.

29. bis 31. August: Die syrischen Truppen in Beirut sammeln sich und verlassen die Stadt.

1. bis 4. September: Palästinenser, die Sudan und Algerien zum Ziel haben, reisen per Schiff ab.

In den Stunden vor dem Abzug der PLO-Verbände setzten sich die Geräusche des Krieges in Beirut, die schon verstummt waren, in erschreckender Heftigkeit fort. Abu Jihad, der Stellvertreter Arafats im militärischen Oberbefehl, hatte angeordnet, daß Munitionsvorräte, die nicht sicher versteckt werden konnten, soweit nur irgend möglich zu vernichten seien. Der Befehl wurde ausgeführt: Die Kämpfer sprengten die Depots, in denen Artilleriegeschosse aufbewahrt wurden; sie feuerten ihre panzerbrechenden Waffen ab; sie jagten Millionen von Patronen durch die Läufe der Flakgeschütze, der Maschinengewehre, der Maschinenpistolen. Überall in der Stadt war der Krach zu hören:

Schwere Detonationsschläge mischten sich mit dem Bellen der leichteren Waffen und mit dem dumpfen Knall der explodierenden raketengetriebenen Gewehrgranaten. Die Schießerei erreichte ihren Höhepunkt am Samstag, dem 21. August, am ersten Tag der Palästinenserevakuierung.

Philip Habib hatte der Regierung Menachem Begin das Zugeständnis abgetrotzt, daß jeder Kämpfer der PLO seine Kalaschnikow-Maschinenpistole beim Abzug aus Beirut mit sich führen dürfe. Jedem wurde soviel Munition ausgehändigt, als er nur bei sich tragen konnte. Diese Munition wurde zum Begleitfeuerwerk beim Abzug verwendet. Ohrenbetäubend war der Krach an der Sammelstelle der Kämpfer. 25 Menschen verloren ihr Leben durch versehentliche Treffer und durch Geschosse, die, zwar in die Luft gefeuert, mit Wucht zum Boden zurückgefallen waren und – weitab vom Schuß – Menschen verletzt hatten.

Das Städtische Sportstadion südlich der Mazraastraße war der Sammelplatz für die zu evakuierenden PLO-Kämpfer. Dort hatte Arafat Dutzende von Paraden während der zurückliegenden dreizehn Jahre, die er in Beirut zugebracht hatte, abgenommen. Jede der Paraden war mit einer Rede verbunden gewesen. Nie hatte der PLO-Chef darauf verzichtet, seinen Bewaffneten den Sieg der Revolution zu versprechen, der so sicher sei wie der tägliche Sonnenaufgang. Als sich die Kämpfer zum Abzug vorbereiteten, da zeigte sich Arafat nicht im Sportstadion. So hörte er nicht die Schreie der Männer: »Für Abu Ammar und für Palästina opfern wir unser Leben!« Die Kämpfer hatten ihren Chef nie mit dem Namen Arafat angesprochen, sondern immer mit dem Codewort aus der Frühzeit des palästinensischen Widerstands.

Die Männer verließen Beirut – die Familien blieben zurück. Bisher hatten sie vom Sold aus der PLO-Kasse gelebt; diese Versorgung war unsicher geworden, obgleich Arafat versprach, die bisherigen Zahlungen würden auch weiterhin geleistet werden. Die PLO hatte Schutz gewährt vor Übergriffen libanesischer Volksgruppen – künftig gab es niemand mehr, der die Sicherheit in den Lagern hätte garantieren können. Die Palästinenser waren künftig unbewaffnet; ihre Gegner aber durften Gewehre und Geschütze behalten. Zwar war die Schlacht um Beirut zu Ende, doch die Zukunft versprach den Abziehenden und den Zurückbleibenden nur Not und Schrecken.

Die USA zeigten guten Willen, durch ihre Aktivität künftiges Blutvergießen zu vermeiden. Philip Habib verließ am frühen Morgen des ersten Evakuierungstages die Residenz des amerikanischen Botschafters in Yarze, acht Kilometer vom Hafen Beirut entfernt, um selbst das Verhalten der Palästinenser, Israelis und Libanesen zu überwachen. Im gepanzerten Fahrzeug, das Sternenbanner aufgesteckt, fuhr der amerikanische Unterhändler demonstrativ durch die christlichen Viertel zum Hafen, vorbei an Basen und Büros der Gemayelmiliz. Er wollte zeigen, daß die USA Angriffe der Phalanges Libanaises gegen die abziehenden Palästinenser nicht dulden würden. Philip Habib hatte am frühen Morgen aus dem Rundfunkgerät die Parolen der phalangistischen Radiostation gehört: »Der Alptraum ist vorüber! Endlich verschwinden die Palästinenser! Endlich!« Leicht konnte eine solche Parole als Aufruf zur Erhebung in letzter Stunde verstanden werden.

Auf dem Weg zum Hafen fuhr Philip Habib im islamischen Teil der Stadt an Tausenden von Menschen vorüber, die am Straßenrand warteten, um die abziehenden Kämpfer zu verabschieden. Mitten auf einer Schutthalde stand in einer Menschentraube auch der Drusenführer Walid Jumblat. Wie alle Männer ringsum feuerte er aus seiner Maschinenpistole ein Magazin nach dem anderen leer. Von einem Libanesen befragt, welche Gefühle er an diesem Tag empfinde, antwortete Jumblat: »Dies ist der traurigste Tag unserer Geschichte, unserer libanesischen Geschichte!« Was er sagte, meinte er ernst, denn auch seine Volksgruppe, die Gemeinde der Drusen, hatte sich bisher darauf verlassen, daß die PLO die Phalanges Libanaises in Schach halten würde.

Tag für Tag wiederholten sich über nahezu zwei Wochen hin die gleichen Ereignisse: Kämpfer der PLO nahmen im Sportstadion Abschied von Frauen und Kindern, schrien sich heiser mit dem Bekenntnis zu Abu Ammar und Palästina, schossen Salven zum Himmel und fuhren dann auf Armeelastwagen vorbei an zertrümmerten Häusern hinunter zum Hafen. Jede abziehende Einheit bestand aus disziplinierten Männern in sauberen Uniformen – die Organisation hatte für den Anlaß des Abzugs neue Kampfanzüge ausgegeben. Bis zuletzt funktionierten Bürokratie und Ordnungsstrukturen.

Viele Libanesen fragten sich, warum die PLO überhaupt zu diesem Zeitpunkt den Kampf aufgegeben hatte, denn ganz offensichtlich waren ihre Kräfte keineswegs erschöpft. Mit den bestehenden Reserven hätte die Schlacht um die Lager Sabra, Schatila und Burj Barajne noch fortgesetzt werden können. Daß Arafat und die übrigen PLO-Führer ihr Leben nicht riskieren wollten, war sicher eine der wichtigen Ursachen zur Bereitschaft, den Libanon zu räumen.

Erst während der Tage der Evakuierung wurde deutlich, wie stark an Kämpferzahl die PLO in Beirut tatsächlich gewesen war: 13 000 Palästinenser nahmen Abschied von Beirut. Sichtbar wurde auch, über welches Arsenal diese 13 000 Kämpfer verfügt hatten: Aus Hunderten von Tiefgaragen wurden nun die Geschütze, Raketenwerfer und gepanzerten Fahrzeuge herausgeholt, die – so schrieb es das von Philip Habib ausgehandelte Abkommen vor – an die libanesische Armee übergeben werden sollten. Diese Bestimmung war jedoch sinnlos, da die Armee des Libanon gar nicht existierte: Sie hatte sich nie vom Zerfall während des Bürgerkriegs erholen können. Da bestanden zwar weiterhin einzelne Einheiten, doch ohne Zusammenhalt untereinander, ohne Bindung an ein Oberkommando. Diese einzelnen Einheiten waren gar nicht in der Lage, die Waffenbestände der PLO zu übernehmen. Arafat entschloß sich daher, die Panzer, Geschütze und Raketenwerfer seinen bisherigen Verbündeten auszuliefern: Vor allem die islamisch-sozialistische Organisation al-Murabitun erhielt schwere Waffen; einige Geschütze gingen auch in die Hände der schiitischen Kampfgruppe Amal über. Beide Organisationen versprachen, sich allen Versuchen der Phalanges Libanaises zu widersetzen, in Westbeirut Fuß zu fassen. Die Regierung Begin indes forderte die Ausweitung des Machtbereichs der Christenmiliz.

Arafat blieb bis zur Abschlußphase der Evakuierung in der Stadt. Er benützte die letzten Stunden zu Abschiedsbesuchen bei Verbündeten und Freunden. Wo er sich sehen ließ, wurde er begeistert empfangen. Frauen und Männer weinten, wenn sie ihm die Hand geben durften. Arafat konnte das Gefühl haben, daß er Freunde in der Stadt zurückließ. Er umarmte Hunderte von Menschen, als er aus dem Haus des Drusenführers Jumblat trat. Zu jedem, der in seiner Nähe war, sagte er: »Ich gehe, um die Freiheit zu haben, weiterzukämpfen, zu siegen!« Selbst die Zuhörer, die sonst auf Arafats Worte skeptisch reagierten, nickten ihm diesmal zu. Zusammen mit Jumblat, dem Schiitenchef Nabih Berri und dem Vorsitzenden der Libanesischen Kommunistischen Partei fuhr Arafat zum Serail, zum Dienstgebäude von Schafiq Wazzan, dem Ministerpräsidenten des Libanon. Als er dessen Amtszimmer betrat, sagte Arafat: »Ich werde jetzt den Namen der PLO ändern in PLLO, in Palestine and Lebanon Liberation Organization.« Da er lachte, nahm auch Wazzan die Idee als Scherz auf. Ernsthaft und mit Recht fragte der PLO-Chef: »Wir sind jetzt bald fort aus Beirut – wann werden die Israelis abziehen?« Wazzan antwortete: »Diese Frage werde ich der ganzen Welt stellen!«

Nicht als Geächteter bestieg Arafat am 30. August um 11.45 Uhr das Schiff »Atlantis«, das ihn nach Griechenland bringen sollte. Der libanesische Staatspräsident hatte zwei Spitzenpolitiker beauftragt, den Vorsitzenden der Palästinensischen Befreiungsorganisation am Hafen zu verabschieden. Erziehungsminister René Mauwad und der Ministerpräsident sprachen im Namen von Sarkis Arafat Dank aus. Wazzan sagte: »Noch nie hatte der Staatspräsident zwei Beauftragte geschickt. Dies geschah jetzt zum erstenmal, zum Abschied von Bruder Arafat.«

Als das Schiff »Atlantis« aus dem Hafen Beirut hinausgefahren war, begab sich Schafiq Wazzan nach Baabda, in den Präsidentenpalast. Dort traf er Elias Sarkis, der nur noch amtierender Staatschef war. Das libanesische Parlament hatte eine Woche vor Arafats Abschied, am 23. August, einen neuen Präsidenten gewählt: Beschir Gemayel.

Für Beschir hatte Arafat diese Abschiedsbotschaft hinterlassen: »Wir betrachten Sie, seit Sie gewählt sind, mit anderen Augen. Sie sind jetzt Präsident mit Verantwortung. Wir Palästinenser wünschen, daß Sie ein starker Präsident werden. Sie tragen die Verpflichtung zum Schutz von 600000 Palästinensern in Ihrem Lande. Seit 1976 habe ich nie mehr gegen Libanesen gekämpft, sondern nur noch gegen die Israelis. Ich verlasse den Libanon in der Hoffnung, daß auch ich eines Tages Ihr Verständnis finde.«

»Der Libanon den Libanesen!«

»Beschir Gemayel = Präsident«

Mit dieser schlichten Formel hatten die Phalanges Libanaises zur Zeit
der heftigsten Kämpfe zwischen Israelis und Palästinensern um die
libanesische Hauptstadt die Präsidentschaftskampagne für Beschir
Gemayel begonnen. Noch während der ersten Wochen des israelischen
Einmarsches war Beschir auf Plakaten an Hauswänden im christlichen
Stadtteil Aschrafieh und auf überlebensgroßen Freiluftmalereien an
Straßenkreuzungen in den maronitischen Zentralorten Junieh und Bikfaya als Kämpfer dargestellt gewesen, im Tarnanzug, mit der Maschinenpistole in der Hand, entschlossen zum Kampf bis zur Vernichtung
des Gegners. Diese kriegerischen Bilder waren im Verlauf der ersten
drei Wochen des Monats Juli ersetzt worden durch andere, die Beschir
im Zivilanzug zeigten, in der Pose des Landesvaters, mit weit ausge-
breiteten Armen. Ein neues Beschirbild wurde geformt und propagiert:
Beschir, der Politiker, der Staatsmann, der starke Mann des Ausgleichs
– Beschir, der Beschützer.

Der 24. Juli 1982 war ein gewöhnlicher Kampftag gewesen: Artilleriegranaten hatten in Westbeirut zehn Menschen getötet. Syrische Luftabwehrbatterien vom Typ SAM-8 waren am Rand des Bekaatals von
der israelischen Luftwaffe zerstört worden; das israelische Oberkommando gab zu, eine Phantomkampfmaschine verloren zu haben.

Am Abend dieses Tages erfuhren die Libanesen, Beschir Gemayel habe seine Kandidatur für die Präsidentschaft angemeldet. Aus Radios
und Fernsehgeräten hörten sie die Kurzfassung seines Programms, das
ausgestrahlt wurde über die Sender des Ostteils von Beirut. Von allen
Zuhörern wurde die häufige Verwendung und Betonung des Wortes
»stark« bemerkt. Dies waren die Worte des Kandidaten: »Ich stehe dafür ein, daß der libanesische Staat von starker Hand geführt wird. Als
demokratischer Staat braucht er ein starkes Parlament; er braucht eine
saubere und solide Presse. Stark müssen auch sein Erziehungsministe-
rium sein, seine Verwaltung, seine Armee. Gerade die Armee braucht
Vertrauen in sich selbst, damit sie bereit ist, Opfer zu bringen.«

353

Der Präsidentschaftskandidat versprach den Aufbau einer geordneten Armee zu einem Zeitpunkt, als überhaupt keine libanesische Streitmacht bestand. Er sagte auch, wie er sich den Aufbau vorstellte: »Die wichtigste Stütze der Armee werden die Phalanges Libanaises sein!« Die eigene Miliz war als Kristallisationskern der künftigen libanesischen Armee vorgesehen. Dieser Gedanke, so deutlich ausgedrückt, löste Schrecken aus im islamischen Teil des Landes.

Die Situation der libanesischen Moslems im Sommer 1982 läßt sich so beschreiben: Ihr Lebensbereich, das Gebiet südlich der Straße Beirut–Damaskus, war durch israelische Truppen besetzt. Der islamische Teil der Hauptstadt war belagert, abgeriegelt vom Rest des Landes. Die bewaffneten Kräfte der Moslems galten als weitgehend ausgeschaltet durch die Präsenz der israelischen Armee, deren Führung in den islamischen Milizen Verbündete der Palästinenser sah. Bewegungsfreiheit und Möglichkeit, Waffen zu tragen, besaßen allein noch die Phalanges Libanaises. Sie fühlten sich, obgleich sie bislang nicht offen auf der Seite der Israelis gekämpft hatten, als Mitsieger in diesem Krieg – und die Moslems empfanden das politische Kräfteverhältnis im Lande auch so. Zu rechnen war damit, daß die Christenmiliz, dank ihrer militärischen Potenz, auch in islamischen Gegenden die Kontrolle übernahm, um Moslems und Drusen jegliches politische Gewicht zu nehmen.

Daß die christliche Besetzung fremden Gebiets südlich der Straße Beirut–Damaskus Fortschritte gemacht hatte, wurde gerade an jenem Tag deutlich, an dem Beschir Gemayel seinen Anspruch auf das Präsidentenamt verkündete. Da hatten sich während der Wochen seit der Eroberung durch die israelischen Truppen die Phalanges Libanaises in der Stadt Aley einen Stützpunkt eröffnet, ein Parteibüro, das zugleich auch als militärische Basis gedacht war. Die Bevölkerung von Aley, in der überwiegenden Zahl Drusen, war darüber verärgert gewesen. Sie hatte in der Büroeröffnung einen Schritt zur Übernahme der örtlichen Gewalt gesehen. Die Bewohner waren entschlossen, sich dagegen zu wehren, solange der Stützpunkt noch nicht voll ausgebaut und abgesichert war. Einige hundert unbewaffnete Drusen nahmen am Morgen des 24. Juli den Wachen des Phalangepostens in Aley die Maschinenpistolen ab und steckten das Gebäude der Beschirmiliz in Brand. Vorausgegangen waren Zwischenfälle im Schufgebirge: Die Bevölkerung hatte mit Gewalt zu verhindern versucht, daß die Phalanges Libanaises im Gefolge der israelischen Besatzungsmacht Checkpoints errichteten, als ob sie die Herren im Schuf wären.

So war vorauszusehen, daß Beschirs Anspruch auf das Präsidentenamt von den Drusen nicht hingenommen werden würde. Kaum hatte Beschir seine Kandidatur angemeldet, da reagierte Walid Jumblat überaus heftig: »Auch wenn Herr Gemayel verkündet, er wolle an der Demokratie festhalten, ich glaube ihm nicht. Sein Regime wird alle Privilegien der Maroniten, der Phalanges Libanaises fest zementieren. Wenn er Präsident ist, wird keine Opposition mehr existieren, gleichgültig, ob innerhalb oder außerhalb des Parlaments. Man muß sich fragen, ob der Plan, Scheich Beschir zum libanesischen Präsidenten zu machen, israelischen Hirnen entsprungen ist oder ob er aus Washington stammt, weil die Amerikaner einen starken Mann hier haben wollen, der ganz in ihrer Hand ist.«

Walid Jumblat war keineswegs der einzige nichtchristliche Politiker, der sich gegen Beschirs Präsidentschaftsanspruch wehrte. Saeb Salam, der politische Chef der Sunniten in Westbeirut, sprach Bedenken aus, die schon Beschirs Vater zu hören bekommen hatte: »Wir sollten uns keinen Mann zum Präsidenten wählen, der Chef einer Miliz ist.«

Wirklich entschlossen, den Weg zur Staatsspitze für Beschir Gemayel zu öffnen, war nur Präsident Elias Sarkis. Seit dem 7. Juli 1980, seit der Vernichtung der Chamounmiliz durch die Phalanges Libanaises, vertrat Sarkis die Meinung: »Es gibt keine Lösung der Machtfrage ohne Beschir.« Bis zu diesem Tag war der Staatschef skeptisch gewesen, ob der junge Mann, der sich als mutiger, aber rücksichtsloser Kämpfer erwiesen hatte, auch politische Vorstellungskraft besaß, um den Libanon aus der Bürgerkriegsepoche herauszuführen.

Sarkis hatte den Werdegang von Beschir beobachtet: Der Sohn des Scheichs Pierre Gemayel, des hochgewachsenen Phalangeführers, hatte an Komplexen gelitten, weil er von kleiner, untersetzter, stämmiger Figur war. Seine Lehrer hatten ihn als schüchtern, aber eifrig eingestuft. Noch als Student der Rechte war er keineswegs als begabt aufgefallen; seine Professoren an der Universität zum Heiligen Geist in Kaslik, nördlich von Beirut, waren insbesondere der Meinung gewesen, seine Kenntnisse in Arabisch seien nicht ganz ausreichend. Im Haus des Vaters war meist französisch gesprochen worden. Den Mangel an Eloquenz im Arabischen hatte Beschir erst korrigiert, als er, von 1975 an, zur führenden Persönlichkeit der Christenmiliz aufstieg. Von dem Augenblick an, als ihm eine Aufgabe in der Organisation zugewiesen war, entwickelte er sich zum mitreißenden Redner, der sich – im Urteil der einfachen Kämpfer – dadurch auszeichnete, daß er schwierige Wörter und komplizierten Satzbau vermied.

Beschir hatte zwar Rechte studiert, doch als Rechtsanwalt hatte er nie zu arbeiten begonnen – abgesehen von einem kurzen Volontariat in einem Washingtoner Anwaltsbüro, dessen Inhaber mit Scheich Pierre befreundet war. Der Kampf war bald zu Beschirs Beruf – und zu seinem Hobby geworden.

Mit den Kämpfern war er stärker als mit der eigenen Familie verbunden. In ihrem Kreis bekam er nicht zu spüren, daß er das jüngste von sechs Kindern war. In der Miliz zählte nur Draufgängertum. Beschir hatte den Phalanges Libanaises den Geist rücksichtslosen Einsatzes eingepflanzt, der dieser Miliz den schlimmen Ruf eintrug, sie bestehe aus blutrünstigen, mitleidlosen Mördern. Lange Zeit sah sich die Christenmiliz im Urteil der Welt auf eine Stufe mit der PLO gestellt. Daß sich die Meinung der amerikanischen Regierung änderte, verdankte Beschir Gemayel weitgehend dem Präsidenten Elias Sarkis. Er hatte Qualitäten in Beschirs Persönlichkeit entdeckt, die Anlaß für ihn waren, seine Einschätzung zu revidieren, der Sohn von Scheich Pierre sei nur ein schießwütiger, aber hirnloser Milizkommandeur. Elias Sarkis brauchte nur vom Baabdapalast hinüberfahren nach Aschrafieh, Kaslik und Junieh, um zu sehen, welches Organisationstalent Beschir zu entwickeln vermochte: Dort herrschten Ordnung, Sauberkeit, Sicherheit. Beschir hatte die Organisation der Phalanges Libanaises gezwungen, politische und vor allem administrative Verantwortung in dem Teil des christlichen Libanon zu übernehmen, der loyal zum Familienclan der Gemayels hielt. Dieser Teil erstreckte sich von der Straße Beirut–Damaskus 50 Kilometer nordwärts zur Linie Batrun–Tannurin.

Das Gemayelland bildete einen Staat für sich, mit eigener Steuerautorität und eigener Polizei. Ministerpräsident Schafiq Wazzan hatte dort nichts zu sagen. Die Loslösung aus der Staatsgewalt aber hatte sich für das betroffene Gebiet positiv ausgewirkt: Im Gemayelland geschahen nur wenige Verbrechen, waren die Menschen sicher vor Entführung. Im Gebiet nördlich der Route Beirut–Damaskus wurden Straßen gebaut, Elektrizitätswerke und sanitäre Installationen. Dort arbeitete auch die Müllabfuhr ohne Unterbrechung.

Von 1976 an war der Kontrast zwischen dem christlichen und dem islamischen Teil Beiruts immer frappierender geworden. Da in Westbeirut die städtischen Dienste selten funktionierten, zerfiel das Vertrauen in den Beamtenapparat, in die Behörden. Die Bewohner wehrten sich zwar gegen die Folgen des Verfalls der kommunalen Verwaltung – sie transportierten selbst Abfälle ans Meer, sie bemühten sich um eigene Wasserversorgung, sie organisierten sogar den eigenen Schutz –, doch sie konnten nicht verhindern, daß Westbeirut immer ärmer und der christliche Teil der Stadt immer attraktiver und wohlhabender wurde.

Elias Sarkis war fest überzeugt, Beschir Gemayel werde die Kraft haben, das verrottete Verwaltungssystem in Westbeirut zu ändern und den Verantwortlichen dort seinen Willen zur Ordnung aufzuzwingen. Der Präsident hatte beobachten können, daß sich dieser noch verhältnismäßig junge Mann aus dem Jahrgang 1947 nicht damit begnügte, seinem Stab generelle Anweisungen zu geben, um dann die Ausführung anderen zu überlassen. Beschir kümmerte sich um Details, überließ nichts dem Zufall, kontrollierte Resultate. Dem Präsidenten hatte dieser Satz Beschirs imponiert: »Ich träume ganz gern – aber noch lieber verwirkliche ich meine Träume.« Daß dieser Präsidentschaftskandidat nicht von revolutionären Ideen umgetrieben, sondern eher von der Praxis der Macht angezogen wurde, gefiel Elias Sarkis. Der Libanon brauchte eine starke Hand und keinen Theoretiker der Macht.

Genau ein Jahr vor Ablauf seiner Amtsperiode hatte Sarkis Beschir gefragt, wie er sich die Entwicklung an der Staatsspitze vorstelle, und zur Antwort erhalten: »Schauen wir uns die Möglichkeiten nicht unter personellen Gesichtspunkten an, sondern unter dem Blickwinkel der Auswirkung der personellen Entscheidung, dann stellt sich die Situation so dar: Wir haben drei Kategorien von Kandidaten. Zur ersten Kategorie gehört Sleiman Frangieh. Er wäre der Mann der Syrer – so wie in Afghanistan Babrak Karmal der Mann der Sowjets ist. Die zweite Kategorie umfaßt alle farblosen Politiker, die nirgends anecken. Sie sind zahlreich – und ihre Kandidatur hat Aussichten, weil sie kein eigenes Gesicht haben und nicht eigenwillig sind. Die Farblosen sind bequeme Kandidaten, doch sie sind alle Heuchler. Zu den Moslems sagen sie, daß sie zu den gemäßigten Maroniten gehören, daß sie anderen Religionsgruppen größere Rechte zugestehen wollen. Zu den Christen aber sagen sie, die Moslems hätten zu kuschen. Die dritte Kategorie beschränkt sich auf den einen starken Mann, der eine Lösung der Krise zu erzwingen vermag.«

Einen Monat vor dem Einmarsch der israelischen Truppen im Libanon beschäftigte sich das Führungsgremium der »Libanesischen Front«, des Dachverbands aller christlichen Organisationen des Libanon, mit dem Thema »Präsidentschaftswahlen im Herbst«. Auf die Tagesordnung hatte es Pater Boulos Naaman setzen lassen, der Supérieur Général der maronitischen Orden. Aus seiner Begründung der Kandidatur Beschirs ist die gewaltige Hoffnung zu erkennen, die Beschir im christlichen Teil des Landes geweckt hatte. »Die Maroniten leben seit 400 Jahren unter fremdem Zwang. Jetzt besteht die Möglichkeit, die Lage zu ändern. Die Libanesen leben seit sieben Jahren in Kriegsfurcht. Auch dies kann jetzt geändert werden. Hoffnung besteht jedoch nur durch einen starken Christen, der sich wiederum auf eine starke christliche Macht verlassen kann. Dieser Mann existiert. Es ist Beschir. Jeder andere Präsident würde sofort versuchen, die Forces Libanaises, die Miliz der Phalange, aufzulösen. Dies wäre eine Katastrophe. Unsere einzige Garantie für die Zukunft ist Beschir.«

Camille Chamoun, der Vorsitzende des Führungsgremiums der »Libanesischen Front«, bat sich kurze Bedenkzeit aus – schließlich hatte er selbst mit dem Gedanken gespielt, noch einmal zu kandidieren. Die Bitte um Gewährung der Bedenkzeit war jedoch nur ein taktischer Zug, der es ihm gestattete, sein Gesicht zu wahren. Camille Chamoun wußte wohl, daß er nicht mehr die Kraft hatte, den Libanon zu führen. Seine Söhne Dany und Dory aber hatten sich gegen Beschir nicht profilieren können.

Durch den israelischen Einmarsch im Juni 1982 fühlte sich Beschir in keiner Weise veranlaßt, auf die Präsidentschaftskandidatur zu verzichten. Im Gegenteil: Er empfand Ermutigung – schließlich schuf der Krieg Vorteile für ihn. Bis zur Einschließung der PLO in Beirut hatte er Arafats Einfluß nicht außer Betracht lassen können. Ein selbstverständlicher Schachzug war es in seiner Kalkulation gewesen, die Duldung der Kandidatur durch den PLO-Chef zu erreichen. Mehrmals hatte sich Beschir mit Abu Zaim, einem Vertrauten Arafats, getroffen, doch nie war ihm signalisiert worden, die PLO werde die Präsidentschaftskampagne nicht durch Sabotageakte stören. Die Sorge vor Arafats Widerstand war Beschir nun los: Als er am 24. Juli die Absicht anmeldete, sich zur Wahl zu stellen, da stand fest, daß die PLO-Führung die libanesische Hauptstadt zu verlassen hatte.

So mancher war der Meinung, die Gemayelpartei sei schlecht beraten, gerade jetzt die Wahl Beschirs durchzudrücken, schließlich befinde sich der Libanon noch mitten im Krieg und habe durch die israelische Besetzung seine Souveränität weitgehend verloren. In einem besetzten Land sei keine ordentliche Präsidentenwahl zu erwarten. Walid Jumblat fand die griffige Formulierung für das, was Zehntausende fühlten: »Sollen wir unter den Kanonenrohren der Israelis zur Wahl gehen?«

Beschir Gemayel und seine Berater aber wußten, daß dies für sie vorteilhaft sein konnte. Zu Beschirs Gunsten sprach die Einschüchterung der Moslemführer durch die israelische Präsenz im Libanon; manche von ihnen waren froh, nicht unter Hausarrest gestellt zu sein. Sich mit den Starken, den Partnern der Sieger, zu arrangieren war für sie ein vernünftiger Gedanke.

Für hartnäckige Advokaten einer Verschiebung der Wahl hielt der Kandidat dieses Argument bereit: »Es stimmt, unser Land ist besetzt. Zu respektieren sind diejenigen, die sagen, unter diesen Umständen können wir keinen Präsidenten wählen. Nur: Wenn wir keinen Präsidenten haben, dann ist keine legale Autorität mehr vorhanden, die den Abzug der Besatzungsmacht fordert und durchsetzt. Der Präsident repräsentiert die Legalität des libanesischen Staates. Gibt es ihn nicht mehr, ist auch die Staatslegalität am Ende.«

Die Verfassung sah den Abschluß der Amtszeit des Präsidenten Elias Sarkis für den 23. September 1982 vor. Artikel 73 bestimmte den Zeitraum, innerhalb dessen die Wahl des Nachfolgers möglich war: Die Abstimmung durfte frühestens zwei Monate und spätestens einen Monat vor dem Auslaufen der Amtszeit des Präsidenten Sarkis erfolgen. Fand innerhalb dieses vorbestimmten Zeitraums keine Präsidentschaftswahl durch das Parlament statt, dann war der Libanon in ein »Verfassungsvakuum« geworfen. Dr. Edmond Rabbath, der angesehenste Verfassungsrechtler im Libanon, setzte dies gleich mit dem Ende des Staates: »Der Libanon wäre politisch völlig bankrott, eigentlich gar nicht mehr existent. Wer dann den Gedanken hegt, Stücke aus dem Staatsgebiet herauszubrechen, der begeht keine staatsrechtlich oder völkerrechtlich anklagbare Tat, denn er nimmt etwas an sich, das niemand gehört.«

Genau diese Argumentation kam Beschir gelegen, um diejenigen mundtot zu machen, die für eine Verschiebung der Präsidentenwahl eintraten. Wurden die Fristen nicht eingehalten, so ließ sich der Präsidentschaftskandidat vernehmen, dann konnte der Libanon Beute der Israelis und der Syrer werden. Beschir aber rief zur Bewahrung des Landes die Parole aus: »Der Libanon den Libanesen!«

Wahlberechtigt waren die Abgeordneten des Parlaments. Wie viele Stimmen er benötigte, glaubte Beschir sich ausrechnen zu können. Artikel 49 der libanesischen Verfassung ordnete die Mehrheitsfrage für die Wahl des Staatsoberhaupts: »Der Präsident der Republik wird in geheimer Abstimmung durch Zweidrittelmehrheit der Abgeordneten gewählt. Bleibt der erste Abstimmungsdurchgang ohne Ergebnis, genügt beim zweiten Durchgang die einfache absolute Mehrheit.« Das libanesische Parlament bestand im Sommer 1982 aus 92 Abgeordneten. Die letzte Parlamentswahl lag genau zehn Jahre zurück – damals hatten 99 Abgeordnete Parlamentssitze errungen. Während der zurückliegenden zehn Jahre waren sieben Parlamentarier gestorben. Ausgangsbasis für Beschir war die Zahl 92, die Zahl der noch lebenden Abgeordneten. Wollte er im ersten Durchgang erfolgreich sein, benötigte er 62 Stimmen; beim zweiten Wahlakt genügten 47 Stimmen.

Beschirs Gegner aber stellten eine andere Rechnung auf: Sie gaben an, die sinngemäße Interpretation der Verfassung zwinge den Schluß auf, daß die Zahl 99 Ausgangsbasis der Stimmenberechnung sein müsse, die Zahl der Gesamtheit aller Abgeordneten. Die Zufälligkeit des Todes einzelner Parlamentarier dürfe keinen Einfluß haben auf das Abstimmungsergebnis. Die Rechnung der Gegner des Kandidaten ergab, daß Beschir für einen Erfolg im ersten Wahlgang 66 Stimmen und im zweiten Wahlgang noch 50 Stimmen benötigte.

Dieser Streit um die Berechnungsgrundlagen war durchaus keine sinnlose Haarspalterei; sein Ausgang hatte praktische Konsequenzen. Ob Beschir beim zweiten Wahlakt 50 oder nur 47 Stimmen auf seinen Namen vereinigen mußte, bedeutete für ihn einen beachtenswerten Unterschied, denn er wußte, daß er die einfache Mehrheit ohnehin nur unter Schwierigkeiten erreichen konnte. Beschir verlangte deshalb, die Streitfrage müsse durch Gutachter entschieden werden.

Diese Rechtsexperten – sie standen den Phalanges Libanaises nahe – kamen zum logischen Schluß, es hätte während der vergangenen zehn kriegerischen Jahre durchaus geschehen können, daß mehr als die Hälfte der Abgeordneten ihr Leben verloren hätten, dann wäre – gemäß der Berechnung durch Beschirs Gegner – das Parlament zu gar keiner Präsidentenwahl mehr fähig. Als richtig aber müsse doch wohl angesehen werden, daß selbst 45 Abgeordnete und weniger noch den Körper des Parlaments bilden könnten. Es sei wohl die Absicht der Verfassungsväter gewesen, die Wahl durch Mehrheit der noch lebenden Parlamentarier vollziehen zu lassen. Diese Argumentation wurde schließlich akzeptiert.

Der Parlamentsvorsitzende Kamal al-Assad hatte die Sitzung des Hauses auf Montag, den 23. August, festgelegt. Es war der dritte Tag des Abzugs der Palästinenser aus Beirut. Gerüchte besagen, Kamal al-Assad habe von interessierten maronitischen Kreisen für die Einberufung des Parlaments zu diesem Zeitpunkt fünf Millionen LL erhalten – umgerechnet etwa 2,5 Millionen DM. Kamal al-Assad hatte dieses Geld nicht leicht verdient: Er wurde von islamischen Politikern attackiert und bedroht. Saeb Salam, der sunnitische Politiker in Westbeirut, schimpfte, der Schiit Kamal al-Assad mache sich zum Handlanger der Maroniten. Beachtung fand Saeb Salams Aufruf an die islamischen Abgeordneten, die Parlamentssitzung zu boykottieren: Den Maroniten müsse Gelegenheit gegeben werden, einen anderen Kandidaten zu präsentieren, der nicht gerade gefürchteter Kommandeur einer blutrünstigen Miliz gewesen war. Daß Beschir kurz vor der Wahl von seinem Kommando zurückgetreten war, nützte ihm nun wenig.

Saeb Salams Boykottaufruf war für Beschir gefährlich, denn er benötigte islamische Stimmen; er konnte sich nur auf maximal vierzig Abgeordnete wirklich verlassen. Die Miliz der Maroniten sorgte dafür, daß die Politiker um Saeb Salam, die auf keinen Fall für Beschir zu gewinnen waren, isoliert wurden: Bewaffnete durchschnitten Telefonkabel in der Zentrale am Riad-Solh-Platz und unterbrachen alle Verbindungen zwischen Ostbeirut und Westbeirut. Saeb Salam konnte fortan nicht mehr mit islamischen Abgeordneten außerhalb der Stadt in Verbindung treten, um sie in ihrem Widerstandswillen gegen Beschir zu bestärken. Sie wiederum fühlten sich von der Führungspersönlichkeit

Saeb Salam getrennt und den Phalanges Libanaises ausgeliefert; sie sahen sich gezwungen, mit Beschir ein politisches Arrangement zu treffen. Hinter vorgehaltener Hand erzählten viele Libanesen in jenen Tagen Horrorstories von Drohung und Erpressung.

Wahr ist, daß eine Handvoll Bewaffneter den sunnitischen Abgeordneten von Baalbek, Hassan Rifai, in dessen Wohnung im Bekaatal aufsuchte. Er wurde befragt, ob er die Absicht habe, nach Beirut zur Abstimmung zu fahren. Als er die Frage verneinte, schoß ihn einer der Bewaffneten nieder. Daß er überlebte, lag nicht in der Absicht der Besucher. Ein weiterer toter Abgeordneter hätte die Zahl der notwendigen Stimmen für Beschir noch vermindert.

Walid Jumblat, auch er Abgeordneter, erklärte am Tag vor dem Wahlakt, er werde nicht zur Abstimmung kommen. Er sprach sich erneut schroff gegen Beschir aus: »Wenn er gewählt wird, dann verwandelt er den Libanon bald in ein riesiges Gefängnis für alle, die anders denken. Beschir wird uns physisch zu erledigen versuchen. Seine Wahl würde das Ende aller Freiheit im Libanon bedeuten.«

Aus Worten wurden bald Aktionen. Walid Jumblats Miliz griff mit Unterstützung durch Kämpfer der Organisation al-Murabitun das Eigentum von Abgeordneten aus Westbeirut an, die sich trotz des Boykottaufrufs bereit erklärt hatten, an der Wahl teilzunehmen. Zerstört wurden die Wohnung und das Büro des Parlamentsvorsitzenden Kamal al-Assad – er war dafür zuvor schon reichlich entschädigt worden –, und zwei Zweigstellen der Beirut-Riadh-Bank, die dem Abgeordneten Hussein Mansour unterstand. Insgesamt brannten bei derartigen Abschreckungsanschlägen unmittelbar vor der Abstimmung elf Häuser in Westbeirut aus. Die Eigentümer aber kamen persönlich nicht zu Schaden, denn sie waren von den Phalanges Libanaises bereits in den zwei Luxushotels »Printania« und »al-Bustan« in christlichen Bergdörfern untergebracht worden. Zur Stunde der geplanten Sitzungseröffnung waren die betreffenden Abgeordneten zur Stelle.

Ort der Präsidentenwahl war die Kaserne al-Fayadiyeh östlich von Beirut, an der Straße nach Damaskus. Auch die Kaserne lag in christlichem Gebiet und war in der Hand christlicher Armeeverbände. Mit Spannung wurde der Ablauf der Wahl erwartet. Zu befürchten war, daß die Miliz des Walid Jumblat trotz der starken Überwachung der gesamten Region durch israelische Patrouillen und Aufklärungsflugzeuge irgendwo einen Raketenwerfer in Stellung gebracht hatte. Jeden Augenblick war mit einem Einschlag zu rechnen. Ängstlich saßen die ersten Abgeordneten, die sich auf den Weg gewagt hatten, im Hörsaal des Ausbildungszentrums der Kaserne beieinander. Ein Grund für die Unsicherheit war auch, daß niemand wußte, wie sich die syrische Führung verhalten würde. Die Frage war: Hatte Hafez Assad die Präside t-schaftswahl gebilligt oder nicht?

Die Unsicherheit wirkte sich aus. Offenbar beobachteten viele Abge-ordnete erst einmal das Verhalten der anderen. Sie warteten ab. Einge-troffen waren zunächst die 27 Abgeordneten des maronitischen Blocks, dann kamen sechs griechisch-orthodoxe Parlamentarier, fünf Arme-nier, fünf Schiiten und fünf Drusen. Danach aber trat zunächst nie-mand mehr durch die Tür. 48 Stimmträger hatten sich eingefunden – die von der Verfassung als Quorum vorgeschriebene Mindestzahl von zwei Drittel der Abgeordneten belief sich auf 62.

Neunzig Minuten waren verstrichen seit der Zeit, die als Beginn des Wahlgangs festgesetzt gewesen war, da hatte sich die Zahl der Anwe-senden erst auf 53 erhöht. Im Saal wurde bekannt, daß unten in der Stadt, entlang der Demarkationslinie geschossen wurde; darauf steiger-te sich die Nervosität der Abgeordneten, die nicht zum Block der Maro-niten gehörten. Sie wollten die unsichere Fayadiyeh-Kaserne rasch wieder verlassen. Manche machten den Vorschlag, Kamal al-Assad mö-ge doch die Sitzung aufheben, da sie zu keinem Ergebnis führe. Der Vorsitzende bewies jedoch eiserne Nerven. Er wußte, daß von Neben-zimmern aus Telefongespräche mit den Zauderern geführt wurden, daß Amin Gemayel, Beschirs älterer Bruder, mit dem Auto unterwegs war, um Abgeordnete zu überreden, ihren Boykott doch noch aufzugeben. Die Bemühungen hatten Erfolg: Zwei Stunden nach dem vorgesehenen Sitzungsbeginn hielten sich 58 Abgeordnete im Saal auf – noch immer fehlten vier.

Beschirs Problem war längst nicht mehr, die nötige Stimmenzahl auf sich vereinigen zu können; er war sicher, daß ihm dies gelingen würde. Als schwierig erwies sich das Erreichen des nötigen Quorums, um überhaupt mit der Sitzung beginnen zu können. Nach einer Wartezeit von einer weiteren halben Stunde öffnete sich die Tür des Saals wieder: Mehr durch Bewaffnete hereingeschleppt als auf eigenen Beinen betra-ten erst drei, dann weitere zwei Stimmberechtigte die Aula der Kaser-ne. Sie wurden von uniformierten Phalangekämpfern bis zu ihrem Platz gebracht. Die Abstimmung konnte beginnen.

Daß er die Zweidrittelmehrheit der Anwesenden nicht für sich ge-winnen konnte, war für Beschir selbstverständlich, deshalb empfand er den ersten Wahlgang als pure Formalität. Die zweite Abstimmung aber ergab das gewünschte Resultat: Für Beschir entschieden sich sogar zehn Abgeordnete mehr, als nach der Verfassung nötig gewesen wären. Kaum war das Ergebnis in Beirut bekannt, da holten im Ostteil der Stadt die Männer ihre Maschinenpistolen aus den Häusern und feuer-ten rasende Salven in die Luft. Die Christen in Aschrafieh, Kaslik und

Junieh feierten einen Sieg. Aus den Wohnungen hallten die Radiolautsprecher. Da war die Stimme Beschirs zu hören, der allen Libanesen – Christen und Moslems – verkündete, daß man von diesem Tag einst sagen werde, mit ihm habe im Libanon der lange und blutige Krieg ein Ende gefunden.

Bis in die Nacht hinein schossen die Männer in Ostbeirut zum Zeichen ihrer Begeisterung, daß ein starker Maronit versprach, Friedensfürst des Libanon zu werden – unter Berücksichtigung ihrer Ansprüche im islamischen Teil Beiruts aber hatte von der Stunde der Wahl an Stille geherrscht. Mit wachsender Bestürzung hatten die Menschen vor den Fernsehapparaten die Auszählung der Stimmen beobachtet; da war immer nur ein Name von den Stimmzetteln abgelesen worden: Beschir Gemayel, Beschir Gemayel, Beschir Gemayel...

Die Moslems hatten das Gefühl, von nun an auf lange Zeit den Phalanges Libanaises ausgeliefert zu sein. Konnten sie noch wagen, in diesem Land die Stimme zu erheben? Selbst der Sprecher der Radiostation der Organisation al-Murabitun, sonst an laute Parolen gewöhnt, sprach leise, als er verkündete, dies sei ein »Tag der Schande«, denn mit ihm erhalte der Libanon ein faschistisches Regime, das vom Feind eingesetzt worden sei: »Heute hat das zionistische Regime in Israel einen Militärgouverneur für den Libanon auf den Schild erhoben. Er kann nur dank der israelischen Panzer über uns regieren.«

Elias Sarkis aber, der als Präsident noch einen Monat Amtszeit vor sich hatte, glaubte, der Libanon sei durch den Ausgang des Wahlakts im rechten Moment gerettet worden. Der christliche Teil der Bevölkerung hatte wieder Gewicht erhalten – in ihm sah Elias Sarkis einen Faktor der Stabilität für kommende unruhige Jahre. Dem abtretenden Präsidenten war bewußt gewesen, wie stark die religiöse Komponente in der libanesischen Politik bereits geworden war. Auch die Ereignisse am Persischen Golf und ihre Bedeutung für den Libanon hatte er nicht aus den Augen verloren. Zwar hielten sich die Schiiten im Lande derzeit zurück, weil die israelische Besatzungsmacht keine Demonstrationen duldete, und doch war spürbar, daß Khomeini begonnen hatte, seine Unerbittlichkeit auch libanesischen Politikern aufzuzwingen. Schiitische Delegationen aus dem Südlibanon hatten insgeheim, mit Unterstützung Syriens, den Ayatollah in Qum besucht und Ermutigung zum Kampf gegen die Christen erfahren. Die Delegationen waren zurückgekehrt mit dem Bewußtsein, Khomeini werde die Schiiten des Libanon nicht im Stich lassen in dieser Zeit der maronitischen Vorherrschaft. Elias Sarkis aber meinte: »Wenn einer in der Lage ist, den Khomeinismus einzudämmen, dann ist es Beschir Gemayel! Er wird verhindern, daß der geplante Antikreuzzug gegen die Christen stattfindet.«

»Iran und Libanon sind eins.«

»Allahu akbar – Gott ist größer als alle!« Mit diesem Ruf hatte Ayatollah Khomeini im Juli 1982, etwa fünf Wochen vor Beschirs Wahl, die Ramadanoffensive jenes Jahres eröffnet. Sie sollte – nach Khomeinis Vorstellung – die Entscheidung im Konflikt zwischen Iran und Irak erzwingen, der seit Herbst 1980 andauerte und der sich aus einem Grenzstreit zum Glaubenskrieg entwickelt hatte. Der Auftrag an die iranischen Truppen lautete diesmal: »Der Irak ist zu durchqueren, dann ist der Zusammenschluß mit den syrischen Verbündeten zu vollziehen zum Kampf gegen die israelischen Aggressoren im Libanon. Wichtigstes Ziel ist Hilfe für unsere schiitischen Brüder. Sie verbinden Iran und Libanon. Durch sie sind Iran und Libanon eins.«

Khomeini hatte sich mit gutem Grund Hoffnung auf einen Erfolg der Offensive machen können. Seine Truppen hatten zuvor schon Boden gewonnen.

Die Kämpfe des Monats März 1982 waren für die iranischen Verbände überaus positiv verlaufen: Sie hatten fortan die Initiative nicht mehr aus der Hand gegeben. Langsam waren die irakischen Angreifer in die Defensive gedrängt worden. Saddam Hussein hatte Schwäche gezeigt durch die Ankündigung, er sei bereit, seine Truppen ganz aus iranischem Gebiet zurückzuziehen, wenn Khomeini einem Waffenstillstand zustimme. Um seine Bereitschaft zum Frieden augenfällig zu machen, hatte der Präsident Order zum Rückzug seiner 4. Armee aus dem Frontabschnitt bei Dezful gegeben. Doch diese Demonstration des guten Willens hatte nur bewirkt, daß Khomeini glaubte, Saddam Hussein sei am Ende. Der irakische Präsident aber begann erst jetzt, seine Reserven zu mobilisieren, Schwachpunkte zu bereinigen.

Da wegen der Kriegshandlungen irakische Ölexporte nur noch durch Pipelines in Syrien und der Türkei möglich waren, bemühte sich die irakische Diplomatie, Hafez Assad zu veranlassen, eine Garantie für die freie Benutzung der Leitung durch syrisches Gebiet abzugeben. Der syrische Präsident handelte jedoch gegen die irakischen Interessen: Er ließ am 10. April 1982 die Pumpstation schließen, die Öl aus dem Gebiet nördlich von Baghdad zum Mittelmeerhafen Banias und zur libanesischen Raffinerie bei Tripoli beförderte. So bekam der Libanon eine erste wirtschaftliche Konsequenz des Krieges am Persischen Golf zu spüren.

Dem irakischen Staat war durch die OPEC-Konferenz im März 1982 eine tägliche Exportrate von 1,2 Millionen Barrel pro Tag zugestanden worden. Die Pipeline, die Öl in die Türkei transportiert, besitzt jedoch nur eine Förderleistung von 700 000 Barrel pro Tag. Der Erlös aus dem

364

Verkauf dieses Öls war von nun an die Basis der irakischen Staatseinnahmen, da keine weitere Exportmöglichkeit bestand. Im Sommer 1982 verlangte Saddam Hussein von den arabischen Staaten, sie sollten einen Wirtschaftsboykott gegen Syrien verhängen, weil Hafez Assad dem Irak schade. Doch niemand folgte der irakischen Aufforderung.

Vom Jahr 1982 an ist Saddam Hussein den Problemen, die der Krieg mit sich brachte, nur unter äußerster Kraftanstrengung Herr geworden. Die militärischen Schwierigkeiten steigerten sich. Im Mai 1982 war die Schlacht um die Region von Khorramschahr am Ostufer des Schatt al-Arab für die irakische Armee verlorengegangen. Die Irakis mußten auf Gelände verzichten, das sie achtzehn Monate zuvor unter hohen Opfern erobert hatten. Nun hatten sie erneut hohe Verluste zu beklagen. Nach iranischen Angaben waren während der Kämpfe im Mai 20000 irakische Soldaten ums Leben gekommen. Weit höher war allerdings die Zahl der iranischen Toten. Der Krieg am Schatt al-Arab war zum Gemetzel geworden.

Da der Iran über ein größeres Menschenreservoir verfügte als der Irak, waren seine Verluste leichter auszugleichen. Zwar hatten die Kämpfer, die zur Front kamen, so gut wie keine Ausbildung erhalten, doch ihre Bereitschaft zum Märtyrertum machte sie den irakischen Soldaten zeitweise sogar überlegen. Unter dem Druck der opferbereiten Massen wichen die irakischen Verteidiger langsam zurück. Noch gelang es der Armeeführung des Präsidenten Saddam Hussein immer wieder, die Sturmwellen der Iraner aufzuhalten, doch war nach jeder Offensive eine Frontbegradigung notwendig, die – seit Mai 1982 – Verlust an Heimatboden bedeutete.

Für den irakischen Präsidenten bedeutete das Zurückweichen der eigenen Truppen einen schweren Prestigeverlust. Er hatte sich mit diesem Krieg identifiziert: Die Siege der Anfangsphase waren seine Siege gewesen – so wurden nun die Niederlagen seine persönlichen Niederlagen. Saddam Hussein bekam Unzufriedenheit zu spüren in den Reihen der Mitglieder des Revolutionsrats der Staatspartei. Im Juni 1982 sah sich der Präsident, der absolute Vollmacht besaß, gezwungen, Veränderungen im Revolutionsrat und in der Regierung vorzunehmen. Im Juli entging Saddam Hussein nur knapp einem Anschlag auf sein Leben. Der von Khomeini erhoffte Aufstand der Schiiten aber unterblieb. Die Angehörigen dieser Religionsgruppe bildeten zwar die Mehrheit im Irak, doch sie sahen keinen Anlaß, das sunnitische Regime des Saddam Hussein zu stürzen. Sie zogen ihre irakische Identität der Solidarität mit den Schiiten des Iran und mit dem Schiitenführer Khomeini vor. Die Aversion der Araber gegen die Perser hat eine lange Tradition und wirkt sich noch immer aus.

Hatte der irakische Verteidigungsminister Generalleutnant Adnan Khairallah, ein Schwager des Präsidenten, noch in der ersten Phase des Krieges geglaubt, ohne Luftangriffe auf Städte auskommen zu können, so sah er im Sommer 1982 ein, einen Fehler gemacht zu haben. Khairallah gab seinen Piloten Befehl, die Städte Ahwaz und Dezful anzugreifen, wobei sie nicht auf militärische, sondern auf »wirtschaftlich bedeutende Ziele« zu achten hatten. Getroffen wurden jedoch Wohngegenden der beiden Städte; etwa 300 Zivilisten starben. Khairallah hatte sich Hoffnung gemacht, derartige Attacken würden das Regime der Mullahs unter den Druck der Bevölkerung geraten lassen und einen Waffenstillstand erzwingen, doch diese Kalkulation ging nicht auf. Aus Teheran war zwar zu hören, daß ein Waffenstillstand durchaus möglich sei, doch die Bedingungen waren für Saddam Hussein nicht annehmbar: Khomeini verlangte eine Kriegsentschädigung in Höhe von 150 Milliarden Dollar und das Erscheinen des Präsidenten Saddam Hussein und seines Schwagers Adnan Khairallah vor einem internationalen Gericht, um sich wegen begangener Kriegsverbrechen zu verantworten. Zusätzlich forderte Khomeini, Irak müsse 100000 Menschen wieder aufnehmen, die als Anhänger des Ayatollah in den Iran abgeschoben worden waren. Diese 100000 hätten die religiös-soziale Struktur des Irak völlig verändert. Khomeini hätte über weitere 100000 blind ergebene Anhänger verfügen können. Das sunnitische Establishment mußte die Rückkehr der gewaltsam Exilierten verhindern.

Alles, was Saddam Hussein in dieser Zeit unternahm, war nur Reaktion auf iranische Aktion. Verzweifelt versuchte der irakische Präsident, wieder Handlungsfreiheit zu erlangen. Auf internationaler Ebene wollte er Unterstützung erlangen. Am 9. Juni 1982 teilte Saddam Hussein der Weltöffentlichkeit mit, er habe – zum Zeichen ehrlicher Friedensbereitschaft – alle Truppenverbände im südlichen Abschnitt der Front über den Schatt al-Arab zurückgeholt. Am 9. Juni 1982 aber blickte die Welt auf den Libanon – dort näherte sich die israelische Invasionsarmee der Hauptstadt Beirut. Zwanzig Tage später verkündete Saddam Hussein, er habe die Räumung des letzten Quadratmeters iranischen Bodens angeordnet. An diesem Tag nahm die Welt zur Kenntnis, Menachem Begin überlege sich, ob er Befehl zum Sturm auf Beirut geben wolle. So blieb der irakische Rückzug ohne die gewünschte psychologische Wirkung: Die Weltöffentlichkeit sah nur die dramatische Entwicklung im Libanon – sie übersah die Brisanz des Konflikts am Persischen Golf. Die Diplomatie der Vereinigten Staaten von Amerika konzentrierte sich darauf, der PLO zum Abzug aus Beirut zu verhelfen; sie hatte keine Kapazität frei, sich um den Krieg im Osten Arabiens zu kümmern.

Noch immer glaubte Saddam Hussein, er könne die Abhaltung der Gipfelkonferenz der Blockfreien Staaten, die für Anfang September 1982 geplant war, erzwingen. Doch die gewaltige Explosion einer in einem Lastkraftwagen versteckten Sprengladung machte alle Hoffnung zunichte. Diese Sprengaktion, die 28 Menschen tötete, war ein erster Test der iranischen Kommandos gewesen, die später im Libanon ihr Können zeigten. Sie genügte, um das Vertrauen der Organisation Blockfreier Staaten in die Tüchtigkeit der irakischen Sicherheitsbehörden völlig zu zerstören. Aus der jugoslawischen Hauptstadt war zu hören, in Baghdad sei wohl keine fruchtbare Arbeit der Konferenzteilnehmer in ruhiger Atmosphäre möglich. Khomeini war es gelungen, die internationale Reputation von Saddam Hussein anzuschlagen.

Deutlicher als je zuvor wurde im Sommer 1982 der Wille des iranischen Revolutionsführers, sich mit Saddam Hussein auf keinen Frieden und nicht einmal auf Waffenstillstand einzulassen. Die Möglichkeit zeichnete sich für Khomeini ab, die Herrschenden in Baghdad durch einen Wirtschaftskrieg in die Knie zu zwingen.

Vor der militärischen Auseinandersetzung hatte der Irak zu den wohlhabenden Ölstaaten gehört. Die tägliche Einnahme aus dem Geschäft mit dem flüssigen schwarzen Rohstoff hatte 90 Millionen Dollar betragen. Durch vorsichtige Haushaltspolitik war es den Wirtschaftsplanern um Finanzminister Thamir Rzouqi gelungen, eine Reserve von 35 Milliarden Dollar zu schaffen. Dieses Polster sollte die Fortsetzung der Entwicklungsprojekte auch während des Krieges, der ja als Blitzoperation angelegt war, ermöglichen. So wurden im Jahr 1981 von der irakischen Regierung aus der eigenen Kasse noch 23 Milliarden Dollar für Neubauten in Baghdad, für Straßen, für Veränderungen und Modernisierung des Telekommunikationssystems ausgegeben. Im Frühjahr 1982 aber mußte die irakische Regierung um finanzielle Hilfe bitten. Als Adressaten der Hilferufe kamen nur die reichen Ölmonarchien in Frage, allein sie verfügten über Positionen freier Gelder im Staatshaushalt, die als verlorene Zuschüsse vergeben werden konnten. Saudi Arabien, Kuwait, Qatar und die Vereinigten Arabischen Emirate überwiesen bald nach Übermittlung der irakischen Bitte 16 Milliarden Dollar an die Regierung in Baghdad.

Diese rasche Reaktion war deshalb erstaunlich, weil Saddam Hussein nie als Freund der königlichen Familie Saud und der Emire gegolten hatte. Die Monarchen der Golfregion hatten immer gefürchtet, das sich sozialistisch gebärdende Regime der Baathpartei habe sich das Ziel gesteckt, die Feudalstrukturen ihrer Staaten zu zerstören. Der König und die Emire erinnerten sich an die Zeit der frühen siebziger Jahre, als Saddam Hussein einer speziellen Kommandoorganisation vorstand, die

Terror in den Monarchien zu verbreiten versuchte. Als Faktor der Stabilität in der Golfregion hatte der starke Mann des Irak nie gegolten. Die Feudalherren hatten ihn als treuen Freund der Sowjetunion gesehen, der, im Auftrag des Weltkommunismus, die Ölgebiete dem Zugriff der westlichen Industriestaaten entziehen wollte. Die Tatsachen, die gegen den Iraker sprachen, hatten sich bis 1982 kaum verändert – Saddam Hussein war weiterhin durch den Freundschaftsvertrag von 1972, mit einer Laufzeit von fünfzehn Jahren, an die Sowjetunion gebunden –, wohl aber der Blickwinkel: Wollten die Golfmonarchien nicht Beute der iranischen Revolution werden, mußten sie Irak, als die einzig gegen Irans Expansionspläne orientierte Militärmacht von Bedeutung im Golfgebiet, unterstützen.

Daß sie damit Khomeini gegen sich aufbrachten, war vorauszusehen, denn die Monarchien verhinderten die Realisierung seiner Absicht, das Regime Saddam Hussein durch Unterbindung des irakischen Ölexports zu zerstören. Wer die Regierung in Baghdad unterstützte, der mußte damit rechnen, in den Krieg hineingezogen zu werden.

Solange sich die iranische Armee in der Defensive befand, war diese Gefahr allerdings gering. Doch vom Frühjahr 1982 an entwickelte sich Iran zur aggressiven Großmacht, die sich Ordnungsbefugnisse in der gesamten Region anmaßte. Hatte sich die königliche Familie von Saudi Arabien bisher zuständig gefühlt für Ordnung im Zusammenleben der arabischen Staaten zwischen Mittelmeer und Golf, so wurde ihr die Funktion des Polizisten jetzt streitig gemacht. Ayatollah Khomeini erklärte deutlich, daß nicht die königliche Familie von Saudi Arabien, sondern die schiitische Geistlichkeit das Leben der Menschen von der Grenze Afghanistans bis zur libanesischen Mittelmeerküste bestimmen werde.

Khomeinis Ziel veränderte sich nicht: »Wir werden in den Libanon kommen!« Diese Worte bekam fast jeder Besucher zu hören, der den Revolutionsführer in Qum besuchte. Er strahlte Gelassenheit aus, als ob ihm Allah die Garantie für ein langes Leben gegeben hätte. Daß der alte Mann krank war, konnte er nicht verbergen. Seit vierzig Jahren schon litt er an Atemnot – das Leiden verstärkte sich im Jahr 1982. Dennoch baute Khomeini auf die Zukunft.

In Qum wurden Maßnahmen getroffen, um die Masse der Gläubigen vom Haus des Ayatollah fernzuhalten. Die Begegnung mit Tausenden war ihm zu anstrengend gewesen – und zu gefährlich. Zwar wurde er von der Mehrheit der Iraner geliebt, doch innerhalb der Geistlichkeit waren Spannungen aufgebrochen, die zu Gewalttaten auch gegen die Leitfigur der Revolution führen konnten. Schon im Sommer 1982 lebten die meisten der hohen Geistlichen, die den Aufstand gegen den

Schah angeführt hatten, nicht mehr – sie waren ermordet worden. Die Schuld wurde den Kampfgruppen marxistischer Organisationen zugeschoben, doch lag der Verdacht nahe, daß sie den Rivalitäten unter den Geistlichen selbst zum Opfer gefallen waren. Die Ayatollahs hetzten insgeheim ihre Anhänger, die meist Privatmilizen bildeten, zum Kampf auf gegen konkurrierende Gruppen, gegen die Milizen anderer Ayatollahs. Die Streitigkeiten wurden mit den bewährten Mitteln der Revolution ausgefochten: durch Diffamierung im Text der Freitagsgebete, durch Attentate und verschleierte Mordanschläge. Nie wirklich geklärt wurden die Umstände des Todes von Ayatollah Beheschti, dem Vorsitzenden der Islamischen Republikanischen Partei. Gerüchte geben die Schuld seinem wichtigsten Rivalen, dem Parlamentspräsidenten Rafsanjani.

Die Spitzen der Geistlichkeit stritten sich um die Politik der Zukunft – und sie benahmen sich wie Parteipolitiker in Staaten, die sich am Rande des Chaos befinden. Regeln des politischen Lebens erkannten sie nicht an. Die Mehrheit der Ayatollahs war dafür, die Islamische Revolution des Iran als beendet zu erklären und im Lande selbst für die Festigung eines stabilen Regimes der Geistlichkeit zu sorgen. Absicherung des Erreichten war das Motto dieser konservativen Gruppe. Sie hielt folgerichtig den Krieg gegen Irak für unnötig und gefährlich; von Khomeinis Libanonplänen dachten diese Geistlichen nur geringschätzig. Ruhe, Bequemlichkeit und Muße zur religiösen Meditation waren für manchen Veteranen der Islamischen Revolution durchaus erstrebenswert. Khomeini bekämpfte solche Ermüdungserscheinungen mit der Parole: »Wir haben nicht deshalb die blutige Revolution durchgekämpft, um unsere Bäuche zu füllen! Die Revolution verlangt von uns, daß wir hungern!«

Gefolgsmann ohne Bedingungen und ohne Widerspruch war Ayatollah Montazeri, den der Revolutionsführer zum Nachfolger erwählt hatte. Montazeri gehörte zu den wenigen in der Schicht der führenden Geistlichen, die der Meinung waren, die gesellschaftliche Neuordnung des Iran müsse von einem radikalen Verstaatlichungsprogramm begleitet und ergänzt werden, das nicht nur Banken und industrielle Großbetriebe, sondern auch die Läden der Händler in den Suks und die Geschäfte des mittelständischen Handwerks umfaßte. Khomeini selbst geriet durch Befürwortung einer umfangreichen Nationalisierungspolitik in Widerspruch zum Willen des Mittelstands, der sich die Freiheit des Marktes erhalten wollte. Früher hatte Khomeini den Mittelstand ermutigt, die Industrialisierungspläne des Schahs abzulehnen, da sie zur Zerstörung der handwerklich-mittelständischen Betriebe und damit letztlich zur Auflösung der traditionellen Großfamilie führten. Jetzt fühlte sich der Revolutionsführer vom Mittelstand im Stich gelassen: Längst hatte er gespürt, daß die Händler, Handwerker und Kleinunternehmer in die Islamische Revolution kein Vertrauen mehr setzten, daß sie der Geistlichkeit den Rücken kehrten, daß sie sogar das Interesse am eigenen Geschäft und am Profit verloren. Das Resultat war Verknappung vieler Waren auf den Märkten.

Da die Automatik von Angebot und Nachfrage nicht mehr funktionierte, mußte ein Rationierungssystem entwickelt werden. Der Staat war allerdings dazu nicht in der Lage, da der Beamtenapparat von Verwaltung und Polizei in der Übergangszeit vom Schah zu den Mullahs zerfallen war. Die Geistlichkeit und die ihr hörigen Revolutionskomitees sollten die Verteilung der Mangelwaren überwachen. Damit war jedoch wiederum Einmischung der Mullahs in die Existenzsphäre des Mittelstands verbunden: Die Kluft zwischen Geistlichkeit und Händlern verbreiterte sich, das Mißtrauen wuchs. Um die Händler zu kontrollieren, gaben die Mullahs den Revolutionskomitees mehr Macht, ohne jedoch die Aufsicht über die Komiteemitglieder zu vernachlässigen. So verstärkte sich noch der Einfluß der schiitischen Geistlichkeit auf das Leben der Menschen vor allem in Teheran.

Die Mitglieder der Revolutionskomitees waren vorwiegend junge Männer, die meist nicht mehr als achtzehn Jahre zählten. Die Milizionäre, die von ihnen angeworben wurden, waren durchweg noch jünger. Zwölfjährige trugen Maschinenpistolen im Dienst der Komitees und der Geistlichkeit. Sie waren stolz auf die Bedeutung, die sie der Geistlichkeit verdankten.

Die meisten dieser Jugendlichen stammten aus den Armenvierteln Teherans, in denen sie bisher ohne Vorstellung vom Sinn ihres Lebens existiert hatten. An Ausbildung und geordnete Arbeit war nicht zu denken gewesen. Die Geistlichen versprachen ihnen nun nicht glücklichere Lebensumstände in dieser Welt, sondern im Paradies, das dem gehören wird, der sich aufzuopfern bereit ist. Dieses Versprechen wirkte im Laufe der Monate nicht nur in den Slumgegenden von Teheran, sondern auch in den wohlhabenden Stadtzonen. Auch hier wuchs die Attraktivität der Moschee auf die ganz jungen Menschen. Sie glaubten, was die Ältesten der Geistlichen ihnen verkündeten. Gemeinsam bildeten die Jüngsten und die Ältesten eine politische und letztlich eine militärische Macht. Die Milizen der Revolutionskomitees wurden auch zum Reservoir für die iranische Armee: Den Jungen war der Gedanke, Märtyrer zu werden, Selbstverständlichkeit geworden. Sie wollten ihre Bereitschaft zum Tod unter Beweis stellen. Über Mangel an Kämpfern brauchte sich die iranische Revolutionsarmee nicht zu beklagen: Hunderttausende Halbwüchsiger meldeten sich freiwillig.

Stark war ihre Abneigung, sich von Offizieren führen zu lassen, die schon zur Zeit der Monarchie hohe Kommandoposten zugewiesen erhalten hatten. Auch die Geistlichkeit besaß kein Vertrauen in die Generäle, die nach den Reinigungswellen der ersten Monate des schiitischen Regimes noch ihren Dienst ausüben durften, selbst wenn sie von den Revolutionstribunalen als unbelastet eingestuft worden waren. So wurde die Armeeführung umgekrempelt. Offiziere aus niederen Rängen, die sich als überzeugte Moslems gaben, wurden in die hohen Funktionen gehoben. Der Kommandeur der Bodenstreitkräfte, Sayyid Schirazi, der die erfolgreichen iranischen Offensiven des Frühsommers 1982 befehligte, war zum Zeitpunkt der Revolution ein junger Hauptmann unter Tausenden gewesen.

Hatte die iranische Armee sich bis 1979 den Prinzipien des Nationalismus, der Bindung an das Vaterland, verpflichtet gefühlt, so waren Khomeinis Anhänger darauf bedacht, die religiöse Solidarität über das nationale Zusammengehörigkeitsgefühl zu stellen. Die Soldaten des Iran gehörten einer schiitischen Armee an und hatten den Geistlichen dieser Glaubensrichtung zu folgen. Befehle aber gaben immer nur die radikalen Ayatollahs. Diejenigen, die sich ein Ende der Revolution und des Krieges herbeiwünschten, wurden von der Führung der Streitkräfte gar nicht zur Kenntnis genommen. So blieb manche Stimme der Vernunft ohne Wirkung, die eine Einmischung in die Ereignisse im Libanon für einen Ausdruck des Größenwahns hielt.

Ayatollah Khomeini aber zeichnete sein Feindbild so: Der Teufel Saddam Hussein ist Verbündeter der Vereinigten Staaten von Amerika im Kampf gegen die Islamische Revolution. Durch die Bindung an die USA ist der irakische Präsident auch mit Israel alliiert. Israel und Irak formieren einen gemeinsamen Feind, der wiederum Schutzmacht für die Christen des Libanon ist, die ohne Hilfe von außen gar nicht mehr existieren würden.

Khomeini zog daraus den Schluß, daß ein entscheidender Schlag gegen einen der Partner im vermeintlichen Bündnis auch die anderen treffen müsse. Auf Khomeinis Anregung hin sollte eine doppelte Front eröffnet werden, die den Stoß der iranischen Revolutionsarmee durch Irak hindurch mit Aktionen im Westen unterstützen würde. Um diese doppelte Front zu ermöglichen, ließ der Revolutionsführer die Zahl der schiitischen Kämpfer in der libanesischen Stadt Baalbek verstärken. Sie hatten den Stabilisierungsprozeß zu stören, der seit der Wahl des Chefs der christlichen Milizen im Libanon zu registrieren war. Der Auftrag des Ayatollah lautete, den maronitischen Staat Libanon ins Chaos zu stürzen. Zur Überraschung der Libanesen gelang dies jedoch nicht den Schiiten, sondern einer völlig anderen politischen Kraft.

371

Der Tod des Retters Beschir

Karim Pakradouni, vom Stab des Präsidenten Elias Sarkis ganz zum Mitarbeiterkreis um Beschir Gemayel übergewechselt, sah die Kette positiver Ereignisse nach dem Wahlgang vom 23. August 1982 im Libanon so:

»Am 25. August treffen die französischen und italienischen Soldaten in Beirut ein, die für Ordnung sorgen sollen. Am 30. August fährt Arafat nach Athen ab. Am 1. September ist der Abzug der Palästinenser und der Syrer abgeschlossen. An diesem Tag kommt der amerikanische Verteidigungsminister Caspar Weinberger nach Beirut, um sich mit Elias Sarkis und Beschir Gemayel über den Aufbau der libanesischen Armee zu beraten. Am darauffolgenden Tag wird ein wichtiger Übergang zwischen Ostbeirut und Westbeirut geöffnet; Ministerpräsident Schafiq Wazzan kann im guten Glauben verkünden, die Zeit der geteilten Stadt sei vorüber, künftig existiere nur noch ein einziges Beirut. Am 4. September rückt die libanesische Armee in den islamischen Teil von Beirut ein; seit 1973 war hier kein regulärer Soldat mehr gewesen. Am 9. September übernimmt die Armee Verantwortung für die Palästinenserlager im Süden der Stadt; seit 1969 hatte sie sich in den Lagern nicht mehr blicken lassen dürfen. Am 10. September sieht die Internationale Friedenstruppe ihre Aufgabe als beendet an und verläßt den Libanon. Einen Tag später beginnt die Beiruter Börse wieder zu arbeiten. Am 13. September laufen die ersten Schiffe den Hafen der libanesischen Hauptstadt an. Die Wirtschaft des Libanon beginnt wieder zu leben.«

Mit Energie hatte der noch nicht eingeschworene Nachfolger des glücklosen Elias Sarkis das für ihn wichtigste Problem angepackt, die Verantwortlichen der sunnitischen, schiitischen und drusischen Volksgruppen für die Vision der gemeinsamen Zukunft zu gewinnen. Saeb Salam, der zum Boykott der Wahl aufgerufen hatte, war als erster der Gegner bereit gewesen, dem gewählten Staatsoberhaupt die Hand zu reichen. Beschir hatte dafür versprechen müssen, die Rechte der anderen Religionsgruppen nicht zu verletzten. Sofort bei Beginn der Begegnung war Beschir von Saeb Salam an die Grundlagen des libanesischen Staates erinnert worden: »Wir haben hier keine Präsidialdemokratie, sondern unsere libanesische Formel, unseren nationalen Konsensus!« Darauf hatte Beschir entgegnet: »Ich werde mich an die libanesische Verfassung halten. Als Präsident werde ich mich der Demokratie und der Freiheit verpflichtet fühlen.« Dann aber war aus seinen Worten doch deutlich geworden, daß manches im Staat Libanon geändert werden müßte: »Für meine Regierung gibt es zwei Kriterien der Zusammenarbeit: Integrität und Kompetenz. Sind diese beiden Kriterien erfüllt, ist es mir gleichgültig, zu welcher Religionsgruppe ein Mann gehört. Die Libanesen haben verdient, daß sie einen modernen Staat erhalten. Damit dies möglich sein wird, sind die Strukturen der Verwaltung zu ändern.«

Bei dieser Begegnung war die Basis für eine künftige Zusammenarbeit geschaffen worden. Die Sunniten hatten den Widerstand gegen Beschir aufgegeben. Es war damit zu rechnen, daß die Schiiten dem sunnitischen Beispiel folgten. Erfahrungsgemäß waren danach auch bald die Drusen bereit, sich dem Mächtigen zu beugen. Saeb Salam hatte angeboten, zwischen Beschir und den Drusen zu vermitteln. Für diesen Fall hatte Beschir eine Strategie vorbereitet: »Ich werde mit dem Haus Arslan verhandeln und nicht mit dem Haus Jumblat. Mit der Sozialistischen Partei von Jumblat lasse ich mich nicht ein. Walid Jumblat kann meinetwegen die Opposition im Parlament übernehmen. Ich werde mit der Mehrheit regieren. Die Opposition respektiere ich im Rahmen der Gesetze.«

Unmittelbar nach dem Zusammentreffen mit Saeb Salam hatte sich Beschir nach Yarze begeben in das Haus von Johnny Abdo, der auch im Stab des neuen Präsidenten für eine wichtige Funktion vorgesehen war. Vom Vorort Yarze aus, der in der Nähe des Präsidentenpalastes liegt, war Beirut im Licht der Abendstimmung deutlich zu sehen. Der Blick von Johnny Abdos Balkon war in Krieg und Frieden immer bemerkenswert gewesen. Ungewohnte Ruhe war jetzt zu beobachten: Kein Aufblitzen von Explosionen, keine Garbe von Leuchtspurmunition störte mehr. Die Stadt war wieder beleuchtet. Die israelischen Truppen, die immer noch Westbeirut umzingelt hielten, hatten die Sperre von Strom und Wasser bei Arafats Abzug aufgehoben.

Beschir war in das Haus von Johnny Abdo gekommen, um mit dem erfahrenen Mann die Aspekte und Prospekte künftiger libanesischer Außenpolitik zu besprechen. Beschir erläuterte seine Vorstellung: »Gegenüber allen Staaten der arabischen Welt betonen wir unsere Souveränität. Aus der Vergangenheit bewahren wir keine Haßgefühle. Wir begegnen jedem Staatschef ohne Komplexe. Wir achten die Staaten, die unsere Unabhängigkeit respektieren. Ich denke, daß wir rasch mit Syrien ins Gespräch kommen müssen, wobei wir allerdings weniger auf Assads Wünsche als auf unsere eigenen Interessen Rücksicht zu nehmen haben. Es wird künftig nie mehr vorkommen, daß wir andere für uns entscheiden lassen. Wir müssen selbst unsere Ziele bestimmen, dann erst werden wir Unterstützung für die Ziele bei einflußreichen Staaten suchen. Auf keinen Fall darf es geschehen, daß wir ohne Verbündeten bleiben. Auf einen Verbündeten zu verzichten wäre falsch verstandene Neutralität. Wir brauchen sogar einen überaus starken Verbündeten. Ich denke da an die Vereinigten Staaten von Amerika. Ich werde verlangen, daß uns die USA dieselben Garantien für Sicherheit und territoriale Unversehrtheit geben, die Israel erhalten hat. Stimmen wir mit den USA überein und haben wir die Amerikaner im Rücken, dann sind wir jeder Krise und jedem Feind gewachsen. Nicht einmal die Israelis werden etwas gegen uns ausrichten können. Die Folge dieser Außenpolitik wird sein, daß wir uns aus den Reihen der Staaten der Dritten Welt entfernen und uns dem Westen zuordnen.«

Auf die Frage von Johnny Abdo – der an diesem Abend erfuhr, daß er Generaldirektor für Staatssicherheit mit außergewöhnlichen Vollmachten werden solle –, wer unter Beschirs Präsidentschaft das Amt des Ministerpräsidenten ausüben werde, antwortete der künftige Staatschef: »Ich kann diesen Staat nicht führen mit den Politikern von 1975 und nicht mit Männern, die in der Mentalität von 1943 befangen sind. Die Lebanese Forces sind der dynamische Kern für den neuen Staat, aber sie dürfen nicht der einzige Kern bleiben.«

Die Lebanese Forces, die Streitmacht der Phalanges Libanaises, als Kristallisationspunkt der Ordnung im Staat Libanon – dies war die tollkühne Idee, durch die Beschir das Land retten wollte. Er rückte mit Absicht die Miliz der eigenen Partei in den Mittelpunkt, weil er den anderen politischen Kräften keine Disziplin und keinen Willen zur Ordnung zutraute. Hatten diese anderen Kräfte – Beschir dachte dabei an die Organisationen der Sunniten, Schiiten und Drusen – erst begriffen, daß sie sich anzupassen hatten, dann war Beschir bereit, auch sie in Grenzen als Partner zu akzeptieren.

An jenem Abend verriet Beschir sein Rezept, wie er den Libanon zu führen gedachte: »Der Wille, alles zu ändern, hat Vorrang. Nichts wird bleiben, doch der Umsturz wird leise eintreten, ohne spektakuläre Wirkungen. In der Armee werden wir mit den Veränderungen beginnen. Verjüngt werden muß sie vor allem durch eine neue Generation von Offizieren. Die Armee wird dann Vorbild sein für alle anderen Institutionen des Landes. Sie wird so dem bestehenden Staat, der niemand schützen kann, den niemand anerkennt und den niemand respektiert, ein Ende machen. Durch die Armee werden wir einen anderen, einen starken Staat haben, der die christliche Identität des Libanon zu bewahren vermag und der auch die Gleichheit der anderen religiösen Gemeinschaften garantieren kann.«

Der Widerspruch der Aussage wurde Beschir nicht bewußt: Er erkannte gar nicht, daß die zwei Absichten, die christliche Identität des Libanon zu bewahren und Gleichheit der anderen religiösen Gemeinschaften zu garantieren, keineswegs in Einklang zu bringen waren. Bewahrung der christlichen Identität bedeutete Vorherrschaft der Maroniten, der Phalanges Libanaises. Der Drusenführer Walid Jumblat und Nabih Berri, der Chef der schiitischen Organisation Amal, konnten damit kaum einverstanden sein. Um ihre Opposition aber wollte sich Beschir nicht kümmern. Mit Walid Jumblat und Nabih Berri zu reden galt ihm als Zeitverschwendung.

Am Tag, als Beschir seinem künftigen Verantwortlichen für Staatssicherheit die fortan geltenden Grundsätze der libanesischen Politik darlegte, waren die Vorbereitungen zu seiner Ermordung schon abgeschlossen. Am Abend, den der gewählte Präsident auf Johnny Abdos Balkon verbrachte, hatte Habib asch-Schartuni, ein noch junger Mann, kaum älter als zwanzig Jahre, die letzten Sprengstoffpakete in die Wohnung seines Großvaters gebracht. Eine Woche lang war er jeden Tag in das Haus im christlichen Stadtteil Aschrafieh gekommen, manchmal sogar mehrmals, aber nie mit leeren Händen. Er hatte Waschmittelpakete transportiert, Getränkekisten und immer eine schwere Aktentasche. Kontrolliert worden war Habib asch-Schartuni kein einziges Mal, obgleich zahlreiche Posten das Haus umstanden: Da wachten hinter Sandsäcken Bewaffnete der christlichen Miliz, da wartete in der Einfahrt des Vorgartens ein mit drei Soldaten besetzter Jeep der israelischen Armee. Milizionäre und Soldaten, die hier zur Bewachung eingeteilt waren, sahen keinen Grund, die Pakete zu durchsuchen, die Habib anschleppte, war er doch der Enkel des Hausmeisters jenes Gebäudes in Aschrafieh, das deshalb so gut bewacht war, weil sich darin das regionale Hauptquartier der Phalanges Libanaises befand. Dieses Hauptquartier war bedeutender als andere, denn es lag mitten im heißumkämpften Gebiet, das an die Demarkationslinie zwischen christlichem und islamischem Sektor stieß. Von hier aus war seit 1975 der Abwehrkampf der Festung Aschrafieh organisiert worden.

Die von den Phalanges Libanaises benutzten Räume waren im Erdgeschoß des zweistöckigen Gebäudes: Der größte Raum wurde als Sitzungszimmer gebraucht; in ihm fanden etwa sechzig Menschen Platz. Um diesen Raum gruppierten sich vier Bürozimmer. Der Großvater des Habib asch-Schartuni wohnte im Stockwerk darüber; in einem Zimmer dieser Wohnung lebte die Schwester des jungen Mannes. Für Großvater und Schwester hatte er sich immer als treusorgender Verwandter erwiesen. Während jener Tage im September hatte er sich bereit erklärt, alle Einkäufe zu übernehmen und für Vorräte zu sorgen. So war es ihm gelungen, in Kisten, Paketen und Taschen über 200 Kilogramm hochbrisanten Sprengstoff ins obere Stockwerk zu bringen. Seine Auftraggeber hatten ihn genau instruiert, an welchen Mauern die Pakete zu stapeln waren, damit ihre Explosion das richtige Ausmaß der Zerstörung erreichte. Die Absicht war, die Decke des Sitzungssaals zum Einsturz zu bringen.

Die Vorbereitungen, die Habib asch-Schartuni getroffen hatte, waren auf eine bestimmte Stunde ausgerichtet. Am Nachmittag des 14. September 1982 – als Enkel des Hausmeisters hatte er rechtzeitig Bescheid gewußt – wollte sich der Milizkommandeur Beschir Gemayel von seinen Getreuen verabschieden. Er hatte das Kommando schon Tage vor der Wahl niedergelegt und an seinen bisherigen Stellvertreter Fadi Frem übergeben, der den Spitznamen »Horse« trug. Jetzt wollte sich Beschir bedanken für die Einsatzbereitschaft der Frontoffiziere während der vergangenen Jahre; er wollte jedoch auch davon reden, daß die Zeit der Milizen im bisherigen traditionellen Sinn abgelaufen sei, daß er die Absicht habe, die Milizionäre als Kader einer neuaufzubauenden Armee einzusetzen. Er kam nicht mehr dazu, die von allen Libanesen erwartete Grundsatzrede zu halten. Die Abschiedskonferenz mit den Getreuen endete, kaum war der Beifall für Beschirs Auftritt abgeklungen, in der Detonation des Sprengstoffs, den Habib asch-Schartuni im ersten Stock des Hauses gestapelt hatte. Die Druckwelle wirkte nach unten. Die Decke und Teile der Wände des Erdgeschosses stürzten zusammen. Erhalten blieben die Vorderfront und ein Rest des Daches.

Habib asch-Schartuni hatte die Detonation von seinem Zimmer aus, das 200 Meter entfernt über einer Kaffeestube lag, durch Fernzündung ausgelöst. Dann war er zum weitläufigen Sassinplatz hochgerannt, um dort den Zünder in ein Gartengrundstück zu werfen. Nur wenige Minuten nach der Explosion befand sich Habib asch-Schartuni am Ort des Anschlags. Eifriger als alle anderen mühte er sich ab, Verletzte und Tote zu bergen. Mehr als alle anderen zeigte er Zeichen der Verzweiflung. Doch dem Geheimdienst der Phalanges Libanaises galt er nach einer Stunde schon als verdächtig. Seine Schwester, die den Augenblick der Detonation in der Kaffeestube unterhalb des Zimmers ihres Bruders erlebt hatte, erinnerte sich daran, daß er sie in mehreren Telefonanrufen beschworen hatte, die Wohnung des Großvaters zu verlassen; er hatte sie schließlich in die Kaffeestube bestellt mit der Begründung, er müsse dringend und jetzt sofort mit ihr reden. Dort angekommen, hatte sie den Bruder nicht getroffen; auf Klopfen hatte er sein Zimmer nicht geöffnet, war aber unmittelbar nach der Detonation, die alle Häuser in Aschrafieh erschüttert hatte, aufgeregt und ohne sich ansprechen zu lassen, aus dem Haus gestürzt. Diese Beobachtungen teilte sie einem ihr bekannten Offizier der Phalangemiliz mit. Kurze Zeit später war Habib asch-Schartuni verhaftet.

Die Bergungsmaßnahmen litten darunter, daß eine Betonplatte von vielen Tonnen Gewicht die Trümmer abdeckte. Milizionäre und israelische Soldaten schlugen, erst mit einfachem Werkzeug, später mit Preß-lufthämmern, Teile der zwar nach unten gestürzten, aber intakten Dek-ke des Sitzungsraumes ab, um nach Überlebenden suchen zu können. Für alle Beteiligten galt nur das eine Ziel, Beschir zu finden. Plötzlich begannen einige der Milizionäre zu jubeln, andere schossen vor Freude sogar Salven in die Luft. Karim Pakradouni nennt den Grund der allge-meinen Erleichterung: »Da kamen einige, die schworen, sie hätten Be-schir nur Augenblicke nach der Explosion aus dem erhalten geblie-benen Haustor herauskommen sehen. Eine Staubwolke sei um ihn gewe-sen, Staub habe ihn überall bedeckt, doch ganz deutlich sei zu erkennen gewesen, daß dieser Mann Beschir war. Er hätte sogar gelächelt und mit den Fingern der rechten Hand das Victoryzeichen gemacht. Beschir wäre dann, so erzählten diese Augenzeugen, in einen Krankenwagen gestiegen und davongefahren.« Karim Pakradouni selbst ließ sich von der Euphorie anstecken. Es durfte einfach nicht sein, daß der Retter des Vaterlandes wenige Tage vor der Amtsübernahme einem Anschlag zum Opfer gefallen war.

Als Beschirs Frau Solange an der Trümmerstätte eintraf, nahm Pa-kradouni sie mit auf die Suche nach ihrem Mann. Von Krankenhaus zu Krankenhaus fuhren die beiden. Nirgends war Beschir angekommen, niemand hatte ihn gesehen. Am Hospital »Hôtel-Dieu de France« über-nahm Amin Gemayel die Begleitung seiner Schwägerin, deren Hoff-nung, ihren Mann wiederzusehen, schwand. Trotzdem wollten Solange und Amin weiter die Krankenhäuser absuchen. Pakradouni aber fuhr die Straßen wieder hinauf zum Aschrafiehhügel. Er war überzeugt, daß Beschir nur dort, unter den Trümmern, zu finden war.

Als Pakradouni ankommt, bemerkt er, daß auch an der Unglücksstät-te die Überzeugung herrscht, Beschir liege noch unter der Betonplatte. Die Ruine des Phalangehauptquartiers ist von Scheinwerfern gleißend hell angestrahlt. Um 21.20 Uhr ist die eingestürzte Decke des Sitzungs-raumes endlich ganz zerschlagen. Fünfzig Tote liegen da. Von einem zerschmetterten Körper steht eine Hand ab, als ob sie zum Himmel weisen wolle. Pakradouni sieht den sechseckigen Ring am Finger und weiß: Dieser Tote ist Beschir Gemayel. Nur am Ehering kann die Lei-che identifiziert werden.

Die Nachricht vom Tod Beschirs wird zurückgehalten. Erst muß Fadi Frem die Milizen in Position bringen, die es ihnen möglich machen, ei-nen Aufstand der Massen gegen vermeintliche Mörder zu verhindern. Es ist damit zu rechnen, daß Zehntausende der Anhänger Beschirs hin-überziehen zu den Palästinenservierteln Sabra und Schatila, um den Tod ihres Helden zu rächen. Zwar sehen Scheich Pierre Gemayel und Fadi Frem keinen Grund, Palästinenser zu schonen, doch ein offenes

Massaker direkt in Verbindung mit Beschirs Tod erscheint ihnen unpassend.

Da der Mann gefaßt ist, der den Sprengstoff im Gebäude des Phalangehauptquartiers aufgestapelt und den Zünder betätigt hat, glauben die Verantwortlichen der Phalanges Libanaises an eine rasche Aufklärung der Hintergründe des Attentats. Habib asch-Schartuni gibt zu, Sprengstoff und Anweisungen zu seiner Verwendung von einem Kontaktmann einer prosyrischen libanesischen Partei erhalten zu haben. Libanese sei der Fremde zwar gewesen, doch habe er immer davon gesprochen, der Libanon sei eigentlich Teil von Syrien. Dieser Kontaktmann, mit dessen politischer Haltung er nicht einverstanden gewesen sei, habe ihn, Habib, wohl allein deshalb ausgesucht, weil er ungehindert und unüberprüft das Haus der Phalanges Libanaises in Aschrafieh habe betreten dürfen. Abu Ha'ul, ein wichtiger Mann des Geheimdiensts der Palästinenser, sei – so sagt der Verhaftete – in die Planung des Anschlags einbezogen gewesen. Der Kontaktmann habe einmal diesen Namen beiläufig genannt. Mehr ist trotz intensiven Verhörs von Habib asch-Schartuni nicht zu erfahren.

Wahrscheinlich wußte der junge Mann wirklich nicht mehr. Er hatte sich kaufen lassen – offenbar für einen Betrag in der Größenordnung von 10 000 DM. Er war dumm genug gewesen zu meinen, unentdeckt zu bleiben. Zufriedengeben konnten sich die Phalanges Libanaises mit diesem Ergebnis der Untersuchung nicht – und kaum jemand glaubte ihnen, daß sie nicht während der wohl brutalen Verhöre mehr erfahren haben. Doch alle Bemühungen, weitere Hintermänner aufzuspüren, führten nicht zum Zentrum der Konspiration.

Rätselraten um die Hintergründe

Schon unmittelbar nach dem Attentat kamen Spekulationen auf. Unter der Hand sprachen Phalangeführer davon, der israelische Geheimdienst sei der eigentliche Urheber, doch über Beweise verfügten sie nicht. Sie hüteten sich auch, ihre Vermutung laut zu äußern. Sie erinnerten nur daran, daß Beschir Anfang September Differenzen mit der israelischen Führung ausgefochten hatte, die den Kern der künftigen Beziehungen zwischen Libanon und Israel betrafen. Beschir habe Begin und Scharon wohl über alle Maßen gereizt.

Menachem Begin hatte mit der Wahl Beschirs zum Präsidenten die Hoffnung verknüpft, der neue starke Mann des Libanon werde unmittelbar nach seiner Amtseinführung einen Friedensvertrag mit Israel abschließen. Begins Wunschvorstellung war aus den drängenden Fragen israelischer Reporter zu erkennen gewesen, die jede Gelegenheit benutzt hatten, um auszuloten, ob Beschir bereit sei, dem Vorbild Sadats zu folgen und den Kriegszustand mit Israel definitiv zu beenden. Jeder der Reporter hatte die eindeutige Erklärung erwartet, der Libanon werde sofort nach Ablösung des Präsidenten Elias Sarkis durch Beschir Gemayel normale Beziehungen zur israelischen Regierung aufnehmen.

Beschir war zunächst durchaus der Meinung gewesen, er sei verpflichtet, sich mit Israel vertraglich zu einigen, schließlich habe die Regierung Menachem Begin den Phalanges Libanaises über Jahre hin tatkräftig geholfen. Unvergessen sei die Unterstützung durch Waffenlieferungen im Wert von rund 200 Millionen Dollar. Nie habe Begin auch nur einen Dollar Bezahlung dafür verlangt. Die Hartnäckigkeit der Reporter, ihr Beharren auf dem einen Thema »Friedensvertrag«, hatte Beschir schließlich jedoch derart geärgert, daß er die Neigung verlor, Verhandlungen über dieses Thema vorbereiten zu lassen.

Seit der Ermordung Sadats hatte sich den Politikern Arabiens diese Regel eingeprägt: Gibt Begin einem Araber die Hand, so stirbt der bald. In Erinnerung an diesen Satz hatte es Beschir übelgenommen, auf Sadat als mögliches Vorbild hingewiesen zu werden. Er wollte nicht Schüler dieses Toten sein.

Beschirs wachsende Zurückhaltung gegenüber allen Bemühungen, ihn festzulegen, war in Jerusalem genau registriert worden. Die Enttäuschung der Regierung war gewachsen. Die Investition von 200 Millionen Dollar und der verlustreiche Krieg hatten das Ziel gehabt, Beschir in den Baabdapalast zu bringen, damit er dort, als Präsident, die Freundschaft mit Israel besiegle. Nur erreicht zu haben, daß Beschir Regierungsverantwortung trug, war als ungenügender Profit von Investition und Kriegsanstrengung betrachtet worden. Menachem Begin und Ariel Scharon hatten sich entschlossen, ihren Schützling zur Ordnung zu rufen.

In einem Hubschrauber der israelischen Armee war Beschir in seinem Heimatort Bikfaya ohne lange Vorankündigung abgeholt worden. Bestimmungsort des Fluges war ein militärisches Hauptquartier im nördlichen Israel gewesen. Dort hatten der Ministerpräsident und der Verteidigungsminister auf den herbeizitierten Libanesen gewartet. Beide hatten ihren Gast mit früheren Versprechen konfrontiert, die Aussöhnung mit Israel als erste und wichtigste Amtspflicht zu betrachten. Beschir hatte um Verständnis gebeten und von Zwängen gesprochen, denen er als küftiger Staatschef ausgesetzt sei: Vereinbare er mit Israel Frieden, riegle er sein Land von Arabien ab – dies aber könne sich der Libanon als Land, das Handel treiben müsse, nicht leisten. Beschir hatte die direkte Frage gestellt, wer denn den Bauern seines Heimatorts künftig die Apfelernte abkaufen solle, auf der ihr Jahreseinkommen beruhe. Auf dem israelischen Markt finde sich für die Äpfel wohl kein Kunde, denn Israel verfüge selbst über genügend eigenes Obst – also müsse dafür gesorgt werden, daß die arabischen Märkte, insbesondere die der reichen Ölstaaten am Persischen Golf, aufnahmebereit blieben. Nach dem Abschluß eines israelisch-libanesischen Friedensvertrags aber werde kein Obsthändler in Baghdad oder Kuwait von seiner Regierung Erlaubnis bekommen, Äpfel im Libanon einzukaufen.

Vier Stunden lang hatte die Unterredung zwischen Beschir Gemayel und den beiden wichtigsten Männern des israelischen Kabinetts gedauert, und die Stimmung war immer hitziger geworden. Beschir erzählte später seinen Beratern, die er nicht hatte zu Begin mitnehmen dürfen, er habe zum Schluß, um Begin zu beruhigen, zugesagt, die Beziehungen zu Israel tatsächlich normalisieren zu wollen, doch könne er sich derzeit nicht öffentlich zu dieser Absicht bekennen. Mit dieser Erklärung aber waren Begin und Scharon keineswegs zufrieden gewesen. Ihr Argument war, das israelische Volk verlange nach den Opfern, die es gebracht habe, daß der Libanonfeldzug mit einem handgreiflichen Resultat ende. Beide hatten darauf hingewiesen, ihr eigener Ruf stünde auf dem Spiel.

Wieder in Bikfaya eingetroffen, hatte sich Beschir bitter beklagt, von Begin und Scharon wie ein Lakai behandelt worden zu sein. Der Flug nach Israel sollte unter keinen Umständen bekannt werden. Seit Sadat hatte keine führende politische Persönlichkeit Arabiens mehr ihren Fuß auf israelischen Boden gesetzt. Beschir mußte mit bösen Reaktionen der arabischen Führer unterschiedlichster Ausrichtung rechnen, wenn bekannt wurde, daß er sich mit Begin und Scharon in Israel getroffen hatte. Doch sein Wunsch, auch die israelische Seite möge die Begegnung geheimhalten, war nicht erfüllt worden. Erste Indiskretionen aus Jerusalem hatte Beschir noch dementiert. Dies wiederum hatte Ariel Scharon veranlaßt, am 3. September zu bestätigen, der gewählte Staatspräsident des Libanon habe Israel besucht und sei von Ministerpräsident Begin empfangen worden. Beschir hatte danach kein Hehl daraus gemacht, daß er fürchtete, die israelische Regierung wolle ihn »politisch erledigen«.

Die Vorgänge um Beschirs Israelflug drängten sich in der Nacht nach dem Attentat in den Vordergrund der Erinnerung seiner Mitarbeiter.

Scharons vermeintlicher Sieg

Israels Einmarsch in Westbeirut

Der israelische Radioreporter Jack Katzenell hielt sich unmittelbar nach Beschirs Ermordung im christlichen Teil von Beirut auf. Er berichtete, fast alle Christen, mit denen er gesprochen habe, seien überzeugt gewesen, Israel stecke hinter dem Anschlag. Er und seine Kollegen stellten die Frage, welche Funktion denn die israelischen Wachposten gehabt haben könnten, die sich vor dem Anschlag rings um das Phalangehauptquartier in Aschrafieh aufgehalten hatten. Der Fortgang der Ereignisse ließ jedoch die Diskussion um die Täter im Mordfall Beschir uninteressant werden. Begin und Scharon nahmen das Attentat zum Anlaß, ihre Truppen in Bewegung zu setzen.

Noch ehe die Libanesen erfahren hatten, daß ihr gewählter Präsident ermordet worden war, waren der Ministerpräsident und der Verteidigungsminister Israels informiert. Sie beschlossen, Westbeirut in den frühen Morgenstunden zu besetzen. Rechtfertigen wollten sie den Marschbefehl mit dem Argument, die israelische Armee werde durch ihre Präsenz Blutvergießen im islamischen Teil der Stadt verhindern. Gemeint war, daß die israelischen Soldaten Einzeltäter oder Gruppen davon abhalten könnten, nach Westbeirut oder in die Lager Sabra und Schatila einzubrechen, um das Gesetz der Blutrache zu erfüllen. Solche Einzeltäter und Gruppen konnten nur aus Ostbeirut kommen. Dort aber war auch im weiteren Verlauf der Nacht keinerlei emotionale Aufheizung gegen Moslems oder Palästinenser zu spüren. Auch die Bewohner Westbeiruts verhielten sich völlig ruhig. Anlaß für den israelischen Einmarsch bestand nicht.

Der Aufmarsch gegen den islamischen Teil der Stadt begann um Mitternacht, zwei Stunden nach Bekanntgabe des Todes von Beschir Gemayel. Ausgangspunkte waren im Norden der Hafen, im Zentrum die Mazraastraße und im Süden die Gegend des Flughafens von Beirut. Der Vorstoß, begonnen in den frühen Morgenstunden, überraschte die islamischen Milizen. Die sunnitische Organisation al-Murabitun, die zuständig war für die Verteidigung des östlichen Anfangs der Mazraa-

381

straße, hatte keinerlei Vorbereitungen getroffen. Die Führung hatte durch Saeb Salam das Versprechen des amerikanischen Botschafters übermittelt erhalten, Israel werde nicht weiter in die Stadt vorrücken; das israelische Oberkommando betrachte die Stellung am Museum als vorderste Linie. Daraufhin hatte der Chef der al-Murabitun, Ibrahim Kholeilat, die Sandbarrieren und Panzersperren am Barbirkrankenhaus entfernen lassen, damit der normale Straßenverkehr wieder möglich wurde. Er rechnete nicht mit weiteren bewaffneten Konflikten um Beirut.

Die Waffen, die der Organisation von der PLO übergeben worden waren, standen unbenutzt in Tiefgaragen. Niemand hatte die Bedienung der Panzer, Raketenwerfer und Geschütze geübt. Wie wenig sich die islamische Kampforganisation alarmiert fühlte, ist an ihrer Vernachlässigung der Frontpositionen zu erkennen. Zwei wichtige Festungen hatte al-Murabitun erst wenige Tage zuvor an die libanesische Armee übergeben – den seit dem Bürgerkrieg ständig umkämpften Murr Tower, der als Betonstahlskelett an strategisch wichtiger Position aufragt, und die ausgebrannte Ruine des Hotels Holiday Inn.

Obgleich die reguläre Truppe des Libanon nicht nur über die Festungen Murr Tower und Holiday Inn, sondern über zehn weitere ausgezeichnete Stellungen verfügte, hütete sie sich, auch nur einen Schuß auf die anrückenden Israelis abzugeben. Allein die Milizionäre von al-Murabitun versuchten, die Panzer zu zerstören. Der Abwehrerfolg war gering. Bis zur Mittagszeit des 15. September waren die Angreifer im Besitz der gesamten Mazraastraße. Deutlich war, daß der Abzug der PLO Westbeirut ohne Schutz zurückgelassen hatte. Was den Israelis einen Monat zuvor nicht gelungen war, der Sturm auf die islamische Stadt, das wurde jetzt möglich.

Um 12 Uhr erbat Morris Draper, ein hoher Beamter des State Department, Auskunft von der israelischen Regierung, was der Einmarsch in Beirut zu bedeuten habe, der von der US-Regierung als Bruch der Absprache betrachtet werde, die Philip Habib am 20. August getroffen hatte. Morris Draper erhielt die Antwort, die Aktion erfolge aus Sicherheitsgründen und sei auf gewisse Ziele beschränkt; keineswegs bestehe die Absicht, Westbeirut zu erobern, zu besetzen und der Militärverwaltung zu unterstellen. Der amerikanische Sondergesandte erhielt von seinem Gesprächspartner im Außenministerium von Jerusalem die ausdrückliche Zusage, daß die Panzer nicht in das Gebiet nördlich der Mazraastraße einfahren würden. Zum Sachverhalt, der ihm mitgeteilt wurde, konnte sich Morris Draper nicht äußern, da er von seiner Regierung keine Anweisung erhalten hatte. So erhob er auch keine Einwände. Die israelische Regierung hat später darauf hingewiesen, Washington sei rechtzeitig und in vollem Umfang über die Pläne des israelischen Oberkommandos informiert gewesen. Draper bestreitet dies.

Zur Stunde, als der amerikanische Diplomat gesagt bekam, die Mazraastraße begrenze im Norden das Aktionsgebiet dieses Tages, da hielten sich die vorrückenden Truppen schon gar nicht mehr daran: Sie hatten bereits eine Schwenkung nach Norden vollzogen und fuhren in den Wohnbereich der libanesischen Sunniten ein. Hier steigerte sich der Widerstand der al-Murabitun-Kämpfer, die nun einen halben Tag Zeit gehabt hatten, den Schock zu überwinden, ihre schweren Maschinengewehre in Stellung zu bringen und leichte Panzerabwehrraketen aus den Depots zu holen. Die Kämpfer vernichteten zwei Panzer, töteten zwei Israelis und verwundeten fünf der Angreifer. Die Verluste der Miliz betrugen allerdings das Fünffache an Toten. Aufhalten konnten die Milizionäre den Vormarsch nicht. Die Ursache der geringen Wirkung der Verteidigung lag darin, daß der Widerstand nicht koordiniert werden konnte. Da wehrten sich verzweifelte Gruppen an Straßenecken und warteten auf Verstärkung, die nie eintraf. Sie erhielten keine Befehle und wußten nicht über die Gesamtsituation des Gefechts Bescheid. Gruppen, denen die Munition ausging, lösten sich auf; wer nicht mehr schießen konnte, der ging nach Hause. Wer über Munition verfügte, der konnte die Vorteile des Straßenkampfes in ihm vertrauten Stadtgegenden ausnützen.

Bis in den Abend hinein hielten sich Widerstandsnester im Bereich der Mazraastraße. Um dem Kampf ein Ende zu machen, begab sich der israelische Kommandeur zum Haus des Walid Jumblat, das wenig südlich der Mazraastraße liegt. Der Israeli wurde von den Posten der Drusenmiliz an der Haustür aufgehalten, erfuhr aber, daß Walid Jumblat und seine Berater im Hause anwesend waren. Der Offizier ließ ausrichten, er gebe noch eine Stunde Zeit zur Feuereinstellung; werde diese Frist überschritten, müsse die Mazraagegend mit Luftangriffen rechnen. Walid Jumblat sah ein, daß jeder Widerstand nutzlos geworden war, und gab der Organisation al-Murabitun den Rat, die Munition und die Waffen für spätere Gelegenheiten aufzusparen. Fristgerecht erlosch der Abwehrkampf in Westbeirut. Walid Jumblat hatte Beirut einen Luftangriff erspart.

Am Morgen des 16. September 1982 war Westbeirut – und damit das Zentrum der libanesischen Hauptstadt – in der Hand der Israelis. Die israelische Armee hatte zum erstenmal eine arabische Hauptstadt erobert. In keinem der bisherigen Kriege war dies beabsichtigt oder im Bereich des Möglichen gewesen.

Jetzt erst bemerkte das State Department, daß jenes Abkommen, das Israel verpflichtete, Westbeirut nicht zu betreten, keineswegs schriftlich vorlag. Der Sprecher des State Departement erklärte: »Das Versprechen war uns im Kontext anderer Absprachen gegeben worden. An einem bestimmten Punkt der Verhandlungen haben wir unter uns darüber gesprochen, ob es nicht nützlich wäre, eine schriftliche Fassung des Versprechens einzuholen, doch es wurde entschieden, daß dies nicht nötig sei.«

Die drei Kampftage hatten der Zivilbevölkerung erneut Leid gebracht. Wieder war die Zahl der Milizionäre unter den Opfern gering geblieben – aber 88 Zivilisten waren getötet und 254 verwundet worden. Die meisten dieser Opfer hatten in ihren Wohnungen in der Gegend der Mazraastraße den Ausgang der Kämpfe abwarten wollen, doch die Häuser waren durch großkalibrige, brisante Geschosse der israelischen Panzer getroffen worden. Die Angreifer hatten die Taktik angewandt, durch massives Feuer Schrecken in der Stadtregion zu verbreiten, die zur Eroberung vorgesehen war. Unterstützt worden waren die Panzer durch Kanonenboote, deren Geschütze in die Richtung feuerten, in der Positionen schwerer Waffen der Organisation al-Murabitun vermutet wurden. Durch Beschuß war auch die Radiostation der islamischen Kampforganisation in einem frühen Stadium der Kämpfe zerstört worden.

Libanesen waren getötet, Gebäude mitten in der libanesischen Hauptstadt zerstört worden, doch die politisch Verantwortlichen des Libanon warteten vergeblich auf eine Erklärung der israelischen Regierung. Weder Elias Sarkis noch Schafiq Wazzan hatten auch nur irgendein Signal von Menachem Begin oder von Ariel Scharon übermittelt bekommen. Schließlich erhielt der libanesische Ministerpräsident einen Telefonanruf des amerikanischen Sondergesandten Morris Draper – aus Jerusalem. Schafiq Wazzan sagte unmittelbar nach seiner Unterhaltung mit dem Amerikaner: »Morris Draper versuchte mein Verständnis dafür zu wecken, warum die Israelis eingedrungen sind. Die interne Situation des Libanon und besonders der Hauptstadt nach dem Tod des gewählten Präsidenten Beschir Gemayel hätten den israelischen Einmarsch in Westbeirut unumgänglich gemacht – dies wollte mir Morris Draper einreden. Ich habe diese Erklärung als Unsinn zurückgewiesen. Es gab zu keiner Minute Unsicherheit in Beirut, auch nicht in den Stadtvierteln der Palästinenser. Mein amerikanischer Gesprächspartner sagte zu, der Sache nachzugehen.«

Selbst wenn Morris Draper den guten Willen gehabt hätte, Untersuchungen über die Ursache des israelischen Einmarsches anzustellen, so hätte das nichts genützt. Die Angreifer hatten ihr Ziel an allen Beiruter Fronten erreicht. Der israelische Vorstoß von Süden, vom Flughafen her, war – wie die Offensiven am Hafen und am Museum – erfolgreich

384

gewesen; die Angreifer waren nirgends, auch nicht in der Gegend von Sabra und Schatila, auf Widerstand gestoßen, der ihnen Schwierigkeiten bereitet hätte. So hatten die israelischen Verbände ohne Verluste die Kontrolle über die Straßen erringen können, die zu den Palästinenservierteln führten. Sabra und Schatila selbst blieben vom israelischen Vormarsch unberührt: Die Panzer drangen nicht in das Wohngebiet der Palästinenser ein. Doch sie umzingelten es. Nach Angaben der israelischen Offiziere war die gesamte Region von Sabra und Schatila »hermetisch abgeriegelt«. Die Panzer standen nur wenige Meter von den Häusern entfernt. Die Beobachter, die bei der kuwaitischen Botschaft postiert waren, konnten das Geschehen auf den Straßen bis weit hinein in die Stadtviertel verfolgen. Die libanesische Regierung, ohnehin machtlos gegen den Angreifer, nahm schließlich zugunsten der Israelis an, die Maßnahmen im Bereich von Sabra und Schatila erfolgten tatsächlich zum Schutz der Palästinenser gegen Übergriffe christlicher Milizen. Das politische Geschehen zog für kurze Zeit wieder alle Aufmerksamkeit auf sich: Da war das Problem der Nachfolge von Beschir zu lösen.

Am Tag, als Westbeirut von den Israelis erobert worden war, teilte eine Delegation der Phalanges Libanaises dem Präsidenten Sarkis mit, die Organisation habe einen neuen Kandidaten für das Amt des Staatschefs bereit, den älteren Bruder des Ermordeten, Amin Gemayel.

Die islamischen Politiker reagierten zunächst nicht auf die Nominierung, sie waren zu sehr mit den Auswirkungen des israelischen Einmarsches beschäftigt. Saeb Salam hatte wieder die Führung der Sunniten Westbeiruts übernommen. Im Namen dieser Religionsgruppe forderte er Präsident Ronald Reagan auf, die israelischen Truppen zum sofortigen Rückzug aus dem islamischen Teil der libanesischen Hauptstadt zu veranlassen.

Reagan verlangte in der Tat von der israelischen Regierung, sie möge ihre Besatzungstruppen auf die Positionen zurückholen, die sie in der Stunde der Ermordung von Beschir Gemayel gehalten hatte. Doch mit der Aufforderung war kein Druck verbunden. Der israelischen Regierung war es gelungen, Morris Draper zu überzeugen, daß sich in den Stadtvierteln Sabra und Schatila noch bewaffnete PLO-Mitglieder verborgen hielten, die sich, entgegen den Abmachungen, die Philip Habib ausgehandelt hatte, der Evakuierung entzogen hatten. Menachem Begin und Ariel Scharon waren der Meinung, die Zahl dieser Bewaffneten sei mit 2000 nicht zu hoch angesetzt. Der Ministerpräsident und der Verteidigungsminister stützten sich auf Informationen, die sie von den Phalanges Libanaises erhalten hatten.

Fadi Frem, der Kommandeur der christlichen Miliz, glaubte selbst fest daran, die ihm so verhaßten Palästinenser unterhielten in ihren Vierteln weiterhin Stützpunkte ihrer Kampforganisation; nach seiner Meinung verfügte die PLO dort über riesige Waffendepots. Unvernünftig war Fadi Frems Überzeugung keineswegs. Verständlich ist auch, daß Begin und Scharon ihr folgten.

Das Massaker

Als die Besetzung Westbeiruts erfolgreich abgeschlossen war, sagte Ariel Scharon: »Die 2000 PLO-Terroristen, die sich verborgen halten, müssen begreifen, daß wir Mittel haben, sie zu vertreiben – und die Amerikaner müssen verstehen, daß wir unsere Sicherheit nicht durch diese 2000 Terroristen gefährden lassen.«

Generalleutnant Rafael Eytan, der israelische Stabschef, teilte dem amerikanischen Sondergesandten Morris Draper mit, die Säuberung Westbeiruts von jeder Form des Terrorismus sei wohl verabredungsgemäß Sache der libanesischen Armee, doch sei ihm keine Einheit genannt worden, der eine solch schwierige Aufgabe übertragen werden könnte. Er gab in diesem Zusammenhang die Versicherung ab, israelische Soldaten würden Sabra und Schatila nicht betreten, ohne zu sagen, wen er dann mit der gewaltsamen Austreibung der PLO-Kämpfer beauftragen wollte. So war der Boden für das Eingreifen der christlichen Miliz bereitet.

Sabra und Schatila, die beiden wichtigsten Beiruter Stadtviertel der Palästinenser, befinden sich südlich der islamischen Hälfte von Beirut und erstrecken sich über eineinhalb Kilometer bis hin zum Anfang der Flughafenzubringerstraße. Palästinensische Flüchtlinge, bei der Gründung des Staates Israel vertrieben, hatten auf unbebautem Boden im Jahr 1948 Zelte aufgeschlagen. Den Platz im Süden von Beirut hatten sie deshalb gewählt, weil hier Pinien standen, die Schatten boten. Einige dieser Bäume sind immer noch vorhanden.

Aus den Zelten unter den Pinien waren im Verlauf der Jahre Hütten geworden, dann feste Häuser. Die Menschen hatten zuerst von der Unterstützung durch die Hilfsorganisationen der UN gelebt, dann hatte die PLO-Kasse Versorgungsverantwortung übernommen. Jetzt lebten Frauen, Kinder und wenige Männer in der Furcht, von niemand mehr unterstützt zu werden. Handwerker und Händler hatten nur existieren können, weil Tausende von Bewohnern auf der Soldliste der PLO standen und daher über ein regelmäßiges Einkommen verfügten. Nun war die Quelle der Kaufkraft versiegt.

Der Wildwuchs der Stadt im Süden war immer ein Ärgernis der

Chefs der Phalanges Libanaises gewesen. Scheich Pierre Gemayel und, stärker noch, sein Sohn Beschir hatten sich immer gewünscht, in der Lage zu sein, den Pinienwald in den früheren Zustand zu versetzen. Daß das Provisorium Jahrzehnte hatte bestehen können, war nun kein Anlaß, seine Fortdauer zu dulden. Der Milizkommandeur Fadi Frem fühlte sich seit Beschirs Ermordung mehr denn je verpflichtet, dessen Arbeit fortzusetzen. Die Auslöschung der Palästinenserviertel Sabra und Schatila glaubte Fadi Frem als Verpflichtung übernommen zu haben. Er erinnerte sich daran, daß Beschir gesagt hatte, dort, wo heute die Palästinenserhäuser stünden, könnten vortreffliche Golfplätze angelegt werden. Nun hatte sich, dank der Initiative der Israelis, eine Chance dazu ergeben.

Beauftragte von Fadi Frem hatten sich im Zeitraum von zehn Tagen vor Beschirs Ermordung zweimal mit israelischen Generalstabsoffizieren getroffen, um Maßnahmen zu besprechen, die den Erfolg des Einbruchs der christlichen Milizen in den bisherigen Machtbereich der PLO sichern sollten. Bei diesen Gesprächen war allerdings festgelegt worden, daß der 24. September der Tag der Übernahme von Sabra und Schatila durch bewaffnete Kräfte der Phalanges Libanaises sein sollte – am Vortag wäre Beschir in sein Amt als Präsident eingeführt worden. Er hatte die Absicht gehabt, seine Präsidentschaft mit einem gewaltigen Schlag gegen die Palästinenser zu beginnen. Beschirs Ermordung wurde zum Anlaß, den Termin der Aktion vorzuverlegen. Das Resultat war, daß sie nicht mit der gewünschten und geplanten Perfektion erfolgen konnte.

Eine Truppe von 500 Männern stand bereit, um den Plan auszuführen. Mehrere Kommandeure waren speziell für derartige Aufgaben ausgebildet worden. Elias Hobeika, der früher in Beschirs Stab die Verbindung zum israelischen Geheimdienst Mossad zu halten hatte, war für die Planung und Ausführung des Angriffs verantwortlich. Er hatte die nötige Qualifikation als Absolvent des Staff and Command College in Israel erworben. Zusammen mit Fadi Frem nahm Elias Hobeika am Mittwoch, dem 15. September, an einer Besprechung teil, die vom israelischen Befehlshaber der Beiruter Region, Generalmajor Amir Drory, einberufen worden war; anwesend war auch Brigadegeneral Amos Yaron, der Chef der israelischen Verbände in Westbeirut. Ariel Scharon und Generalleutnant Eytan waren für die Zeit der Besprechungsdauer telefonisch jederzeit erreichbar, um wichtige Entscheidungen selbst zu treffen.

Später, nachdem die Phalangemiliz zugeschlagen hatte, schilderte der Sprecher der Israel Defence Force in Beirut die israelische Beteiligung an der Vorbereitungsphase so: »Wir haben die Milizionäre am

15. September in ihre Aufgabe eingewiesen und dann noch einmal unmittelbar vor dem Sturm auf die Lager. Unsere Frontkommandeure führten die Einweisung durch. Sie koordinierten die Aktion. Den Milizkämpfern wurde gesagt, sie sollten so viele PLO-Terroristen und Angehörige linker Kampforganisationen wie möglich gefangennehmen.«

Die Anweisung der israelischen Offiziere lautete, Gefangene zu machen. Doch die Milizionäre folgten den Befehlen ihrer Kommandeure – und die lauteten offensichtlich völlig anders. Die Kämpfer hatten den Auftrag, »Terroristen zu töten«. Begins Anforderung an das Gesamtprojekt der Invasion des Libanon lautete: Die PLO ist zu vernichten. Dieser Befehl ließ immerhin unterschiedliche Interpretationen zu: Die Israelis begrenzten die Definition des »Terroristen« eindeutig auf Männer einer bestimmten Altersstufe, die wenigstens im Verdacht stehen mußten, eine Ausbildung als Kämpfer der PLO erhalten zu haben. Für die Milizionäre der Phalanges Libanaises aber galt jeder Palästinenser und jede Palästinenserin als potentieller Terrorist, weil ihnen jederzeit zuzutrauen war, daß sie mit der Waffe in der Hand Anordnungen Arafats befolgten. Sie unterschieden auch nicht zwischen alt und jung. Kinder zu schonen erschien den Kämpfern der Phalange widersinnig zu sein, denn Kinder waren in ihren Augen die Terroristen der nächsten Generation – sie heute umzubringen ersparte Mühe in zwanzig Jahren.

Daß Beschirs Ermordung eine Änderung des Zeitplans erzwang, war den Kommandeuren der Sondertruppe der Phalanges Libanaises gleichgültig. Sie und ihre Männer hatten sich für die Stunde der Operation gegen die »Pestbeule Sabra–Schatila« bereitgehalten. Der Erfolg sollte dem Grundsatz dienen, den Karim Pakradouni aufgestellt hatte: »Kein Palästinenser darf im Libanon bleiben!« Am Nachmittag des 16. September trafen die Milizionäre auf Lastwagen am israelischen Beobachtungspunkt bei der Kuwaitbotschaft ein. Von ihren Kommandeuren wurden sie ausdrücklich darauf hingewiesen, daß die Aktion so lautlos als möglich abzulaufen habe. Salven aus den Maschinenpistolen würden während der Nacht das Interesse Außenstehender an den Vorgängen wecken; Neugierige und Fragende aber könnten die Israelis in Verlegenheit bringen. Messer seien deshalb als wichtigste Waffe zu benützen. Mit der Parole »Die Palästinenser sind die Pest des Libanon« wurden die Männer in das Gebiet von Sabra und Schatila hineingeschickt.

Um 17.30 Uhr sprangen die ersten Milizionäre von den hohen, rotbraunen Sandhügeln im Südwesten des Palästinensergebiets auf die Gassen und Höfe hinunter. Die Dämmerung hatte schon eingesetzt; die Familien bereiteten sich aufs Abendessen vor. Die Frauen, Männer und Kinder wurden von den anschleichenden Phalangisten überrascht. Die ersten Palästinenser, die starben, konnten niemand mehr warnen.

Der Überraschungserfolg gelang auch noch in den Häusern der zweiten und dritten Reihe. Bis gegen 20 Uhr schöpfte im Zentrum von Sabra und Schatila niemand Verdacht, daß etwas Ungewöhnliches und Furchtbares geschehe. Doch dann begann die israelische Artillerie »flare bombs« an den Himmel des Palästinensergebiets zu schießen, Riesenleuchtkugeln, die an Fallschirmen langsam zu Boden glitten. Die »flare bombs« wiesen auch Außenstehende darauf hin, daß die Palästinensergegend Beiruts in jener Nacht kein Ort der Ruhe war.

Erst gegen Morgen waren Salven aus Maschinenwaffen zu hören: Männer wurden erschossen, die sich vor einer Wand hatten aufreihen müssen. Erschießungen waren schneller und müheloser als Tötungen mit dem Messer. Niemand war zu verschonen, dies war die strikte Anweisung an alle am Mordkommando Beteiligten. Auf diesen Befehl wurde im Funkverkehr zwischen dem improvisierten Hauptquartier der Phalangekämpfer in einem Gebäude in der Nähe der Kuwaitbotschaft und den Kommandeuren unten auf den Straßen des Palästinenserviertels immer wieder hingewiesen. Bezeugt wird, daß über die Handfunkgeräte der Phalangisten mehr als einmal die Frage zu hören gewesen sei, ob auch Gefangene gemacht werden dürften; jedesmal sei die Antwort zu hören gewesen: »Ich habe die Frage nicht verstanden!«

Gegen sechs Uhr morgens versammelten sich die Kämpfer wieder auf den Sandhügeln und fuhren auf den Lastwagen, die sie hergebracht hatten, davon. Zwölf Stunden lang hatten sie Menschen getötet. Zurück blieben Scharfschützen, die verhindern sollten, daß sich die Bewohner von Sabra und Schatila aus den Häusern trauten, um zu fliehen. Erstaunlich war die Haltung der Familien: Sie versteckten sich tatsächlich in Wohnungen, Werkstätten und Ställen. Sie hatten wohl die Hoffnung, das Unglück sei vorübergezogen, die Aktion sei auf die eine Nacht beschränkt gewesen. Viele waren am Vormittag vom Zwang zu schlafen befallen. Nur wenige versuchten während der Stunden des Vormittags und Mittags das Lager zu verlassen. Wer jedoch entkommen wollte, der wurde von den Israelis zurückgewiesen in die abgeriegelten Stadtviertel.

Den Neugierigen aber, die ahnten, was vorging, wurde das Betreten von Sabra und Schatila durch die Soldaten verboten. Die Journalisten wurden abgelenkt durch die Verhaftung des Managers des Commodore-Hotels, der den Berichterstattern während der Invasion Unterkunft und Verpflegung geboten hatte; israelische Geheimdienstmänner führten ihn unter dem Protest der Journalisten ab.

Von den Israelis selbst wurden erste Hinweise auf das Massaker gegeben. Am Donnerstagabend, um 23.10 Uhr, schickte das für Beirut zuständige israelische Regionaloberkommando eine Meldung an das

Hauptquartier der Armee in Tel Aviv, die mitteilte, daß bis zu diesem Zeitpunkt bereits 300 Terroristen und Zivilisten getötet worden seien. Die Meldung enthielt keinen Hinweis auf Gefangene – sie gab damit den wahren Sachverhalt wieder, denn in der Tat hatten die Phalangisten keinen einzigen Palästinenser gefangengenommen. Mit den israelischen Offizieren war jedoch abgesprochen gewesen, daß die Milizionäre PLO-Terroristen und Angehörige linker Kampforganisationen festzunehmen hätten. Die Phalangekommandeure aber wurden durch keine Anfrage belästigt, wann die Übergabe von Gefangenen erfolgen könne.

Generalmajor Amir Drory, der Chef des Regionaloberkommandos Beirut, hatte als erster das Gefühl, daß ihn die christlichen Milizen in eine schwierige Lage bringen könnten. Seine Offiziere hatten am Donnerstagabend den knappen Situationsbericht nach Tel Aviv geschickt, das Hauptquartier aber reagierte nicht. Drory mußte daraus schließen, Ariel Scharon habe keine Einwände gegen das Morden in Sabra und Schatila. Mehr als offizielle Meldung erstatten durfte der Generalmajor selbst nicht, doch er konnte nichts gegen Initiativen anderer Offiziere haben: Aus Drorys Stab waren auf zivilen Kanälen Informationen noch während der Nacht von Donnerstag auf Freitag nach Israel gelangt – sie erreichten, wie beabsichtigt, schließlich Außenminister Schamir. Der Politiker war überrascht und glaubte den Informationen nicht. Er verlangte vom Hauptquartier in Tel Aviv Dementi oder Bestätigung der Informationen; der Außenminister erhielt jedoch keine Antwort. So blieb die Initiative der Stabsoffiziere des Generalmajors Drory ohne Ergebnis.

Amir Drory selbst bekam sechzehn Stunden nach Abgabe seiner Meldung demonstriert, daß Einvernehmen herrschte zwischen Armeeführung und der Spitze der Phalanges Libanaises: Um 16.30 Uhr am Freitag, dem 17. September, trafen sich der Milizkommandeur Fadi Frem und der israelische Generalstabschef Eytan zu einem Gespräch über Abbruch oder Fortsetzung der Aktion. Auf Bitten von Fadi Frem stimmte der Generalstabschef einer Fortsetzung der »Säuberung« bis Samstag früh zu.

Inzwischen war von den Bewohnern des umzingelten Stadtgebiets die Wirkung des Schocks gewichen. Während des Gesprächs waren etwa 400 Frauen, Männer und Kinder mit weißen Tüchern, die sie an Stangen trugen, in einer Gruppe auf die israelischen Posten zugegangen, die das nördliche Ende des Gebiets von Sabra und Schatila abriegelten. Die Palästinenser schrien den Israelis zu, Tausende würden umgebracht werden, sie wollten der Gefahr entkommen. Doch auch diese starke Gruppe wurde zurückgetrieben. Sie hatte aber etwas sehr Wichtiges erreicht: Sie machte Beobachter – Diplomaten, Beamte der Vereinten Nationen und Journalisten, die seit Stunden durch israelische Soldaten davon abgehalten wurden, dem Wahrheitsgehalt der Gerüchte um ein Massaker nachzugehen – darauf aufmerksam, was hinter der israelischen Absperrung geschah. Doch die Schrecken der zweiten Nacht konnten die Beobachter nicht verhindern.

Die Stunden der Dunkelheit zwischen Freitag und Samstag waren nicht mehr still wie die der Nacht zuvor. Die Phalangekämpfer wußten, daß sie argwöhnisch beobachtet wurden; sie sahen keinen Sinn mehr darin, ihre Tat zu verbergen, und deshalb machten sie von ihren Feuerwaffen Gebrauch. Beobachter von außen konnten feststellen, daß keine Kämpfe stattfanden, denn auf die Feuersalven erfolgte nie Antwort aus anderen Maschinenpistolen. Die Schüsse wurden jeweils nur in eine Richtung gefeuert.

An Brutalität übertraf die zweite Nacht die erste: Männer und Frauen wurden gefesselt und verstümmelt, ehe sie das tödliche Geschoß traf. Vielen Opfern wurden mit scharfen Messern Kreuze in die Brust geschnitten; diese Art der Markierung hatten die Phalangisten schon im Bürgerkrieg angewandt. Deutlich wurde jetzt, daß der Sinn der Aktion nicht allein darin bestand, Palästinenser umzubringen, sondern Schrecken zu verbreiten. Eine Fluchtwelle sollte ausgelöst werden. Die Kraft zu morden aber erlahmte. Die Mehrzahl der Bewohner von Sabra und Schatila überlebte die zweite Schreckensnacht – eine dritte gab es nicht.

In den frühen Morgenstunden des Samstags trafen gewaltige Raupenfahrzeuge ein, deren Schaufeln rasch tiefe Gräber aushoben; innerhalb von Minuten entstanden Massengräber, in die Tote geworfen werden konnten. Als diese Arbeit abgeschlossen war, fuhren die Raupenfahrzeuge, die der israelischen Armee gehörten, jedoch von Phalangemilizionären gesteuert wurden, durch die Lagerstraßen, um mit Rammstößen Häuser zum Einsturz zu bringen, in denen tote Familien lagen.

Viele der Opfer hatten bis zum Anbruch des Tages nicht beseitigt werden können. Die Zeit drängte, da feststand, daß die Abriegelung kaum länger aufrechtzuhalten war. Am frühen Vormittag des 18. September entzog das israelische Oberkommando den Milizionären die Unterstützung. Die Phalangisten wurden aufgefordert, Sabra und Schatila sofort zu verlassen. Ungehindert konnten die Beobachter nun das Palästinenserviertel betreten. Sie sahen Familien, die durch Schüsse niedergemäht waren, sie sahen Mauern mit Einschußlöchern und Blutspuren, sie sahen tote Frauen, die Kleinkinder im Arm hielten. Manche der Leichen war von der Hitze des Vortages aufgedunsen, aus anderen floß noch Blut. Unerträglich, Brechreiz auslösend war der Gestank, der Sabra und Schatila durchzog.

An jenem Vormittag waren noch 300 Leichen auf den Straßen zu zählen. In den Massengräbern, die ungeöffnet blieben, lag ein Mehrfaches dieser Zahl an Toten. Das Libanesische Rote Kreuz, das sich in christlicher Hand befindet, schätzte, daß etwas mehr als tausend Menschen während der zwei Nächte ihr Leben verloren hatten.

Daß die israelische Führung, der die PLO den Krieg erklärt hatte, nichts gegen das Geschehen einzuwenden hatte, war einzusehen. Einzelne Soldaten aber zeigten ihre Betroffenheit. Da erzählten zwei der Wachhabenden, sie hätten schon während der ersten Nacht ihrem Leutnant gesagt, daß sie seltsame Schreie aus den Straßen unter ihrem Beobachtungspunkt vernommen hätten; ihr Leutnant aber habe geantwortet, sie sollten sich nicht um Vorgänge kümmern, die sie nichts angingen. Ein anderer Soldat berichtete, ein Milizionär habe beim Verlassen von Sabra voll Stolz gesagt, er allein habe 200 Terroristen umgebracht; der dabeistehende israelische Offizier habe lachend gefragt, ob in dieser Zahl auch die Zivilisten enthalten seien. Ein Unteroffizier der Fallschirmjäger sagte ganz offen: »Wir konnten beobachten, was unten geschah, schließlich sorgten die Leuchtkugeln für gutes Licht. Es gefiel uns nicht, was wir da sahen, doch uns war gesagt worden, daß uns das alles überhaupt nicht interessieren dürfe.«

Generalstabschef Rafael Eytan war der höchste Offizier, der den Standpunkt vertrat, das Massaker von Sabra und Schatila sei allein von den Phalangisten zu verantworten: »Wir geben ihnen keine Befehle, und sie legen vor uns keine Rechenschaft ab. Die Phalangisten sind Libanesen, und der Libanon gehört ihnen, und sie machen das, was sie für richtig halten. Wer das nicht weiß, der hat keine Ahnung, was im Libanon vorgeht.« Ariel Scharon aber gab sich überrascht: »Wer hätte gedacht, daß die Phalangisten ein Massaker veranstalten!«

Verteidigungsminister Ariel Scharon, Generalstabschef Rafael Eytan und letztlich auch Menachem Begin sind von einem israelischen Untersuchungsausschuß, der unter Vorsitz des Obersten Richters Yitzhak Kahan tagte, beschuldigt worden, sie trügen wenigstens teilweise Verantwortung für die Vorgänge in Sabra und Schatila während der zwei Nächte zwischen dem 16. und 18. September 1982. Der Bericht der Kahankommission beurteilte Begins Verhalten so:

»Wir sind wahrhaftig erstaunt, daß die Teilnahme der Phalangisten an der Besetzung Westbeiruts und an der ›Säuberung der Lager‹ für unwichtig gehalten wurde. Der Ministerpräsident ist nicht einmal vom Verteidigungsminister informiert worden. So kam es, daß der Ministerpräsident erst in der Kabinettssitzung des 16. September von der

Entscheidung erfahren hat. Er hat weder während dieser Sitzung noch später irgendwelche Einwände erhoben oder gegen die Entscheidung Einspruch eingelegt. Er hat auch nicht auf die Bemerkungen des stellvertretenden Ministerpräsidenten Levy reagiert, der eine Warnung aussprach, was passieren könnte, wenn die Phalangisten in die Lager eindringen. Der Ministerpräsident bemerkt dazu: Niemand konnte ahnen, daß Scheußlichkeiten geschehen werden. Die Kommission sieht sich nicht in der Lage, den Einwand des Ministerpräsidenten zu akzeptieren, daß er keine Ahnung hatte von möglichen Gefahren. Der Ministerpräsident kannte die Kette von gegenseitigen Massakern, die während des Bürgerkriegs im Libanon begangen worden sind. Er wußte um den Haß der Phalangisten gegen die Palästinenser, die von den Phalangisten für jedes Übel verantwortlich gemacht werden, das ihr Land befallen hat.«

Härter ging die Kahankommission mit Ariel Scharon ins Gericht: »Man brauchte keine prophetischen Kräfte, um zu ahnen, was geschehen wird – gerade nach Beschirs Ermordung –, wenn die Phalangisten die Möglichkeit erhalten, in die Lager einzudringen. Das Bewußtsein dieser Gefahr hätte den Verteidigungsminister leiten sollen. Er hätte die Gefahr einkalkulieren müssen, doch er hat diesen Faktor völlig mißachtet. Als überraschend empfinden wir, daß der Verteidigungsminister den Ministerpräsidenten nicht informiert hat. Der Verteidigungsminister trägt Verantwortung dafür, daß er das Blutvergießen in den Lagern nicht vorausgesehen hat. Er hat darin versagt, diese Gefahr einzukalkulieren, als er die Entscheidung traf, die Phalangisten sollten in die Lager eindringen.« Scharon und Eytan, der wie der Verteidigungsminister von der Kahankommission beurteilt wurde, verloren im Zusammenhang mit dem Untersuchungsergebnis ihre offiziellen Funktionen; Menachem Begin resignierte später.

Im Libanon aber fand keine ernsthafte Recherche statt. Niemand hat in Beirut irgend jemand angeklagt, er trage Schuld am Tod der rund tausend Palästinenser. Das schreckliche Geschehen geriet schnell in Vergessenheit. Es wurde nur als ein Glied in der langen Kette der Massaker gesehen, die zur libanesischen Geschichte gehören. Die neuesten Glieder dieser Kette waren »Tell az-Zatar – Damur – Sabra und Schatila«. Sie sollten nicht die letzten sein. Die politische Entwicklung bereitete weitere Gewalttaten vor.

Amin übernimmt das Amt, das Beschir gehörte

Amin Gemayel, der ältere Bruder, war durch die Dynamik des Jüngeren beiseite geschoben worden. Beschir hatte als Kämpfer Profil gewonnen, er war das Idol der maronitischen Jugend gewesen, die Bereitschaft gezeigt hatte, die christliche Identität im Bürgerkrieg gegen libanesische und syrische Moslems und gegen Palästinenser zu verteidigen. Pater Namaan, der führende Kopf der maronitischen Orden, hatte weite Zustimmung gefunden für sein Schlagwort: »Beschir ist der Garant für den Fortbestand der Maroniten in ihrer Heimat, im Libanongebirge.«

Amin konnte nie als »Garant« gelten, dafür trat er viel zu elegant auf: Seine Anzüge saßen perfekt, seine Frisur war geschniegelt, seine Sprache weich. Als Held des Bürgerkriegs hatte sich Amin nie in der Öffentlichkeit präsentiert, obgleich er sogar verwundet worden war; der Jeep, an dessen Steuer er saß, war in Maschinengewehrfeuer geraten. Er blieb der feinsinnige Ältere neben seinem robusten Bruder.

Da Beschir ihm den Oberbefehl über die Miliz streitig gemacht hatte, bemühte sich Amin um das von den Phalanges Libanaises vernachlässigte Gebiet der Parteidiplomatie. Vater Scheich Pierre hatte nie als Diplomat gegolten; zu schroff hatte er seit Jahren seine Meinung vorgetragen, und zu starrköpfig hatte er seinen Standpunkt verfolgt. Beschir war darin der Erbe seines Vaters gewesen: Er hatte seinen Feinden immer ins Gesicht gesagt, was er gegen sie zu unternehmen gedachte. Scheich Pierre und Beschir hatten betont, daß der Libanon ein christliches Land sei, in dem sich die Angehörigen anderer Religionsgruppen als Gäste aufhalten dürften. Beide waren auch der Meinung, die Palästinenser hätten kein Recht, vom Libanon aus für die Rückkehr in ihre Heimat zu kämpfen. Amin aber hatte oft Worte des Verständnisses für die Palästinenser gefunden – nie hatte Amin daran gedacht, sie zum Verlassen des Landes aufzufordern, solange sie nicht in der Lage wären, in ihre Heimat Palästina zurückzukehren. Mehrmals war er während der israelischen Belagerung von Westbeirut in die umzingelte Stadt gefahren, um mit Saeb Salam und mit palästinensischen Politikern zu sprechen. Im Gegensatz zu Beschir hatte sich Amin davor gehütet, mit den Verantwortlichen in Israel enge Kontakte zu pflegen. Dafür hatte er sich bemüht, Wege zum syrischen Präsidenten offenzuhalten. Für die Christen in den Bergdörfern des Libanon hatte sich Amins Beziehung nach Damaskus gelohnt: Ihm war es gelungen, die Syrer zur Einstellung des Artilleriefeuers gegen die Region Bikfaya zu bewegen.

So waren die Voraussetzungen für den Griff nach dem höchsten Staatsamt günstig. Amin Gemayel konnte sich als der ideale Kandidat für die Präsidentschaft empfehlen. Die wichtigen islamischen Politiker – die weiterhin den Grundsatz akzeptierten, daß der Einzug in den Baabdapalast nur einem Maroniten zustand – fanden an Amin nichts auszusetzen: Er hatte sich die Hände nicht blutig gemacht im internen Kampf der Libanesen; er verstand sich gut mit den Syrern und weniger gut mit den Israelis. Saeb Salam sah Grund zur Feststellung, daß nun die Zukunft auch für die Moslems besser aussehe. Selbst Walid Jumblat trat für Amin ein und gab Camille Chamoun, der sich schon wieder Hoffnungen machte, den Rat, seine Anwartschaft auf das Präsidentenamt nicht weiter zu verfolgen.

So verlief Amins Wahl durch das Parlament ohne Spannung und Dramatik. Nur einzelne Abgeordnete blieben dem Wahlakt fern. Niemand brauchte, wie einen Monat zuvor bei Beschirs Wahl, komplizierte Rechnungen und spitzfindige Auslegungen der Verfassung anzufertigen, das Mehrheitsverhältnis war eindeutig: 77 von achtzig anwesenden Abgeordneten stimmten für Amin Gemayel.

Zwar wurde auch diesmal im christlichen Ostbeirut aus Freude geschossen, doch lange nicht so heftig wie bei der Wahl des Bruders – dafür war im islamischen Westbeirut kein Gefühl der Bitterkeit zu spüren. Als Amin Gemayel am 23. September die Hand zum Schwur hob, daß er die Verfassung des Libanon achten wolle, da sollte ein Salut von 21 Schüssen weit über Ostbeirut und Westbeirut zu hören sein, doch Krach und Donner auf der Ebene unten im Tal waren stärker: Dort detonierte ein Munitionsdepot, in dem 800 Tonnen Artilleriegeschosse und Raketen aufbewahrt wurden. Das Unglück war durch Fahrlässigkeit libanesischer Soldaten entstanden. Bis in die Nacht hinein dröhnten die Explosionen. Sie hatten auch Amins Worte übertönt, als er sich verpflichtete, im Libanon der Gewalt Ende zu bereiten.

Als die ersten Schläge der Explosionen zu hören waren, da hatten die Bewohner in beiden Teilen der Stadt geglaubt, mit Geschossen schweren Kalibers angegriffen zu werden. Viele Menschen im islamischen Teil wunderten sich, warum die israelischen Kampfflugzeuge Amins Wahltag benützten, um erneut zu attackieren. Daß sie – nach israelischen Vorstellungen von Rache – Ursache dazu hätten, war jedem bewußt, denn während der vergangenen Tage waren israelische Soldaten in den Geschäftsstraßen Westbeiruts häufig beschossen und verwundet worden, und nie war es den Patrouillen gelungen, die Schützen aufzuspüren. Der libanesische Widerstand gegen die Besatzungsmacht hatte sich zu formieren begonnen. Daß ihm das israelische Oberkommando mit Härte begegnen würde, war vorauszusehen. Nach Ansicht des Ministerpräsidenten Schafiq Wazzan war der Libanon nur noch durch Internationalisierung des Konflikts zu retten.

Noch ehe Amin Gemayel gewählt und in das Präsidentenamt einge-führt worden war, hatte die libanesische Regierung dringend darum ge-beten, die Internationale Friedenstruppe, die nach dem Abzug der PLO das Land verlassen hatte, möge zurückkommen, um weitere Massaker nach Art der Geschehnisse von Sabra und Schatila zu verhindern. Schafiq Wazzan, der Ministerpräsident, hoffte, die internationale Streitmacht werde nicht nur die Stadtviertel der Palästinenser vor Übergriffen schüt-zen, sondern vor allem seiner Regierung den nötigen Halt geben, damit sie versuchen konnte, das Land wieder einer einheitlichen Verwaltung zu unterstellen, um dem Libanon Ordnung zu bringen.

Die angesprochenen Regierungen waren rasch bereit, der bedrängten Beiruter Staatsverwaltung zu helfen. Am 20. September entsprach Ro-nald Reagan in einer öffentlichen Erklärung der Bitte des libanesischen Ministerpräsidenten: »Marineinfanteristen der Vereinigten Staaten von Amerika werden auf Wunsch der libanesischen Regierung künftig helfen, Beirut unter Kontrolle zu bekommen. Den Amerikanern wer-den Italiener und Franzosen zur Seite stehen.« Der amerikanische Prä-sident betonte ausdrücklich, daß zur Erfüllung dieser Aufgabe der Ab-zug der israelischen Verbände Vorbedingung sei. Erst wenn die Israelis aus Beirut gegangen und die Amerikaner gekommen sind, so sagte Reagan, werde sich der Libanon langsam auf die eigenen Beine erheben können.

Am Abend desselben Tags noch gab das israelische Oberkommando bekannt, die »Ausdünnung der israelischen Präsenz in Westbeirut« ha-be bereits begonnen. Doch als das erste französische Kontingent von 350 Mann am 24. September im Hafen Beirut landen wollte, da stand das Gebiet ringsum noch unter Aufsicht israelischer Posten, die ihre Maschinenwaffen in Richtung des französischen Schiffes hielten. Der Botschafter Frankreichs, Paul Marc Henry, ein resoluter Mann, befahl dem kommandierenden israelischen Major, sich mit seinen Männern an den Rand des Hafens zurückzuziehen. Nach kurzem Zögern folgte der Major der Aufforderung. Die französischen Soldaten konnten da-mit beginnen, erneut in Beirut Fuß zu fassen.

Ihr mutiges Verhalten bildete die Ausnahme. Wenige Stunden später fuhr ein italienisches Schiff in den Hafen ein, mit hundert italienischen Fallschirmjägern an Bord. An der Pier stand der italienische Botschafter Franco Lucioli Ottieri. Er gab sich den Anschein, als wolle er unter kei-nen Umständen einen Zusammenstoß der Fallschirmjäger aus Italien mit der israelischen Besatzungstruppe riskieren, und schickte deshalb Schiff und Truppe rasch wieder aus Beirut fort in den sicheren Hafen Larnaka auf Zypern. Franco Lucioli Ottieri beklagte sich darüber, daß das israelische Oberkommando mit Absicht den Rückzug aus Westbeirut verzögerte. Er sei sicher, meinte der italienische Botschafter, die US-Marines würden wohl ebenfalls erst an Land gehen, wenn keinerlei Gefahr eines Konflikts mit den Israelis mehr bestünde: »Reagan will auch nicht Krieg gegen Menachem Begin führen!«

In Wirklichkeit hatten sich die amerikanische und die italienische Regierung auf Abwarten geeinigt, weil sie vermeiden wollten, daß sich Offiziere ihrer Länder mit Israelis vor arabischen Augen durch Handschlag begrüßten. Die Verantwortlichen in Washington und Rom wollten, um die Mission der eigenen Soldaten nicht zu gefährden, keinen Anschein der Zusammenarbeit oder gar der Verbrüderung mit den Israelis entstehen lassen. Staatspräsident Mitterrand hatte derartige Befürchtungen nie gehabt, denn seine Soldaten waren seit der ersten Mission in Beirut dafür bekannt, die Libanesen den Israelis vorzuziehen.

Das israelische Oberkommando hatte nicht die Absicht, bestehende Vereinbarungen, die mit der amerikanischen Regierung über den Rückzug getroffen worden waren, zu brechen – die Verantwortlichen wollten sich nur ausdrücklich bitten lassen, das Hafengebiet zu räumen. Schneller als geplant vollzog sich dann allerdings der Abzug aus Westbeirut. Beschleunigt wurde der Prozeß der »Ausdünnung der israelischen Präsenz« durch einen Überfall, auf den die Besatzungsmacht nicht vorbereitet war.

Am Tisch des auf den Gehweg vorgezogenen Restaurants »Wimpy« mitten im Geschäftszentrum Hamra saßen drei israelische Soldaten und aßen Eis. Plötzlich stand vor ihnen ein junger Mann, der, ohne zu zögern, seine Pistole auf die drei abfeuerte. Jeder der Israelis war getroffen und sank vom Stuhl, stöhnend lagen sie am Boden; niemand half ihnen. Ein Patrouillenfahrzeug, das die Hamrastraße entlangfuhr, alarmierte das regionale Hauptquartier. Von dort wurden Panzer in das Westbeiruter Geschäftszentrum beordert. Sie blockierten die Straßen eines weiten Gebiets um den Attentatsort. Mit Lautsprechern wurden Bewohner und Passanten aufgefordert, Angaben über den Attentäter zu machen, doch niemand meldete sich.

Einer der getroffenen Israelis starb; die zwei anderen überlebten mit schweren Verwundungen. Daß dieses Attentat hatte geschehen können, war eine bittere Erfahrung für die Soldaten und Politiker Israels. Die Israel Defence Force hatte sich angewöhnt, Boden, den sie einmal erobert hatte, als sicheres Territorium zu betrachten. Wo sich der israelische Soldat aufhielt, da herrschte Ordnung, da wagte niemand, sich dagegen zu empören. Wer sich ausnahmsweise nicht unterwarf, der wurde erbarmungslos bestraft: Immer war der Tod eines israelischen Bürgers vielfach vergolten worden.

Dazu aber fand sich jetzt keine Möglichkeit: Das israelische Oberkommando konnte nicht anordnen, rings um das Restaurant »Wimpy« alle Häuser zu sprengen, es konnte nicht der Luftwaffe den Auftrag geben, die Hamragegend im Zentrum Westbeiruts anzugreifen. Die Regierung der Vereinigten Staaten von Amerika, die sich eben anschickte, Truppen zur Befriedung der libanesischen Hauptstadt zu entsenden, hätte eine solche Aktion heftig angeprangert.

Zwei Tage nach dem Attentat auf die drei israelischen Soldaten hatten die Besatzungsverbände den Abzug bereits vollzogen. Vorausgegangen war in der Nacht zuvor ein weiterer Anschlag auf israelische Soldaten; jeweils ein Mann war getötet und verwundet worden.

Am 27. September übernahmen französische und italienische Soldaten die Aufsicht über die gefährdeten Palästinenserquartiere Sabra und Schatila. Nicht alle Toten hatten bisher geborgen werden können, obwohl Geräte des Technischen Hilfswerks zur Verfügung standen. Noch immer waren schwere Räumfahrzeuge im Einsatz, um Mauerteile anzuheben, unter denen Leichen lagen. Der Verwesungsgestank, der schlimmer als während der Tage zuvor die ganze Gegend umgab, machte die Suche nach den sich zersetzenden Körpern immer notwendiger. Die Ärzte der Friedenstruppe gaben den Rat, die Massengräber geschlossen zu halten. Aus ihnen drohte keine Gefahr für die Gesundheit. Die Toten unter den Trümmern aber konnten zum Krankheitsherd werden. Seuchen durften nicht auch noch ausbrechen in den Palästinenservierteln.

Mit dem Einzug der amerikanischen, französischen und italienischen Soldaten in Beirut ging eine Periode der Angst zu Ende, die nicht ganz vier Monate zuvor mit dem Angriff der Israel Defence Force begonnen hatte. Daß für ein Aufatmen eigentlich keinerlei Grund vorhanden war, wurde erst später erkannt. Zunächst breitete sich Optimismus aus.

Präsident Amin Gemayel konnte seine Amtszeit schließlich doch noch im Gefühl beginnen, daß das Schlimmste überstanden und der Weg in eine gute Zukunft offen sei. Dort, wo die Demarkationslinie zwischen dem islamischen Teil der Hauptstadt am heißesten umkämpft war, beim Museum, ließ er Soldaten der libanesischen Armee und der Internationalen Friedenstruppe antreten, um zu zeigen, daß er über ein Machtinstrument verfügte, das allen, die sich der Zentralgewalt nicht fügen wollten, Respekt beibringen konnte. Bei dieser Gelegenheit verkündete Amin den Libanesen: »Beirut ist jetzt wieder wirklich die Hauptstadt geworden. Es gibt kein Ostbeirut und kein Westbeirut mehr!« In der Tat war zum erstenmal seit 1975 wieder ein reibungsloser und nicht mit Gefahr verbundener Verkehr durch die Übergangsstraßen zwischen den beiden Stadthälften möglich. Da hatte kein Autofahrer mehr zu fürchten, daß er von Scharfschützen an seinem Steuer während der Fahrt über die Demarkationslinie getroffen wurde.

Sicher war die Stadt deshalb geworden, weil Einheiten der libanesischen Armee unter dem Schutz der Internationalen Friedenstruppe Position in Westbeirut bezogen hatten. Amin Gemayel hatte diese Armee zum Kristallisationskern für den gesamten Libanon erklärt – er hatte damit eine Formel Beschirs benützt. Allerdings sollte die Armee nicht mehr einer einzigen Religionsgruppe, sondern allen Libanesen dienen. Die Armee, so sagte Amin, sollte der Spiegel der religiösen und völkischen Vielfalt des Libanon sein. Der Plan gefiel den Moslems insgesamt, und für ihre Ohren war er auch bestimmt. Für Propaganda war er geeignet, nur seine Ausführung mißlang.

Was der Präsident wirklich im Sinn hatte, wurde in Ansätzen schon bald nach der Ankunft der Internationalen Friedenstruppe deutlich. Da durchkämmten libanesische Soldaten die Häuser Westbeiruts auf der Suche nach Waffen und nach aktiven Verbündeten der PLO. Innerhalb von drei Tagen verhafteten die libanesischen Patrouillen 2000 Personen. Die meisten von ihnen waren Ausländer, die im Gefolge der PLO ins Land gekommen waren; einige aber gehörten islamisch-sozialistischen Organisationen an, also den Gegnern der Phalanges Libanaises.

Die Berechtigung der Razzien wurde auch von islamischen Politikern wie Saeb Salam keineswegs bezweifelt, da sich in Westbeirut, unter dem Schutz konkurrierender PLO-Gruppen, auch das Verbrechen hatte einnisten können; zu beanstanden war jedoch, daß den islamischen Organisationen durch die libanesischen Soldaten auch der letzte Bestand an Waffen weggenommen wurde. Aber diese Beanstandung wäre ohne Wirkung geblieben, hätte die libanesische Armee auch die Waffen der Phalangemiliz beschlagnahmt. Dies zu befehlen unterließ Amin Gemayel jedoch. In Ostbeirut fuhren die Kämpfer der Phalanges Libanaises unbehelligt in Uniform und bewaffnet durch die Straßen; in Westbeirut aber wurden islamische Milizionäre entwaffnet und verhaftet. Und so gab es bereits wieder eine Teilung der Stadt: Die Bewohner der einen Hälfte waren bewaffnet, die der anderen waren zwangsentwaffnet. Da waren deutlich Sieger und Besiegte zu erkennen. Der von Saeb Salam formulierte Wunsch der Moslems des Libanon aber hatte gelautet: »Wir dürfen nicht unser Gesicht verlieren. Wir arbeiten mit beim Aufbau des neuen Staats, wenn wir nicht als die Besiegten gelten und die anderen als die Sieger.« Enttäuschung begann sich wieder auszubreiten.

Die ersten Regungen des Widerstands gegen die »Hegemonieansprüche der Maroniten« wurden spürbar. Die Grundlage des kommenden Unglücks war beim Abzug der Israelis aus Beirut und bei der Ankunft der Internationalen Friedenstruppe durch Amin Gemayel selbst gelegt worden.

Offenbar wurde in jenen Tagen, als sogar viele politisch skeptische Libanesen noch an eine gute Zukunft glaubten, auch schon, daß die Armee den eindeutig gegen die Interessen der Moslems gerichteten Befehlen des Präsidenten gehorchte: Sie verhaftete Bewohner in Westbeirut, ohne die Frage zu stellen, ob ähnliche Schritte nicht auch im christlichen Teil der Stadt berechtigt wären, ob nicht auch dort Milizionäre aufzuspüren wären, denen Bluttaten vorgeworfen werden konnten. Präzise gesagt: Die Armee hätte fragen sollen, warum sie nicht die Schuldigen von Sabra und Schatila suchen mußte. Die Frage wurde deshalb nicht gestellt, weil die Offiziere dieser Armee durchweg Christen waren. Nichts hatte sich geändert am Anspruch der Maroniten, die Führung der bewaffneten Verbände des libanesischen Staates auf keinen Fall aus der Hand zu geben.

Welche Hoffnungen und Illusionen Politiker auf christlicher Seite in jenen Tagen des vermeintlich neuen Anfangs hegten, zeigt die Zusammenfassung damals aktueller Gedanken durch Dr. Ibrahim Najjar, Mitglied des Politbüros der Phalanges Libanaises und Professor an der Fakultät für Recht und politische Wissenschaften der Universität St. Joseph in Beirut:

»Die beiden Gemayelpräsidenten waren von Anfang an darauf konzentriert, den Eindruck zu vermitteln, daß ihre Politik für alle Gedanken offen ist. Beschir hat viel geredet während der zwanzig Tage zwischen seiner Wahl und seiner Ermordung. Amin aber hatte schon eine Menge getan. Wir stehen am Anfang einer Ära der Hoffnung auf nationalen Konsens bisher widerstrebender Interessen. Amin ist es gelungen, durch seine Wahl wichtige Persönlichkeiten aller Richtungen an sich zu binden; auf dieser Basis kann die Wiedervereinigung des Libanon erreicht werden. Die Israelis haben sich aus Beirut zurückgezogen; dies kann der Auftakt für ihren Abzug aus dem gesamten Libanon sein. Das Recht regiert wieder in Westbeirut; nun brauchen wir nur noch den Rechtsstatus für die Palästinenser festzulegen, die dort leben.«

Dr. Ibrahim Najjar war damals der Meinung, Amin Gemayel gelte den Moslems als vertrauenswürdiger Politiker. Damit sei schon entscheidender Konfliktstoff vermieden, der noch Beschir belastet hatte. Amins Wahl und Amtseinführung dürfe als Fügung des Schicksals betrachtet werden. Beschir habe eine Schlacht um die Präsidentschaft schlagen müssen. Amin aber sei in der Lage gewesen, die Phase der Schlacht überspringen zu können. »Durch dieses Geschenk ist es ihm möglich geworden, die politische Option zu wählen und auf den Kampf im Einigungsprozeß des Libanon zu verzichten. Wir lernen, uns auszusöhnen. Vielleicht wird dadurch eine ehrenvolle Demobilisierung aller bewaffneten Kräfte möglich sein.«

Dr. Najjar sah eine enge Verknüpfung zwischen libanesischer Innenpolitik und innerarabischen Konflikten: »Die Lösung des libanesischen Problems wird bessere Beziehungen zwischen Syrien und den Vereinigten Staaten ermöglichen, zwischen Syrien und Saudi Arabien, zwischen Jordanien und der Palästinensischen Befreiungsbewegung.«

Das Politbüromitglied warnte vor außenpolitischen Entscheidungen, die innenpolitische Konflikte auslösen mußten. Seine Warnung vor einem eiligen Abkommen mit Israel ist nur wenige Wochen später zum Schaden für den Libanon nicht beachtet worden: »Präsident Gemayel muß daran denken, einen echten Frieden zu schließen und keinen eilig zusammengeflickten Vertrag. Was würde uns ein Friedensvertrag bringen, der automatisch eine Fortsetzung des Bürgerkriegs zur Folge hätte? Statt Vereinigung des Libanon hätten wir seine Teilung vor uns!«

Dr. Najjar schlug dem Präsidenten Amin Gemayel vor, er möge seine Politik auf drei Stützen stellen: auf die Vereinigten Staaten von Amerika, auf Frankreich und auf den Vatikan. »Der Einwand ist korrekt, daß eigentlich nur die USA einen Schlüssel zu unserem Problem besitzen, denn allein die amerikanische Regierung hat die Kraft, wirksamen Druck auszuüben, auf Israel zum Beispiel. Frankreich aber kann uns helfen, weil es Israel nie allen anderen Nahoststaaten vorgezogen hat – diese Bevorzugung Israels ist das Handicap der USA. Die moralische Autorität des Papstes aber stärkt die Funktion der italienischen Soldaten innerhalb des Verbandes der Internationalen Friedenstruppe. Wenn der Papst dafür ist, setzen sich die Italiener mit ihrem Leben ein.«

Dr. Najjar erkannte einen Vorteil darin, daß Yasir Arafat unmittelbar nach seinem Abzug aus Beirut vom Papst im Vatikan empfangen worden war. Diese Geste hatte zur Folge, daß den italienischen Truppen die Sorge für die Palästinenser in Beirut überlassen werden konnte, bis die USA eine Lösung auch für dieses Problem gefunden hatten. Daß die »Fremden« – damit meinte das Politbüromitglied der Phalange vor allem die Palästinenser – möglichst bald zu verschwinden hätten, war in diesen Überlegungen eine Selbstverständlichkeit. Amin Gemayel hatte die von Beschir geprägte Parole »Der Libanon den Libanesen« zu beachten, dann würde es ihm gelingen, den Staat auf den »Pfad zu Frieden und Harmonie« zu führen. Nur vier Wochen nachdem Dr. Najjar diese Gedanken abgeschlossen hatte, war der »Pfad zu Frieden und Harmonie« unterbrochen. Im Libanon wurde bereits wieder gekämpft.

Die Front im Schufgebirge

Unmittelbar nach dem Einmarsch der israelischen Truppen in die Gebirgsregion südostwärts von Beirut hatten die Lebanese Forces, die Milizen der Phalanges Libanaises, versucht, im Gebiet südlich der Straße Beirut–Damaskus Fuß zu fassen. Schlüsselpositionen waren von den Milizionären in den Bergstädten Aley und Bhamdun bezogen worden. Von hier aus führen gute Straßen ins Zentrum des Drusengebiets nach Beit Eddin und Muchtara. Die drusische Bevölkerung hatte sich gegen die Invasion der Phalangisten gewehrt – das Büro der Phalanges in Aley war in Flammen aufgegangen –, doch waren die Gemayelmilizen immer die Stärkeren gewesen vor allem deshalb, weil die israelische Besatzungsmacht eine schützende Hand über sie gehalten hatte.

Seit dem von der israelischen Regierung erzwungenen Besuch Beschirs in Nordisrael war jedoch eine eigentümliche Veränderung im Schufgebirge zu spüren: Die Drusenmiliz, die seit Juni, seit dem Einrücken der israelischen Verbände in die von Walid Jumblat beherrschten Gebirgszone, nicht mehr in Erscheinung getreten war, begann Widerstand gegen die christlichen Lebanese Forces zu leisten: Stellungen der Phalangisten wurden mit Artilleriegranaten beschossen; Patrouillen wurden überfallen. Setzte die Christenmiliz von Aley und Bhamdun aus zum Angriff gegen Artilleriepositionen und Basen der Drusen an, wurden die Kämpfer von israelischen Soldaten aufgehalten. Einen Streit mit den Israelis konnten die Phalanges Libanaises nicht wagen. Sie zogen sich wieder zurück, um nur Stunden später zu ihrem Ärger feststellen zu müssen, daß die Drusenartillerie ungehindert im besetzten Gebiet ihre Stellungen verbessern konnte. Fadi Frem wunderte sich. Die Vorstellung, daß Menachem Begin eine Absprache mit Walid Jumblat getroffen haben könnte, die den Interessen der Maroniten, der bisherigen Verbündeten, so völlig zuwider war, kam ihm zunächst nicht. Doch wochenlange Erfahrungen gaben ihm zu denken: Möglich war, daß der Ärger des israelischen Ministerpräsidenten über Beschirs »Nein« zu einem libanesisch-israelischen Friedensvertrag seine Haltung beeinflußt haben könnte. Immer deutlicher wurde dem Kommandeur der Christenmiliz schließlich der Zusammenhang: Offensichtlich wollte Menachem Begin der Phalangeführung für ihre Zurückhaltung gegenüber den Wünschen der israelischen Regierung eine Lektion erteilen. Scheich Pierre und Amin Gemayel sollten dafür büßen, daß sie nicht sofort einem Vertragstext über die Normalisierung der Beziehungen zwischen Israel und Libanon zugestimmt hatten.

Walid Jumblat hatte seine Chance erkannt. Er ermutigte seine Unterführer zur Anwerbung und Bewaffnung neuer Milizionäre. Die

Grundausrüstung der Miliz wurde aus Verstecken geholt, in denen die PLO im Juni 1982 bei ihrem Rückzug nach Beirut Waffen und Munition hinterlassen hatte; vor allem an der Küste in der Gegend von Damur. Auch Kontakte zum Bruder von Hafez Assad erwiesen sich als nützlich: Dr. Rifaat Assad, der in Syrien eine eigene Kampforganisation unterhielt, erklärte sich bereit, auf den internationalen Waffenmärkten als Käufer im Namen und auf Rechnung der Drusen zu erscheinen. Die erworbenen Geschütze und Maschinenwaffen wurden, an israelischen Posten vorbei, über die Straße von Damaskus in Richtung Beirut bis zur Abzweigung bei Sofar gebracht – von dort führte die Straße hinunter ins Herz des Schuf. Hätten die Israelis den Nachschubweg abgeriegelt, wäre Walid Jumblat die Aufrüstung seiner Miliz nicht gelungen.

Unter dem Schutz der israelischen Besatzungsmacht traten Kommandeure und Kämpfer der Drusenmiliz immer selbstbewußter auf. Amins Berater im Baabdapalast wunderten sich auch über die Feuerkraft, die Walid Jumblats Verbänden neuerdings zur Verfügung stand. Sie schossen mit Artilleriegeschützen vom Kaliber 155 mm und mit schweren Granatwerfern auf die Vorposten der Christenmiliz im Bergland südlich von Bhamdun und Aley. Bis nach Beirut waren Abschüsse und Explosionen der Granaten zu hören. Fadi Frem sah sich gezwungen, ebenfalls Geschützbatterien ins Gebirge zu verlegen.

So begann der Bürgerkrieg der Libanesen untereinander aufs neue. Diesmal konnte niemand die Palästinensische Befreiungsbewegung beschuldigen, sie wiegle eine Partei gegen die andere auf. Das Aufflammen des internen Krieges vom Herbst 1982 hatten die Libanesen ganz allein zu verantworten. Selten griff die israelische Besatzungsmacht ein, um Frieden zu stiften – und geschah dies doch einmal, dann zum Nachteil der Christenmiliz. Die israelischen Truppen verhinderten Vorstöße der Phalanges Libanaises in das Wadi ad-Dabaa hinunter, zu einem Zeitpunkt, als derartige Offensiven – weil die Drusenmiliz noch nicht voll aufgerüstet war – noch aussichtsreich erschienen.

Für die Chefs der Christenmiliz gab es nur die eine Hoffnung: Ewig konnten die israelischen Truppen nicht im Schuf bleiben. Fadi Frem gab die Parole aus: »Wir müssen gerüstet sein für den Tag, an dem die Israelis aus dem Schufgebirge abziehen, dann rücken wir ihnen nach und besetzen das Gebiet. Wichtig dafür ist, die Unterstützung der libanesischen Armee zu erhalten.«

Doch die israelische Regierung hatte sich längst entschlossen, die Kontrolle des Drusengebiets durch die Maroniten zu verhindern. Die starke und geachtete Drusengemeinde Israels – sie besaß sogar das Privileg, an der Seite der Juden Soldaten und Offiziere in der Armee zu sein – hatte bei Menachem Begin ein gutes Wort für die Glaubensgenossen im Libanon eingelegt. Wollte sich die israelische Regierung die Sympathie der Drusen im eigenen Land erhalten, durfte sie das Schufgebirge nicht den Phalanges Libanaises überlassen.

Im September 1982 erlebte die Christenmiliz, wie wirkungsvoll die Israelis, die so nachsichtig gegenüber Jumblats Männern waren, im Schufgebirge eingreifen konnten. Zehn Kilometer Luftlinie südlich von Bhamdun, am Abhang eines Gebirgstals, liegt das kleine Dorf Brih. Wichtig für die Phalanges Libanaises war das Dorf deshalb, weil es an dem Weg lag, auf dem die Drusenmiliz mit Billigung der israelischen Besatzungstruppe Nachschub aus Syrien erhielt. Das christliche Oberkommando entschloß sich zur Eroberung dieses Dorfes. Von Bhamdun aus erfolgte der Angriff.

Hätten sich Fadi Frems Kämpfer in Brih festsetzen können, wäre talabwärts ein Vorstoß in Richtung Muchtara, in das Herz des Jumblatreiches, jederzeit möglich gewesen. Da Jumblats Kommandeure die Gefahr erkannt hatten, war Verstärkung unterwegs, noch ehe der maronitische Verband Brih erreicht hatte. Um die wenigen Häuser entbrannte ein heftiger Kampf. Aus der Distanz beobachtete eine israelische Einheit das Straßengefecht. Erst als es der christlichen Truppe gelang, ein Haus nach dem anderen zu erobern, griffen die Israelis mit einer kleinen Panzerkolonne ein: Sie unterbrachen den Kampf und schickten die Phalangisten wieder nach Bhamdun zurück. Bis zum Moment des israelischen Eingreifens waren fünf Menschen getötet und zwanzig verwundet worden.

Die Drusenmiliz verfolgte die abziehenden Maroniten und wagte sich nach Bhamdun hinein. Dabei gelang ihr die Verhaftung von fünfzig christlichen Zivilisten, die als Geiseln verschleppt wurden. Die Christen rächten sich durch die Entführung von etwa achtzig Männern. Die Kämpfer holten sich ihre menschliche Beute einfach aus den Häusern jener Gegenden, in denen christliche und islamische Lebensbereiche aneinanderstießen. Wochen später erst kamen die Geiseln wieder frei.

Die Gefechte im Schufgebirge waren keineswegs zugunsten der Phalanges Libanaises ausgegangen, und dennoch glaubte Fadi Frem daran, seinen Kämpfern würde selbstverständlich der Sieg zufallen, wenn die Israelis erst ihre Einmischung unterließen. Am Sonntag, dem 28. November 1982, hielt er zum 46. Jahrestag der Gründung der Phalanges Libanaises durch Scheich Pierre eine Rede. Seine Worte waren voll Zuversicht: »Wir dürfen nicht zurückkehren zur verlogenen Formel ›Nach diesem Krieg gibt es keinen Sieger und keinen Besiegten‹. Selbstverständlich gibt es Sieger und Besiegte. Gesiegt hat die libanesi-

404

sche Art über die importierten Ideen. Wir betrachten jeden als besiegt, der für diese importierten Ideen gekämpft hat.«

Deutlicher brauchte Fadi Frem nicht zu werden. Seine Zuhörer verstanden, was er meinte: Die »libanesische Art« sah er allein durch die Phalanges Libanaises vertreten; für die »importierten Ideen«, eingeführt aus Syrien, hatten die islamischen Sozialisten der Organisation al-Murabitun und die Drusen, die Walid Jumblats Progressiver Sozialistischer Partei angehörten, gekämpft.

Ohne jede Verschleierung sprach der Kommandeur der christlichen Miliz die Absicht aus, den Einfluß seiner Miliz auszudehnen: »Von nun an werden wir nicht erlauben, daß irgendein Teil des Libanon irgendwelchen Parteien und Organisationen untersteht.« Die tausend Milizionäre, die Fadi Frem zuhörten, jubelten. Sie begriffen den Sinn der Rede. In ihren Ohren hatten die Worte so geklungen: »Von nun an werden wir nicht erlauben, daß sich Jumblats Progressive Sozialistische Partei Herrschaft über das Schufgebirge anmaßt.« Daß auch sie, als Miliz, einen Teil des Libanon kontrollierten, war ihnen wohl bewußt, doch in ihrer Überzeugung hatten sie das Recht dazu. Nur Minuten zuvor hatte Fadi Frem gesagt: »Die Miliz der Phalanges Libanaises wird nie aufhören zu existieren, denn wir stehen im Dienst des Staates. Das Fortbestehen unserer Organisation ist nicht an bestimmte politische und militärische Situationen gebunden.«

In seiner Rede ließ Fadi Frem die Israelis wissen, daß er ihnen die Interventionen im Schufgebirge nicht übelnehme: Der Kommandeur der Miliz gab zu erkennen, daß er anders dachte in der Frage eines Friedensvertrags mit Israel als Präsident Amin Gemayel – und als Beschir. Fadi Frem sagte: »Wir müssen rasch zu einer Einigung mit Israel kommen. Wenn wir einen Vertrag mit den Israelis geschlossen haben, werden sie den Libanon verlassen.«

Die Übernahme der Kontrolle über die Bergregion südlich der Straße von Beirut nach Damaskus würde reibungsloser ablaufen, so meinten führende Maroniten, wenn die Symbolfigur des drusischen Nationalismus, der Clanchef Walid Jumblat, ausgelöscht werden könnte. Er war im Herbst 1982 das Herz des Widerstands gegen alle Absichten, die Lebensgebiete der Drusen, Schiiten und Sunniten unter maronitische Herrschaft zu bringen. Er warnte vor Plänen der kämpferischen Fraktion innerhalb der Maronitenführung, die Drusen aus den Gebieten zu vertreiben, die an das Land der Christen anstoßen. Er sei überzeugt, so sagte er, militante Christen würden – wie im Jahr 1860 – versuchen, die Drusen nach Südosten abzudrängen, um die fruchtbaren Hänge und Täler ostwärts von Damur besiedeln zu können. Um dieses Ziel zu erreichen, würden die expansiv orientierten Christen alles daransetzen, die Drusen durch Spaltung zu schwächen: Beschir habe schon die Absicht gehabt, die Großfamilie Arslan gegen die Gefolgsleute Jumblats auszuspielen, die Herren des Palasts in Bschamur in der unteren Schufgegend – dort residieren die Arslans – gegen die Herren des Jumblatpalasts in Muchtara aufzuhetzen. Einfacher aber sei, so sagte Walid Jumblat häufig zu seiner Leibwache, für die Christen der Weg ins Gebirge über seine Leiche. Er fürchtete, daß ein Komplott zu seiner Ermordung existierte.

Am 1. Dezember 1982 wurde deutlich, wie berechtigt Jumblats Sorge war. An jenem Tag hatten ihn Freunde zum Mittagessen in ein Haus in Westbeirut, in der Nähe des Informationsministeriums und des Amtssitzes von Ministerpräsident Schafiq Wazzan, eingeladen. Mit seiner Frau war er hingefahren, im eigenen Mercedes. Wenige Tage zuvor waren die Seitenwände des Wagens durch Panzerung verstärkt worden; die Fensterscheiben bestanden aus Spezialglas, das Geschossen aus Maschinengewehren und Granatsplittern widerstand.

Walid Jumblat saß gerne selbst am Steuer. So war es auch, als er an jenem 1. Dezember 1982 um 15.30 Uhr aus der Tiefgarage des Hauses fuhr, in dem die Einladung stattgefunden hatte. Neben ihm saß Frau Jumblat, während die Leibwächter hinten Platz genommen hatten. Der Wagen war gerade die Rampe zur Straße hochgerollt, da explodierte ein direkt bei der Garagenausfahrt geparktes Fahrzeug. Die Gewalt der Detonation zerriß fahrende und abgestellte Autos, packte Jumblats Mercedes, hob ihn an und ließ ihn wieder auf die Räder zurückfallen. Ringsum splitterten Fensterscheiben, zerbarsten Mauern.

Sergeant Youssef Bitar, der erfahrenste Sprengstoffexperte der libanesischen Armee, schätzte später, daß die Ladung aus 40 Kilogramm TNT und aus zehn Kilogramm des hochbrisanten Stoffs Hexogen bestand. Blechreste ließen die Identifizierung des Wagentyps zu: Die explosive Materie war in einem Fiat-Personenwagen untergebracht gewesen. Die Zündung war aus einiger Entfernung durch Funk ausgelöst worden.

Wäre Jumblat in einem normalen Auto gefahren, wäre er tot gewesen wie sechs Männer, die im Augenblick der Explosion in ihren Fahrzeugen starben. Die eigens eingebaute Panzerung hatte sich bewährt. Die Wände von Jumblats Mercedes hatten dem Druck standgehalten; sie waren nur wenig verbogen. Die seitlichen Scheiben waren vielfach geknickt, doch nicht zersplittert. Ein Loch aber wies das Frontfenster auf: Mauerteile waren heruntergebrochen von der Abdeckung der Garageneinfahrt; die Scheibe war durchschlagen worden. Ebenfalls zerstört worden war die Platte des Schiebedachs – sie war ungepanzert gewesen, da Gewalteinwirkung nur von der Seite und von vorn erwartet worden war. Nahezu ungebremst hatten Betonbrocken das Wagendach durchschlagen können. Sie hatten die Köpfe der Leibwächter getroffen: Einer war sofort tot, der andere schwer verwundet. Walid Jumblat und seine Frau hatten Schnittwunden an den Händen und im Gesicht, aber sonst keine bedrohlichen Verletzungen. Frau Jumblat wurde bewußtlos in einen Krankenwagen gebracht. Walid aber redete unentwegt. Jedem, der an den Platz des Attentats geeilt kam, sagte er, diesem Vorfall sei keine Bedeutung zuzumessen. Mit Absicht wiederholte er den Satz immer wieder – auf dem Weg ins Krankenhaus der American University, während und nach der Behandlung –, denn er mußte die Emotionen seiner Anhänger dämpfen. Er wußte, was geschehen würde, wenn dem Drusenclan in Beirut und im Gebirge bewußt wurde, daß gegen die Symbolfigur, gegen den anerkannten Führer, ein Attentat verübt worden war. Als sein Vater Kamal im Jahre 1977 bei einem Mordanschlag getötet wurde, da waren in den Stunden, die auf das Attentat folgten, Hunderte von Christen aus Rache ermordet worden. Wenn Walid jetzt Zorn darüber erkennen ließ, daß versucht worden war, ihn umzubringen, dann waren Massaker im Gebirge nicht mehr zu verhindern, dann konnte kaum jemand die christlichen Bewohner von Deir al-Kamar vor der Drusenwut retten. Massaker aber wollte Jumblat zu diesem Zeitpunkt nicht auslösen, denn noch hatte er die Hoffnung nicht aufgegeben, mit der Christenführung eine Einigung über die künftige Machtverteilung im Libanon zu erreichen.

Im Krankenhaus ließ er deshalb den Reporter von Radio Libanon zu sich in den Behandlungsraum kommen, damit eine beruhigende Erklärung aufgezeichnet und ausgestrahlt werden konnte. Der Wortlaut war: »Der Vorfall von heute nachmittag darf die Bemühungen nicht gefährden, dem Libanon Frieden zu bringen. Ich bin in guter Verfassung, das ist das Wichtigste. Solche Ereignisse geschehen eben. Wir müssen immer damit rechnen. Unser Ziel muß bleiben, das Land aus der Krise herauszuführen und den Zusammenhalt unserer Heimat zu festigen.«

Saeb Salam gab sich ebenfalls Mühe, die Bedeutung des Attentats im Bewußtsein der drusischen und islamischen Libanesen zu mindern. Der sunnitische Politiker sagte, er habe Walid Jumblat soeben gesehen: Sein Zustand gebe zu keinerlei Befürchtungen Anlaß. Deshalb sei jetzt Besonnenheit erforderlich.

Die Anstrengungen, Massenmord zu verhindern, hatten Erfolg: Nur vereinzelt wurden Christen in den Bergdörfern durch Scharfschützen belästigt; niemand wurde verwundet.

Jumblats Glaube an eine gemeinsame Zukunft aller Libanesen gründete sich auf die Person des Präsidenten Amin Gemayel. Walid achtete den ältesten Sohn von Scheich Pierre; er traute diesem Staatschef die Kraft zu, sich über die Interessen der Phalanges Libanaises zu stellen. Für die Versuche der Christenmiliz, in die Drusengebiete einzubrechen, gab Walid dem Präsidenten keine Schuld. Ihm war bekannt, daß die Attacken der eigenmächtigen Strategie des Milizkommandeurs Fadi Frem entsprangen, der sich als christlicher Eroberer des Schuf einen Namen machen wollte. Über den Streit im Politbüro der Phalangepartei um Frems Expansionspolitik war Walid Jumblat informiert: Er wußte genau, daß sich Scheich Pierre Gemayel gegen die Vorstöße der eigenen Miliz in den Drusenbereich gewehrt hatte. Scheich Pierre weigerte sich standhaft, die Ausdehnung des christlichen Einflusses auf die Gegend südlich der Straße Beirut–Damaskus derzeit für sinnvoll zu halten. Der Streit im Clan der Gemayels hatte Walid Jumblat optimistisch gestimmt, daß der aggressive Fadi Frem von seinen politischen Führern gezähmt werde. Zu seiner Enttäuschung aber trat das Gegenteil ein: Fadi Frem bestimmte mehr und mehr die Politik der Gemayels.

Diese Übertragung von Beschirs Macht und Einfluß auf den unbedeutenderen Fadi Frem war möglich, weil Scheich Pierre nicht mehr die Kraft hatte, ein Konzept zu entwickeln, das den Erfordernissen des Libanon der achtziger Jahre entsprach. Wenn Beschir gesagt hatte, er könne mit den alten Politikern nicht regieren, dann hatte er durchaus auch seinen Vater gemeint. Der Respekt für Scheich Pierre blieb bestehen, seine Verdienste aus den Gründerjahren des Libanon strahlten auch in die Gegenwart herein – doch sie übertrugen sich nicht auf Amin. Aus eigener Anstrengung gelang es dem Präsidenten nicht, die Farblosigkeit seiner Person zu überwinden. Niemand erfuhr, welche Vision vom künftigen Libanon ihn selbst umtrieb, welches Konzept er entwickelt hatte zur Lösung der teuflisch verwickelten Probleme seines Landes.

Den Beraterstab, den sich Beschir geschaffen hatte, entließ Amin. »Gamma Groupe« hatte dieser Stab geheißen – eine arabische Bezeichnung war mit Absicht nie gewählt worden. Ihm hatten maronitische junge Männer angehört, die eine Vorstellung von den gesellschaftlichen Kräften besaßen, die im künftigen Staat der Christen wirksam sein sollten. Mitglied der »Gamma Groupe« war auch Fadi Frem. Er sagte über Blütezeit und Niedergang der Gruppe: »Sie war gegründet worden, um eine ganz bestimmte Aufgabe zu erfüllen. Scheich Beschir hatte sie beauftragt, präzise Studien herzustellen für die Situation der Zeit nach seiner Machtübernahme. Beschir hatte wissen wollen, welchen Weg der Staat auf den Gebieten Wirtschaft, Verwaltung, Außenpolitik einschlagen sollte. Hochkarätige Köpfe hatten in der ›Gamma Groupe‹ zusammengearbeitet. Mit Beschirs Tod ist die Mission der Arbeitsgruppe erfüllt. Er hatte immer gesagt: Erwartet keine Dankbarkeit. Posten werdet Ihr alle keinen bekommen in der Regierung. Jetzt ist die Gruppe in Vergessenheit geraten. Sie trifft sich noch hin und wieder. Aber wofür?« Für Denker war kein Platz in Amins Stab. In seiner Ratlosigkeit wollte sich der Präsident auch keinen Rat geben lassen.

Die Männer seiner Umgebung – sie stammten meist aus der traditionellen Laufbahnbürokratie – waren überzeugt, daß Amin Gemayel seine Mängel kannte, doch als Mann von Anstand und Gewissenhaftigkeit wollte er sie nicht durch Umtrieb und Überbewertung seiner Person übertünchen. Amin blieb bescheiden trotz seiner Neigung zur glatten Eleganz. Er vermied es, Reden zu halten, weil er sich bewußt war, wie wenig er wirklich an handfesten programmatischen Zukunftsbildern mitzuteilen hatte. Aus dem Gefühl der Hilflosigkeit entwickelte sich ein ihm bisher fremder Charakterzug: Amin mied die Öffentlichkeit. Von seltenen Abstechern abgesehen, pendelte er nur noch zwischen seinem Dienstgebäude, dem Baabdapalast, und seinem Wohnhaus an der Hauptstraße des Bergdorfes Bikfaya hin und her; die Hauptstadt und die übrigen Teile des Landes bekam er nicht mehr zu Gesicht. Er wollte auch kaum gesehen werden. Anders als Beschir legte Amin Gemayel keinen Wert darauf, mit seinem Bild in Fernsehen und Zeitung zu erscheinen.

Die Libanesen aber, gleichgültig ob Christen oder Moslems, lieben an der Staatsspitze Männer mit Ausstrahlung – der Idealfall war Camille Chamoun, den Beschir nach Überwindung islamischer Antipathien vielleicht noch an Popularität übertroffen hätte. Amin begeisterte keinen Libanesen. Die Maroniten behalfen sich: Immer mehr Beschirposter wurden an Häuser geklebt. Immer gottähnlicher wurde die Darstellung des toten Idols. Schließlich war er zu sehen, wie er über den Wolken thronte und seinen Segen über den Libanon ausstrahlen ließ.

Fadi Frem fühlt sich als Beschirs Erbe

Er hat dafür gesorgt, daß er zur Familie gehört: Er hat die Enkeltochter von Scheich Pierre Gemayel geheiratet. Damit ist er Teil der Dynastie des Clanchefs geworden. Leicht war der Eintritt in die Oberschicht nicht. Fadi Frem entstammt einer maronitischen Familie, die nie durch Reichtum oder durch geistige Brillanz aufgefallen war. Er gehört, wie Beschir, nicht zu den Männern, die durch körperliche Merkmale Eindruck machen. Fadi Frem ist eher klein und untersetzt geraten. Dem Gesicht gibt er durch einen Oberlippenbart Kontur. Über seinen Werdegang sagt er selbst:

409

»In die Phalanges Libanaises bin ich im Jahr 1969 eingetreten. Damals war ich noch recht jung. Ich hatte mich von Anfang an für die Miliz entschieden. Sehr bald bin ich einer Kommandoeinheit zugewiesen worden. 1979 wurde ich beauftragt, den Sicherheitsdienst der Miliz neu zu ordnen, andernorts würde man sagen, den Geheimdienst. Zuvor habe ich noch an der American University Beirut Chemie studiert. Dann war ich in den Vereinigten Staaten und machte den Studienabschluß in Betriebswirtschaft. Ein Jahr lang war ich in den USA. 1980 wurde ich stellvertretender Chef des Generalstabs der ›Lebanese Forces‹. Nach der Schlacht von Zahle bin ich der eigentliche Chef des Generalstabs geworden. Seit dem 13. September 1982 bin ich Kommandeur der ›Lebanese Forces‹. Scheich Beschir, dessen Nachfolger ich wurde, kannte ich seit 1970. Uns verband eine ziemlich enge Beziehung. Trotzdem glaube ich, daß ich meine Beförderungen mir selbst zu verdanken hatte.«

Einen dunklen Fleck in seiner Karriere bildet das Massaker von Sabra und Schatila. Fadi Frem selbst sagt, er habe nichts damit zu tun – obgleich die israelische Regierung ihm eindeutig die Verantwortung zuweist. Dazu meinte er: »Ich will mich nicht mit den Israelis in eine Polemik einlassen. Die Lebanese Forces und ich haben nichts damit zu tun. Warum die Israelis gerade mich beschuldigen, weiß ich nicht. Vielleicht brauchen sie derzeit einen Sündenbock, weil sie selbst einiges zu vertuschen haben.«

Der ehemalige Chef des Phalangegeheimdienstes wußte mehr als jeder andere um die Grenzen der Belastbarkeit der Beziehungen zu Menachem Begin. Selbstverständlich kannte Fadi Frem die aufgebrochene Abneigung der israelischen Regierung gegenüber der Phalangeführung. Er wußte wohl, daß er unter den Spätfolgen von Beschirs Kursänderung im Verhältnis zu Israel litt. Diese Kursänderung hielt er für falsch, und er war entschlossen, sie zu korrigieren: »Wir müssen uns mit den Israelis abstimmen!«

Eine Lehre, so sagte Fadi Frem, seien ihm die Vorgänge im Schuf gewesen. Zunächst habe Eintracht geherrscht zwischen Begin und Beschir: »Beide hatten ungern gesehen, daß seit den Bürgerkriegsjahren 1975/76 der Jumblatclan seinen Einfluß über die Randzone des Schuf hinaus nach Norden ausgedehnt hatte. Wir waren im Gebirge in die Defensive geraten. Um dies zu ändern, hatte der israelische Generalstab in seinen Invasionsplan für den Libanon nachträglich die Besetzung des Schufgebiets eingefügt. Dies war der wahre Grund, warum die Offensive von Februar auf Juni 1982 verschoben worden ist. Die Israelis besetzten tatsächlich den Schuf. Dann aber haben sie ihre Politik geändert. Sie, nicht wir, waren inkonsequent. Sie haben eine Entscheidung getroffen, die Beschir nicht mehr erlebt hat: Sie haben die Drusenmiliz nicht entwaffnet. Sie haben dann sogar die Aufrüstung dieser Miliz zugelassen. Daß damit Beschirs Absicht, den Jumblatis die Flügel zu stutzen, nicht mehr realisierbar war, das hätte Begin doch wissen müssen.«

Der Wunsch, die Beziehungen zu Israel rasch zu verbessern, scheiterte an der wenig versöhnlichen Haltung der israelischen Regierung. Fadi Frem mußte sich zurückhalten; laut protestieren durfte er nicht. Selbst in einem ganz konkreten und beweisbaren Fall der offenkundigen Mißachtung christlicher Interessen äußerte er sich nur in der vorsichtigen Frage: »Warum haben Sie sich gerade dann aus Kfar Nabrakh zurückgezogen, als dort ein Massager begann?«

Der Ort Kfar Nabrakh liegt im Drusengebiet, direkt unter dem Gebirgszug Baruk, der fast 2000 Meter hoch aufragt und die Schufregion vom Bekaatal trennt. Im Verlauf von Jahrzehnten hatten christliche Bauern in Kfar Nabrakh Fuß gefaßt: Sie hatten Boden gekauft, der bislang drusischen Landwirten gehört hatte, und waren nach und nach wohlhabender als ihre drusischen Nachbarn geworden. Zwar hatten die christlichen Bauern immer Neid zu spüren bekommen, doch selbst während der schlimmsten Jahre des libanesischen Bürgerkriegs war am Fuß des Barukgebirges nie ein Schuß gefallen. Gefährliche Spannungen wurden erst spürbar, als die Phalanges Libanaises auf Befehl von Fadi Frem – und gegen den Rat von Scheich Pierre Gemayel – im Gefolge der Israelis Aley und Bhamdun in die Hand bekamen. Die Christengemeinde von Kfar Nabrakh fühlte sich gefährdet, drusischer Rache ausgesetzt. Die jüngeren Familienmitglieder, Frauen und Männer, wurden von Fadi Frem nach Bhamdun geholt. Die Älteren ließ er im Dorf zurück, da er glaubte, die Drusen würden diejenigen, die nicht mehr im wehrfähigen Alter waren, verschonen. Doch zu seinem Entsetzen mußte er feststellen, daß er sich getäuscht hatte: Die achtzig älteren Frauen und Männer wurden in einer Nacht durch Schnitte in die Kehlen ermordet.

Die Umgebung des Gebirgsrückens al-Baruk galt den Israelis als strategisch außerordentlich wichtig. Auf dem Jebel al-Baruk hatte die Besatzungsarmee eine elektronische Abhörstation eingerichtet, die jeden Funkspruch, der irgendwo im Bereich der Mittelmeerostküste abgesetzt wurde, auffangen konnte. Vom Jebel al-Baruk aus waren auch alle Flugbewegungen im Luftraum Syriens zu kontrollieren; kein Start eines Flugzeugs oder einer Rakete im Gebiet bis weit über die syrisch-irakische Grenze hinaus entging den israelischen Beobachtern, die in fast 2000 Metern Höhe ihren Dienst versahen.

Ein militärisch derartig bedeutendes Objekt mußte durch vielfältige

Sicherheitsmaßnahmen geschützt werden. Dazu zählte vor allem die Überprüfung aller Vorgänge im Tal, das sich westlich unmittelbar vor dem Gebirgsrücken befindet. Nur acht Kilometer Luftlinie vom Gipfel des Jebel al-Baruk entfernt, also in der engsten Sicherheitszone, liegt der Ort Kfar Nabrakh. Dort hatten sich Tag und Nacht israelische Soldaten aufgehalten – nur nicht während jener Stunden, in denen die achtzig älteren christlichen Dorfbewohner ermordet wurden. Die israelischen Posten mußten bemerkt haben, daß sich eine Gruppe fremder Männer talabwärts Kfar Nabrakh näherte – offensichtlich hatten die Soldaten Befehl, nicht in Auseinandersetzungen zwischen Libanesen einzugreifen.

Die Identität der Mörder konnte nie festgestellt werden. Walid Jumblat sagte, er und seine Kämpfer hätten nichts mit dem Tod der Christen von Kfar Nabrakh zu tun. Niemand hat ihm das Gegenteil bewiesen.

Die Analyse der Umstände des Massakers ließ Fadi Frem erkennen, daß er es sich nicht leisten konnte, mit der israelischen Regierung wegen der seltsamen Vorfälle im Schufgebirge in Streit zu geraten: Ärger und Enttäuschung durften nicht zur völligen Entfremdung zwischen den Politikern in Jerusalem und den Phalanges Libanaises führen – Israel war schließlich der einzige mögliche Verbündete der Christen im Nahen Osten. Um die psychologische Brücke zu schlagen zur israelischen Regierung, sagte Fadi Frem: »Zwischen vaterlandsliebenden Libanesen und Israel gibt es keinen Konflikt mehr. Der Kampf wird ausgetragen zwischen der freien Welt und dem kommunistischen Block. Der Libanon ist Teil der freien Welt. Deshalb stehen wir an der vordersten Front des Konflikts mit den Kommunisten. Niemand kann von uns erwarten, daß wir die Waffen niederlegen. Solange die Kommunisten im Libanon Anhänger finden, die ihre Ideen vertreten, werden wir weiterkämpfen.«

Eigenwillig war diese Interpretation der Vorgänge im Schuf. Walid Jumblat sah sich zum Freund und Verbündeten der Kommunisten erklärt – zu seiner größten Verwunderung. Zwar stand er einer Partei vor, die sich »progressiv sozialistisch« nennt, doch in Wahrheit hatte er nie daran gedacht, in seinem Herrschaftsbereich sozialistische oder gar kommunistische Ideen zu praktizieren. Das Etikett »Verbündeter der Kommunisten« wurde ihm von Fadi Frem angehängt, um ihn bei den Israelis anzuschwärzen. Da die israelische Regierung immer betont hatte, sie sorge dafür, daß ihr Land ein Bollwerk der freien Welt bleibe, mußte ihr – nach Meinung von Fadi Frem – das Angebot der Phalanges Libanaises willkommen sein, Partner werden zu wollen im Abwehrkampf gegen kommunistische Pläne der Machtergreifung im Nahen

Osten. Ein zweites Ziel verfolgte Fadi Frem: Die Etikettierung sollte eine Fortsetzung der Unterstützung des Jumblatclans durch die israelische Armee unmöglich machen: Die Israelis, so glaubte Fadi Frem, würden es sich künftig zweimal überlegen müssen, ob sie der Drusenmiliz helfen könnten.

Scheich Pierre Gemayel schlug in dieselbe Kerbe mit der Behauptung: »Was im Gebirge derzeit geschieht, ist ein Kampf zwischen Libanesen und atheistischen Kommunisten.« Libanesen – das waren die Kämpfer der Phalanges Libanaises; die »atheistischen Kommunisten« gehörten nicht zum libanesischen Volk. Scheich Pierre und Fadi Frem hielten von nun an die Fiktion aufrecht, sie hätten den Kampf gegen fremde Eindringlinge im Libanongebirge zu führen. Der Krieg der Christen, so verkündeten beide, werde im Namen aller Bewohner des Libanon gegen Fremde ausgefochten. Sie waren bereit, schließlich die Fremden zu identifizieren: »Wir haben eine Allianz von Iranern, Libyern und Palästinensern gegen uns.«

Das Kommando über die christlich-libanesische Front gegen die angebliche Allianz der Fremden übertrug Fadi Frem einem Mann, der sich unter Beschirs Aufsicht bei einer blutigen Aktion bewährt hatte: Dr. Samir Geagea, der bisherige Kommandeur der Lebanese Forces im Norden des Libanon, wurde Chef der Kämpfer in der Region Bhamdun–Aley. Er hatte im Juni 1978 in Ehden den Überfall gegen die Residenz der Familie Frangieh ausgeführt. Dr. Samir Geagea galt seither als rücksichtsloser Kommandeur. Ihn beauftragte Fadi Frem, das »Schufproblem zu lösen«.

Im griechisch-orthodoxen Kloster Ain Traz bei Aley richtete Geagea sein Hauptquartier ein. Das Kloster wurde zum Nervenzentrum des Kampfes der Phalangemiliz im Gebirge ostwärts von Beirut. Hier wartete der Befehlshaber die Stunde des israelischen Rückzugs ab. Dr. Geagea war entschlossen, der abziehenden Besatzungsmacht sofort nachzurücken – hinein ins Herz des Schufgebirges. Doch ehe sie an Abzug dachten, wollten die Politiker, die in Israel Regierungsverantwortung trugen, ein Abkommen mit dem Libanon schließen, das der Bevölkerung Israels als Beweis der positiven Bilanz der Invasionsaktion präsentiert werden konnte.

Der ungeliebte libanesisch-israelische Vertrag

Präsident Ronald Reagan erzwang die Formulierung und die Unterzeichnung des Vertrags. Hatte sein Vorgänger Carter den Erfolg des Abschlusses des Camp-David-Abkommens für sich buchen können, so wollte Ronald Reagan die Weiterführung des Friedensprozesses als sein Verdienst in die Geschichte des Nahostkonflikts einbringen. Sein Sonderbeauftragter Morris Draper war angewiesen, Besetzer und Besetzte, Israelis und Libanesen, mit allen Mitteln zu veranlassen, ein unterschriftsreifes Dokument auszuarbeiten.

Seit dem Jahreswechsel 1982/83 verhandelten die Bevollmächtigten unter aktiver amerikanischer Beteiligung. Tagungsorte waren Hotels im zerstörten Khalde, südlich von Beirut, und in Kiryat Schmone, auf israelischem Gebiet. Schwierigkeiten bereitete die Absicht der israelischen Delegation, möglichst viele Vorrechte auszuhandeln, die als Lohn für die vom israelischen Volk gebrachten Opfer gelten konnten. Die libanesischen Verhandlungspartner aber legten Wert darauf, den Eindruck entstehen zu lassen, der Vertrag regle nur den Abzug der israelischen Truppen und ermögliche die Wiederherstellung der völligen Souveränität des libanesischen Staates über sein Territorium. Während der gesamten Verhandlungsdauer von fünf Monaten war der Widerstand der arabischen Welt – mit Ausnahme Ägyptens – gegen den Abschluß des Abkommens spürbar gewesen. In Damaskus, Baghdad, in Riadh und in Amman hatte Unbehagen geherrscht über das sich langsam formierende Ergebnis der Verhandlungen. Aus blumigem Arabisch unter Weglassung juristischer Formeln in einfache deutsche Sätze übertragen, liest sich der Wortlaut so:

»Die Regierung der Republik Libanon und die Regierung des Staates Israel sind sich der Wichtigkeit der Bewahrung und Stärkung des Friedens bewußt, der auf Freiheit, Gleichheit, Gerechtigkeit und Respekt vor fundamentalen menschlichen Rechten beruhen muß. Sie bekräftigen ihren Glauben in die Ziele und die Prinzipien der Charta der Vereinten Nationen, und sie erkennen gegenseitig das Recht an, miteinander und mit allen Staaten innerhalb sicherer und anerkannter Grenzen in Frieden zu leben.

Die Regierungen sind übereingekommen, den Kriegszustand zwischen sich zu beenden. Sie haben den Wunsch, auf Dauer Sicherheit zwischen beiden Staaten herrschen zu lassen. Drohung und Gewaltanwendung sollen künftig vermieden werden. Im Wunsch, wechselseitige Beziehungen aufzubauen, sind die bevollmächtigten Vertreter beider Länder in Gegenwart des Repräsentanten der Vereinigten Staaten von Amerika übereingekommen, die folgende Abmachung zu unterzeichnen:

Artikel 1

Beide Parteien respektieren die Souveränität, die politische Unabhängigkeit und die territoriale Unantastbarkeit des jeweils anderen Staates. Die bestehenden Grenzen zwischen Libanon und Israel dürfen nicht verändert werden. Beide Parteien bestätigen, daß der Kriegszustand zwischen ihnen nicht mehr existiert. Deshalb wird Israel alle seine Truppen aus dem Libanon zurückziehen, in Übereinstimmung mit dem Anhang zu diesem Abkommen.

Artikel 2

Beide Parteien lassen sich leiten von den Prinzipien der Charta der Vereinten Nationen und des internationalen Rechts. Sie werden Streitfälle zwischen sich auf friedliche Weise lösen.

Artikel 3

Um ein Höchstmaß an Sicherheit für Libanon und Israel zu erreichen, werden beide Staaten Vorsorge treffen: Sie werden eine Sicherheitszone einrichten. Bestimmungen für diese Sicherheitszone legt der Anhang zum Abkommen fest.

Artikel 4

Das Territorium der beiden Staaten darf nicht als Basis für feindselige oder terroristische Aktivität gegen den Vertragspartner benützt werden.

Jede Vertragspartei wird verhindern, daß irreguläre Kampfverbände, bewaffnete Banden, Organisationen, Basen oder Büros entstehen, die irgendeinen Akt des Terrorismus auf dem Territorium der anderen Partei möglich machen oder irgendeine Aktivität, die dem Volk der anderen Partei Gefahr bringen könnte. Alle Abkommen, die der anderen Partei feindlich gesinnten Elementen das Recht einräumen, auf dem Gebiet einer der Vertragsparteien präsent zu sein, sind null und nichtig. Jede Partei wird sich enthalten, Drohungen oder kriegerische Akte gegen die andere Partei zu organisieren, anzustiften oder an ihnen teilzunehmen. Sie wird sich versagen, vom Gebiet des anderen Vertragspartners aus einen Angriff gegen einen dritten Staat zu führen, sich in die inneren Angelegenheiten des anderen Vertragspartners einzumischen. Jede Partei wird sicherstellen, daß gegen Personen und Organisationen vorbeugende Maßnahmen ergriffen werden, wenn sie im Verdacht stehen, diesen Artikel des Abkommens verletzen zu wollen.

Artikel 5

Im Zusammenhang mit der Beendigung des Kriegszustands und innerhalb der verfassungsmäßigen Grenzen werden sich die Vertragspartner von ihrem Territorium aus jeder Form feindlicher Propaganda gegeneinander enthalten.

Artikel 6

Jede Partei wird verhindern, daß ihr Gebiet und ihr Luftraum durch Streitkräfte und zur Aufstellung von militärischem Material benützt werden, wenn dies in feindlicher Absicht gegen den anderen Vertragspartner geschieht.

Artikel 7

Der libanesischen Regierung ist es gestattet, internationale Streitkräfte ins Land zu holen, die ihr helfen, ihre Autorität zu wahren. Wer immer zu dieser Streitmacht beitragen soll, muß diplomatische Beziehungen zu beiden Staaten unterhalten.

Artikel 8

Treten diese Abmachungen in Kraft, wird ein gemeinsames Verbindungskomitee eingerichtet werden, dem auch Vertreter der Vereinigten Staaten angehören sollen. Dieses Komitee wird sich um Sicherheitsfragen in allen Gebieten kümmern, in denen dieses Abkommen gültig ist. Es wird sich mit ungelösten Problemen beschäftigen. Entscheidungen dieses Komitees müssen einstimmig gefällt werden.

Das gemeinsame Verbindungskomitee wird sich um die Entwicklung der gegenseitigen Beziehungen zwischen Libanon und Israel kümmern, unter anderem auch um den Warenaustausch und um Reisebedingungen für Zivilpersonen.

Das Komitee wird wechselweise im Libanon und in Israel tagen.

Jede Vertragspartei darf im Gebiet der anderen Partei ein Verbindungsbüro unterhalten.

Innerhalb von sechs Monaten nach Abzug der israelischen Streitkräfte aus dem Libanon werden Verhandlungen über den Austausch von Waren und Produkten sowie über den Reiseverkehr beginnen. Diese Verhandlungen dürfen durch keinerlei Diskriminierungen belastet sein.

Artikel 9

Jede der beiden Vertragsparteien wird innerhalb eines Jahres nach Inkrafttreten dieses Abkommens Maßnahmen zur Löschung aller Abkommen, aller Gesetze und aller Verordnungen ergreifen, die mit diesem Vertrag nicht in Einklang zu bringen sind. Beide Parteien verpflichten sich, keine Abkommen zu schließen, keine Gesetze und Verordnungen zu erlassen, die mit diesem Vertrag unvereinbar sind.

Artikel 10

Dieser Vertrag wird durch beide Parteien gemäß ihrer verfassungsmäßigen Verfahrensvorschriften ratifiziert werden. Nach Austausch der ratifizierten Urkunden wird der Vertrag in Kraft treten. Der Anhang samt weiteren Materialien und einer Karte wird fester Bestandteil des Vertrags sein.

Artikel 11

Alle Streitigkeiten der Parteien, die durch Interpretation und Anwendung dieses Abkommens entstehen, werden durch Verhandlungen innerhalb des gemeinsamen Verbindungskomitees beigelegt.

Artikel 12

Dieses Abkommen wird dem Sekretariat der Vereinten Nationen zur Registrierung gemäß Artikel 102 der Charta der Vereinten Nationen zugeleitet.«

Zu Unterzeichnern des Vertrags waren die Diplomaten Antoine Fattal für die Regierung der Republik Libanon und David Kimche für die Regierung des Staates Israel bestimmt worden.

Die libanesische Delegation hatte von Anfang der Verhandlungen an zu vermeiden gesucht, daß der Artikel 9 die Form erhielt, in der er am 17. Mai 1983 schließlich auf dem Tisch des Verhandlungszimmers lag. Der Libanon ist Mitglied der Arabischen Liga und folglich an Beschlüsse dieser Dachorganisation der arabischen Staaten gebunden. In Gipfelkonferenzen hatten die Chefs dieser Staaten Maßnahmen festgelegt, die Israel schaden sollten. Dazu gehörten die »Boykottbeschlüsse«, die jedes Mitgliedsland verpflichteten, Geschäftskontakt zu Firmen zu unterbinden, die mit Israel ausgedehnte Wirtschaftsbeziehungen pflegten. Der Libanon hatte sich immer peinlich genau an diese Boykottbeschlüsse gehalten. So hatte die Regierung in Beirut der Firma Coca-Cola untersagt, ihr Produkt auf libanesischem Boden zu verkaufen. Auf Grund des ausgehandelten Vertrags konnte Israel jetzt verlangen, daß der Boykottbeschluß nicht mehr beachtet werde. Hielt sich die libanesische Regierung daran, mußte sie den Austritt aus der Arabischen Liga erklären.

Diese Komplikation war nicht die einzige Schwierigkeit, in die der Libanon durch das Abkommen geriet. Ergänzt wird der Text durch ein außerordentlich kompliziertes Vertragsgeflecht, das die Sicherheitsvorkehrungen im Grenzgebiet zwischen Libanon und Israel regelt. Sie haben das Ziel, Israel vor Anschlägen palästinensischer Organisationen oder ähnlicher Kampfverbände zu schützen. Sie zeugen aber auch vor allem vom Mißtrauen der israelischen Vertragspartner gegenüber der libanesischen Armee, die sich beachtliche Beschränkungen in einem Gebiet gefallen lassen muß, das 45 Kilometer weit von der israelischen Grenze nach Norden reicht. Der Vertrag schuf eine Sicherheitszone, deren nördliche Grenze in Mittelmeernähe dem Verlauf des Flusses Awali entsprach; im Bereich des Gebirgshauptkammes stieß diese Grenze bis nahe an den Jebel al-Baruk heran, schloß ihn jedoch nicht in die Sicherheitszone ein; Endpunkt der Grenze war der Beginn des syrischen Gebiets nordöstlich von Raschaya.

In einem Drittel ihres Landes mußten sich die Libanesen – so sah es das Abkommen vor – den Israelis unterwerfen. Südlich der Grenze der Sicherheitszone durfte die libanesische Armee nur 40 Panzer stationieren und 57 Geschütze unterschiedlichen Kalibers. Ob die Bestimmungen eingehalten wurden, sollte von israelischen Offizieren kontrolliert werden dürfen. Präzise festgelegt waren Zahl und Art der Ausrüstung zur Abwehr von Luftangriffen. Auf dem Gebirgsrücken al-Baruk sollte keine militärische Luftüberwachung – wie von der israelischen Armee praktiziert – durchgeführt werden, sondern nur eine Kontrolle des zivilen Linienverkehrs. Damit war festgelegt, daß sich die israelische Luftwaffe auch weiterhin das Recht sichern konnte, ohne zu fragen und unverfolgt den libanesischen Luftraum zu durchfliegen.

Die Auflagen, die den Libanon zur Teilentmilitarisierung seines südlichen Staatsgebietes zwangen, waren in fünfmonatiger Detailarbeit von der israelischen Delegation ausgefeilt und dann dem libanesischen Verhandlungsführer Antoine Fattal als unveränderbar präsentiert worden. Zustimmung zu den Auflagen bedeutete für den Libanon Verzicht auf Souveränität – ohne daß Israel die geringste Gegenleistung geboten hätte. Selbstverständlich war nicht die Rede von einer Sicherheitszone südlich der israelischen Grenze. Der Vertrag war nur auf die Sicherheitsinteressen des Staates Israel zugeschnitten.

Das Ergebnis war ein Vertrag, der auf viele Libanesen und auf nahezu alle arabischen Regierungen als Zeugnis der Verzichtspolitik gegenüber Israel wirkte. In Damaskus, Baghdad und Riadh wurde der libanesisch-israelische Vertrag als schlimmerer Verrat an der arabischen Sache betrachtet als Sadats Unterzeichnung des Abkommens von Camp David. Daß der Vertrag tatsächlich den Rückzug der Israelis aus der Gegend von Beirut nach Süden vorsah, nahmen die Kritiker nicht zur Kenntnis.

Am 17. Mai 1983 standen drei Männer mitten im niedrigen Speisesaal des durch Kriegseinwirkung schäbig gewordenen Hotels »Lebanon Beach« in Khalde, südlich von Beirut. Sie lächelten alle drei; doch ihr Lächeln war von unterschiedlicher Qualität: Der Israeli David Kimche zeigte Zufriedenheit; der Libanese Antoine Fattal ließ erkennen, daß für ihn ein besseres Resultat nicht zu erreichen gewesen war. Der Amerikaner Morris Draper, der die zwei nahöstlichen Partner um ein halbes Haupt überragte, war glücklich: Nach seiner Meinung war ein Vertragswerk von bleibender Dauer geschaffen worden. Nachdem die drei Männer sich ausgiebig die Hände geschüttelt hatten, tranken sie Champagner auf die Epoche des Friedens, die nun anbrechen sollte.

Die Amerikaner glaubten, einen Prozeß in Gang gesetzt zu haben, dem sich auch Syrien letztlich nicht entziehen könne. Der Frieden im Süden Israels (mit Ägypten) und jetzt im Norden (mit Libanon) werde Pole der Ruhe schaffen, die anziehend wirkten auf diejenigen Araber, die jetzt noch grollend abseits standen. Am selben Tag noch verkündete Ronald Reagan, er verfüge über Informationen, wonach Syrien gute

Gründe habe, sich aus dem Libanon zurückzuziehen; der syrische Präsident werde sich dem Vertragswerk anschließen. Reagan bezog sich dabei auf einen Hinweis seines Außenministers George Shultz, der gesagt hatte, Syrien werde alles tun, um sein Verhältnis zu den USA zu verbessern. Dazu sei jetzt Gelegenheit geboten. Vor allem hätten Syriens arabische Alliierte wissen lassen, sie seien für den Abzug der syrischen Soldaten aus dem Libanon. Reagan schloß seine Bemerkung mit den Worten: »Ich kann mir kaum vorstellen, daß Syrien einen anderen Kurs verfolgt als seine Alliierten.« Damit konnten nur die Herrschenden in Saudi Arabien gemeint sein.

Ob der Optimismus berechtigt war, hatten Reagan und sein Außenminister nie getestet. Sie hatten auch mit dem syrischen Präsidenten Hafez Assad nie darüber geredet. Die Verantwortlichen des State Department waren der naiven Meinung, sie könnten den ausgefeilten Vertragstext des israelisch-libanesischen Abkommens nach Damaskus schicken mit der Bitte um Zustimmung und Abschluß einer ergänzenden Übereinkunft. Daß Hafez Assad hofiert und nicht überrumpelt werden wollte, war von George Shultz nicht beachtet worden. Hatten sich die Diplomaten der USA fünf Monate lang auf israelische und libanesische Delegationen konzentriert, so war zu erwarten, daß Hafez Assad eine ähnlich lange Zeitspanne der Bemühungen in Anspruch nehmen werde. Obgleich der Außenminister als einstiger Mitarbeiter einer amerikanischen Firma, die über exzellente Kontakte nach Saudi Arabien verfügte, Erfahrungen mit den hochsensiblen Seelen arabischer Politiker gesammelt hatte, unterlief ihm der Fehler, den Stolz der Syrer zu mißachten.

Radio Damaskus zahlte ihm dies am 18. Mai heim: »Die Amerikaner sprechen über unser Land, als ob es sich um die Wüste Nevada handle, in der sie unternehmen können, was sie wollen. Wie in jener Wüste glauben sie auch bei uns rücksichtslos Entscheidungen treffen zu können. Sie sind der irrigen Ansicht, sie dürften Syrien ungestraft wie Dreck behandeln.«

Die amerikanischen Außenpolitiker hatten nicht verhindert, daß die Sicherheitszone, die Israel im Süden des Libanon schaffen wollte, an syrisches Gebiet anstieß – und zwar nur 20 Kilometer von der Hauptstadt Damaskus entfernt. In dieser Sicherheitszone aber sollten israelische Soldaten Aufsichtspflicht ausüben dürfen. Abdel Halim Khaddam, der syrische Außenminister, stellte fest: »Nie können wir zustimmen, daß Israel derartigen Profit aus seiner unrechtmäßigen Invasion zieht. Israel kontrolliert künftig ein Drittel des Libanon und die nächste Umgebung der Hauptstraße vom Bekaatal nach Damaskus. Die Israelis bedrohen uns jetzt stärker als je zuvor. Wir werden diesem Abkommen nicht in Wochen und nicht in Jahren beitreten. Wir werden dagegen kämpfen, bis es ein wertloses Stück Papier geworden ist.«

Als sich der israelisch-libanesische Vertrag als Irrtum herausstellte, da bestand dennoch berechtigte Hoffnung, der Libanon könne tatsächlich zu einem Pol der Ruhe werden, der schließlich als Faktor der Stabilität im Nahen Osten wirken werde. Beschir Gemayel hatte einst gesagt, die Armee werde den Heilungsprozeß des Libanon einleiten. Mit der libanesischen Armee schien in der Tat ein Wunder geschehen zu sein.

Die Armee entsteht aus dem Nichts

»Nie habe ich erwartet, daß die libanesische Armee derartige Fortschritte machen könnte.« Oberst Arthur Thomas Fintel sprach dieses Lob genau ein Jahr nach dem Beginn der israelischen Invasion aus, die den Tiefpunkt in der Existenz der Armee des Libanon markiert hatte: Die Truppe hatte keinen einzigen Schuß gegen die Angreifer abgegeben. Der amerikanische Oberst war von seiner Regierung beauftragt worden, die libanesische Armee zu modernisieren, präzise gesagt, vom Tiefpunkt aus aufzubauen. Die Armee litt noch immer unter den Folgen der Spaltung, die während des Bürgerkriegs erfolgt war, als Moslemsoldaten zu islamischen Milizen und christliche Soldaten zu den Phalanges Libanaises überliefen. Seither hatten nur kraftlose Rumpfeinheiten existiert. Sie waren kaum als Kader für den Neuaufbau zu gebrauchen.

Die Aufgabe, die Fintel durchzuführen hatte, trug die Bezeichnung »Lebanese Army Modernization Program«, gebraucht wurde nur die gängige Abkürzung LAMP. Das Programm war entwickelt und dem Präsidenten Amin Gemayel angeboten worden als Ausgleich für die Konzessionen, die ihm abverlangt wurden. Dem Präsidenten Gemayel war versprochen worden, Oberst Arthur Thomas Fintel werde ihm ein Machtinstrument schaffen, auf das er sich in der Auseinandersetzung um die Herrschaft über den Libanon verlassen könne.

In den neun Monaten, die seit Amins Amtsantritt vergangen waren, hatte das Territorium, auf dem die Befehle des Präsidenten respektiert wurden, nur einen Umkreis von zehn Kilometern um den Baabdapalast umfaßt. Zu Amin hielt nicht einmal die ganze Hauptstadt. Durch die Präsenz einer loyalen Truppe gehörte gerade das islamische Westbeirut zum sichersten Sektor des Amingebiets. Dies war der Grund, warum die Libanesen allgemein spotteten, Amin Gemayel sei nichts als der »Bürgermeister von Westbeirut«. Schon drüben über der Demarka-

420

tionslinie, im Ostbeiruter Stadtteil Aschrafieh, galt das Wort des Präsidenten wenig, ein Befehl aus dem Mund von Fadi Frem aber alles. Zehn Kilometer südöstlich des Baabdapalastes hörte die Bevölkerung auf Walid Jumblat; und im Süden von Beirut war der Schiitenführer Nabih Berri zuständig. Verfügte Amin Gemayel aber über eine Armee, die stärker war als die Milizen, die Walid Jumblat und Nabih Berri unterstanden, dann war er fähig, seinen Machtbereich auszudehnen. So war er bereitwillig auf das Geschäft eingegangen, das Außenminister Shultz und Verteidigungsminister Weinberger vorgeschlagen hatten.

Im Dezember 1982 war Oberst Fintel nach Beirut gekommen. Knapp vierzig Jahre war er alt, ein Offizier mit Vietnamerfahrung. Zwei Jahre lang hatte er vietnamesische Einheiten ausgebildet. Zuerst hatte er befürchtet, im Libanon ein ebenso schwieriges Kommando übertragen zu bekommen wie damals in Vietnam. Doch nach einigen Wochen schon hatte er den Unterschied erkannt: »Fünfhundert Jahre trennen Libanesen und Vietnamesen. Der libanesische Soldat ist ein Mann, der im 20. Jahrhundert lebt und denkt. Das vietnamesische Volk war noch im 14. Jahrhundert befangen. Die Soldaten waren mutig, aber ihre geistigen Fähigkeiten waren nur wenig entwickelt. Die jungen Männer hier verstehen etwas von Elektrizität und von Automotoren. Vielleicht sind sie sogar ein wenig überklug. Manchmal packen sie zu, ehe ihnen der Ausbilder den Befehl dazu gegeben hat. Wir müssen sie manchmal zurückhalten, sonst sind die Geräte beschädigt, die sie bedienen sollen.«

Das Programm, das er zu erfüllen hatte, schilderte Oberst Fintel so: »Sieben Brigaden waren aufzustellen. Dies war das Endziel von LAMP. Jede Brigade sollte 2400 Mann umfassen. Für einen späteren Zeitpunkt war ein Mannschaftsbestand von 3900 pro Brigade geplant. Zwischen meiner Ankunft im Dezember 1982 und Februar 1983 haben wir die ersten vier Brigaden aufbauen können mit allem, was dazu gehört: mit Soldaten, Verwaltungspersonal und Ausrüstung. Beabsichtigt war im Verlauf eines Jahres bis Februar 1984 die Entwicklung einer weiteren Brigade. Im Juni 1985 sollten, so sah der Zeitrahmen von LAMP vor, insgesamt sieben dieser Kampfeinheiten in voller Mannschaftsstärke existieren. In Wirklichkeit aber hatten wir sehr viel schneller gearbeitet: Die sieben Brigaden bestanden bereits im Juni 1983. Wir waren zwei Jahre früher dran, als der Zeitplan vorgesehen hatte.«

Die Ausrüstung war von den Vereinigten Staaten geliefert worden. 34 Panzer vom Typ M-48 A5 hatte die Truppe bekommen, ebenso 124 gepanzerte Mannschaftstransportfahrzeuge. Jeder der 34 Panzer wurde von der US-Regierung dem libanesischen Staat zum Festpreis von 835 000 Dollar in Rechnung gestellt – zahlbar zu einem späteren Zeitpunkt. An Geschützen hatte die libanesische Armee erhalten: 36 Kanonen vom Kaliber 155 mm, 10 Stück vom Kaliber 122 mm und 200 Stück vom Kaliber 83 mm.

Die libanesische Regierung hatte die Absicht, Waffen im Wert von einer Milliarde DM zu kaufen. Dabei war nicht an die Anschaffung von Flugzeugen gedacht. Die libanesische Luftwaffe besaß zwar nur acht völlig veraltete Kampfmaschinen vom Typ Hawker-Hunter, doch eine Modernisierung kam nicht in Frage: Israel hätte Einspruch dagegen erhoben. Hervorzuheben ist allerdings, daß die israelische Regierung nicht gegen die Aufrüstung des Libanon protestiert hatte, obgleich gerade in diesem Fall kaum auszuschließen war, daß die Panzer und Geschütze in die Hände von Milizkämpfern fallen könnten, die Israel nicht freundlich gesinnt waren.

Erstaunlich war, daß Amin Gemayel keinen Antrag auf kostenlose amerikanische Militärhilfe gestellt hatte. Er wollte, daß der Libanon seine Waffenkäufe bezahlte. Oberst Fintel meinte vorsichtig: »Ich kenne da ein Land, das erhält in jedem Jahr soviel an Waffen geschenkt, wie der Libanon in zwei Jahren kaufen wird. Ich glaube, die Libanesen sollten stolz darauf sein.«

Auf die Frage, ob er nach seiner Erfahrung der Meinung sei, daß die Armee dazu beitragen könne, den Libanon zu einigen, sagte Oberst Fintel im Juni 1983: »Da kommen täglich junge Männer zu uns, die bisher Milizen angehört hatten. Sie wollen jetzt zur Armee, wollen für ihr Vaterland arbeiten. Sie haben einfach genug von dem, was seit sieben Jahren im Libanon vorgeht. Leute, die im Schufgebirge gegeneinander gekämpft hatten, lassen sich plötzlich miteinander ausbilden.«

Im Sommer 1983 glaubte der Chef des Lebanese Army Modernization Program, er habe die stärkste bewaffnete Kraft des Libanon geschaffen: »Keine der Milizen kann mehr Kampfkraft mobilisieren als die Armee. Nehmen wir irgendeine unserer Brigaden und lassen sie hier an diesem Haus vorbeiziehen, mit allen Fahrzeugen in einer Geschwindigkeit von 40 Stundenkilometern, so wird diese Vorbeifahrt eineinhalb Stunden dauern. Wir haben sieben solcher Brigaden mit nahezu 21 000 Männern. Im ganzen Land ist keine Miliz zu finden, die derart viele Kämpfer umfaßt. Ich glaube, jede politische Organisation, die in diesem Land künftig eigene Wege gehen will, wird bittere Erfahrungen machen. Die Armee ist bereit, Sicherungsfunktionen im ganzen Land zu übernehmen. Selbstverständlich wird sie bald Positionen im Schuf und vor allem in den südlichen Vororten von Beirut übernehmen.«

Der Panzeroffizier Arthur Thomas Fintel mit Spezialausbildung für Aufklärung meinte im Sommer 1983 ganz ehrlich, er sei kein Fachmann für libanesische Geschichte, und deshalb müsse er aufrichtig gestehen, er habe keine Ahnung vom vielfältigen völkischen Mosaik des Libanon. Er wußte nichts von den religiösen Unterschieden und von ihrer politischen Brisanz. Soweit er religiöse Überzeugungen bei den ihm anvertrauten Soldaten überhaupt zur Kenntnis nahm, maß er ihnen so wenig Bedeutung zu, wie er dies in den Vereinigten Staaten getan hätte. Er hielt für selbstverständlich, daß Baptisten, Lutheraner, Methodisten, Quäker und Katholiken als Amerikaner in einer Armee gemeinsam lebten und kämpften – warum sollten Christen, Schiiten, Sunniten und Drusen nicht miteinander leben und kämpfen können, vorausgesetzt, sie waren Libanesen.

Nötig war nach Auffassung von Oberst Fintel eine starke politische und militärische Führung. Er hatte sich sagen lassen, Schuld am Zerfall der libanesischen Armee während des Bürgerkriegs sei das Fehlen einer starken Persönlichkeit an der Staatsspitze und eines erfahrenen Generals gewesen. Fintel, der gegenüber dem Pentagon die Verantwortung für den Neuaufbau der libanesischen Armee trug, gab sich überzeugt, der Zerfall sei nun nicht mehr möglich, denn Wesentliches habe sich gegenüber früher geändert: Amin Gemayel garantiere die politische Stabilität und der libanesische Armeeoberbefehlshaber Ibrahim Tannous den Zusammenhalt der Streitkräfte.

Ibrahim Tannous war im Dezember 1982 durch Dekret des Präsidenten Gemayel ernannt worden – drei Tage nachdem Oberst Fintel im Libanon eingetroffen war. Der 55jährige General war Berufsoffizier; er galt als erfahren in Taktik und Logistik. Nicht verborgen geblieben war jedoch auch seine Neigung, Christen in seinem Stab zu bevorzugen. Daß er die syrischen Politiker nicht mochte, daraus hat Ibrahim Tannous nie ein Hehl gemacht. Er hatte während des Bürgerkriegs als starker Mann der christlichen Offiziere gegolten. Er war von Amin Gemayel auf Drängen dieser Offiziere an die Spitze der Armee gehoben worden.

Oberst Fintel verbürgte sich gegenüber seinem politischen Chef, Verteidigungsminister Weinberger, für den General: »Er ist eine der größten Hoffnungen des Libanon. Er hat sich im Kampf bewährt. Er ist sogar verwundet worden.« Der amerikanische Oberst fragte nicht, in welchem Kampf Ibrahim Tannous verwundet worden ist; er hätte entdecken müssen, daß dies im libanesischen Bürgerkrieg geschehen war, als der Offizier auf seiten seines christlichen Volkes gekämpft hatte. Ibrahim Tannous sollte bald schon wieder Partei ergreifen für die Christen des Libanon – und damit zur Ursache für die erneute Spaltung der Armee werden.

Zu der Zeit, als Oberst Fintel seinen optimistischen Bericht nach Washington schickte, zog ein vertrauliches Schriftstück, das im Auftrag des Kongresses der Vereinigten Staaten verfaßt worden war, eine völlig andere Folgerung aus Beobachtungen im Libanon. In jenem Dokument war zu lesen, die libanesische Armee existiere vor allem auf dem Papier. Die Regierung könne sich nicht auf die Soldaten verlassen, die von den Milizen zur Truppe gestoßen seien: Ihre Bindung an die religiöse Volksgruppe sei immer stärker als an den Repräsentanten der Staatsmacht, an Präsident Amin Gemayel. Der Kongreßbericht schloß mit der Warnung, die im Auftrag Gemayels entstehende Armee werde von der Bevölkerung nicht als gemeinsame Schutzmacht aller Libanesen betrachtet. Die maronitische Führungsschicht um den Gemayelclan sehe in der Armee das Instrument zur Bewahrung ihrer Macht. Die Moslems und Drusen aber fürchteten, die Armee werde zu ihrer Unterdrückung dienen.

Von dieser Furcht waren besonders schiitische Politiker befallen. Doch die Organisation Amal fand ein Mittel, um sich abzusichern gegen Übergriffe dieser Armee: Sie ermutigte junge Schiiten, sich in den Rekrutierungsbüros zu melden. So geschah es, daß schließlich 60 Prozent der Soldaten in der libanesischen Armee Schiiten waren. Von diesen Soldaten durfte Amal annehmen, daß sie nicht auf Befehl christlicher Offiziere gegen Glaubensbrüder schießen würden.

Was von Oberst Fintel und General Tannous als positives Zeichen der Entwicklung einer libanesischen Volksstreitmacht empfunden worden war – der Entschluß islamischer und drusischer Religionsgruppen, ihren jungen Männern den Eintritt in die Armee zu gestatten –, erwies sich letztlich als Todeskeim dieser Armee.

Der Libanon soll wieder »rein« werden

Die Iranische Republik im Libanon

Ein Offizier mit Bürgerkriegserfahrung konnte die Symptome der kommenden Katastrophe rechtzeitig erkennen. Der Mann, dem Amin Gemayel die Truppenführung anvertraut hatte, gehörte zu denen, die Zeichen zu lesen wußten. Als die ersten Gerüchte über revolutionäre Veränderungen in der Stadt Baalbek nach Beirut drangen, zog der Oberbefehlshaber der Armee Konsequenzen: Um den Soldaten Konflikte zu ersparen, wies Ibrahim Tannous den Militärkommandeur der Bekaaregion an, für Posten und Patrouillen zwischen Zahle und Baalbek keine Schitten mehr einzusetzen. Es mußte damit gerechnet werden, daß die jungen Soldaten, die dieser Religionsgemeinschaft angehörten, einer Aufforderung schiitischer Milizen, die »Gemayelarmee« zu verlassen, Folge leisten würden. Überall um Baalbek hatten schiitische Milizionäre Stützpunkte und Straßenbarrieren errichtet. Die Stadt war durch bisher unbekannte Milizionäre zum »befreiten Gebiet« erklärt worden.

Gemäß der Anweisung des Oberbefehlshabers saßen nur christliche und sunnitische Soldaten auf dem Armeelastwagen, der sich an einem noch winterlichen Tag Anfang März 1983 der Stadt Baalbek näherte. Die Gruppe von zwanzig Soldaten hatte Befehl, den Bewohnern der abgelegenen Stadt zu zeigen, daß die libanesische Armee noch existierte, daß die Zentralgewalt des Staates die Kraft besaß, auch im nördlichen Bekaatal Respekt zu fordern. In Nichts sollte sich das Gerede vom »befreiten Gebiet« auflösen. Die Demonstration der Stärke der Regierung durfte nicht aufgeschoben werden, denn während der Tage zuvor waren durch Bewaffnete die Bilder des Präsidenten Amin Gemayel aus den Amtszimmern der Richter und Steuerbeamten in Baalbek entfernt worden. Diese Vorgänge im Gebäude der Regionalverwaltung konnte die Armeeführung nicht unbeachtet lassen, wenn sie und die Regierung des Präsidenten Gemayel nicht auch sonst im Land die Achtung verlieren wollten.

Schwierig war zu erfahren, was sich wirklich im nördlichen Bekaatal ereignete. Die Telefonverbindung zwischen Beirut und Baalbek war unterbrochen; schon lange funktionierte kein normaler Postverkehr mehr. Die Mitarbeiter von Amin Gemayel waren auf Erzählungen ihrer Agenten angewiesen, die über gefährliche Wege nach Beirut gelangten. Da hatten sie die Mitteilung bekommen, daß der Platz vor dem Verwaltungsgebäude in Baalbek jetzt nach Khomeini benannt worden war, daß hundertfach das Gesicht des Ayatollah von den Hauswänden starrte, daß die grün-weiß-rote Fahne der Islamischen Republik Iran über der Stadt wehte. Den Mitarbeitern war zugetragen worden, in Baalbek gelte libanesisches Gesetz nicht mehr; dort werde befolgt, was Khomeini in Teheran für das iranische Volk als bindende Lebensregel verordnet hatte.

Die spärlichen Informationen hatten den Kommandanten von Zahle zu dem irrigen Schluß verleitet, Baalbek sei noch nicht ganz für die Zentralgewalt des Staates verloren. Er war der Meinung, die zwanzig Soldaten würden ausreichen, um die aufmüpfigen Geister von Baalbek zu zähmen. Doch der Lastwagen, der den Stoßtrupp transportierte, kam nicht einmal in die Nähe der Stadt. Er wurde aus dem Hinterhalt beschossen. Fünf Soldaten, unter ihnen der führende Offizier, starben noch am Ort des Überfalls; zwölf konnten verwundet in das Krankenhaus von Zahle gebracht werden. So endete der letzte Versuch, die Autorität des libanesischen Präsidenten über Baalbek wiederherzustellen. In der Statistik der libanesischen Staatsverwaltung in Beirut wurde Baalbek weiterhin als sunnitische Stadt geführt. Doch diejenigen, die jetzt mächtig waren in der Stadt, hatten ihr Hauptquartier in der Moschee Ras al-Ain aufgeschlagen. »Zentrale der Märtyrer« stand in großen Buchstaben auf dem Schild neben der Eingangstür, die von bärtigen Bewaffneten bewacht wurde. Keiner der Männer, die in die Moschee eintraten, hatten ein rasiertes Gesicht. Viele von ihnen trugen die grünen Uniformen der iranischen »Pasdaran«, der »Revolutionswächter«. Sie sprachen kaum Umgangsarabisch; nur arabische Korantexte waren ihnen vertraut. Sie gehörten zu den Einheiten, die aus dem Iran gekommen waren, um der PLO gegen die israelische Invasion des Sommers 1982 zu helfen. Sie waren die Keimzelle gewesen, die zur völligen Veränderung der Stadt Baalbek geführt hatte.

Die 800 Pasdaran hatten bald Verbündete bekommen. Der noch junge libanesische Lehrer Hussein Mussawi war in Streit geraten mit Nabih Berri, dem Chef der schiitischen Organisation Amal. Für Mussawi war Berri nicht radikal genug gewesen. Mussawi hatte Berri vorgeworfen, er lasse sich zu wenig von Khomeinis Geist leiten; er denke zu sehr in den politischen Kategorien des Libanon und vernachlässige die Idee der überregionalen schiitischen Revolution. In der Tat hatte Nabih Berri vor allem daran gedacht, den Lebensstandard seiner Glaubensgemeinschaft in den südlichen Vororten Beiruts zu verbessern – der Beitritt des Libanon zu Khomeinis Islamischer Republik hatte hinter dem Kampf der Schiiten um Wohnungen und Brot zurückzustehen.

Für Hussein Mussawi bedeutete dieser Standpunkt Verrat an der Revolution, die Khomeini im Namen Allahs führte. Er verurteilte auch, daß der Amalchef nicht entschlossen genug den Kampf gegen die amerikanischen Marineinfanteristen führte, die – im Rahmen der Internationalen Friedenstruppe – Quartier und Position am Flughafen Beirut und damit in unmittelbarer Nähe der schiitischen Stadtviertel bezogen hatten.

Da es ihm nicht gelang, Nabih Berri in Beirut zu entmachten, verließ Mussawi die Kampforganisation Amal. Baalbek wurde seine Stadt – so wie Qum die Stadt Khomeinis geworden war. In Baalbek baute Mussawi die Organisation »al-Amal al-Islamie« auf – »Die Islamische Hoffnung«. Die Entfernung zwischen Baalbek und Beirut beträgt keine 80 Kilometer Luftlinie; doch diese 80 Kilometer schienen stärker zu trennen als die 1500 Kilometer nach Teheran. Unter Mussawis Führung nahm die Stadt in der libanesischen Bekaa das Aussehen iranischer Provinzgemeinden der Khomeinizeit an.

Straßencafés, in denen sich zuvor junge Libanesen und Palästinenser aus nahegelegenen PLO-Basen mit ihren Freundinnen getroffen hatten, wurden geschlossen. Restaurants, deren Besitzer es wagten, alkoholische Getränke auszuschenken, brannten über Nacht aus. Öffentliche Gebäude wurden nach dem Namen des iranischen Revolutionsführers benannt: Das Krankenhaus trug weithin sichtbar die Aufschrift »Imam Ruhollah Khomeini Hospital«; ein sandiges Viereck am Stadtrand hieß fortan »Khomeini-Sportplatz«. Verbannt wurden Symbole, die an westliche Lebensformen erinnerten. Werbeposter, die Frauen zeigten, wurden überklebt. Ging ein Paar, Frau und Mann, gemeinsam spazieren, liefen sie Gefahr, mit Steinen beworfen zu werden. Über jede Straße waren Spruchbänder gespannt, mit Aufschriften, die zum Kampf gegen Amerika, gegen die Israelis – und vor allem gegen Amin Gemayel aufriefen. Dem Präsidenten des Libanon wurde der Tod angedroht.

Den Zorn der Mussawikämpfer gegen Amin Gemayel hatten zuerst fünfzig Polizisten zu spüren bekommen, die in der Scheich-Abdallah-Kaserne von Baalbek stationiert waren. Weil sie sich geweigert hatten, Gemayelbilder und libanesische Zedernfahnen zur Verbrennung abzuliefern, waren die Fünfzig von etwa 500 Bewaffneten überfallen worden. Mit lauten Schreien »Allahu akbar« – Gott ist über allem – waren die schiitischen Milizionäre der Organisation al-Amal al-Islamie auf die

Kaserne zugestürmt, hatten Wachen überrumpelt, das Tor aufgebrochen und den Hauptbau mit Maschinenpistolen unter Feuer genommen. Vor so viel Entschlossenheit hatten die Polizisten, die zumeist Sunniten waren, rasch den Widerstand eingestellt. Hussein Mussawi hatte nach Verhandlungen den Sicherheitskräften gestattet, unter Zurücklassung der Waffen aus Baalbek nach Süden abzuziehen. Gemayelbilder und Fahnen – in der Kaserne befanden sich nur wenige dieser Symbole der Staatsmacht – waren bald im ärmlichen Feuer verzehrt.

Die Scheich-Abdallah-Kaserne wurde Unterkunft und Waffenlager des entschlossenen Kerns von al-Amal al-Islamie. Hier lebten und trainierten diejenigen, die bereit waren, für die schiitische Überzeugung den Märtyrertod zu sterben. Niemand, der nicht zur Elite des Kampfverbandes von Hussein Mussawi gehörte, durfte das Gelände der Kaserne betreten. So blieb verborgen, was die Todesbereiten vorhatten.

Der erste Schlag erfolgte am 18. April 1983. Was er erlebte, erzählt Robert S. Dillon, der damalige Botschafter der Vereinigten Staaten in Beirut, so: »In einer Hand hielt ich den Telefonhörer, in der anderen Hand ein T-Shirt, das ich überstreifen wollte, als ich plötzlich die Wände meines Büros in einer braunen Staubwolke zusammenstürzen sah. Was dann geschah, weiß ich nicht. Ich erinnere mich auch nicht an den Knall einer Explosion.«

Der Botschafter hatte sich gerade darauf vorbereiten wollen, auf einem kurzen, bewachten Abschnitt der Straße am Meer vor seiner Botschaft zu joggen. Eigentlich war er mit Philip Habib und Morris Draper verabredet gewesen, doch der Nahostbeauftragte und dessen Stellvertreter hatten ihm soeben mitteilen lassen, daß sie noch mindestens für eine Stunde im Baabdapalast bei Präsident Amin Gemayel festgehalten seien zu einer weiteren Besprechung über die amerikanische Ausbildungshilfe für die libanesische Armee. Habib, Draper, Dillon und Robert Clayton Ames, Chef des CIA-Büros für Analysen der Gebiete Nahost und Südasien, hatten im Botschaftsgebäude über Stabilität und Verläßlichkeit des Gemayelregimes reden wollen, um zu entscheiden, ob sie Ronald Reagan die Entsendung weiterer Mitarbeiter für Oberst Fintel empfehlen sollten.

Hätten sie sich im Sitzungszimmer im Mitteltrakt des Botschaftsgebäudes befunden, wäre keiner der vier am Leben geblieben. So starb in den Trümmern allein der CIA-Mann Ames, der im Augenblick der Explosion damit beschäftigt war, seine Analyseunterlagen wieder vom Sitzungstisch zu räumen. Botschafter Dillon, dessen Bürowände zusammengestürzt waren, hatte – durch Glück – zwar einen Schock, sonst jedoch nur leichtere Verletzungen erlitten.

Als weitaufgebogenes, kurzschenkliges Hufeisen war das Botschaftsgebäude angelegt, zum Meer hin offen. Die Detonation hatte vom Mitteltrakt wenig mehr als die Hinterwand stehengelassen. Weggerissen war die Fassade; zusammengestürzt waren Decken und Wände der sieben Stockwerke. Spuren an der Wand des nahezu intakten linken Bauteils ließen erkennen, daß die Wucht der Explosion aus dem Innern des Gebäudes gewirkt haben mußte: Trümmerstücke hatten tiefe Krater geschürft, die vom Hauszentrum nach außen verliefen. Sie waren der einzige Hinweis auf den Ablauf des Geschehens. Zeugenaussagen waren kaum verwertbar; zu unerwartet und zu rasch war die Katastrophe hereingebrochen. Einer der wenigen Überlebenden, die sich vor dem Gebäude befunden hatten, sagte aus, er habe einen Lastwagen mit hoher Geschwindigkeit durch das Tor fahren sehen; angehalten habe das Fahrzeug nicht. Aus Details, die der Zeuge noch angeben konnte, war zu schließen, daß der Lastwagen mit großer Wahrscheinlichkeit ursprünglich zum Fahrzeugpark der Botschaft gehörte. Ein Wagen der identifizierten Art war neun Monate vor dem Anschlag gestohlen worden.

Zwischen der Einfahrt des Lastwagens in den Vorhof der Botschaft und der Explosion waren nur wenige Sekunden vergangen. Der Fahrer muß den mit Sprengstoff beladenen Wagen mit Schwung durch die Vorderfront der Cafeteria im Erdgeschoß der Botschaft gefahren und dann sofort den Zünder betätigt haben. Die Ladung befand sich also im Augenblick der Detonation innerhalb des Gebäudes. Um diesen raschen Ablauf zu ermöglichen, hatte sich der Attentäter selbst im Fahrzeug opfern müssen.

Die Druckwelle hatte Eingangstor und Postenhaus zerstört. Die Wachen waren tot. Nicht gefunden wurde die Anwesenheitsliste, die von ihnen geführt wurde. So wußten die für die Bergung der Opfer Verantwortlichen zunächst nicht, wie viele Tote und Verwundete sie suchen mußten. Im Verlauf der nächsten Tage wurden 67 Tote geborgen. 17 dieser Toten waren Amerikaner; 50 waren libanesische Botschaftsangestellte – Fahrer, Bedienungspersonal der Cafeteria, Dolmetscher und Schreibkräfte.

Zwei Wochen nach dem Tag der Explosion besuchte der amerikanische Außenminister George Shultz die Ruine der amerikanischen Botschaft von Beirut. Als er die verwüstete Stätte besichtigt hatte, meinte er: »Schrecklich zu sehen, zu welchen Taten die Feinde des Friedens fähig sind!« Zu diesem Zeitpunkt hatte sich bereits al-Amal al-Islamie verantwortlich erklärt für den Anschlag. In Baalbek hatten Männer aus dem Kreis um Hussein Mussawi berichtet: »Zwei unserer Märtyrer haben den Angriff gegen die amerikanische Botschaft ausgeführt. Von Baalbek waren sie abgefahren, mit Bändern um die Stirn zum Zeichen ihrer Bereitschaft, Märtyrer zu werden. Sie haben im Kampf gegen die Amerikaner ihre Leben verloren. Die Märtyrer haben ihre Aufgabe erfüllt. Unter den Toten befinden sich vier höhere Beamte des Geheimdienstes CIA!«

Geistlicher Ratgeber der Mussawi-Organisation war zu jenem Zeitpunkt Scheich Ibrahim al-Amin. Er hielt Verbindung zur Geistlichkeit in der iranischen Stadt Qum. Vom Ayatollah Khomeini selbst, so sagte er, bekam er seine Instruktionen. Sie waren für al-Amal al-Islamie verbindlich. Hussein Mussawi war stolz auf die Abhängigkeit von diesem Geistlichen: »Er verbindet uns mit Khomeini, und damit halten wir Kontakt zu Allah. Wir unternehmen keine einzige Aktion, ohne daß sie nicht zuvor von Scheich Ibrahim al-Amin gebilligt worden ist. Die Sprengung der amerikanischen Botschaft in Beirut hatte die ausdrückliche Zustimmung des Geistlichen erhalten.«

Scheich Ibrahim al-Amin begründete seinen Standpunkt: »Wir wollen erreichen, daß die libanesische Gesellschaft wieder gesund an Geist und Seele wird. Solange Amerikaner in Beirut die Politik zu bestimmen versuchen, halten wir die libanesische Gesellschaft für unrein. Die Amerikaner stehen in engster Verbindung zu den Israelis. Sind die CIA-Angehörigen und ihre militärischen Helfer, die Marines, fort, dann erst werden die Libanesen wieder rein und seelisch gesund.«

Den Krieg gegen die Amerikaner, meinte Scheich Ibrahim al-Amin, habe Khomeini erklärt, und jeder aufrechte Moslem habe ihm zu folgen. Die Kriegserklärung sei nicht nur für die Schiiten verbindlich – sie gelte auch für Sunniten. Das höchste Lehrinstitut der islamischen Welt habe dazu die Grundlage geschaffen, obgleich seine Theologen Sunniten seien: Von der al-Azhar-Universität sei im Jahr 1949 durch ein Edikt entschieden worden, daß der schiitische Glaube eine rechtmäßige Ausprägung des Islam sei. Scheich Ibrahim al-Amin zog aus dem Erlaß des Edikts die Konsequenz, daß damit auch die Grundsätze der schiitischen Geistlichkeit als gültige Lehre anerkannt seien. Diese Konsequenz aber habe wiederum die Gültigkeit des Aufrufs zum Krieg gegen die Vereinigten Staaten von Amerika zur Folge. Kein Sunnit dürfte den Aufruf unbeachtet lassen – und selbstverständlich stehe die zu schaffende Islamische Republik Libanon auch den Sunniten offen. Heute schon könnten sie Mitglieder werden der Märtyrerorganisation von Baalbek.

Hussein Mussawi – der sich stolz darauf beruft, Schüler des seit 1977 verschollenen Imams Musa Sadr und damit indirekt auch Khomeinis zu sein – sah im Frühherbst 1983 seine Aufgabe so: »Meine Organisation formt aus Individuen echte Moslems. Gemeinsam werden die Moslems die islamische Gesellschaft bilden, die frei ist von unreinen westlichen

Einflüssen. Die islamische Gesellschaft des Libanon wird sich dann harmonisch einfügen in die Gesamtheit der islamischen Welt. Bisher waren die Moslems des Libanon daran gehindert worden, gültiger Teil des Islam zu sein. Wir befreien die Moslems des Libanon, damit sie mitwirken können bei der Befreiung von Palästina und von Jerusalem.« Grundlage des politischen Kampfes sei das Bekenntnis zur Islamischen Revolution des Iran und zu ihrem Führer Ayatollah Khomeini.

In der Ras-al-Ain-Moschee von Baalbek forderte Scheich Ibrahim al-Amin die künftigen Märtyrer auf, dankbar zu sein, daß Allah durch Khomeini die Schaffung der Islamischen Republik möglich gemacht habe: »Der Triumph der Islamischen Republik hat dem Islam ein Zentrum gegeben, auf das sich die Moslems zuordnen können. Iran ist das Aktionszentrum für alle, die dem Islam Glanz verschaffen wollen. Die Islamische Revolution hat dem Kampf der Moslems einen klar definierten Standort gegeben.« Er sei verbindlich auch im Libanon.

Die USA, so meinte Scheich Ibrahim al-Amin, brauchten sich nicht zu wundern, daß sie Opfer eines Sprengstoffanschlags geworden seien. Der Anschlag sei nichts anderes als die unvermeidbare Folge der amerikanischen Politik. Amerika fordere die Moslems zu Anschlägen heraus. Die Islamische Revolution des Iran habe den Maßstab geschaffen für derartige Anschläge. Das Beispiel iranischer Helden werde auch Libanesen in Zukunft noch stärker anspornen.

Auf die sunnitische Bevölkerung Baalbeks wirkten die jungen Schiiten aus Iran sympathisch. Häufig war die Meinung zu hören, die »Revolutionswächter« seien diszipliniert und anständig; nie hätten sie Vergehen, wie Diebstahl oder Vergewaltigung, begangen; ihre Quartiere würden nicht vor Unrat stinken, wie die libanesischer Milizionäre. Jeder Diebstahl, jeder Mord wurde von den Sunniten in der Stadt den libanesischen Mussawikämpfern zur Last gelegt. Die Bewohner stellten mit Bedauern fest, daß sich die Zahl der iranischen »Revolutionswächter« im Verlauf des Jahres 1983 verringerte. Viele reisten über Damaskus nach Teheran zurück, um an der iranisch-irakischen Front für die Islamische Revolution zu kämpfen. Dort wurden sie dringend gebraucht, denn die Schlachten entwickelten sich nicht nach dem Willen der Geistlichkeit. Die Ayatollahs zwang der Kriegsverlauf, die Ausbreitung der Revolution im Libanon zugunsten der Anstrengungen um den Durchbruch am Schatt al-Arab zurückzustellen.

400 000 Tote und Verwundete bekümmern Khomeini nicht

Die Zahl von 400 000 iranischen Opfern des Krieges am Persischen Golf war im letzten Drittel des Jahres 1983 erreicht worden. Die Sommeroffensive 1982 bei Basra allein hatte den Iran 50 000 Menschenleben gekostet – diese Verlustangabe wurde jedoch erst neun Monate später bekannt. In Kreisen der ausgebildeten Militärs hatte sie einen Schock ausgelöst. Kein Generalstabsoffizier konnte sich daran gewöhnen, in der statistischen Auswertung seiner Operationen derartig hohe Verlustzahlen hinzunehmen. Während der Ausbildung auf der Militärakademie war den Offizieren beigebracht worden, Menschenleben zu schonen. Die Geistlichen legten ihnen nun nahe, darauf wenig Rücksicht zu nehmen, da die Toten ja keine verlorenen Opfer darstellten, sondern Märtyrer, an denen Allah Gefallen finde.

Hojatulislam Haschemi Rafsanjani, der Parlamentspräsident, trieb im Namen Khomeinis die reguläre Armee und die Revolutionswächter an, immer neue Offensiven zu versuchen. Ausgangsbasis war, 100 Kilometer nördlich von Basra, das trockene Land westlich der Garnisonsstadt al-Amareh. Doch sobald die Offensivverbände in die Tigrissümpfe gerieten, blieb ihr Angriff stecken. Gefährlicher für die irakischen Verteidiger war ein Vorstoß aus den Ausläufern des Zagrosgebirges in Richtung Mandali. Diese irakische Grenzstadt befindet sich von Baghdad nur etwas mehr als 100 Kilometer entfernt. Ein im Sturm der Begeisterung vorgetragener Angriff, dessen Gewalt nicht von Sorge um Menschenleben diktiert war, konnte die Frontlinie vor der irakischen Hauptstadt zum Einsturz bringen. Als Rafsanjani von Oberst Sayyid Schirazi, dem überaus frommen Kommandeur aller iranischen Bodentruppen, darauf hingewiesen wurde, daß dieser Angriff von Mandali aus nach Westen 100 000 Menschenleben kosten könnte, wurde er zurechtgewiesen: »Dieser Preis ist nicht zu hoch, wenn dafür die Sache Allahs einen Sieg erringt!« Diesem Standpunkt hatte Oberst Schirazi kein militärisches Argument entgegenzusetzen. Den Geistlichen ergeben, entwickelte er das Angriffskonzept der »Menschenwellen«. Es war zuvor schon praktiziert worden, wurde aber nun als die der Revolution gemäße Methode der Kriegführung bezeichnet. In regelmäßigem Abstand hatte Welle auf Welle zu folgen, bis die Verteidiger keine Munition und keine Kraft mehr besaßen, sich zu wehren. Vom Wert der eigenen Theorie überzeugt, hinderte den Obersten nichts mehr, die Mandali-Offensive zu befehlen.

300 000 begeisterte, aber meist schlecht bewaffnete Kämpfer brachen aus den Gräben ostwärts der Grenze auf. Ihr Schrei »Allahu akbar« sollte die Moral der irakischen Soldaten erschüttern, sollte sie daran

hindern, auf die Kämpfer des Islam zu schießen. Doch die Verteidiger sahen in den Angreifern keine überaus gläubigen Moslems, sondern Perser, die nach Arabien einbrachen. Die Front der Verteidiger, die nur mit 50 000 Mann besetzt war, hielt stand. Nach fünf Stunden erlahmte der Angriffsschwung. Als die zwölfte Welle der Angreifer gebrochen war, flutete sie ungeordnet zurück. Vor allem der Artillerie hatte der irakische Präsident Saddam Hussein den Abwehrerfolg zu verdanken. Granaten mit hoher Splitterwirkung waren mitten in den angreifenden Menschenwellen detoniert. Wieder lagen Zehntausende toter Iraner im Angriffsgebiet. Die meisten waren unter achtzehn Jahre alt.

Nach dem Zusammenbruch des Angriffs sahen die Mullahs der Revolutionsführung zum erstenmal seit dem Sieg gegen den Schah einen der mächtigen Geistlichen fassungslos. Hojatulislam Haschemi Rafsanjani stammelte: »Was passiert ist, können wir der Nation nicht eingestehen. Wir hatten die feindlichen Linien doch schon durchbrochen. Doch dann zogen sich die Kämpfer des Islam wieder zurück auf Linien, die sie für geeigneter halten zur Verteidigung. Sie sollen nicht verteidigen! Sie hatten die Offensive noch gar nicht richtig angefangen, und schon ist sie zu Ende!« Rafsanjani mußte feststellen, daß die Bereitschaft der Kämpfer, den Märtyrertod zu erleiden, nachgelassen hatte. Er begann, über die Ursachen nachzudenken.

Die Geistlichen zogen Konsequenzen aus dem Scheitern des Angriffs. Sie waren durchaus bereit, aus Fehlern zu lernen, auch wenn sie, dank ihrer Unantastbarkeit, nicht mit Vorwürfen zu rechnen hatten. Im Herbst 1983 gruppierten sie den Oberbefehl um. Der Praktiker der unkonventionellen Massenoffensive, der fromme, aber glücklose Oberst Sayyid Schirazi, mußte das Oberkommando über die Gesamtheit der Streitkräfte abgeben. Nachfolger wurde der Generalstabsoffizier Ghassem Ali Zahirnejad, der sofort einen Stab von Experten aufstellte, der den Krieg wieder in traditionellen Formen führen sollte. General Zahirnejad hatte Rafsanjani deutlich machen können, daß Baghdad nicht durch unausgebildete Jugendliche erobert werden konnte, sondern nur durch Männer, die moderne Waffen zu handhaben wußten.

Oberst Sayyid Schirazi aber wurde Abschnittskommandeur an der Grenze im Kurdistangebirge. Die Gegend dort war bisher vom Krieg verschont geblieben. Kaum dort angekommen, glaubte der ehrgeizige Oberst, er müsse jetzt beweisen, daß seine Theorie der revolutionären Kriegführung in der Auseinandersetzung mit dem Irak mehr Erfolg verspreche als die traditionelle Methode der gelernten Generalstäbler, die ständig behaupteten, eine Offensive dürfe erst dann begonnen werden, wenn die Logistik stimme, wenn Munitionsnachschub, Funkverbindung und Verpflegung organisatorisch abgesichert seien. Schirazi stellte eine Sturmtruppe auf, die im wesentlichen aus kaum ausgebildeten »Revolutionswächtern«, also aus religiös motivierten Jugendlichen, bestand. Nur die Kader dieser Sturmtruppe sollten aus Soldaten regulärer Armeeverbände gebildet werden.

Eingegliedert wurden auch Bewaffnete der Kurdischen Demokratischen Partei, die einst der Kurdenheld Mullah Mustapha Barzani geführt hatte. Seinen Kampf für den unabhängigen Staat Kurdistan und gegen das Regime in Baghdad führten nun zwei Barzanisöhne weiter. Ohne von Khomeini autorisiert zu sein, machte Oberst Schirazi die beiden Kurdenchefs zu Verbündeten. Sie hatten auf eine derartige Chance gewartet. Daß er damit den nationalistischen Ehrgeiz des autonomiesüchtigen Kurdenvolks anstachelte, kümmerte Oberst Schirazi nicht, obgleich er wohl wußte, daß Khomeini Kampf gegen diejenigen im Kurdenvolk befohlen hatte, die innerhalb der iranischen Grenzen Unabhängigkeit für das kurdische Bergland forderten. Ging er ein Bündnis mit den freiheitsdurstigen Kurden ein, konnte dies nicht ohne Auswirkung auf die politischen Vorstellungen und Hoffnungen der iranischen Kurdenführung bleiben. Diese Verwicklung zu lösen sah er nicht als seine Aufgabe, sondern als die der Imame im Stabe Khomeinis an. Er wollte unter Nutzung nationalistischer kurdischer Ambitionen eine Offensive führen, die ins Herz irakischer Ölfördergebiete um Kirkuk zielen sollte. Die Absicht war, das Regime des Saddam Hussein durch Lähmung der Ölproduktion in seinem Ansehen und in seiner wirtschaftlichen Leistungsfähigkeit zu treffen.

Der Ablauf der Offensive während der ersten Stunden schien dem Obersten Erfolg zu bringen. Im Norden der Grenze zu Iran hatte das irakische Oberkommando keinen Angriff erwartet. So konnten die Offensivverbände einen Durchbruch der Grenzbefestigungen erzielen. Sie stürmten 20 Kilometer weit auf irakisches Territorium vor. Dabei gelang ihnen die Überrumpelung der kleinen Garnison Haj Omran, der die irakische Heeresführung die Sperrung der Gebirgsstraße Rawanduz–Irbil–Kirkuk als Aufgabe zugewiesen hatte.

Die Auslöschung der irakischen Garnison von Haj Omran, so glaubte Oberst Schirazi, werde den Aufstand der Barzanianhänger im Bergland bei Rawanduz auslösen. Doch diese Wirkung trat nicht ein. Die auf der Straße durch enge Täler nach Westen vorrückenden Truppen erhielten nirgends Unterstützung. Sie hatten gegen heftig sich wehrende irakische Verbände anzukämpfen, die den Vorteil zu nützen verstanden, von sicheren Positionen in den Bergen oberhalb der Straße aus auf die Iraner feuern zu können. Allein kurdische Kämpfer hätten eine Chance gehabt, die Verteidiger zu vertreiben. Doch alle Aufrufe der Barzanisöhne, das Volk der Kurden möge sich auf die Seite der Iraner stellen, blieben erfolglos. So war Oberst Schirazi schon am zweiten Tag gezwungen, die Offensive abzubrechen. Die siegreichen irakischen Soldaten mußten über 10000 iranische Tote bestatten.

Während des gesamten Jahres 1983 blieben die Geländegewinne der iranischen Offensivtruppen gering. Nirgends war es jedoch der irakischen Armee gelungen, die Eindringlinge völlig zurückzutreiben. Diese Situation des kräftezehrenden Gleichgewichts veranlaßte die Regierung in Baghdad zu einer Analyse der Situation des Gegners.

Keine Hoffnung auf Veränderung in Iran

Mißerfolge und Rückschläge an den Fronten hatten nicht zu einem Abflauen des religiösen Schwungs der iranischen Bevölkerung geführt. Das Wort der Geistlichen galt mehr als je zuvor. Daß Hunderttausende Opfer gebracht hatten für den Krieg, führte keineswegs zu Spannungen zwischen Volk und Geistlichkeit. An jedem Freitag fanden sich 800000 Bewohner Teherans auf den Plätzen rings um die Moschee der Universität ein. Die meisten waren Jugendliche unter zwanzig Jahren. Die riesige Menschenmenge betete und hörte sich die Parolen der Mullahs an, die zur Fortsetzung des Krieges gegen die »Teufel« der herrschenden Schicht von Baghdad aufriefen. Zwar hatte die Zahl derer abgenommen, die sich freiwillig zum Frontdienst meldeten, doch weiterhin nahm die Stärke der Organisation der »Revolutionswächter« zu: Sie umfaßte nun etwa 300000 Bewaffnete; durchweg junge Männer, besser gesagt Jugendliche. Diese Streitmacht zeichnete sich dadurch aus, daß ihre Einheiten innerhalb ganz kurzer Zeit zu mobilisieren waren. Die Jugendlichen hatten keine Berufe; sie standen ihrer Miliz immer zur Verfügung. Die Organisation bezahlte ihren Lebensunterhalt, gab ihnen Quartier – und stärkte ihre Überzeugung, ihr Leben habe durch die Geistlichen Sinn bekommen. Dank ihrer Begeisterung wurde die Organisation zur wichtigsten politischen und militärischen Kraft im Iran. Unabhängig von der regulären Armee rüsteten die »Revolutionswächter« auf. Die Organisation verfügte über Panzer und über Kriegsschiffe.

Wille und Einfluß der Führung dieser revolutionären Kampforganisation hatten dazu geführt, daß das Kommando der iranischen Marine in die Hände des Khomeinianhängers Kapitän Bahram Afzali übergegangen war. Als jedoch der Flottenverband, dem der Schutz der Ölinsel Kharg im Persischen Golf anvertraut war, zunehmend durch organisatorische Mängel behindert wurde, mußte Bahram Afzali die Befehlsge-

435

walt an Kapitän Esfandiar Haj Hosseini übergeben, der von Kriegführung zur See einiges verstand. Die bestimmenden Geistlichen hatten erkannt, daß die Aufrechterhaltung von Ölförderung und Ölausfuhr für den Fortbestand des Regimes von größter Bedeutung war.

Ayatollah Khomeini hatte zwar proklamiert, die Grundlage der iranischen Wirtschaft dürfe nicht allein das Öl sein, Industrie und Landwirtschaft müßten einen höheren Anteil am Sozialprodukt erarbeiten, doch war das Ungleichgewicht der Wirtschaftsstruktur dennoch nicht verändert worden: Die wirtschaftliche Kraft Irans blieb vom Ölexport abhängig.

Trotz aller Parolen hatte die Geistlichkeit keinerlei Änderung des Wirtschaftssystems durchgesetzt. Das Rationierungsverfahren für wichtige Lebensmittel, gedacht als Basis der Kriegswirtschaft, erwies sich im Verlauf des Jahres 1983 als unwirksam, da es den Händlern gelang – ohne Mitwirkung der Ämter für Erfassung und Verteilung –, Waren durch ihre eigenen Bezugsquellen zu beschaffen. Die Bazars, die Märkte der Städte und Dörfer, boten Lebensmittel, Kleidung, technische Geräte für Haushalt und Handwerk im Überfluß an. Allerdings waren die Preise für die Grundnahrungsmittel Reis und Zucker, die von den Bazarhändlern gefordert wurden, wesentlich höher als die der staatlichen Abgabestellen.

Über die Prinzipien der Wirtschaftspolitik in Kriegszeiten brach ein Streit aus zwischen Politikern, die bisher unter dem Schirm der Persönlichkeit Khomeinis einig gewesen waren. Verlierer waren Mitglieder der Organisation »Hojatiyeh«, der religiös orientierte Intellektuelle mit starker Bindung an Geistliche, die den Sinn für politische Realität bewahrt hatten, angehörten. Die Organisation war in der Mitte der fünfziger Jahre gegründet worden, als Zusammenschluß von Gegnern der damals mächtigen Baha'i-Sekte, deren Mitglieder vom Schahclan begünstigt worden waren. Die Bekämpfung der Baha'i-Sekte war den Zugehörigen der Organisation Hojatiyeh, die auf Geheimhaltung ihrer Mitgliedschaft bedacht waren, inzwischen nicht mehr wichtig, da die Gläubigen der Baha'i-Sekte auf Khomeinis Anordnung aus allen einflußreichen Ämtern entfernt worden waren. Die Männer, die Hojatiyeh als ihre geistige Heimat ansahen, erkannten jetzt ihre Aufgabe darin, engen Zusammenhalt zu wahren mit den Bazarhändlern und ihnen Schutz zu gewähren für freie Entfaltung der Geschäfte. Wer zu Hojatiyeh gehörte, der mußte sich zu den Grundsätzen der uneingeschränkten Marktwirtschaft bekennen – damit befand er sich jedoch im Gegensatz zur Mehrheit der Mullahs, die auf Reglementierung bestand. Überall im Iran hatten sich Gremien der schiitischen Geistlichkeit gebildet, die sich vorgenommen hatten, revolutionäre Normen für die Lebensform der Bevölkerung zu finden. Grundsatz der iranischen Gesellschaft sollte künftig sein: »Das Paradies ist nicht von dieser Welt!« Von den 80000 Mullahs im Iran gehörten die meisten den Gremien an, die das Leben in restriktive, asketische Normen pressen wollten.

Der politischen Stärke dieser Übermacht war die Organisation Hojatiyeh nicht immer gewachsen. Es gelang ihr nicht, das Mitglied Habibollah Asgharowladi in seiner Position als Handelsminister zu halten, weil er bei der Mehrheit der Geistlichen als »Freund der Bazarhändler« verschrien war. Kaum hatte Asgharowladi sein Amt verlassen, nahm ihn Khomeini in sein eigenes Büro auf. Der Ayatollah sagte: »Dies ist jetzt nicht die Zeit für interne Kämpfe. Wir müssen in den Jahren des Krieges die nationale Einheit bewahren.«

Auseinandersetzungen im Lager der religiös orientierten Kräfte hatten im Sommer 1983 bereits zu gefährlichen Situationen geführt: In Isfahan hatte das Kriegsrecht verhängt werden müssen, weil zwei verfeindete Ayatollahs ihre Anhänger bewaffnet hatten; erste Kämpfe zwischen den so entstandenen Milizen waren ausgebrochen. Selbst in der Heiligen Stadt Qum verbargen einflußreiche Geistliche nicht, daß sie sich selbst mehr an der Ausübung der Macht beteiligen wollten. Einige Ayatollahs stellten offen die Frage, was denn geschehe, wenn Ruhollah Khomeini nicht mehr lebe. Darauf gab der Revolutionsführer keine Antwort.

Die interne Opposition der Geistlichen konnte ihm gleichgültig sein, solange er Befehlsgewalt besaß über die »Revolutionswächter«. Mit ihrer Streitmacht im Rücken konnte Khomeini ein Zurückstellen der Diskussion um politische Richtung und Nachfolge verlangen, bis zwei Ziele erreicht waren: die Niederwerfung des irakischen Regimes – und die Auslöschung des gegen die Geistlichen gerichteten Widerstands der Volksmujahedin, deren Führung sich geschworen hatte, der Mullahherrschaft ein Ende zu bereiten. Ali Zarkesch, der im Untergrund lebende Kommandeur der Volksmujahedin, sagte: »Zwischen Juni 1982 und Juni 1983 haben Kämpfer unserer Organisation 2800 Repräsentanten der Mullahherrschaft umgebracht.« Khomeini aber konnte zur gleichen Zeit erklären, von den Revolutionswächtern seien 25000 Terroristen – und damit meinte er Kämpfer der Volksmujahedin – getötet worden.

60000 solcher Kämpfer wurden in Gefängnissen festgehalten. Damit war die Kraft der Widerstandsorganisation zwar dezimiert – erschreckend hoch aber blieb für Khomeini die Zahl der am Widerstand Beteiligten. Um interne Spannungen abzubauen, mußten die Reibungsflächen vermindert werden: Bürgerliche und sozialistisch ausgerichtete

437

Kreise sollten nicht unnötig gereizt werden. Khomeini verlangte von den Geistlichen, sie sollten nicht in allen Sektoren des Lebens nach der Macht greifen. Er schärfte ihnen ein, nicht mit den Technokraten in den Ministerien Streit zu beginnen, da diese Schicht allein den organisatorischen Zusammenbruch des Iran verhindere. Der Ayatollah erwies sich in der Beurteilung der Möglichkeiten zur Staatsführung als außerordentlich weitsichtig. Er ließ den Technokraten freie Hand zur Gestaltung eines ehrgeizigen Fünfjahresplans, der ein jährliches Wirtschaftswachstum von sieben Prozent vorsah: Diese optimistische Voraussage war möglich geworden, weil sich der Ölmarkt stabilisiert hatte.

Während des ersten und des zweiten Kriegsjahres war iranisches Öl nur schwer zu verkaufen gewesen. Selbst Preisunterbietungen und Rabatte hatten nicht dazu geführt, daß die internationalen Energiekonzerne ihre Tanker in die gefährliche Zone am Schatt al-Arab schickten, um iranisches Öl abzuholen. Erst das Abflauen der Kampfhandlungen im südlichen Abschnitt der Front brachte eine Belebung des Tankerverkehrs zumindest um die Ölinsel Kharg, die der iranischen Küste vorgelagert ist. Die internationale Marktsituation veränderte sich zugunsten des Iran. Von der OPEC festgelegte Raten für Förderung und Verkauf hatten zur Beruhigung des Weltölmarkts geführt. Jedes an der OPEC beteiligte Land wußte künftig ungefähr, wieviel Öl und zu welchem Preis vom internationalen Ölmarkt aufgenommen wurde. Seit März 1983 konnte der Iran rund zwei Millionen Barrel pro Tag zu einem Barrelpreis von 28 Dollar absetzen. Die Differenz zum Weltmarktpreis von 29 Dollar war als Prämie gedacht für Konzerne, die jetzt für ihre Tanker das Wagnis eingingen, iranische Ölhäfen ansteuern zu lassen. Die Kunden begannen den Lieferanten Iran wieder zu schätzen.

Diese Wende war den Technokraten gelungen. Das iranische Ölgeschäft war frei geblieben vom Einfluß der Geistlichkeit. Khomeini selbst hatte begriffen, daß das Öl nicht mehr als Waffe im Kampf um die Vormacht des Islam eingesetzt werden konnte – daß es jetzt aber dazu dienen konnte, dem Islam die Waffen zu beschaffen, die er benötigte. Der Ayatollah Khomeini selbst hatte eingesehen, daß der Export seiner Islamischen Revolution nur gelingen konnte, wenn zunächst der Export des Öls funktionierte. Die Technokraten hatten festgelegt, daß die iranische Kriegswirtschaft aus dem Ölgeschäft eine jährliche Einnahme von 21 Milliarden Dollar benötigte. Innenminister Hojatulislam Nategh Noori konnte seinen Berechnungen entnehmen, daß maximal 18 Milliarden zu erwarten waren. Ein Ausgleich des Einnahmedefizits war im Jahr 1983 jedoch möglich, weil die Iranische Zentralbank auch im dritten Kriegsjahr noch über Reserven an Devisen und Edelmetallen im Wert von drei Milliarden Dollar verfügte.

Das strategische Ziel, das von der Islamischen Revolution beherrschte Gebiet bis zum Mittelmeer auszudehnen, hatten auch die Technokraten zu beachten. Für den politischen Vorteil durften finanzielle Opfer gebracht werden. Ein nützlicher Freund profitierte von dieser Direktive des Ayatollah Khomeini: Syrien, die Brücke zum Libanon, wurde in den Wirtschaftsplänen als Staat mit Vorzugsrechten behandelt. Jeden Tag erhielt die staatliche syrische Ölbehörde 10 000 Barrel Öl geliefert, für die sie an den Iran nichts zu bezahlen hatte. Vertraglich abgesichert waren auch die normalen Ölverkäufe aus iranischer Förderung an Syrien. Der Bezahlung waren keine Termine gesetzt; so brauchten die syrischen Wirtschaftsbehörden die jährlichen Rechnungen über 1,4 Milliarden Dollar erst dann zu begleichen, wenn sie über Einnahmen verfügten. Die Iranische Zentralbank gewährte damit dem syrischen Präsidenten Hafez Assad dringend benötigte Kredite.

Die Mitarbeiter Khomeinis hielten engen Kontakt zur syrischen Botschaft, die im Verlauf des Jahres 1983 zur bedeutendsten diplomatischen Vertretung in der iranischen Hauptstadt heranwuchs. Keine andere Botschaft in Damaskus war personell derart stark mit Diplomaten und Militärattachés besetzt wie die iranische. Auf vielfältigen Gebieten arbeiteten die iranische Regierung und die syrische Botschaft eng zusammen. Hojatulislam Nategh Noori stellte fest, daß in der Verfolgung strategischer Ziele unumschränkte Einheit zwischen Iran und Syrien bestehe. Diese Einheit werde gewahrt bleiben, auch wenn sie anderen Regierungen nicht passe.

Im September 1983 warnte Ayatollah Khomeini: »Wer dem Irak hilft, dem werden wir die Hände abschlagen. Wer gegen unsere Ölausfuhr irgend etwas unternimmt, der wird die Erfahrung machen, daß er bittere Rache zu spüren bekommt.« Diese Warnung wurde 24 Stunden nach der Ankündung des französischen Außenministers Claude Cheysson ausgesprochen, Frankreich werde der irakischen Luftwaffe fünf Kampfflugzeuge vom Typ Super Etendard zur Verfügung stellen. Der Zweck, den diese Flugzeuge erfüllen sollten, war eindeutig: Sie waren durch Flugleistung und Bewaffnung mit Exocet-Raketen in der Lage, effektive Angriffe gegen die Ölverladeeinrichtungen im Persischen Golf zu fliegen. Der iranische Staatspräsident Ali Khamenei drückte daraufhin seine Sorge vor dem Zusammenbruch der iranischen Ölwirtschaft in einer Drohung aus: »Wenn wir kein Öl mehr verkaufen können, wenn uns irakische Luftangriffe das Geschäft verderben, dann werden wir dafür sorgen, daß überhaupt kein Öl mehr den Persischen Golf verläßt. Wir besitzen den Schlüssel zum Persischen Golf. Die Straße von Hormuz ist ein Tor. Wenn es sein muß, werden unsere Streitkräfte dieses Tor schließen.«

Der größte Ölhafen der Welt

Zum Glück für die iranische Ölwirtschaft war noch vor Beginn des Krieges am Schatt al-Arab die Tankerbeladestation Abadan durch die weit umfangreichere Anlage auf der Insel Kharg abgelöst worden. Abadan war nur noch von kleineren Tankern angelaufen worden; für Supertanker war Kharg der geeignete Anlegeplatz. An Größe und Leistungsfähigkeit übertraf der Hafen Kharg alle vergleichbaren Anlagen auf der ganzen Welt.

Seit Anfang der Ölzeit im Iran war Abadan der wichtigste Hafen für den Export des flüssigen Energieträgers gewesen. Hier lief das Rohrnetz der Pipelines aus den südiranischen Förderfeldern zusammen, hier befand sich die Raffinerie mit der höchsten Kapazität aller Ölveredlungsbetriebe. Doch die Tanker, die Abadan anzusteuern hatten, mußten auf einer Strecke von 50 Kilometern die Wasserstraße Schatt al-Arab benutzen, deren Rechtsstatus immer umstritten war. Die Frage, ob Schatt al-Arab ganz oder nur zur Hälfte dem Irak gehörte, ob iranischen Schiffen freier und unkontrollierter Verkehr erlaubt sei, ist nie auf Dauer beantwortet worden; immer wieder war der latente Streit zum offenen Konflikt ausgeartet, der Kriegsgefahr zur Folge hatte. Iranische Wirtschaftsplaner waren auf der Suche nach einem Ausweg gewesen – und sie hatten ihn gefunden. Sie ließen die unbenutzte Insel Kharg zur Verladestation ausbauen. Unter ungeheurem finanziellem Aufwand wurden die Förderfelder nördlich und südlich der Stadt Ahwaz durch Pipelines mit Kharg verbunden.

Die Insel, ein winziger Punkt auf Landkarten, liegt 170 Kilometer von der Mündung des Schatt al-Arab und 40 Kilometer von der iranischen Küste entfernt im Persischen Golf. Geologisch gehört Kharg zur ölhaltigen Bodenstruktur im Becken westlich der iranischen Gebirge, die sich auf dem Grund des Persischen Golfs bis hinüber zur Küste Kuwaits und Saudi Arabiens fortsetzt. Die Lage ist von Vorteil: Die Insel befindet sich näher an den südiranischen Ölfeldern als die Stadt Abadan. Kharg liegt dazuhin am Nordende der Ölförderstätte »Darius«, die Öllager im Meeresboden ausbeutet.

So klein die Insel auch ist, war sie im Verlauf der Geschichte doch bedeutend gewesen für jede Macht, die Kontrolle ausüben wollte über die Seefahrt im Persischen Golf. Nearchos, der Admiral Alexanders des Großen, hatte Kriegsschiffe und eine Garnison auf Kharg stationiert; er hatte Tempel errichten lassen, deren Überreste noch vorhanden sind. Im 15. Jahrhundert unserer Zeitrechnung hatten Holländer auf dem winzigen Flecken festen Landes im feuchtheißen Klima einen Stützpunkt zur Versorgung ihrer Schiffe unterhalten, die in Richtung Indien und zurück segelten. Im Jahre 1766 eroberten Piraten, die vom persischen Ufer aus Beute jagten, die Insel. Den Händlern von Baghdad nahmen die Piraten viele Schiffe weg. Kharg wurde für Generationen zum Hort der Freibeuter, die wie die Räuberkapitäne an der Piratenküste Seekriege führten. Erst in unserem Jahrhundert konnte Iran Ordnung schaffen. Die Insel blieb menschenleer, bis sie den Verantwortlichen der iranischen Ölverladeanlagen auffiel.

Unbewohnt ist Kharg auch heute. Öltanks, Rohrleitungen, Maschinenhäuser und Wachtürme bedecken seine Oberfläche. Die Ingenieure und Spezialarbeiter halten sich jeweils nur für wenige Tage hier auf, in containerähnlichen Unterkünften; ihre Wohnungen haben sie drüben auf dem iranischen Ufer, beim Terminal der Überlandleitungen.

Die Pipelines sind unter Wasser verlegt. Sechs gewaltige Leitungsstränge verbinden die Großtanks, die in Ganaweh auf dem Festland stehen, mit den Pumpanlagen auf der Insel. Zwei der Leitungen besitzen einen Durchmesser von jeweils 142 Zentimeter; der Durchmesser der vier anderen Pipelines beträgt 76 Zentimeter. Damit ist die Kapazität geschaffen worden, um Tanker der Superklasse rasch zu beladen. Selbst Tanker der Größenordnung von 500000 dwt können an den Ladebrükken im Osten und Westen der Insel abgefertigt werden. Die Kapazität der Pumpanlagen ist auf eine Ladeleistung von 300 Millionen Tonnen Öl pro Jahr ausgelegt. Die Installationen der Insel Kharg sind in der Lage, die Ausfuhr des gesamten Erdöls der südiranischen Förderfelder zu bewältigen.

Gelang es der iranischen Führung, die Insel Kharg außerhalb der Kriegszone zu halten, dann blieb das Ölgeschäft unberührt, dann flossen weiterhin Gelder in die Staatskasse, die zur Finanzierung des Krieges ausreichten.

Der irakische Ölstrom – und damit der Fluß der Einnahmen aus dem Ölgeschäft – aber war geschmälert. Schuld daran war nicht nur die Sperre der Hauptpipeline, die Öl in vier Strängen ans Mittelmeer geleitet hatte, sondern auch die Störung des Röhrensystems, das zur eigenen Küste führte. Westlich der irakischen Stadt Basra liegen die ergiebigen Ölfelder »Nord-Rumeila«, die am Ende der sechziger Jahre mit sowjetischer und osteuropäischer Hilfe erschlossen worden waren. Die Pipelines von »Nord-Rumeila« verlaufen, an Basra vorbei, parallel zum Schatt al-Arab und damit im Kriegsgebiet. Seit die Kämpfe auf irakischem Gebiet stattfanden, sind die Leitungen zum Ölhafen Mina al-Bakr, der direkt vor der Mündung des Schatt al-Arab liegt, abgeschaltet.

Da der Irak auf Einnahmen verzichten mußte, war die Strategie der irakischen Kriegführung darauf ausgerichtet, auch das iranische Ölgeschäft zu unterbrechen. Im März 1983 entschied sich die Regierung in Baghdad für Angriffe auf die Ölförderstelle Noruz, die sich mitten im Meer, auf halbem Weg zwischen der Mündung des Schatt al-Arab und der Insel Kharg und noch im unmittelbaren Gefechtsbereich der irakischen Luftwaffe befindet. Die Kampfmaschinen hatten von der Basis zum Ziel und zurück eine Gesamtentfernung von 700 Kilometern zurückzulegen. Diese Strecke stellte kein Problem dar. Auch war der Förderturm Noruz durch keinerlei Abwehrmaßnahmen geschützt. Weithin sichtbar ragte das Stahlgerüst aus dem Wasser. Präzise trafen die Raketen, aus den angreifenden Kampfflugzeugen abgeschossen, die Basis des Förderturms. Die Anlage mußte vom Personal geräumt werden. Die Ingenieure und Arbeiter verließen jedoch die Förderstelle Noruz, ohne zuvor ein Leck im Rohrsystem abdichten zu können. 5000 Barrel Öl flossen von nun an Tag für Tag auf die Wasseroberfläche des Persischen Golfs. Als die Meldung darüber verbreitet wurde, erschraken die gegenüber Umweltschäden sensibel gewordenen Menschen der Industriestaaten. Die Ölpest drohte den Persischen Golf zu verseuchen. Doch die Katastrophe trat nicht ein, obgleich der Ölfluß lange Zeit kaum aufzuhalten war. Die Selbstreinigungskraft des Meeres erwies sich als stärker.

Daß sich Erschrecken breitmachte, paßte ins Konzept der Verantwortlichen in Baghdad. Je stärker die Furcht vor den Auswirkungen des Krieges im Ölgebiet wurde, desto mehr wuchs die Chance, daß die Industrienationen Druck ausübten auf die Mächtigen in Teheran, endlich einem Waffenstillstand zuzustimmen.

»Die Welt wird von nun an in jedem Monat von solchen Aktionen hören. Sie wird sich daran gewöhnen müssen. Wir werden bald in der Lage sein, iranische Ölanlagen auf dem Festland und weiter südlich, in den Gewässern des Golfs, zu treffen«, sagte Tariq Aziz, das einflußreichste Mitglied des Revolutionären Kommandorats in Baghdad. Als bloße Drohung waren diese Worte nicht einzustufen. Die französische Regierung hatte wenige Tage zuvor versprochen, dem Irak nicht nur fünf Super-Etendard-Kampfmaschinen zu liefern, sondern auch die Piloten so auszubilden, daß sie Seeziele wirkungsvoll angreifen konnten. Die Zusage, den Kampfmaschinen 20 Exocet-AM-39-Raketen mitzugeben, mußte als offene Unterstützung irakischer Angriffspläne durch die französische Regierung gesehen werden. Als daraufhin aus Teheran die Drohung zu hören war, die Straße von Hormuz, die Ausfahrt aus dem Persischen Golf ins freie Meer, werde geschlossen, wenn Iraks Luftwaffe die Ölinstallationen der Insel Kharg angreife, da reagierten die USA mit der Gegendrohung, die amerikanischen Seestreitkräfte würden die Sicherung der internationalen Schiffahrt im Golfgebiet übernehmen;

sie würden im Notfall mit Gewalt die ungehinderte Passage aller Tanker und Frachtschiffe durch die Straße von Hormuz erzwingen. Diese Festlegung der amerikanischen Politik wurde vom Clan der Ayatollahs einstimmig als unzulässige und unerträgliche Einmischung in den Konflikt am Persischen Golf bezeichnet. Dafür müsse Amerika bestraft werden. Frankreich aber werde die Lieferung der Super-Etendard-Maschinen noch bereuen. Die Regierungen in Washington und in Paris nahmen Vorwürfe und Drohungen nicht ernst.

Iran rächt sich im Libanon

Überall in der libanesischen Hauptstadt war die Detonation zu hören. Sie hatte die Stille des frühen Sonntagmorgens zerrissen. Im Libanon gilt der Sonntag als wöchentlicher Ruhetag. Um 6.15 Uhr hatte der Knall die Bewohner von Beirut aus dem Schlaf geschreckt. Genau drei Minuten später erschütterte ein ähnlicher, nur geringfügig schwächerer Schlag die Häuser. In Ostbeirut und in Westbeirut flohen Männer, Frauen und Kinder in die Flure der tiefsten Stockwerke ihrer Wohngebäude, um dort Schutz zu suchen. In dieser Morgenstunde des 23. Oktober 1983 glaubten alle, der Krieg um Beirut habe erneut begonnen.

Was wirklich geschehen ist, läßt sich so rekonstruieren: Im Morgengrauen rollte ein Mercedes-Lastwagen auf der leicht abschüssigen Straße, die von Beiruts Stadtrand nach Süden zum Flughafen führt, in raschem Tempo auf die Fluggastabfertigungshalle zu. Die Posten der libanesischen Armee, die Fahrer und Ladung hätten kontrollieren müssen, reagierten verblüfft, doch sie versuchten nicht, wie vorgeschrieben, den Fahrer durch Schüsse zum Anhalten zu veranlassen. Ungehindert erreichte das Fahrzeug das Rondell vor dem Flughafengebäude. Der Fahrer beschleunigte hier die Geschwindigkeit, bog in die Linkskurve ein und fuhr auf den Parkplatz, der um diese frühe Stunde völlig leer war. Um seinem Fahrzeug noch mehr Schwung zu verschaffen, gab der Mann am Steuer Vollgas und zog mit heulendem Motor und kreischenden Reifen zwei Kreise. Dann lenkte er den Wagen auf eine Lücke im Gitterzaun zu, der den Parkplatz nach Norden begrenzte. Die amerikanischen Marineinfanteristen, die dort Wache hielten, bemerkten die seltsamen Fahrbewegungen und schossen auf das Führerhaus des Lastwagens. Der Mann am Steuer habe gelächelt, als er vorübergerast sei, sagten sie später. Die Marineinfanteristen feuerten weiter, doch ihre Geschosse konnten das Fahrzeug nicht aufhalten. Es durchbrach die breite, hohe Tür des vierstöckigen Gebäudes, das nördlich des Parkplatzes stand, und erreichte mit ungebremster Kraft die ebenerdige Halle.

Dann zerbarst das Haus in einem aufflammenden Blitz. Das Hauptquartier der amerikanischen Marineinfanteristen war zerstört.

Die zweite Sprengung zerfetzte das Hauptquartier des französischen Kontingents der Internationalen Friedenstruppe. Auch hier war der Sprengstoff durch einen Lastwagen ans Ziel gebracht worden: Von niemandem aufgehalten, war das Fahrzeug in die Tiefgarage des Gebäudes gefahren. Dort hatte der Fahrer die Zündung ausgelöst.

In beiden Fällen hat kaum jemand den Zusammenbruch der Gebäude überlebt. Von Anfang an stand fest, daß die Zahl der Toten hoch sein mußte. Im neunstöckigen Haus des französischen Hauptquartiers hatten achtzig Soldaten übernachtet, im Gebäude der Marines am Flughafen 230 Soldaten. Das Hauptquartier der Amerikaner war deshalb so stark belegt gewesen, weil etwa hundert Marines am Samstagabend dort den Beginn ihres Urlaubs gefeiert hatten; am Sonntag um die Mittagszeit hätten sie aus Beirut abfliegen sollen.

Die Organisation, die beide Attentate vorbereitet hatte, war in der Planung präzise gewesen. Sie hatte den Zeitpunkt gut gewählt: In der Nacht von Samstag auf Sonntag verhielten sich die Posten nachlässiger als während der Nächte anderer Wochentage. So hatten die französischen Posten überhaupt nichts gegen das sich rasch nähernde Fahrzeug unternommen. Sie waren überzeugt gewesen, es fahre vorüber. Als der Fahrer zur Tiefgarage einbog, da traten sie zur Seite. Weder die französischen noch die amerikanischen Soldaten hatten ihre Hauptquartiere durch ernst zu nehmende Barrikaden geschützt. Sie hatten sich dort sicher gefühlt. Dabei hatte es nicht an beunruhigenden Anzeichen gemangelt: Ein halbes Jahr zuvor war die amerikanische Botschaft in Beirut bereits durch Sprengstoff, den ein Kraftfahrzeug ins Ziel gebracht hatte, zerstört worden; die Franzosen aber hatten bereits siebzehn Soldaten durch Geschosse von Scharfschützen verloren.

Der Organisation, die den Amerikanern und den Franzosen im Libanon Schaden zufügen wollte, gehörten offenbar Sprengstoffspezialisten an, die Ladungen unterschiedlich brisanter Substanzen gut zu mischen verstanden. Beide Selbstmordfahrer hatten jeweils eine Tonne Sprengstoff – nach Meinung amerikanischer Fachleute teils in fester, teils in flüssiger Form – in die Zielgebäude transportiert. Dieser gewaltigen Ladung hatte keine Betonmauer widerstehen können.

Die Organisation wollte nicht geheim bleiben. Al-Amal al-Islamie identifizierte sich mit dem Anschlag. In Baalbek – und wenig später auch in Teheran – wurden die Attentäter als Märtyrer gefeiert, die gestorben waren im Kampf gegen die »amerikanischen Teufel«. Die Rache für die Einmischung der Amerikaner und der Franzosen in den Krieg am Persischen Golf war vollzogen. Die schiitische Geistlichkeit hatte wieder einmal deutlich gemacht, daß für sie beide Konfliktfelder eine Einheit bilden.

Daß die Bedeutung der Schiiten im Libanon weiter zunahm, war sieben Wochen vor dem Anschlag auf die amerikanischen und französischen Soldaten spürbar geworden – auch wenn die schiitische Machtübernahme noch einmal hatte verhindert werden können.

Die Tage der maskierten Gesichter

Harmlos war der Anfang der Schlacht. Im Vorort Mraijeh, nur zwei Kilometer vom Präsidentenpalast in Baabda entfernt, wollten schiitische Jugendliche Plakate mit Bildern von Ayatollah Khomeini und Imam Musa Sadr an Hauswände und Schaufensterscheiben kleben. Die Plakatkleber wurden aus einem vorüberfahrenden Personenauto beschossen; zwei der Jugendlichen brachen getroffen zusammen. Eine Patrouille libanesischer Soldaten, die sich eben dort aufhielt, bemerkte den Vorfall. Die Soldaten stoppten ein Auto, dessen Insassen verdächtig erschienen. Als ein Offizier der Patrouille Ausweise kontrollieren wollte, traf ihn ein Geschoß, das im Auto abgefeuert worden war, in den Arm.

Nur wenige Minuten später stürmten Bewaffnete ein Gebäude am Südende des Flughafens; in diesem Gebäude hatten Armeesoldaten einen Beobachtungsposten eingerichtet. Fünf Soldaten, die dort ihren Dienst versahen, wurden entführt. Das Armeeoberkommando versuchte sofort, Truppen in die südlichen Vororte Beiruts zu schicken, doch die Verbände stießen auf heftigen Widerstand. Um das Gebiet ostwärts des Flughafens wurde gekämpft.

Nabih Berri, der Chef der schiitischen Kampforganisation Amal, sagte am Abend dieses Tages: »Das waren Maroniten, die auf unsere Leute feuerten, Mitglieder der Phalangemiliz. Die Armee hat dann nicht eingegriffen, um uns zu unserem Recht zu verhelfen, sondern sie stellte sich den Amalkämpfern in den Weg. Dies betrachte ich als Kriegserklärung gegen uns.«

Während der Nacht bauten Milizionäre der Amal Straßensperren im Osten des Flughafens auf. Es gelang ihnen durchweg, der Armee die Einfahrt in schiitische Stadtteile zu verwehren. Das Oberkommando der Truppe gab im Einverständnis mit Präsident Gemayel bekannt, für die Quartiere, in denen Schiiten wohnten, herrsche Ausgangssperre; jeder, der auf der Straße angetroffen werde, müsse erschossen werden. Diese Maßnahme reizte die Schiitenführung. Nabih Berri mobilisierte seine Kampfverbände. Er befahl nicht nur die Verteidigung von Burj

Barajne, dem bedeutendsten Schiitenviertel, sondern er ordnete an, die Armee sei aus dem gesamten Gebiet von Westbeirut zu vertreiben. Den Amalmilizionären gelang kurz darauf ein Überraschungsangriff auf eine Basis der Armee im sunnitischen Stadtviertel Musaitbe, das nahe beim Meer gelegen ist. Den schiitischen Kämpfern fielen dabei Waffen und zwei gepanzerte Fahrzeuge in die Hände. 24 Soldaten wurden gefangengenommen.

Die Amalmilizionäre trugen keine Uniformen, sondern Jeans und T-Shirts. Aber alle hatten ihre Gesichter durch Masken verdeckt. Die meisten Kämpfer hatten sich dunkle Nylonstrümpfe über die Köpfe gestreift; andere hatten sich Tücher umgebunden, auf die furchterregende Gesichter gemalt waren. Die Maskierung sollte unkenntlich machen, aber auch Schrecken verbreiten. Die Amalmilizionäre präsentierten sich als Rächer, die entschlossen waren zu töten – und den Märtyrertod zu erleiden. »Allahu akbar« war ihre Parole.

Mit diesem Schrei stürzten sich die Maskierten auf Armeestützpunkte in Westbeirut. Die Basen wurden erobert oder zumindest umzingelt. Als die regulären Soldaten keine Gefahr mehr darstellten, gab Nabih Berri den Befehl, sofort taktisch günstige Positionen an der Demarkationslinie zwischen dem christlichen und dem islamischen Sektor von Beirut zu besetzen. Der Amalchef fürchtete einen Angriff der Phalanges Libanaises auf Westbeirut. Wieder wurde das Hotelviertel Front; wieder war das Hochhaus »Murr Tower« das umstrittenste Gebäude in der libanesischen Hauptstadt.

Fadi Frem, der Kommandeur der Phalangemiliz, glaubte nicht, daß seine Einheiten stark genug zum Angriff waren; er hatte zu viele Kämpfer im Schufgebirge konzentrieren müssen. Westbeirut schien an die Maskierten, an die Kämpfer der Schiiten, verloren zu sein. Präsident Amin Gemayel stand vor der schwierigen Entscheidung, entweder die Niederlage zu akzeptieren oder den islamischen Teil seiner Hauptstadt durch seine Streitkräfte erobern zu lassen. Ob die Armee, deren Neuaufbau Fortschritte gemacht hatte, dazu in der Lage war, durfte bezweifelt werden. Die Truppe bestand zu 60 Prozent aus schiitischen Soldaten, denen es bestimmt schwerfallen würde, auf die eigenen Glaubensbrüder zu schießen. General Ibrahim Tannous, der Oberbefehlshaber, aber wollte den Test wagen. Am Nachmittag des 30. August gab er den Befehl, in der Morgendämmerung des folgenden Tages mit der Rückeroberung von Westbeirut zu beginnen.

Zehntausend libanesische Soldaten folgten dem Befehl. In drei Marschsäulen begannen sie während der letzten Stunde der Dunkelheit den Vormarsch. Panzerkolonnen bahnten den Weg durch die Straßen. In Hubschraubern, die über den Häusern schwebten, saßen Beobachter, die das Feuer der Artillerie auf Widerstandsnester der Schiiten lenkten. Beachtlich war der Widerstand der Maskierten, doch am Abend des 31. August 1983 hatte die Armee Westbeirut wieder in der Hand.

Ibrahim Tannous hatte recht behalten: Die Armee war nicht in religiös ausgerichtete Fragmente zerfallen. Auch die schiitischen Soldaten hatten auf schiitische Maskierte geschossen. Die Maskerade hatte sich als Nachteil für die Amalkämpfer erwiesen: Sie hatten gegenüber den Soldaten ihre Gesichter verdeckt und waren damit zu »Unpersonen« geworden, die keinen Respekt verdienten. Das Armeeoberkommando hatte frühzeitig die Chance erkannt, die ihm die Maskenträger boten: Es hatte verbreiten lassen, die Maskierten seien »Libyer und Kommunisten«. Libyer waren den libanesischen Schiiten verhaßt, seit ihr Imam Musa Sadr von einer Libyenreise nicht mehr zurückgekehrt war. Kommunisten aber waren Atheisten und damit für den gläubigen Schiiten ein Greuel.

So sah die Verlustbilanz nach Abschluß der militärischen Operation aus: 21 Soldaten waren beim Kampf um Beirut ums Leben gekommen; 87 sind schwer verwundet worden. Die Zahl der toten und verwundeten islamischen Milizkämpfer war jeweils doppelt so hoch. Diesmal waren nur 18 Zivilisten an den Folgen der Kämpfe gestorben; 49 hatten Verwundungen erlitten.

Präsident Amin Gemayel war verblüfft gewesen, daß sich aus geringem Anlaß eine Schlacht um Beirut hatte entwickeln können. Er glaubte an eine Verschwörung. Seine militärischen Berater bestärkten ihn in seinem Verdacht. Vom ersten Tag dieser Phase der internen libanesischen Auseinandersetzungen an hatte die Armeeführung das Gefühl gehabt, die Auseinandersetzung sei begonnen und bewußt ausgeweitet worden, um die Truppenverbände von Operationen in einer anderen Gegend des Landes abzuhalten: Der Zwang zur Rückeroberung der Hauptstadt verhinderte, daß libanesische Soldaten beim Abzug der Israelis ins Schufgebirge in die Region der Drusen einrücken konnten. Mit der vorübergehenden Besitznahme von Westbeirut hatte die schiitische Miliz Amal dem Drusenführer Walid Jumblat einen Gefallen getan.

»Es sei Krieg! Der Stärkere wird siegen!«

Massaker im Schufgebirge

Menachem Begin, dessen letzte Tage im Amt angebrochen waren, hatte guten Grund zu spotten: »Erst wollten sie uns nicht im Libanon haben – jetzt wollen sie, daß wir gar nicht mehr gehen!« Gemeint waren die islamischen Politiker des Libanon, die Amin Gemayel bestürmten, er möge die israelische Regierung bitten, ihre Besatzungstruppen nicht aus dem Gebirge zurückzuholen. Menachem Begin hatte angekündigt, die Israel Defence Force werde in absehbarer Zeit die Kontrolle des Gebiets südlich von Bhamdun und Aley aufgeben, um Positionen weiter im Süden, bei Saida, zu beziehen. Der Ministerpräsident war vorsichtig gewesen: Einen Termin hatte er nicht genannt. Die Vorbereitungen der Truppe im Schuf deuteten jedoch darauf hin, daß der Abzug für Ende August oder für Anfang September 1983 geplant war.

Die islamischen Politiker des Libanon wurden nun von der Sorge geplagt, der israelische Rückzug könne zu einem Machtvakuum im Gebirge führen, das von der christlichen Partei ausgenützt werde. Sie hatten Verdacht geschöpft, die von Ibrahim Tannous kommandierte Armee, in der die meisten der Offiziere Christen waren, werde der Phalangemiliz helfen. Der Drusenführer Walid Jumblat glaubte, Beweise zu haben für Kooperationsabsichten zwischen Ibrahim Tannous und Fadi Frem: »Der Plan zur Vertreibung der Drusen ist ausgearbeitet. Die Christenführung will erreichen, daß wir überhaupt aus dem Libanon verschwinden. Fadi Frem glaubt, innerhalb von 48 Stunden sei das Drusenproblem für ihn erledigt.« Die Frist von 48 Stunden, die Jumblat erwähnte, sei vom Beginn des israelischen Abzugs aus dem Schuf an gerechnet, sagte er. Jumblat beschloß, im Fall beginnender israelischer Truppenbewegung rasch und konsequent zu handeln. Seine Posten waren in der Lage, als erste israelische Absichten zu durchschauen. Er wollte dem christlichen Milizkommandeur Fadi Frem das Konzept verderben.

Seit Monaten hatten die Kämpfer der Phalanges Libanaises versucht, von Bhamdun und Aley aus das von ihnen beherrschte Gebirgsgebiet zu erweitern. Jumblats Miliz aber hatte die Drusendörfer erfolgreich verteidigt. Frem war der Überzeugung, seine Mißerfolge seien nur dem Dazwischentreten der Besatzungsmacht zuzuschreiben. Er vertraute der Überlegenheit seiner Miliz – von der Kampfkraft der Drusen hielt er wenig.

Scheich Pierre Gemayel hatte verkündet: »Ein für allemal muß jetzt entschieden werden, wer der Stärkere ist. Es sei Krieg! Der Stärkere wird siegen!« Im Spannungsfeld des Libanongebirges mußte jeder zum Verlierer werden, der sich als dritter einmischen wollte in die Auseinandersetzung zwischen Drusen und Maroniten. Israel war nicht bereit, durch den Streit im Gebirge Menschenleben zu verlieren. Gering war deshalb die Chance gewesen, die israelische Regierung zu bitten, ihre Truppen im Schuf zu belassen. Trotz starker Skepsis hatte Amin Gemayel mit Robert McFarlane über diese Chance gesprochen. McFarlane hatte Philip Habib, den bisherigen Nahost-Sondergesandten des amerikanischen Präsidenten, abgelöst. Der neue Mann der USA im Libanon konnte nur Begins Worte wiederholen: »Mich wird niemand zwingen, Soldaten im Hexenkessel des Schufgebirges zu belassen.« Der amerikanische Diplomat war Ende August 1983 überzeugt gewesen, der Abzug der Israelis werde bald beginnen; Menachem Begin habe jedoch zugesagt, den Termin rechtzeitig anzukündigen. Auf Grund dieser Vorwarnung aus dem Munde von Robert McFarlane hatte Amin Gemayel der Armeeführung befohlen, die Truppe zum Einmarsch in den Schuf bereitzuhalten. Der Präsident wollte durch diese Maßnahme seinen Machtbereich auf das Gebiet südlich der Straße Beirut-Damaskus ausdehnen.

Dagegen hätte Drusenführer Jumblat zu jenem Zeitpunkt nichts einzuwenden gehabt, wenn er nicht an seine Beweise geglaubt hätte, daß General Ibrahim Tannous und Fadi Frem ein Komplott schmiedeten. Um dieses Komplott zu vereiteln, hatte Walid Jumblat den Chef der Schiitenmiliz Nabih Berri veranlaßt, die Armee durch die Eroberung Westbeiruts vom Einsatz im Schuf abzulenken.

Die Drusenführung änderte innerhalb weniger Stunden ihre Haltung gegenüber Präsident Gemayel. Zweifel kamen auf, ob Fadi Frem und Ibrahim Tannous ohne Wissen von Amin Gemayel den Plan zur Vertreibung der Drusen, an den Jumblat fest glaubte, ausgearbeitet hatten. Aus Zweifel wuchs Mißtrauen und schließlich Haß. »Wir befinden uns nun im Kriegszustand mit Amin Gemayel. Alle Möglichkeiten für einen Dialog zwischen ihm und uns sind zerstört. Es bleibt uns nur eines: zu kämpfen, zu kämpfen, zu kämpfen!«

Der Drusenführer warnte den Präsidenten und das Armeeoberkommando vor Absichten, in die Schufregion einzurücken: »Wenn Ibrahim

Tannous dies versuchen sollte, dann wird es fürchterliche Massaker geben!«

Als noch niemand damit rechnete, begann das Unglück für die Menschen der Gebirgsdörfer im Drusengebiet. Während der Nacht vom 3. zum 4. September 1983 waren lange Lichterketten auf den Straßen des Schuf zu erkennen: Israelische Fahrzeugkolonnen bewegten sich talwärts. Mit außerordentlichem Tempo vollzog sich der Abzug. Als der Sonntagmorgen anbrach, da befanden sich die Panzer und Lastkraftwagen bereits auf der Küstenstraße, die nach Süden führt.

In den frühen Morgenstunden war Ibrahim Tannous überrascht worden durch Meldungen über die Truppenbewegungen. Ihm stand keine einzige Einheit zur Verfügung, die in die freigewordenen Stellungen der Israelis hätte einrücken können. Einige Verbände waren noch mit der Sicherung Westbeiruts beschäftigt – doch dies war nicht der einzige Grund für den Mangel an Einsatzbereitschaft. Der General hatte darauf vertraut, daß ihm das israelische Oberkommando den Zeitpunkt des Abzugs der Besatzungstruppe mitteilte. Er hatte auf eine Einladung zu Gesprächen über das Verfahren zur Übernahme der israelischen Stellungen gewartet. Warum ihn die israelische Armeeführung getäuscht hatte, blieb ihm ein Rätsel.

Überrascht wurde auch der Kommandeur der Christenmiliz. Gleichzeitig mit der Meldung, die israelischen Verbände hätten Bhamdun verlassen, erhielt Fadi Frem von seinem Generalstabschef die Nachricht, die Stadt werde angegriffen. Sie werde aus Granatwerfern und mit Maschinenwaffen beschossen. Ein Eroberungsversuch sei zu erwarten. Es gab keinen Zweifel, wer die Angreifer waren: Walid Jumblat hatte seine Miliz zum Kampf gegen die 3000 christlichen Kämpfer antreten lassen, die auf Befehl Fadi Frems in und um Bhamdun stationiert waren.

Unmittelbar nachdem die Lichter des letzten israelischen Konvois am Stadtrand von der Dunkelheit geschluckt worden waren, hatte der Überfall auf Bhamdun begonnen. Der erste Angriffsversuch konnte von den christlichen Milizionären abgewehrt werden. Nach dem Scheitern der Überraschungsattacke setzten die Drusenkämpfer Artillerie ein, um die Widerstandskraft der Verteidiger niederzukämpfen.

Die Feuerkraft der Drusenartillerie erstaunte Fadi Frem und seine Generalstäbler. Frem gab zu, überrumpelt worden zu sein: »Wir wußten nicht, wie uns geschah. Gestern noch glaubten wir daran, daß die Armee über die Straße Beirut–Damaskus nach Süden rückt. Nun sind wir in eine Schlacht verwickelt. Die syrische Artillerie feuert auf uns.« Der Kommandeur der christlichen Miliz konnte nicht glauben, daß Walid Jumblat seiner Streitmacht derart viele großkalibrige Geschütze verschafft hatte. Die Unterlegenheit der eigenen Kräfte erklärte er so:

450

»Syrische Verbände, die weiter oben im Gebirge stehen, auf der Paßhöhe Deir al-Beidar, greifen zugunsten der Drusenmiliz ein.« Frem mußte später seinen Irrtum eingestehen – Walid Jumblat verfügte tatsächlich über schlagkräftige Artillerieeinheiten.

Der Angriff auf Bhamdun blieb nicht die einzige Aktion der Drusen an jenem Tag. Kaum hatten die israelischen Panzer und Lastkraftwagen die Ausläufer des Schuf zum Meer hin verlassen, um auf der Küstenstraße nach Süden zu rollen, da drang eine drusische Kampfgruppe zum Knotenpunkt von Khalde südlich des Beiruter Flughafens vor. Hier stößt die Straße aus den Bergen auf die wichtige Verbindungsroute, die von Beirut nach Saida und Tyr führt. Wer den Knotenpunkt von Khalde beherrscht, der kontrolliert den Verkehr zwischen der Hauptstadt und dem Süden des Landes. Die Drusenkommandeure verfolgten den Plan, Frems Kämpfer, die Küstendörfer besetzt hatten, von ihrem Stammgebiet abzuschneiden.

Zwar war die Besetzung des Straßenknotenpunkts und der Hausruinen der Ortschaft Khalde gelungen, doch alle Bemühungen, die Position zu halten, scheiterten. Ibrahim Tannous zog aus Beirut Einheiten der durchweg christlich orientierten 4. Armeebrigade ab und ließ sie gegen Khalde vorrücken. Da zu den Einheiten Panzer gehörten, waren sie der drusischen Kampfgruppe überlegen, und dennoch dauerte die Schlacht nahezu drei Stunden, bis die Armee die Einnahme von Khalde melden konnte. Neunzig Minuten lang hatte das Dauerfeuer der Artillerie die Drusenposition zermürbt. Die Granaten waren über die Stellung der amerikanischen Marineinfanteristen am Flughafen Beirut hinweggeflogen. Am Abend des 4. September gehörte auch die Höhe 106, der beherrschende Hügel oberhalb von Khalde, der Armee.

Der Erfolg der regulären libanesischen Streitkräfte an der Küste gab Fadi Frem Zuversicht, die Armee werde jetzt auch den Zugang zum Schufgebirge erzwingen. In der Nacht zum 5. September sagte er: »Wir halten in Bhamdun aus, bis Ibrahim Tannous seine Panzer schickt.« Doch 24 Stunden später mußte Fadi Frem einen bitteren Entschluß fassen, den er selbst so umschrieb: »Wir vollzogen einen taktischen Rückzug von Bhamdun.« In Wirklichkeit hatten 3000 Kämpfer der Phalangemiliz fluchtartig die Region Bhamdun geräumt. Sie waren in Richtung des Ostteils von Beirut abgefahren. Die Armee war nicht angerückt. Der Kampf um Khalde hatte ihre letzten freien Kräfte gebunden. Die Drusen, die sich als überlegen erwiesen hatten, waren die Herren von Bhamdun.

Für die Christen der Stadt begann eine furchtbare Leidenszeit: Viele starben durch Schüsse und Messerstiche, andere kamen durch mit Bedacht ausgeführte Verstümmelungen um. Berichtet wurde, daß siegreiche Drusen christlichen Männern Arme und Beine abgesägt hätten. Fest steht: Wer nicht hatte fliehen können, der wurde umgebracht. Doch nur in seltenen Fällen töteten Drusen auch Frauen. Sie zogen weinend und laut klagend in Gruppen ins Tal hinab, in Richtung Beirut.

Daß Männer in Bhamdun umgebracht wurden, leugnete Walid Jumblat nicht. Doch er sagte, es habe sich ausschließlich um Bewaffnete gehandelt, die an Kämpfen beteiligt gewesen seien. Dazu müsse in Betracht gezogen werden, daß nur einen Tag zuvor die Christen im Dorf Kfar Matta vierzig alte Männer, Frauen und Kinder bestialisch hingemetzelt hätten.

Kfar Matta ist eine Drusengemeinde an der Straße, die von der Küstenstadt Damur hinauf nach Aley führt. Von Damur aus waren am Abend des 4. September Milizionäre des Fadi Frem in Richtung Berge gefahren, um den bedrängten eigenen Verband in Bhamdun zu unterstützen. Bei Kfar Matta war ihr Vorstoß gestoppt worden. Um das Dorf entbrannte ein heftiges Gefecht, in das – auf seiten der christlichen Miliz – auch ein Kontingent der libanesischen Armee eingriff, das nördlich des Dorfes in einem Barackenlager untergebracht war. Das Armeekontingent setzte Artillerie zum Beschuß der Drusenstellungen ein. Doch den kombinierten Kräften von Armee und Miliz war es nicht möglich, sich in Kfar Matta festzuklammern. Sie mußten den Ort in Richtung Süden verlassen.

Als die Drusenkämpfer in Kfar Matta eindrangen, da stellten sie fest, daß hier kein Leben mehr war. Vierzig Leichen lagen vor den Häusern: Männer, durchweg älteren Jahrgangs, Frauen und Kinder. Einige hatten noch entkommen können. Sie berichteten im Jumblathauptquartier in Beirut, die christlichen Bewaffneten hätten die durch die Heftigkeit der Kämpfe verängstigten Bewohner aus den Häusern getrieben und mit Salven aus den Maschinenpistolen getötet.

Das Massaker von Kfar Matta hatte politische Auswirkung. Walid Jumblat sah in diesem Ereignis die Bestätigung seiner Überzeugung, zwischen den Führern von Armee und Christenmiliz, zwischen Ibrahim Tannous und Fadi Frem, bestehe eine Verschwörung. Niemand konnte den Drusenchef von der Meinung abbringen, Armeesoldaten hätten den Milizionären geholfen, in Kfar Matta Drusen zu ermorden. Jumblat sagte, nun sei die Absicht deutlich geworden, die drusische Bevölkerung zu vertreiben. Er appellierte an arabische Regierungen und an die Weltöffentlichkeit, in seinen Protest gegen die Brutalität der »Armee des Amin Gemayel« einzustimmen. Der Präsident, der oberster Chef der Armee war, wurde fortan von Jumblat als Verbrecher bezeichnet, der vor Gericht gestellt gehöre.

»Rache für Kfar Matta!« war der Kriegsruf der Drusen während der Tage, die auf das Massaker folgten. Rache genommen wurde in Bhamdun und wenige Stunden später in Beit Eddin. Nirgends gelang es den christlichen Milizionären, den Angriffsschwung der Drusen abzubremsen. Ein Stützpunkt nach dem anderen, ein Dorf nach dem anderen fiel in die Hände der Jumblatkämpfer. Schließlich geriet die Stadt Deir al-Kamar in Gefahr, von den Drusen erobert zu werden. Sie war im Jahre 1860 der Ort brutaler Morde gewesen. Hier waren die Erinnerung und die Angst an barbarische Taten der Drusen noch lebendig. Die 3000 Christen von Deir al-Kamar fürchteten Anfang September 1983, Opfer des schlimmsten Massakers aller Zeiten im Libanon zu werden. Sie waren deshalb dankbar, als sie feststellten, daß aus allen Dörfern ringsum Flüchtlinge eintrafen – und mit ihnen Milizionäre, die imstande waren, bei der Verteidigung zu helfen. Selbst von Bhamdun her hatte sich ein Lastwagenkonvoi mit 1500 Frauen, Männern und Kindern nach Deir al-Kamar durchgeschlagen; den christlichen Familien war der direkte Weg auf der Straße nach Beirut versperrt gewesen. Den Konvoi hatten Kämpfer der Phalanges Libanaises auch zum Abtransport von Waffen benützt, die in Deir al-Kamar dringend benötigt wurden.

Im Verlauf weniger Stunden war die Zahl der Menschen, die sich in der Bergstadt aufhielten, auf das Zehnfache angestiegen. An eine Fortsetzung der Flucht war nicht zu denken. Blockiert war der Weg hinunter zur rettenden Küste, nach Damur. Doch die Situation wurde rasch kritisch: Bald umzingelten Drusenkämpfer die Stadt und sperrten alle Zufahrtswege. Deir al-Kamar mußte sich auf eine lange Belagerung und auf heftige Kämpfe einrichten. Vorsorge war nicht getroffen worden. Der Kommandeur der Phalangemiliz hatte nicht mit der Bereitschaft und der Entschlossenheit der Drusen gerechnet, die Christen aus der Schufgegend fernzuhalten und sogar aus angestammten Dörfern zu vertreiben. So waren keine Vorräte angelegt worden. Die wenigen Läden hatten nur Waren für den Bedarf der Familien von Deir al-Kamar auf Lager, die sich nicht aus eigenen Gärten, Feldern und Ställen versorgen konnten. Zum Glück für Bewohner und Flüchtlinge lag die Ernte nicht weit zurück. Die privaten Vorratskammern waren gefüllt. Tatkräftige Männer konnten die Erfassung und Verteilung organisieren.

Beschir Gemayel hatte seine Kommandeure auf derartige Anforderungen vorbereitet. Sie waren nicht nur Anführer der Kämpfer, sondern auch Verwaltungsmanager. Jeder von ihnen hatte während der sieben Jahre Bürgerkrieg gelernt, die Versorgung von Milizionären und Zivilisten zu sichern, medizinische Betreuung zu organisieren, die Bewohner von Gehöften und ganzen Dörfern in sichere Gegenden umzusiedeln. Sie alle wußten, wie Bürgerkomitees zur Mobilisierung der

Kampfkraft aufgestellt wurden. Alles, was sie gelernt hatten, mußten die Kommandeure in Deir al-Kamar anwenden. Geführt wurden sie von Dr. Geagea, der einst zu den engsten Vertrauten Beschir Gemayels gehört hatte.

Walid Jumblat war überzeugt, Geagea sei auch für das Massaker in Kfar Matta verantwortlich zu machen. Das Drusendorf liegt im Norden von Deir al-Kamar, nur durch ein Tal getrennt, zu dessen Durchquerung kaum eine Stunde Fußmarsch benötigt wird. Die Angst der Menschen in Deir al-Kamar, Walid Jumblat werde Rache nehmen lassen für die Toten von Kfar Matta, war durchaus berechtigt.

Um der Gefahr zu begegnen, benutzten die Phalangisten Mittel der Propaganda: Sie sorgten dafür, daß die Situation der Stadt Deir al-Kamar in Europa und in den Vereinigten Staaten bekannt wurde. Sie beriefen Pressekonferenzen ein, die in der Verlesung von Funksprüchen aus dem belagerten Ort gipfelten. Die Oberin des Klosters Deir al-Kamar teilte über Funk mit, die Ladengeschäfte der Stadt verfügten über keine Waren mehr, die 30 000 Menschen – 27 000 davon waren Flüchtlinge – litten Hunger. Kinder seien verhungert, hieß es schon bald. Der Verantwortliche des Roten Kreuzes in Beirut warnte jedoch, die Phalanges Libanaises neigten zur Übertreibung. Damals, als Zahle während des Bürgerkriegs von den Syrern belagert worden war, sei das Jammern um die Bewohner groß gewesen; doch später habe sich dann herausgestellt, daß die Klagen völlig unberechtigt gewesen seien. Diesmal werde sich das Rote Kreuz zunächst zurückhalten. Die Organisation habe sich aber darauf vorbereitet, Lebensmittel nach Deir al-Kamar zu bringen – wenn ernst zu nehmende Meldungen über Notlagen eingetroffen seien. Voraussetzung sei natürlich, daß Walid Jumblat die Lebensmitteltransporte durch sein Gebiet fahren lasse.

Die Klagen der Phalangefunktionäre machten deutlich, daß der Gebirgskrieg im September 1983 für die christliche Miliz ruhmlos verlaufen war. Fadi Frem gestand die mißliche Situation ein. Er hatte keinen Augenblick gezweifelt, die Städte Bhamdun und Aley mit 3000 Kämpfern, mit einem Achtel seiner Streitmacht, halten zu können – doch seine Männer waren geflohen. Schlimm war, daß sie die christlichen Zivilisten schutzlos zurückgelassen hatten. Das Massaker von Bhamdun nicht vereitelt zu haben machte sich Fadi Frem zum Vorwurf. Bhamdun war nicht die einzige Niederlage geblieben. Als Schande betrachtete die Phalangeführung, daß es nicht gelungen war, eine Nachschublinie nach Deir al-Kamar aufrechtzuerhalten. Auf Drängen von Fadi Frem hatte der Kommandeur der amerikanischen Marineinfanteristen am Flughafen Beirut darüber nachgedacht, mit Hubschraubern Evakuierungsflüge durchführen zu lassen; doch seine Vorgesetzten in Washington hatten angeordnet, auf derartige Pläne, die als offene Einmischung in den christlich-drusischen Konflikt hätten ausgelegt werden können, zu verzichten. Als Ersatz hatte das Pentagon angeboten, den Kampfflugzeugen vom Typ F-14 Tomcat des Flugzeugträgers »Eisenhower«, der vor der libanesischen Küste lag, Starterlaubnis zu einem Demonstrationsflug über die belagerte Stadt zu geben. Fadi Frem hielt davon gar nichts. Präsident Amin Gemayel aber nahm das Angebot dankend an. So geschah die sinnloseste aller Aktionen des Schufkrieges: Eine Staffel der Tomcats donnerte ganz niedrig über die Dächer von Deir al-Kamar hinweg. Die Bewohner sollten durch die Flugdemonstration das Gefühl bekommen, daß sie nicht von aller Welt verlassen seien.

Fadi Frem rechnete den Tomcatflug zu den leidigen Blamagen jenes Herbstes. Er war bereit, vor den Parteigremien der Phalanges Libanaises die Situation der Miliz ohne Beschönigung zu analysieren: »Wir müssen feststellen, daß wir in einer miserablen Lage sind. In den Konflikt sind wir zu siegessicher hineingestolpert und mußten dann feststellen, daß wir alleingelassen worden sind. Keine Warnung hat uns erreicht.«

Fadi Frem hat vor den Mitgliedern des Politbüros der Phalanges Libanaises nicht ausgesprochen, wem er vorwarf, nicht gewarnt zu haben. Die Zuhörer begriffen auch so, daß er die israelische Regierung meinte. Deutlich aber betonte er sein Bedauern über die Unterbrechung des Kontakts zum israelischen Ministerpräsidenten: »Zum erstenmal in ihrer Geschichte stehen die Phalanges Libanaises ohne Verbündeten da. Dieser Zustand darf nicht länger anhalten. Die USA sind kaum unsere Verbündeten, denn sie stellen keine im Nahen Osten ansässige Regionalmacht dar. Nur wer hier mit uns lebt, kann uns helfen.«

Fadi Frem zog aus dem unrühmlichen Ende der Septemberschlacht im Schuf die Konsequenz, auf den Gedanken an den Einheitsstaat Libanon, auf die Idee vom christlich orientierten Land, in dem auch Volksgruppen anderer Religionsrichtung Platz haben, zu verzichten. Von nun an hieß sein programmatisches Schlagwort »Dezentralisation«. Der christliche Staatsteil sollte selbst für Verwaltung und Sicherheit verantwortlich sein; dasselbe Maß an Selbstverwaltung sollte auch den Moslems und den Drusen zugestanden werden. Die Niederlage von Bhamdun hatte den maronitischen Milizchef bescheidener gemacht.

Der Drusenführer Walid Jumblat aber wollte nun seinen Machtbereich ausdehnen. Der Vorstoß nach Khalde hatte den einen Sinn gehabt, an der Küste die Flanke zu sichern für eine Offensive in Richtung Amtssitz des libanesischen Präsidenten im Baabdapalast. Daß die Eroberung des Straßenknotenpunkts mißlungen war, machte die »Operation Baabda« schwieriger – trotzdem ließ Walid Jumblat angreifen. Mit außerordentlicher Entschlossenheit rannten seine Kämpfer gegen die Dörfer an, die an der kurvenreichen Gebirgsstraße nach Norden und hinunter in die Ebene vor Beirut liegen. Mit gleichwertiger Entschlossenheit verteidigte die 8. Brigade der libanesischen Armee unter Oberbefehl des Generals Michel Aun den Sperriegel vor Baabda. Spielraum für taktische Manöver blieb der Einheit nicht. War sie erst in eine Absetzbewegung geraten, dann konnte es leicht geschehen, daß die Brigade von der letzten Hügelkette gefegt wurde. General Aun sah nur die eine Chance, seinen Soldaten den Befehl zu geben, sich am Gebirgsboden festzukrallen.

Zentralort der Verteidigungslinie war der kleine Ort Suk al-Gharb – auf deutsch »Markt des Westens«. Längst hatte Suk al-Gharb die Bedeutung als Einkaufsort verloren; Aley hatte seinen Platz eingenommen. Wohngebiet war die Stadt geworden für Geschäftsleute, die in Aley ihre Läden besaßen, für Beamte und Taxifahrer, die in Beirut arbeiteten, für Angestellte des nahen Flughafens. Die Bewohner von Suk al-Gharb waren vorwiegend Drusen; die Christen bildeten eine unbedeutende Minderheit.

Von der Armee besetzt worden war der Ort im Verlauf des Spätsommers 1983, als sich die Truppe darauf vorbereitete, in das Schufgebiet einzurücken. Suk al-Gharb war als Ausgangspunkt des Einmarsches gedacht. Jetzt aber war die Kleinstadt die letzte Bastion vor dem Präsidentenpalast und damit die letzte Hoffnung für Präsident Amin Gemayel. Von den Hügeln um Suk al-Gharb aus sind das Dorf Baabda und der Präsidentenpalast zu sehen. Die Entfernung zwischen Suk al-Gharb und Baabda beträgt in der Luftlinie kaum zehn Kilometer. Brach die Front der 8. Brigade zusammen, dann erreichten die Jumblatmilizionäre spätestens nach 45 Minuten die Büros und die Dienstwohnung des libanesischen Präsidenten. Amin Gemayel wollte im Fall der militärischen Katastrophe die Ankunft der Drusenkämpfer nicht abwarten. Tag und Nacht stand ein Hubschrauber auf der Auffahrtsplattform des Baabdapalastes startbereit. Hätte die Armeeführung den Zusammenbruch der Verteidigungslinien melden müssen, dann wäre Amin Gemayel in das Innere des christlichen Landesteils geflogen.

Amin Gemayel täuscht sich

Am ersten Jahrestag seines Einzugs in den Baabdapalast, am 23. September 1983, ließ sich Amin Gemayel hinauffahren nach Suk al-Gharb. Er wollte die Soldaten besuchen, die seine Präsidentschaft verteidigten. Über seinem Hemd trug der Präsident eine splittersichere

Weste. In einem mit Erde abgedeckten Unterstand außerhalb der Stadt traf er mit einer Auswahl der Offiziere und Mannschaften der 8. Brigade zusammen. Sie klatschten Beifall für eine Rede, an deren Ende dieser Satz zu hören war: »Uns fällt die Ehre zu, für die Unabhängigkeit unseres Vaterlands zu sterben!« Amin Gemayel stellte fest, in diesem Gebirgskrieg würden Christen und Moslems nebeneinander im Schützengraben stehen, um fremde Eindringlinge abzuwehren: »Eine Verschwörung von außen bedroht uns, doch euer Opfer wird stärker sein als diese Verschwörung.«

Die Offiziere hatten zwar Beifall geklatscht, doch sie blieben verwirrt zurück, als Amin Gemayel die Frontstadt Suk al-Gharb wieder verließ. Sie wußten genau, wer ihre Feinde waren. Sie kannten den zupackenden Kampfstil der Drusenmilizionäre. Ihnen konnte Amin Gemayel nicht vormachen, sie kämpften nur gegen Fremde, nur gegen Ausländer. Die Offiziere und Soldaten spotteten lange nach der Abfahrt des Präsidenten aus Suk al-Gharb über dessen kühne Analyse.

Zwei Tage nach dem Besuch in Suk al-Gharb sagte Amin Gemayel zu Ministerpräsident Schafiq Wazzan: »In den Bergen, da kämpfen doch nicht die Jumblatleute gegen unsere Armee. Das sind vor allen Dingen Palästinenser. Die PLO will wieder zurück nach Beirut.« Er gab allerdings zu, daß er den Drusenführer wohl als seinen Feind betrachten müsse: »Unser Kampf ist sicher gegen Walid Jumblat gerichtet. Doch dieser Mann hat sich verändert. Das ist nicht mehr der Jumblat, den ich einst gekannt habe. Der Junge entwickelt sich fast wie sein Vater. Er ist genauso unberechenbar geworden. Der Jumblat von heute ist ganz in der Hand der Syrer.«

Die syrische Führung wiederum, so sagte Gemayel, sei mit dem Clan der Geistlichen im Iran verbündet und daher gezwungen, iranische Ziele zu unterstützen. Dazu gehöre der Plan, den Libanon den Schiiten auszuliefern, gerade den Angehörigen der fanatischen Richtung, die in Baalbek hausten. Jumblat sei nur ein Handlanger für die Ausführung des Plans.

Hafez Assad, dies war Gemayels Meinung, hatte nichts dagegen, wenn die ihm hörigen PLO-Chefs samt Bewaffneten nach Beirut zurückkehrten. Der Syrer habe daher den Palästinensern erlaubt, gegen die libanesische Armee zu kämpfen. Ein Beweis für die Richtigkeit der Aussage des Präsidenten wurde wenige Tage später vorgezeigt. Es war kein falscher Beweis, und doch traf er kaum die Wahrheit.

Vier Leichen lagen in der heißen Septembersonne auf dem Paradeplatz vor dem Beiruter Verteidigungsministerium. Sie waren von einem Lastwagen gekippt worden, den libanesische Soldaten aus dem Hauptquartier des Brigadegenerals Michel Aun in Suk al-Gharb herun-

457

tergefahren hatten. Die Toten trugen Hosen und Jacken in Tarnfarben; die Kleidung war blutverschmiert. Neben den Toten flatterten Ausweispapiere im Wind. Wer sie aufhob, der konnte feststellen, daß ein Dokument von al-Amal al-Islamie offenbar auf den Namen eines Iraners ausgestellt war und daß ein Papier eine libysche Kennkarte war. Zwei der Toten wurden durch ihre Papiere als Mitglieder der PLO ausgewiesen. Der Sprecher der Armee sagte, mehr feindliche Opfer seien an diesem Tag nicht ins Hauptquartier der kämpfenden Truppe gebracht worden — kein einziger der Gegner sei Libanese.

Um den Wahrheitsgehalt der Feststellung des Armeesprechers zu untersuchen, fuhr Walid Jumblat eigens von Damaskus in seinen Stammpalast im Zentraltal des Schuf. Er wollte an Ort und Stelle prüfen, ob sich Palästinenser und Iraner tatsächlich gegen seinen Willen an den Kämpfen beteiligt hatten. Tage zuvor hatte der Drusenführer seinem Stab gesagt, er wünsche nicht, daß irgendeine andere Organisation die Lage ausnütze, um ihre Ziele zu verfolgen. Die Schlacht im Gebirge werde geführt für die Rechte der bisher benachteiligten Volksgruppen des Libanon, für die Zukunft der Drusen und der Schiiten, jedoch nicht für die unerfüllbaren Ansprüche der Palästinenser und nicht für die Ausdehnung der Iranischen Islamischen Revolution.

Jumblat mußte bei seinem Besuch in Muchtara allerdings feststellen, daß seine Anweisung nicht beachtet worden war. Seinen Vorwürfen begegneten die Unterführer der Miliz mit dem Hinweis, sie seien froh gewesen über jeden, der als Kämpfer Hilfe angeboten hätte; der Kampf um Suk al-Gharb sei schließlich nicht leicht. Die Verluste wären zeitweise nur durch Eingliederung fremder Freiwilliger auszugleichen gewesen. Da wäre wenig Zeit gewesen, nach der Herkunft zu fragen. Die Milizchefs meinten dazuhin, sie könnten nicht die libanesische Armee gegen andere Gruppen verteidigen, die entschlossen wären, auf die Soldaten zu schießen. Da habe sich zum Beispiel eine iranische Einheit ganz mutig geschlagen.

Ohne Wissen der Drusenführung, aber mit Zustimmung des allmächtigen syrischen Oberkommandos in der Bekaa hatte sich eine iranische Einheit, die bisher in Baalbek stationiert gewesen war, auf der Straße über Schtura in das Schufgebirge begeben. Der Ortsvorsteher von Baalbek, der den schiitischen Herren noch nicht ganz hörig geworden war, hatte die Abfahrt des Lastwagenkonvois, der mit 300 Bewaffneten beladen gewesen war, pflichtgemäß seiner vorgesetzten Behörde, dem Beiruter Innenministerium, gemeldet — aus dieser Quelle hatte Amin Gemayel seine Information erhalten, die ihn zu dem falschen Schluß verleitete, allein Fremde führten den Kampf, Drusenmilizionäre seien überhaupt nicht an der Schlacht um Suk al-Gharb beteiligt.

Dem iranischen Konvoi hatte sich auf dem Weg über Schtura ins Gebirge eine Kampfgruppe der Palästinenser angeschlossen, die geländegängige Fahrzeuge besaß. Diese Gruppe hatte monatelang in Zelten und Hütten im Beekatal auf irgendeine Betätigung gewartet. Die regnerischen Monate des Spätherbsts und des Winters standen bevor – da lockte Beirut, die Stadt, die ihnen jahrelang Obdach geboten hatte. »Auf nach Beirut!«, das war die Parole der durchfahrenden Iraner gewesen; ihr hatten die Palästinenser nicht widerstehen können.

Aus der rein zufälligen Allianz zwischen Iranern und Palästinensern versuchte die PLO-Führung, die am Ende des Sommers 1983 keinerlei Erfolge vorzuweisen hatte, ein Ereignis von historischer Bedeutung zu machen. In der libanesischen Hafenstadt Tripoli sagte Abu Hajem, der damals als enger militärischer Mitarbeiter Arafats galt: »Kämpfer der Organisation al-Fatah sind zusammen mit gleichgesinnten Verbündeten zum Sturm auf Beirut angetreten. Sie haben Minenfelder überwunden, um Suk al-Gharb erreichen zu können. Sie schießen von dort den Zugang nach Beirut frei.« Eine derartige prahlerische Erklärung, an der überhaupt nichts stimmte, konnte im Baabdapalast leicht den Eindruck entstehen lassen, die Palästinenser würden mit iranischer Unterstützung den Kampf im Gebirge führen, um den Westteil von Beirut für sich zu erobern.

Arafat selbst sah wenig Sinn darin, die Lüge zu bestätigen. Der PLO-Chef stellte richtig: »Der Kampf im Schuf ist eine interne Angelegenheit der Libanesen.« Dann machte er allerdings ein Angebot: »Alle unsere Verbände stehen dem Kameraden Walid Jumblat zur Verfügung. Er braucht nur zu rufen, und sie versammeln sich in Muchtara.«

Walid Jumblat aber antwortete in beleidigender Form: »Was glaubt dieser Zwerg? Wir wollen nicht, daß jemand, der mehr als ein Jahr aus dem Libanon weg war, hier große Bögen spuckt. In bombastischem Abgang hat Arafat Beirut verlassen. Zurückgekehrt ist er durch die schmale Hintertür Tripoli. Auf einem kleinen Boot!«

Arafats früherer Freund Walid Jumblat sprach die Wahrheit: Yasir Arafat war am 16. September 1983 in Tripoli auf wenig würdige Weise wieder an der libanesischen Küste gelandet.

Arafats Kampf um Tripoli

Vom Hafen Larnaka auf Zypern war Yasir Arafat übers Meer gekommen, auf einem gecharterten Frachtschiff, das unscheinbar und schrottreif gewesen war. Niemand, der ein gutes Schiff besaß, hatte es an die PLO vermieten wollen. Erstaunlich war: Kein israelisches Patrouilleboot hatte seine Überfahrt verhindert, obwohl es sich in Larnaka herumgesprochen hatte, daß sich der Vorsitzende der PLO in der Hafenstadt aufhielt, daß er zu Schiff weiterfahren wollte. Berichtet wird, er habe seinen Kopf während der zehnstündigen Seereise mit einer Perücke bedeckt gehalten. Der Sinn der Verkleidung sei nicht einzusehen gewesen: Die israelischen Patrouillenoffiziere hätten sich bei einer Kontrolle der wenigen Passagiere, die auf dem Frachtschiff mitreisten, sicher nicht täuschen lassen. Offensichtlich hatten die Seestreitkräfte Israels keinen Auftrag, nach Arafat zwischen Larnaka und Tripoli zu suchen. Daraus ist zu schließen, daß die israelische Regierung kein Interesse daran hatte, Arafats Ankunft in Tripoli durch Verhaftung des PLO-Chefs zu unterbinden. Die Selbstzerfleischung der palästinensischen Kampforganisation, die dann auf libanesischem Boden erfolgte, kam den Verantwortlichen in Jerusalem gerade recht.

Begonnen hatte der Streit unter Palästinensern im Frühjahr 1983. Arafat wollte im PLO-Oberkommando für das Bekaatal Umbesetzungen vornehmen. Zwei Offiziere sollten höhere Ränge bekommen. Doch die Absichten des obersten Befehlshabers stießen gleich bei ihrer Ankündigung auf massiven Widerstand. Kaum waren die Dekrete unterzeichnet, wurde dem PLO-Chef vorgeworfen, er habe Unfähige zu Kommandeuren ernannt; er habe Offiziere an die Spitze der Organisation gehoben, die bei der Verteidigung Beiruts versagt hätten, feige gewesen wären und ihre Einheiten im Stich gelassen hätten. Der Grund für ihre Beförderung sei nur gewesen, daß sie Arafat in allem recht gegeben hätten; die Beförderten seien als Jasager bekannt, als Kriecher. Arafat habe die für ihn Bequemsten zu hohen Befehlshabern bestellt.

Es blieb nicht bei diesem Vorwurf. Bald schon sprachen bisher treue Anhänger des Chefs von der Vetternwirtschaft in seinem Stab. Prinzipiell würden Posten und Geld denen zufallen, die Arafat als überlegenen Politiker und fähigen Feldherrn lobten. Die Kämpfer, die sich in der Bekaa aufzuhalten hatten, fühlten sich zurückgesetzt gegenüber denen, die sich mit Arafat nach Tunis begeben hatten. Wer in der Nähe des Chefs geblieben war, der profitierte davon. Viele Kommandeure durchschnittlichen Ranges hatten 20000 Dollar erhalten mit der Erlaubnis, dieses Geld an der Côte d'Azur oder in New York für Vergnügen auszugeben – Arafat hatte hinzugefügt, ein derartiger Urlaub sei nach den Strapazen von Beirut wohlverdient. Während diese bevorzugten Palästinenser bezahlte Freizeit verordnet bekamen, wurde von denen, die in der Bekaa stationiert waren, erwartet, daß sie den Kampf gegen Israel fortsetzten. Dagegen hätten die PLO-Kämpfer auch keineswegs gemeutert, wenn sie Befehlshaber bekommen hätten, die als Vorbild hätten gelten können, vor denen sie Achtung gehabt hätten.

Die Diskussion um Arafats Führungsstil weitete sich rasch aus. Schon wenige Tage nachdem Kritik an der Ernennung neuer Abschnittsbefehlshaber laut geworden war, verlangte die mittlere Schicht der Offiziere in der Bekaa einschneidende Reformen. Wortführer waren Mitglieder von Arafats ureigener Organisation al-Fatah, die den Kern der Hausmacht des PLO-Chefs gebildet hatte. Al-Fatah war die stärkste Gruppierung an Kämpferzahl und an politischer Bedeutung innerhalb der Palästinensischen Befreiungsbewegung. Was innerhalb von al-Fatah geschah, hatte Auswirkung auf die gesamte PLO. Offiziere der al-Fatah verlangten nun, Arafat dürfe keine einsamen Entschlüsse mehr fassen, sondern müsse sich mit einem Kollegium Gleichberechtigter abstimmen.

Bis zum erzwungenen Abzug der PLO aus Beirut hatte der Vorsitzende souverän allein entschieden. Er war nie auf den Gedanken gekommen, innerhalb von al-Fatah seinen wichtigsten Beratern Abu Jihad oder Abu Iyad Mitbestimmung einzuräumen. Sie hatten ihm auch nie ernsthaft über längere Zeit hinweg durch eine eigene Meinung imponieren können. Männer, die Abu Jihad oder Abu Iyad unterstanden, machten nun dem ganzen Führungsapparat den Vorwurf, seine Mitglieder seien korrupt und untertänig.

Dieses rasche Umsichgreifen der Unzufriedenheit, der aufmüpfigen Stimmung hatte Arafat kaum erwartet. Er war trotzdem nicht gewillt, die Entwicklung hinzunehmen. Er ließ zwar über die Zweckmäßigkeit der neuen Beförderungen mit sich reden, nicht aber über eine Reform der Führung. Er war überzeugt, den Mißmut schnell wieder in Begeisterung für seine Person ummünzen zu können. Von Tunis aus flog er nach Damaskus. Dort bezog er eine Befehlszentrale mitten in der Stadt. Sie sollte ihm Basis sein bei den Bemühungen, das Vertrauen aller Fatahoffiziere in der Bekaa wiederzugewinnen. Arafats Aufenthalt in Damaskus wurde jedoch am 24. Juni 1983 abrupt beendet, als ihm der syrische Präsident telefonisch mitteilen ließ, er habe aus Syriens Hauptstadt zu verschwinden.

Ursache des Hinauswurfs war Arafats Kühnheit gewesen: Er hatte deutlich in der Öffentlichkeit gesagt, daß hinter der Unzufriedenheit in der Organisation al-Fatah und hinter den Ansätzen zu einer Revolte Assads Geheimdienst stehe, der für seinen Herrn eine alte Rechnung zu begleichen habe. Hafez Assad hatte dem PLO-Chef nie verzeihen können, daß dieser nach dem Abzug aus Beirut nicht sofort nach Damaskus gekommen war. Arafat hatte die Abhängigkeit von Hafez Assad gefürchtet – Hafez Assad aber hatte Kontrolle über die PLO erringen wollen. Was dem syrischen Präsidenten im Herbst 1982 nicht gelungen war, das beabsichtigte er im Sommer 1983 zu erreichen. In der

Tat unterstützte sein Geheimdienst die Unzufriedenen in ihren Bemühungen, unabhängig von Arafat zu werden. Der Geheimdienst öffnete den Abtrünnigen einige Waffenlager, die bis dahin Arafat gehört hatten. Wenn Arafats Anklage auch berechtigt war, so war Hafez Assad trotzdem darüber verärgert. Im Zorn hatte der Präsident den PLO-Chef aus seiner Hauptstadt weisen lassen.

Von Damaskus aus war der abgeschobene Arafat nach Tunis geflogen. Dort war er allerdings isoliert, ohne Kontakte zu den Verbänden im Bekaatal. Er mußte in räumliche Nähe zu ihnen kommen. Das war der Grund gewesen, warum er am 16. September 1983 in die nordlibanesische Stadt Tripoli kam.

Zwei wichtige Palästinenserlager befinden sich direkt bei Tripoli. Nahr al-Bared und Baddawi. Mehr als 70 000 Menschen leben dort. Die meisten der Männer in beiden Lagern bekannten sich im Herbst 1983 zu Arafats Organisation al-Fatah. Sie begrüßten die Ankunft des Chefs mit großem Jubel. Sie improvisierten eine Parade bewährter Kämpfer und ganz junger Männer; sie feierten Arafat mit Sprechchören, die ewige Treue versprachen. Er hielt eine Rede, die von vermeintlichen Triumphen erzählte: »Unser heroischer Widerstand in Beirut und der geordnete Abzug waren gewaltige Siege unserer Revolution. Deutlich wird der Erfolg, wenn wir sehen, was aus unseren Feinden geworden ist. Ministerpräsident Menachem Begin und Verteidigungsminister Ariel Scharon haben aus den Ämtern scheiden müssen. Sie waren hoch oben, als wir triumphal aus Beirut abgereist sind. Dann aber hat sie das Schicksal schwer geschlagen. Aber wo ist die Palästinensische Revolution? Wir sind hier im Libanon!«

Mit Sprüchen täuschte er die Zuhörer. Vom 16. September 1983, vom Tag seiner Ankunft an, verschlechterte sich seine Situation im Libanon. In der Bekaaebene wuchsen sich Unzufriedenheit und Meuterei zur Rebellion gegen Arafat aus. Eine Gegenorganisation entstand. Der Mann, der die Rebellen um sich sammelte, hieß Abu Musa. Er war einer der Offiziere, die in Beirut Mut bewiesen hatten. Belohnung war ihm dafür nicht zuteil geworden – er hatte sie auch nicht gefordert. Die Mitkämpfer aber waren der Meinung, dieser integre Mann sei von der korrupten Clique um Arafat schlecht behandelt worden. So machten sie ihn zur Galionsfigur der Rebellion. Dem syrischen Präsidenten war Abu Musa recht.

Einige Verbände, die in der Bekaa Treue zu Arafat bewahrt hatten, wollten sich ihm in Tripoli anschließen. Sie wurden unterwegs von syrischen Truppen beschossen. Deutlich wurde, daß Hafez Assad den militärischen Konflikt mit Arafats Anhängern suchte.

Sicher war Arafats Zufluchtsort keineswegs. Die syrische Armee beherrschte auch das Gebiet der Stadt Tripoli, allerdings mit einer ganz wichtigen Ausnahme: Die Altstadt hatte sich ihre Unabhängigkeit bewahrt. Die Abschirmung gegenüber syrischer Besetzung und syrischem Einfluß war deshalb gelungen, weil in der Altstadt von Tripoli ein Mann zu bestimmen hatte, der nicht daran glaubte, daß die Regierenden in Damaskus Moslems mit guten Absichten seien. Dieser Mann, ein sunnitischer Geistlicher mit dem Titel Scheich, hieß Mohammed Schaaban. Der Fünfzigjährige galt als wortgewaltiger Prediger, der die Emotionen seiner Anhänger entflammen konnte. Er hatte die Parole ausgegeben: Kein Syrer betritt je die Stadt, die uns gehört.

Sein Mißtrauen galt der in Syrien ansässigen Sekte der Alawiten, zu der Hafez Assad, der syrische Präsident, gehört – und mit ihm wesentliche Persönlichkeiten der Führungsschicht in Damaskus. Scheich Mohammed Schaaban hielt die Alawiten für gefährliche Abweichler von den Fundamenten des rechten Glaubens; er warf ihnen vor, sie stellten Ali und Hussein, die Märtyrer von Kerbela und Nedschef, über den Propheten Mohammed. Wer derart in Glaubensfragen irrte, der sollte im Bereich um die Moschee des Scheichs herum nichts zu sagen haben. Da der Scheich Alawiten und Syrer gleichsetzte, galt sein Kampf der syrischen Armee, die seit Jahren bemüht war, den gesamten nördlichen Libanon zu beherrschen. Zur Abwehr des Expansionsdrangs der Syrer hatte sich Scheich Schaaban eine kleine, aber treue Miliz geschaffen.

Zu einem Zeitpunkt, als Kampfkraft und Kriegskasse der Miliz erschöpft waren, bot Yasir Arafat willkommene Hilfe an. Der PLO-Chef, vertrieben aus Beirut und Damaskus, sah eine Chance, sich einen neuen Brückenkopf am Ostufer des Mittelmeers zu schaffen. Wollte er glaubhaft machen, daß er mit politischen und militärischen Mitteln für eine Heimat der Palästinenser stritt, durfte er sich nicht weit entfernt an der Küste Nordafrikas aufhalten; er mußte wieder nahe an den Ort der Auseinandersetzung heran. Für Unterstützung war der bedrängte PLO-Chef bereit, einen Preis auszusetzen. Noch von seinem Hauptquartier in Tunis aus hatte Arafat versprochen, in die Kasse des Scheichs 20 Millionen Dollar in barem Geld zu bezahlen, wenn er in Tripoli gut aufgenommen werde. Dieses Versprechen hielt er. Im Handgepäck brachte er 30 Millionen Dollar nach Tripoli mit. So wurde die Waffenbrüderschaft zwischen den von Arafat geführten Resten der PLO und den sunnitischen Fundamentalisten von Tripoli besiegelt.

Arafat mußte für den Bestand dieser Waffenbrüderschaft allerdings ein beachtliches Opfer bringen: Sein gutes Einvernehmen mit den Verantwortlichen der Sowjetunion wurde zerstört. Sie hatten ihn seit Jahren regelmäßig freundlich empfangen, hatten ihn und seine Organisation anerkannt. Wenn ihm auch weder Breschnjew noch Andropow in kritischer Situation wirklich geholfen hatten, so war es für den PLO-Chef doch wichtig, den Eindruck aufrechtzuerhalten, wenigstens mit der einen Großmacht pflege er ein herzliches Verhältnis – wenn ihn schon die Regierung der Vereinigten Staaten mit hartnäckiger Verachtung behandelte.

An Beziehungen zwischen Arafat und den Kremlherren war Scheich Mohammed Schaaban freilich gar nicht interessiert; sie störten sein religiöses Empfinden. Die Atheisten in Moskau konnten in seiner Vorstellung kein geeigneter Umgang sein für seinen Verbündeten. Er selbst hatte eine blutige Abrechnung mit den Anhängern Moskaus in Tripoli vor. Den Scheich ärgerte, daß die Kommunisten immer wieder Anspruch erhoben, die Aufsicht über den Hafen Tripoli unterstehe ihnen. Kaum hatte er sich mit dem Geld, das Arafat ihm übergeben hatte, Waffen kaufen können, ließ der Scheich seine Miliz über das Hauptquartier der Kommunisten in der Hafengegend herfallen; an einer Mauer wurde ein Dutzend der wichtigsten kommunistischen Funktionäre von Tripoli erschossen. Mit Erstaunen registrierten die arabischen Politiker, daß der Vorsitzende der PLO die Wende vom Freund Moskaus zum Verbündeten einer Organisation vollzogen hatte, die den Kommunismus ausrotten wollte. Yasir Arafat – ein Gegner Moskaus, ein Helfer islamischer Fundamentalisten!

Er hatte keine andere Wahl gehabt. Er brauchte die Stadt Tripoli als Basis und den Hafen als Anlegeplatz für Versorgungsschiffe, wenn er ernsthaft an eine Verteidigung des nordlibanesischen Brückenkopfes denken wollte. Die Palästinenserlager Nahr al-Bared und Baddawi waren gegen einen Angriff schlecht zu schützen. Sie bestanden aus einer lockeren Ansammlung niederer und wenig stabiler Häuser, die im Straßenkampf kaum Schutz boten. Genau darin aber fühlten sich die Arafat-Getreuen überlegen. Sie wollten den Kampf gegen die Gegner in der Stadtmitte von Tripoli führen. Abu Jihad, der Stellvertreter im Oberkommando, meinte: »Laß sie hereinkommen in den Betondschungel! Dort, mitten in Tripoli, werden wir sie furchtbar schlagen!« Die Frage war nur, wer waren die Gegner, mit deren Angriff Arafat und Abu Jihad rechneten?

Beide sagten, die syrische Armee rücke mit starken Verbänden von Südosten auf Tripoli zu; sie habe den Plan, die Hügelkette ostwärts der Stadt zu besetzen, um Schußpositionen zu gewinnen, die für Nahr al-Bared und Baddawi gefährlich werden könnten. Arafat und Abu Jihad betonten immer wieder, sich nicht von Palästinensern bedroht zu fühlen.

Der syrische Präsident aber erklärte in Damaskus, seine Armee habe nicht die Absicht, Palästinenser anzugreifen. Es handle sich um eine

Auseinandersetzung innerhalb der PLO: Im Anmarsch auf Tripoli befänden sich allein Einheiten, die sich zu Abu Musa bekannten, zum Anführer der Rebellion gegen Arafat.

Beobachtungen an den Straßen südostwärts von Tripoli ergaben, daß tatsächlich nur Fahrzeuge der Palästinensischen Befreiungsbewegung unterwegs waren. Festzustellen war jedoch auch, daß Arafats Gegner über weitreichende Artillerie verfügten: Sie schossen aus großer Entfernung die Raffinerie von Tripoli in Brand. Die PLO hatte nie derart weitreichende Artillerie besessen. Die Syrer mußten eingegriffen haben.

Am Rand des Lagers Baddawi hatte sich Arafat ein Hauptquartier bauen lassen. Der Auftrag dazu war schon im Frühjahr 1983 erteilt worden. Jetzt war der Gebäudekomplex fertig. Er unterschied sich grundsätzlich von allen Zentralen, über die Arafat bisher verfügt hatte. Der Komplex bestand aus vier mehrgeschossigen Häusern, die eng im Viereck beieinanderstanden. In Europa hätten sie als Gebäude mittelständischer Eigentumswohnungen gelten können. Am Rand von Baddawi nahmen sich die vier Blöcke eigentümlich aus: Sie überragten die schäbigen Hütten und niederen Betonbauten der Flüchtlingsfamilien. In den vier Blöcken wohnten und arbeiteten Arafat und die Mitglieder seines Stabs. In Eile waren Wohnungsausstattungen und Büroeinrichtungen gekauft worden. Vor fabrikneuen Schreibmaschinen saßen junge Mädchen, die nicht damit umgehen konnten. Bis die PLO-Bürokratie in Baddawi funktionierte, war das Ende des Arafat-Brückenkopfs im Nordlibanon hereingebrochen.

Die Kraft der loyalen Verbände reichte nicht aus, um die Hügelkette im Osten von Tripoli zu halten. Als die Abu-Musa-Rebellen dort ihre Raketenwerfer stationiert hatten, wurden die Lager unter Beschuß genommen. Die Monate November und Dezember 1983 bildeten den zeitlichen Rahmen für den Tiefpunkt im Ansehen und in der Selbstachtung der PLO: Palästinenser schossen auf Palästinenser. Yasir Arafat hielt zwar die Fiktion aufrecht, nur eine ganz winzige Gruppe ehrloser Unterführer kämpfe auf der Seite der Gegner mit. Eigentlich aber seien Syrer, Libyer und Iraner aus Baalbek entschlossen, die PLO zu zerstören. Genauso wie Amin Gemayel verbreitete Arafat die Version von der Verschwörung der Fremden, und auch dem PLO-Chef wurde das Märchen nicht geglaubt.

Die beiden Lager Nahr al-Bared und Baddawi bilden kein zusammenhängendes Wohngebiet; zwischen ihnen erstreckt sich eine freie Fläche mit Baumbestand. Nahr al-Bared, auf deutsch »Kalter Fluß«, liegt am Meer nördlich von Tripoli; Baddawi aber gehört zu den nordöstlichen Ausläufern der Stadt. Die Menschen beider Lager gegen Aggressoren zu verteidigen, so hatte Arafat seit dem Tag seiner Ankunft in Tripoli oftmals gesagt, sei der einzige Zweck seiner Schiffsreise von Larnaka zum Festland gewesen. Er wolle die Frauen, Männer und Kinder von Nahr al-Bared und Baddawi vor Massakern bewahren. »Sabra und Schatila darf sich nicht wiederholen!« Bei jeder Rede war Arafat für dieses Versprechen mit Beifall belohnt worden. Kaum aber hatte sein als Befehlshaber wenig rühmlicher Stellvertreter auf militärischem Gebiet, Abu Jihad, erkannt, daß die Verteidigung beider Lager aus Mangel an ausgebildeten Kämpfern nicht möglich sein werde, da stimmte der Chef zu, daß alle bewaffneten Kräfte im Lager Baddawi zu konzentrieren seien.

Die Abfahrt der Kampfverbände aus Nahr al-Bared wurde von verzweifelten Frauen behindert, die der festen Überzeugung waren, sie und ihre Kinder würden von den nachrückenden Syrern erschossen oder erschlagen werden. Doch da fuhren keine syrischen Soldaten in Nahr al-Bared ein, sondern Einheiten, die dem Rebellen Abu Musa gehorchten. Sie benahmen sich diszipliniert – und ließen sogar die Arafatplakate an den Hauswänden hängen.

Unmittelbar nach der Räumung von Nahr al-Bared gab der PLO-Chef sein Hauptquartier in den vier höheren Häusern von Baddawi auf; er zog um in die Innenstadt von Tripoli. Scheich Mohammed Schaaban wies ihm ein Gebäude in einer engen Seitenstraße zu, das durch andere Häuser gegen Granaten und Raketen aus der Richtung der östlichen Hügelkette abgeschirmt war. Ein Schreibtisch in einem Zimmer des Erdgeschosses war nun sein Arbeitsplatz. Von hier aus suchte er die Hilfe arabischer und europäischer Regierungen zu aktivieren. Er verbot nicht, daß seine Unterführer davon redeten, Tripoli werde zu Arafats Stalingrad – wobei sich die loyalen Kommandeure in der Rolle der sowjetischen Verteidiger sahen, die den deutschen Ansturm abwehrten. Arafat selbst aber dachte nicht daran, lange in Tripoli auszuharren. Er wollte einen halbwegs ehrenhaften Abgang erreichen, um wieder nach Tunis reisen zu können.

Arafat hatte seinen Sinn für realistische Einschätzung der Situation bewahrt. Er wußte, daß er in Tripoli wenig wirkliche Freunde besaß. Der Solidarität des Scheichs Mohammed Schaaban waren Grenzen gesetzt: Der Geistliche durfte der ihm ergebenen Bevölkerung kein Übermaß an Leiden aufbürden. Zehntausende von Familien waren bereits aus der Stadt geflohen – meist nach Beirut. Keiner der Familienväter hatte Verständnis dafür gezeigt, daß er und seine Angehörigen Opfer bringen sollten für den sinnlosen Zerfleischungskrieg der PLO-Fraktionen untereinander. Die Fliehenden wußten nicht, ob sie die verlassenen Wohnungen bei einer Rückkehr überhaupt noch antreffen würden. Sie und die Zurückbleibenden fragten laut, welchen Zweck das Bündnis ihres Scheichs mit Arafat denn habe.

Das Zentrum von Tripoli lag Tag und Nacht unter Beschuß von wechselnder Intensität. Häuser wurden beschädigt durch Explosionen von Raketen mittleren Kalibers des sowjetischen Typs »Grad«: Sie rissen Wände auf, zerstörten Mobiliar. Doch sie entzündeten keine Brände. So blieb wenigstens die Bausubstanz der Altstadt erhalten. Bewohner, die sich nicht zur Flucht entschlossen hatten, mußten die Leiden erdulden, die zuletzt die Bewohner von Beirut ertragen hatten: Die Versorgung mit Strom und Wasser brach zusammen. Lebensmittel wurden knapp.

Tag für Tag nahm die Zahl der Toten zu. Vor dem Krankenhaus von Tripoli hatte das Rote Kreuz einen Containerwagen aufgestellt, der zuvor zum Überlandtransport von Fleisch gedient hatte. In diesen Kühlraum wurden die Toten zunächst gelegt. Die blutigen Reste waren in durchsichtigen Plastiksäcken verwahrt. Von morgens bis abends kamen Frauen und Männer, die einen Verwandten vermißten, hierher, um ihn unter den Toten zu suchen. Glaubten sie, den Vater oder Sohn gefunden zu haben, nahmen sie die Leiche im Plastiksack mit. Als die Leiden ohne Sinn über Tage andauerten, da sprach der sunnitische Politiker Raschid Karame, der in Tripoli zu Hause ist, deutliche Worte: »Unsere Stadt gehört nicht Yasir Arafat!«

Diese Worte mußte der PLO-Chef als Warnung verstehen. Raschid Karame repräsentierte die Händler von Tripoli, die in ihren Läden und vor ihren Marktständen Bewohner beeinflussen konnten. War Raschid Karame der PLO feindlich gesinnt, dann waren es bald auch die Bürger der alten Handelsstadt. So formierte sich die starke Schicht der Händler zur Opposition gegen die Präsenz palästinensischer Kampfverbände in Tripoli. Sie zwang auch den Geistlichen zur Kursänderung: Der Scheich mußte dem Vorsitzenden der PLO mitteilen, daß die Zeit des Aufenthalts in der Stadt zu Ende gehe.

Arafat hatte die Situation längst begriffen, doch er konnte nicht entsprechend handeln, denn die Wege aus Tripoli hinaus waren ihm versperrt. Hätte er die Stadt zu Land verlassen, wäre er von den palästinensischen Rebellen gefangengenommen worden, die bereits verkündet hatten, der bisherige Vorsitzende müsse wegen vielfachen Vergehens der Korruption und der Geldunterschlagung vor Gericht gestellt werden. Draußen auf dem Meer aber warteten israelische Schiffe auf ihn. Eine Möglichkeit, Tripoli durch die Luft zu verlassen, bestand nicht. Arafat blieb nur die Chance, sich durch Verhandlungen einen Weg zu öffnen.

Von allen westlichen Regierungschefs war der französische Staatspräsident gegenüber der PLO-Führung immer am hilfsbereitesten gewesen. Auch diesmal wurde Arafat vom Staatschef im Elyséepalast nicht im Stich gelassen. Der Kommandeur des französischen Kontingents der Internationalen Friedenstruppe im Libanon wurde von François Mitterrand angewiesen, durch seine Spezialisten eine Funkbrücke organisieren zu lassen, über die Gespräche aus dem belagerten Hauptquartier in Tripoli mit Regierungen in Ost und West vermittelt werden konnten. Damit war Arafat nicht mehr auf die ungenügende Telefonzentrale des Postamts Tripoli angewiesen. Er konnte direkt mit dem ägyptischen Präsidenten Mubarak reden, ihn bitten, Ronald Reagan anzurufen, damit dieser veranlaßt werde, für Arafat eine Abreisemöglichkeit zu schaffen. Mubarak erklärte sich tatsächlich bereit, den amerikanischen Präsidenten zu überzeugen, daß es im Interesse einer künftigen politischen Lösung des Nahostkonflikts klug wäre, Arafat vor den PLO-Rebellen und vor dem Zugriff der Israelis zu retten. Ronald Reagan hatte wiederum dem israelischen Ministerpräsidenten Schamir deutlich zu machen, die Vereinigten Staaten hätten kein Interesse an einem Verschwinden Arafats aus der Politik.

Die israelische Regierung hatte bis dahin erklärt, sie werde die PLO-Führung nicht ungehindert über das Meer abreisen lassen. Ministerpräsident Schamir wollte zu seinem Wort stehen. Der Prozeß der Meinungsänderung, der über die Funkbrücke in Gang gebracht worden war, benötigte Tage und Wochen. Nur zögernd änderte der israelische Ministerpräsident seinen Standpunkt. Die Politiker in Tel Aviv und Jerusalem sahen nicht ungern, wie sich zwei Fraktionen der Palästinensischen Befreiungsbewegung gegenseitig bekämpften und umbrachten. Der interne Streit hielt die PLO davon ab, Anschläge gegen Israel zu organisieren.

Israel gab letztlich nach. Zuvor aber bewiesen die israelischen Streitkräfte noch, daß sie in der Lage gewesen wären, die Falle um Arafat ganz zuschnappen zu lassen: Kanonenboote beschossen den Hafen von Tripoli und trafen Kaianlagen, an denen während der folgenden Tage griechische Fährschiffe anlegen sollten, um die loyalen PLO-Kämpfer und ihren obersten Chef abzuholen.

Unmittelbar vor Weihnachten 1983 fuhr Yasir Arafat mit rund tausend Männern ungehindert aus Tripoli ab. Französische Zerstörer begleiteten in einiger Entfernung den Transport, um sicherzustellen, daß nicht in letzter Minute ein Anschlag gegen die Flüchtenden erfolgte. »Aus humanitären Gründen«, so sagte François Mitterrand, werde dieser Schutz gewährt. In größerer Distanz beobachteten auch Einheiten der amerikanischen Seestreitkräfte den Vorgang über ihre Radaranlagen. Vor so vielen Zeugen wagte keiner der potentiellen Gegner, dem

Schiff des Verlierers Arafat den Weg zu verstellen. Diesmal konnte der PLO-Vorsitzende allerdings nicht von triumphalem Abzug reden. Er war von eigenen Truppen geschlagen worden. Zwar klammerte er sich weiterhin an die Fiktion, die Soldaten von Hafez Assad hätten gegen ihn gekämpft und Libyer und Iraner hätten ihnen geholfen. Doch der Selbstbetrug nützte nichts. Die PLO – und zwar beide Fraktionen – hatten beim Kampf um die Stadt Tripoli vor der Welt ihr Gesicht verloren. Eine Organisation, die – ohne Rücksicht auf das von ihr vertretene Volk – brutalen Bürgerkrieg führte, hatte das Recht eingebüßt, für dieses Volk eine Heimat, einen Staat zu fordern. Opfer des Bruderkriegs aber waren der Libanon und die Libanesen gewesen.

Als Arafat abgereist war, sagte Raschid Karame, der Politiker aus Tripoli: »Ich hoffe, daß Arafat nie mehr wiederkommt. Er hat bei uns Krieg geführt und nicht in seinem Land. Mancher glaubt auch jetzt noch, er müsse bei uns Krieg führen.« Karame, der sich immer vorsichtig ausdrückte, meinte die militärischen Verantwortlichen der Vereinigten Staaten von Amerika.

Die hilflose Großmacht im Libanonkrieg

Überrascht waren die libanesischen Soldaten, die in Gräben und hinter Mauern in Deckung lagen, als ein schlanker Oberst in der Tarnuniform der amerikanischen Marines aus einem gepanzerten Kettenfahrzeug stieg. Er grüßte freundlich, doch er stellte sich nicht vor. Auf einem kleinen, schwarzen Schild, das der Oberst an der linken Jackenseite trug, war sein Name zu lesen: Gatanas. Er hatte einen Leutnant bei sich, einen Gefreiten und fünf Soldaten. Die Marineinfanteristen waren bewaffnet mit M-16-Sturmgewehren. Die Libanesen, Verteidiger von Suk al-Gharb, fragten sich, ob diese Gruppe amerikanischer Marines aktiv am Kampf um die Bergstadt am Rande des Schufgebirges teilnehmen wollte. Willkommen wären sie gewesen als Frontkameraden. Die Lage der libanesischen Soldaten war kritisch: Die Angreifer bedrängten die Stadt von drei Seiten; die Verteidiger waren ständigem Feuer der feindlichen Raketenwerfer ausgesetzt. Nach dem, was am Vortag geschehen war, hielten es die Offiziere und die Soldaten der 8. Libanesischen Brigade keineswegs für ausgeschlossen, daß die Marines gekommen waren, um in Suk al-Gharb mitzukämpfen.

Am 19. September 1983, am Tag vor der Ankunft von Oberst Gatanas, war die Räumung von Suk al-Gharb fast nicht mehr zu vermeiden gewesen. General Michel Aun, der Kommandeur der 8. Brigade, hatte bereits einen Plan zum halbwegs geordneten Rückzug auf eine Position in der Ebene ausarbeiten lassen. Die Ausführung des Plans hätte bedeutet, daß sich der Amtssitz des Präsidenten Amin Gemayel in direkter Frontnähe befunden hätte. Der weitere Aufenthalt des Staatchefs im Baabdapalast wäre unmöglich gewesen. Michel Aun war sich der Konsequenz bewußt: Verließ Amin Gemayel den Baabdapalast, um ins christliche Gebiet zu fliehen, dann konnte er sich nicht mehr Präsident der Libanesen nennen, dann existierte kein Hauch von Legalität mehr, dann war das Ende der Staatsautorität im Libanon gekommen.

Doch im letzten Augenblick, ehe General Aun den Befehl zum behutsamen Loslösen seiner Soldaten vom Feind gab, geschah ein Wunder: Die amerikanischen Kriegsschiffe, die vor der libanesischen Küste lagen, begannen Salve auf Salve schwerer Geschosse gegen die Stellungen der Drusenmiliz im Osten und Nordosten von Suk al-Gharb zu feuern. Vierzig Minuten lang dauerte die Kanonade; insgesamt schlugen 120 Granaten in die Aufmarschbasen der Kämpfer des Walid Jumblat ein. General Michel Aun konnte aufatmen: Der Druck der Angriffe der feindlichen Miliz ließ sofort nach. Die Vereinigten Staaten hatten ihn und das Regime Amin Gemayel gerettet.

Die Beteiligung des Zerstörers »John Rodgers« und des Lenkwaffenkreuzers »Virginia« wurde vom Kommandeur der amerikanischen Marines, Oberst Timothy Geraghty, als »naval gunfire support mission« bezeichnet. Walid Jumblat aber sagte in seinem Hauptquartier in Muchtara: »Die Amerikaner sind absonderliche Leute. Da fahren sie 4000 Meilen weit auf ihren Schiffen, um den Boden bei der winzigen Stadt Suk al-Gharb im Schufgebirge mit Granaten umzupflügen.«

Verwundert waren auch die Bewohner von Westbeirut gewesen. Der Kreuzer »John Rodgers« hatte seinen Liegeplatz unmittelbar vor der Küstenstraße, der Corniche. Seine Granaten waren lärmend über die Stadt gerauscht. In dieses Geräusch hatte sich der Donner der Abschüsse gemischt. Aus dem gewaltigen Krach und dem Klirren ihrer Fensterscheiben hatten die Menschen in Westbeirut entnehmen können, daß der Krieg eine neue Dimension erhalten hatte: Die Streitkräfte der Vereinigten Staaten hatten zum erstenmal mit ihrer gewaltigen Feuerkraft aktiv in die Kämpfe eingegriffen. Sie hatten damit aufgehört, Teil der Internatioanlen Friedenstruppe im Libanon zu sein, der die Aufgabe zugewiesen war, den Frieden zu wahren. Die USA waren Kriegspartei auf seiten der Armee des Präsidenten Gemayel geworden. Der Präsident hatte immer gehofft, die Regierung der USA würde nicht nur seine Soldaten ausbilden, sondern auch direkt mitkämpfen. Er glaubte, sein Wunsch gehe nun in Erfüllung.

Vizeadmiral Edward Martin, der Befehlshaber der 6. Amerikanischen Flotte, zu der die Kriegsschiffe »John Rodgers« und »Virginia«

470

gehörten, dämpfte diesen Optimismus keineswegs, als er eine Erklärung abgab für seinen Entschluß, die Drusenstellungen beschießen zu lassen: »Sie sind als militärische Ziele zu betrachten, die eine Gefahr darstellen für die Verteidigungslinien der libanesischen Armee in Suk al-Gharb. Werden diese Verteidigungslinien durchbrochen, dann gerät die Basis der Marines beim Flughafen Beirut in Gefahr, von den regierungsfeindlichen Verbänden umzingelt und überrannt zu werden. Deshalb ist die Erhaltung der Verteidigungslinien bei Suk al-Gharb von lebenswichtigem Interesse für die Vereinigten Staaten von Amerika. . . . These naval gun fire support missions are defensive actions.« So war im Rahmen dieser Verteidigungsmaßnahmen nicht auszuschließen, daß Oberst Gatanas im gepanzerten Kettenfahrzeug nach Suk al-Gharb gekommen war, um den Einsatz von Kampfverbänden der Marines vorzubereiten.

Doch so weit wollte die Regierung der Vereinigten Staaten nicht in den Libanonkonflikt hineingezogen werden. Am späten Nachmittag erhielt Oberst Gatanas, der durch ein Funkgerät ständig mit der Basis der Marines am Flughafen verbunden war, den Befehl, mit seinen Männern aus Suk al-Gharb wieder abzufahren. Er hatte nur den Auftrag gehabt, die Wirkung des Beschusses vom Vortag zu erkunden. Vizeadmiral Martin hatte wissen wollen, ob die Schiffe »John Rodgers« und »Virginia« wirklich präzise die vorgegebenen Ziele getroffen hatten. Die Erkenntnisse des Obersts wurden ergänzt durch Äußerungen von Walid Jumblat, der auf einer Pressekonferenz in Damaskus zugab: »Meine Männer waren dabei, Suk al-Gharb zu überrennen. Sie sind vom Feuer der Schiffsgeschütze gezwungen worden, sich weiter in die Berge zurückzuziehen. Sie haben dabei durch das Sperrfeuer der Amerikaner starke Verluste erlitten.«

Walid Jumblat warnte die Regierung der Vereinigten Staaten: »Sie befindet sich jetzt mitten im Krieg. Sie muß mit Gegenangriffen rechnen. Entweder meine Miliz oder die meiner Verbündeten werden den kriegführenden amerikanischen Soldaten schmerzhafte Schläge zufügen. Es ist mir gleichgültig, ob die Amerikaner als Marineinfanteristen am Boden gegen uns kämpfen oder ob sie mit der Schiffsartillerie schießen. Die Amerikaner sind unsere Feinde geworden.«

Einen Monat später wurde die Drohung, irgend jemand werde den amerikanischen Soldaten schmerzhafte Schläge zufügen, Wirklichkeit: Das Gebäude des Hauptquartiers der Marines am Flughafen Beirut wurde zum Trümmerhaufen, zum Massengrab.

Das äußere Bild der Stellungen der Amerikaner veränderte sich. Bis dahin hatten die Marines in Zelten unter schattenspendenden Netzen gelebt. Nach dem Anschlag verbrachten sie die Nächte und die Freizeit in Bunkern. Die Männer waren den ganzen Tag damit beschäftigt, Unterstände zu graben und Sandsäcke zu füllen. Material dafür war genügend vorhanden: Der Boden beim Flughafen Beirut besteht aus Sand. Dicke Lagen von Sandsäcken sicherten bald Stellungen und Aufenthaltsräume. So verschwanden die luftigen Unterkünfte; die Basis der Marines wurde zur Festung. »Condition One« bestimmte das Leben der Soldaten, »Alarmstufe Eins«.

Wer mit den amerikanischen Soldaten in den Sandlöchern sprach, dem sagten sie ohne Scheu, daß sie heim wollten. Das unaufhörliche Dröhnen des Artilleriefeuers in den Ausläufern der Schufberge südostwärts des Flughafens zerrte an den Nerven. Viele der Marines hatten den Überfall auf Grenada mitgemacht. Die Operation dort sei eine Kleinigkeit gewesen, meinten sie, denn sie habe nur Stunden gedauert. In Beirut aber halte das »Bum-bum-bum« schon wochenlang an.

Zeitweise weitete sich die Zone aus, die vom Artilleriefeuer betroffen war. Die braungrauen Wolken, die durch Einschläge in die Erde entstanden, zogen die Hügel herunter und in die Basis der Amerikaner hinein. Sofort reagierten die Schiffsgeschütze mit Gegenfeuer. Doch bis die Kanonen der Drusenmiliz zum Schweigen gebracht waren, hatten die Marines bereits Verluste erlitten. Mehrmals in jeder Woche hatten die Hubschrauber Holzkisten mit Toten hinaus zu den Schiffen zu transportieren. Von dort wurden die Kisten auf Friedhöfe in den USA geschickt.

Den Offizieren der Marines war gesagt worden, die amerikanische Truppe halte sich im Libanon auf, um dem Präsidenten Amin Gemayel zu helfen, seine legale Macht zu stabilisieren und den Machtbereich auszudehnen. Oberst Timothy Geraghty, der Kommandeur der Marines, sah die Aufgabe so: »Unsere Unterstützung geht so weit, daß wir der libanesischen Armee helfen, damit sie die Kraft hat, das zu tun, was sie tun muß.« In der Praxis bedeutete dies, daß die amerikanischen Einheiten immer dann eingreifen mußten, wenn die libanesischen Soldaten in schwierige Situationen geraten waren.

Südöstlich des Flughafens, beim Dorf Schweifat, hielten die Marines den türmchenartigen Aufbau eines Bauernhauses an einer Straße besetzt. Acht Mann gehörten zu diesem Posten. 20 Meter vom Bauernhaus entfernt befand sich ein Checkpoint der libanesischen Armee. Die Soldaten dort gerieten häufig unter Beschuß durch einen Verband der Drusenmiliz, der sich in Schweifat verschanzt hatte. Die Marines, die vom Türmchen aus sahen, was vorging, fühlten sich jedesmal veranlaßt, den Soldaten durch Schüsse gegen die Drusenstellung zu helfen. Walid Jumblat selbst hatte mehrmals durch Kontaktpersonen dem Obersten Geraghty sagen lassen, seine Männer sollten sich aus den Gefechten zwischen Drusen und der libanesischen Armee am Ortsausgang von Schweifat heraushalten – doch die Mahnungen blieben unbeachtet, bis schließlich ein Volltreffer das Türmchen traf. Der Eigentümer des Gebäudes, ein Bauer, erinnert sich: »Da war über Minuten eine heftige Schießerei zu hören. Oben knatterte ein Maschinengewehr. Plötzlich ein Schlag, dann Schreie. Gleich darauf eine Explosion.« Vier Marines waren getötet worden. Zwei der Männer waren durch Explosion der Handgranaten zerfetzt worden, die sie umgeschnallt am Leib getragen hatten.

Die steigende Zahl amerikanischer Kriegsopfer alarmierte Politiker in Washington, die sich daran erinnerten, daß auch der Vietnamkonflikt für die Vereinigten Staaten mit geringem Truppenengagement begonnen hatte, um dann in einer militärischen Katastrophe unter bitteren, sinnlosen Opfern zu enden. Gegner der Präsenz der Marines im Libanon führten an, der Präsident sei gezwungen, sich für den Einsatz amerikanischer Soldaten in Übersee an Regeln zu halten, die der War Powers Act vorschreibe. Diese Regeln verbieten den Einsatz amerikanischer Truppen in Kriegen, die nicht öffentlich erklärt wurden. Ausnahmen sind nur über einen Zeitraum von sechzig Tagen, in Sonderfällen von neunzig Tagen möglich. Der War Powers Act galt seit dem Jahr 1973. Er sollte verhindern, daß ein Präsident die Vereinigten Staaten in einen Konflikt nach Art des Vietnamkrieges verwickelte.

Präsident Ronald Reagan hatte sich zuerst seinen Kritikern und Gegnern im Kongreß nicht beugen wollen. Sein Argument war gewesen, die amerikanischen Soldaten im Libanon seien nicht in kriegerische Handlungen verwickelt; sie seien Teil einer Friedenstruppe, die nicht kämpfe, sondern durch ihre Gegenwart sogar Kämpfe verhindere. Als immer mehr Särge aus Beirut in den USA eintrafen, war dieses Argument nicht mehr zu verwenden. Reagan berief sich nun darauf, der War Powers Act beschneide seine Rechte als Präsident und Oberbefehlshaber, aber er mußte sich schließlich auf einen Kompromiß einlassen, der im Prinzip die Regeln des War Powers Act bestätigte, doch in diesem konkreten Fall dem Präsidenten gestattete, die Marineinfanteristen bis zum Jahr 1985 im Libanon zu belassen.

Dieser Kompromiß war noch vor dem 23. Oktober 1983 ausgehandelt worden – also vor dem Tag, an dem das Hauptquartier der Marineinfanteristen durch jene gewaltige Detonation zum Einsturz gebracht wurde. Schon unmittelbar nach dem 23. Oktober 1983 war auch der eben geschlossene Kompromiß bereits faul geworden. Ronald Reagan stand erneut unter Druck, die amerikanischen Soldaten aus dem Libanon zurückzuholen.

Wurde Oberst Timothy Geraghty, der oberste Offizier der Marines,

473

gefragt, ob er wisse, welche politischen Kräfte des Libanon zu den Gegnern der US-Marineinfanteristen zu zählen seien, dann antwortete er ehrlich, daß er dies nicht so genau sagen könne: »Ich habe keine Informationen, auf wen wir eigentlich schießen. Ich erfahre nur, daß aus bestimmten Positionen auf die libanesische Armee oder auf uns gefeuert wurde. Auf diese Positionen feuern wir dann zurück. Im Fall von Suk al-Gharb werde ich nicht informiert, wer in den Stellungen dort sitzt, die den Libanesen und uns gefährlich werden. Ich habe keine Möglichkeit zu erfahren, wer dort die Raketenwerfer bedient. Das könnten Milizionäre der Progressiven Sozialistischen Partei von Jumblat sein oder Palästinenser oder irgend jemand sonst.« Gar nichts wußte der Oberst über die Miliz zu sagen, die für das Stadtviertel Burj Barajne zuständig war, das im Osten des Flughafens unmittelbar an die Basis der Marineinfanteristen anstieß. Das Gebiet dort kontrollierte die schiitische Kampforganisation Amal, die von Nabih Berri kommandiert wurde. Zur Situation in Burj Barajne meinte Timothy Geraghty: »Was in den Häusern östlich des Flughafens geschieht, darüber bin ich nicht informiert.« Und gerade von dort wurden die Marines besonders häufig beschossen.

Nur wenige Meter von den Sandsackbunkern der Marines entfernt saßen die Scharfschützen der Amal hinter primitiven Erdwällen. Zeigte sich ihnen ein Ziel, dann schossen sie. Für die Marines bestand deshalb strikte Anweisung, die Stellungen, die in der Nähe des Stadtteils Burj Barajne lagen, nie zu verlassen, ohne den Stahlhelm aufzusetzen, ohne die splittersichere Weste anzulegen. Trotzdem gelang es den Schiiten immer wieder, Amerikaner zu töten. Häufig schlichen die Amalkämpfer nachts in das von den Marineinfanteristen überwachte Gebiet, um dort Minen im Boden der Fahrwege zu vergraben. Fuhr ein Jeep über eine der Minen, so schleuderte ihre Explosion das Fahrzeug in die Luft. Überlebten die Soldaten die Explosion und den Sturz aus dem Jeep, wurden sie von den Scharfschützen beschossen.

Kleine Abbildungen des Khomeinikopfes hatten die Scharfschützen auf ihre Gewehre geklebt. Im Gedächtnis hatten sie das Motto des Ayatollah: »Die Amerikaner sind Teufel. Sie müssen umgebracht werden.« Die Amalkämpfer waren bereit, im Gefecht gegen die Marines als Märtyrer zu sterben. Sie wurden jedoch nur selten getroffen.

Die Marineinfanteristen waren an folgende Anweisung gebunden: »Im Falle eines Angriffs wird mit derselben Waffenart zurückgeschlagen, die der Angreifer benützt hat.« Gegen die schiitischen Kämpfer war die Anweisung freilich kaum zu befolgen. Die Marines konnten nicht Scharfschützen einsetzen, um drüben, hinter den Erdwällen der Schiiten, einzelne Personen abzuschießen. Sie konnten auch nicht

Stoßtrupps nach Burj Barajne schicken, die dort Minen in der Straßendecke vergraben sollten. So waren die Marines den gezielten Schüssen hilflos ausgesetzt.

Ohnmächtig mußten die Marines am 6. Februar 1984 zusehen, wie jene entschlossenen Schiiten aus den Stadtteilen Burj Barajne und Schiah hervorbrachen, um sich Westbeirut zu erobern. Von einer Stunde zur anderen war die US-Streitmacht an Land auf allen Seiten von Feinden umgeben. Nur das Meer blieb den Amerikanern noch offen.

Befürchtet wurde von der Bevölkerung in Westbeirut, daß die amerikanische Regierung bereit sein würde, die Marines an der Seite der libanesischen Armee zur Rückeroberung der Stadthälfte einzusetzen. Doch die Furcht war unbegründet: Ronald Reagan hatte nicht mehr den Willen, Amin Gemayel durch direkten Einsatz amerikanischer Soldaten zu helfen. Er war jetzt auch von der Absicht getrieben, die Marines aus ihren belagerten Stellungen herauszuholen.

Doch nach dem Willen des amerikanischen Präsidenten sollte das Libanongebirge vor dem Abzug der amerikanischen Soldaten erzittern. Das Schlachtschiff »New Jersey« wurde dazu ausersehen, die Stellungen der Feinde der Gemayels auf den Bergen zu zertrümmern.

In der Nähe der Paßhöhe Deir al-Beidar liegt die Armeekaserne Hamana. Sie war während der zurückliegenden sechs Monate Zufluchtsort drusischer Offiziere und Soldaten gewesen, die dem maronitischen Oberbefehlshaber Ibrahim Tannous nicht länger folgen wollten. Für Amin Gemayel waren diese Drusen Deserteure, die bestraft gehörten. Die Bestrafung sollten die Amerikaner übernehmen – mit den Schiffsgeschützen der »New Jersey«, die 39 Kilometer weit feuern konnten. Das Oberkommando der 6. Amerikanischen Flotte, beauftragt, das Gemayelregime zu stabilisieren, ließ sich überzeugen, daß die Kaserne samt drusischer Besatzung vernichtet werden müsse.

Mehr als eine Tonne wog jedes Geschoß, das die gewaltigen Geschützrohre des Schlachtschiffes auf der Flugbahn in die Berge verließ. Als Treibsatz für die Granaten detonierten jeweils 55 Kilogramm Sprengstoff. Das Ziel lag etwa 25 Kilometer Luftlinie von der Küste entfernt: ein zweistöckiger Bau auf dem Areal eines halben Fußballplatzes. 290 dieser Riesengeschosse wurden von der »New Jersey« in Richtung der Kaserne von Hamana abgefeuert – doch kein einziges traf. In der Felslandschaft ringsum waren Einschläge zu beobachten. Ein Treffer riß einen Krater von einem unfertigen Haus im Dorf Falugha, das sich zwei Kilometer nördlich von Hamana befindet. Kapitän Richard Milligan, der Kommandant des Schlachtschiffes, räumte ein, die »New Jersey« habe ihre Aufgabe nicht erfüllen können. Walid Jumblat, dem die tausend drusischen Soldaten und Offiziere in Hamana gehorchten, spottete: »Wir nehmen zugunsten der Amerikaner an, daß sie diesmal mit Platzpatronen gegen uns geschossen haben!«

Da stärkste Geschütze nichts genützt hatten, war das Vertrauen der amerikanischen Soldaten in die eigene Leistungsfähigkeit zerbrochen. Noch im Verlauf des Monats Februar 1984 verließ eine Einheit nach der anderen die Bunker und Sandsackstellungen am Flughafen Beirut. Kein Libanese verabschiedete die amerikanischen Soldaten.

Auf der Suche nach der libanesischen Identität

Mit Bestürzung verfolgten die Christen des Libanon den schmählich raschen Abzug der amerikanischen Marineinfanteristen. Unwichtig war, daß auch die italienischen und englischen Soldaten Beirut verließen. Von psychologischem Gewicht war allein die abrupte Abkehr des amerikanischen Interesses vom Libanon. Einmal noch feuerte die »New Jersey« ihre Riesengeschosse in Richtung Gebirge – als Revanche für Raketenfeuer der Drusen auf christliche Wohngegenden. Doch Anfang März 1984 verließ ein US-Kriegsschiff nach dem anderen die libanesischen Gewässer. Eines Morgens war der Horizont völlig frei.

Alleingelassen waren die libanesischen Politiker aller Fraktionen gezwungen, selbst nach einer Lösung ihres nationalen Problems zu suchen. Betroffen vom Zwang zu handeln war vor allem die Partei des Präsidenten. Bis dahin hatte der Gemayelclan geglaubt, er könne der Regierung der Vereinigten Staaten getrost die Verantwortung für die Stabilisierung der maronitischen Herrschaft überlassen. Ganz ohne Grund war das Vertrauen in die Großmacht nicht gewesen: Ronald Reagan hatte dem libanesischen Präsidenten durch wechselnde Nahost-Sonderbotschafter versprechen lassen, die Präsenz der USA in Beirut werde so lange bestehen bleiben, bis die Legalität, repräsentiert durch die Person des Staatschefs, im ganzen Lande Libanon respektiert werde. Der fluchtartige Rückzug der US-Streitmacht zwang Amin Gemayel, mit seinen bisherigen Gegnern ernsthafte Gespräche aufzunehmen.

Ein halbherziger Versuch war schon im Herbst 1983 unternommen worden. Unter Aufsicht des syrischen Außenministers Abdel Halim Khaddam hatten sich die Vertreter der Bürgerkriegsparteien im Genfer Intercontinental-Hotel getroffen. Eingeladen hatte Amin Gemayel, verblendet von maßlosem Optimismus. Nur Wochen zuvor hatte er gesagt, wenn er sich nur fünf Minuten lang mit Walid Jumblat unterhalten könne, seien die Probleme gelöst, denn schließlich sei Jumblat, wie er selbst auch, ein Patriot, der seine Heimat über alles stelle. Diesen Optimismus hatte allerdings Amins Vater nie geteilt. Scheich Pierre war der Meinung: »Wir Libanesen haben acht Jahre lang nur geschossen und uns nie ausgesprochen. Wir verstehen uns doch überhaupt nicht mehr. Der Erfolg einer solchen Konferenz liegt vor allem darin, daß wir uns dazu überwinden, uns an einen Tisch zu setzen.«

Überwindung kostete zunächst die Beilegung eines internen christlichen Konflikts. Nach der Ermordung seines Sohnes Tony, seiner Schwiegertochter und deren Kleinkind im Jahre 1978 durch Angehörige der Beschir-Gemayel-Miliz hatte sich Sleiman Frangieh geschworen, keinem Mitglied der Gemayelfamilie jemals mehr die Hand zu geben, bis die Tat gerächt sei. Präsident Amin Gemayel gehörte zu dieser Familie – solange sich Amin Gemayel und Sleiman Frangieh nicht verständigten, konnte kaum damit gerechnet werden, daß beide während der Konferenz am selben politischen Strang zogen. Die Gelegenheit zur Aussöhnung bot sich in Genf.

Die Schweizer Polizei hatte in der Eingangshalle des Hotels Intercontinental Vorrichtungen zur Entdeckung versteckter Waffen aufstellen lassen – wie sie jedem Reisenden von Flughäfen her vertraut sind. Durch den mannshohen Bogen der elektronischen Anlage hatten auch die libanesischen Konferenzteilnehmer zu gehen. Walid Jumblat, Nabih Berri, Scheich Pierre Gemayel, Camille Chamoun, Saeb Salam, Raschid Karame und sogar Präsident Amin Gemayel hatten sich elektronisch abtasten lassen – nur Sleiman Frangieh weigerte sich. Der Überredungsversuch des zuständigen Offiziers der Genfer Kantonalpolizei scheiterte: Der frühere Präsident des Libanon setzte sich, angetan mit Mantel und Pelzmütze, auf einen Stuhl und wartete darauf, daß die Schweizer Verantwortlichen eine Entscheidung träfen, die es ihm gestatten würde, den Konferenzsaal mit der Pistole im versteckten Halfter zu betreten. Er hatte dem Polizeioffizier gesagt, er trage selbstverständlich eine Pistole bei sich. Nach einer Viertelstunde Wartens verließ Sleiman Frangieh wütend das Hotel. Er wolle bei Freunden den Nachmittag verbringen, sagte er. Damit schien die Konferenz gescheitert.

In diesen kritischen Minuten erkannte der sunnitische Politiker Saeb Salam eine Chance zur Aussöhnung der beiden zerstrittenen Maroniten. Er sorgte dafür, daß Sleiman Frangieh zum Tagungsort zurückkam und daß ihm in der Hotelhalle Amin Gemayel entgegentrat. Sleiman Frangieh gab dem Mitglied des Gemayelclans die Hand und küßte ihn auf die Wangen. Die Aussöhnung war vollzogen – wenigstens zwischen Amin Gemayel und Sleiman Frangieh.

Für die Bewältigung des eigentlichen Problems war damit freilich noch nichts gewonnen. Dafür, daß die Sinnlosigkeit des Versuchs einer Aussöhnung zwischen der drusisch-islamischen Allianz und den christlichen Politikern sichtbar wurde, sorgte der Drusenführer Walid Jumblat. Er hatte einen Fotoapparat in den Konferenzraum mitgebracht und bemühte sich nun dort, Aufnahmen von Camille Chamoun und Scheich Pierre Gemayel zu machen. Diese Fotografierversuche waren von übertriebener Mimik und Gestik begleitet. Laut hörbar sagte Walid Jumblat: »Diese Mumien nehme ich für mein privates Archiv auf. Nie mehr werde ich eine derartig günstige Gelegenheit dazu haben.«

Walid Jumblat und Nabih Berri, der Chef der Schiitenmiliz, stellten zu Beginn der ersten Phase der innerlibanesischen Gespräche den Antrag, zuerst müsse darüber diskutiert werden, wie die Definition für den Begriff »Libanese« laute – und sie berührten damit den wesentlichen Punkt des Problems.

Scheich Pierre Gemayel hatte sofort begriffen, daß Jumblat und Berri einen Beschluß der Konferenz erreichen wollten, der besagte, ein Libanese sei als Angehöriger des großen arabischen Volkes zu bezeichnen. Genau diese Definition des Begriffs »Libanese« wollte der Vorsitzende der Phalanges Libanaises aber verhindern. Er fühlte sich nicht als Araber; und er glaubte auch nicht daran, daß die Angehörigen der maronitischen Volksgruppe Araber sein wollten. Die meisten der Maroniten waren überzeugt, Nachfahren des alten Handelsvolks der Phönizier zu sein – und damit als Volk den Arabern an Alter überlegen. Im Konferenzsaal stand Scheich Pierre mit seiner Meinung von der elitären Stellung der Christen – und der Maroniten im besonderen – allein vor dem geschlossenen Widerstand der drusisch-islamischen Allianz. Nicht einmal der Maronit Camille Chamoun mochte dem Vorsitzenden der Phalangepartei in der Absicht folgen, einen Unterschied der Rasse zwischen Arabern und Libanesen konstruieren zu wollen. Er widersprach sogar dem Verbündeten auf seine schroffe Art. Scheich Pierre erklärte sich daraufhin bereit, die Frage nach der Identität der Libanesen einem internationalen Expertengremium zur Entscheidung vorzulegen. Diesem Gremium sollten vor allem französische Historiker angehören. Die Verlagerung politischer Entscheidungen auf die Ebene der Geschichtswissenschaft fanden alle übrigen Beteiligten seltsam. Mit diesem Vorschlag erntete Scheich Pierre den Spott von Walid Jumblat und Nabih Berri. Jumblat bemerkte bissig, er habe schon lange gesagt, mit Mumien könne keine Politik der Gegenwart gemacht werden.

Da er keinen Verbündeten für seinen Kampf um die Anerkennung der Einzigartigkeit der Libanesen im Nahen Osten fand, gab Scheich Pierre nach. Er resignierte, hatte nichts mehr dagegen einzuwenden, daß die Libanesen in den Verhandlungsdokumenten als Araber bezeichnet werden würden. Der Kämpfer für die Sonderstellung der Christen war plötzlich müde geworden. Sein Nachgeben aber löste zu Hause Ärger aus: Fadi Frem, der Befehlshaber der maronitischen Miliz, verkündete in Beirut, die Beschlüsse, die in Genf gefaßt werden, seien für ihn und für die gesamte Miliz der Phalanges Libanaises nicht bindend. Die Maroniten würden sich nie mit einer Einordnung in die Gesamtheit der Araber abfinden. Das Außergewöhnliche der Christen müsse von nun an stärker als jemals zuvor betont werden.

So wurde der erste Versuch, am Genfer See zu einer Versöhnung zwischen den zerstrittenen Repräsentanten der Volksgruppen des Libanon zu gelangen, aufgegeben. Die Führer der Maroniten, der Drusen, Sunniten und Schiiten wußten, daß vor einer neuen Gesprächsrunde bittere Kämpfe notwendig waren. Die Politiker hatten die »militärische Option« der friedlichen Lösung vorgezogen. Sie nahmen damit in Kauf, daß Hunderte von Menschen sterben würden.

Unterschiedlich waren die Ziele, die sich die Bürgerkriegsparteien für den Kampf gesetzt hatten. Solange noch die amerikanischen Marineinfanteristen und die schweren Geschütze der Schiffe »John Rodgers«, »Virginia« und »New Jersey« auf der Seite der Regierungstruppen in die Gefechte eingriffen, hatte Amin Gemayel die Hoffnung haben können, in weiten Teilen des Libanongebirges seine Autorität spürbar werden zu lassen. Mit dem Abzug des allerletzten amerikanischen Soldaten am 25. Februar 1984 war diese Hoffnung erloschen. Die Drusen aber spürten Aufwind.

Seit September 1983 hatte Walid Jumblat nicht mehr an einen Erfolg im Schufgebirge geglaubt; jetzt, da die Kriegsschiffe der USA kein Sperrfeuer mehr schießen konnten, hatte sich die Lage im Schuf verändert. Walid Jumblat gewann die Überzeugung, der am 19. September 1983 unterbrochene Vorstoß auf Suk al-Gharb könne jetzt wiederaufgenommen und zum Erfolg geführt werden.

Diese Überzeugung zerbrach allerdings am 29. Februar 1984 mit dem Besuch des libanesischen Präsidenten in Damaskus. Walid Jumblat verbarg seine Enttäuschung nicht: Noch am Abend des 29. Februar schoß die Artillerie der Drusenmiliz gegen die christlichen Wohngebiete im Osten von Beirut. Drusenchef und Kanoniere wollten die Christen dafür bestrafen, daß der syrische Staatspräsident den Maroniten Amin Gemayel mit Bruderkuß empfangen hatte. Eine solche Ehre war bisher nur Walid Jumblat und nicht einmal dem Schiitenführer Nabih Berri zuteil geworden. Hafez Assad und Amin Gemayel hatten eine erstaunliche Kehrtwendung vollzogen.

Geflogen waren Amin Gemayel und seine Begleitung die kurze Strecke zwischen Beirut und Damaskus. Das kleine Flugzeug mit Schweizer Kennzeichen war von der Präsidialkanzlei Wochen zuvor gechartert worden. Es war auf einer improvisierten Piste bei Byblos, auf einem Teilstück der nördlichen Autostraße, gestanden, bereit für den

Fall, daß für Amin Gemayel ein rascher Flug ins Ausland notwendig wäre. Jetzt hatte die Maschine den Präsidenten zum Staatsbesuch nach Damaskus gebracht.

Unter den flatternden Fahnen Syriens und des Libanon standen Hafez Assad und Amin Gemayel nebeneinander, um sich die Hymnen der beiden Staaten anzuhören. Salutschüsse hallten über das Flugfeld. In Beirut schossen die drusischen und schiitischen Verbündeten des Hafez Assad weiterhin auf den Baabdapalast; in Damaskus aber gab der syrische Präsident zu erkennen, daß er Amin Gemayel respektiere, daß er keine personelle Veränderung an der Staatsspitze des Libanon wolle. Vorausgegangen war eine politische Geste des Libanon, die nicht den Gepflogenheiten internationaler Politik entsprach. Der libanesische Staatschef hatte den mit Israel am 17. Mai 1983 abgeschlossenen Vertrag über den Rückzug israelischer Truppen einseitig aufgekündigt. Syrien hatte die Löschung des Abkommens – das, nach syrischer Meinung, Israel politische und wirtschaftliche Vorrechte gab – immer gefordert. Hafez Assad hatte sich jetzt durchgesetzt.

Obgleich Amin Gemayel eine wichtige Vorbedingung seines syrischen Gesprächspartners erfüllt hatte, verlief das Treffen zwischen den beiden Präsidenten zunächst keineswegs harmonisch. Hafez Assad eröffnete das Gespräch mit dem Vorwurf, die libanesische Regierung habe nie das Recht gehabt, ein Separatabkommen mit Israel zu schließen, um sich an die Seite des zum Glück toten Verräters Anwar as-Sadat zu stellen. Amin Gemayel verteidigte sich damit, er habe im Frühjahr 1983 Hinweise aus Damaskus als Zeichen des Einverständnisses mit dem Abkommen interpretiert. Seinem Vater, Scheich Pierre Gemayel, sei deutlich gesagt worden, er dürfe die Verhandlungen mit Israel forcieren. Hafez Assad entgegnete, von solchen Hinweisen wisse er nichts. Er schlug dann vor, Vergangenes vergangen sein zu lassen. Jetzt, da die amerikanischen Marineinfanteristen aus Beirut abgezogen seien, könne eine Erneuerung der Beziehungen zwischen den beiden Regierungen und den beiden Ländern angepackt werden. Hafez Assad sagte, er sei bereit, den Libanon wieder als Teil der arabischen Welt zu begrüßen. Die Libanesen hätten offensichtlich ihre arabische Identität wiedergefunden. Amin Gemayel widersprach nicht.

Den eindeutigen Verzicht auf das libanesisch-israelische Abkommen honorierte Hafez Assad ohne Zögern. Seine Worte klangen angenehm in Gemayels Ohren. Assad sagte, er trete dafür ein, die Autorität des libanesischen Staatspräsidenten zu stärken. Keine Rede könne davon sein, den Maroniten das Recht auf die Position des Staatschefs zu nehmen. Auch dürften die Vollmachten des Präsidenten nicht – wie von Jumblat und Berri gefordert – beschnitten werden. Assad versprach, so-

480

wohl Walid Jumblat als auch Nabih Berri zu veranlassen, ihren verbalen und militärischen Krieg gegen das Maronitenregime einzustellen und sich mit den Gemayels an den Verhandlungstisch zu setzen. Die Fortsetzung der Gespräche vom Genfer See, die im Spätherbst 1983 abgebrochen worden waren, sollte so ermöglicht werden. Lausanne war als Tagungsort vorgesehen. Der Drusenführer Walid Jumblat sagte bald darauf zu, nach Lausanne zu kommen. Die Schweiz gefiel ihm.

Der Chef der Progressiven Sozialistischen Partei fühlte sich wohl im Hotel Beaurivage am See, das so ausgesprochen den Stil der reichen Bourgeoisie aus der Zeit der Jahrhundertwende repräsentiert. In seiner Suite empfing Walid Jumblat Freunde und Feinde, um beiden zu sagen, wie sehr er Amin Gemayel verabscheue. Mit dem Schiitenführer Nabih Berri sei er sich darin einig, daß Amin Gemayel abgesetzt, vor Gericht gestellt und verurteilt werden müsse. Amin trage die Verantwortung für die Zerstörung von Suk al-Gharb und der schiitischen Beiruter Vororte. Für dieses Verbrechen gehöre Amin Gemayel hingerichtet: »Die Franzosen haben einst den Verräter Laval aufgehängt. Solche Strafen werden in zivilisierten Staaten vollzogen. Laßt uns Libanesen doch wenigstens einmal zivilisiert sein. Ich möchte auch so gern einem zivilisierten Staat angehören.«

Am Tag, als die Verhandlungen, begannen, schwoll der Bürgerkrieg in Beirut wieder an. Die Politiker versprachen sich gegenseitig, sie würden ihren gesamten Einfluß geltend machen, um die Milizionäre an der Demarkationslinie zur Feuereinstellung zu bewegen. Doch an jedem Abend war der Kriegslärm in Beirut zu hören. Der Ablauf der Gefechte folgte immer demselben Schema: Nach 18 Uhr gaben Milizionäre zuerst einzelne Feuerstöße aus Maschinenpistolen ab, dann schossen schwere Maschinengewehre, Granatwerfer und schließlich die Artillerie beider Seiten. In jeder Nacht starben Menschen in Beirut. Ihr Tod war ohne Sinn. Ob die Verhandlungen im Beaurivage-Hotel von Lausanne stockten oder ob die Kontrahenten miteinander sprachen, war ohne Auswirkung auf den Kriegsverlauf in der libanesischen Hauptstadt.

Gegner am Verhandlungstisch waren Scheich Pierre Gemayel auf der maronitischen Seite und Walid Jumblat mit Nabih Berri auf der Seite der drusisch-islamischen Allianz. Scheich Pierre verteidigte die Vorrechte der christlichen Volksgruppe: Unter keinen Umständen wollte er auf den Brauch verzichten, daß nur ein Maronit Oberbefehlshaber der Armee sein dürfe; ebenso müßten die Organe der Staatssicherheit in maronitischer Hand bleiben. Walid Jumblat und Nabih Berri forderten »Entkonfessionalisierung« der Armee. Offiziere sollten künftig nur nach Verdienst und nicht nach Religionszugehörigkeit befördert werden. Scheich Pierre besaß nicht die Handlungsfreiheit, in seiner Position flexibler zu werden. Verzichtete er auf Vorrechte, dann hatte er mit schroffer Reaktion des Milizkommandeurs Fadi Frem zu rechnen, der keinerlei »Verzichtspolitik« akzeptieren wollte. Da kein Kompromiß möglich war, wurde kein Ergebnis erzielt – nicht einmal ein stabiler Waffenstillstand konnte ausgehandelt werden.

Marwan Hamade, der politische Denker im Stab des Walid Jumblat, sagte: »Die Konferenzsituation ist unerträglich. Eine Minderheit, die täglich mehr zur Minderheit wird, tyrannisiert eine Mehrheit, die täglich mehr zur Mehrheit wird.« Die Christen, so wollte er damit sagen, wurden täglich an Zahl schwächer gegenüber der anwachsenden Bevölkerungsgruppe von Schiiten, Sunniten und Drusen.

Walid Jumblat verlor nach acht Tagen jegliche Lust, an den Verhandlungen teilzunehmen. Er besuchte nun, begleitet von seiner überaus eleganten Mutter, in Genf Waffenhandlungen und kaufte sich Pistolen neuester Bauart. Um Schweizer Bestimmungen für Waffenbesitz kümmerte er sich nicht. Er verlangte – mit Erfolg –, daß die Schweiz ihre Bestimmungen nach seinen Bedürfnissen richtete.

Die Konferenz von Lausanne endete, wie sie begonnen hatte – in Uneinigkeit. Bekräftigt wurde nur die Entschlossenheit, an der Demarkationslinie in Beirut Ruhe einkehren zu lassen. Doch diese Absprache war nicht verbindlich. Camille Chamouns Assistent kommentierte sarkastisch: »Das ist, wie wenn man einem Krebskranken Aspirin eingibt und dann glaubt, daß sein Leiden verschwindet!«

Ermüdung an der Front

Kaum waren die Konferenzteilnehmer auseinandergegangen, da entbrannte im islamischen Teil von Beirut ein interner Kampf: Am 22. März 1984 überfielen drusische und schiitische Milizionäre das Hauptquartier und die Rundfunkstation der sunnitischen al-Murabitun an der Mazraastraße. Der Angriff erfolgte überraschend, während des Sonnenaufgangs. Innerhalb weniger Minuten waren die meisten Mitglieder der sunnitischen Kampforganisation entwaffnet.

Ihr Chef, Ibrahim Kholeilat, befand sich an jenem Tag beim libyschen Revolutionsführer Moammar al-Kathafi in dessen Hauptstadt Tripolis. Kholeilat wollte Geld abholen für weitere Waffenkäufe. Genau diese Hinwendung zu Libyen wurde ihm von der Schiitenführung zum Vorwurf gemacht. Nabih Berri wollte keine Organisation in Westbeirut dulden, die von Moammar al-Kathafi abhängig war – der von den Schiiten beschuldigt wurde, er habe im Herbst 1978 den schiitischen Imam Musa Sadr umbringen lassen.

Da die enge Verbindung des Murabitunchefs Ibrahim Kholeilat zum libyschen Revolutionsführer kaum als ausreichender Grund für den Überfall auf das Hauptquartier und für die Entwaffnung der Kämpfer genannt werden konnte, mußten andere Vorwürfe erhoben werden. Jumblat und Berri klagten die Sunnitenorganisation an, sie störe durch Disziplinlosigkeit alle Bemühungen um Stabilisierung des Waffenstillstands. Dazuhin habe al-Murabitun die Absicht gehabt, der PLO die Eröffnung von Basen und Büros in Westbeirut wieder zu gestatten. Dieser Entwicklung aber müsse Einhalt geboten werden.

Die Zahl der Opfer der Aktion zur Ausschaltung von al-Murabitun war gering gewesen: Nur drei Milizionäre waren erschossen worden. Wichtig aber war die innenpolitische Bedeutung des Vorgangs. Das Resultat war, daß die Sunniten Beiruts keine Miliz, keine bewaffnete Streitmacht mehr besaßen. Gewicht in der innenpolitischen Auseinandersetzung hatte nur eine Volksgruppe, die ihren Forderungen durch Waffengewalt Nachdruck verleihen konnte. Nach Ausschaltung der Sunnitenmiliz war der einst einflußreiche sunnitische Politiker Saeb Salam nahezu bedeutungslos geworden. Die Sunniten Westbeiruts begannen sich zu fragen, ob dieser Teil der Stadt überhaupt noch als ihre Heimat gelten konnte.

Das Verschwinden der Murabitunkämpfer aus der Frontlinie bedeutete keineswegs einen höheren Grad an Disziplin in der Einhaltung von Waffenstillstandsabsprachen. Alle Übereinkünfte wurden verletzt. Die Ursache war darin zu suchen, daß die Frontkämpfer zu müde waren, um überhaupt noch aus ihrer täglichen Routine ausbrechen zu können. Sie schossen nicht aus Begeisterung, nicht aus Entschlossenheit zum Kampf. Sie waren nur noch erschöpft. Ein Leben außerhalb des Kriegs konnten sie sich nicht mehr vorstellen. Um an den Frieden zu denken, fehlte ihnen die Kraft. Die meisten hatten sogar Angst vor dem Frieden: Sie hatten kaum etwas anderes gelernt als den Umgang mit Waffen. Die Milizionäre lebten von der Organisation und in der Organisation. Sie bot ihnen Versorgung und ein Zuhause. Wurde die Organisation nicht mehr gebraucht, dann hatte auch ihr Leben seinen Sinn verloren. Solange sie in der Lage waren zu schießen, solange hatten die Milizionäre das Gefühl, gebraucht zu werden.

Fadi Frem nahm seinen Milizionären die Sorge vor der Auflösung ihrer Einheiten, vor der Demobilisierung. Er sagte den Offizieren und Mannschaften, die Kampforganisation der Phalanges Libanaises müsse unter allen Umständen erhalten bleiben, solange auf die libanesische Armee kein Verlaß sei. Er wollte damit sagen, die Christenmiliz werde nicht demobilisiert oder auch nur geschwächt, solange nicht gewährleistet sei, daß die Armee für immer den Maroniten gehöre. Die Miliz unter den aktuellen politischen Umständen aufzulösen würde Selbstmord für die christliche Volksgruppe bedeuten. Fadi Frem meinte, der Tag werde kommen, da die Armee noch die Hilfe der »Lebanese Forces«, der christlichen Streitmacht, benötige. Er rechne damit, daß der Oberbefehlshaber der Truppe, General Ibrahim Tannous, ihn noch bitten werde, bei der Stabilisierung der Front von Suk al-Gharb behilflich zu sein. Die »Lebanese Forces« würden in vorderster Linie kämpfen müssen, um zu verhindern, daß der Baabdapalast nach dem Zusammenbruch der Front von Suk al-Gharb in die Hand der Drusen fiel.

Die Soldaten nennen ihn den »Hügel mit den drei Achtern«. Er heißt so, weil in der Generalstabskarte der libanesischen Armee seine Höhe mit 888 Metern angegeben ist. Vom »Hügel mit den drei Achtern« ist das Schlachtfeld am Rand des Schufgebirges zu überblicken. Der Vergleich mit der Gegend von Verdun drängt sich auf. Über eine weite Strecke hin ist alles Leben erloschen. Ein Krater reiht sich an den anderen. Dazwischen stehen noch die zerfetzten Stümpfe einzelner Bäume und Mauerreste von Häusern. Nicht nur die Kleinstadt Suk al-Gharb ist nahezu dem Erdboden gleichgemacht, sondern auch die Dörfer Kalaat al-Hosn, Tallet al-Prince, Kors al-Medawar. Jeder dieser Ortsnamen hatte für die Soldaten eine eigene Bedeutung: Jeder war mit Opfern verbunden, mit Heroismus. Bei Gefechten um diese Orte waren jeweils Hunderte von Soldaten gefallen. Acht Monate lang hatte die 8. Libanesische Brigade die Hügellandschaft von wenigen Quadratkilometern Ausdehnung verteidigt. Der Stellungskrieg hatte an den Nerven gezerrt. Doch als sich Anfang Mai 1984 ein Ende des Kampfes in den Bergen abzeichnete, da war keiner der Soldaten froh.

Die Armee hatte bereits von General Ibrahim Tannous Befehl erhalten, sich auf den Abmarsch von Suk al-Gharb vorzubereiten. Vorausgegangen war der Versuch, eine »Regierung der Nationalen Einheit« einzusetzen. Sie war auf syrischen Druck hin entstanden: Präsident Hafez Assad hatte sich zwar bereit erklärt, die Position des Maroniten Amin Gemayel an der Staatsspitze nicht anzutasten, dafür war jedoch als Ministerpräsident ein Mann seiner Wahl einzusetzen. Hafez Assad hatte darauf bestanden, daß dieses Amt dem Sunniten Raschid Karame aus Tripoli gegeben werde. Karame war schon vor neun Jahren Ministerpräsident gewesen, am Beginn des Bürgerkriegs. Damals hatte er sich geweigert, der Armee die Aufgabe zu übertragen, die kämpfenden Parteien im Stadtzentrum von Beirut zu trennen. Die Frage war, ob Raschid Karame aus neun Jahren Erfahrung gelernt hatte.

Die Erschöpfung von Politikern, Soldaten und Milizionären begünstigte die Aufstellung der »Regierung der Nationalen Einheit«. Zumindest für den Augenblick war die Bereitschaft vorhanden, die heiße Phase des Krieges durch einen Zeitraum der Verhandlungen zu unterbrechen. Dazuhin war zu erkennen, daß Hafez Assad seine Geduld mit den Libanesen verloren hatte. Aus innenpolitischen Gründen war er an Ruhe im Gebiet westwärts der von seinen Truppen besetzt gehaltenen Bekaaebene interessiert. Seit Herbst 1983 litt der syrische Präsident unter Durchblutungsstörungen des Gehirns; die Folge waren Lähmungserscheinungen gewesen. Die Krankheit des Staatschefs hatte Rivalen um die Macht in Syrien wachsam und streitlustig werden lassen. Hafez Assad aber hatte sich entschlossen, sein Erbe in Ruhe zu ordnen; deshalb sollte der Krieg im Westen ein Ende finden. Hafez Assad hatte im Frühjahr 1984 die Libanesen durch die Mitteilung erschreckt, er werde seine Soldaten wieder nach Beirut schicken, wenn die »Regierung der Nationalen Einheit« nicht bald zusammentreten könne.

Aus Damaskus war kurze Zeit darauf die Liste der libanesischen Politiker eingetroffen, die Hafez Assad in diesem Kabinett vertreten sehen wollte; er hatte auch gleich die Ressorts ausgewählt, die von den genannten Politikern verwaltet werden sollten. So geschah das Wunder, daß sich der drusische Kriegsherr Walid Jumblat bereitwillig zum Minister für Öffentliche Arbeiten, Transport und Fremdenverkehr ernennen ließ. Scheich Pierre Gemayel übernahm das Amt des Ministers für Post und Gesundheit. Nur der Schiitenführer Nabih Berri protestierte: »Mich hat überhaupt niemand gefragt, ob ich für Wasserwirtschaft und Justiz zuständig sein will. Mit diesen Ministerien sind wir Schiiten nicht gemäß unserem Anteil an der Gesamtbevölkerung des Libanon im wichtigsten Entscheidungsgremium vertreten.« Sein Protest hatte Erfolg: Hafez Assad wies Ministerpräsident Raschid Karame an, dem Schiiten Nabih Berri noch das Amt eines »Sonderbeauftragten für die Entwicklung des Südlibanon« zuzuweisen.

David Kimche, Generaldirektor im israelischen Auswärtigen Amt, kommentierte die Regierungsbildung im Libanon so: »Da steckt ein hohes Maß Raffinesse darin, Walid Jumblat zum Minister für den Fremdenverkehr zu ernennen.« David Kimche glaubte nicht, daß die Regierung lange zusammenhalten werde: »Sobald der syrische Druck nachläßt, fällt dieses Kabinett auseinander.«

Kaum im Amt, hatte sich die Regierung selbst eine Bewährungsprobe bestimmt: Sie wollte einen »Sicherheitsplan« ausführen lassen, den militärische Experten, die von Amin Gemayel ausgewählt worden waren, in mühsamer und häufig sinnlos erscheinender Zusammenarbeit mit bevollmächtigten Vertretern der Organisationen Amal, Progressive Sozialistische Partei und Lebanese Forces ausgetüftelt hatten. Dieser Plan lag in Form von Eintragungen in einer sehr detaillierten Kartenskizze des Zentrums von Beirut vor: Vom Hafen bis in die Gegend des

Flughafens war präzise markiert, welches Gebäude entlang der Demarkationslinie von welcher Organisation besetzt gehalten werden dürfe. Vorgesehen war die Schaffung einer Pufferzone zwischen den jeweiligen Stadthälften der Christen und der islamisch-drusischen Allianz. Die Pufferzone sollte den Milizionären die Möglichkeit nehmen, ihre abendlichen Feuergefechte zu beginnen – sie sollten sich durch das Auseinanderrücken aus den Augen verlieren. Niemand hatte die Arbeit des Expertenkomitees bislang ernst genommen. Sicherheitspläne waren oft schon entwickelt worden. Sie waren alle gut gemeint gewesen, aber an der praktischen Ausführung gescheitert. Die Kämpfer hatten sich als höchst unwillig erwiesen, altgewohnte, vertraute Stellungen aufzugeben, in denen sie neun Jahre lang gelebt und gekämpft hatten, in denen Kameraden gestorben waren.

Der »Sicherheitsplan« der »Regierung der Nationalen Einheit« sollte auch die Situation in der Krisenzone des Gebirges verändern – deshalb war vorsorglich Befehl an die 8. Libanesische Brigade ergangen, sich auf den Abmarsch vom Schlachtfeld Suk al-Gharb vorzubereiten. Die Militärexperten, die das Vertrauen des Präsidenten besaßen, hatten vorgeschlagen, auch im Gebirge eine Pufferzone zu schaffen und die Gegend von Suk al-Gharb zur entmilitarisierten Zone zu erklären: Weder Drusen noch Soldaten der Armee sollten sich dort aufhalten dürfen – ganz zu schweigen von den Milizionären der Phalanges Libanaises. Der Vorschlag war rasch gemacht – die Realisierung war schwierig. Hatten schon die Kämpfer unten in der Stadt wenig Lust gezeigt, vertraute Stellungen aufzugeben, so weigerten sich die Soldaten, Boden zu verlassen, von dem sie sagten, er sei mit dem Blut der Kameraden getränkt. Die Nachricht, nicht die Drusenmilizionäre hätten das Gebiet zu räumen, sondern sie, die Soldaten des Präsidenten Amin Gemayel, löste beinahe eine Meuterei aus.

Um die Soldaten der 8. Brigade zu beruhigen, fuhr General Ibrahim Tannous hinauf nach Suk al-Gharb. Im Hauptquartier wurde er unfreundlich empfangen. Er bekam bittere Worte zu hören. Einer der Offiziere sagte: »Sie haben uns Befehl gegeben, die Stadt zu verteidigen. Dafür hatten Sie Ihren Grund. Jetzt verlangen Sie, daß wir von hier verschwinden. Auch dafür haben Sie Ihren Grund. Die Gründe stimmen nur nicht miteinander überein. Wir fühlen uns jetzt bestraft dafür, daß wir die Front gehalten haben.«

Ibrahim Tannous informierte in Suk al-Gharb den Brigadegeneral Michel Aun darüber, daß es Absichten des Präsidenten gebe, im Oberkommando einen Wechsel durchzuführen. Er, Ibrahim Tannous, habe vor Wochen schon ein Rücktrittsgesuch auf den Schreibtisch von Amin Gemayel legen müssen – es stehe zur Disposition des Präsidenten. Diese Information löste Aufregung aus: Die Offiziere um Michel Aun empfanden die Behandlung des Oberbefehlshabers als demütigend. Nicht General Ibrahim Tannous sei zu entlassen, sondern Oberst Lotfi Jaber, dem die 6. Brigade in Beirut entglitten sei.

Amin Gemayel war schließlich gezwungen, sich selbst wieder ins Hauptquartier der 8. Brigade zu begeben. Er mußte eingestehen, daß die Ablösung von Ibrahim Tannous beschlossene Sache sei: Sie war ein Zugeständnis gegenüber Walid Jumblat und Nabih Berri, die beide eine grundlegende Reform der Armeestruktur gefordert hatten – und die Bestrafung des Oberbefehlshabers, der die schiitischen Stadtteile von Beirut hatte beschießen und damit zerstören lassen. Berri und Jumblat hatten sich, nach mahnenden Worten aus Damaskus, mit der Ablösung des Oberbefehlshabers begnügt. Die Empörung der Offiziere über die bittere Wahrheit der Hintergründe des Kommandowechsels wurde von Amin Gemayel gedämpft durch die Mitteilung, ihr Kommandeur General Michel Aun werde zum nächsten Chef der Armee ernannt.

Erst später erfuhren die Offiziere, daß der General nicht alleiniger Oberkommandierender sein sollte; ihm war nur noch die Funktion des Vorsitzenden eines Militärrats zugedacht. Auch dies war ein Zugeständnis des Präsidenten an Walid Jumblat und Nabih Berri.

Außer dem maronitischen Vorsitzenden gehörten dem Militärrat der drusische General Nadim al-Hakim an, der die Funktion eines Generalstabschefs ausüben sollte, der schiitische Oberst Lotfi Jaber, dem der Posten des Verwaltungschefs der Armee zugedacht war, der griechisch-orthodoxe Oberst Issam Abu Jamra, der zum Generalinspektor der Streitkräfte ernannt wurde, und der katholische General Edgar Maloun, der kein spezielles Amt zugeteilt erhielt.

Gescheitert waren die Absichten der Chefs der drusischen und der schiitischen Volksgruppe, die Armee zu »entkonfessionalisieren«. Stärker als je zuvor waren nun Posten nach Religionszugehörigkeit verteilt worden. Diese Tendenz, das war zu erwarten, mußte sich verstärken: Jedes Mitglied des Militärrats würde künftig darauf bedacht sein, Angehörige seines Glaubens in einflußreiche Stellungen zu bringen. Zwangsläufig mußten sich die Mitglieder als Repräsentanten ihrer Religionsgruppe fühlen – und damit als Garanten und Verteiler von Pfründen. Auch weiterhin war also nicht daran zu denken, Beförderungen nach Kriterien der Tüchtigkeit durchzusetzen.

Dennoch brauchten sich Walid Jumblat und Nabih Berri nicht als Verlierer des Kampfes um die Armeereform zu fühlen. Erreicht worden war, daß die absoluten Vorrechte der Maroniten gebrochen waren. Ibrahim Tannous schien der Entwicklung trotzen zu wollen, als er bei der Amtseinführung von General Aun ausrief: »Soldaten! Ich übergebe den Befehl über die Armee meinem Nachfolger. Gehorcht ihm!«

Fast unbemerkt vollzog sich eine weitere Entwicklung, die den maronitischen Politikern und Militärs nicht gefallen konnte: Dem Deuxième Bureau, dem Geheimdienst der Armee, wurde Macht genommen. Zwar blieb er unter Leitung von Oberst Simon Kassis erhalten, doch ihm zur Seite wurde ein »Büro für Nationale Sicherheit« eingerichtet, dessen Chefposition dem schiitischen Oberst Mustafa Nasser übertragen wurde. Die Maroniten, die den Apparat der Staatssicherheit bisher unangefochten kontrolliert hatten, waren nun gezwungen, eine Konkurrenzorganisation zu akzeptieren. Der strengen maronitischen Hierarchie in Armee und Sicherheitsdienst sollte ein System der kollektiven Führung folgen.

Als die »Regierung der Nationalen Einheit« die Entscheidungen über die Strukturreform fällte, nahm Scheich Pierre Gemayel als Minister an den Sitzungen teil. Kaum war die teilweise Entmachtung von Armeeoberbefehlshaber und Leitung des Deuxième Bureau beschlossen, da zog sich Scheich Pierre aus der Öffentlichkeit zurück. Die Veränderungen zu akzeptieren fiel dem Mitbegründer des Libanon schwer. Nach der letzten wichtigen Kabinettssitzung nahm er noch die Pflicht auf sich, dem Politbüro der Phalanges Libanaises die Bedeutung und die Folgen der Strukturreform zu erläutern, doch er war zu müde, um dieser schwierigen Aufgabe gerecht zu werden. Er ließ sich in sein Haus im Bergdorf Bikfaya bringen. Wenig später begab er sich auf Wunsch seines Arztes ins Krankenhaus St. Joseph. Dort konnte kein organischer Schaden festgestellt werden. Doch Scheich Pierre fühlte sich todmüde: ausgelaugt durch vierzig Jahre Kampf, durch den Verlust seines Sohnes Beschir, durch abgetrotzte Konzessionen, die – seiner Meinung nach – den Christen des Libanon nur Gefahr und Not bringen konnten.

Am 29. August 1984 ist Scheich Pierre Gemayel nach einem Herzinfarkt gestorben. Seine letzte Amtshandlung war die Unterzeichnung eines Dokuments, das die Ablösung des Milizchefs Fadi Frem befahl. Ihm wurde die Niederlage im Schufgebirge nicht verziehen.

Die Drohung

»We are all warlords in Lebanon«, sagte Walid Jumblat. Die Bezeichnung »warlord« treffe auf ihn zu, aber auch auf Nabih Berri, auf Scheich Pierre Gemayel – und auf den Präsidenten Amin Gemayel. »Wir Warlords sterben fast nie eines natürlichen Todes. Scheich Pierre war da eine Ausnahme. Ich brauche nur an meine eigene Familie zu denken. Mein Großvater ist umgebracht worden und mein Vater auch.

Während der vergangenen 300 Jahre sind die meisten Jumblats durch Gewalt gestorben. Die Gemayels werden auch ähnliche Erfahrungen machen. Ihre Familie hat noch keine so alte Tradition. Ich verachte die Gemayels, weil sie für den Tod so vieler Menschen verantwortlich sind. Was sie getan haben, wird sich rächen.«

Walid Jumblat schätzt, daß seit 1975 mehr als 100000 Libanesen an den direkten Folgen des Krieges gestorben sind. Die Schuld gibt er dem Gemayelclan. Der Drusenchef glaubt, die Zahl der Opfer werde weiter steigen. »Wir alle haben jetzt, im Sommer 1984, die Waffen nur für einige Zeit auf die Seite gelegt. Wir bleiben wachsam. Die Zeit arbeitet für uns, für die Drusen und vor allem für die Schiiten.«

Die Schiiten sind seine Verbündeten, doch er fühlt sich von ihnen für die Zukunft bedroht: »Sie neigen dazu, Khomeinis Ansichten zu vertreten. Sie entwickeln sich zu Fundamentalisten des Islam. Ich halte Fundamentalismus für gefährlich – ob er christlich ist oder islamisch. Ich lehne ihn ab. Fundamentalismus zerstört nur. Er führt zu Zuständen, wie sie in Teheran herrschen.« Die Einsicht in die Gefahr ist vorhanden, doch Walid Jumblat hat keine Möglichkeit, Einfluß auf die Schiitenführung zu nehmen. Unheimlich ist ihm vor allem die Entwicklung, die sich in Baalbek vollzieht.

Um Gefahr abzuwenden, beschloß die »Regierung der Nationalen Einheit«, der Libanon werde wieder offiziell Beziehungen zur Zentrale der Islamischen Revolution in Teheran aufnehmen. Im November 1983 hatte Amin Gemayel Khomeinis offiziellen Vertreter gebeten, den Libanon zu verlassen. Der Grund für den Abbruch der Beziehungen war die hartnäckige Weigerung der Verantwortlichen in Teheran gewesen, die 5000 iranischen Kämpfer, die einen Ableger der Islamischen Republik in Baalbek begründet hatten, aus dem Bekaagebiet abzuziehen. Die Iraner befanden sich zwar im Sommer 1984 immer noch in Baalbek und dachten auch gar nicht daran, ihre Basis im Libanon aufzugeben, und trotzdem hielt es der libanesische Präsident für klug, seiner Regierung die erneute Entsendung eines Botschafters nach Teheran zu empfehlen. Er hoffte so, eine angedrohte Mordserie in Beirut verhindern zu können.

Die von den iranischen Ayatollahs abhängige Kampforganisation in Baalbek hatte gedroht, sie werde alle Staatsangehörigen der Länder Irak, Saudi Arabien, Kuwait und der Vereinigten Arabischen Emirate, die sich im Libanon aufhielten, umbringen lassen. Die Mordkommandos verfügten bereits über Listen der Opfer, so lautete das Gerücht, das die Drohung begleitete. Sie brauchte nicht begründet zu werden: In Beirut wußte jeder, warum gerade die Staatsangehörigen dieser Länder bedroht wurden. Von ihren Regierungen war offen erklärt worden, sie

489

lehnten die Ausbreitung der Islamischen Revolution ab. Der Clan der Ayatollahs nahm zu Recht an, Saudi Arabien, Kuwait und die Vereinigten Emirate würden Irak in seinem Abwehrkampf unterstützen. Da der Libanon, nach schiitischer Auffassung, einbezogen war in das Konfliktfeld um die Islamische Revolution, mußten Feinde des Iran auch dort vernichtet werden. Diesen Grundsatz stellte Hussein Mussawi auf, der Kommandeur der Kampforganisation »Islamische Hoffnung«.

Er wies durch seine Drohung wieder einmal auf die enge Verzahnung der Kriegsgebiete Mittelmeerostküste und Persisch-Arabischer Golf hin. Mussawis Meinung im Sommer 1984: »Mehr denn je sind die Kriege im Nahen und Mittleren Osten als eine Einheit zu betrachten. Wenn Iran gewinnt, dann ist es für immer zu Ende mit den Machenschaften der Maroniten. Erlahmt der Iran in diesem Krieg, dann bedeutet dies einen schweren Rückschlag für die Sache der schiitischen Menschen im Libanon.«

Ein Jahr zuvor hatte Mussawi schon die Verbundenheit der libanesischen Schiiten mit dem Kampf der Glaubensbrüder im Osten demonstriert. Am 13. Mai 1983 waren sechs Mitglieder der Familie des Imams Hojatulislam Mohammed al-Baqr al-Hakim von einem Exekutionskommando in Baghdad erschossen worden. Hochgeachtet war die Familie im Irak. Der Imam galt als das geistliche Oberhaupt der Schiiten an Tigris und Euphrat. Er selbst hatte jedoch längst das von Saddam Hussein regierte Land verlassen – um bei Khomeini in Teheran und Qum zu leben. Hojatulislam Mohammed al-Baqr al-Hakim hatte das Exil gewählt, nachdem im April 1980 Ayatollah al-Baqr as-Sadr zusammen mit seiner Schwester hingerichtet worden war. Nur durch Flucht hatte sich der Imam retten können; seine Familie aber war in Kerbela und Nedschef zurückgeblieben und wurde ein Opfer der Staatspolizei.

Nach der Erschießung der sechs Familienmitglieder des Imams hatte Hussein Mussawi seine Solidarität mit dem innerirakischen Widerstand gegen Saddam Hussein bekundet und bereits damals, im Mai 1983, die Drohung ausgesprochen: »Wer dem Irak angehört, muß umgebracht werden.« Eine gewichtige Ausnahme sollte allerdings gemacht werden: Irakische Schiiten sollten verschont werden – sie waren schließlich als Verbündete zu sehen im Kampf gegen den sunnitischen Präsidenten Saddam Hussein.

Aus zwei Himmelsrichtungen sind die irakischen Schiiten im Sommer und im Herbst 1984 regierungsfeindlicher Propaganda ausgesetzt: Die grenznahen iranischen Radiostationen rufen Tag und Nacht zur Rebellion gegen Saddam Hussein auf; vom Libanon her kommen auf dem Weg über Syrien Mussawis Kontaktpersonen, die den Auftrag haben, möglichst vielen Menschen in Kerbela und Nedschef von der Not der libanesischen Schiiten zu erzählen und von der Notwendigkeit, die Islamische Revolution rasch voranzutreiben, damit den Schiiten des Libanon geholfen werden könne.

Doch die Bewohner der heiligen Städte – sie sind, insgesamt gesehen, die gläubigsten Schiiten – meutern nicht offen gegen die sunnitische Herrschaftsschicht. Ein Blick ins Heiligtum, das um das Grab des Hussein in Kerbela errichtet ist, zeigt, daß die Schiiten des Irak bereit sind, für den Staat Irak Opfer zu bringen. Es ist Sitte, daß tote Schiiten in einfachen Holzsärgen mehrmals um das Grab des Märtyrers Hussein getragen werden; dieses Ritual soll ihnen den Weg ins Paradies erleichtern. Hunderte von Gestorbenen werden an jedem Tag nach Kerbela gebracht. Etwa zehn davon sind gefallene Soldaten; zu erkennen ist dies an der irakischen Flagge, die über den Sarg gebreitet wird.

Seit Beginn des Krieges machen die Moscheewächter Tag für Tag dieselbe Erfahrung: Frauen, junge und ältere, drängen sich in der Moschee des Hussein um die silberne Gittereinfassung des Märtyrergrabs. Sie klammern sich an den Stäben fest und drücken Küsse darauf. Zu sehen ist, daß sie traurig und in Angst sind. Sie leben in Sorge um Männer und Söhne, die an der Front stehen, im Kampf gegen Schiiten, die eigentlich Brüder sein sollten. Einen Sinn der ständigen Blutopfer erkennen die Frauen nicht, die am Grab des Hussein um das Leben ihrer nahen Verwandten und um Frieden flehen.

Die Aggressivität der irakischen Schiiten gegen die sunnitische Regierung in Baghdad ist deshalb gedämpft, weil sie wissen, daß Präsident Saddam Hussein den Krieg inzwischen so sehr verabscheut wie sie selbst und daß er wirklich Frieden haben will. Es vergeht kaum eine Woche, ohne daß er Waffenstillstand anbietet. Khomeini und seine engen Mitarbeiter aber lehnen Feuerpause und Verhandlungen ab. Weiterhin gilt in Teheran der Grundsatz: »Saddam Hussein ist ein Teufel – und mit dem Teufel ist kein Waffenstillstand und kein Frieden möglich.« So muß sich die herrschende Schicht in Baghdad auf eine Fortdauer des Krieges einrichten. Die Verteidigungslinien entlang des Tigrisverlaufs werden verstärkt.

»Der Feind will Basra einnehmen, daran kann es überhaupt keinen Zweifel geben!« sagt der Gouverneur der Stadt am Schatt al-Arab. Eine häufig unterbrochene Ruhepause gewann Basra durch eine von der UNO ausgehandelte Übereinkunft beider kriegführenden Seiten, keine zivilen Ziele mehr zu beschießen. Sie trat in der Nacht vom 10. zum 11. Juni 1984 in Kraft; doch schon am 21. Juni wurde sie wieder gebrochen.

Selbst wenn keine Raketen und keine Granaten in Basra explodieren, ist bei Tag und bei Nacht der Lärm der nahen Front zu hören. Als dumpfe Schläge dröhnen Abschüsse und Einschläge über den Schatt al-Arab herüber. Am westlichen Ufer der Wasserstraße befindet sich die rückwärtige Verteidigungslinie: ein Wall von Sandsäcken mit erhöhten Positionen für schwere Maschinengewehre. Zwei Pontonbrücken führen hinüber zum Ostufer, zu einer Gegend, die auf den Landkarten als Kuschk-i-Basra ausgewiesen ist. Dort standen die Haine von Dattelpalmen, die Basra schon vor Jahrhunderten berühmt gemacht hatten: Datteln aus Basra hatten zu den feinsten ganz Arabiens gezählt, geschätzt bereits zur Zeit des Propheten Mohammed. Jetzt aber sind nur noch wenige der Haine erhalten. Abgeholzt sind die Dattelbäume. Sie hatten geopfert werden müssen, weil die irakischen Kriegsplaner freies Schußfeld schaffen wollten für Maschinengewehre und Panzerkanonen.

Gestaffelt stehen die Abwehrwaffen in der Frontzone. Zehn Kilometer tief reicht das System von Gräben, Wällen, Minenfeldern, Artilleriestellungen, Beobachtungstürmen und Bunkern von den vorgeschobenen Positionen fast bis an den Schatt al-Arab zurück. Vor den vordersten Laufgräben ist die Erde überschwemmt. Unüberwindbar sind die Hindernisse, die von den iranischen Angreifern genommen werden müßten. Nur massiver Einsatz von Luftwaffe könnte die notwendige Bresche in das Verteidigungssystem schlagen, doch die Flugzeuge, die dafür gebraucht werden, besitzt Iran nicht mehr.

Im Hauptquartier des Frontabschnitts Kuschk-i-Basra antwortet der Befehlshaber der 3. Irakischen Armee, General Ismail Ibrahim, auf die Frage, warum wohl, nach seiner Meinung, die erwartete Offensive des Gegners im Fastenmonat Ramadan 1984 ausgeblieben ist: »Nach unseren Informationen ist Streit ausgebrochen unter den Geistlichen im Iran. Die Ayatollahs bekämpfen sich gegenseitig. Der Parlamentsvorsitzende Rafsanjani will Khamenei vom Posten des Staatspräsidenten verdrängen. Rafsanjani wirft Khamenei vor, er sei überhaupt nicht in der Lage, Iran im Krieg zu führen. Khomeini aber hat sich noch nicht zwischen beiden entschieden.«

Doch es gibt auch einen militärischen Grund für das Ausbleiben der Offensive: Den Ayatollahs gelang die Mobilisierung der riesigen Menschenmasse nicht, die – angesichts der strategisch geschickt angelegten Verteidigungsstellungen – für den Erfolg unbedingt nötig gewesen wären. General Ismail Ibrahim verfügte über 100 000 Mann; der Gegner mußte mindestens 300 000 Soldaten zum Einsatz bringen. Die Geistlichen riefen in den iranischen Städten diejenigen Soldaten auf, sich in den Kasernen zu melden, die während der Offensive des Februar 1984 Fronterfahrungen gesammelt hatten. Doch wer die Wirkung der irakischen Verteidigungswaffen kennengelernt hatte, der besaß nur geringe Neigung, sich erneut an die Front schicken zu lassen. Schließlich war hier erstmals das Nervengas Tabun eingesetzt worden, ein Kampfmittel von häufig tödlicher Wirkung.

Einer der Spezialisten aus dem UN-Team, das mit der Untersuchung der Vorgänge beauftragt war, gab zu Protokoll: »In Khorramschahr sah ich 150 Patienten mit eindeutigen Nervengassymptomen. Dazu gehören Erbrechen, Atembeschwerden, Zuckungen der Muskeln, Schwindelanfälle.« Aus Erzählungen der betroffenen iranischen Soldaten war zu erfahren, daß sie an der Front vor Basra von irakischen Kampfmaschinen bombardiert worden waren. Die Detonationen hätten Dämpfe ausgelöst, die nach Knoblauch rochen und zuerst ein Jucken auf der Haut verursachten; wenig später aber seien Verbrennungserscheinungen aufgetreten – Verätzungen der Haut.

Allein durch den Abwurf der Gasbomben hatten die irakischen Streitkräfte die iranische Offensive, die den Codenamen »Morgenröte 6« trug, aufhalten können. Nach iranischer Vorstellung hätte sie vollenden sollen, was fünf vorangegangene Morgenrotoffensiven nicht erreicht hatten: die Zertrümmerung der irakischen Hauptkampflinie. Die Menschenwellen hatten den Auftrag, solange anzustürmen, bis den Verteidigern die Munition ausging. Den jungen, fast unbewaffneten iranischen Kämpfern gelangen Einbrüche in die gegnerische Front. Doch die wenigen, die durchstießen, hatten meist keine Chance, den Besitz der eroberten Stellungen abzusichern. Zum Gegenstoß setzte die irakische Heeresleitung Kampfhubschrauber ein, die aus der Luft gewaltige Feuerkraft entwickeln konnten. Die Hubschrauberbesatzungen zielten die Geschoßgarben auf die anrennenden Menschenwellen. Da die iranischen Kämpfer dicht aufgeschlossen stürmten, wurden sie in Gruppen niedergemäht. Eine Abwehrwaffe gegen die Kampfhubschrauber besaßen die Angreifer nicht. So wurden die Überlebenden zurückgetrieben – sie flohen über Haufen von Leichen gefallener Kameraden. Nur an Frontabschnitten, in denen der Gegenstoß der Kampfhubschrauber erfolglos blieb, wandte die irakische Heeresleitung chemische Waffen an – ein letztes Mittel, das immer wirkte.

Der irakische Generalstab fürchtete während der Offensive »Morgenröte 6«, daß in der Provinz Misan, in der Gegend von Amara, den iranischen Truppen der Durchbruch zur Staatsstraße 6 gelingen könnte, die nahe der Grenze verläuft. Sie ist die wesentliche Nachschubader zur bedrohten Stadt Basra. In den Stunden der höchsten Gefahr mußte ein Notprogramm eingeleitet werden. Geräumt wurden die Dörfer zwischen Qurna und Amara von ihren Bewohnern. Benutzer der Staatsstraße 6 fahren seither vorüber an menschenleeren Siedlungen und Gehöften. Sie liegen, nach Geländegewinn der Iraner, in Reichweite der iranischen Artillerie.

Oberst Schirazi, der als Oberkommandierender der iranischen Streitkräfte die Strategie der Menschenwellen entwickelt hatte, führte im Spätsommer 1984 die Truppen der Südfront in der Region von Basra. Er sagt: »Der Endsieg ist nahe. Wir sind jederzeit stark genug, die Iraker aus ihren Stellungen zu werfen.« Seine Truppen seien bereit, den »ungläubigen und gottlosen Saddam Hussein« aus Baghdad zu vertreiben. Dem Sturz des »Teufels«, so meint er, werde eine Kettenreaktion folgen, die von Baghdad aus in der gesamten Region spürbar sein werde. »In Baghdad werden endlich die Rechtgläubigen die Macht übernehmen, die bisher Unterdrückten. Wir sind keineswegs an einer Annexion des Irak interessiert. Wir wollen nur, daß dort der wahre Glaube über die Teufel siegt. Dann aber wird die Welt aufhorchen.« Die strategischen Folgen für den gesamten Raum zwischen Iran und Libanon sieht der Oberst so: »Es wird eine Allianz Teheran–Baghdad–Damaskus–Beirut geben, der niemand mehr gewachsen sein wird.«

Neben diese Drohung stellte die iranische Führung eine andere: »Die Straße von Hormuz werden wir in einen tödlichen Morast verwandeln, in dem der westliche Einfluß versinkt. Wenn kein iranisches Öl mehr den Golf verläßt, wird die Situation für alle Tanker gefährlich werden.« Die USA fühlten sich aufgefordert, die freie Seefahrt in der Region des Persisch-Arabischen Golfs zu schützen.

Beirut als warnendes Beispiel

Mit Skepsis beobachteten die Anrainerstaaten des Golfs das Verhalten der amerikanischen Seestreitkräfte. Die Regierungen in Kuwait, Bahrain, Abu Dhabi und Muskat hatten mit Erstaunen zur Kenntnis genommen, wie rasch die amerikanischen Marineinfanteristen Beirut verlassen hatten, wie schnell und wie heimlich die Kriegsschiffe der US-Flotte aus den Gewässern vor der libanesischen Küste verschwunden waren. Die meisten Schiffe waren von Verteidigungsminister Caspar Weinberger aus dem Mittelmeer abgezogen und zum Golf von Oman geschickt worden, zum nordwestlichen Wurmfortsatz des Indischen Ozeans. Doch den Regierungen der Länder am westlichen Rand des Persisch-Arabischen Golfs, denen die Flugzeugträger, Zerstörer und Lenkwaffenkreuzer den Rücken stärken sollten zur Wahrung ihrer Souveränität, war die amerikanische Präsenz in ihrer Nähe nicht sonderlich willkommen. Sie hatten aus dem blamablen Verhalten der USA im Libanon die bittere Erfahrung gezogen, daß eine enge Umarmung durch die Amerikaner katastrophale Folgen für den Umarmten haben kann.

Dieses Wort ging um bei den Verantwortlichen in den arabischen Hauptstädten: »Es ist gefährlich, die USA zum Gegner zu haben, doch damit wird man fertig. Aber furchtbar, wenn nicht sogar tödlich ist's, mit den USA befreundet zu sein.« Ihre Partnerschaft mit der Regierung in Washington zu verstärken hielt nicht einmal die königliche Familie von Saudi Arabien für angebracht, die bisher froh darüber gewesen war, daß sich amerikanische Verbände in einem Stützpunkt an der Küste bei Dahran aufhielten – die mehrfach schon durch ihre Anwesenheit das königliche Regime vor internen Stürmen bewahrt hatten.

Waren die arabischen Regierungen zurückhaltend in ihren Beziehungen mit Washington, so mußte Präsident Reagan darauf bedacht sein zu demonstrieren, daß das amerikanische Engagement in der Ölregion des Persisch-Arabischen Golfs ernst gemeint sei und nicht leichtfertig gelöst werden könne. Die Flucht der USA aus der Verantwortung würde sich nicht wiederholen. Doch alle Beteuerungen, der Persisch-Arabische Golf sei nicht mit dem Libanon gleichzusetzen – und folglich würden sich auch die amerikanischen Streitkräfte anders verhalten –, blieben ohne Wirkung. Ein Mitglied des Planungsstabs im Pentagon sagte während kritischer Tage im Juni 1984: »Sie werden uns nicht einladen, vorsorglich Truppen bei ihnen zu stationieren. Sie wollen nicht von sich aus unseren Präsidenten bitten einzugreifen. Die Verantwortung sollen wir tragen. Die Saudis sind zwar nervös, aber noch nicht nervös genug, um sich an uns zu wenden. Sie werden kommen, wenn es eine Minute vor zwölf Uhr ist. Jetzt ist es vier Minuten vor zwölf.«

Der saudiarabischen Regierung gehörte der Tanker »Yanbu Pride«, der Anfang Mai 1984, beladen mit 128000 Tonnen Öl, östlich von Ras Tanura die internationalen Gewässer des Persisch-Arabischen Golfs befuhr. Beobachtet wurde die Route des Supertankers, wie die aller Öltransporter in jener gefährlichen Zone, durch die Radaraugen amerikanischer Überwachungsflugzeuge des Airborne Warning and Air Control System – in der Kurzform AWACS genannt. Die USA hatten die vierdüsigen Großflugzeuge mit dem pilzartigen Aufbau schon seit Beginn des Krieges zwischen Iran und Irak in Saudi Arabien stationiert, um im Interesse des internationalen Schiffsverkehrs jede Bedrohung des Öltransportwegs rechtzeitig entdecken zu können.

In Erfüllung ihrer Aufgabe bemerkte die Besatzung der AWACS-Maschine vom Dienst, daß auf dem iranischen Luftwaffenstützpunkt Bandar Abbas, unweit der Wasserstraße von Hormuz, zwei Kampfflugzeuge vom Typ F-4 starteten und Kurs in Richtung Westen nahmen. Ein Alarmruf erging an die saudiarabische Luftwaffe. Innerhalb weniger Augenblicke befanden sich zwei Abfangjäger der Gattung F-15 in der Luft zum Flug in Richtung Osten. Sie trafen jedoch die iranischen

Maschinen nicht mehr an. Doch die Piloten sahen schwarze Rauchfahnen aufsteigen in einer Position 80 Kilometer östlich des saudiarabischen Ölhafens Ras Tanura. Der Tanker »Yanbu Pride« war, getroffen von iranischen Raketen, in Brand geraten. Der Kapitän sagte später aus: »Wir hatten zuerst gar nichts bemerkt, auch kein Flugzeug. Doch dann hörten wir Explosionen an Deck und sahen Einschläge von Raketen rings um das Schiff. Zwei der Geschosse schlugen ein. Sofort waren Flammen zu sehen und Rauchwolken.«

Der Angriff auf den saudiarabischen Supertanker war kein Einzelfall. Auch die Regierung des Emirats Kuwait klagte Iran formell an, die Luftwaffe des Khomeinistaates habe zwei kuwaitische Tanker mit Raketen beschossen. Auf einer gemeinsamen Konferenz der Außenminister der Arabischen Golfstaaten wurde das Thema der »iranischen Aggression« besprochen. Die Außenminister stellten fest, am 13./14. und 16. Mai seien durch iranische Angriffe fünf Schiffe beschädigt worden.

Die Auswirkung der dreitägigen Aktion war sofort spürbar: Auf allen Märkten der Welt stiegen die Ölpreise. Ursache war die Furcht, aus den Fördergebieten um Iran und Saudi Arabien werde bald überhaupt kein Öl mehr abgeholt werden können. Teuer wurden die Versicherungsprämien für Schiffe, die in den Persisch-Arabischen Golf geschickt wurden.

Die mit diesen Auswirkungen des Tankerkriegs verbundene Unsicherheit im Ölgeschäft beeinflußte die Situation der japanischen Wirtschaft, die besonders stark von der Versorgung aus den Fördergebieten des Persisch-Arabischen Golfs abhängig ist. Der Yen verlor an Wert.

Der Mißerfolg der saudiarabischen Luftwaffe im Versuch, den Angriff auf den Tanker »Yanbu Pride« abzuwehren, beschäftigte den amerikanischen Verteidigungsminister Caspar Weinberger – schließlich hatten die Vereinigten Staaten die Maschinen für die Luftwaffe des Königreichs geliefert und die Piloten ausgebildet. Er berief den National Security Council ein, dem Fachleute aus den Bereichen Militär, Politik und Wirtschaft angehören, um darüber zu beraten, welche Optionen der Regierung der Vereinigten Staaten im Krisenmanagement offenstünden. Da wurde der Vorschlag eingebracht, amerikanische Kampfflugzeuge sollten ständig Patrouillenflüge unternehmen. Der Deckname für diese Option war CAP (Combat Air Patrol). Ausgangspunkt der Patrouillenflüge sollte der Flugzeugträger »Kitty Hawk« sein. Er führte 24 Kampfmaschinen vom Typ F-14 mit sich. Gegen die Option CAP sprach, daß, nach Meinung des amerikanischen Verteidigungsministeriums, der Flugzeugträger außerhalb der Meeresenge von Hormuz bleiben sollte, um bei einer Sperrung der Wasserstraße durch Iran nicht in der Falle des Persisch-Arabischen Golfs festgehalten zu werden. Damit waren jedoch die Operationsmöglichkeiten für die Flugzeuge beschränkt. Der Flugweg vom Golf von Oman bis nach Kuwait mißt nahezu 1000 Kilometer. Die F-14-Maschinen konnten die Länge der Route auf Hin- und Rückflug und Patrouillenflug im Krisengebiet, ohne aufzutanken, nicht bewältigen. Kein Mitglied des National Security Council hielt es deshalb für sinnvoll, sich für CAP einzusetzen.

Auch die zweite Option war mit Problemen belastet. Sie sah vor, Kampfflugzeuge der Gattung F-15 samt Personal auf bereits vorhandenen Flughäfen in Saudi Arabien und Oman zu stationieren, damit sie für Alarmeinsätze im Falle des iranischen Eindringens in den westlichen Luftraum des Persisch-Arabischen Golfs bereit stünden. Ein Problem war, daß weder das Königreich von Saudi Arabien noch das Sultanat Oman Anzeichen der Bereitschaft hatte erkennen lassen, den USA die eigenen nationalen Luftbasen zur freien Benützung zu überlassen. Das zweite Problem betraf die Sicherheit der Flugzeuge und des amerikanischen Personals: Die Verantwortlichen des Pentagon erhoben im National Security Council zu Recht den Einwand, antiamerikanisch orientierte Terroristen könnten Basen und Personal attackieren. Die Flugzeuge seien verwundbar durch Selbstmordkommandos schiitischer Kampforganisationen.

Der dritte Vorschlag zur Sicherung des internationalen Tankerverkehrs innerhalb des Persisch-Arabischen Golfs lautete, die Fahrrouten durch Kriegsschiffe der USA zu sichern; wobei daran gedacht war, Tankerkonvois von Zerstörern und Lenkwaffenkreuzern begleiten zu lassen. Für eine solche Aufgabe stand eine ausreichende Zahl von Schiffen mit effektiven Systemen der Luftabwehr an Ort und Stelle bereit. Seekriegsexperten des Pentagon bezweifelten allerdings, daß ein lückenloser Schutz der Tankerrouten möglich sei. Gefährdet seien die Öltransporter vor allem in Ruheposition an den Beladestellen; hier bildeten sie ein vorausprogrammierbares Ziel. Um die Gefahr abzuwenden, sei bei jedem Ölterminal der Einsatz mehrerer Lenkwaffenkreuzer nötig.

Die Experten warnten: Insgesamt werde der Bedarf an Kriegsschiffen und an Seefahrzeugen zur Versorgung der Einsatzflotte derart groß sein, daß mit Äußerungen des Unbehagens und schließlich des Protests der arabischen Anrainerstaaten des Persisch-Arabischen Golfs gerechnet werden müsse. Die amerikanische Präsenz würde bald als lästige »action overkill« bezeichnet werden. Das Ansehen der Vereinigten Staaten, das bereits angeschlagen sei durch das unglückliche Abenteuer im Libanon, werde darunter weiter leiden.

Den Vertretern des Pentagon im National Security Council gefiel eine andere Idee außerordentlich, die den Politikern in diesem Gremium allerdings Schrecken einjagte: Die Militärs traten dafür ein, durch einen

Überraschungsangriff die Luftwaffe des Khomeinistaates auf einen Schlag zu vernichten. Geheimdienstberichte sprachen davon, Iran besitze nur noch Reste der Luftstreitkräfte, die der Schah einst aufgebaut hatte: Da waren fünf Maschinen des Typs F-14 festgestellt worden, etwa ein Dutzend Phantomkampfflugzeuge und rund dreißig F-5-Maschinen. Die einsatzfähigen Flugzeuge waren zwar auf mehrere Basen verteilt worden, für ihre Zerstörung reichten jedoch die vom Flugzeugträger »Kitty Hawk« mitgeführten Maschinen aus. Trotzdem bestand Gefahr, daß die Aktion nicht nach Wunsch und Plan ablief, daß die iranischen Piloten, vorgewarnt, den Angriff in der Luft abwarteten. Ihre kostbaren Fluggeräte hätten dann den amerikanischen Angreifern kein Ziel geboten. Die Politiker im National Security Council befürchteten, die USA würden sich wieder einmal der Lächerlichkeit preisgeben – so wie beim gescheiterten Versuch, die Geiseln in der amerikanischen Botschaft von Teheran zu befreien, und bei der Bombardierung des Libanongebirges durch die Mammutgeschütze der »New Jersey«. Es war auch möglich, daß die Weltöffentlichkeit einen amerikanischen Überfall auf die iranische Luftwaffe nicht verstehen und nicht billigen könnte.

Das Ergebnis der Sitzung des obersten Sicherheitsgremiums in Washington war, daß die USA keinen Plan hatten, der helfen konnte, die Krise im Gebiet des Persisch-Arabischen Golfs zu meistern. Das Eingeständnis der Machtlosigkeit – »Vielleicht überstehen wir die akuten Schwierigkeiten, ohne daß wir Prügel bekommen!« – war aus dem Kreis der Politiker des National Security Council zu hören. Die Ratsmitglieder waren sich darin einig, daß der Irak ohne Zweifel daran interessiert sei, der Streitmacht der Vereinigten Staaten einen gewichtigen Part in der Kriegführung zuzuweisen – parallel zu Vorgängen im Libanon: Dort hatte Amin Gemayel die Absicht gehabt, die amerikanischen Marines stärker in den Konflikt um das Schufgebirge einzubinden. Die Erfahrungen im Libanon waren Washington eine Warnung. Präsident Ronald Reagan mußte vermeiden, den Eindruck zu erwecken, er lasse amerikanische See- und Luftstreitkräfte den Krieg des Irak führen.

In der Absicht, den Waffengang zu verhindern, hatte Reagan die Mächtigen in Teheran zu Verbündeten. Daß die USA und Iran offen gegeneinander kämpfen, wird von den Beratern des Ayatollah nicht gewünscht. Mit gutem Grund glauben sie, daß aller Voraussicht nach ein offener Krieg die Amerikaner veranlassen würde, sich deutlicher als ursprünglich beabsichtigt hinter die Regierung zu stellen. Genau dies will Ruhollah Khomeini aber vermeiden. Starrsinnig hält er an seiner Absicht fest, Ronald Reagan für seine Libanonpolitik zu bestrafen. Im Libanon habe der amerikanische Präsident, so sagt der Ayatollah, seine

Feindschaft gegenüber den Schiiten bewiesen, dafür müsse Reagan bezahlen. Ruhollah Khomeini ist außerordentlich stolz darauf, bereits Reagans Vorgänger Carter für sein Verhalten gegenüber der Islamischen Revolution zur Rechenschaft gezogen zu haben. Carter sei kein zweites Mal zum Präsidenten der USA gewählt worden, weil er ihn gedemütigt habe – dies ist die Überzeugung der iranischen Ayatollahs insgesamt. Nach ihrer Ansicht würde ein sich hinschleppender Konflikt am Persisch-Arabischen Golf mit ermüdend langer Präsenz amerikanischer Seestreitkräfte, die keinen spektakulären Erfolg vorweisen konnten, dem Prestige des Präsidenten eher schaden. Sie glaubten, dem Präsidenten der USA den an Kraft und Prestige zehrenden Konfrontationskurs aufzwingen zu können, doch die Verantwortlichen in Teheran mußten plötzlich erkennen, daß sie die Initiative verloren, daß ihnen der Irak sein Gesetz des Handelns auferlegte. Saddam Hussein gab Ronald Reagan damit Gelegenheit, die amerikanischen Schiffsverbände aus der ganz heißen Zone des Kriegsgebiets herauszuholen.

Bereits am 27. Februar 1984 hatte der irakische Präsident erklärt, jedes Schiff, das sich der iranischen Ölinsel Kharg nähere, werde als »military target« betrachtet, als militärisches Ziel. Eine Woche später war die Warnung an Tankerreedereien und Ölkonzerne wiederholt worden: Schiffe, die zur Insel Kharg fahren, werden beschossen. Tanker daran zu hindern, die iranische Ölverladestation anzulaufen, erschien der irakischen Führung die beste Methode zu sein, um den Clan der Ayatollahs in Teheran in die Knie zu zwingen. Hatten sie keine Einnahmen aus dem Ölverkauf mehr, fehlte ihnen das Geld zur Kriegführung.

Der im Februar 1984 ausgesprochenen Warnung an die Tankerreedereien folgten erst im Sommer Taten. Anfang Juli gab das irakische Oberkommando bekannt, fünf »targets« seien durch die Luftwaffe angegriffen worden. Zwei Schiffe – eines gehörte südkoreanischen, ein anderes griechischen Eignern – meldeten Schäden.

Dieser Erfolg der irakischen Luftwaffe ließ in der Region sofort das Gerücht entstehen, französische Piloten steuerten die Kampfflugzeuge »Super Etendard«. Zu hören war auch, die irakischen Luftangriffe seien durch den Einsatz von Maschinen des Typs Mirage 1 abgeschirmt worden. Das Verteidigungsministerium in Paris bezeichnete beide Gerüchte als »absolut unbegründet«. Gleichzeitig wurde bekannt, die französische Regierung habe die Lieferung von einhundert weiteren Exocet-Raketen an die irakische Luftwaffe zugesagt. In Teheran erzeugte diese Nachricht Aufregung.

Hatte Saddam Hussein gehofft, der Krieg gegen die Tanker werde die Industrienationen derart in Schrecken versetzen, daß sie alle Kräfte ihrer diplomatischen Stäbe mobilisierten, um dem Konflikt ein Ende zu bereiten, so hatte er falsch kalkuliert. Chefs der Ölkonzerne, Industrielle und Politiker begriffen rasch, daß die Auswirkung des Tankerkriegs gering bleiben werde. Die Erinnerung an den Schock des Jahres 1979 war verblaßt. Damals hatte der Zusammenbruch der iranischen Ölförderung im Verlauf der Islamischen Revolution den Markt getroffen – die Abhängigkeit der Verbraucher von der Versorgung aus der Region des Persisch-Arabischen Golfs war beachtlich gewesen: 34 Prozent des Weltverbrauchs waren durch Lieferungen aus Iran, Saudi Arabien, Irak und aus den Emiraten gedeckt worden. Im Jahre 1984 aber bezogen die Ölmärkte nur noch 17 Prozent ihres Bedarfs aus den Ländern der Golfzone. Diese Menge war aus anderen Quellen zu ersetzen.

Dazuhin war weltweit der Ölverbrauch gesunken. Die Vorratslager waren gefüllt. Allein die USA hatten eine Reserve von 400 Millionen Barrel Öl angelegt; im Jahre 1979 hatte die Reserve nur 75 Millionen Barrel umfaßt. Westeuropa und Japan hatten ebenfalls vorgesorgt: Industrie und Privatverbraucher konnten sicher sein, daß ihr Bedarf über vier Monate hin gedeckt war.

So löste die Umleitung der Ölströme der Welt im Sommer 1984 kaum Beunruhigung aus. War die Straße von Hormuz bisher eine wichtige Ader im Verlauf dieser Ölströme gewesen, so begann diese Ader zu veröden. Die Tankerflotten mieden den Persisch-Arabischen Golf und fuhren in Richtung Nigeria, Venezuela, Indonesien und Mexiko, um Öl für die Industrienationen abzuholen. Preiserhöhungen, die zu Beginn der Ausweitung des Konflikts auf die Ölinstallationen im Meer die Märkte unruhig gemacht hatten, wurden zurückgenommen. Drastisch erhöht blieben nur die Versicherungsprämien für Tanker, deren Reeder die Fahrt ins Kriegsgebiet wagen wollten. Sie schickten nun meist ihre ältesten Schiffe auf die Fahrt zum Ölhafen der Iraner, die getrost die letzte Reise sein konnte.

Saudi Arabien, Kuwait und Iran lockten mit niedrigen Preisen. Sollte eine Ladung, so versprachen die Förderländer, durch Kriegseinwirkung verlorengehen, würde sie auf Kosten des Lieferanten ersetzt werden – für den Verlust des Tankers selbst werde ja ohnehin die Versicherung bezahlen.

Der Rückgang des Interesses am Öl aus der Region des Persisch-Arabischen Golfs enthob die USA der Verpflichtung, für die Sicherheit der Schiffsrouten in der Gefahrenzone ihre Streitkräfte einzusetzen. Reagans starke Worte von der amerikanischen Pflicht, westliche Interessen rings um die Straße von Hormuz schützen zu müssen, wurden nicht auf ihre Ernsthaftigkeit getestet. Dennoch durften sich die amerikanischen Seestreitkräfte nicht davonschleichen; sie mußten länger Wache halten als vor der libanesischen Küste. Den befreundeten Staaten Stabilität und Sicherheit zu geben war die Absicht – auch wenn die USA kaum in der Lage waren, ihre eigenen Interessen zu schützen.

Sie hatten nichts gelernt aus den Beiruter Erfahrungen, die Nahostexperten im State Department und in den Sicherheitsbehörden der Vereinigten Staaten. Nur eine schlichte Mauer umgab die Botschaft der USA in der Hauptstadt des Emirats Kuwait in der nördlichsten Ecke des Persisch-Arabischen Golfs. Die Einfahrtslücken in der Mauer waren nur durch Posten der Marineinfanteristen gesichert: Kein Stahltor und kein Betonhindernis war da, um ein Fahrzeug aufzuhalten, das zum Haupttrakt des auseinandergezogenen Gebäudekomplexes durchbrechen wollte.

Nach der Aktenlage der US-Diplomaten war Kuwait ein ruhiger und befreundeter Staat, dessen Polizei den Überblick behielt über alle Vorgänge. Nicht zur Kenntnis genommen worden waren die 150 000 Schiiten bei einer Gesamtbevölkerung von rund einer Million, in der allerdings Gastarbeiter aus Indien und Pakistan – und aus Iran in der Überzahl waren. Wie im Iran des Schahs und im Libanon war die Aufmerksamkeit der US-Diplomaten auf die Herrschenden gerichtet gewesen, denen absolute Kontrolle der Unterprivilegierten zugetraut worden war. Zu dieser Schicht gehörten auch die Schiiten Kuwaits, die an der Führung des Emirats auf keiner Ebene Anteil besaßen. Die Volksgruppe der Schiiten war nicht erst in jüngster Vergangenheit nach Kuwait gekommen. Die Familien lebten meist seit drei Generationen in der Stadt. Zu den Reichen gehörten sie nicht, doch auch nicht zu den Armen. Sie arbeiteten als Händler und Eigentümer kleinerer Läden. Bürger des Emirats Kuwait zu sein, dieses Gefühl empfanden sie nicht. Niemand hatte ihnen jemals Grund dazu gegeben. Schiit zu sein war das Bewußtsein, das alle nationalen Bindungen überstrahlte.

Für den Schiiten aber ist Ruhollah Khomeini die Leitgestalt. Nicht der Emir bestimmt die politische Haltung der Schiiten von Kuwait, sondern der Ayatollah in Teheran. Daß bislang keine Khomeinibilder die Hauswände zierten, hatte die US-Diplomaten annehmen lassen, mit schiitischer Aktivität müsse im Emirat Kuwait nicht gerechnet werden.

Aus dem Traum der Sicherheit wachten die Verantwortlichen der Vereinigten Staaten in der Nacht zum 12. Dezember 1983 auf. Um 0.39 Uhr durchbrach ein Lastwagen die Postensperre am Seiteneingang der US-Botschaft in Kuwait. Ausreichenden Schwung hatte der Fahrer dem Wagen nicht geben können, um eine Hauswand zu durchstoßen. Nicht innerhalb – wie in Beirut –, sondern vor dem Hauptgebäude zündete der Fahrer die Sprengladung, die auf das Fahrzeug gepackt war. Ein Teil des niederen Hauses stürzte ein; andere Trakte fingen Feuer. Die

Druckwelle hatte sich auch auf den Block des Hilton-Hotels ausgewirkt, das sich direkt neben dem Botschaftskomplex erhebt.

Nur wenige Minuten nach der Detonation an der Botschaft wiederholte sich der laute Knall mehrmals, jeweils aus einer anderen Stadtgegend. Explodiert waren Sprengladungen vor der französischen Botschaft, am Kontrollturm des Flughafens Kuwait, vor den Häusern amerikanischer Spezialisten in einem Wohngebiet, am Ministerium für Wasserwirtschaft und innerhalb der Ölraffinerie im Vorort Schweiba. Getötet worden waren vier Menschen; 62 waren verwundet.

In Beirut wurde am Morgen des 12. Dezember bekannt, wer die Verantwortung trug für die Anschläge in Kuwait: Organisiert worden waren sie durch Mitglieder der Kampfgruppe »Islamische Hoffnung«. Drei Libanesen hatten die Planung übernommen; den Lastwagen hatte ein irakischer Schiit gefahren, der Mitglied der Organisation »ad-Daawa« war.

Die Kampfgruppe »Islamische Hoffnung« hatte zuvor schon die amerikanische Botschaft in Beirut und das dortige Hauptquartier der Marines sprengen lassen. Der Libanon und das Emirat am Persisch-Arabischen Golf – entschlossene Schiiten sehen beide Orte als Schlachtfelder eines Krieges.

»Wir müssen die Jugend aller islamischen Länder in unsere Lehre nehmen, um ihnen die Praxis des Terrors beizubringen.« Diese Direktive gab Ayatollah Montazeri, der als Nachfolger Khomeinis genannt wird, im Herbst 1984 aus. Das Institut, das Unterweisung in Terroranschlägen gibt, besteht bereits: Es befindet sich in der heiligen Stadt Qum. Sein Leiter ist Hussein Islamsadeh, der bei der Besetzung der Teheraner US-Botschaft Wortführer gewesen war. Ausgebildet werden junge Schiiten aus mehr als zwanzig Ländern, auch aus dem Libanon.

Beamte des State Department in Washington äußern den Verdacht, die Mitglieder der Kommandogruppe, die Anfang Dezember 1984 ein kuwaitisches Verkehrsflugzeug vom Typ Airbus mit 161 Personen an Bord kurz nach dem Start vom Flughafen Dubai in ihre Gewalt brachten und nach Teheran entführten, hätten in Qum die Terrorlehre absolviert. Brutal war ihr Vorgehen: Sie ließen zwar Frauen und Kinder frei, doch sie mißhandelten Männer. Zwei amerikanische Staatsangehörige wurden erschossen. Bis dahin hatte kein Entführungskommando Passagiere getötet.

Erzwungen werden sollte die Freilassung jener 21 schiitischen Glaubensbrüder, die am 12. Dezember 1983 in Kuwait Anschläge gegen die amerikanische Botschaft und gegen Einrichtungen des Staates verübt hatten. Doch die kuwaitische Regierung ließ sich nicht erpressen.

Als Kämpfer einer iranischen Spezialeinheit nach einer Woche des

Abwartens zu erkennen gaben, daß sie die Maschine stürmen wollten, da kapitulierten die Entführer. Anzeichen deuten darauf hin, daß ihre Tat mit den politisch verantwortlichen iranischen Geistlichen abgestimmt war.

Die Identität der Entführer wurde in Teheran nicht preisgegeben. Doch hatten kuwaitische Passagiere am arabischen Dialekt die Herkunft erkennen können: Die vier Terroristen waren Libanesen.

Menschenleben zählen nicht

Im Libanon verbargen Angehörige der Organisation des Hussein Mussawi ihre Enttäuschung darüber nicht, daß die sechs Detonationen in Kuwait nur vier Menschen getötet hatten – einer von ihnen war der Mann am Steuer des Lastwagens, der auf das Gelände der US-Botschaft gefahren war. Beabsichtigt gewesen war die Tötung von Hunderten.

Am Sonntag, dem 10. Juni 1984, steuerte der Schiit Hussein Schamas, Mitglied der Organisation »Islamische Hoffnung«, einen alten Mercedes-Personenwagen, der mit 60 Kilogramm TNT beladen war, von Baalbek herunter in das christliche Gebiet des Libanon, nach Junieh. Auf dem freien Platz vor dem Rathaus der Küstenstadt und unmittelbar neben der Rot-Kreuz-Station explodierte die Ladung. Der Fahrer und zwei weitere Personen wurden von der Wucht der Detonation zerfetzt; fünfzehn Menschen mußten verwundet in Krankenhäuser gebracht werden. Die Spezialisten der Phalanges Libanaises nehmen an, daß die Ladung nicht vor dem Rathaus hätte gezündet werden sollen, sondern in einer der Ladenstraßen, in der sich am Sonntagmorgen die Menschen drängten. Hussein Shamas hatte wohl den Auftrag, sein Fahrzeug abzustellen und die Ladung aus der Ferne detonieren zu lassen. Die Sprengung war offenbar zufällig durch ein Funksignal ausgelöst worden, das ein Milizposten der Phalanges Libanaises im Rathaus durch einen Funkspruch auf derselben Frequenz ausgestrahlt hatte, auf die der Zünder der Ladung eingestellt war. Die Stadt Junieh hatte Glück. In der Geschäftsstraße hätte die Explosion Dutzende von Menschen getötet.

Beharrlich verfolgt »al-Amal al-Islamie« ihr Ziel: Am 20. September 1984 detonierte ein Lastwagen vor dem Gebäude im christlichen Ost-Beirut, das die amerikanische Libanon-Botschaft als Ausweichquartier bezogen hatte.

Nahezu hundert Menschen starben, und über 200 wurden verwundet als Folge eines läppischen Streits an einem Kontrollpunkt im Libanongebirge. Männer der maronitischen Kampforganisation »Marada«, die dem früheren Präsidenten Sleiman Frangieh untersteht und die nicht zu den Phalanges Libanaises zählt, wollten die Personalien von zwei Bewaffneten wissen, die in einem Geländefahrzeug den Kontrollpunkt passierten. Die Aufschriften des Wagens ließen erkennen, daß die Insassen zur syrischen Sozialen Nationalen Partei (SSNP) gehörten. Ziel dieser Partei ist der Zusammenschluß von Libanon, Syrien, Jordanien, Irak und Kuwait zu einem Einheitsstaat, der »Groß-Syrien« heißen soll. Im Distrikt Kura, südlich der Hafenstadt Tripoli, besitzt die SSNP starken Einfluß auf die Bevölkerung. Ihr Hauptquartier befindet sich in der kleinen Stadt Amiun, die am unteren Drittel des Wegs liegt, der hinaufführt vom Meer zu den wenigen noch verbliebenen Zedern des Libanongebirges. Längst schon hatte der maronitische Maradaverband des Sleiman Frangieh nach einer Gelegenheit gesucht, um die militärische und die politische Organisation aus dem Distrikt Kura zu vertreiben. Der Grund war nicht in ideologischen Differenzen zu suchen – das unrealistische, illusionäre Programm der SSNP nahmen nicht einmal die Parteimitglieder ernst –, sondern im Neid um die Einnahme von Schutzgeldern, die Landbesitzer, Handwerker, Unternehmer und Händler, wie überall im Libanon, auch im Distrikt Kura an die Herrschenden zu zahlen hatten.

Der Streit am Kontrollpunkt im Libanongebirge gab den Anlaß zum offenen Kampf. Mitte Juli 1984 drangen die Maradakämpfer in mehr als zwanzig Dörfer ein. Der Widerstand der SSNP-Miliz war zuvor durch harte Artillerieschläge gebrochen worden. Daß die meisten der Häuser Familien gehörten, die nur durch ihre Zahlungsverpflichtungen an die SSNP gebunden waren, kümmerte die maronitischen Maradaartilleristen nicht – gehörten doch die Bewohner der Dörfer meist zum von Maroniten ungeliebten griechisch-orthodoxen Glauben.

Die Bewaffneten der Organisation »Marada« folgten der Tradition, die seit unzähligen Generationen im Libanongebirge gilt: Wer nicht geflohen ist, den morden sie. Sie ließen nicht ab, bis ihnen ein Mächtiger in den Arm fiel: Der syrische Staatspräsident Hafez Assad machte dem Gemetzel ein Ende. Er schickte Armeeverbände in den Distrikt Kura, um die Streitenden zu trennen. Uneigennützig handelte Hafez Assad nicht: Seine Truppen sollten in Kura bleiben. Die günstigere Position im Raum Tripoli geben die Syrer so schnell nicht wieder auf. Auch Hafez Assad ist den Regeln der Tradition gefolgt.

Beschmezzin ist ein Dorf südlich von Tripoli, kaum zehn Kilometer von der Küste entfernt. Die Familien leben vom Olivenanbau, von der Ölherstellung mit einfachen Geräten. Die Politik war für sie nur dann spürbar, wenn der Steuereintreiber der SSNP kam. Die Organisation Marada wollte künftig über die Einnahmen verfügen; deshalb überfiel sie Beschmezzin. Die Kämpfer des Sleiman Frangieh brachten jeden Mann um, der dafür bekannt war, bereitwillig an die SSNP bezahlt zu haben. Sie töteten auch eine Mutter samt ihrem Kind. Die meisten der Leichen wiesen Schußverletzungen auf; einige aber hatten durchschnittene Kehlen.

Schon am Tag danach weiß niemand in Beschmezzin zu sagen, wofür gemordet und wofür gestorben worden ist. Die Toten sind rasch beerdigt im Libanongebirge. Neue Herren sind zuständig, die Tribut fordern. Weinende Frauen ziehen noch tagelang in Gruppen durch die Dorfstraßen. Sie weinen um Tote – und um Vermißte. Wieder sind Familienväter und Söhne verschwunden, spurlos und aller Voraussicht nach für immer.

Seit Beginn des Krieges im Jahr 1975 sind mehr als 3000 Libanesen nach Entführungen vermißt. Keiner der Verschwundenen hat jemals wieder ein Lebenszeichen gegeben. Sicher ist, daß die 3000 Menschen tot sind. Nur die Familienmitglieder der Vermißten glauben nicht daran. Ehefrauen und Mütter klammern sich an die Überzeugung, Männer und Söhne würden noch irgendwo leben, wenn auch in finsteren Verließen; doch sie könnten noch lebend befreit werden.

In ihrer Verzweiflung blockieren die Frauen den Verkehr an den kritischen Grenzpunkten zwischen dem christlichen und dem islamischen Teil von Beirut durch brennende Autoreifen, die sie auf die Straße schieben. Inmitten der Rauchwolken stehen die Frauen und zwingen die aufgehaltenen Autofahrer, Fotos der Vermißten anzusehen. Sie haben die Hoffnung, irgend jemand wüßte, was mit den Männern geschehen ist, seit sie aus ihren Wohnungen abgeholt, aus Autos gezerrt oder auf der Straße nach Mißhandlung fortgeschleppt worden sind. Doch niemand weiß etwas. Jeder schweigt – um selbst zu überleben.

Die Schlußbemerkung dieses Berichts aus erster Hand ist kurz. Es genügt ein Zitat des Drusenführers Walid Jumblat: »Die Gewalt ist bei uns zu Hause!« Die Gewalt wird sich behaupten – sie hat Heimatrecht im Gebiet zwischen Mittelmeer und Persischem Golf.

Die Gewalt findet kein Ende
Nachbemerkung 1987

Im Januar 1987 wurden zwei Deutsche, Rudolf Cordes und Alfred Schmidt, in Beirut entführt. Zur Entführung bekannte sich die schiitische Großfamilie Hamade, deren Angehörige einen beachtlichen Teil der Kämpfer der radikalen Schiitenorganisation »Hasb' Allah – Partei Allahs« stellen.

Bisher waren Deutsche in Beirut glimpflich davongekommen – Franzosen, Engländer, Amerikaner waren vor allem die Opfer gewesen. Jetzt aber waren Bürger der Bundesrepublik ins Visier der Entführer geraten. Vorausgegangen war die Verhaftung des Libanesen Mohammed Ali Hamade auf dem Frankfurter Flughafen.

Oft schon war dieser Angehörige der schiitischen Großfamilie Hamade in Frankfurt Flugzeugen entstiegen, die aus dem Nahen Osten gekommen waren. Immer hatte er Wein mitgebracht – Wein aus dem Libanon als Gastgeschenk für Bekannte und Freunde, die im Saargebiet leben. Diesmal aber achteten die Zollbeamten auf die Flaschen. Sie wollten den Inhalt überprüfen. Veranlaßt war die Untersuchung durch einen Hinweis des amerikanischen Geheimdienstes, Mohammed Ali Hamade sei gefährlich, er habe im Sommer 1985 an der Entführung einer Verkehrsmaschine der amerikanischen Fluggesellschaft TWA teilgenommen, und sei, nach Meinung der Geheimdienstexperten, schuld an der Tötung eines Passagiers der entführten Maschine.

Die Überprüfung des Inhalts der Weinflaschen, die sich im Gepäck des Libanesen Mohammed Ali Hamade befanden, ergab, daß er aus hochbrisantem Flüssigsprengstoff bestand. Der Libanese wurde verhaftet. Ebenso erging es seinem Bruder, der wenige Tage später in Frankfurt landete – als die Entführung der Deutschen in Beirut bereits geschehen war. Zwei Libanesen befanden sich nun in deutscher Haft, und zwei Deutsche waren in der Gewalt der libanesischen, schiitischen Familie Hamade.

Der Vorfall machte die internationale Verwicklung des Libanon-Konflikts deutlich, der, wie es sich bald zeigte, auch nicht von der Auseinandersetzung am Persisch-Arabischen Golf zu trennen war. Der Angehörige der schiitischen Großfamilie Hamade wollte den Flüssigsprengstoff zu Anschlägen in Europa verwenden, wobei seine Absicht nicht war, der Bundesrepublik Schaden zuzufügen; die Menschen der Bundesrepublik wurden von den Schiiten nicht als Feinde betrachtet. Als Gegner war Frankreich ausersehen. Die Franzosen sollten dafür bestraft werden, daß sie zweifach gegen die Interessen der Schiiten handelten: Sie unterstützten die Christen des Libanon im beharrlichen Widerstand gegen die Herrschaftsansprüche der Schiiten, und sie halfen dem irakischen Präsidenten Saddam Hussein durch Waffenlieferungen bei der Abwehr der iranischen Offensiven am Schatt al-Arab. Neben den USA war Frankreich zum »Teufel« geworden, der gegen die wahren Gläubigen kämpfte. Vergessen war, daß die französische Regierung dem im Exil lebenden Ayatollah Ruhollah Khomeini einst die notwendige Handlungsfreiheit im Kampf um die Macht in Iran gelassen hatte.

Die Reaktion der Bundesregierung auf die Entführung der beiden Deutschen war von der Erkenntnis geleitet, daß sich die Hoffnung auf Freilassung der Deutschen Cordes und Schmidt nur erfüllen konnte, wenn die geistliche Führungsschicht in Teheran Druck ausübte auf die libanesische, schiitische Familie. Bundesaußenminister Genscher schuf die Voraussetzung dazu durch eine Bemerkung, die am Persisch-Arabischen Golf weite Beachtung fand. Diese Bemerkung lautete: »Der Irak ist der Aggressor im Krieg zwischen Iran und Irak.«

Die Bemühungen, den beiden Deutschen die Freiheit geben zu können, führten Anfang September 1987 zu einem ersten Erfolg: Alfred Schmidt wurde freigelassen – ohne daß Mohammed Ali Hamade seine Zelle in Frankfurt hätte verlassen können. Es sah so aus, als ob die Schiiten auf die Geisel verzichtet hätten, ohne für sich ein positives, politisches Ergebnis erzielt zu haben. Daß zwei Millionen Dollar als Lösegeld bezahlt worden sind, kann für die Schiitenführung nicht ernsthaft als befriedigender Abschluß der Geiselaffäre gelten. Der Eindruck täuschte, die Geiselnahme, die als politische Aktion der Schiiten begonnen hatte, habe ihr Ende in verbrecherischer Erpressung gefunden.

Zwar war in der Tat kein als ehrenhaft anzuerkennendes greifbares Resultat ausgehandelt worden, für die politisch kalkulierende Führung in Teheran war jedoch erreicht, daß die Bundesregierung im Konflikt zwischen Irak und Iran einen völlig anderen Standpunkt einnehmen mußte, als der wichtigste Verbündete der Bundesrepublik, als die USA. Während die Regierung in Bonn bemüht war, die guten deutsch-iranischen Beziehungen zu betonen, wagte der amerikanische Präsident das Risiko eines offenen Kampfes gegen Iran.

Das Jahr 1986 war geprägt gewesen durch Versuche der iranischen

Bodentruppen, die irakische Front zu durchbrechen. Doch keine der Offensiven hatte mit dem gewünschten Erfolg geendet. Durch Einsatz chemischer Waffen war es der irakischen Führung gelungen, die Angriffe zum Erliegen zu bringen. So war der Krieg in eine Pattsituation geraten: keine Seite konnte der anderen durch Überlegenheit ihren Willen aufzwingen. Trotzdem dachte nur der irakische Präsident Saddam Hussein an Waffenstillstand. Ayatollah Ruhollah Khomeini erklärte weiterhin: »Mit dem Teufel schließt man keinen Waffenstillstand, dies verbietet der Wille Allahs!« Den Teufel sah der Schiitenführer in der Person des sunitischen Staatschefs Saddam Hussein, der über die schiitische Mehrheit im Irak herrschte.

Da der Präsident in Baghdad feststellen mußte, daß seine Aufrufe zur Waffenruhe ohne Erfolg blieben, glaubte er, durch Kriegführung zur See eine Wende im Krieg erzwingen zu können. Der »Tankerkrieg« wurde ausgeweitet. Die Absicht war, die öltransportierenden Schiffe aller Industrienationen von iranischen Ölhäfen fernzuhalten. Da nur noch eine einzige Verladestation des iranischen Öllieferanten funktionsfähig war – die des Insel Kharg vor der Küste des Iran – lag der Gedanke nahe, durch Ausschaltung dieser Verladestation iranisches Öl vom Weltmarkt fernzuhalten. Konnte die iranische Regierung nicht mehr über Einnahmen aus dem Ölgeschäft verfügen, hatte sie kein Geld mehr, um Waffen einkaufen zu können. Denn im Nahen Osten gilt seit Jahren der Grundsatz: »Waffen sind eine leicht verderbliche Ware, die im voraus bezahlt werden muß!« Die Verladestation Kharg und die Tanker, die Kharg anlaufen wollten, wurden zum Ziel der irakischen Luft- und Seestreitkräfte. Diese Verladestation zu zerstören, gelang nicht – doch wurden zahlreiche Tanker getroffen.

Der Tankerkrieg wurde allerdings für die irakische Luftwaffe gefährlich, als sich während der ersten Wochen des Jahres 1987 die Waffen auszuwirken begannen, die durch die USA an Iran geliefert worden waren. Insbesondere erwies sich die Luftabwehrrakete »Hawk« als überaus effektives Instrument zum Schutz der Verladestation Kharg. Selbst die schnellen und wendigen Kampfflugzeuge vom Typ »Superétendard«, die Frankreich dem Irak leihweise überlassen hatte, waren der Hawk-Rakete ausgeliefert. Die bisher im Tankerkrieg so erfolgreichen französischen Maschinen mußten am Boden bleiben.

Daß die Superétendard-Kampfflugzeuge dem Irak überhaupt zur Verfügung standen, dafür trug der französische Staatspräsident Mitterrand die Verantwortung. Seine Politik war es in den Jahren 1985 und 1986 gewesen, die iranische Führung durch Unterstützung der Iraker derart zu sticheln, daß Khomeini, um seinem Land weitere Stiche zu ersparen, doch noch dem Bau der Kernkraftwerke zustimmte, die

Frankreich, gemäß einem mit dem Schah abgeschlossenen Vertrag, liefern wollte. Die Überlassung der französischen Kampfflugzeuge an Irak war wiederum einer der Gründe gewesen, warum Frankreich sich den Zorn der Schiiten zugezogen hatte – und warum die schiitische Familie Hamade, die im Libanon lebte, mit Flüssigsprengstoff nach Frankfurt flog, um in Frankreich Anschläge verüben zu können.

Mitterands Entscheidung, das Regime des sunnitischen Präsidenten von Irak durch Waffenhilfe zu stützen, wirkte sich negativ aus für Frankreich. Präsident Mitterrand und Premierminister Chirac waren schließlich gezwungen, Mitte Juli 1987 die diplomatischen Beziehungen zu Iran abzubrechen. Aber auch die Verantwortlichen in Washington bekamen zu spüren, daß Parteinahme im Iran-Irak-Konflikt Konsequenzen mit sich bringen konnte, die nur schwer kalkulierbar waren. Die königliche Familie Saudiarabiens, die als der wichtigste Verbündete der USA in der Region um den Persisch-Arabischen Golf galt, sah sich von diesem Verbündeten verraten, dem es eingefallen war, den schlimmsten Feind aufzurüsten. In Zweifel gezogen wurde der politische Verstand der Führung der USA. Die Berater des Königs von Saudiarabien stellten die Frage, ob überhaupt Verlaß sei auf den Partner in Washington. Der Mangel einer Alternative ließ jedoch keine Änderung der Politik zu. Die Bindung an die Vereinigten Staaten blieb erhalten.

Um die geschwächte Position wieder zu festigen, verstärkte Ronald Reagan im Sommer 1987 das Engagement der USA am Persisch-Arabischen Golf. Als kuwaitische Tanker von iranischen Raketen bedroht waren, erlaubte die amerikanische Regierung dem Emirat Kuwait, die Öltransporter unter den Schutz der Flagge der USA zu stellen. Kriegsschiffe wurden in die Gewässer zwischen Iran und Saudiarabien geschickt, um den kuwaitischen Tankern freie Fahrt zu ermöglichen. Schädlich für das Prestige der USA war allerdings, daß ihre Fregatten und Lenkwaffenkreuzer nicht ausgerüstet waren, freischwimmende Minen zu erkennen und zu zerstören.

Die Präsenz der amerikanischen Schiffe im Persisch-Arabischen Golf brachte den Tankerkrieg nicht zum Erliegen. Weiterhin feuerten irakische Kampfflugzeuge auf Tanker, die unterwegs waren, um bei der Insel Kharg iranisches Öl aufzunehmen. Die amerikanische Regierung hatte eine einseitige Verpflichtung eingegangen: Ihre Kriegsschiffe waren angewiesen, nur auf iranische Aktionen zu achten – allein iranische Angriffe waren abzuwehren. Die Flüge der irakischen Luftwaffe blieben weitgehend unbeachtet. So konnte es geschehen, daß am 18. Mai eine amerikanische Fregatte Opfer eines irakischen Angriffs wurde. 28 Matrosen verloren dabei ihr Leben. Aus Teheran war wenig später diese Reaktion zu hören: »Der große Satan ist in eine Falle geraten!«

Daß die Vereinigten Staaten offensichtlich nicht in der Lage waren, die Ereignisse am Persisch-Arabischen Golf zu lenken, verleitete die Führung in Teheran dazu, die Unruhe in der Region zu steigern. Pilger aus Iran, die im Sommer 1987 nach Mekka reisten, um die vorgeschriebenen Riten der Hadsch zu erfüllen, wurden von ihren geistlichen Betreuern aufgefordert, vor der großen Moschee in Mekka für Redefreiheit zu demonstrieren. Auch in Mekka müsse erlaubt sein, bei der Freitagspredigt über Politik zu sprechen. Zur Zeit des Propheten Mohammed, so argumentierten die iranischen Geistlichen, sei es selbstverständlich gewesen, daß die Freitagspredigt aktuelle, politische Bezüge gehabt habe.

Die regierende Familie in Saudiarabien hatte in der Tat die Politik aus den Ansprachen der Geistlichen verbannt. Das Argument der Regierenden war: Im Bereich des Heiligtums der Kaaba müsse der Frieden gewahrt bleiben. Politisch gefärbte Predigten aber würden im heiligen Bezirk den Frieden stören. In Wahrheit wollte die königliche Familie die Diskussion um ihre Stellung im Königreich und in Arabien überhaupt unterbinden. Wären politische Themen in den Predigten erlaubt, müßte auch über die Schwächen der regierenden Prinzen gesprochen werden, denen vorgeworfen wird, sie seien korrupt und dem Alkohol verfallen.

Die Zahl der Pilger aus Iran war im Sommer 1987 besonders groß. Am Freitag, dem 31. Juli, formierten sich etwa 200 000 Menschen zu einer Demonstration. Aus der iranischen Heimat hatten die Demonstranten den Auftrag mitgebracht, Redefreiheit zu fordern. Die Absicht der Auftraggeber war, auf diese Weise die Herrschaft der königlichen Familie zu erschüttern. Die königliche Polizei war angewiesen, die Demonstration wenn nötig mit Gewalt zu verhindern. Die Masse der Pilger aber wollte der Gewalt trotzen. Doch als Schüsse fielen, da ergriff Panik die Demonstranten. Aber wer fliehen wollte, der blieb in der Masse eingekeilt. Die Gewalttätigen setzten sich durch. Schwächere wurden zerdrückt, zertrampelt. Als die Masse sich aufgelöst hatte, da lagen 402 Tote auf dem Platz bei der Großen Moschee von Mekka. Die wenigsten Opfer wiesen Schußverletzungen auf.

Nach dem Ereignis des 31. Juli 1987 ließ die Führung in Teheran erkennen, gegen wen sich ihr Feldzug am Persisch-Arabischen Golf in Wahrheit wendet: Gegen die königliche Familie Al Saud. Der Wille, den König und die Prinzen zu vernichten, ist nicht auf die Person des Ayatollah Ruhollah Khomeini beschränkt. Er ist im Bewußtsein der Mehrheit der Iraner verankert, als logische Fortsetzung des erfolgreich verlaufenen Kampfes gegen den Schah Mohammed Reza Pahlewi. Khomeini hat das Schlagwort geprägt: »Könige sind nicht dem Islam gemäß! Die Herrschaft von Königen in der islamischen Welt muß gebrochen werden!«

Damit ist das Signal gegeben für die kommenden Auseinandersetzungen. Selbst, wenn sich die iranische Führung bereiterklärt, dem Drängen der Vereinten Nationen und der europäischen Staaten nachzugeben und die Waffen schweigen zu lassen, wird ein solcher Waffenstillstand, der nur als taktische Pause zu verstehen ist, nicht von langer Dauer sein. Auch der Tod des Revolutionsführers Khomeini wird keine Entspannung bringen. Sein Vermächtnis wird heißen: »Könige sind nicht dem Islam gemäß!« Als Toter, verklärt in der Erinnerung der Gläubigen, wird Khomeini noch mächtiger sein als jetzt, in der allerletzten Phase seines Lebens. Das Vermächtnis zu erfüllen, dafür werden die Schiiten kämpfen – am Persisch-Arabischen Golf und im Libanon.

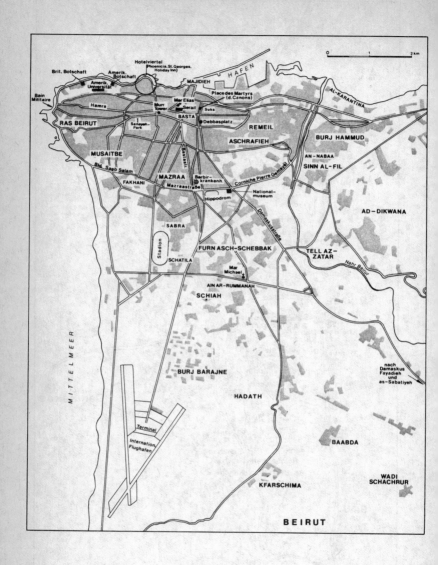

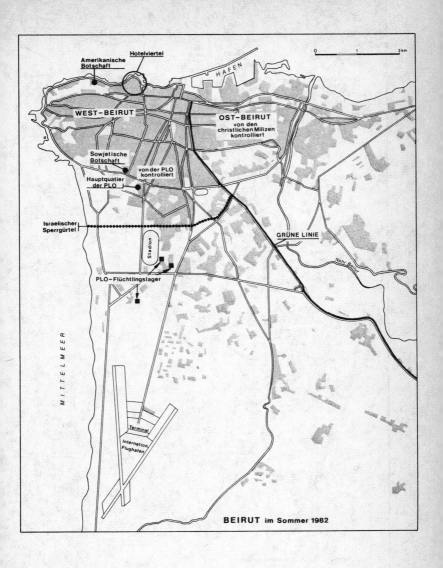

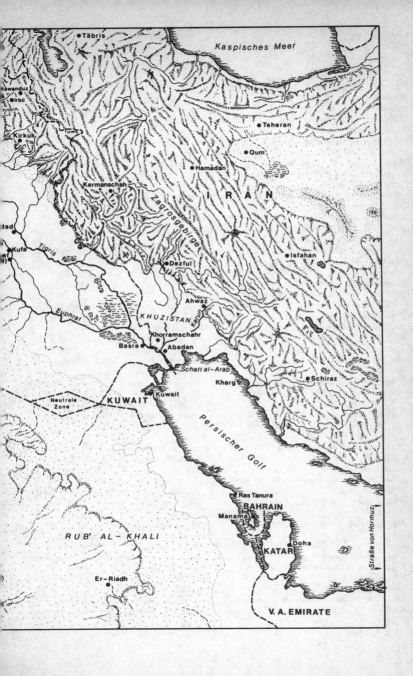

Register

Abadan, 277, 281, 283, 287, 404

Abadiyeh, 346

Abbasiden, islamische Dynastie in Baghdad, 26, 31

Abdo, Johnny, libanesischer Sicherheitsbeauftragter, 227, 246, 319–323, 326, 329, 373 ff.

Abillama, Emir Haidar, »Kammaikam« (Gouverneur) der christlichen Verwaltung im Libanongebirge, 66, 69

Abu Ammar siehe »Arafat«, 292, 349 f.

Abu Bakr, erster Kalif in Medina, 46 f.

Abu Dhabi, 494

Abu Ha'al, Mitglied des Geheimdienstes der PLO, 378

Abu Hajem, militärischer Berater Arafats, 459

Abu Iyad, Vertrauter Arafats, 308, 461

Abu Jamra, Issam, Generalinspekteur der libanesischen Streitkräfte, 487

Abu Jihad, stellvertretender Vorsitzender der PLO, 292, 298, 304, 308, 322, 325, 338 f., 348, 461, 464, 466

Abu Musa, PLO-Dissident, 462, 465

Abu Nakad, Kommandeur der Drusenmiliz, 74

Abu Nidal, PLO-Dissident, 302

Abu Zaim, Vertrauter Yasir Arafats, 358

Abu al-Walid, Mitarbeiter Arafats, 292, 320

Agence France Press (AFP), französische Nachrichtenagentur, 215, 294

Ägypten, 40, 45, 48, 51, 58–61, 90, 92 f., 110, 112 f., 117, 121, 123, 131, 138 ff., 156, 185, 187, 191, 195 ff., 201 f., 219, 224 f., 228, 236, 248, 274, 285, 308, 414, 418

– Botschaft in Beirut, 294

Äthiopische Kirche, 23

Afzali, Bahram, Kommandeur der iranischen Marine, 437

Ahdab, Aziz, libanesischer Brigadegeneral, 173 f.

Ahigaz, Aharon, israelischer Pilot (Geisel), 345

Ahmad, Ahmad Iskandar, syrischer Informationsminister, 197

Ahmed Pascha, osmanischer Gouverneur in Damaskus, 84

Ahwaz, Iran, 276, 281, 285, 366, 404

Ain Helwe, Palästinenserlager bei Saida, 318 f.

Ain Traz, griechisch-orthodoxes Kloster bei Aley, 413

Ain ar-Rummanah, 118, 142–145, 159, 212 f., 217, 223, 241, 243, 245

Aindara, 70

Aintura, 317

Aisa bin Sulman al-Khalifa, Scheich von Bahrain, 272 f.

Aiz, Tarik, stellv. Ministerpräsident des Irak, 275

Akkargebiet, 92

Alawiten, schiitische Sekte, 463

Aleppo, 94

Alexandria, Hohe Schule von, 21

Aley, 161, 188, 198, 310, 312, 314, 323, 354, 402 f., 411, 413, 448, 454, 456

Algerien, 196 f., 236, 299, 328, 334, 348

Algier, 103

– Abkommen von (6. März 1975), 278

Ali, Prinz, Sohn des Kalifen al-Hakim bi Amrillah, 37

Ali, Schwiegersohn des Propheten Mohammed, 46 f., 260, 263 f., 266, 269 ff., 463

Ali, Sohn des Fakr ed-Din II., 57

»Alpha-Groupe«, Arbeitsgruppe Beschir Gemayels, 246

Amal, (Hoffnung), schiitisch-libanesische Kampforganisation, 15, 20, 134 f., 148, 158, 276, 298, 325, 351, 375, 424, 426 f., 445 ff., 474, 485

al-Amal al-Islamie (Die islamische Hoffnung), schiitisch-iranische Kampforganisation, 427–431, 444, 458, 502 f.

Amara, 493

al-Amareh, iranische Garnisonsstadt, 432

American University von Beirut, 98, 158, 339, 407, 410

Ames, Robert Clayton, Chef CIA-Büro für Analysen der Gebiete Nahost und Südasien, 428

Amiun, 504

Amman, 109, 131 f., 299, 336, 414

Ammar, Mahmud, libanesischer Minister, 331

Anatolien, 44

Andropow, Jurij, sowjetischer Staatspräsident, 463

Anjar, Dorf in der Bekaa, 55

Antiochia, 21, 24 f., 38

Apostolisches Kommissariat für die Angelegenheiten der Maroniten und der Drusen, 32 f.

Arabische Abschreckungstruppe, 193–199, 202 f., 211–216, 223

Arabische Gipfelkonferenz (Oktober 1964), 121 f.

Arabische Golfstaaten (Ölemirate am Persischen Golf), 208, 274, 285 f., 280, 288, 300, 367, 380, 494, 496, 500

– Konferenz der Außenminister, 496

Arabische Liga, 136, 194 f., 417

Arabische Universität, Beirut, 239

Arabisches Komitee zur Rettung des Libanon, 328

Arafat, Yasir, Vorsitzender der PLO, 9, 123, 127 ff., 132 f., 136 f., 140, 145, 147 f., 163, 167 ff., 175, 179, 182 f., 186–191, 193, 195 f., 198, 203 f., 220 f., 233–237, 240, 258, 288–293, 295, 297, 299 f., 304 f., 307 f., 311–341, 344 f., 347–352, 372 f., 401, 459–469

Arbeiterpartei (israelische), 220

Argentinien, 93

Argov, Schlomo, Botschafter Israels in London, 302 ff.

Armenische Kirche, 23

Arslan, Drusenclan, 68, 88, 106 f., 373, 406

Arslan, Emir Ahmed, »Kaimmakam« (Gouverneur) der Drusen, 66, 68

Aschrafieh, christlicher Stadtteil von Beirut, 138, 144, 202, 211–217, 223, 225 f., 238, 241, 243 ff., 250, 317, 331, 353, 356, 362, 375–378, 381, 421

Asgharowladi, Habibollah, iranischer Handelsminister, 437

Assad, Hafez, syrischer Präsident, 139, 155, 157, 159 ff., 162–165, 167–171, 174, 176 ff., 180 ff., 184 f., 187–203, 206 f., 212 f., 215, 218, 223–229, 232 f., 238 ff., 247, 249 f., 254 f., 257, 307, 311 ff., 315, 336, 344, 362, 364 f., 373, 394, 419, 439, 457, 461–464, 469, 479 f., 484 f., 504,

Assad-Doktrin, 202

al-Assad, Kamal, libanesischer Parlamentsvorsitzender, 360 ff.

al-Assad, Rifaat, Bruder des syrischen Präsidenten, Sicherheitsbeauftragter, 211, 203

Athen, 372

Aun, Michel, General, 456 f., 469 f., 486 f.

Australien, 149, 301

AWACS (»Airborne Warning and Air Control System«), 495

Awali, Fluß, 417

al-Azhar-Universität, 430

Baabdapalast, Amtssitz des libanesischen Präsidenten, 74, 88, 131, 155, 174, 179, 191,

198, 204, 213 f., 216, 223 f., 229, 233 ff., 242, 246, 256 f., 311, 315 f., 325, 342 f., 352, 356, 373, 379, 395, 403, 409, 420 f., 428, 445, 455 f., 459, 470, 480, 484

Baalbek, 148, 211, 315, 327 f., 361, 371, 425, 428 f., 431, 444, 457 f., 465, 489

Baathpartei (irakische), 367

Baathpartei (syrische), 131

Badaro, Stadtteil in Ostbeirut, 212

Baddawi, Palästinenserlager bei Tripoli, 300, 462, 464 ff.

Baghdad, 10, 27, 31, 48, 110, 114, 127, 185, 190, 263, 271, 273–282, 285–290, 364, 367 f., 380, 414, 418, 434 f., 490 f., 494, 508

Baha'i-Sekte, 436

Bahrain, 272 f., 276, 494

Bain Militaire, Westbeirut, 13 f., 18

Baklin, 63 f.

Balfour-Declaration, 94

Bandar Abbas, iranischer Luftwaffenstützpunkt, 495

Bani Sadr, Abulhassan, iranischer Staatspräsident, 280, 286

Banias, syrische Hafenstadt, 364

al-Baqr al-Hakim, Hojatulislam Mohammed, Imam, 490

al-Baqr as-Sadr, Ayatollah, 490

Barbirkrankenhaus, Westbeirut, 16, 338 f., 382

al-Baruk siehe Jebel al-Baruk

Barzani, Mulla Mustapha, Kurdenführer, 278, 434

Basra, 10, 277, 281, 432, 441, 491–494

Basta, Stadtviertel in Westbeirut, 148

Beaufort d'Hautpoul, französischer General, 85

Beaufort, Garnison von, 305 f.

Beduinen, 23 f.

Begin, Menachem, israelischer Ministerpräsident, 222, 255 f., 284, 290 f., 298 f., 302, 306, 308, 311, 318, 321 ff., 330, 332 f., 338, 342 ff., 349, 351, 366, 378–381, 384 ff., 388, 392 f., 307, 397, 402, 404, 410 f., 448 f., 462

Beheschti, Ayatollah, Vorsitzender der Islamischen Republikanischen Partei des Iran, 369

Beirut, 26, 29 f., 45, 48, 51, 53, 56 ff., 60, 62, 64 ff., 72, 74 f., 78, 81 ff., 87, 89–92, 95–100, 102 f., 105–107, 110–114, 116–124, 126–129, 132 f., 138–142, 145, 148, 151, 153 ff., 159 f., 161–166, 168, 170, 172, 180, 184, 186, 190, 197 f., 201 ff., 211, 215–218, 223 ff., 227 f., 230 f., 233 ff., 238, 242 ff., 254, 258, 261, 272, 289, 293–300, 303–308, 311 f., 315, 318 f., 321–330, 332 f., 337–349, 358, 360 ff., 366, 372, 383 f., 386, 389, 393,

519

396, 398 f., 402 f., 417 f., 420 f., 425 ff., 443, 446 f., 451 f., 456 f., 459–463, 466, 472, 476, 479, 481 f., 485, 489, 494, 501, 506
- Ostbeirut, 16 f., 129, 143 f., 170, 183, 199, 212, 294, 347, 360, 362 f., 372, 381, 395, 398 f., 421, 479, 503
- Westbeirut, 11–20, 125, 130, 135, 144, 158, 168, 199, 244, 294, 297, 307 f., 314, 316, 321, 323 ff., 330 ff., 335, 338, 341, 345 f., 351, 353, 356, 360 f., 381–386, 392–399, 406, 420, 446 f., 450, 459, 470, 475, 482
- Bischof von, 63
- Hafen von, 138, 165, 345, 349, 381, 384, 396 f., 485
- Hotelviertel (Westbeirut), 162
- Hotel Carlton, 179
- Hotel Commodore, 11, 389
- Hotel Hilton, 157
- Hotel Holiday-Inn, 157 f., 162, 165, 382
- Hotel Phoenicia, 157, 162
- Hotel St. Georges, 157, 162
- Internationaler Flughafen, 119, 125, 136, 227, 338, 381, 384, 427, 443, 451, 454, 471 f., 474, 476, 486
- Museum von, 339 f., 384, 398
- Sportstadion »Camille Chamoun«, 303 f., 307, 340, 349 f.
- Suks (Markt von Beirut), 152 f., 160, 201
Beirut-Damaskus, Straße von, 26, 45, 66, 68 f., 73, 78, 89 f., 113, 129, 142, 149, 157, 170, 187 f., 198, 228, 255, 300, 310, 312 f., 317, 323 f., 345, 348, 354, 356, 402 f., 405, 408, 449 f.
Beirut-Riadh-Bank, 361
Beiruter Börse, 372
Beit Eddin, Stammsitz der Jumblats, 80, 205, 310, 402, 453
Beit Meri, Ortschaft im Schuf, 61, 69 f.
Bekaatal, 51, 54, 57, 65, 67, 70, 78, 87, 92, 95, 97, 136, 142, 149, 169 f., 178, 181, 211 f., 248 f., 251, 254 f., 274, 304, 310 ff., 345, 361, 411, 419, 425, 427, 458–462, 485, 489
Belgrad, 367
Berlin, 87 f., 91, 98
- (Ost), 226
Berri, Nabih, Führer der schiitischen Organisation »Amal«, 14 ff., 19 f., 351, 375, 421, 425, 427, 449, 474, 477–482, 483, 485, 487 f.
Beschmezzin, Dorf südlich von Tripoli, 504 f.
Bet Maron, maronitisches Kloster am Orontes, 22–27
Bewegung der Unterprivilegierten siehe Amal, 134 f.

Bhamdun, 183, 187 f., 198, 323, 402 ff., 411, 413, 448, 450–455
Bi'r al-Abed, Schiitenviertel am Südostrand von Beirut, 19
Bikfaya, Heimatdorf der Gemayels, 138, 175, 251, 307, 353, 379 f., 394, 409, 488
Bitar, Youssef, Sergeant, Sprengstoffexperte der lib. Armee, 406
Bonaparte, (Napoleon), General, 58 f.
Boutros, Fuad, libanesischer Außenminister, 228
Brasilien, 93, 149, 279
Breschnjew, Leonid, sowjetischer Staatspräsident, 182, 255, 307, 318, 463
Brih, Dorf im Schufgebirge, 404
Brumana, 163
Bschamur, Palast von, Residenz der Arslans, 406
Bundesrepublik Deutschland 507
- Botschaft in Beirut, 18
- Regierung, 507
Burj Barajne, Schiitenviertel in Westbeirut, 14, 135 f., 338, 346, 350, 445 f., 474 f.
Bustani, libanesischer Armeegeneral, 127 f., 130
Byblos siehe Jbeil
Byzanz, 24 f., 27 f.

Cairo, 30, 35, 37, 39, 46 f., 93 f., 127, 156 f., 189 f., 199, 308
Cairoer Abkommen (3. Nov. 1969), 127 f., 130
Callaghan, General, Kommandeur der UN-Verbände im Südlibanon, 292
Camp-David, Abkommen von, 222 f., 240, 248, 300, 303, 336, 338, 413, 418
CAP (Combat Air Patrol), 496 f.
Carter, James (Jimmy) Earl, US-Präsident, 222, 224 f., 499
Catroux, Georges, General, 100–103, 105
Chamoun, Familie, Maronitenclan, 107, 109, 184, 241, 244 f., 295
Chamoun, Camille, Maronitenführer, 100 f., 107, 109–117, 120, 124, 128, 130, 134, 139–142, 154 f., 161, 167 f., 193, 199, 203 f., 207, 210–220, 222, 225, 241–244, 358, 395, 409, 477 f., 482
Chamoun, Dany, 184, 186, 212, 214, 216, 218 f., 221, 241–244, 358
Chamoun, Dory, 214, 241, 358
Cheysson, Claude, französischer Außenminister, 439
Chirac, Jacques, französischer Premierminister, 509

520

Churchill, Charles, britischer Oberst, 75 f., 78, 80

CIA, (Central Intelligence Agency), amerikanischer Geheimdienst, 219, 322, 428, 430, 506

Cordes, Rudolf, deutsche Geisel der libanesischen Schiiten, 506 f.

Coulandre, Robert, französischer Hochkommissar in der Levante, 93

ad-Daawa al-Islam (Ruf des Islam) schiitische Kampforganisation, 274, 276, 502

Dahran, 495

ad-Dai, Ammar, Drusenführer, 39

Damaskus, 25 ff., 30 f., 48, 50 ff., 54, 65, 84 f., 91 f., 94, 97, 110, 127, 129, 131, 136, 138 f., 153, 159, 161 ff., 167, 171, 173, 175 f., 178, 182, 185, 188, 190, 195, 200, 204, 213, 217, 224–229, 240, 249–252, 265 f., 274, 302, 304, 310, 315, 330, 343, 394, 414, 418, 431, 458, 461–464, 471, 479 f., 485, 487, 494
– Hotel Semiramis, 190, 195
– Kalif von, 264 f.

Damur, 53, 81, 167 f., 250, 304, 309 f., 393, 452 f.

ad-Darazi, Naschtakin, Vorkämpfer der Drusensekte, 34–37

Daud Effendi, osmanischer Mutesarrif (Administrator) des Libanon, 87 ff.

Dean, John Gunther, US-Botschafter in Beirut, 247 ff., 252 f.

Debbasplatz, 147

Deir Mimas, 305

Deir al-Beidar, 314, 475

Deir al-Kamar, Ort im Schufgebirge, 53, 60, 62–67, 72 f., 78, 82, 85 f., 88, 407, 453 f., 475

Delamar, Louis, Botschafter Frankreichs im Libanon, 249

Demokratische Volksfront zur Befreiung Palästinas siehe Volksfront

Deutsche Demokratische Republik, 292 f.

Deutsches Reich, 98, 100 f.

Deuxième Bureau, Geheimdienst der libanesischen Armee, 14, 117, 119, 122 f., 129, 222, 245, 488

Dezful, Iran, 276, 281, 364, 366

ad-Dikwana, Vorort von Beirut, 129, 139, 163

Dillon, Robert S., Botschafter der USA im Libanon, 428

Draper, Morris, amerikanischer Sondergesandter, 382–386, 414, 418, 428

Drory, Amin, Generalmajor, Befehlshaber des israelischen Regionaloberkommandos Beirut, 387, 390

Drusenmiliz, 179, 205, 326, 383, 402 f., 449–453, 456 f., 470–473, 476, 479, 482, 486

Dubai, 502

Dyophysiten, Anhänger der Lehre von den zwei Naturen Christi, 23 ff.

Eddé, Emile, libanesischer Staatspräsident, 96 ff., 102, 104

Eddé, Raymond, 96

Ehden, 27, 209 ff., 242, 413

Eisenhower, Dwight D., U. S. Präsident, 114 f.

Eisenhower-Doktrin, 112, 114

Electronic Research Center bei Baghdad, 284

England, 61 ff., 68, 73, 81 f., 86, 88, 90–94, 100–113, 277, 281

Euphrat, 23, 94, 263, 265, 268, 272, 274, 277, 490

Europa, 61, 65, 87, 89, 94, 108, 149, 160, 219, 221, 235, 271 f., 285, 302, 327, 454, 500, 507

Eytan, Rafael, Generalleutnant, israelischer Generalstabschef, 317, 319, 386 f., 390, 392 f.

Fahd, Kronprinz von Saudi Arabien, 194, 196, 200, 203 – (König:) 327 f.

Fakhani, Stadtteil in Westbeirut, 290, 313

Fakr ed-Din I., Emir aus der Drusendynastie Maan, 50 f.

Fakr ed-Din II., Emir aus der Drusendynastie Maan, 44, 51–57

Falugha, Dorf bei Hamana, 475

al-Fatah, Kampfverband der PLO, 127, 135, 148, 240, 292, 309, 459, 461 f.

Fatahland, 127 f., 234

Fatima, Tochter des Propheten Mohammed, 46, 260, 264, 266

Fatimiden, Kalifen, Abkömmlinge von Ali und Fatima, 27, 47

Fattal, Antoine, libanesischer Diplomat, 417 f.

al-Fayadieh
– Massaker von, 229
– Kaserne von, 228 f., 361 f.

Fintel, Arthur Thomas, amerikanischer Oberst, Chef des Lebanese Army Modernization Program, 421–424

Florenz, 52

Forces Libanaises, Dachorganisation christlicher Kampfgruppen, 240, 357

Formel »6 zu 5«, Formel für die Verteilung der libanesischen Parlamentssitze (1943), 102–106, 156, 171, 199, 246
– »5 zu 5« (1976) 156, 171 f.

Frangieh, Maronitenclan, 107, 131, 140 f., 178, 208–211, 413

521

Frangieh, Sleiman, Präsident des Libanon, 131f., 136f., 140f., 147, 155, 159f., 168f., 171–174, 176, 178f., 191, 207–210, 213, 357, 477, 504f.

Frangieh, Tony, 141f., 149f., 210f., 312, 242, 477

Frankfurt/Main, Flughafen 506

Frankreich, 53, 58f., 61, 63, 67ff., 81f., 85–88, 90–105, 108, 111, 113, 215, 220ff., 224, 249, 271, 279, 284, 294, 344, 401, 439, 442f., 499, 507ff.
– Botschaft in Beirut, 293f.
– Botschaft in Kuwait, 502
– Kontingent der Internationalen Friedenstruppe, 330, 348, 372, 396ff., 444f., 468

»Freier Libanon« (Pufferzone im Südlibanon), 233

Frem, Fadi, Kommandeur der maronitischen Miliz Lebanese Forces, 15, 376f., 385ff., 390, 402–405, 408–413, 421, 446, 448, 450ff., 455f., 478, 482ff., 488

»Frieden für Galiläa«, israelische Militäraktion, 303

Gaddhaffi, Moammar, siehe Kathafi

Galiläa, 303, 305, 306, 313
– »Finger von Galiläa«, 303–306, 308

»Gamma-Groupe«, Beraterstab von Beschir Gemayel, 408

Ganaweh, Iran, 441

Gatanas, Oberst, Kommandeur der US-Marines, 469, 471

de Gaulle, Charles, General, 100f., 103f.

Gawara, Dawudu, Präsident von Gambia, 288

Gazakrankenhaus (Westbeirut), 345, 348

Gazastreifen, 121

Geagea, Samir, Phalangekommandeur, 210, 413, 454

Gemayel, Maronitenclan, 147, 155, 175, 178, 208, 211, 241, 243, 251, 295, 408, 424, 476f., 481, 484

Gemayel, Amin, libanesischer Staatspräsident, 13, 146, 244, 362, 377, 385, 394–405, 407ff., 421–428, 445–449, 452, 455–458, 465, 470, 472, 475–481, 484ff., 498

Gemayel, Beschir, 146, 161, 164f., 168, 186, 209–213, 222, 229, 237, 239–243, 246–254, 256ff., 295, 301f., 316ff., 320f., 324, 326–331, 334, 352, 353–364, 372–381, 304f., 387f., 393f., 399f., 402, 405f., 408–411, 413, 420, 454, 488

Gemayel, Maya, 240

Gemayel, Scheich Pierre, Maronitenführer, Gründer der Phalanges Libanaises, 98ff., 102, 104, 115, 117f., 120f., 123–132, 134,

137, 139f., 142–146, 148, 151f., 154–157, 159–162, 164, 170, 175, 177, 199f., 203f., 207ff., 213, 217, 221f., 225, 229, 237f., 241–244, 254, 316, 355f., 377, 387, 394, 402, 404, 408f., 411, 413, 449, 476ff., 480f., 485, 488

Gemayelstraße, 143

Gemeinsame Hohe Kommission, 136

»Gemischte Kommission«, 88

Generaldirektion für Staatssicherheit (Polizei), 106

Generalversammlung arabischer Staatschefs (Okt. 1976), 196ff.

Genf, 476f., 479, 481f.

Genscher, Hans-Dietrich, Außenminister der Bundesrepublik Deutschland, 507

Geraghty, Timothy, Kommandeur der amerikanischen Marines im Libanon, 470, 472ff.

Gipfelkonferenz Blockfreier Staaten in Baghdad, 286, 367

Giscard d'Estaing, Valery, französischer Staatspräsident, 175

Golanfront, 181, 305

Graham, englischer Abgesandter, 83

de Guiringaud, Louis X, französischer Außenminister, 221

Habbasch, Dr. George, Führer der Demokratischen Volksfront zur Befreiung Palästinas, 188, 320f.

Habib, Philip, US-Unterhändler im Libanon, 255f., 290f., 318f., 321ff., 327f., 330, 334, 336ff., 341–345, 348ff., 382, 385, 428, 449

Hadath, Ortschaft im Süden von Beirut, 216f., 223, 245

Hadath, Simon de, maronitischer Patriarch, 29

Haddad, Saad, maronitischer Kommandeur im Südlibanon, 233f., 293

Hadeth, Kleinstadt am Zederngebirge, 31

Haig, Alexander, US-Außenminister, 255, 322, 333

Haj Omran, irakische Garnison, 434

al-Hakim bi Amrillah, Fatimidenkalif, 33–39, 41, 44, 46

al-Hakim, Nadim, Generalstabschef der libanesischen Armee, 487

Hama, 94

Hamade, Schiitenclan im Libanon, 506f., 509

Hamade, Marwan, politischer Denker im Stab von Walid Jumblat, 482

Hamade, Mohammed Ali, 506f.

Hamana, 323, 475

Hamid II., Sultan Abdul, 91

Hamra, Geschäftsstraße in Westbeirut, 19, 307, 397f.

Hamza ibn Ali, Imam, 34–39, 41 f., 44, 52

Haoush, Roni, israelischer Soldat (Geisel) 346

Hasb' Allah (Partei Allahs), radikale Schiiten-organisation, 506

Hasbaya, Ortschaft südöstlich von Muchtara, 75–78, 80, 85, 306

Hassan, Enkel des Propheten, 265

Hassan, Prinz, Bruder von König Fahd, 337

Hawatmeh, Nayef, Führer der Demokratischen Volksfront, 188

»Hawk«, amerikanische Luftabwehrrakete, 508

Hebron, 220

Heiliges Land, 31 f., 54

Helleu, Jean, Generaldelegierter der Französischen Republik, 103 ff.

Hélou, Charles, Staatspräsident des Libanon, 121 f., 126 f.

Henry, Paul Marc, Botschafter Frankreichs im Libanon, 396

Heraklios, Kaiser in Byzanz, 24

Hermongebirge, 38, 117, 303

al-Hilf, (Das Bündnis), Allianz der christlichen Kräfte im Libanon, 124, 128

Hobeika, Elias, Phalangekommandeur, 387

Höherer Schiitisch-Islamischer Rat, 133 f.

»Höheres Koordinationskomitee«, 159

Hojatiyeh, iranische Organisation, Gegner der Baha'i-Sekte, 436 f.

Homs, 25, 94

Hormuz, Straße von, 439, 442 f., 494 ff., 496, 500

Hospital »Hotel-Dieu de France« (Beirut), 377

Hoss, Selim, libanesischer Ministerpräsident, 201

Hosseini, Esfandiar Haj, Kommandeur der iranischen Marine, 436

Hundsfluß, Fluß im Norden von Beirut, 82, 84

Hussein, Fadlallah, Sayyid Mohammed, schiitischer Geistlicher, 19 f.

Hussein, Imam, Märtyrer, Enkel des Propheten, 263–268, 270, 491

Hussein, König von Jordanien, 131 f., 190, 197, 336

Hussein, Saddam, irakischer Staatspräsident, 271, 274–289, 344, 364–368, 371, 433, 463, 490 f., 494, 499, 507 f.

Hussein, Scherif von Mekka, 93 f.

Ibn al-Qela'i, Gabriel, maronitischer Geistlicher, 29

Ibrahim Pascha, Sohn des Vizekönigs von Ägypten, 60 f.

Ibrahim, Ismail, Befehlshaber der 3. irakischen Armee, 492

Ideidet al-Fakieh, Ort im Bekaatal, 211

Indonesien, 500

Informationsministerium, Beirut, 347, 406

International Atomic Energy Commission, 284

Internationale Friedenstruppe, 291, 344, 346, 372, 396, 398–401, 427, 444, 468, 470

Irak, 10, 93 f., 114, 196 f., 208, 263, 266, 268, 271, 273–280, 282, 284, 288, 304, 334, 344, 348, 364–371, 411, 433, 437, 439 f., 442, 489 ff., 494 f., 498 ff., 504, 507 ff.

– Botschaft in Beirut, 293

– Armee 268, 279, 365, 432, 435, 493

– Luftwaffe, 439, 442, 499, 509

Irakischer Geheimdienst, 287

Irakischer Staatssicherheitsdienst, 276

Iran, 10 f., 133 f., 258 f., 261, 268, 270 ff., 274–282, 284 f., 287 f., 304, 315, 364 ff., 368 f., 413, 426, 431 f., 435–441, 457, 490, 493–496, 498, 500 f., 507, 509 f.

– Botschaft in Damaskus, 439

– Konsul in Beirut, 293 f.

– Armee, 368, 371, 433 ff., 493

– Luftwaffe 497 f.

– Milizen 458 f., 465, 469, 489

– Zentralbank 438 f.

Isfahan 437

»Islamic Goodwill Mission« (Versöhnungskomitee) 288

Islamische Gipfelkonferenz in Taif, Saudi Arabien 288

»Islamische Hoffnung« siehe al-Amal al-Islamie

Islamische Republikanische Partei des Iran 369

Islamische Revolution 259, 262, 369 ff., 431, 438 f., 458, 499 f.

Islamsadeh, Hussein 502

Israel 94, 111, 113, 121–128, 132 ff., 137–140, 168 ff., 176, 180 f., 183, 185, 192 f., 197 f., 206, 217 f., 220 f., 223 ff., 227, 233–237, 240, 247 f., 251 f., 255–258, 274, 276, 278, 290, 292 ff., 296–308, 311, 314 f., 317 f., 320, 322, 324 ff., 329, 331, 333, 336, 338, 341–344, 363 f., 371, 374, 378–383, 385 ff., 390, 392, 394, 397, 401–405, 410–419, 422, 448 f., 455, 460, 480

– Armee (Israel Defence Force) 197, 222, 233, 294, 302, 305, 313, 317 ff., 323, 326, 328–332, 344 f., 353 f., 357, 361, 363, 366, 373, 375, 377, 379, 381 ff., 387 ff., 391, 396 ff., 402 ff., 410, 412 ff., 418, 448, 451, 468, 480

– Armee, Oberkommando der 313, 318, 321, 323, 326, 329, 338, 340, 342 f., 353, 382 f., 389, 391, 395–398, 450

– Luftwaffe 284 f., 290

- Seestreitkräfte 460
Israelischer Geheimdienst siehe Mossad
Istanbul 87 f., 90 f.
Italien 90, 98, 279
- Kontingent der Internationalen Friedenstruppe 344, 348, 372, 396, 398, 401, 476

al-Jafi, Abdallah, Ministerpräsident des Libanon 110 ff., 124
Jalta, Abkommen von 318
Jamil, Naji, syrischer Sicherheitschef 187
Japan 272, 500
Jarmuk, Jordannebenfluß 24
Jbeil (Byblos) 222, 243, 479
Jebel Sannin, höchster Berg im Libanonzentralmassiv 251 f., 255
Jebel al-Baruk 411 f., 417 f.
Jeddah, Saudi Arabien 304
Jemen, 197
Jerasch, Berge von 132
Jericho, 220
Jerusalem, 10, 24, 28 ff., 45, 54, 91 f., 123, 219 f., 223, 227, 233, 267, 299, 314, 320 f., 336, 341, 344, 379 f., 382, 384, 412, 431, 460, 468
- Grabeskirche von, 29
- Königreich von, 29 ff.
Jessup, Henry Harris, amerikanischer Missionar 74
Jesus Christus, 21–24, 27, 78, 147, 258, 267
Jezzin, Ort im Schufgebirge, 51, 64, 72 f.
»John Rogers«, Kreuzer der 6. Amerikanischen Flotte, 470 f., 479
Jordanien, 93, 121, 123, 131, 135 f., 139, 195 ff., 208, 219, 236, 248, 303, 334, 337, 348, 504
Jumblat, Drusenclan, 57, 59, 62, 64, 88, 90, 106 f., 109, 206 f., 310, 373, 410 f., 413, 489
Jumblat, Ali, Pascha von Aleppo, 52
Jumblat, Kamal, 107, 109 f., 112, 114, 124, 128, 135, 139 f., 142, 144 f., 147, 149, 151, 154 f., 167, 172, 175–180, 183, 187–190, 199 ff., 203–207, 232, 407
Jumblat, Naaman Bey, 63 ff., 67
Jumblat, Said Bey, 67 f., 70, 72 f., 75–78, 80–86
Jumblat, Walid, 14, 206 f., 247, 310 f., 325 f., 350 f., 354 f., 358, 361, 373, 375, 383, 395, 403–408, 412, 421, 447–459 passim, 470–489 passim, 505
Jumblatmiliz siehe Drusenmiliz
Junieh, Hafenstadt nördlich von Beirut, 61, 89, 149, 159, 163, 204, 251, 328, 353, 356, 363, 503
Junikrieg von 1967, 123, 281

»Kabinett der nationalen Einigung«, 200
Kahale, 129, 161
Kahan, Yatzik, israelischer Richter, 392
Kahankommission, 392 f.
Kairo siehe Cairo
Kalaat al-Hosn, Dorf am Schuf, 484
Kanada, 301
Karam, Yusuf, Maronitenführer, 89 f.
Karame, libanesische Großfamilie, 107
Karame, Raschid, 110, 112, 114 f., 120, 126 ff., 140, 151, 153 ff., 158, 162, 167 f., 467, 469
al-Karantina, moslemisches Slumviertel in Ostbeirut, 163, 165–168, 214, 217, 238, 309, 332
Karmal, Babrak, 357
Karunfluß, 285
Kaslik, Ort nördlich von Beirut, 239, 356, 362
Kassis, Simon, Oberst, Leiter des Deuxième Bureau, 488
al-Kathafi, Moammar, libyscher Revolutionsführer und Staatspräsident, 190, 225, 229 ff., 309, 335 f., 482 f.
Katznell, Jack, israelischer Radioreporter, 381
Kayfun, Schiitendorf südöstlich von Beirut, 122
Kerbela, 262, 264, 266 ff., 276, 284, 288, 463, 490 f.
Kesruan, Landschaft östlich der Stadt Junieh, 45 f., 82, 89, 222, 242 f., 255
Kfar Matta, Drusengemeinde bei der Stadt Damur, 452 ff.
Kfar Nabrakh, Ortschaft am Gebirgszug Baruk, 311 f.
Kfarschima, 316
Khaddam, Abdel Halim, syrischer Außenminister, 155, 159, 172 f., 177, 181, 188, 190, 226 ff., 240, 252, 256 f., 333, 419, 476
Khaddumi, Faruk, außenpolitischer Berater von Yasir Arafat, 199, 300 f.
Khairallah, Adnan, irakischer Verteidigungsminister, 284, 366
Khalde, Ortschaft südlich von Beirut, 174, 418, 451, 455
Khaled, König von Saudi Arabien, 185, 189, 190, 192, 292
Khameini, Ali, iranischer Staatspräsident, 439
Kharg, iranische Ölverladeinsel im Persischen Golf, 435, 438, 440 ff., 499, 508 f.
Khatib, Ahmed, Leutnant, Oberkommandierender der Libanesischen Arabischen Armee, 173 f., 191
Khiyam, 235
Kholeilat, Ibrahim, Kommandeur der islamischen Miliz »al-Murabitun«, 157 f., 162 f., 165, 179, 382, 482 f.

Khomein, Geburtsort Ayatollah Khomeinis, 259

Khomeini, Ayatollah Ruhollah (Musawi), iranischer Schiitenführer, 10, 12, 19 f., 133, 258–261, 263, 268, 270 f., 274 ff., 278, 280–288, 294, 315, 363–371, 426 f., 430 ff., 434, 438 f., 474, 489–492, 498 f., 501, 507 f., 510 f.

Khorramschahr, 283, 365, 493
– Schlacht von, 282

Khuri, Familie, 109

al-Khuri, Scheich Beschara, 97 f., 102–107, 109 f., 112

Khuzistan, iranische Provinz, 281

Kimche, David, israelischer Diplomat, 417 f., 485

Kirkuk, irakisches Ölfördergebiet, 281, 434

Kiryat Schmone, Israel, 414

Kissinger, Henry, US-Außenminister, 139, 219 f., 290, 337 f.

»Kitty Hawk«, US-Flugzeugträger, 496, 498

Knesset, israelisches Parlament, 306

Kolumbien, 93

»Komitee des nationalen Dialogs«, 155 f., 159

Konferenz arabischer Staatschefs (Riadh), 191 f., 196

Konferenz der arabischen Außenminister (Cairo), 156 f.

Konstantinopel, 50–58, 61 f., 65, 68, 80, 82, 85

Konstanze, Königin von Sizilien, 30

Kopten, christliche Sekte in Ägypten, 23

Kors al-Medawar, Dorf am Schuf, 484

Kreuzritter, 28–31

al-Kuds, (die Heilige) arabischer Name für Jerusalem, 263

Kufa, 265–269

Kura, 504

Kurden, 434 f.

Kurdische Demokratische Partei, 434

Kurdistangebirge, 433

Kuwait, 156, 189, 202, 273, 328, 367, 380, 440, 489 f., 494, 496 f., 500–504, 509
– Botschaft in Beirut, 385, 388 f.

Lakluk, 138

Larnaka, Zypern, 396, 459 f.

Latakia, syrische Hafenstadt, 177

Lausanne, 481

Lebanese Army Modernization Program (LAMP), 420 ff.

Lebanese Forces, maronitische Miliz, 15, 374, 402, 410, 484 f.

Leoncini, Hyppolite, toskanischer Gesandter, 52 f.

Levante, 61, 63

Libanesische Arabische Armee, 173 f.

Libanesische Armee, 9–20, 125, 127 f., 132, 136 f., 153 f., 222, 224, 228 f., 235, 239, 245, 315, 329, 340, 345, 347 f., 350 f., 353 f., 372, 374, 376, 386, 403, 421 ff., 425, 443, 446, 448, 451 f., 456 ff., 469, 472–475, 481, 483 f., 486 ff.
– Oberkommando der, 106, 122, 124 ff., 129, 137, 445, 447

Libanesische Front, Dachorganisation der christlichen Organisationen im Libanon, 207 f., 213, 224 f., 245, 357 f.

Libanesisches Fernsehen, 173

Libanon (s. a. Libanongebirge), 9 f., 11, 13, 20, 27, 61, 87 f., 90, 93–101, 103 f., 107 f., 111 ff., 115 ff., 119–124, 126–129, 132–135, 137, 139 f., 142, 145, 147, 151, 153–160, 164 f., 168–182, 185 f., 189 f., 192 f., 195–198, 201 ff., 206, 214, 220, 222 f., 229 f., 232, 235–240, 246 ff., 250, 252, 254, 258 f., 261, 263, 268, 274–277, 280, 290, 292, 294 f., 298, 300–306, 313–321, 324, 328 f., 331, 334, 337, 344, 350, 353, 357–361, 363 f., 366 f., 371 f., 374, 378 ff., 388, 392–396, 399–402, 405, 408 ff., 413–423, 425 ff., 431, 439, 443, 445, 448 f., 453, 455, 457 ff., 462, 472 ff., 476, 480, 488–491, 494 f., 497 f., 506, 507
– Nordlibanon, 149, 337
– Provinz, 87–94 passim
– Regierung der Nationalen Einheit, 484–489
– Unabhängigkeitserklärung (27. Sept. 1941), 100

Libanongebirge, 26, 28, 30 ff., 39 f., 44 ff., 50, 54–70, 73 f., 79, 82, 85, 87, 89 f., 92, 107 f., 129, 170, 175, 180, 195, 218, 238, 249, 252, 299, 301, 310, 313 ff., 324, 346, 349, 413, 449, 475, 479, 498, 503 ff.

Libyen, 156, 229 ff., 413, 447
– Milizen im Libanon, 465, 469

Litanifluß, 126, 234 ff., 248, 298, 305 f.

London, 60, 74, 87, 91, 100, 272, 302, 304

Londoner ›Times‹, 74

Maan, Drusendynastie, 44, 50 f., 57

Makarem, Sami Nasib, drusischer Wissenschaftler, 42

Malek, Charles, libanesischer Diplomat, 224 f., 247

Maloun, Edgar, General der libanesischen Armee 487

Malta, 61

Mamluken, ägyptische Dynastie, 31 f., 45, 47, 50

Mammas, Kirche des Heiligen in Ehden, 27

Mandali, irakische Grenzstadt, 432

Mansour, Hussein, libanesischer Abgeordneter, 361

Mar Elias, Stadtteil von Beirut, 323

Mar Michael, Kirche in Beirut, 15, 142

»Marada«, maronitische Kampforganisation, 503 f.

Marokko, 197
– Botschaft in Beirut, 294

Maron, Heiliger, Gründer der Maronitensekte, 21 f.

Maron, Kloster vom Heiligen, siehe Bet Maron

Marseille, 60

Martin, Edward, Vizeadmiral, Befehlshaber der 6. Amerikanischen Flotte, 470 f.

Mas'udi, arabischer Gelehrter, 27

Mauwad, René, libanesischer Erziehungsminister, 351

Mazraastraße, wichtigste Verkehrsader in Westbeirut, 13 f., 16, 18, 321, 323, 325, 338 ff., 342, 345, 381–384, 482

McFarlane, Robert, US-Nahost-Sondergesandter, 449

Medici, florentinische Fürstendynastie, 52 ff.

Medina, 24, 47, 157, 265

Mekka, 23 f., 93, 157, 263, 265, 267 f., 510

Meridor, Dan, israelischer Regierungssprecher, 330 f.

Metn, Landschaft nordöstlich von Beirut, 118, 139, 222, 243, 255, 323

Metulla, 305

Mexico, 500

Midad, Prinz der Drusen, 40

Middle East Airlines (MEA), libanesische Luftlinie, 125, 227

Milligan, Richard, Kommandant der »New Jersey« 475

Mina al-Bakr, irakischer Ölhafen, 441

Misan, irakische Provinz, 493

Mitterand, François, französischer Staatspräsident, 397, 468, 508 f.

Mohammed, Prophet, 23 f., 39, 46, 84, 123, 134, 147, 231, 258, 260–267, 269, 492, 510

Mokattam, Berg im Osten von Cairo, 37

Mongolen, 45

Monophysiten, Anhänger der Lehre von der einen Natur Christi, 23 ff.

Montazeri, Ayatollah, designierter Nachfolger Ayatollah Khomeinis, 369, 502

Moses, Prophet, 258

Moskau, 87, 112, 124, 139, 169, 182, 185, 219, 226, 255, 279, 283, 291, 293, 464

Mossad, israelischer Geheimdienst, 378, 387, 389

Mouannes, Pater, 239

Mraijeh, Vorort von Beirut, 445

Mu'awiya, Kalif aus der Familie Omayya, Moslemgouverneur in Syrien, 25, 264 f.

Mubarak, Husni, Staatspräsident von Ägypten, 336, 468

Muchtara, Dorf im Schuf, Stammsitz der Jumblats, 67 f., 70, 72, 75, 83, 109, 175, 203, 205, 310 f., 402, 404, 406, 459, 470

al-Murabitun, sunnitische, sozialistische Miliz, 157 f., 162 f., 167 f., 232, 244, 295, 325, 351, 361, 363, 382 ff., 405, 482 f.

Murphy, Robert, U. S. Undersecretary of State, 114 f.

Murr Tower (Westbeirut), 13, 157, 162, 382

Musaitbe, sunnitisches Stadtviertel in Westbeirut, 446

Musawi, Khadidja, Frau des Ayatollah Khomeini, 260

Muskat, 494

Mussawi, Hussein, Gründer der schiitischen Organisation al-Amal al-Islamie, 426–430, 490, 503

Mustansir-Universität, Baghdad, 275

al-Mutawakkil, Dscha'far, abbisidischer Kalif in Baghdad, 27

Naaify, Sitt, Schwester von Said Bey Jumblat, 75 f., 78

Naaman, Pater Boulos, Supérieur Géneral der maronitischen Orden, 357, 394

an-Naba, 118

Nabatiyeh, 235, 303, 305 f.

Nahr Abul Arabid, 277

Nahr al-Asi, Fluß, ehemals Orontes (s. d.), 21

Nahr al-Bared (Kalter Fluß), Palästinenserlager bei Tripoli, 300, 462, 464 ff.

Najjada (Pfadfinder), islamische Miliz, 99, 102, 104

Najjar, Dr. Ibrahim, Mitglied des Politbüros der Phalanges Libanaises, 400 f.

Nasser, Gamal Abdel, 110–115, 117, 131, 158, 197, 239

Nasser, Mustafa, Oberst, Chef des libanesischen Büros für Nationale Sicherheit, 488

»Nationale Übereinkunft« (14. Feb. 1976), 171 ff., 176

Nationalliberale Partei des Libanon, (Parti National Liberal), 117 f., 241 f.

Nearchos, Admiral Alexander des Großen, 440

Nedschef, Irak, (Grabmoschee des Ali), 269 ff., 273, 275 f., 278, 284, 463, 490

»New Jersey«, Schlachtschiff der 6. Amerikanischen Flotte, 475, 498

526

Nigeria, 500
Nikosia, 32
Nil, 31, 33 f., 37 ff., 44–47, 58, 90, 121
Noori, Hojatulislam Nategh, iranischer Innenminister, 438
Nord-Rumeila, irakische Ölfelder bei Basra, 441
Nordamerika, 92
Noruz, iranische Ölförderstelle, 442
Nujaym, Paul, 92
Numur siehe Tigermiliz

OPEC, 438
Österreich, 61, 67 f., 82, 88, 90
Oktoberkrieg von 1973, 139, 181, 278, 320
Oman, Golf von, 494, 496 f.
Omayyaden, islamische Dynastie, 26, 263–267
Operation »Lena«, (Plan zur Besetzung von Safra), 242 f.
Orlow, Alexis, russischer Admiral, 57
Orontes, Fluß (s. a. Nahr al-Asi), 21 f., 25 ff., 33
Osman Bey, osmanischer Administrator, 75, 77 f.
Osmanen, türkische Dynastie, 50 f., 53, 56 f., 60 ff., 65 f., 68, 74 ff., 87 f., 90 f., 93 f., 113
Osmanisches Reich siehe Osmanen, 113
Othman, Führer der Turkvölker, 50
Ottieri, Franco Lucioli, Botschafter Italiens im Libanon, 396 f.

Pahlewi, Mohammed Reza, Schah von Persien, 260, 270 f., 272, 276–280, 283, 288, 369 f., 433, 436, 498, 501, 509 f.
Pakradouni, Karim, libanesischer Präsidentenberater, 179, 203, 206, 223 f., 226, 240, 320, 327, 336, 372, 377, 388
Palästina, 100, 124, 220, 235, 299 f., 336, 349 f., 394, 431
Palästinensische Befreiungsarmee, (PLA) syrisch-palästinensische Kampfeinheit, 170, 174, 181
Palästinensische Befreiungsorganisation (PLO) 14, 121–137, 140, 143–149, 152, 154, 156, 158, 160, 163 ff., 167 f., 176, 180–189, 191, 193–199, 202, 204, 220, 233–237, 241, 290 ff., 294–351 passim, 356, 358, 366, 382, 386, 388, 390, 392, 396, 399, 401, 403, 426 f., 457–461, 463, 465, 467 ff.
Palme, Olof, schwedischer Ministerpräsident, 288
Palmyra, 44
Papst, Oberhaupt der römisch-katholischen Kirche, (s. a. Rom), 23, 29 f., 32, 211, 401

Paris, 17, 61, 67, 85, 87 f., 90 ff., 94 ff., 170, 249, 272, 443, 499
Pariser Friedenskonferenz, 94
Parker, Richard, US-Botschafter im Libanon, 217 f., 221
Parti National Liberal siehe Nationalliberale Partei des Libanon
Pasdaran (Revolutionswächter), iranische Revolutionsmiliz, 280 f., 286, 315, 426, 431, 434 ff.
Persien, 24, 282
Persisch-Arabischer Golf, 9, 61, 158, 258, 262, 268, 272–277, 281, 285, 288 f., 304, 322, 363 f., 366, 380, 432, 439 f., 442 ff., 494–497, 499 f., 506 f., 509, 511
Pétain, Marschall Philippe, 100
Phalanges Libanaises, maronitische Miliz, 98 f., 102, 104, 114–117, 120, 123, 127–130, 137–140, 143–149, 151 ff., 157 ff., 161–168, 170 f., 177, 180, 183–186, 196 f., 209, 211 f., 214, 217, 222, 224 f., 227, 232, 237, 240–243, 245, 248–252, 254, 256, 295 f., 301 f., 309, 316 ff., 323 f., 326 f., 331, 334, 347, 350 f., 353–356, 360–363, 374–379, 385, 387 f., 390 f., 393 f., 399, 401 f., 404 f., 408, 410–413, 420, 445 f., 453 ff., 478 f., 483, 486, 488, 503 f.
»Picadilly«, Gebäudekomplex in Westbeirut, 308
Picot, François Georges, französischer Diplomat, 93 f.
Place des Canons (Westbeirut), 151 f., 157, 163, 165
Place des Martyrs, 151
Preußen, 61, 82, 88, 90
Progressive Sozialistische Partei, 109, 124, 135, 149, 151, 172, 175 ff., 181, 183, 187, 189, 207, 373, 405, 412, 474, 481, 485
»Protokoll von Istanbul« (1912), 277

Qaa, Ortschaft im Bekaatal, 211
Qadisiyya, Schlacht von (637), 282
Qal'at al-Modiq, Ort am Orontes, 22
Qiryat Schmone, 303
Qum, heilige Stadt im Iran, 133 f., 258, 260 f., 363, 368, 430, 490, 502
Qurna, Irak, 493

Rabbath, Dr. Edmond, libanesischer Verfassungsrechtler, 359
Radio Damaskus, 419
Rafsanjani, Hojatulislam Haschemi, iranischer Parlamentspräsident, 369, 432 f., 492
Ras Naquara, Grenzposten an der israelisch-libanesischen Grenze, 305

527

Ras Tanura, 495 f.

Ras-al-Ain-Moschee, Baalbek, 426, 431

Raschaya, Ortschaft nördlich von Hasbaya, 76, 104, 417

Raschidiyeh, Hafen von, 304

Rawanduz, Irak, 434

Raydan-Moschee (Cairo), 36 f.

Reagan, Ronald, US-Präsident, 251, 255 f., 291, 301 f., 318 f., 327, 333 f., 342 f., 396 f., 414 f., 418 f., 428, 468, 473, 475 f., 495, 498 ff., 509

Reis, Yusuf, 77

Republikanische Garde, 226

Revolutionswächter siehe Pasdaran

Rhodos, 322

Riad as-Solh-Platz, Westbeirut, 360

Riadh, 156, 189 ff., 196, 200, 274, 343, 414, 418

Rifai, Hassan, libanesischer Abgeordneter, 361

ar-Rifai, Brigadegeneral, 147

Robert, König von Sizilien, 30

Rom (s. a. Vatikan), 28 f., 32, 52, 231, 397

Rose, Colonel, Vertreter Englands in Beirut, 62

Roter Halbmond, Palästinensischer, islamische Partnerorganisation zum Roten Kreuz 348

Rotes Kreuz, Internationales, 345, 348

Rotes Kreuz, libanesisches, 392, 454, 467

Rußland, 60, 82, 91

Rzouqi, Thamir, irakischer Finanzminister, 367

Saad, Maruf, 142

Sabra, Palästinenserlager in Beirut, 118 f., 135 f., 297, 300, 303, 307, 313 ff., 323, 325 f., 338, 350, 377, 381, 385 f., 388–396, 398, 400, 410, 466

as-Sadat, Anwar, ägyptischer Präsident, 138, 189, 190–194, 197 f., 201, 222 f., 227 f., 274, 311, 320, 338, 379 f., 418, 480

as-Sadr, Musa, Imam, 133 ff., 140, 148 f., 229–233, 259, 261, 430, 445, 447, 482

as-Sadyat, Ort, 167 f.

Safra, Ort im Kesruangebiet, Hauptquartier der Tigermiliz, 242 f., 245

as-Saghir, Beschir (»der kleine Beschir«) aus der Familie Schehab, 62

Saida (Sidon), 29 f., 48, 51, 53, 56 f., 60, 73, 80, 82, 87, 95, 97, 101 f., 107, 111 f., 116, 126, 133, 135, 141 f., 177, 181 ff., 234, 305 f., 314, 318, 451

Saint-Antoine, Kloster von (Beirut), 243 f.

Salam, Familie, 107

Salam, Saeb, 110 ff., 114, 120, 140, 155, 158, 189, 307, 329 f., 332, 338, 360 f., 372 f., 382, 394 f., 399, 407, 477, 483

Salam, Salim, 106

San Remo, 95

Sanayeh, Stadtteil in Westbeirut, 340

Sanayehpark (Westbeirut), 341

Sarah, Drusenführerin, 39

Sarkis, Elias, libanesischer Staatspräsident, 178 ff., 187, 191–204, 206 f., 210 f., 213–216, 221, 223, 225–229, 231, 233–238, 240, 245 ff., 250–254, 256, 258, 311, 315 ff., 319, 321, 328, 336 f., 342, 351 f., 355–359, 363, 372, 379, 384 f.

Sassinplatz, 376

Saud al-Feisal, Prinz, saudiarabischer Außenminister, 328 f., 333 f.

Saud, königliche Familie Saudi Arabiens, 274, 327, 329, 343, 367 f., 495, 509 f.

Saudi Arabien, 116, 149, 155, 158, 187, 189 f., 196, 201 f., 218, 224, 230, 236, 256, 273 f., 285 f., 288, 328 f., 367, 401, 419, 440, 489 f., 495 f., 500, 509 f.

– Botschaft in Beirut, 293

– Luftwaffe, 495 f.

Schaaban, Scheich Mohammed, sunnitischer Geistlicher in Tripoli, 463 f., 466

Schah von Persien siehe Pahlewi

Schamas, Hussein, schiitischer Terrorist, 502

Schamir, Ytzak, israelischer Außenminister, 390

Schamir, israelischer Ministerpräsident, 468

Scharon, Ariel, israelischer Verteidigungsminister, 303, 306, 308, 313 f., 316 f., 332 f., 338, 342, 344 ff., 378 ff., 381, 384–387, 392 f., 462

asch-Schartuni, Habib, Mörder Beschir Gemayels, 375 f., 378

Schatila, Palästinenserlager in Beirut, 118 f., 135 f., 297, 300, 303, 307, 313 ff., 323, 326, 338, 350, 377, 381, 385–393, 396, 398, 400, 410, 466

Schatt al-Arab, 268, 274–287 passim, 365 f., 431, 438, 440 f., 466, 491 f., 507

Schebaa, Kleinstadt nördlich des Golan, 305 f.

Schehab, Drusenclan, 59, 62, 74, 88, 106 f.

Schehab, Emir Beschir, Drusenführer und maronitischer Christ, 58–61, 74

Schehab, Fuad, General, Präsident des Libanon, 114–120, 178 f., 224

asch-Schehabi, Hekmat, syrischer Generalstabschef, 292

Schehedan, Abu, 74

Schekka, 141, 150 f., 208 f.

Schiah, Stadtviertel der Schiiten in Westbeirut, 15, 118, 143 f., 163, 241, 324,
475

Schiat Ali, (Partei des Ali), 264, 266, 268 f.,
276, 280

Schirazi, Sayyid, Oberst, Kommandeur der
iranischen Bodenstreitkräfte, 371, 432–435,
494

Schmidt, Alfred, deutsche Geisel der libanesischen Schiiten 506 f.

Schtura, Ort im Bekaatal, 170, 178, 313 f.,
458 f.

Schufgebirge, 10, 45, 49, 50–61, 65, 67 f.,
72 f., 85, 89, 107, 109, 112 f., 154, 183, 198,
202 f., 205–208, 310, 323, 354, 402–405,
408, 410–413, 422, 446 ff., 451, 453, 455,
469, 470, 472, 479, 484, 488, 498

»Schwarzer Samstag« (6. Dezember 1975),
162

Schweiba, Kuwait, 502

Schweifat, 472 f.

Schweiz, 321, 481 f.

Sechspunkteprogramm der PLO, 330

Seldschuken, Turkvolk, 27, 50

Shultz, George, US-Außenminister, 333, 419,
421, 429

Sidon siehe Saida

Sinai, 44, 61, 121

Sofar, Stadt im Schuf, 174, 188, 403

as-Sohl, Raschid, 146

as-Solh, Riad, Sunnit, Ministerpräsident des
Libanon, 102–105, 109 f.

as-Solh, Sami, 110 f.

as-Sohl, Takieddine, 200 f.

Soldatow, Botschafter der UdSSR im Libanon,
318

Sowjetunion (s. a. Moskau), 160, 182 f., 187 f.,
202, 220, 222 f., 255 f., 279, 291 f., 293, 318,
325, 367 f., 463

– Botschaft in Beirut, 307, 318

Spanien, 53 f., 98, 279

Spanische Sahara, 197

Spears, Sir Edward, »Minister to Syria and
Lebanon«, 100 f.

Spezialeinheit »BG« (Beschir Gemayel), 161,
165 f., 477

Staff and Command College, Israel, 387

Stimme des Libanon, Radiostation der christlichen Stadthälfte Beiruts, 13

Sudan, 348

Suezkanal, 92, 111, 113, 338

Suk al-Gharb (Markt des Westens), Ort am
Fuß des Schufgebirge, 74, 450, 456–471,
474, 479, 481, 484, 486

Sukayn, Drusenführer, 39 f.

»Superétendard«, französische Kampfflugzeuge, 508

Sur siehe Tyr

Sykes, Mark, englischer Diplomat, 93 f.

Sykes-Picot Abkommen, 94

Syrien, 21, 25 ff., 31, 37, 47 f., 50, 58, 60 f., 84,
93 ff., 97–102, 112–115, 121, 123, 131,
135 f., 138 ff., 145, 154, 156 f., 159 f., 164,
169 f., 173, 175, 177 f., 180, 182, 185, 187,
189, 192 ff., 196 f., 199–203, 208, 212, 217,
221 f., 224 f., 230, 232, 236 ff., 240 f., 247,
251 f., 254 ff., 274, 292, 301, 303, 306 f.,
311, 313, 328, 334, 343, 348, 363 ff., 373,
378, 401, 403, 411, 417 ff., 439, 463, 480,
485, 490

– Botschaft in Teheran, 439

– Armee, 181, 195, 211, 214, 225 f., 247,
249–253, 306, 310, 315, 329 f., 345, 347 f.,
353, 419, 450 f., 462 f., 504

– Oberkommando der, 254 f., 311 f., 458

Syrische Kirche, 23

Syrische Soziale Nationale Partei (SSNP), 98,
504

Syrischer Geheimdienst, 249, 461 f.

Südamerika, 92

Südjemen, 348

Südlibanon, 126 ff., 133 f., 149, 233, 235 ff.,
291, 297 f., 303, 305, 308, 363

TASS, sowjetische Nachrichtenagentur, 185

Tabatabai, Allamah Sayyid Mohammed, Teheraner Theologe, 264–267

Taif, Saudi Arabien, 328

Tallet al-Prince, Dorf am Schuf, 484

Tankerkrieg (im Pers.-Arab. Golf), 508 f.

Tannous, Ibrahim, Armeeoberbefehlshaber
der libanesischen Streitkräfte, 13–16,
423 ff., 446–452, 475, 484, 486 f.

Tarschisch, 139

Technisches Hilfswerk, 398

Teheran, 258 f., 271–274, 284, 288, 315, 366,
370, 426 f., 431, 439, 442, 444, 489 ff., 494,
498 f., 501 ff., 507, 509 f.

Tel Aviv, 390, 468

Tell az-Zatar, Palästinenserlager in Ostbeirut,
129, 139, 143 f., 163 f., 167, 183 f., 186 f.,
190, 193 f., 309, 393

Thabit, Ayyub, libanesischer Staatschef, 101

Tigermiliz (Numur), christliche Miliz von Camille Chamoun, 167 f., 184, 186, 212 f.,
216 f., 222, 224 f., 241 ff., 245, 295

Tigris, 10, 23 f., 94, 263, 265, 268, 272, 274,
277, 289

Tlass, Mustapha, Generalstabschef der syrischen Armee, 312

Tokio, 272, 327

Toskana, 52 ff.

Tripoli, 29 f., 48, 51, 53, 55, 57, 87, 92, 95, 97, 99, 101 f., 107, 110–113, 116, 131, 133, 138, 141, 149 ff., 153, 208, 300, 337, 459, 462–469, 484

Tripolis, 230 f., 233, 336, 482

Troia, Antoine de, Franziskanerpater, 32

Troisième Bureau, Geheimdienst der Phalanges Libanaises, 253

Tschad, 336

Tunesien, 348

Tunis, 461–463, 466

Tyr (Tyrus oder Sur), 30, 47, 51, 56, 60, 95, 97, 101, 107, 111 f., 116, 133, 135, 234 f., 305, 314, 318, 451

Tyr, Guillaume de, 29

Türkei, 364

UN-Hilfsorganisationen, 386

US-State Department, siehe Vereinigte Staaten von Amerika

USA siehe Vereinigte Staaten von Amerika

UdSSR siehe Sowjetunion

Universität zum Heiligen Geist (Kaslik), 239, 355

Vatikan (s. a. Rom), 54, 211, 401

Venedig, 52

Venezuela, 500

Vereinigte Arabische Emirate, 367, 489 f.

Vereinigte Arabische Republik, 112 ff., 117

Vereinigte Staaten von Amerika, 92, 94, 104, 108, 112, 114 f., 119, 138 ff., 149, 154, 160, 169 f., 180, 198, 218–225, 235 f., 238 f., 248, 251, 253, 255 f., 272 ff., 285, 290 ff., 300 ff., 308, 318, 325 ff., 333 f., 337–350, 366, 371, 374, 382, 398, 401, 410, 414, 416, 419, 421, 423 f., 430 f., 449, 454 f., 464, 468–473, 476, 479, 494 ff., 498, 500 f., 507, 509 f.

– Botschaft in Beirut, 247, 294, 429 f., 444, 502 f.

– Botschaft in Kuwait, 501, 503

– Botschaft in Teheran, 283, 498, 502

– Botschafter in Beirut, 238 f., 382

– Botschafter in Damaskus, 169, 181, 313

– Botschafter in Tel Aviv, 342

– Hauptquartier am Flughafen Beirut, 444, 471–474, 502

– Marineinfanteristen, 396 f., 427, 443 ff., 454, 469–480 passim,

– National Security Council, 497 f.

– Seestreitkräfte, 468, 470, 475, 494, 499, 509

– State Department, 225, 247 ff., 251 f., 301, 333, 338, 342, 383 f., 419, 501 f.

Vereinte Nationen, 164, 249, 288, 291, 300, 303, 308, 391, 417, 491, 493, 511

– Charta der, 414 f., 417

Verwaltungsrat, libanesischer, 87

Vichy, 100

Viererkommission (Saudi Arabien, Ägypten, Kuwait, Syrien), 202 ff.

»Virginia« US-Kreuzer, 471, 479

Volksfront zur Befreiung Palästinas, 135, 188, 290, 309, 320

Volksmujahedin, iranische, 437

Wadi Schachrur, 242, 316

Wadi ad-Daaba, 403

War Powers Act, 473

Washington (s. a. Vereinigte Staaten von Amerika), 115, 139, 169 f., 219, 221, 247, 249, 252 f., 272, 283, 291, 300 f., 320, 333 f., 338, 342, 355, 382 f., 397, 423, 443, 473, 495, 498, 502, 509

Wazzan, Schafiq, libanesischer Ministerpräsident, 315, 319, 340, 342 f., 347, 351 f., 356, 372, 384, 395 f., 406, 457

Weinberger, Caspar, US-Verteidigungsminister, 372, 421, 423, 494, 496

Wien, 67, 87, 91

»Yanbu Pride«, saudiarabischer Öltanker, 495 f.

Yarmuk Brigade, Panzertruppe der Palästinens. Befreiungsarmee (PLA; s. d.), 169

Yaron, Amos, Brigadegeneral, Befehlshaber der israelischen Verbände in Westbeirut, 387

Yarze, 349, 373

Yazid, Omayyadenkalif, 264 f., 269 f., 276

Zagrosgebirge, Iran, 281 f., 432

Zahirneja, Ghassem Ali, Oberkommandierender der iranischen Streitkräfte, 433

Zahle, Stadt im Bekaatal, 65, 70, 78 ff., 82, 85, 149 f., 162, 249–256, 317, 425 f., 454

Zahranifluß (Nahr Zahrani), Südlibanon, 304

Zarkesch, Ali, Kommandeur der iranischen Volksmujahedin, 437

Zghorta, 131, 141, 150 f., 153, 170, 208 ff.

Zghorta-Befreiungsarmee, 149 ff.

Zia ul-Haq, Mohammed, Staatspräsident von Pakistan, 285, 288

Zia ur-Rahman, Präsident von Bangladesch, 288

Zohbi, Mona, libanesische Terroristin, 347

Zypern, 52, 57, 328, 345, 348, 396, 459

Gerhard Konzelmann

Die islamische Herausforderung
384 Seiten, gebunden

Der Nil
Heiliger Strom unter Sonnenbarke, Kreuz und Halbmond.
504 Seiten, gebunden

Jerusalem
4000 Jahre Kampf um eine heilige Stadt.
496 Seiten, gebunden

Der unheilige Krieg
Krisenherde im Nahen Osten.
512 Seiten, gebunden

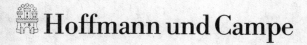

Hoffmann und Campe

Geschichte der Juden

Volkstümliche Geschichte der Juden
von Heinrich Graetz

Das wechselvolle Schicksal der Juden von der Vor- und Frühgeschichte über das babylonische Exil bis zur Eingliederung ins Römerreich, in der Diaspora, der »Zerstreuung« über die Länder der Alten Welt seit der Zerstörung des Tempels von Jerusalem, wird von dem großen jüdischen Historiker Graetz unter Verzicht auf jedes wissenschaftliche Beiwerk farbig und spannend erzählt.
Kassettenausgabe in 6 Bänden, dtv 5933

Außerdem zur jüdischen Geschichte:

dtv 1745

dtv 10513

Heinrich Böll
In eigener
und anderer Sache

Schriften und Reden 1952–1985

Aus diesem Anlaß erscheinen seine Schriften und Reden von 1952 bis 1985 komplett in der 9bändigen Kassettenausgabe ›In eigener und anderer Sache‹. Bölls Kommentare, Glossen und Rezensionen bilden ein kritisches Lesebuch zur deutschen Politik und Literatur der letzten vierzig Jahre.

Kassette mit
9 Bänden, 5962

Kassettenausgabe

1. Zur Verteidigung der Waschküchen Schriften und Reden 1952–1959
2. Briefe aus dem Rheinland Schriften und Reden 1960–1963
3. Heimat und keine Schriften und Reden 1964–1968
4. Ende der Bescheidenheit Schriften und Reden 1969–1972
5. Man muß immer weitergehen Schriften und Reden 1973–1975
6. Es kann einem bange werden Schriften und Reden 1976–1977
7. Die »Einfachheit« der »kleinen« Leute Schriften und Reden 1978–1981
8. Feindbild und Frieden Schriften und Reden 1982–1983
9. Die Fähigkeit zu trauern Schriften und Reden 1984–1985

(Alle Bände sind auch einzeln erhältlich)

Alfred Grosser

Geschichte Deutschlands seit 1945
Eine Bilanz
dtv 1007

Das Bündnis
Die westeuropäischen Länder und die USA seit dem Krieg
dtv 1760

Versuchte Beeinflussung
Zur Kritik und Ermunterung der Deutschen
dtv 10128

Der schmale Grat der Freiheit
Eine neue Ethik für eine neue Zeit?
dtv 10221

Atlas zur Weltgeschichte

dtv-Atlas zur Weltgeschichte
von Hermann Kinder und
Werner Hilgemann
Karten und chronologischer
Abriß
Band 1: Von den Anfängen bis
zur Französischen Revolution
Band 2: Von der Französischen
Revolution bis zur Gegenwart
Originalausgabe
2 Bände

dtv 3001/3002